# 조선시대말 일본의 어업 침탈사

개항에서 1910년까지 일본의 어업 침탈에 관한 연구

이 책은 농림수산식품부 「한국마사회 특별적립금」 지원으로
『어업인교육문화복지재단』에서 구입·배부합니다.

## 조선시대말 일본의 어업 침탈사
개항에서 1910년까지 일본의 어업 침탈에 관한 연구

초판 1쇄 발행  2011년 12월 19일
2판 1쇄 발행  2011년 12월 26일

지은이 ㅣ 장수호
발행인 ㅣ 김은희
발행처 ㅣ 수산경제연구원BOOKS · BN블루&노트

편  집 ㅣ 이경남 · 김민희 · 하초롱 · 소성순
표  지 ㅣ 양재열
영  업 ㅣ 이주하
제  작 ㅣ 김지학

인  쇄 ㅣ 대덕문화사
제  본 ㅣ 광신제책

등록 ㅣ 제313-2009-201호(2009.9.11)
주소 ㅣ 서울시 마포구 마포동 324-1 곶마루 B/D 1층
전화 ㅣ 02)718-6258    팩스 ㅣ 02)718-6253
E-mail ㅣ bluenote09@chol.com

정가 30,000원
ISBN 978-89-967462-0-1  93900

· 잘못된 책은 바꿔 드립니다.

# 조선시대말 일본의 어업 침탈사

개항에서 1910년까지 일본의 어업 침탈에 관한 연구

장수호 저

수산경제연구원BOOKS · 블루&노트

## 발간사

　요즘 각종 매체를 통해 접하게 되는 정보의 양은 실로 엄청납니다. TV나 신문을 통해 전해지는 세계 각국의 정치 및 경제 소식에서부터 인터넷에 떠도는 누군가의 시시콜콜한 사생활 얘기까지, 넘쳐도 너무 넘쳐납니다. 그야말로 정보의 홍수가 아닐 수 없습니다.

　그런데 수산분야만 떼어놓고 보면 정보의 홍수는 딴 세상 이야기가 되어버립니다. 7, 80년대만 하더라도 일간지의 1면 머리기사에 오르내리던 수산관련 소식들은 언제부터인가 고차산업에 그 자리를 내어주고, 사회면이나 지역소식면의 일단기사로 만족해야 하는 실정입니다. 출판시장에서 수산의 지위는 더욱 비참합니다. 대한출판협회 집계에 따르면 올 2011년 1월부터 11월까지 우리나라에서 초판 발행된 서적은 총 48,827종인데, 그중 수산관련 서적은 13종에 불과하다고 합니다.

　가물에 콩 나듯 절대적 빈곤에 처한 수산관련 출판은 열악한 수산의 현실을 보여주는 듯해 수산인의 한사람으로서 안타까운 심정입니다. 또 만약에 오늘날의 수산업이 돈 되는 산업이었더라면 어땠을까를 곰곰이 생각하게 됩니다.

　수산업이 각광받는 산업이었다면 오히려 우리는 수산정보의 바다에 빠져 허우적대고 있을지도 모르겠습니다. 사실 자본주의 경제에서 모든 것이 그렇듯 정보도 돈을 쫓기 마련입니다. 그렇다고 지금의 수산정보, 특히 수산서적 시장의 침체가 오직 이러한 경제논리 때문만이라고 생각하지는 않습니다. 그간 우리 수산인들은 얼마나 부지런히 수산을 알리고자 했던지, 혹시 수산 알리기에 태만하지는 않았던지 반성해 봐야 할 것입니다.

조선 정조 대의 문장가 유한준은 "알면 참으로 사랑하게 되고(知則爲眞愛), 사랑하면 참으로 보게 된다(愛則爲眞看)"고 하였습니다. 그의 말대로라면 한 번도 수산을 접해보지 못한 사람들에게 수산에 대한 애정을 기대하는 것은 어리석은 욕심일 뿐입니다.

이에 우리 수협중앙회는 수산에 대한 수산관련 지식과 정보를 널리 알리는 데 앞장서고자 '수산지식 나눔시리즈'를 기획하였습니다. 무엇보다도 '수산지식 나눔시리즈'는 수산지식을 일반 대중들과 함께 나눔으로써 수산업에 대한 중요성을 올바로 이해시킨다는 데 그 주요한 목적이 있습니다. 또한 '수산지식 나눔시리즈'는 수산서적 시장의 영세성으로 인해 책 내기를 주저하는 수산전문가들로부터 원고를 모집하여 출판을 지원해 줌으로써 여러 형태의 나눔을 실천하는 학술문화복지사업입니다. 우선 전문가들은 독자들과 지식을 나누게 되고, 독자들은 도서구입 시 '소비자기부'를 통해 '어업인문화복지재단'을 후원하고 나아가 어촌 및 어업인과 사랑을 나누는 효과를 얻게 됩니다.

그 첫 번째 책으로 우리나라 수산업계 최고의 원로이신 장수호 교수님의 『조선시대말 일본의 어업 침탈사』를 발간하게 되어 무척 기쁘게 생각합니다. 장수호 교수님은 지난 반세기 이상을 수산경제·경영분야에서 활발한 연구활동과 후학양성을 해 오셨고, 여든을 넘기신 오늘까지도 수산연구에 열정을 바치고 계십니다. 특히 이번에 발간하는 『조선시대말 일본의 어업 침탈사』는 장 교수님이 평생동안 수집해 오신, 우리나라에서는 따로 찾아보기도 힘든 귀한 자료들을 바탕으로 일본의 어업 침탈관련 자료를 집대성한 것으로 지금까지의 어떠한 연구물보다도 교수님의 각별한 애정이 담긴 것입니다. 이런 고귀한 글을 우리 수협중앙회의 '수산지식 나눔시리즈'를 위해 희사해 주신 교수님께 진심으로 감사드립니다.

앞으로도 우리 수산을 알리는데 필요한 다양하고 훌륭한 정보들이 '수산지식 나눔시리즈'를 통해 보급, 전파되어 수산의 밝은 미래 창조에 기여하고 그 기쁨을 모두가 함께 나눌 수 있기를 기원합니다.

2011년 12월
수협중앙회장 이종구

## 간행사

조선왕조 500년사에 있어서 한일 양국 간에는 입어협정이 두 번 있었다. 그 첫 번째는 서기 1441년(세종 23) 대마도주의 요청에 의해 전라도 수역의 고초도(孤草島)근해의 조어(釣魚)를 허가한 '고초도조어금약(孤草島釣魚禁約)'이다. 두 번째는 강화도 조약 이후 1883년(고종 20, 메이지 16) 체결한 '재조선국일본인민통상장정(在朝鮮國日本人民通商章程)'이었다.

후자는 동장정 제41관(款)의 규정에 의하여 개항 이후 일본 어업자의 활발한 밀어행위를 합법적 입어로 전환한 것이다.

당시 일본인 입어선은 길이 약 20m 전후의 일본형 목선에 4~5인이 승선한 소형 어선으로서 험난한 대한해협을 내왕하면서, 함경, 강원, 경상, 전라 4도 연해에서 조업하다 후기에는 충청, 경기, 황해, 평안도 연해를 추가한 반도 전 연해에 입어했다. 그리고 1908년 말 전 국토의 내외수면에 걸쳐서 한국인과 동등한 어업권을 취득, 행사할 수 있는 한일어업협정을 체결함으로써 사실상의 어업합병을 하게 되었다.

이 책은 위의 두 번째 조약에서 경술국치(1910)년까지 일본 어업자의 입어상황을 정리해본 것이다.

그러나 그것을 막상 정리하려고 하니 그에 대한 우리의 자료(기록물)가 너무도 희귀하여 주로 일본측 자료에 의존하지 않을 수 없었다. 그렇다고 입수한 일본측 자료가 글감으로서 풍족한 수준은 아니었다. 공개된 자료여서 입수가 까다롭지는 않았지만 지금처럼 자료의 통일성이 있는 것도 아니고 내용 또한 개별적이고 지역적인 입어사례가 대부분이었다. 이렇게 제한적인 개개의 자료를 주워모아 하나의 통일된 흐름으로 엮자니 여간 힘겨운 일이 아니었다.

따라서 여기에서는 수준 높은 분석 연구나 고찰을 한다기보다는 오로지 산만한 자료들을 엮어서 당시의 입어상황을 대략적이나마 이해시키는데 주력하고 어업자와 장래의 연구자들에게 옛것을 전해준다는 데 주안점을 두었다.

한편 이 책의 서장에서는 삼국시대 이래의 주요한 왜구침입을 연표 기술형식으로 정리하였다. 그 이유는 이 책을 엮으면서 일본제국주의자의 한국 침략 및 입어행위(入漁行爲)가 옛날의 왜구행위와 일맥상통한다는 점을 무시할 수 없었기 때문이다.

그 외 책의 내용 구성에 있어서는 개항에서 합병까지 일본인에 대한 입어협정, 입어상황, 조업, 어획물의 처리, 입어장려책, 입어자 단체 및 이주사업 그리고 포경입어 등으로 구분하여 정리하였다.

돌이켜 보건데 현역에서 퇴임하고 외도하다 입어연구를 구상하고 착수한지 벌써 여러 해가 지났다. 그 간 건강을 핑계로 시나브로 일하면서 일을 지체하기도 했고 이사를 하면서 두 번이나 컴퓨터 저장본을 분실하는 등 우여곡절을 겪기도 했다. 이런저런 이유로 오늘까지 많은 시간을 소비하고 경술국치 100주년 이전에 결실을 맺지 못한 것이 못내 아쉽다.

이제라도 이 책이 세상에 나오기까지는 많은 분들의 도움이 있었다. 우선 늙은 저자를 위해 원고의 컴퓨터 입력을 귀찮아하지 않고 도와준 손자, 손녀를 비롯해 원고교정에 협조해주신 부경대 이승영, 이원균 명예교수와 김기수 교수님께 감사를 전한다. 수산서적의 보급·확대를 위해 '수산지식 나눔시리즈'를 기획하고 그 첫 간행물로 이 책을 발간해 주신 수협중앙회 이종구 회장님께 깊이 감사드린다. 또한 책의 출판에 노고를 아끼지 않으신 블루앤노트 사장님, 박규석 수협지도경제대표이사님, 김영태 상임이사님께도 심심한 감사를 전한다.

2011년 12월
저자 장수호

---

이 책은 일본 제국이 한국의 완전지배(합병)를 앞두고 새로운 식민지어업정책 수립을 목적으로 1908년 2월 통감부에서 착수하여 1909년 대한제국농공상부와 공동사업으로 조사하고 그 결과를 『한국수산지(韓國水産誌)』 1~2집(輯)과 조선총독부농상공부(朝鮮總督府農商工部) 편찬의 동 3~4집을 비롯하여 조선해수산조합연합회(朝鮮海水産組合聯合會)의 『조사월보』 및 『대일본수산회 회보(大日本水産會 會報)』 그리고 요시다의 『조선수산개발사』(吉田敬市 著, 朝鮮水産開發史, 朝水會, 1954) 등에 게재한 자료(1910년까지)를 주로 발췌해서 엮은 것이다.

• 서문 •

### 연구의 목적

한일관계는 삼국시대부터 악연의 연속이었다. 그러나 임진란 이후 양국은 공히 쇄국정책(鎖國政策)을 원칙으로 하면서도 서로 정식 국서(國書)와 국사(國使)를 교환하는 부분적인 선린 외교관계를 유지해 왔다. 그 업무는 조선의 관직(官職 → 受職人)과 일본의 다이묘(大名)를 겸한 양속관계에 있었던 대마도주(對馬島主=宗氏)가 담당했다.

19세기에 들어서 아시아 연안에 이양선(異樣船)의 내왕이 잦아지고 서양세력이 급진적으로 증가하면서 그들의 세력에 밀려 일본이 먼저 개항(開港)하고 뒤이어 바쿠후 체제를 폐기하고 왕정을 복구하여 메이지정부(明治政府)를 수립했다.

메이지정부는 서양문물 제도를 받아들이면서 당시 서구에서 유행했던 제국주의(帝國主義)와 국수적인 자국의 황도사상(皇道思想)을 접목하여 일본 특유의 황도제국주의 정치체제(皇道帝國主義政治體制)를 수립하여 동북아시아 지역의 침략에 착수했다. 따라서 일본은 서구식 군대를 양성하고 강력한 무력을 앞세워 1876년(고종13) 2월 조선왕조를 강제로 개항시켰다. 그리고 그 다음해(고종14) 일본은 내무성에 근농국 수산계(勤農局水産係)의 신설을 시작으로 1880년(고종17) 3월 수산과를, 1885년(고종22) 2월에는 수산국(水産局)으로 승격시켜 어로(漁撈), 시업(試業), 서무(庶務) 3과와 수산진열소(水産陳列所)를 설치하여 서구식 근대 수산행정 체제를 갖추기 시작하며 수산업의 근대화와 해외진출을 선도했다.

반면 조선왕조에서는 개항의 수모도 잊은 채 세종시대의 왜구 대책으로 대마도주에게만 허가했던 통교무역(通交貿易)을 국가대 국가의 통상무역으로 전환했을 뿐 여전히 구태의연한 안일주의와 정권쟁탈전에서 벗어나지 못하고 국제정세의 급진적인 변화에 따른 자강력(自强力)도 배양하지 못한 채 마침내 망국의 한을 자초하고 말았다.

그러한 조선에 대해서 일본은 육지에는 소상인들까지 진출시키는 한편 해상에는 무역이외에 왜구를 방불케 하는 연안 소어민(小漁民)을 통어(通漁)라는 명목의 일방적인 밀어행위(密漁行爲)를 자행하도록 했다. 그들에 의한 연안민의 피해가 증가하고 원성이 높아지자 일본은 1883년 2월 '재조선국일본인민통상장정(在朝鮮國日本人民通商章程)'을 체결함으로써 일본인의 밀어행위를 합법적인 입어행위(동 장정 제41관)로 전환했다.

이 합법적인 입어는 국치년에 앞선 한일어업협정으로서, 어업합병을 초래할 정도로 한해(韓海) 수산자원 약탈에 공헌했다. 이러한 약탈의 진전은 일제강점기가 시작되는 단계에서 정치적 변화와도 깊은 연관이 있는 중요한 대목이었다. 그러나 그동안 일반 한국사나 한국 경제사의 연구에 있어서도 이 분야에 대한 연구는 완전히 제외되어 있었다. 그래서 본인은 역사가는 아니지만 이 분야에 대한 정리를 한국의 주체적 입장에서 정리하고자 이 연구에 뜻을 두게 되었다.

### 연구방법

조선왕조에서 일본인에 대한 입어(入漁)를 정식으로 허가한 것은 전술한 바와 같이 두 번 있었다. 그 첫 번째는 1441년(세종23) 왜구 회유책으로서 대마도민에 행한 고초도조어금약(孤草島釣魚禁約)이며, 두 번째는 재조선일본인민통상장정 제41관(조)의 규정에 의하여 일본인의 입어(통어)를 허가한 것이었다. 전자에 관한 연구로는 나카무라 히데타가에 의한 『일선관계사의 연구』(中村榮孝, 『日鮮關係史の硏究』上 中 下, 吉川弘文館, 1969)가 대표적이다. 그 외 한국(조선)어업사연구로서는 요시다 우야마시의 『조선수산개발사』(吉田敬市 著, 『朝鮮水産開發史』, 朝水会, 1954)가 있다. 요시다는 원시시대로부터 삼국시대, 고려, 조선, 식민지 시대에 이르기까지 광범위하게 연구하고 있으나 그의 연구는 일본사의 관점에서 한국수산업의 개발에 역점을 두었다.

한국에서는 박구병의 『한국수산업사』(朴九秉, 『韓國水産業史』, 太和出版社, 1964)와 『한국어업기술사』(高麗大學校民族文化硏究所, 『한국문화사』 全 Ⅷ권의 책 중 Ⅳ의 『韓國漁業技術史』, 1968)가 있다. 그러나 그의 연구는 외래 어업으로서 포괄하고 있을 뿐, 일본인의 한해 입어에 관한 연구로서는 상세하지 못하고 요시다의 연구를 벗어나지 못했다. 그 외에는 수산청 발행의 『한국수산사』(1968)와 사단법인 수우회의 『현대한국수산사』(1987)가 있으나 그것은 연구서라고 볼 수 없는 것들이다.

그리고 김진구의 『한국어업사·포경사』(金振九 著, 『韓國漁業史·捕鯨史』, 國際聯合食糧農業機構韓國協會, 1966年 7月)는 '일본의 한국어업 침략(동 3장)을 다루고는 있으나 역시 제도와 주요 업종(16종) 정도를 약술하고 있을 뿐 독자적인 연구 내용은 보이지 않는다. 그 외 박광순의 『한국어업경제사연구』(朴光淳 著, 『韓國漁業經濟史硏究』, 裕豊出版社, 1982)에서는 입어관계는 전혀 취급되지 아니했다.

위와 같이 한국어업사나 일반사 연구에 있어서 조선왕조 말기의 일본인 입어 관계는 대부분 취급하지 않고 있다. 그 이유의 하나는 특히 왕조 말기 상세한 일본인의 입어기록이 한국에는 거의 없다는 것에 기인한다는 것을 알게 되었다. 그래서 본인은 현직에 있을 때 일본에 가는 기회가 있을 때마다 그에 관한 자료수집에 노력했다.

그렇게 수집한 자료들을 근거로 하여 왕조말기의 정치적 변화와 연계하여 입어상황이 어떻게 변화 진전했는가를 공통성이 많은 것을 크고 작은 과제로 하고 시간(연대별)과 해역별 입어종류 채포 어종과 그 어획물의 처리(가공 등) 판매 및 판매기관(어시장) 입어자의 출신지(부·현) 입어자단체 입어장려정책(방법) 및 그 수행단체와 이주사업 등 실제 사례를 기초로 하여 그들이 한국의 수산자원을 어떻게 수탈했는가를 수량적(數量的), 기술적(記述的)으로 한국의 주체적 관점에서 고찰해 보았다.

## 본서의 구성

〈Ⅰ. 서장〉은 개항 이후 일본입어자(통어자)의 일방적인 입어가 뒤에 합법적 입어로 전환되었지만 그 입어행위는 삼국시대 이래의 왜구행위와 다를 바 없었다는 것을 이해하기 위해서 왜구 침입의 시대별 양상을 약술했다. 그리고 그 왜구행위를 역사적 배경으로 하고 있는 메이지 시대 일본지도자들의 정한논리(征韓論理)가 어떤 것이었던가를 규명하며 개항과 합법적 입어행위와의 연관성을 지어보려고 했다.

〈Ⅱ. 개항과 일본인의 입어 허가 및 제도 변화〉는 정한론자들에 의한 일본의 조선개항 과정을 규명하고 이후 합법적 입어의 법률적 근거와 그 역외 해역에 있어서의 입어허가와 그 대상 및 범위 등 입어제도의 변화를 고찰하는데도 역점을 두었다.

〈Ⅲ. 합법화 이후의 입어상황〉은 1883년 2월 '재조선국일본인민통상장정'(일본인은 무역조약이라고도 함) 체결 이후부터 국치년까지의 입어상황을 입어선수, 어선규모, 어획고 및 입어자의 출신지(부·현) 등을 먼저 연도별로 규명(고찰)하고 그리고 해역별(남해, 동해, 서해)로 육하원칙에 의거하여 최초 사례 발굴에 역점을 주었다.

〈Ⅳ. 입어선의 주요 대상 어종〉은 전장의 논지와 연속되는 것인데, 특히 입어자들이 주 대상으로 했던 어종은 어떤 것이며 혼획 어종에는 어떤 것이 있었으며 또한 현지인의 기호어종으로서 어떤 것을 주 대상으로 하여 어획했는가를 파악하고, 그것을 일본의 어느 지역 출신 입어자들이 주로 선호했는가를 구명하는데 역점을 두었다.

〈Ⅴ. 입어선의 종류와 조업상황〉은 개항 이후 일본인의 출신 입어지역이 점차 확장하여 나중에는 20여 개 이상 지역(부·현)에서 입어했다. 그 입어선의 종류와 규모에는 어떤 것이 있었으며 그들의 입어지(현장)에서의 조업 방식이나 영업 방식은 어떠했는가에 대한 사례를 발굴하고 영업상의 애로사항에는 어떤 것이 있었는가를 고찰하는데도 역점을 주었다.

〈Ⅵ. 어획물의 처리와 어시장〉은 입어자들이 어획한 채포물을 어떻게 어디에서 처리(가공)하고 판매했는가를 규명하고 현지판매를 위한 현지 어시장을 언제 어디에 설치하고 어떻게 운영했는가를 고찰했다.

〈Ⅶ. 일본의 입어장려책〉은 지방행정부의 부·현과 중앙정부의 장려책을 구분하고 먼저 각 지방의 장려책을 개별적으로 언제 어떻게 실시했는가를 고찰하고 그 수행단체 및 결과(현지 사업소)도 고찰했다. 그리고 국가정책의 실시근거와 연도 및 대상과 방법을 규명하는데 역점을 두었다.

〈Ⅷ. 정책조합: 조선해통어조합 및 동 연합회와 조선해수산조합〉은 일본의 한해 입어관계 정책조합의 탄생과정과 조합으로서 '조선근해어업조합연합회', '조선해통어조합 및 동 연합회'와 '조선해수산조합' 등의 설립, 근대 조직 사업 및 업무에 대해서 고찰했다.

〈Ⅸ. 동양척식주식회사의 수산이민사업〉은 먼저 동양척식회사의 설립과정과 사업내용을 고찰하고 동척의 수산이민사업의 경영방법과 그 실시 과정에 있어서 일본 관서지방의 입어단체들과의 분쟁 관계를 고찰하고 동척이 수산이민사업을 포기하게 된 이유를 구명했다.

〈Ⅹ. 포경입어〉는 먼저 조선정부의 일반어업과 포경업의 구별책에 의거하여 러시아 포경사와 일본 포경사의 입어면허 및 조업상을 고찰하고 러일전쟁에서 일본의 러시아 동해 포경선대 접수와 일본 포경사의 동해포경 독점조업 및 기업 집중을 고찰했다.

위에서 Ⅰ, Ⅲ, Ⅶ, Ⅸ, Ⅹ장은 한국수산경영기술연구원(한국수산기술연구원)의 『수산연구』 제15호(2001.12), 제20호(2004.5), 제21호(2004.10), 제29호(2009.9), 제30호(2010.3)호에 게재한 것들이나 본서 수록을 위하여 그 내용을 대대적으로 수정·보완한 신고(新稿)로서 본서의 체제에 맞추어 재구성했다는 것을 밝혀둔다.

# 차례 | 조선시대말 일본의 어업 침탈사

발간사　005
간행사　008
서문　　011

## Ⅰ. 서장
1. 왜구의 침입 ················································· 023
2. 일본의 쇄국과 개항 ···································· 050
3. 메이지 시대의 정한 약사 ··························· 057

## Ⅱ. 개항과 일본인의 입어 허가 및 제도 변화
1. 조선의 개항(조일수호조규) ······················· 067
2. 통상장정체결과 입어허가 ·························· 072
3. 미개방 해역의 특별어업면허 ····················· 078
4. 통어장정의 체결 ········································· 086
5. 경기도 연해 금어 해제와 독도 문제 ········ 093
6. 서해 4도 연해 금어 해제와 어업협정 ······ 098
7. 어업법 제정 후 한일인의 어업권 취득 ····· 110

## Ⅲ. 합법화 이후의 입어상황
1. 연도별 입어사항(총괄) ······························· 123
2. 해역별 입어사례 ········································· 151

## Ⅳ. 입어선의 주요 대상 어종

1. 주요 전업 어업 ·································································· 185
2. 기타 어종 어업 ·································································· 218
3. 한인 기호 어종 ·································································· 233

## Ⅴ. 입어선의 종류와 조업상황

1. 입어선의 종류와 규모 ······················································ 249
2. 입어선의 영업방식과 조업 사례 ····································· 260
3. 입어자(영업상)의 제문제 ················································· 298

## Ⅵ. 어획물의 처리와 어시장

1. 주요 제품의 종류와 제조 방법 ······································· 315
2. 어시장 ················································································· 331

## Ⅶ. 일본의 입어장려책

1. 국가의 입어장려책 ··························································· 357
2. 각 부현의 입어장려책 ····················································· 362
3. 어업근거지 ········································································· 391
4. 어업근거지 사례 ······························································· 395

## Ⅷ. 정책조합: 조선해통어조합 및 동 연합회와 조선해수산조합

1. 정책조합의 탄생 과정(조선근해어업조합연합회의 탄생) ·············· 409
2. 조선해통어조합 및 동 연합회 ········································ 414
3. 조선해수산조합 ································································· 430

## Ⅸ. 동양척식주식회사의 수산이민사업

1. 동양척식주식회사의 설립과 조직 ·········································· 475
2. 동양척식주식회사의 수산이민사업과 분쟁 ······························ 487

## Ⅹ. 포경입어

1. 일본 재래식 포경업의 입어 ·················································· 507
2. 러·일 양국 포경사에 대한 포경특허 ······································ 513
3. 러·일의 동해 포경 경합 ······················································· 529
4. 동해포경업의 일본 독식 ······················································· 542
5. 동양포경주식회사의 기업집중화 ············································ 550

**부록** 555
**후기** 565
**참고문헌** 567
**찾아보기** 571

# I. 서장

## ▌I. 서장▐

1. 왜구의 침입

    왜구의 발생과 기원설 / 왜구의 침범 약사

2. 일본의 쇄국과 개항

    도쿠가와의 쇄국과 선린외교 / 일본의 개항

3. 메이지 시대의 정한 약사

이 장에서는 한때 소강상태였던 왜구의 어로활동이 을사수호조규(1876년 6월)로 인하여 다시 활발해지고 그것이 옛날의 왜구행위와 유사하다는 점에서 삼국시대 이래의 주요 왜구행위를 시대별로 간추려 정리하고 그 왜구활동과 통어장정상의 입어(특히 밀어)행위가 어떤 연계성이 있는지 고찰해 보았다.

왜구의 침입에 관해서는 김부식, 김종권 역, 『삼국사기』 상·하(大洋書籍, 1972)와 사애기아리기요 편역, 『삼국사기 왜인전』(佐伯有淸 編譯, 『三國史記 倭人傳』, 岩波書店, 1988), 다개다유기오 편역, 『고려사일본전』 상·하(武田 幸男 編譯, 『高麗史日本傳』 上·下, 岩波書店, 2005)에서 시대별로 발췌 기술했으며 주석은 생략했다.

## 1. 왜구의 침입

### 왜구의 발생과 기원설

|용어와 범위| 옛날에는 일본국(日本國)을 왜국(倭國), 일본인을 왜인(倭人)이라 했다. 왜구라는 용어는 원래 왜인(倭人)들의 구도집단(寇盜集團)이 침입하였음을 기록한 왜인침구(倭人侵寇) 또는 왜인구도행위(倭人寇盜行爲)를 표현한 것에서 나온 준말로 명사(名辭)이다. 그것을 술어화(述語化)한 것은 그보다 더 늦은 서기(이후 서기를 생략) 1278년 고려 충렬왕(忠烈王) 4년에 이르러서였다고 하며, 왜구의 침입이 본격적으로 활발해진 것은 그것을 술어화한 것보다 훨씬 뒤인 1350년(충정왕 2년)경부터라고 한다.[1]

일본의 광사원 사전(廣辭苑辭典)에도 왜(倭)란 옛날 중국에서 일본을 칭할 때 사용했다고 되어 있다. 원래 왜구(倭寇)란 왜적(倭賊), 외적(外敵)의 뜻이며, 13~16세기(世紀)에 걸쳐 조선 반도와 중국(中國)의 연안을 약탈한 일본인 적(賊)을 조선과 중국에서 부른 호칭(呼稱)이고 그들은 일본의 세토나이카이(瀨戶內海), 키타큐슈(北九州)의 해적이 중심이며 원래는 사무역(私貿易)을 목적으로 하던 바반센(八幡船)이었다고 했다.

이 바반센을 조선에서는 고래로 왜인선 또는 왜적선(倭賊船)이라 했으며 그들의 사무역을 인정하고 구도 행위를 금지하기 위한 노력을 수없이 반복했으나 결국 근절하지 못했다.

여기에서는 왜의 사무역 관계는 제외하고 오로지 왜의 침범 행위에 대해서만 연대별, 시대별로 그 주요 사항을 기술하는데 그친다.

| 왜구의 기원설 |  왜구의 기원에 대해서는 일정한 정설이 있을 것이나 여기에서는 한일 양국에 영향력이 있다고 생각하는 3가지 설만을 소개하기로 한다.

첫째는 신라인 기원설이다. 앞에서 기술한 바와 같이 신라시대 변방을 침입했던 왜병(왜구)은 원래 신라 김씨 왕조에서 쫓겨난 석씨왕족(昔氏 57~80)과 그 후예(後裔)들이 일본으로 넘어가 대화조정(大和朝廷)에 합류하여 '다케우지스구네(武內宿禰)'라는 성씨로 권력을 장악하고 그 후손들 중 별파를 형성한 소가씨족(蘇我氏族)이 석씨 왕조의 재흥과 옛 원한을 갚기 위하여 왜구가 되어 신라 변방을 자주 침공했다고 한다.[2]

---

1 국사편찬위원회, 『한국사』 8, 탐구당, 1977, p. 204.
2 崔性圭, 『日本 속의 한민족 발자취』, 高麗氏族後孫: 若光, 『釜山日報』, 1995, p. 18.

둘째는 서해 해인설(海人說)이다. 일본의 오카마사오(岡正雄)는 왜구의 시조는 왜인(倭人)이며 그의 선조는 서해의 해인(海人)이라 했다. 서해의 해인은 양자강(揚子江)의 하구를 중심으로 동중국해 연안지역에서 반농반어의 생활을 하고 있던 비한민족(非漢民族) 중 오(吳), 월(越)에서 난민화(難民化)하여 강남지방의 어로민으로 해인집단이 되었다. 이들의 일부가 일본열도에 유입하여 서해의 고토열도(五島列島)에서 오이타현(大分縣)에 이르는 키타큐슈(北九州) 연안해로의 인접지를 근거지로 하여 정착한 어로민이 왜인, 또는 왜구라는 것이다.[3]

셋째는 동중국해의 특정 연안 지역인 설이다. 하다시게루(生田玆)는 왜(倭)란 지역의 뜻으로서 곧 양자강의 하구를 중심으로 한 동중국해 연안지역의 해인과 일본 북부 큐슈(北部九州)의 지역과 한(조선)반도 남해안 지역의 해인(海人)을 지칭하여 왜인이라 했다. 그리고 그는 위지왜인전(魏志倭人傳)에서 언급한 왜는 왜의 일부인 일본의 북부 큐슈 지방의 왜인에 관한 기술이며 거기에 등장하는 국명(國名)은 낙랑군(樂浪郡)을 기점으로 하는 교역망의 종점이 미나도시(港市)라 했다.[4]

이외에도 아직 파악하지 못한 여러 가지 기원설이 더 있을 것이라 생각하며 또한 그러한 각 설에 대한 비판과 시비도 있을 수 있으나 그에 대해서는 전문연구자(사학자)에 위임하기로 하고 여기에서는 문외자인 필자의 사견을 간단히 기술해 두고자 한다.

곧 위의 각 기원설에서 필자는 어업과의 관계에서 볼 때 두 번째의

---

[3] 淸水元 著, 『アジア海人の思想と行動』, NTT出版, 1997, pp. 14~16.
[4] 위의 책, p. 17.

서해 해인설이 설득력을 가진다고 본다. 그것은 왜구를 단순한 해인으로 볼 때 그 해인들은 주로 선상생활을 영위하는 선주자(船住者)들일 수 있다. 따라서 그들에 있어서 선박은 가선(家船)으로서 일상생활을 하는 거주장소(居住場所)인 동시에 어로 등 생산현장(生産現場)이기도 하다. 그러나 그 가선은 활용 여하에 따라서는 어선도 되고 해산물이나 다른 화물의 운반선도 되고 기타 상선도 되고 또한 해적선으로도 될 수 있었을 것이다. 그래서 통치체제가 미약했던 고대에 있어서는 그러한 선주자들은 생업인 어장이나 화물을 찾아다니기도 히고 그리다 보면 항해를 안전하게 하기 위하여 무장을 할 수도 있고 무장을 하고 보면 단순히 어장이나 지배해역을 통항(通航)하는 선박의 통행료 징수와 약탈을 할 수도 있었을 것이며 또한 궁(窮)하면 연안을 습격하는 등 해륙을 침범하는 해적행위를 택할 수도 있었을 것이다.[5] 이러한 점에서 왜구의 기원은 선주자인 해인설에 수긍이 간다. 그리고 그들의 선조가 중국의 양자강 하구의 비한민족계인 해인이었다고 하는 점도 이해할 수 있다.

그러나 셋째설의 동중국해를 둘러싼 한중일의 연안민 기원설에 대해서는 수긍할 수가 없다. 그것은 발생 이후 구성원 중에 동중국해의 여러 연안민이 왜구 중에 혼재할 수 있다고 하는 것은 한마디로 기원과 후세의 구성원은 별도의 문제이기 때문이다.

그리고 한반도의 연안을 침범한 왜구는 일본의 고토열도(五島列島)에서 오이타현(大分縣)에 이르는 북큐슈연안지역(北九州沿岸地域)과 세토나이카이(瀨戶內海) 및 와카사만(若狹灣) 연안 등의 일본 서해해인(西海海人)이 중추를 형성하는 왜인이거나 그들의 구도행위자(寇盜行爲者)

---

5 위의 책, p. 47.

들이었다는 것을 믿지 않을 수 없다.⁶

## 왜구의 침범 약사

| 신라시대의 왜구 |　왜구(倭寇)와 한반도 관계는 삼국시대(三國時代)의 왜·왜군·왜병·일본병 등의 기록으로까지 거슬러 올라간다. 『삼국사기(三國史記)』에 이러한 관계기사는 『신라본기(新羅本紀)』에 59개조, 일본 관계기사 14개조, 합계 73개조, 그리고 『삼국유사(三國遺事)』에 신라인과 그 외 관계기사 24개조, 일본 관계기사 8개조, 합계 32개조로서 총 105개조에 달한다.

삼국시대 왜의 침범관계는 삼국 중에서도 유독 신라 쪽에만 치중하고 있었다. 신라 시대의 기록으로는 기원전 50년(박혁거세 8년)에 왜인 병(兵)을 거느리고 변방을 침범했다는 것을 시작으로 그 후 많은 기록이 있다. 그러나 그에 기술한 왜(倭)나 왜인(倭人), 왜국(倭國) 등에 대해서(〈표 1〉 참조) 사학계(史學界)에서는 그의 진위(眞僞)에 대한 이실체설(異室体說) 등 여러 가지 견해가 있다⁷고 한다. 따라서 사기로서 이용이 가능한 것은 내물마립간(奈勿摩立干: 356~401)경부터라고 하는 것이 보편화되어 있다⁸고 함으로 여기에서는 일단 그 이후의 왜와 그 침범에 관해서 왜구 행위(倭寇 行爲)라 인정되는 것에 대해서만 시대별로 엮어보기로 한다.

---

6　위의 책, pp. 18~19.
7　佐伯有淸 編訳, 『三國史記 倭人傳』, 岩波文庫, 2005, 第18印 pp. 15~20.
8　위의 책, p. 22.

• 표 1 | 내물왕 이전 왜의 주요 침입연표

| 연도 | 사건 |
|---|---|
| BC.50(朴赫居世8) | 왜인 병을 인솔하여 변방을 침범함 |
| 서기14년(南解王11) | 왜인 병선 100여 척으로 해변 민호(民戶)를 습격함 |
| 서기73년(脫解王17) | 왜인 木出島를 침범 |
| 서기121년(祇摩王10) | 왜인 동변을 침범 |
| 서기122년(祇摩王11) | 왜병 많이 온다고 유포 |
| 서기123년(祇摩王12) | 왜국과 강화함 |
| 서기208년(奈解王13) | 왜인 국경을 침범 |
| 서기232년(助賁王3) | 왜인 금성(金城)을 포위 |
| 서기233년(助賁王4) | 왜인 동변(동해)를 침범 간로(干老). 왜인과 사도(沙道)에서 싸움 |
| 서기249년(沾解王3) | 왜인 간로(干老)를 살해 |
| 서기253년(沾解王7) | 왜인 장군 천도 주군(千道朱君)을 파견 신라를 침. 왜인 간노(干老)를 체포 살인 |
| 서기283년(未鄒王) | 왜인 금성(金城)을 공격 |
| 서기287년(儒禮王4) | 왜인 一禮郡들 습격 |
| 서기289년(儒禮王6) | 왜인 체포 |
| 서기292년(儒禮王9) | 왜병 沙道城을 공격 함락 |
| 서기294년(儒禮王11) | 왜병 長峰城을 공격 |
| 서기295년(儒禮王12) | 왜인 종종 읍성을 침범 |
| 서기346년(訖解王37) | 왜병 풍도(風島)에 내습 변호를 탈하고 또한 금성을 포위 |

자료: 『三國史記』; 李弘稙 博士 編, 『完璧國史大事典』(1976. 5. 大榮出版社)에서 발췌.

신라 내물왕(奈勿王) 시대의 첫 왜인 기록은 364년(내물왕 9년) 4월 왜병(倭兵)이 많이 왔으나 왕은 이 소식을 듣고 저항하는 것은 불가능하다고 보고 풀(草)로 인형(人形)을 수천 개 만들어 옷(衣)을 입히고 무기를 들려 토함산록에 세우고 용감한 병사 일천 명을 부현(斧縣)의 동방 원야(原野)에 매복시켰다.

왜인은 다수를 믿고 바로 진격해 오다 잠복 병사의 출격에 대패하고 도주했으나 왕은 이를 추격하여 거의 괴멸시켰다.

393년 왜인이 내습하여 금성(金城)을 포위하고 5일이 지나도록 전과

(戰果)가 없자 퇴각하기 시작했다. 왕은 용감한 기병 이백기를 보내 그 귀로(歸路)를 차단하고 또한 보병(步兵) 일천 명을 파견하여 독산(獨山)까지 추격하여 협공했다.

399년 8월에 침입한 왜병의 규모가 너무 크므로 왕은 고구려에 구원을 요청했다. 고구려는 그 다음 해 2월 보기(步騎) 5만을 보내와 왜구를 토벌하여 신라를 구했다.

405년(실성왕 4년) 왜병이 명활성(明活城)을 공격했으나 승리하지 못하고 돌아가자 왕은 기병을 인솔하여 독산 남방(南方)에 대기하여 있다가 격파했다. 그 죽인 자와 포로가 300여 인에 달했다.

407년 3월 왜인이 동변(東邊 곧 동해=東海로 간주)을 범하고 6월 다시 남변(南邊=南海)을 범했다.

457년(자비왕 2년) 왜인이 월성(月城)을 포위했다. 사방에서 화살과 돌이 비 오듯 했으나 적은 공격에 실패하고 퇴각하자 왕은 병을 출격시켜 격파하고 북방해안으로 추격하자 적의 익사자가 반 이상이 되었다. 463년 왜인이 삽양성(歃良城)을 침범하였으나 승리하지 못하고 퇴각하자 왕은 벌지(伐智)와 덕지(德智) 장군에 명하여 군대를 은로(隱路)에 매복 공격하여 크게 승리했다.

473년 왜인이 종종 국경을 침범했기 때문에 왕은 성 외각에 두성을 축조시켰다.

476년 왜인이 동변(東邊)을 침범하자 덕지(德智) 장군에 명하여 대파하고 그 포로된 자가 200여 명에 달했다.

477년 왜인병(倭人兵)이 5도(道)를 침범했으나 성과 없이 돌아갔다. 493년(소지왕 15년) 왕은 임해(臨海)와 장령(長嶺) 두 곳에 진대(鎭坮)를 설치하고 왜적에 대비했다.

670년 왜국은 일본국(日本國)이라 개호(改號)하고 그 후 계속하여 국사(國使)를 보내 화친을 요구했으나 왜인의 침입은 금지되지 아니했다.

문무왕(文武王 661~680)은 생전에 동해의 용이 되어 왜병을 물리치겠다(欲鎭倭兵)고 염원하여 바다(문무대왕 해중릉)에 묻혔다. 이것으로 당시 왜침의 심각성을 능히 짐작하고도 남음이 있다.

682년 신문왕(神文王)은 선왕이 왜침 방지를 기원하기 위해서 조성하기 시작한 감은사(感恩寺)를 완성했다. 731년(성덕왕 30년) 일본국 병선 300척이 동변(東邊)을 습격하고 742년(경덕왕 1년) 일본 국사(國使)가 도래했으나 입국시키지 아니했다. 그동안에도 그 후에도 일본 국사가 여러 차례 도래하여 화친(和親)교섭을 하였으며 특히 8세기 초에 들어서 그 교섭은 더욱 활발해졌다. 그래서 신라는 마침내 803년(애장왕 4년) 왜와의 교빙(交聘)을 승인했다.

그러나 그 이후에도 왜구행위는 여전히 계속되었다. 그래서 신라는 서해, 동남해에 출몰하는 왜의 해적소탕과 인신매매(노예)의 근절을 목적으로 828년 장보고(張保皐)에게 군사 1만 명의 동원권을 부여하고 청해진을 설치하여 왜구를 소탕케 했다. 그 결과 왜구의 침입은 거의 근절되다시피 하였으나 846년(문성왕 8년) 장보고의 살해로 청해진이 폐쇄(851년)되자 이후 왜구는 다시 기력을 회복하기 시작했다.

일본국은 사신(使臣)을 파견하고 황금 명주(明珠) 등을 진상하면서까지 계속 화친(和親)을 요청하자 신라는 일본과의 교역을 다시 허가했다. 그럼에도 왜의 침범은 여전히 근절되지 아니했다. 그러므로 다시 왜와의 화친은 무산되었다. 882년(헌강왕 8년) 일본국왕(日本國王)은 다시 사자를 보내고 황금을 진상하며 화친을 요구했으나 계속 거절했다. 이후에도 왜구는 여전히 반도 전 연안 도처에 자주 출몰했다. 이러한 왜구들의 집단 침범을 신라에서는 일본의 해적집단(海賊集團) 침범이라 칭하고 그 대비에 골몰했으나 그 성과를 보지 못하고 결국은 국력쇠진으로 나라가 멸망했다.

| 고려시대의 왜구 |   고려(高麗)는 918년 태조 왕건(太祖 王建)이 옛 고구려를 복구할 목적으로 건국했으나 일본(日本)과는 전시대를 통하여 국교(國交)가 전혀 없었다. 그러나 왜구를 통하여 토산물(土産物) 등 개별적인 통교(通交)관계를 금주(金州 → 金海)를 중심으로 하는 진봉무역(進奉貿易)으로 유지해왔다.

고려시대 왜구관계의 최초기록은 "1019년(현종 10년) 4월 장위남(張渭男)이 해적선(海賊船) 8척을 나포하고 그에 승선했던 일본인 포로들은 정자량(鄭子良)으로 하여금 돌려보냈다"고 하는 대목이다. 그로부터 1090년경까지 왜인의 침범은 그리 심하지 아니했다. 그러나 1093년(선종 10년) 안서도호부(安西都護府) 관할하의 연평도 순검군(巡檢軍)이 해적선 1척을 나포했는데 거기에 왜인(倭人) 19명, 송나라인(宋人) 12명과 활(弓), 전(箭), 도검(刀劍), 갑주(甲冑), 수은(水銀), 진주(眞珠), 유황(硫黃), 법라(法螺) 등이 적재되어 있었다. 그 적재물로 보아 나포선은 사무역을 겸한 왜구선이었다는 것을 알 수 있었다. 그리고 이것으로 신라의 청해진(淸海津)이 폐쇄된 이후 점차 왜구의 활동과 사무역이 활발해지고 있었다는 것이 확인되었다.

고려시대 초 왜구의 사무역선 교역물은 일본으로부터는 미술공예품, 진주, 수은, 감귤 등의 토산물 등 주로 진상품이었다. 이에 반해 고려로부터의 회사물품(回賜物品)은 주로 대장경(大藏經)을 비롯한 식량과 서지(書誌) 등 문물(文物)이었다. 이러한 물물교환을 조공하사(朝貢下賜)

형식으로 수행했다.

그러한 교역(무역) 품목은 12세기에 들어서 다소 변했다. 곧 왜구선은 일본으로부터는 주로 도검(刀劍), 거울(鏡), 벼룻집(硯箱), 궁전(弓箭) 등을 가져오고 고려로부터는 인삼, 잣(松子), 홍화(紅花), 향유(香油), 호피(虎皮) 등 1차 산물들을 가져갔다. 그러한 고려의 물품은 일본에서는 고가로 판매되고 막대한 이익을 창출했다.[9]

1223년(고종 10년) 왜(倭)가 금주(金州)를 침범(寇)했다. 이후 문헌상에 왜구(倭寇)란 용어가 자주 등장하고 있는 것으로 보아 그동안 왜구의 구도행위가 계속 있어왔다는 것을 짐작할 수 있다. 그리고 1225년 왜선 2척이 경상도 연해의 각현(各縣)을 침범했으나 전부 나포되고 그 다음 해(1226년)에도 왜구가 경상도 연해 지역을 침범했다.

당시 왜구의 침범에 대해서는 일본의 기록물에서도 나타나있다. 곧 후지하라 사다이에(藤原定家)의 명일기(明日記) 1266년 10월 7일조에 진서(鎭西＝九州地方)의 흉당(松浦党) 등이 수십 척의 병선(兵船)을 구성하여 고려의 별섬 거제도에 가서 회전(會戰)하고 민가를 파괴하고 자재(資材)를 약탈하였다[10]고 했다.

1227년 4월 초 왜는 금주를 침범하고 5월에는 웅신현(熊神縣 지금의 경상도 웅천연안)을 침범했다. 한편 일본에서도 그러한 구도행위 곧 적선(賊船)이 변방을 침범한 것에 대해서 사서(謝書)를 보내오고 상호 교역을 요청했다. 그러나 왜구는 여전히 주현(州縣)의 약탈을 계속했다. 그래서 조정에서는 박인(朴寅)을 파견하여 왜구의 내침을 책하고 금구

---

9 국사편찬위원회, 앞의 책, p. 205.
10 今川文雄 譯, 訓讀, 『明日記』 第4券, 河出書房新社, 1978, p. 234.

(禁寇)를 요구하자 일본에서도 적왜(賊倭)를 추검(推檢)하고 그들에 벌을 가하자 한때 침왜는 다소 수그러드는 듯했다.

한편 왜구인 마츠우라당(松浦黨)들은 공식 무역량의 증가를 요구했다. 그러나 고려로서는 그의 공급에 한계가 있고 또한 자원 고갈 등을 고려하여 오히려 교역량을 당초보다 점차 제한하고 무역선의 도항(渡航) 횟수와 척 수 등을 축소하여 1년 1회 2척으로 제한하고 무역품의 종류도 진상품목(進上品目)으로 전환했다. 이러한 무역선을 진봉선(進奉船)이라고 했다. 이 진봉선의 선정에서 탈락한 무역왜인들의 대부분은 다시 왜구 행위자로 전락했다.[11]

일본의 아즈마카가미(吾妻鏡)의 사다나가고베(貞永元)의 1232년 9월 17일조에 카가미사(鏡社=日本唐津市)의 주인이 고려에 건너가 야토(夜討)를 도모하여 수많은 진보(珍宝)를 도취(盜取)하였다고[12] 기술한 것도 그들과 관계가 있는 것 같다.

고려에서는 1259년(원종 1년) 한경윤(韓景胤)과 홍저(洪貯)를 일본에 파견하여 해적금지를 요청하고 1263년(현종 4년) 또한 홍저(紅貯) 곽왕부(郭王府)를 일본에 파견하여 금적(禁賊)을 요청했다. 왜구는 많이 줄어들지 않았지만 대체로 소강상태를 유지했다.

1323년(충숙왕10년) 왜는 회원(會原)의 조선(漕船)까지 군산도에서 약탈하고 추자도 등 전라도에 침범한 왜구는 노약(老弱)한 남녀를 볼모로 했다. 고려는 그해 7월 내부 부령(內府 副令) 송석(宋碩)을 전라도에 파견하여 왜구 100여 명을 참수했다. 1350년(충정왕 2년) 3월 경상도의 고

---

11 국사편찬위원회, 앞의 책, p. 205.
12 龍肅 譯注, 『吾妻鏡』 5, 岩波文庫, 1944, p. 215.

성, 거제 등지에 왜구가 침입하고 4월 순천부(順天府)에도 침입하여 조선(漕船)을 약탈하고 6월 합포(合浦)에 입구하자 9월 진도현(珍島縣)을 내지(內地)로 옮긴 일도 있었다. 1351년 8월 경기 지방에 백여 척의 왜선이 침입하고, 11월 남해도(南海島)에도 침입했다.

1354년(공민왕 3년) 4월에는 전라도의 조선(漕船) 40여 척을 약탈했다. 이후에는 거의 매년 매월이라고 할 정도로 왜구의 침입이 끊이지 않았다. 1360년 5월 왜구는 강화도에 침입하여 300여 명을 참살하고 쌀 4만여 석을 약탈했다. 1366년 5월 왜구가 교동에 주둔하며 약탈하고 9월 양천현(陽川峴)에 입주하여 주민을 괴롭힘에 11월 쓰시마도주(宗経茂)에 사신 김일(金逸)을 파견하여 해구(海寇)의 엄금을 일본국왕에 요청했다. 그리고 1368년에는 1월, 7월 두 차례에 걸쳐 사신을 일본에 파견했다.

1371년 왜구는 3월 해주에 침입하고 7월에는 예산강에도 침입하여 병선 40척을 불살랐다. 1373년 2월 경상도 도순문사가 구산현(龜山縣)에 침입한 왜구 수백 명을 살해했으나 9월 해주 목사 엄익겸(嚴益謙)이 왜구에 의해서 살해되었다.

1377년(폐우왕 3년) 초 황해, 경기, 삼남지방에 왜구의 침범이 너무 심하자 5월 도읍을 내지로 옮기기 위하여 철원을 상지(相地)로 정하고 또한 6월 안길상(安吉祥)을 일본에 파견하여 금구(禁寇)를 요청하고 9월 다시 정몽주(鄭夢周) 등 대사절을 파견하여 왜구의 배후 조정자인 호족급의 오우치씨(大內氏)와 대마도주 소우씨(宗氏) 등에도 금구교섭(禁寇交涉)을 하는 동시 그들의 사정을 탐정하기도 했다.[13] 그러한 노력에도 왜구의 침범행위는 근절되지 아니하고 오히려 더욱 심해졌다.

---

13 국사편찬위원회, 앞의 책, pp. 208~209.

1388년 경상, 전라, 충청 지방을 비롯하여 경기, 황해, 강원, 평안, 함경도 등지에 이르기까지 어느 한 도(道)도 빠진 곳이 없을 정도로 왜구의 침입이 빈번해지고 광범해졌다. 더욱이 삼남(三南)지방에는 연안에서 내륙 깊숙한 곳까지도 침범을 당하지 않은 곳이 없었다.[14]

그 다음 해(1389년, 폐창왕 1년) 1월 경상원수 박위(朴葳)가 대마도를 정벌하여 왜선 300척을 불태우고 그 다음 해 12월 왜구로 인해 국사(國史)를 죽주(竹州) 칠장사(七丈寺)에서 충주로 옮겼다.

이와 같이 고려 말기에 이르러서는 왜구의 침범이 거의 매년 전 연안 지방에 걸쳐 매월 계속되다시피 있었으며 그 횟수도 연년 증가하고 많은 해에는 십수 회에서 이십 수 회에 달했다. 더욱이 1350년(충정왕 2년)에서 1392년(공양왕 4년)까지 왜구의 내습 건수는 무려 293건에 달했다.[15] 그 침입선단의 규모도 1364년 이전에는 대체로 20척 정도였던 것이 점차 증대하여 최고 213척에 달한 적이 있었다.

1380년(폐우왕 6년) 8월에는 왜선 500척이 진포구(鎭浦口=忠南 서천군)에 침입하고 합포병영(合浦兵營)과 같은 군사중요지점 등을 습격하고 조선(漕船)을 약탈할 정도로 대담하고 대형화되었다. 그리고 왜구는 재물뿐 아니라 주민을 포로나 노예로 하고 노동력 또는 특수기능자로서 큐슈(九州)의 내륙부나 류큐(琉球) 등으로까지 전매하고 또한 고려와의 무역대가(代價)나 혹은 유인재물로도 이용했다.[16]

이와 같이 고려 말기 왜구의 침범이 유독 많고 대규모화 했던 것은 그 시기가 마침 일본에서는 무로마치 바쿠후(室町幕府)시대로서 그 약

---

14 국사편찬위원회, 『한국사』 9, p. 211.
15 韓桂玉 著, 『"征韓論"의 系譜』, 三一書房, 1996, p. 22.
16 淸水元 著, 앞의 책. p. 55.

60년간은 계속된 남북조쟁란기(南北朝爭亂期: 1333년~1392년)라 중앙통치력이 혼란한 시대였기 때문이다. 따라서 왜구들도 그러한 사정을 이용하여 더욱 기승을 부렸다. 당시 고려를 비롯하여 원(元)나라의 연안지방에 이르기까지 왜구에 의해서 재보(財宝)를 탈취당하고 관사사원(官舍寺院)은 소각 파괴되고 포소부근(浦所附近)은 황폐화되다시피 되었다.[17]

• 그림 1 | 倭寇圖

중세기 조선을 휩쓸고 다녔던 일본 해적의 모습
(자료: 韓桂玉 著, 『征韓論の系譜』, 1998, p. 21)

그러한 피해 지역에는 훈토시(일본남성의 음부를 가리기 위한 폭이

---

17 龍肅 譯注, 앞의 책, p. 215.

좁고 긴 천) 한 장으로 등에 큰 칼(大刀)을 메고 손에 창을 들고 기성(奇聲)을 지르는 왜구들의 침입과 약탈, 방화, 살인 때문에 주민들은 그 왜노(倭奴) 해적들을 피하여 거소(居所)를 버리고 멀리 도망하는 바람에 부락은 텅 비게 되고 왜적에 대한 공포(恐怖)와 증오에 잠을 이루지 못했다고 한다.

거기에 조정의 왕권마저 극도로 혼란해지고 약화됨으로서 출몰하는 왜구의 대응에 전 국력이 소진하여 마침내 고려는 이성계(李成桂)의 역성혁명으로 멸망을 초래했다.

| 조선시대의 왜구 |   위화도 회군에서 1391년(壬甲) 조선왕조(朝鮮王祖)를 세운 태조(太祖) 이성계는 왜구 소탕의 명장(名將)으로서의 경험과 고려 말기부터 추진하여온 군비 확장과 해변요소에 수군영(水軍營)의 설치를 계승하는 한편 왜구에 대한 회유책을 실시하자 건국 초부터 왜구의 세력은 서서히 약화되기 시작했다.

1394년(태종 3년) 김거원(金巨源) 승범원(僧梵源)을 회례사(會禮使)로 일본(九州探題 今川貞世)에 파견하자 일본에서는 납치해 갔던 피포로 남녀 659인을 돌려보내오고 해적(海賊)취재를 통고함으로써 다시 회례사 최용소(崔龍蘇)를 파견했다. 다음 해 그가 귀국할 때 일본은 사승(使僧)과 피포로 570여 인을 같이 보내오고 대장경(大藏經)을 요구함에 뒤에 김적선(金積善)으로 하여금 전달했다.

1396년 3월 일본국 좌경권대부 다다라요시히로(日本國左京權大夫 多多良 義弘)의 사승(使僧)을 칭하는 쓰지구(通竺) 에이린(永琳)이 도래하여 일본의 해적금제(海賊禁制)를 통고하고 피포로(捕虜)를 돌려보내오며 예물(禮物)까지 바치고 그 대가로써 대장경(大藏經)을 요구했다.

그러나 왜구는 동년 10월 동해(東海)에, 11월에는 평해, 영해, 울진, 울주를 침입하자 12월 김사형(金士衡) 등으로 하여금 이끼도(壹岐), 대마도를 치게 하자 왜 만호(萬戶) 나가온(羅可溫) 등이 왜선 60척을 거느리고 투항했다. 그러나 그는 다음 해 1월 도망하였다가 그해 4월 병선 24척을 거느리고 다시 투항해오자 그에게 수직(授職)했다.[18]

1397년 6월, 전년 정월 투항해온 나가온이 다시 도망하고 일본국 다다료요시히로(多多良義弘) 사신이라 칭하는 자가 토산물(土宜)을 바치고 사죄하며 이끼도, 대마도 변민의 침탈행위금제(侵奪行爲禁制)를 약속했다. 동년 11월 일본의 육주목(六州牧) 요시히로(義弘)는 승영범(僧永範) 영곽(永廓)을 사자로 보내와 토산물을 바치고 대상국(大相國)의 명(命)에 의하여 이끼 대마도의 해구(海寇)를 금제한다고 통고했다.

1398년 8월 박돈지(朴惇之)를 파견하여 오우치씨(大內氏)의 주선으로 일본정부(足利 政府)에 삼도(三島) 왜구의 금압(禁壓)을 간청했다. 다음 해 5월 박돈지가 일본의 사자(使者)와 같이 돌아왔다. 그 사자는 오우치씨(大內氏)가 일본정부(日本大將軍義滿)의 명령으로 해적을 토벌했음을 보고하고 포로송환(捕虜送還)을 해오며 정식수교와 대장경판을 청구했

---

18 수직(授職)이란 관직을 수여하는 것을 말한다. 그 연원(淵源)은 중국의 외이(外夷)에 대한 속박책에서 유래한 것이나 고려 시대 여진족(女眞族)의 회유책에 그 선례(先例)가 있다. 조선 시대에는 1396년(태조 5년) 12월에 시작하여 점차 증가했으나 조선 시대 일본국 거주자에 대해서 표류민(漂流民)의 송환, 진화(珍貨)의 공납(貢納) 외교 상의 공노자에 관직(官職)을 수여했다. 그 직위(職位)는 삼품(三品) 이상의 당상관(堂上官)에 오른 자도 있었다. 이들 수직 왜인은 영직(影職)이라 하여 정원(定員) 외로써 실무에 종사하지 않으나 관위(官位) 상당의 대우를 했다. 수직자는 1년 1회 하사한 관복(官服) 품대(品帶)를 착용하고 고신(告身=辭令)을 들고 입조(入朝)하여 접대를 받고 그 기외에 무역하는 특례도 있었다.

다. 한편 일본에서는 오우치씨(大內氏)가 왜적 토벌을 한다는 소식을 듣고 놀란 많은 왜구집단이 조선에 투화(投化) 해왔다.

그 후 약 10년간은 조일양국의 수교 증진과 일본의 적극적인 포적(捕賊)구적금절(寇賊禁絶)책으로 해적취재를 강화하고 동시에 피포로의 송환으로 왜구는 점차 해상(海商)으로 전환하기 시작했다.

곧 항왜(降倭) 투화(投化)라 칭하는 왜구의 귀화자가 속출하고 해상으로 전환하는 통호자(通好者)가 증가하자 조정에서는 통호자에 대해서 남해안의 포소(浦所)에 수의(隨意)로 출입하여 무역하는 것을 허락하고 조어(釣魚), 착어(捉魚), 포어(浦魚) 등 어업(漁業)도 허용하고 식량(米豆)도 사급(賜給) 했다.

그러자 왜인들을 종류별로 구분하여 부르기 시작했다. 곧 대마도 이끼도 기타 제진(諸鎭)의 왜인을 도왜(島倭)라 하고 사자(使者) 명목으로 도래하거나 그들을 운송하는 왜인을 객왜(客倭)라 하고 그리고 단독상행위(무역)를 하는 자를 상왜(商倭) 혹은 흥리왜인(興利倭人)이라 칭했다.[19]

이러한 변화는 태조 이래 왜구에 대한 압력과 회유책(외교)에 의한 결과였다.

그러나 한편으로 상왜선의 출입이 증가하자 포소는 무질서해졌다. 그래서 1401년 태종은 상왜선이 통교(通交)하는 포소(浦所)를 경상도 좌우수군도만호(慶尙道左右水軍都萬戶)가 주재하는 부산포(富山浦)와 제포(薺浦)로 한정하고 1407년에는 상왜선에 대해서 주지수령(住地守令)의 문인(文引=인증서)을 받아오도록 했다. 그럼에도 다음 해 3월 왜선 약 23척이 수영(水營)을 침입했다.

---

19 中村榮孝 著,『日本と朝鮮』, 至文堂, 1966, P. 78.

1414년 9월 왜인범죄논결법(倭人犯罪論結法)을 정하고 일본국 대장군(源義持) 대마도주 오우치씨(大內氏) 고니씨(小二氏) 큐슈절도사(九州節度使=九州探題) 등 10개소 이외의 통교를 불허(不許)하기로 했다.

1419년(세종 1년) 5월 비인현(庇仁縣)에 50여 척의 왜구선이 쳐들어오자 그 것을 기회로 왜구의 본영(本營)인 대마도를 다시 정벌하는 등 강경책으로 해방(海防)을 더욱 공고히 하고 1420년 정월 회례사(回禮使) 송희경(宋希璟) 등을 일본에 파견하고 10월에는 수군도절제사(水軍都節制使)를 다시 부활시켰다. 그리고 대마도 장기거주(恒居) 왜인의 경전(耕田), 포어(捕魚), 저염(煮鹽)도 할 수 없게 했다. 그러자 그에 대한 시정을 요구하는 대마도주의 계속적인 교섭이 있었다. 1422년 다시 대마도와의 통교를 허가했다.

1426년 세종은 대마도의 경제 사정을 고려하여 경상도의 염포(鹽浦)를 추가 개항하여 왜관을 설치하고 교역단의 접대도 허가했다. 염포의 추가로 개항된 항구는 삼포(三浦)가 되었다. 삼포에 있어서 왜인은 호시(互=市무역) 곧 상호거래와 조어(釣漁)가 끝나는 대로 곧 귀항(歸航)하는 것을 원칙으로 했다. 그러나 이후 삼포는 상왜선의 출입이 대소 200척에 달할 정도로 성황을 이루게 되고 언제부터인지 장기체류자(항거자=恒居者)가 많이 발생했다.

1429년 6월 왜관의 상거래 금물(禁物)이 결정되었으나 준수되지 아니 했다. 그 수년 뒤인 1435년 재포의 항거 왜인이 갑자기 증가하자 경상도 감사로부터 그들의 본토(대마도) 송환 제의가 있었다. 그러나 세종은 상왜선(商倭船)에 대해서 무역이 끝나는 대로 즉시 귀국을 촉구할 뿐 항거왜인의 토지경작에 대해서는 아무 조치를 하지 아니하고 과세만 하기로 했다. 그리고 항거왜인의 어업에 대해서는 울산의 개운포(開雲

浦)를 지정하고 왜선을 감시하기 위해서 수군(水軍)의 동승제를 실시했다.

1436년 3월에는 삼포항거왜인의 수를 206인으로 제한했으나 그 이후에도 수는 여전히 증가 추세에 있었다(〈표 2〉 참조). 1439년 재포에 입항하는 포어(捕魚) 채곽선(採藿船)에 대해서 기한을 정하고 문인(文引)을 발행하여 그 출어수역(出漁水域)을 거제도의 옥포(玉浦) 이북에서 양산 이남으로 한정하고 기항할 때는 만호(玉浦萬戶)의 문인(文引) 검찰(檢察)을 받도록 했다.

1438년 9월 대마도경차관(對馬島 敬差官) 이예(李藝)와 대마도주 사이에 다시 문인재약정(文引制約定)을 체결하고 합법적인 상왜선에 대해서는 동제(銅製)의 도서(圖書)를 하사하고 통교할 때는 반드시 그 인장을 소지하도록 함으로써 밀왜선을 색출하고 엄단하기로 했다.

• 표 2 | 삼포 항거왜호구표(三浦 恒居倭戶口表)

| 연대 \ 三浦 | 재포(薺浦) | 부산포(釜山浦) | 염포(塩浦) | 합계(合計) |
|---|---|---|---|---|
| 1436(世宗18) | 1253 | 29 | 96 | 378 |
| 1466(世祖3) | 300 · 1200 | 100 · 330 | 36 · 120 | 446 · 1650 |
| 1474(成宗5) | 308 · 1722 | 67 · 323 | 36 · 131 | 411 · 2176 |
| 1475(成宗6) | 308 · 1731 | 88 · 350 | 34 · 128 | 430 · 2209 |
| 1493(成宗24) | 204 · 781 | 74 · 288 | 51 · 152 | 329 · 1221 |
| 1494(成宗25) | 347 · 2500 | 37 · 453 | 51 · 152 | 525 · 3105 |

자료: 『朝鮮王朝實錄』 中村榮孝 著, 『日本と朝鮮』, 至文堂, 서기 1866년 4월, p. 136.

1441년 대마도민의 고초도(孤草島)[20]에서의 조어 어업을 허가하는 약조(孤草島釣魚禁約)를 승인했다. 그 약조에 의하여 대마도에서 입어하

---

[20] 『세종실록(世宗實錄)』에 남해 가운데 있고 육지에서 30리 떨어진 곳에 있으며 누대(累代)에 걸쳐 비워두어 거민(居民)이 아직 없다고 했다. 그것이 어느 섬인지 지금까지 확인하지 못하고 있다.

는 조어선은 대마도주의 문인(文引 도항증명서)을 받아 거제도 지세포(知世浦)에 도래하여 그것을 지세포 만호(萬戶)에게 제출하고 만호로부터는 고초도(전라도 다도해 소재의 섬) 왕래의 문인을 교부받아 조업하도록 하고 조업이 끝나 귀국할 때는 고초도 왕래 문인을 지세포 만호에 반납하고 세어(稅魚)를 바친 뒤 대마도주 발행의 문인을 다시 받아 귀향하도록 했다. 그러나 병기(兵器)를 휴행(携行)하거나 풍랑(風浪)에 쫓겨 지정 포구(浦口) 이외의 수역을 항행(航行)하는 것은 해적으로 간주하기로 했다.[21]

이와 같이 대마도민의 어선입어를 허가한 것은 대마도민의 경제가 조선에 너무 의존하고 있기 때문에 그에 도움을 주고 도민의 해적화를 억제하기 위해서 특별히 고려한 조치였다.

그리고 그에 대한 어세(漁稅)는 당초에는 경상감사의 지시로 일본사신의 접대비(接待費)로 사용하고 남는 것은 쌀(米), 포(布)와 교환하여 국가용도(國家用途)에 쓰도록 했다. 그러나 뒤에는 어세를 어획물로 대선(大船) 200마리(尾), 중선(中船) 150마리, 소선(小船) 100마리로 규정하고 그것을 포(布)로 교환하여 납입하도록 전환했다.

그러나 시간이 흐르자 점차 그 조어금약(釣魚禁約) 위반자가 속출하여 지세포에 도래하여 문인(文引)교환을 하지 아니하고 대마도 현지에서 고초도 어장으로 직행하거나 병기를 몰래 숨겨 왕래하며 조선어선을 약탈하고 폭행하며 또한 허가수역을 벗어나는 위반 행위를 하는 일이 증가했다. 그리고 삼포에 거주하는 항거왜인의 어선도 허가수역을 무시하고 다도해(전라도)에 출어하거나 대마도 입어선과 상호교차왕래(相互

---

21 中村榮孝 著, 앞의 책, pp. 138~139.

交叉往來)함으로써 단속이 아주 곤란해졌다.

1443년 변효문(卞孝文) 등을 파견하여 대마도주와 세견선(歲遣船) 50척 세석미두(歲石米豆) 200석(石)을 약조(約條)하고 금구(禁寇)를 촉구했다. 그러나 그 이후에도 금구약조는 여전히 엄수되지 아니했다. 그래서 1447년 11월 단목(丹木), 동(銅), 납철(鑞鐵) 등 왜인의 교역사목(事目)을 정하고 그 외의 사무역을 금지했다.

그러나 여전히 항거왜인의 각종 상거래와 포소(浦所) 부근의 농지경작자 포어자(捕魚者) 등이 증가하고 무허가 상왜인의 밀거래도 더욱 성행하자 1469(예종1)년 3월 삼포의 사무역을 엄히 통제하고 왜관 주위에 목책(木柵)을 두르고 출입자를 엄단했다.

1470년(성종 1년) 대마도 내의 조선 수직자(受職者) 및 도주의 특송선(特送船)을 세견선 50척 속에 포함시키고 그것을 다음 해(1471년) 3월 왜인 응접의 절목(5조)으로 규정하고 그리고 6월 일본 제주사(諸州使)의 유포기한(留浦期限)과 과해량(過海糧)을 개정하고 11월 왜인의 밀매매(密賣買)를 금했다. 그래도 해적의 침입은 여전히 그치지 않았다. 1473년 10월 연해제읍(沿海諸邑)의 방비를 엄하게 하고 그 다음 해(1474) 7월 삼포 왜인의 한계조가를 금지하고(三浦倭人限界造家) 1494년 2월 삼포 거주 왜인의 경작전(耕作田)에 세금을 부가했다. 1497년(연산군 3년) 3월 왜적(倭賊)이 녹도(鹿島)에 침입하여 만호를 죽이므로 궁각(弓角)의 사무역을 금했다.

이와 같이 왜인에 대한 금제가 점점 심해지자 1510년(중종 5년) 4월 삼포 항거왜인은 대마도 왜와 합세하여 제포, 부산포 두 진을 공격하고 웅천성(熊川城)을 함락하는 등 난동을 벌였다. 이것이 삼포왜란(三浦倭亂)의 시작이다. 조정에서는 동년 4월 황형(黃衡), 유담년(柳聃年) 등을 파견하여 난을 평정하고 이를 계기로 왜와의 교역을 완전 정지했다.

이후 대마도주의 끈질긴 화평교섭과 또한 대마도민의 어려운 경제사정을 익히 알고 있었던 조정에서는 마침내 1512년 6월 왜인과의 화평을 다시 허가(許和)하고 9월 대마도 사신과 약조(壬申約條)로 종전의 세견선 및 세견미를 반감하여 각각 전자 25척, 후자 100석으로 규정했다.

그 이후에도 왜변(倭變)은 여전히 끊이지 않았다. 그래서 조정은 왜구의 대비책으로 1556년(명종 11년) 2월 무과(武科)를 설치하고 200명을 선발했다. 1558년 3월 왜적(倭賊)방어를 위하여 대마도주에 2년의 특별세석미(歲賜米)도 제공했다.

1590년(선조 23년) 3월 일본국정을 살피기 위하여 황윤길(黃允吉) 등 사신을 파견하여 관백(關白) 도요토미(豊臣秀吉) 등도 만났으나 1592년 4월 임진왜란(壬辰倭亂)의 발생을 방지하지는 못했다. 1597년 왜군의 재침입(丁酉再亂)이 있었으나 그 다음 해(1598) 도요토미의 병사로 11월 마침내 왜군도 이순신 장군에 의한 노량회전에서 완전패배하고 총 철퇴했다. 이후 도쿠가와 이에야스(德川家康)가 쇼군(將軍)에 올랐으나 1604년 초까지 일본과의 관계는 완전히 단절되었다.

왜란 이후 대마도주의 계속적인 화친교섭에 마침 조정에서는 1604년 6월 유정(惟政)을 대마도에 파견하여 도민의 부산교역을 허가하고 일본 사정을 정탐한 후 돌아오는 길에 피포자(被捕者) 3,000여 인을 대동했다. 1605년 송운대사(松雲大師)와 유정이 도쿠가와 이에야스와 후시미성(伏見城)에서 회견하고 다시 피포인 1,300인을 송환했다.

1606년 11월 대마도주(宗義和)는 쇼군(將軍) 도쿠가와(德川家康)의 서계(書契)와 범릉인(犯陵人) 2명을 보내왔다. 그 다음 해 1월 회답사 겸 쇄환사(回答使兼刷還使)로 여우길(呂祐吉)을 일본에 파견하고 6월 부산

왜관을 신조했다. 1609년(광해군 1년) 6월 일본과 새로이 임진·정유란 때의 납치자 송사를 위한 약조(送使約條)를 체결하고 삼포(三浦)를 다시 개방했다. 1611년 11월 세견선의 체류기한(留館日限)을 80일로 결정하고 1617년 4월 부산에서의 왜인 잡상(雜商)을 금했다.

1618년 조정의 요청에 의하여 일본의 도쿠가와 바쿠후(德川幕府)는 백로주수(伯老州守) 마츠다이라(松平)의 허가 없이 일본어선의 울릉도 방면 출어를 금지시켰으나 그것을 위반하는 왜인이 계속 출현했다. 1693년(숙종 19년) 12월 쓰시마도주는 도리어 울릉도의 조선인 어로 금지를 요청하고 일본어선이 도래하자 1696년 9월 안용복(安龍福)이 울릉도 독도에서 일본어부를 축출하고 일본에 도항(渡航)하여 백로주수(伯老州守)와 담판하여 일본어부의 울릉도, 독도의 출어를 항의했다. 그 다음 해(1697년) 도쿠가와 바쿠후는 왜인의 울릉도 방면 항해 금지령을 내리고 그것을 동래부사에 통고해왔다. 조정에서도 1727년(영조 3년) 3월 어로선(漁撈船)의 일본표류(漂入)를 막고자 동해 원양어로를 금했다.

1811년 통신사 김이교(金履喬)를 일본에 파견했다. 그것을 끝으로 이후(1606년) 도쿠가와 바쿠후와의 서계로 시작하는 통신사의 빙례행사(聘禮行事)는 없어졌다. 그러나 이후에도 양국 간의 화평관계는 계속 유지되어 왔다. 그러나 그 무렵부터 일본 주변해양에는 영국, 미국, 노르웨이 등 서구 선진국 포경선대의 내왕이 활발해지기 시작하고 그것이 훗날 일본의 개항에 크게 영향을 미쳤다.

| 메이지 시대의 왜구 |   일본은 미국 포경업자들의 일본 중계기지(中繼基地) 설치 요구를 목적으로 하는 페리제독 인솔의 함대, 구로후네(黑船)의 압력에 의해서 1853년 개항하고 1868년(고종 5년) 메이지정부를

수립했다. 그때를 전후하여 다시 동해에는 왜구선의 내왕이 활발해졌다.

동년(1868) 야마구치현 하기(山口縣 萩) 출신의 요시무라(吉村與三郎)라는 사람이 상어 어업(鱶漁業)을 목적으로 남해안의 소안도(所安島), 추자도(楸子島) 부근에 입어했다.22 그리고 1870년 제주도 근해에 오이타현(大分縣 佐賀關)의 나가이에(中家太郎吉) 등이 고토(五島) 대마도를 거쳐 조선해역에서 역시 상어 어업을 영위했다.23

1875년 대마도의 오이케(大池忠助)라는 사람이 부산에 도래하여 해조(海藻)를 수집하여 일본으로 수출했다.24 그의 해조류 수집방법은 명확하지 않으나 일본인으로는 최초로 조선의 해조류를 일본으로 수출한 사람으로 인정하고 있다.

1877년 히로시마현(廣島縣 坂村)의 히라가와(平川甚三郎) 등 4인이 부산 근해에서 어업조사를 시도하고 그 다음 해(1878년) 3월 그 마을(村)의 주도(中東丈衛門) 등 4인도 부산에 도래하여 통역자를 동반하고 상어, 도미 어업조사를 위하여 인천까지 답사하고 동년 8월 귀국했다. 그 결과 다음 해부터 낚시 입어자(釣業入漁者)가 급격히 증가했다고 한다.25

1878년 야마구치현(山口縣 吉母浦)의 닛다(新田助九郎) 등 3인이 도미연승으로 도래하여 부산 근해와 거제도 방면에서 조업하고 다음 해(1879) 3월 동현(山口縣 大島沖家寶島)의 하라(原勘次郎)도 부산 부근에 입어했다.

그리고 가고시마현(鹿島縣 串木野濱浦村)의 이마무라(今村大平次) 외

---

22 吉田敬市 著, 『朝鮮水産開發史』, 1954, p. 54・207.
23 中井昭 著, 『香川縣海外通漁史』, 1969, p. 56.
24 吉田敬市 著, 앞의 책, p. 159.
25 中井昭 著, 앞의 책, pp. 56~57 ; 吉田敬市 著, 위의 책, p. 160.

8인이 집단으로 대마도에서 부산 근해에 이르는 해역에 입어하여 고등어 어장을 탐색하고 조선 고등어 조업의 개조(開祖)가 되었다.[26] 동년 4월 요시무라(吉村與三郞)는 잠수기 1대로 제주도 부근에 입어하여 조선잠수기어업의 개조가 되었다.

또한 전술한 쓰시마의 오이케(大池忠助)는 1880년 부산과 다대포(多大浦) 사이에 산재해 있는 조선의 전통어업인 어기(漁基) 97기 중 12기를 구입하여 대구와 청어어업을 영위했다. 그는 후일(1888년) 제염업과 부산수산회사(1889년)도 설립했다.[27]

제주도의 비양도에 나카사키현인 다케우지(竹內熊吉, 7척), 대마도인 다케우지(7척), 그리고 나카사키현의 요시무라(吉村與三郞, 14척) 등 3인이 인솔하는 왜선 28척이 도래했다. 그 후 요시무라조(吉村組)는 그곳을 떠나서 가파도(加波島)로 근거지를 옮기고 양 다케우지 씨도 3년 뒤 각각 근거지를 다른 곳으로 옮겨 갔다.

1880년 칼(刀)과 총포(鐵砲)를 지참한 카가와현(香川縣 大川郡津田町)의 스가노(菅野熊吉), 와다(和田半兵衛) 두 사람이 주낙어구(延繩漁具)로 부산 근해에 입어하여 도미를 어획했다. 전자(菅野熊吉)는 그 다음 해에 두 명의 동생들(菅野與四郞, 茂八)과 야마구치현(山口縣 鶴井)의 다케지로(竹次郞)를 안내자로 하여 상어어망선(鱶漁網船)으로 다시 입어하고 이후에도 계속 입어했다.[28]

1881년 동경부 재적(東京府 在籍)의 지가마스(近松某)는 에히메현(愛媛懸 西宇和郡三崎村大字串)의 오카사키(岡崎孫太郞) 외 15인을 고용하

---

26 吉田敬市 著, 위의 책 p. 160.
27 위의 책, p. 159.
28 中井昭 著, 앞의 책, p. 59.

여 울릉도에 입어하여 전복 채취업(採鮑業)을 시도했다. 귀국 후 오카사키는 동업자들을 포섭하고 다음 해(1882년) 다시 입어하여 예상 이상의 수익을 얻었다고 한다. 이 사실이 전해지자 당해 현의 다른 지방에서도 입어자가 계속 증가했다고 한다.[29]

1882년 3월 전년도 상어어망선으로 입어한 경험을 가진 스가노(菅野茂八)와 인접 스다촌(津田村)의 시노스가 형제(猪塚多四郎, 猪塚季治) 세 사람이 다시 어선 3척으로 조합(組合)을 구성하여 주낚어구로 마산포에 입어했다. 도미를 어획하고 연장도미(鹽鯛)로 제조하여 일본에 운송하여 많은 이익을 얻었다. 이들은 일본인 최초의 염장도미 제조인이 되었다.[30]

그리고 이러한 정보에 자극을 받은 카가와현 오다무라(香川縣 大川郡小田村)의 선어운반선 경영자였던 이시하라 3부자(父: 石原忠三郎, 子: 石原與市, 石原善六)는 두 척(繁榮丸, 住吉丸)의 모선과 어선 4척으로 선단(船團)을 구성하여 동년(1882) 9월 부산 이서, 전남 여수부근에 이르는 연해에 입어하여 도미연승어업을 영위했다. 그 어획한 도미 한 마리의 평균무게는 300돈(匁 1.87kg) 이상 되는 대형어로서 한 마리당 가격이 3円으로 전량 모선에서 매입하여 염장하고 일본(博多, 下關)으로 운송 판매하여 경영성과가 좋았다고 한다.[31]

그리고 비양도에 오이타현(大分懸)의 마츠가와(松川某)란 사람이 어선 10척으로 입어하여 상어 어업(鱶漁業)을 영위하고 이후 계속 입어했다. 그 다음 해부터는 겸업으로 도자기, 석유, 성냥 등 잡화를 일본으로

---

29 『愛媛懸誌』稿下卷, p. 919.
30 中井昭 著, 앞의 책, p. 58.
31 吉田敬市 著, 앞의 책, p. 160 ; 中井昭 著, 위의 책, pp. 59~60.

부터 수입하여 판매도 했다. 또한 이다스가(飯塚某) 등도 도래하여 어업과 상업을 영위했다.³²

부산근해에는 1879년 가고시마(鹿兒島)어민을 선발대로 한 나가사키(長崎), 오이타(大分) 지방민들이 고등어어선으로 입어하고 동년 제주도 연안에도 야마구치현인의 잠수기어선이 처음 입어했다.³³

1883년 봄 부산 근해에 카가와현(香川縣小田村)의 마츠오카(松岡佐吉), 스가노(菅野熊吉) 두 사람이 삼치 유망어구로는 최초 입어했다.

조일양국은 동년 7월 25일(음력 6월 22일) 재조선국일본인민통상장정(在朝鮮國日本人民通商章程)을 조인함으로써 이후 일본인의 왜구적 입어 행위는 합법적인 입어로 전환할 수 있게 되었다. 곧 동장정 제41관의 규정에 의해서 전라, 경상, 강원, 함경도 4개도 연해에 합법적으로 입어할 수 있게 되고 그 외 서해 4도 연해는 금어구(禁漁區)가 되었다.

그러나 다음 해(1884년) 봄철에 금어구인 서해상의 충청도 연해에 카가와현의 아가시(明石常三郎)와 키우치(木內房吉) 등이 유망으로 입어하고 1887년에는 카가와현의 마츠오카(松岡佐吉) 및 다케우지(竹內爲吉) 등도 역시 충청도 연해에 박망어구(縛網漁具)로 입어했다. 충청도 연해의 입어행위는 법률상 금어구에 대한 불법입어로서 여전히 전자와 같은 왜구적 밀어행위였다. 이러한 밀어행위는 그 외 카가와현(香川縣)인의 입어 사례에서도 볼 수 있었다.³⁴

위에서 기술한 것은 일본과 강화도 조약(수호조규)을 체결한 이후 조일(朝日)양국 간에 통상장정(입어협정)이 체결되기까지의 기간에 불법입

---

32 『韓國水産誌』第三輯, p. 422.
33 吉田敬市 著, 앞의 책, p. 181·209.
34 中井昭 著, 앞의 책, p. 60.

어의 사례들이다. 이러한 일본인의 밀어적 어로행위는 합법화 이후 경술 국치년까지도 계속 이어지고 있어왔다. 그럼에도 초기 메이지정부에서는 그들에 대해서 아무런 제재나 금지조치를 취하지 아니하고 단순히 출가어업자(出稼漁業者)의 통어(通漁)라고 하여 오히려 방관·장려해왔다.

이 불법입어자 대부분의 출신지는 주로 옛날 왜구들을 많이 배출한 지역이며 또한 메이지정부 수립에 공헌한 인물들을 많이 배출한 서일본 지역의 오이타(大分), 히로시마(廣島), 야마구치(山口), 가고시마(鹿兒島) 및 카가와(香川) 지방(諸縣) 출신자들이었다.

이들의 입어행위에 대해서는 일본학자들도 밀어행위라 인정하고 있다.[35] 따라서 그들의 밀어행위는 종래 왜구의 밀어 행위와 다를 바 없었으므로 당연히 메이지 시대의 왜구행위라 할 수 있다.

메이지 시대의 왜구행위를 형식상 청산할 수 있었던 것은 전술한 재조선국일본인민통상장정(在朝鮮國 日本人民通商章程) 제41관(款)에 의해서였다. 그러나 그러한 왜구행위(밀어자)가 사실상 경술국치년까지도 계속되어왔다는 것은 유감이 아닐 수 없다.

## 2. 일본의 쇄국과 개항

### 도쿠가와의 쇄국과 선린외교

도요토미 히데요시(豊臣秀吉)의 정한(征韓) 실패와 사망으로 일본의

---

35 吉田敬市 著, 앞의 책, p. 160 ; 中井昭 著, 위의 책, p. 56.

통치권을 장악한 도쿠가와 이에야스(德川家康)는 제번주(諸藩主)의 모반억제와 치세안정(治世安定)을 도모하고 도요토미의 정한(征韓) 실패의 전철을 밟지 않기 위하여 대외적으로 쇄국정책을 취하면서도 유독 조선과는 우호적 외교관계를 유지해왔다.

그 우호적 외교관계란 바쿠후(幕府)의 수장(首長)인 쇼군(將軍)의 취임 등 권위의 상징으로서 문화적 상전국(上典國)인 조선에 축하사절(통신사절)의 파견을 요청하는 정도에 그치는 것으로 극히 제한적이었다. 조선에서 일본으로 축하사절로 파견한 통신사(通信使)의 왕래는 1607년(선종 40년)부터 1811년(순조 11년)까지 약 200여 년에 걸쳐 통합 12회에 이르렀으며 그 인원 규모는 많을 때는 500명에 달했다.

통신사를 일본에서 영접 배송(拜送)하는 것은 쓰시마의 소오씨였다. 조선 조정은 그에게 부산 초량에 토지를 대여하고 왜관(草梁倭館)을 설치하여 일본과의 외교교섭을 전담하게 했다. 그리고 일본의 도쿠가와 바쿠후(德川幕府)에서는 그에게 번(藩)체제하의 다이묘(大名)로 임명하고 조선에 대한 무역의 독점권을 인정했다. 그래서 대마도주는 조선과 일본과의 중간에서 양국의 외교관계를 중재하는 것을 가업(家業)으로 하는 조선왕조의 종신(從臣)인 동시에 도쿠가와 바쿠후의 다이묘(大名)를 겸하고 있었던 양속적(兩屬的)인 특수 관계자였다.[36]

일본에 있어서 통신사의 영송(迎送)은 상전대우로서 곧 도쿠가와의 최고 집정관 로중(老中)과 고산게(御三家)라고 하는 장군의 문중 최고 중진들이 총출동(總出動)했다. 그리고 통신사 일행이 장군이 있는 에도(江戶=지금의 東京)까지 가는 길은 대마도를 거쳐 오사카(大阪)까지의

---

36 淸水元 著, 앞의 책, p. 124.

해로(海路)는 조선 선박을 이용했으나 일본 국내의 하천 등에서는 조선 선박보다 규모가 훨씬 작은 일본선박 가와고사선(川御座船)을 이용하고 육로(陸路)는 평민(平民)이 왕래하는 동해도가도(東海道街道)가 아닌 왕(王)이나 장군들만이 왕래하는 어소가도(御所街道)를 이용했다(〈그림 2〉 참조). 그리고 그 일행의 선도역(先導役)은 조선과 일본에 양속(兩屬)되어 있었던 대마도주 소오씨(宗氏)가 담당했다.[37]

통신사 일행이 에도(江戶=지금의 東京)까지 가는 도중의 환대는 말할 것도 없고 그들이 당시 일본 조야(朝野)의 문인, 지식인들에 미친 영향은 상상을 초월했다. 그 한 사례를 신유한(申維翰: 1681년)의 『해유록』(海遊錄)에서 인용해 보면 다음과 같다.[38]

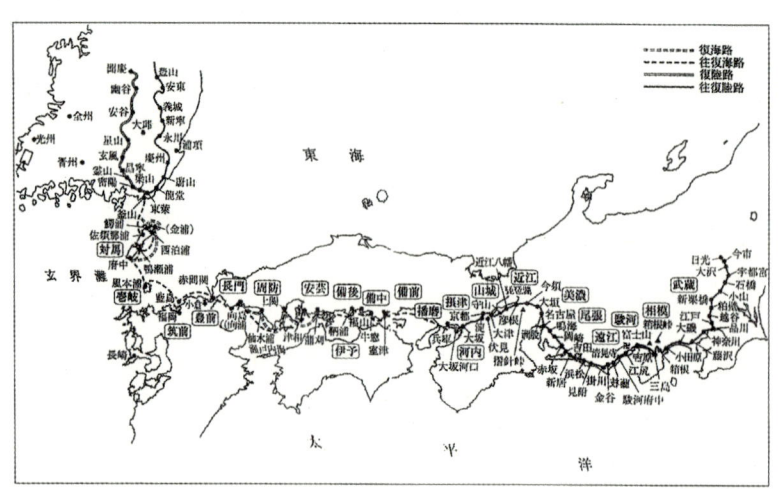

• 그림 2 | 조선통신사행렬도(1636년)

『善隣と友好の記錄 大系朝鮮通信使』第2券(明石書店, 1996)에서 변형

37 仲尾宏 著, 『朝鮮通信使』, 岩波新書, 2007, pp. 137~146.
38 申維翰 著, 金容旭 譯, 『海遊錄』, 正音文庫, 1979, p. 125.

① 1719년(숙종 45년) 8월 31일. 이때부터 일본의 원근(遠近)에서 시를 얻으려는 사람들이 몰려들기 시작했다. 종이를 책상에 가득히 쌓아두고 글을 얻으려 하는데 다 써 주어도 다시 장작더미처럼 쌓인다.

② 동년 9월 8일경. 오사카(大阪)에서는 글을 구하려는 자들이 다른 어느 곳보다도 배가 되었다. 때로는 새벽닭이 울 때까지 자지 못하는가 하면 밥을 먹고 있다가 입에 있는 것을 뱉어내고 응해야 하니 수응(酬應)하는 수고로움이 만만하지 않았다. 그런데도 오히려 대마도(對馬島)의 왜인들이 막아서 들어오지 못하게 하는 일도 있다고 들었다. 대체로 사관(使館=통신사가 숙박하는 집)은 깊고 엄한 곳이라 소위 서생들도 이러하니 하물며 미천한 백성들의 무리들이야 법이 오죽했겠는가. 언어를 통하고 금령(禁令)을 주관함에 있어 그 권세가 대마주(對馬島主)에 있는 고로 이전부터 대마도인이 중간에서 농간하고 뇌물을 받는 폐가 있다고 하나 깊이 알 수는 없다.

③ 동년 9월 16일. 사관은 성고원(性高院)이며 내가 있는 곳도 큼직한 건물이며 높고 깊숙하여 거리를 내려다 볼 수 있다. 여기에 이르니 시를 구하는 사람들이 마치 담처럼 둘러선다.

④ 동년 10월 13일. 이 나라에는 금법(禁法)이 있어서 흥이 나도 문밖에 나가지도 못하고 반달 동안이나 얽히고 머무르니 다만 재잘대는 왜인들의 글 빚에 시달려 단내만 나고 글상자에 글만 가득할 뿐 종내 가슴속에 담긴 말을 묘사하지도 못하고, 그 좋은 광경을 노래하지도 못한 것을 생각하니 사람으로 하여금 우울하게 장단식을 하기에 족하다.

⑤ 동년 10월 16일. 이름을 무라고시자에몬(村越佐衛門)이라고 하는 자가 내 필적을 얻고자 한다. 사관에 머물면서 그 모양을 보니 우는 모양이어서 괴이하더라.

⑥ 동년 10월 22일. 이곳에 이르니 또 문밖에 신발이 가득해지고 응대(應對)한 자들의 한패가 겨우 물러가고 나면 또 글을 구하는 자들의 한

패가 밀어닥친다. 눈을 깜박이지도 못한 채 밤은 깊어 새벽이었다.

⑦ 동년 10월 25일. 마루와 복도, 뜰을 보니 비좁아서 내려선 자, 비집고 올라선 자, 둘러서서 보는 자들 하나하나가 시와 글을 구하려 하지 않는 자가 없다……

⑧ 동년 10월 26일. 나는 글짓기에 시달려 잠을 못 잔지라 잠자리에서 밥을 먹고 떠나 또 가마 속에서 눈을 붙였다.

⑨ 동년 11월 4일. 멀고 가까운 곳에서 글을 얻으려는 자들이 일시에 몰려드니 마치 가난한 사람이 밀린 빚에 시달리는데 다시 새로운 빚이 쌓이는 것 같다. 일일이 모두 기록할 수도 없다.

⑩ 동년 12월 26일. 시와 글을 비는 왜인들이 점점 더 많아 끝이 없다.

이와 같이 조선국사의 시나 필적을 소유하고자 한다는 것은 선진문화를 희구하는 인간의 욕망이라 수긍이 간다. 그리고 통신사에 대한 향연(饗宴), 접대(接待) 등도 상상을 초월하는 후대(厚待)가 있었다. 그러한 후대는 결국 바쿠후의 위신문제라고 하여 일본 지식인들의 개혁론까지 초래하고 그것은 끝내 정한론으로까지 발전했다.

그리하여 결국 양속관계에 있는 소오씨를 중계자로 하여 조선과 도쿠가와 바쿠후의 의례(儀禮)와 문화 교류를 주안으로 했던 양국 간의 의례 외교관계는 1811년 통신사의 빙례행사로 끝이 났다. 한편 그 무렵부터 동아시아에 진출하는 구미열강에 의해서 일본은 먼저 개항을 단행하고 쇄국을 고수한 한국과는 근본적인 변화의 차이를 초래했다.

### 일본의 개항

일본은 섬나라의 특성상 주변 해역에 어족이 풍부했다. 그중에는 고래

자원(鯨資源)도 많았다. 그래서 19세기 초 산업혁명으로 필요불가결한 유지 자원을 습렵(習獵)하는 서구 포경선대의 활동무대가 되어왔다.

미국 포경선의 일본 근해 출어는 1819년 중국에서 하와이로 도항(渡航)하던 미국상선의 선장 윈쉽(Winship)이 일본근해에서 향고래(抹香鯨)의 대군을 발견하고 그것을 재미(在美) 친구에게 연락한 것이 계기가 되었다. 그 소식을 전해들은 포경선 마로우(Maro)호가 동년 10월 26일 '낸터커드'섬에서 일본 근해로 출어하여 2년 5개월 동안의 조업으로 향고래 기름 2,425통(樽)을 적재하고 귀국하게 되었다. 그리고 영국 포경선 '사이렌호'도 동년 8월 3일 영국을 출항하여 일본근해에서 향고래 떼를 만나 2년 8개월 동안의 조업으로 2,768통의 향고래 기름을 얻어 귀국했다.[39]

이러한 포경선들의 조업을 효시로 하여 입어하기 시작한, 기동력 있는 미국의 범선식 포경선대(帆船式捕鯨船隊)와 유럽의 원양포경선대에 의하여 일본 근해의 고래어장이 활기를 띠기 시작했다.

특히 19세기 중반 세계 포경어장을 지배했던 미국의 포경선대는 1839년 550척에 그 총톤수는 169,300톤, 1842년 600척, 1847년 729척에 그 총 톤수는 233,000톤으로서 당시 세계 포경선 총 척수의 약 80%를 점하고 있었다. 그중에서 일본근해에 출어한 포경선 척수는 1843년 108척, 1846년 292척, 이후 1860년까지는 연평균 100척 이상이었으나 1865년에는 60~70척으로 감소했다. 그것은 그동안 남획에 의한 자원감소, 항해일수의 장기화에 의한 경비증대, 고래 기름 및 고래입수염 등의 가격하락, 조선비(操船費) 및 노동임금의 상승 등으로 인하여 점차 경영이 악화됐기 때

---

[39] 石田好数, 日本漁民史, 三一書店, 1978, p. 34 ; 明石喜一 著, 『本邦の諸威式捕鯨誌』, 東洋捕鯨株式會社, 1910.

문이라 했다.[40]

그러나 그 이전, 곧 1853년 6월 3일 태평양에서 우라카(浦賀) 근해에 나타난 미국의 동인도 함대소속 군함 '페리호'(일본에서는 구로후네(黑船)라 함)에서 함대 사령관 매튜.C.페리 제독이 개항회담을 요청했다. 이에 바쿠후(일본정부)에서는 회담을 거절하고 페리호에 대해서 나가사키항(長崎港)으로 회선(回船)을 요구했다. 페리 제독은 그에 불복하고 오히려 포격으로 위압을 가했다. 결국 일본은 그 압력에 굴복하고 다음해 3월 미국과 개항협약(美日和親條約)을 체결했다.

뒤이어 일본은 1858년 미국, 네덜란드, 러시아, 영국, 프랑스 등과도 수호통상조약을 체결하고 하코다테(函館), 카나가와(神奈川), 효고(兵庫), 나가사키(長崎), 니가타(新潟)의 개항을 약속했다. 따라서 1866년 200년 이상 계속 금지해 온 자국인의 해외도항(海外渡航)을 해금하고 쇄국책을 완전 일소함으로써 서구문명을 급속도로 받아들였다.[41]

이후 일본은 서구 선진제국과의 접촉, 외국유학생의 활발한 파견 등으로 서구문화를 가장 먼저 가장 많이 받아들인 서일본의 사츠마(薩摩), 초슈(長州)인들을 중심으로 급성장한 개화파 도막세력(倒幕勢力)에 의해서 1868년 마침내 바쿠후정치(幕府政治)를 청산하고 왕정(王政)을 복구하여 메이지정부(明治政府)를 수립했다. 메이지정부는 아시아에서 가장 먼저 서구문명을 받아들인 유일한 국가요, 당시 유행했던 서구 제국주의 정치체제(帝國主義政治體制)를 도입했다.

---

40 石田好数, 위의 책, p. 35.
41 清水元 著, 앞의 책, p. 91.

## 3. 메이지 시대의 정한 약사

전술한 바와 같이 일본의 에도중기(江戶中期)에 큰 문화적 영향을 끼친 조선통신사에 대한 후대(厚待)를 개혁하고 바쿠후의 위신 제고를 주창했던 당대 일본 최고의 석학인 아라이 하구세키(新井白石: 1657~1725)의 사상은 이후 나카이 지쿠산(中井竹山), 사토 노부히로(左藤信淵: 1769~1850), 요시다 쇼인(吉田松陰: 1830~1859) 등이 계승하는 동안 국수(國粹)와 존왕(尊王)사상으로 발전했다. 특히 요시다는 거기에 서구 제국주의사상(西歐 帝國主義思想)을 접목하여 일본 특유의 제국주의 황국사관(皇國史觀)을 형성했다. 그것을 바탕으로 구로후네(黑船)에 의한 불평등조약으로 인한 개항의 불이익을 조선, 중국 및 동남아시아 제국에서 보완(補完)하기 위해서 부국강병(富國强兵)과 해외부식정책(海外扶植政策)으로 먼저 정한(征韓)을 주장했다.[42] 이러한 요시다의 영향을 받은 도막파(倒幕派)와 메이지유신(明治維新) 지도자들은 정부수립 초기부터 정한을 목적으로 조선의 개항을 서둘렀다.

병자수호조규(丙子修好條規) 체결 이후 일본 메이지정부의 제국주의와 국수주의 사고는 조선지배와 일반인이 망각했던 삼국시대로부터의 왜구행위를 쉽게 결합시켜 자국어민의 조선연해입어(출어)를 장려하는 한편 궁극에는 조선 점령을 목적으로 대원군까지 업어내어 임오군란(1880)을 유도하기에 이르렀다. 그러나 그 결과는 실패로 돌아갔다.

그 후 프랑스가 베트남 북중부를 보호국화한 것을 계기로 1884년 6월 청국과 프랑스 간에 전쟁이 발발하자 일본은 그 틈을 이용하여 동년 12월

---

[42] 韓桂玉 著, 『征韓論の系譜』, 三一書房, 1996, pp. 30~52.

조선의 젊은 친일개혁파(김옥균, 박영효, 홍영식, 서광범)들을 조종하여 갑신정변(甲申政變, 1884년)을 일으켰다. 그러나 그 계획도 3일 천하로 끝나고 그 다음 해(1885년) 4월 체결한 청국과의 텐진조약(天津條約)에서도 청일 양국이 다 같이 조선으로부터 철병(撤兵)하는데 합의했으나 그 결과는 오히려 조선에 있어서 청국군의 개입을 더욱 강화하게 했다. 그래서 일본은 후일 청국과의 대전을 불가피하게 치르게 되었다.

그리고 갑신정변에 실패한 김옥균(金玉均) 등 개화파의 일부는 다시 일본으로 망명해 갔으나 그동안 그들을 부추기고 필요한 물자 등을 마루젠(丸善)을 통하여 후원했던 당대 일본최고의 석학자인 후쿠자와 유키치(福澤諭吉)는 조선정변의 실패에 충격을 받아 김옥균 등과의 결별을 선언(1885)하고 그 동안 숨겨왔던 자신의 국제관(國際觀)인 탈아론(脫亞論)을 발표했다. 거기에서 그는 "조선이든 중국이든 독립할 수 있는 상태가 아니기 때문에 이미 구미화(歐美化)한 일본이 다른 열강과 같이 마음 놓고 아시아를 접수 할 수밖에 없다"는 제국주의 기본이념을 드러내고 일본의 조선침략을 적극 옹호했다.[43]

한편 당시 영국은 러시아의 '전통적인 중앙아시아를 통한 남하정책'에 저항하여 아프가니스탄을 둘러싼 긴장이 지속되는 가운데에서도 러시아의 극동에서의 남하를 제지하기 위하여 1885년 함대를 파견하여 거문도(巨文島)를 점령하고 그 길목을 지키기 시작했다. 그러나 조선에서는 그에 대한 한마디 이의도 제기하지 못하고 있었다. 그것을 기화로 일본은 영국에 협조하며 동맹을 체결하고 그를 도와 그 해 12월 해군연습함, 스쿠바마루(筑波丸)로 쓰시마와 대한해협을 순시하며 구미제국의

---

[43] 淸水元 著, 앞의 책, p. 180.

제국주의적 질서에 따라 조선과 중국의 운명공동체적 우호관계를 부정하고 도서국가(島嶼國家)로서의 대륙침략 야욕을 적극적으로 추구하기 시작했다.

그리고 일본은 그동안 조선 조야에 구축해 온 조선 진출의 발판이 갑신정변의 실패로 붕괴하자 자국의 여론을 청국타도의 대외강경운동으로 전개하는 동시에 정한론(征韓論)을 제기하며 크게 정치수단화 했다.

그 정한론의 주창자들(管沼貞風, 浦敬一, 武田誠, 關常吉, 新宮勇, 松浦健太郎, 副島種臣 등) 중에는 의견의 차이로 급진파(북진파)와 온건파(남진파)로 나누어져 있었다. 급진파(북진파)들은 "일본은 사해(四海)에 접하고 있음으로써 한순간 천 리 밖의 군함에 의한 전쟁에서는 공격이 편리하나 수호에는 지극히 불편한 국가이므로 만세(萬世)에 독립하기 위해서는 반드시 대륙에 영토를 가지지 않으면 안 되며 대륙에서 일본이 취할 수 있는 곳은 청국과 조선의 두 나라가 있을 뿐"이라 주장하며 서구의 제국주의 침략론을 자국 국민에게 제고시키는데 크게 노력했다.[44]

그리고 온건파(남진파)로 분류되는 사람들도 다시 소수의 두 아류로 나뉘어져 있었다. 그 하나는 "조선과 중국은 오히려 일본의 호린국(好隣國)이므로 그들 국가에 대해서는 서구열강과 패권(覇權)을 다툴 것이 아니라 양국을 일본 편으로 끌어들여 원조하는 것이 가장 안전하며 이익이 많은 방책이므로 중국을 절대로 취하여서는 아니 되며 만약 공격하여 실패하면 그 국토는 러시아와 독일, 영국, 프랑스 등의 열강에 의하여 분할될 것이므로 일본의 국방선인 조선도 취해서는 아니 되며 오히려 개조(改造)에 노력하여 조선정부를 익찬(翼贊)하여 국정을 정리하

---

44 搞薰藏 著, 『浦敬一』, 淳風書院, 1924, pp. 114~115.

고 병비(兵備)를 완수케 하여 북노(北露)에 대한 일본의 만리장성으로 삼아야 하는 방책을 강구하는 것이 러시아의 남하를 억제하고 북방의 수호를 견고히 할 수 있을 것이라" 했다.[45]

또 다른 온건파는 "미국이 필리핀을 식민지로 획득하는 것으로 보아 후일에 '아시아' 각지에 서구의 진격이 있을 것이므로 먼저 남진하여 네덜란드령(和蘭領)의 자바, 수마트라를 취하고 태국을 도와 영국과 일전을 교환하여 말레이반도를 탈취하고 싱가폴의 협문(狹門)을 억제하고 그리고 북을 향해서는 조선을 도와 러시아와 일전하여 만주 전역을 회복하고 '블라디보스토크', '니콜라이 에프스크', '사할린', '캄챠크'의 요충들을 점거하고 나아가 조선과 태국과 결합하여 중국을 견제하고 기회가 있으면 대만을 약취하자"고 하는 곧 동양패국관을 가진 자들도 있었다.[46]

이와 같이 당시 일본의 정론(政論)은 분열 속에 있었으나 결국 실권은 일단 급진파에 돌아갔다. 그들은 왕도수구파(西野文太郎 등)들과 합세하여 영국에 유학한 진보파의 구화주의자(歐化主義者)인 문부대신 모리(森有禮)를 자살(刺殺)하고(1889년 2월 12일) 온건파를 제압(制壓)했다.

한편 미국도 필리핀 등에 대한 야욕을 충족하기 위하여 일본 남진파의 의도를 억제하고 왕도수구파에 동의하며 극동에서의 기회포착(機會捕捉)과 문호개방(門戶開放)을 명목으로 일본과 미국 양국은 각각 필리핀과 조선에서 쌍방의 우월적 지위를 존중한다는 '태프트·가스라(桂太郎)' 비밀협정을 체결하고(1898년) 미국은 필리핀을, 일본은 조선의 탈취를 상호 인증했다. 이에 힘입어 이후 일본은 조선의 합병화와 남만주

---

45 菅沼貞風 著, 『大日本商業史』, 岩波書店, p. 656.
46 淸水元 著, 앞의 책, p. 202.

에 대한 기득권익화(旣得權益化)로 세력범위를 확대하기 시작했다.

이와 같이 메이지정부는 서양제국주의를 모방하여 자국의 독립을 확보하기 위해서는 대국(大國)이 되어야 하고 그래야 서구열강과 힘의 균형을 이룰 수 있다고 하는 논리에서 팽창주의에 더욱 깊이 빠져 들고 아시아 전역에 대한 지배욕을 점점 키워서 일본 특유의 제국주의 논리로 발전하여 오히려 서구의 제국주의 논리를 훨씬 능가하는 확대국수주의(擴大國粹主義)로 발전했다.

이러한 일본의 국수주의 위정자(爲政者)들은 그 동안 조선에 쌓아놓았던 친일(親日)세력이 붕괴되고 그 회복이 어려워지자 다시 서해와 동해(원산)에 파견군을 증강하여 1894년 7월 25일 아산(牙山) 주둔의 청국병과 황해의 청국군함에 예고 없는 기습공격을 가하여 그 주력부대를 대파하고 나서 8월 1일에야 전쟁을 선포했다. 이후 일본은 전황(戰況)이 유리하게 전개되자 동년 8월 20일 조선을 강압하여 잠정합동조관(暫定合同條款)을 체결하고 서울-인천 간, 서울-부산 간, 서울-의주 간의 철도부설권을 탈취했다. 그리고 그 다음 해(1895년) 전쟁이 승리로 종결되자 주한일본공사, 미우라(三浦梧樓)는 서울에 주재하고 있었던 일본인 낭인(浪人) 아다치(安達謙藏), 오카모토(岡本柳之助)와 일본 수비대 등을 동년 10월 7일 밤 경복궁(景福宮)에 잠입시켜 명성황후(민비: 閔妃)를 시해했다.

이 시해 사건이 발생한지 4개월 뒤 고종과 왕세자는 일본의 만행을 피해 왕궁을 빠져나와 러시아 공사관(公使館)으로 파천(1896년 2월 11일)했다. 그 직후 서울 시내에서는 민비 학살과 개화파에 대한 보복으로 반일(反日) 폭동이 일어나고 김홍집(金弘集) 총리대신 등 친일파 각료에 대한 노상학살사건이 발생했다.

국왕 일행이 러시아공관에서 1년 동안 국정을 수행하는 동안 친일세력은 다시 몰락하고 반대로 친러파(親露派)내각이 국정을 장악하고 일본이 앗아간 금광채굴권과 철도부설권 등의 이권(利權)도 다시 회수하여 구미열강에 넘겨졌다.

그러나 명성황후(明成皇后)의 시해사건으로 등장한 러시아세의 진출은 다시 일본으로 하여금 조선에서의 러시아에 대한 무력행위를 촉진하는 결과를 초래했다.

곧 일본은 먼저 표면상 조선에 있어서 러시아의 기득권을 인정하고 러시아도 만주에서의 이권을 독점하기 위하여 일본의 조선에서의 전단(專斷)을 인정한다는 러일 양국 간의 양해각서(露日覺書)를 서울에서 교환(1896년 5월)했다. 그러나 그것은 일본의 간계로서 일시적인 가장이었을 뿐 일본의 대러전쟁(露日戰爭)준비 기간을 제공하는 것이 되었다.

그리고 일본은 그동안 영국과도 동맹(英日同盟) 관계를 체결하고 영국의 후원을 얻어 조선에서의 러시아세력을 배제할 준비가 되자 그 실현을 위하여 조선에 군사동맹의정서(韓日議定書)의 체결(1904)을 제의했다. 그러나 조선은 그것을 거절하고 오히려 대외중립선언(對外中立宣言)을 각 국 정부에 전달했다. 이에 당황한 일본은 동년 2월 8일 군대를 인천에 상륙시키는 것을 시작으로 기타 각 항구에도 속속 군대를 상륙시키며 러시아함대를 기습하고 그 다음날(2월 9일) 서울을 제압하고 나서 러시아에 대한 선전포고(露日戰爭)를 했다.[47]

전쟁에서 승기(勝氣)를 잡게 되자 일본은 군사력을 배경으로 하여 노골적으로 한국을 강압하여 한일협약(韓日協約, 1904. 8. 22)을 체결하고

---

47 金膺龍著, 日韓 併合, 合同出版, 1996, p. 164.

한국에 대한 내정간섭권(權利)을 앗아갔다. 그리고 1905년 9월 동경에서 수상(首相) 가스라(桂太郞)와 미국 루든 국무장관과의 회담에서 일본은 한국의 보호화를 제안하고 그 뒤 루즈벨트 대통령이 이를 승인했다.

그리고 일본은 한국과의 협의도 없이 동년 9월 러시아와의 강화조약 (포츠머스 조약)에서 한국이 그들의 보호국임을 자청하고 다시 무력의 위압으로 날조한 제2차 한일협약 일명 을사보호조약(乙巳保護條約)을 체결(동년 11월 17일)했다. 이 조약으로 일본은 한국의 외교권을 박탈 사실상 보호국으로 전락시켰다. 그 다음 해(1906년) 일본은 통감부(統監府 1905. 12. 21. 칙령 제267호로 공포)를 서울에 설치하고 그 초대통감으로 이토 히로부미(伊藤博文)를 임명했다.

이와 같이 무력으로 강압과 불법 날조로 조선의 주권을 앗아간 일본의 강탈처사에 분개한 고종은 1907년 6월 네덜란드 헤이그에서 개최되는 '만국평화회의'에 밀사를 파견하여 조선의 독립보전을 만천하에 호소하려 했다. 그러나 식민지를 보유하고 있는 제국주의 서구열강국들의 자국이익보존을 위한 상호이익주의(相好利益主義)에 밀려 조선의 대표는 회의장에 참석마저 거절당하고 분격한 이준 밀사의 자결을 초래했다.

이것은 한마디로 국가보전에 필요한 기본 군사력의 부재와 오랜 쇄국에서 세계열강의 정보 곧 국제정세에 너무 어두웠던 근대적 외교력이 전무했던 결과였다. 다시 말하면 당시 한국정부에는 그러한 국제 정세와 일본의 강압적 조치나 서구제국주의 열강들의 상호이익주의 관계를 전혀 알지 못했으며 일본의 확대주의 행동도 사실은 점차적 승인 또는 묵인 하고 있었다는 것을 일찍이 깨닫지 못하고 있었던 무지의 결과였다.

일본은 헤이그 밀사 파견사건을 이유로 특히 연습함대 장교들을 대동한 이토 히로부미는 1907년 7월 3일 고종황제에게 "밀사파견은 폐하

한 사람의 책임이며 일본에 대한 공공연한 적의를 드러낸 것이므로 일본은 조선에 선전포고를 할 것"이라는 협박까지 하고 일본의 내각회의에서는 ① 고종의 황제위를 일본국왕에게 양위하는 방안, ② 한국 황태자에게 양위하는 방안 등을 논의한 끝에 일단 그의 결정권을 이토에게 위임하기로 결정하였다.[48]

그 뒤 곧 일본정부는 조선의 완전탈취(합방)를 서둘러 실시하기 위해서 ② 안인 고종황제를 강제 퇴임시키고 왕세자를 순종(純宗)으로 즉위시키는 한편 다시 제3차 한일협약을 체결(1907년 7월 24일)하고 조선의 신식군대(2,000명)를 해산했다. 이어 주한 일본군을 증강하여 군사력으로 조선의 주권을 완전히 앗아가는 절차를 거쳐 1910년 8월 강제로 합병함으로써 조선은 국치의 절차를 당하게 되었다.

그리고 일본은 그동안 제국주의 대륙공작의 선병(先兵) 역으로 활용해 왔던 일본 연안 어민을 이주시키기 위해서 1908년 말 한일어업협정과 한국어업법을 제정, 시행함으로써 어업 병합을 경술합병 1년 앞서 먼저 성사시켰다.

---

48 『釜山日報』, 1995. 8. 3(日本外務省 기밀文書).

# Ⅱ. 개항과 일본인의 입어 허가 및 제도 변화

## Ⅱ. 개항과 일본인의 입어 허가 및 제도 변화

1. 조선의 개항(조일수호조규)
2. 통상장정체결과 입어허가
3. 미개방 해역의 특별어업면허
   인천 조계 거류자에 대한 특별어업면허 / 진남포 조계 거류자에 대한 특별어업면허 / 맺는말
4. 통어장정의 체결
5. 경기도 연해 금어 해제와 독도 문제
6. 서해 4도 연해 금어 해제와 어업협정
   통어장정 개정과 한일협약 / 한일어업협정과 한국어업법 제정
7. 어업법 제정 후 한일인의 어업권 취득
   양식면허인가 / 한국어업법 시행과 어업권 처분

## 1. 조선의 개항(조일수호조규)

조선의 근해에는 1832년(순조 32년) 황해도 장연현(長渕縣), 몽금포(夢金浦) 앞바다에 나타난 영국상선 '로드아마스트호'의 통상 요구 이래 1845(헌종11)년 6월 영국 군함 '사마랑호'의 제주도 및 전라도 도서 측량과 다음 해 6월 프랑스 함대 세실(Cecille) 소장의 개항 요구, 그리고 1848년 12월 경상 전라 황해 강원 함경 등 5도 근해에 이양선 출현, 1850년(철종 1년) 2월 강원도 울진에 나타난 이양선(1척)의 포격사건, 1853년 1월 부산항에 최초로 미국 포경선 입항, 1861년 원산 앞바다에 나타난 러시아함대의 통상요구, 1866년 2월 영국상선 '로사호'에 승선한 독일인 옵펠트의 통상요구, 동년 7월 미국 무장선 '제너럴셔먼호'에 의한 대동강 침입사건, 동년 8월 프랑스 선교사 살해사건 발생에 대한 보복으로 동년 9월 프랑스함대의 강화도 폭격사건 등에 의한 서구제국의 강력한 개항의 요청 등이 이어졌다. 그럼에도 조선 조정에서는 오히려 척사윤음(斥邪綸音)을 발표하고 이적(夷狄)의 논리로서 쇄국을 더욱 강화했다.

• 그림 1 | 1853년 1월 부산항에 들어온 최초의 미국 포경선

출처: 『사진으로 보는 조선시대』(성문사, 1987, 5)에서 발췌

    그러나 구로후네(黑船)라 칭하는 미국함대에 의해서 왕정을 복구한 일본의 메이지정부는 도쿠가와 시대의 쇄국과 조선에 대한 선린외교 정책을 폐기하고 아시아 황인종 국가로서는 최초로 서구식 제국주의 국가체제를 도입하여 유럽기원의 팽창질서 확립에 적극 참여하고 개화에서 받은 수모(불이익)를 오히려 조선에 적용하기 시작했다.

    곧 제국주의 황국사관의 신봉자들로 구성한 메이지정부는 수립(1868년) 초부터 계획적으로 대륙침공을 목표로 하고 먼저 조선과 일본의 양속관계에 있었던 쓰시마를 완전 접수하고 그 도주(島主)를 통해서 그들의 정권 교체를 조선에 알리고 새로운 국교수립(개항)을 위한 교섭을 해왔다.

    그 임무를 맡은 쓰시마 도주는 가신(家信)인 히구치데츠시로(樋口鐵四郞)를 1868년 12월(고종 5년·메이지 1년) 조선에 사신으로 파견하여 일본의 정권 교체를 알리고 국교 재정립을 요구했다. 그러나 조정에서는 야도(八戶順叔)의 발표문에서 이미 메이지정부의 정한(征韓) 의도를

의식하고 있었다.[1] 그리고 그가 휴대한 국서에도 종래 조선국왕이 사여한 인장을 사용하지 아니하고 국왕(國王)이란 명칭 대신 중국 황제만이 사용할 수 있었던 '임금 황(皇)' 자가 든 인장을 양국의 사전협의 없이 일방적으로 사용하고 국서의 내용도 "황상이 등극하여 친히 정사를 다스리고 이웃과 잘 지내고자 하여, 정식평화사절을 파견하고 옛정을 계속하고자 함이 황상의 진심이다"라고 하여 일본왕을 일방적으로 높이고 있는 아주 우월적인 국서의 내용이었다(일본국서 참조). 조정에서는 그러한 국서의 서계격식(書契格式) 문제로 그의 접수를 거절했다.

> **日本國書**
> 皇上登極更張親裁万機欲大修隣好而,
> 皇上之誠意也乃差正官平和使節以尋旧悃

메이지정부에서도 그 국서를 보내기 전에 발안자인 키도(木戶孝允)도 그 내용이 무례하여 조선조정에서 접수하지 않을 수도 있다는 것을 예측하고 있었다고 하며 만약 그것을 조선에서 거절하면 그것을 구실로 조선을 공격하자는 건의도 있었으므로 계획적으로 보냈다는 설도 있다. 예측한대로 조선조정에서 그 국서의 접수를 거절하자 일본은 더욱 강경한 자세로 반격하면서 제국주의 침략근성을 서서히 실현하기 시작했다.

키도(木戶孝允)를 수장으로 한 메이지유신의 원훈(元勳)들은 일본 조야의 의견방향을 신속히 정한(征韓)쪽으로 정립하면서 재차 사절을 파견하여 국서의 접수를 계속 거절하면 그 책임을 들어 조선을 공격하고

---

[1] 중국 상해의 영문지『Adviser』지에 게재한 일본의 극열정한론자 야도(八戶順叔)의 논문에서 일본의 정한의도를 알고 그에 대해서 조정에서는 1867(고종 4)년 3월 반론을 제기(발송)했다고 함(金膺龍,『日韓併合』, 合同出版, 1996, p. 24).

일본의 국위(國威)를 신장하고자 했다. 이것이 메이지 시대 최초의 정한론이었다.[2] 그러한 정한론자들은 당시 일본 국내에서 계속 발생하는 농민소요(一揆)와 반정소란의 기세를 전향하기 위해서도 더욱 정한론을 가속적으로 조장했다고 한다.[3]

일본정부는 조선에 대한 개국 요청이 그들의 의도대로 잘 진행 되지 아니하고 지연되자 1870년 열렬한 정한론자인 외무성관리 3인(左田白芽, 濟藤莹, 森山茂)을 첩자로 부산 왜관에 잠입(潛入)시켜 조선 정계의 정보 수집에 착수하고[4] 일본 국내에서는 바쿠후시대의 번 체제를 폐지하고 현제도(縣制度)로 전환하는 조치(廢藩置縣)를 수행(1871년)하면서 조선 왕조에서 대마도주에게 대여했던 초량왜관(草梁倭館)을 조선과 사전협의 없이 일방적으로 접수하여(1872년) 대일본공관으로 개칭했다.

이와 같은 메이지정부의 외교관례를 무시한 일방적인 약탈조치에 대해서 조선 조정에서 그 부당성을 지적하자 오히려 일본은 적반하장격(賊反荷杖格)으로 더 강경하게 저항하며 자국 여론을 더욱 정한 쪽으로 제고(提高)하며 조일 양국 관계를 의도적으로 경직하게 했다.[5]

그럼에도 일본 국내에서는 메이지정부 출범 이후 정계의 혼란과 정권 불안정이 고조되고 왕정복구에 기여한 사족(士族)들의 불만과 울분이 분출했다. 그에 책임을 느낀 왕정 복구의 삼걸(三傑)이며 바쿠후 토벌준비의 선봉장이었던 '사이고 다카모리(西鄕降盛)'는 추종세력의 불만을 잠재우기 위해서 1873년 스스로 파한사절(派韓使節)을 자청하고 "만

---

2 淸水元 著, 『アジア海人の思想と行動』, NTT出版, 1997, p. 126.
3 毛利敏彦 著, 『明治維新の再發見』, 吉川弘文館, 1993, pp. 114~115.
4 金膺龍 著, 앞의 책, p. 18 ; 韓桂玉 著, 『征韓論の系譜』, 三一書房, 1996, p. 43.
5 毛利敏彦 著, 앞의 책, pp. 1~6.

일 조선에서 사절을 거절하고 폭살하거나 하면 조선과 전단(戰端)을 여는 구실을 만들자"고 하는 '정한묘의(征韓廟議)'를 제의(1873년)했다. 그의 주장은 일본정부에서 받아들여지지 아니하고 오히려 자국 내의 정변을 유발하는 계기가 되었다.[6]

그 정변이 수습되자 그 동안 5년이나 쓰시마도주를 앞세워 조선과의 국교 재개 교섭을 계속했지만 조선에서 조금도 양보가 없자 일본은 마침내 조선에 대한 침략의 단서를 만들기 위하여 전술한 일본외무성 첩보원들의 건의를 받아들여[7] 1875년 5월 25일 군함 운양(雲揚), 춘일(春日), 제2정묘(第2丁卯) 등 3척을 부산에 무단 입항시켜 조선의 지방장관 대리 18명을 함내 관람을 이유로 초청하여 포성으로 위협하고, 군함 운양호(雲揚號)를 동년 9월 19일 연안측량(測量)을 구실로 강화도 협수로(狹水路)에 침입시켜 요새와의 포격전(강화도 사건)을 유발했다.

일본은 동년 7월 영해 3해리를 선포했음에도 조선정부의 사전 승인 없이 불법으로 스스로 강화도 포격사건을 유발해 놓고 그것을 구실로 조정을 위협하여 1876년 2월 27일(음 2월 3일) 강제로 수호조규(朝日修好條規)를 체결하고 자국민에게는 정한여론을 더욱 제고했다.[8] 이 수호조규가 일본 메이지정부와 체결한 개항조약이며 불평등조약으로서 일명 병자수호조약(丙子修好條約) 혹은 강화도 조약이라고도 한다. 이 수호조규에 의한 개항은 조선보다 20여 년 앞서 구로후네에 의해서 강제 개항한 일본이 당시의 개항수모를 그대로 조선에 적용하고 이후 조선의 운명을 바꾸어놓은 계기가 되었다.

---

6 清水元 著, 앞의 책, p. 127.
7 金膺龍, 앞의 책, p. 23.
8 清水元 著, 앞의 책, p. 129.

## 2. 통상장정체결과 입어허가

한일수호조규에 의하면 "조선은 자주국으로서 일본과 평등한 권리를 보유하고(정관 제1조) 바다를 통한 문호개방으로서 경기, 충청, 전라, 경상, 함경 5도의 연해에서 통상(通商)에 편의한 항구 2개소를 개항하고(제5조) 일본인의 조선해안 측량을 윤허한다(제7조)"고 규정하고 있다. 그리고 그 속약과 부록조인 및 통상장정(通商章程)(1876년 8월 24일) 등의 체결에서 이느 한 곳에도 일본인의 연해입어(통어)에 관한 것은 포함되어 있지 않았다.

조정에서는 개항에 따른 새로운 국제관계와 행정질서의 창조를 위하여 중국과 상민수륙무역장정(中朝常民水陸貿易章程)을 1882년 8월 23일 체결하고 그에 부수하여 청국인에 대해서 서해안의 황해 평안 양도 연안에 입어할 수 있는 권리를 인정했다(제3조). 그에 자극을 받은 일본정부는 다음 해인 1883년 7월 25일 재조선국일본인민통상장정 및 해관세칙(在朝鮮國日本人民通商章程 並 海關稅則)을 체결했다. 여기에서 일본인의 입어(入漁)를 합법적으로 인증하게 되었다. 이것은 수호조규 체결 후 8년 만이었다.

---

**在朝鮮國日本人民通商章程**

第41款

准日本國漁船於朝鮮國全羅慶尙江原咸鏡四道海濱朝鮮國漁船於日本國肥前筑前石見長門對朝鮮海面處出雲對馬海濱往來捕漁但不准私將貨物貿易違者將本貨入官賣買其所獲魚類不在此例至其彼此應納漁稅及其他細目俟遵行兩年後核其情況更行妥議配定

재조선국일본인민통상장정(일본인은 무역규정이라고도 함) 제41관에 의하면 "일본국 어선은 조선국 전라, 경상, 강원, 함경의 4도 해변, 조선국 어선은 일본국 히젠(肥前), 지구젠(筑前), 이시미(石見), 나가도(長門)의 조선 바다에 면한 곳, 이스모(出雲), 쓰시마(對馬)의 해변에 왕래포어(往來捕魚)하는 것을 인증(聽)한다. 그러나 임의(離私)로 화물(어획물)을 무역하는 것은 허가하지 않으며 위반자의 물품은 몰수한다. 단 그 어획한 어개(魚介)를 매매하는 것은 불문에 부친다. 그리고 피차 납입하는 어세(魚稅) 및 기타의 세목(細目)에 대해서는 실시(遵行) 이년(兩年) 뒤에 그 사정을 보아 다시 협의하여 정한다"고 규정하고 있다(원문참조).

이 일본인민통상장정 제41관의 규정은 일본의 메이지정부와 수교 후 양국 간에 합의한 최초의 어업(통어)관계 조약이었다. 조선정부에서 일본 어민에게 합법적으로 입어를 허가한 것은 이것이 두 번째였다. 그 첫 번째는 1441년(세종 23년) 대마도주의 요구에 의해서 대마도민에게 고초도(孤草島) 근해입어를 허가한 어업약정(孤草島釣魚禁約)이 있었다. 그로부터 440여 년 만에 다시 일본어민에 정식으로 입어를 허가한 것이다.

그리고 이 규정은 개항이후 일방적으로 통어(通漁)라는 명목으로 남·동 연해에 도래하여 어자원을 불법으로 탈취하는 서일본 어민의 왜구적 밀어행위를 합법적인 입어로 전환하는 법석근거를 부여한 것이다.

그러나 이 규정은 근대법의 상호주의 원칙을 표방하고 있으면서도 그 내용은 동시에 일본인 입어자에 대한 치외법권규정(處辨日本人民在約定朝鮮國海岸漁採犯罪條規참조)을 추가 체결함으로써 상호주의 원칙에 위배되는 우월적인 불평등 규정이 되었다.

> **處辨日本人民在約定朝鮮國 海岸魚採犯罪條規**
> 朝鮮國 開國 四百九十二年 六月 二十二日 於京城蓋印
>
> 第一條　日本國人在朝鮮國約定海岸 犯朝鮮國法禁 應照在開條款辨理
> 第二條　朝鮮國官吏查拿犯法禁之日本國人 應具錄其罪證 將該日本人一併送交
> 　　　　就近口岸日本領事官
> 　　　　請其處辨 日本領事官當速行審查 照律處辨 但朝鮮國官吏查拿或護送之
> 　　　　際 不得欺侮侵虐
> 第三條　朝鮮官吏護送犯罪之日本人 不論海陸 均任其便 但當妥速護送 不可無故
> 　　　　淹留罪犯於其地
> 第四條　朝鮮國官吏 將在朝鮮國約定海岸犯罪之日本人 由海路護送時 塔坐日本
> 　　　　人之船隻
> 　　　　或在別船管帶 均任其便 如由陸路護送 應由地方官監守該日本船 俟至
> 　　　　判還俾勿有所毀失
> 　　　　且將其船具漁具及不易搬運物件 繕造淸單 與罪犯一併送交
> 第五條　倘遇有需新水粮饌 得賣魚鮮登陸 同行中有犯罪者 止將該犯照此條規護送
> 　　　　其同行者不得押去
> 　　　　如係海上 除罪犯外 自餘人員 猶能堪航海 則朝鮮官吏 止將罪犯護送 其
> 　　　　餘當卽放還
> 第六條　施行此條規後 如有更須增減者 應得彼此妥議改正 玆兩國各委任大臣記
> 　　　　名蓋印 以昭憑信
> 大朝鮮國 開國 四百九十二年 六月 二十二日
> 　　　　　　　全權大臣 督辨交涉通商事務　閔泳穆 印
> 大日本國 明治 十六年 七月 二十五日
> 　　　　　　　全權大臣 理公使　　　　　　竹添進一郞 印

　그리고 또 다른 이유는 당시 조선의 어업실정으로 보아 조선 어선이 좋은 어장을 두고 일본연해 입어를 한다는 것은 상상도 할 수 없었던 것이며 전혀 불가능했다.

　그러한 사실을 실제로 증명할 수 있었던 것은 당해협정이 체결된 2년 뒤인 1885년 10월 26일 일본 대장성에서 실시한 조일양국 어선의 상대국 연해 출어상황 조사에서도 명백히 드러났다.

> **長崎縣立圖書館所藏ノ 長崎縣廳傘下機關往復文書**
> ※ 松方大藏卿カラ
> 『明治十六年十月第三十四號布告、朝鮮國ニ於テ、日本人民貿易規則第四十一款ニ據リ。彼我往來ノ兩國漁船ニ關シ、明治十八年八月十二日附關係各縣ニツキ照會アリタルモノ』ニ對シ同縣が管下各郡長市ヘ依牒照會セルモのデアル
> 　※ 朝鮮國トノ漁業交涉ニ付縣丙第九二號　照會ニヨル對馬嚴原支廳長カラノ
> 　　縣令宛ノ報告書
> 『朝鮮國漁船ニシテ當廳下沿海ヘ未ダ漁業ナスモノ無之，尤當廳下漁民ニシテ朝鮮國沿海ヘ漁業ヲ爲スモノ ハ多少可有之見込ニ候得共，船數人員ハ取調次第進達可致候云々』
> 　※ 朝鮮トノ漁業交涉ニ付縣丙第九二號照會ニヨル西彼杵郡長ヨリ縣令宛ノ報
> 　　告書
> 明治十八年十月二十六日　西彼杵郡長　橫卷利敬　長崎縣令　石田英吉　殿
> 1. 郡下ニ來航ノ朝鮮國漁船 ナシ
> 1. 朝鮮國ニ航行スル郡下漁船 十隻　乘員百三十人
> 1. 朝鮮國ヘ出漁シタ漁獲ハ鮑 ノミニテ乾シテ 六千斤　千八百円
> 　以上 明治十七年八月下旬航行 ノ分
> 1. 朝鮮國漁民ノ漁具漁獲法ハ不詳ナルモ，鮮人ノ鮑採集模樣ハ總テ海士潛海スルモノデ，我國ノソレニ比シ凡十分ノ一位ト間ク云々.
> 　右ハ郡內浦上淵村瀨ノ浦ヨリ航行ノ漁民ニツキ調査(コノ他郡下ニハナシ)シタルモノニシテ、客年八月中一度航行シタ位ナレバソノ詳細ハ不明、今回濟州島漁場探見ノタメ航セルモ, 該島民ノ拒絕ニヨリ空シク歸國セリ。

자료: 吉田敬市 著,『朝鮮水産開發史』, 朝水會, 1954, pp. 161~162.

곧 일본 마츠가타대장경(松方大藏卿)의 지방조회(地方照會)에 대해서 나가사키현청에 대한 이스하라지청장(對馬嚴原支廳長)의 보고서에 의하면 "당해 현청산하연해(縣傘下沿海)에 어업하는 조선어선단의 입어는 전혀 없었으나 당 현청산하 일본어선은 조선연해에 입어하고 있었다. 다만 그 어선 수와 인원의 실제 수에 대해서는 정확히 파악하지 못하고 있었다"고 했다.

그리고 당해 현 산하의 니시히고군장(西彼杵郡長)의 보고서에도 "일본연해에서 조업하는 조선어선은 한 척도 없었다. 그러나 조선연해에 입어한 당해군 산하 어선은 10척이며 그 승선원은 130인, 그 어획물은 건포(乾鮑)라고 했다." 여기서 그 입어선의 종류는 잠수기어선이나 나잠선이었다는 것을 알 수 있으며 "그들 입어자들은 제주도민의 완강한 거부로 상륙을 하지 못했다"고 했다.[9]

위와 같은 일본정부의 조사사례에서도 알 수 있는 바와 같이 당시 조선에서 일본연해에 입어(출어)한다는 것은 아마 상상도 할 수 없었을 것이다.

그리고 위 보고서에서 특히 주목되는 점은 당시(1885년) 일본 입어민이 제주도민의 항거에 의하여 상륙하지 못했다는 것은 당시 제주도어민들의 일본 입어민에 대한 저항이 상당히 거셌다는 사실을 알 수 있게 한다. 그리고 그 이유는 그의 다른 절실한 이유도 있었을 것이라 생각되나 아마 주된 이유는 일본인의 입어가 현실적으로 그들의 생업에 위협을 초래했다는 것이라 생각한다.

이 점에 대해서는 이미 양국 정부에서도 인지하고 있었기 때문에 양국의 협상당사자들도 협상 과정에서 제주도 연해입어만이라도 당분간(1년) 억제하자는데 합의했던 것으로 안다(협정 서문 참조). 그리고 그 실천을 위해서 일본에서도 노력이 있었다는 것을 알 수 있다. 그것은 일본 외무대신 이노우에 백작이 그 다음 해(1884년) 9월 나가사키현령(長崎縣令) 앞으로 보낸 전달서(親展 第六九號참조)에서 확인할 수 있다.

---

[9] 吉田敬市 著, 『朝鮮水産開發史』, 朝水會, 1954, pp. 161~163.

> **親展 第六九號**
>
> 　朝鮮國慶尙.全羅.江原.咸鏡之四道ハ昨十六年日韓兩國　締結貿易規則第四十一款ニ因リ、我人民之漁業差許侯儀ニ有之侯處、右之內全羅道ノ濟州島ハ島民多ク漁業ヲ以テ生活ヲナシ、殊ニ採鰒採藿ハ　總テ婦女ノ專業ナレバ人若シ外國人ノ來漁スルトキハ。生業ヲ失ハンコトヲ恐レ、島民苦情不少ヲ以テ該島ノ通漁ハ當分差止メ侯樣。韓國政府ヨリ依賴有之侯處、右通漁ノ義ハ　條約上　確定ノ義ニ付。今ニ到リ中止スベカラザルハ無論之義ニ條ヘ共、目下同國ノ內情致熟察侯得ハ內外多端。右等處分ニモ困難ノ有樣に付、強テ條約面ヲ以テ押付難キ
>
> 　情實有之侯間、此際兩國支誼上ヨリ當分　間　該島ノ通漁差控ヘ　其間ヲ以テ彼政付ニテ、該島民ヘ　條約趣意貫徹致侯樣爲取計度。右ハ元ヨリ條約趣意、變更侯義ニハ無ノ聊力實踐ノ猶豫ヲ與ヘ侯迄ニ付、右意味貴官ニ於テ、篤興御差含ニ相成、其縣下沿海漁民ヘ諭達シ當分ノ內濟州島ニ限リ通漁差控方可然御取計可被成此段相達侯也。
>
> 　　　　明治 十七年 九月 五日　　　　外部卿伯爵　　井上 馨　　印
> 長崎縣令　　石田英吉殿

　당시 양국민 간의 감정악화 상태는 연안에서 뿐만 아니라 조선 전역에 재류하고 있는 일본상인들의 오만불손하고 파렴치한 행위가 도를 넘고 있었다는 것과도 상통한 점이 있었다고 본다.

　위와 같은 국민정서하에서도 일본 입어자 수는 연년 증가일로에 있었다. 그 이유는 첫째, 일본 연안 어장은 이미 황폐상태에 있었다. 그에 비해서 조선연해는 어족이 풍부하고 연중 조업이 가능하며 어리(漁利)가 아주 좋았다. 둘째, 합법적인 입어로 양국정부의 보호하에 입어가 보장되었다. 셋째, 한해 특히 남해연안은 일본의 서부 각 지방과 어장 조건이 유사하고 어족이 풍부하고 종류도 거의 동일했다. 넷째, 조선과 일본 사이는 해협으로 소형선박으로도 항해가 비교적 안전했다. 다섯째, 그래서 일본 연해에서 사용하던 어선, 어구 및 어법을 그대로 사용할 수 있음으로써 출가어업(出稼漁業)이 가능했다는 점 등을 들 수 있을 것 같다.

## 3. 미개방 해역의 특별어업면허

전술한 바와 같이 재조선일본인민통상장정 제41관에 의하여 일본인에 개방한 입어구역은 전국 8도 연해 중 전라, 경상, 강원, 함경의 4개도 연해이며 그 외 충청, 경기, 황해, 평안도의 서해 중북부 4개도 연안은 입어금지 해역이었다. 그러나 미개방 해역에서도 개항지의 외국인 조계지에 거류하는 일본인의 자가수요(自家需要)를 목적으로 하는 경우 현지 거류인에 한해서 어로행위를 제한적으로 할 수 있는 특별어업허가(면허)를 윤허했다. 그 허가지는 경기도의 인천만과 평안도 진남포만의 두 곳이었다.

### 인천 조계 거류자에 대한 특별어업면허

위에서 언급한 바와 같이 일본인민통상장정상의 입어금지해역인 경기도 해역의 인천에는 1883년 9월 30일 인천 일본전관거류지(仁川日本專管居留地)가 설정되었다. 이 인천 일본전관거류지는 부산(1877. 1. 30), 원산(1880. 5. 1)에 이어 세 번째로 설정된 일본인 조계지였다.

당시 그곳에 거주하는 일본인은 총 380여 인에 불과했다.[10] 그러나

---

10 關澤明淸·竹中邦香同 共編, 『朝鮮通漁事情全』, 東京: 團々書店, 1893, p. 49.

텐진조약 이후 특히 1887년경부터 일본인 거류자 수가 증가하기 시작하자 그들의 식생활에 필요한 어류수요도 증가했다. 이를 구실삼아 주인천일본공사는 조정에 현지 일본인의 자가수요를 목적으로 하는 어류포획에 대한 특별어업허가를 요청했다. 그래서 조선 조정에서는 1888년 6월, 포어선(捕漁船) 15척에 대한 특별어업감찰을 허가하고, 조업구역은 북쪽은 강화도에서 남으로는 남양만에 이르는 사이의 인천만 내에서만 포어할 수 있도록 했다(仁川海面暫准日本漁船捕漁額限規則참조).[11]

---

### 仁川海面暫准日本漁船捕漁額限規則

第一款　癸未通商章程第四一款內 載准日本國漁船 於朝鮮國全羅慶尙江原咸鏡四道海濱往來捕漁 但不准將貨物貿易違者將本貨入官等文 玆議暫准日本漁船 於仁川附近海面捕漁 以就仁川港舊賣 乃朝鮮於癸未章程之外恪外體恤鄰民起見 一切漁事自與通常章程無涉 唯按此時朝鮮政府議定額限規則 遵照辨理

第二款　額定暫准日本漁船十五隻 在仁川附近海面 南以與南陽交界爲限 北以與江華交界爲限 往來捕魚 不得稍違限界 且所捕之魚 唯准在仁川港舊賣 不准運往別處舊賣

第三款　此額定漁船十五隻 須由日本駐朝鮮仁川港領事官收取船牌 報知仁川海關 卽由監理與稅務司會同 註冊編列號數 發給漁船執照 俾該船領有執照爲憑方 准浦魚舊賣若該漁船 因事別往 則必按照出口定例 由日本駐朝鮮仁川港領事官 報知海關 將所給之執照 收回註銷方 任該船他往

第四款　所發之執照 限定一年爲度 屆期必得繳銷 而當該漁船 請領執照之時 須先於海關完納一年規費黑洋銀十元

第五款　該漁船 一面請給執照一面卽於該船兩旁柄木上 以白粉漆髹之 復以黑漆書明第某號日本某某漁船字樣 方可在仁川附近海面浦魚 否則不准

第六款　該漁船 每次出仁川港 前往海面浦魚 及浦得魚回入仁川港 皆必報明海關查勘 方准出入

第七款　海關 派鈐字手 隨便何時 到該漁船查勘 凡見有貨裝載 勿論私貨禁物

---

11 위와 같음.

> 井皆拿獲俟經日本領事官審判後 歸海關充公
> 第八款　該漁船 或有違此規則 則立刻由海關 將該漁船執照撤銷 隨卽逐去 仍照舊章 不准在仁川附近海面浦魚
> 第九款　所發給漁船執照 一俟一年滿期 卽便繳呈海關註銷 或更換新執照 或另作議論 皆憑朝鮮政府 定奪行之

이에 의거하여 일본영사관에서는 동월 18일 재인천거류 일본인을 대상으로 하여 어업희망자를 공모했다(인천 영사관고시 제13호 참조).[12]

> 仁川領事館達 第13号 明治21(1888)年 6月 18日
> 　　　　　　　　　　　　　　　　　居留民 一般
> 　今般當港海面二於テ我漁船15隻二限リ漁業 差許旨締約相成候條 志願ノ者ハ當館二願出ツヘシ追テ右漁業規則ノ儀ハ當館二出願ノ上參觀スヘシ
> ※〈仁川海面二於テ日本漁船ノ捕魚ヲ暫准スル制限規則〉발췌문
> 第二款　日本漁船ノ額數ヲ十五隻ト定メ仁川近海ノ南ハ南陽迄ヲ以テ限リトシ北ハ江華島迄ヲ以テ限リトシ往來捕魚ヲ許スト雖モ決シテ此限界二違フコトヲ得ス且ツ捕獲セシ魚ハ唯タ仁川港內ニテ賣捌キ他處二運住シテ賣捌クコトヲ許サス.
> 第三款　前項二揭クル漁船ノ定額十五隻ハ朝鮮仁川港二駐箚スル日本國領事館へ船籍ヲ預ケ領事之ヲ海關二報告シ監理ハ海關長ト共二簿册原錄シ番號ヲ記載シタル上漁 船二鑑札ヲ交附シ該船ヲシテ此鑑札ヲ以テ證トナシ方二捕魚販賣スルヲ許ス若シ該漁船事二因リ他處二趣ク時ハ必ス出港ノ定規二照シ朝鮮國仁川港二駐箚スル日本領事館ヨリ海關二報告シ海關ヨリ交付シタル金監札ヲ返ゼメタル尤上該船ハ他所二往クヲ得ヘシ.
> 第四款　交附シタル鑑札ハ一年ヲ以テ限リトシ期日二到レハ必ス返納スヘシ漁船ヨリ鑑札ヲ願出ル時ハ先ツ一年ノ手數料トシテ黑銀十元ヲ海關二上納スヘシ.
> 第六款　漁船ノ仁川港ヲ出テ海關二趣キ魚ヲ捕ントスル時及ヒ魚ヲ捕ヘ仁川港二回リタル都度必ス海關二報告シテ檢査ヲ受ケ始メテ出入ヲ許スモノトス.

---

12 『韓國水産誌』第一輯, 1908, pp. 458~459.

이 고시 내용과 어업제한규칙(漁業制限規則)에 의해서 입어권을 처분한 결과를 보면 동년 6월 27일까지 인천 일본인 거류민에 대한 정부의 어업감찰 15건 중 어업자에 대한 처분은 11척에 불과했다.[13] 그 이유는 희망자의 부족이었다. 1892년 말까지도 인천 일본조계지 거류자는 388호, 그 인구는 2,540인이며, 성별로는 남자 1,667인, 여자 873인, 출신지별로는 나가사키현 690인, 야마구치현 630인, 오이타현 330인이었다.[14]

그러나 청일전쟁이 발발한 1894년 10월경부터 군인을 포함하여 재류자수는 갑자기 증가하기 시작하여 그 다음 해 3월에는 4,200여 인에 달했다. 이를 구실로 주인천 일본영사관에서는 다시 15척의 어업감찰 증가를 요청했다. 조선 조정에서는 다시 동년 4월, 추가로 15척에 대한 신규어업감찰을 윤허했다. 따라서 주인천 일본영사관에서는 그 15척의 신규어업감찰선에 대해서도 전자와 같은 절차로 관내 일본거류민을 대상으로 영어 희망자를 공모했다.

---

仁川領事館達 第二號 明治28(1895)年 4月 12日

居留民 一般

從來 當港 沿海ニ於テ漁船 十五隻ニ限リ我國人ノ漁業許可セラレ居候處今般其筋ト協議ノ上更ニ十五隻ヲ増加シ毎年五月一日ヨリ翌年四月三十日ニ至ル一ケ年ノ間ヲ以テ特許スルコトニ決定候條志望ノモノハ從前ノ手續ニ倣ヒ本月三十日迄ニ出願スヘシ

但從來特許ノ十五隻ニ對シテハ其滿期ヲ俟チ本年九月一日ヨリ明年四月三十日ニ至ル間ヲ一期トシ一年ニ對スル税額ノ割合ヲ以テ徴收許可シ爾後ハ都テ本文ノ例ニ依ル.

右市達ス.

---

13 위의 책, p. 461.
14 關澤明清·竹中邦香同 編, 앞의 책, p. 48.

이와 같이 하여 경기도 인천만 해역은 일본인민 통상장정상에서는 입어금지해역이었으나 그 규정과는 별도로 현지 거주자의 소비 목적으로 재류 일본인의 제한적 어업감찰선은 1888년, 1895년 두 번에 걸쳐 합계 30척이 영업할 수 있었다.

그 외에 1897년 인천 일본인거류지에 거주하는 나가이네다카스히고(中稻田勝彦)란 사람이 조선인에 대한 어업기술전수와 어업자양성을 목적으로 하는 어로교습선(漁撈敎習船) 10척에 대한 특별감찰을 신청하여 윤허를 받았다. 그 허가조건은 전자와 거의 동일했다. 그 어로교습선의 감찰조건을 보면 다음과 같다.[15]

① 조업(어로실습)구역을 인천 근해로 하고 남쪽은 남양만까지 북쪽은 강화도까지의 바다로 한다.
② 어획물의 판매는 인천항내에서만 할 수 있다.
③ 어선은 인천주재 일본영사관에 선적을 등록하고 해관에서 감찰을 받아 어획, 판매를 한다.
④ 감찰의 유효기간은 1년이며, 감찰 출원 시에 그 수수료 10원(元) 혹은 기타를 납입한다.
⑤ 그리고 어획을 위해서 인천항을 출입할 때는 이천 해관에 신고해야한다.

위와 같이 교습선의 감찰 조건 역시 자가소비 목적의 특허선과 거의 동일하고 그 소유권도 개인을 인증했다. 그러한 점에서 교습선 역시 사실상은 개인 영업선과 다를 바 없었다. 그리고 그들 개인선주들은 합동

---

15 『韓國水産誌』第一輯, pp. 461~462 참조.

으로 인천청국인거류지(1884년 4월 2일 설정) 경계지역에 어획물공동판매시장을 개설(1898년 5월~6월)했다. 그러나 그 사업은 실패하고 그것이 후일 인천일본인어시장을 개설하는 효시가 되었다.[16]

이와 같이 하여 인천만의 특별어업감찰선은 전자와 합계 총 40척으로써 1900년 11월 경기도 연안역이 추가 개방되기까지 일본인민통상장정과는 별도로 독립적인 입어감찰로서 인천만 내에서만 제한적인 조업을 계속했다.

### 진남포 조계 거류자에 대한 특별어업면허

앞에서 기술한 인천항에 이어 평안도의 진남포항에서도 현지 일본인 거류자에 대한 특별어업감찰이 허가되었다.

평안도 진남포부 진남포항(平安道鎭南浦府鎭南浦港)은 1897년 개항(開港)과 동시에, 동년 10월 16일 목포항과 더불어 각각 각국공통조계장정(各國共同租界章程)이 체결되고 각국공동거류지(各國共同居留地)가 설정되었다.

당시 진남포에는 거류지를 설정할 정도로 외국인 특히 일본인 거류자가 많지 않았다. 그럼에도 일본영사의 전행(專行)으로 각국공통거류지를 설정했다. 그리고 동년 일본 영사는 어선도 아닌 부선(艀船)을 근거로 하여 인천에서와 같은 명목의 일본인 자가포어(입어)면허선 5척을 신청하고 윤허를 받았다. 그 어업권의 처분과정을 보면 거류일본인의 수가 너무 적고 어획물의 수요도 거의 없었기 때문에 출어 희망자가 없

---

16 위의 책, pp. 461~462 참조.

었다. 그래서 입어감찰(허가)은 한동안 사장되어 있었다. 그것이 1899년에야 겨우 5척 중 1척의 도미연승어선이 처음으로 처분되고 거류자가 증가한 1903년에 다시 두 척의 도미어선이 처분되었다. 1904년 8월 러일전쟁이 발발하자 거류자는 168호에 그 인원이 779인으로 급증하여 비로소 면허 건수 5척 전부가 겨우 가동할 수 있게 되었다.

진남포는 러일전쟁으로 일본군의 상륙지가 되고 따라서 일본 민간인의 도래가 급증하게 됨으로써 비로소 거주자도 약 800인으로 증가했다. 이것을 빙자하여 당해지 일본영사관에서는 다시 동년 5월 추가로 5척을 더 신청하여 면허를 받아 합계 감찰 척 수는 10척으로 증가했다. 이와 같은 과정에서 미루어 볼 때 일본의 최초 각국공동조계장정 체결과 특별어업감찰선 신청은 결과적으로 러일전쟁을 위한 사전 포석으로 수행했다는 것을 알 수 있다.

그리고 이들 10척의 특허선 역시 인천과 더불어 그 해 6월 일본인민통어장정의 개정으로 전국연해가 일본인에 완전 개방될 때까지 별도의 특별감찰(면허)로 거류지 근해에서만 제한 조업을 계속할 수 있었다.[17] 그러나 그 면허는 다른 저의가 있었다는 것을 알 수 있다.

### 맺는말

위와 같이 '재조선일본인민통상장정'의 규정에는 당초 일본인의 입어 구역과 업어 금어해역이 구별되어 있었다. 그러나 금어해역에 있어서도 일본인 장기거류자의 생활목적과 또는 현지인(조선인)의 어업기술 전

---

17 『韓國水産誌』第四輯, p. 457.

수, 지도를 목적으로 하는 경우에는 제한적인 특별어업감찰(허가)을 윤허했다.

그러한 어장제도 운영은 일본의 일방적인 강요에 의해서 실시되었으며 그 저변에는 일본의 침략계획이 깔려있었던 것이다. 그것은 거류지 설정은 물론 특히 진남포에서와 같이 거류자가 거의 없고 더욱이 어선도 아닌 부선을 근거로 하여 어업특허를 신청했다는 것이 다른 저의가 없고서는 생각조차 할 수 없는 것이다.

곧 일본의 침략성은 그러한 거류지 설정에서부터 준비되어 있었다. 그 이유는 원래 열강(列强)이 중국에서 조계지를 설치하는 것이 침략성을 내포하고 있었기 때문에 일본은 그 '뉘앙스'를 은폐하기 위해서 의도적으로 조선에서 변경 사용했던 용어가 거류지였다. 그러나 조계(租界)나 거류(居留)는 동의어(同義語)이며 역사적으로는 그곳을 근거로 하여 침략을 수행하는 전초기지의 역할을 했다.

일본이 거류지라는 용어를 최초로 사용했던 것은 1877년 부산 항구 일본거류지관리약조(釜山港口日本居留地管理約條)에서였으나 이 조약 역시 일본의 조선국토 침략의 출발점이 되었으며 그 후 설정된 원산(1880. 5. 1), 인천(1883. 9. 30), 진남포(1897. 10. 16), 군산, 성진(1899. 6. 2), 마산(1902. 5. 17) 등의 일본전관거류지에는 군함, 경비대, 헌병대, 수송대를 상주시키고 모두 청일전쟁과 러일전쟁에서는 일본 군대의 상륙지로서 침략전의 근거지가 되었다.[18]

조선정부는 일본의 그러한 사전 계획도 모르고 일본의 요구대로 특혜를 인정했으며, 그러한 특혜에도 불구하고 일본의 그러한 기만적 외

---

18 高秉雲 著, 『近代朝鮮組界史の硏究』, 雄山閣出版, 1987, pp. 17~20.

교 수법은 계획적인 조선침략의 책략이었다.

## 4. 통어장정의 체결

1883년 체결한 '재조선국일본인민통상장정'에서 어세(漁稅) 및 기타 세목(細目)에 대해서는 사정을 보아 2년 뒤 협정하기로 했다. 그러나 일본은 그동안 김옥균 등 젊은 개화파들의 선동과 갑신정변(甲申政變)의 유발이 3일 천하로 실패하기는 했으나 그에 따른 텐진조약(天津條約) 체결(1885년) 등으로 조선지배 공작이 지연되자 일본은 입어자 증가에도 그동안 협의를 미뤄 왔던 통상장정 제41관의 세목 제정을 하게 되었다. 곧 1889(고종 26년·메이지 22년)년 11월 12일 비로소 입어관계 규정의 내용을 더욱 상세하게 구체화하여 전문협약서로서의 통어장정(通漁章程)을 체결했다(한글역문 참조).

---

**朝鮮日本兩國通漁章程**
조선 개국 498년 10월 20일 한성 조인

『제1조  양국 의정지방(議定地方)의 해빈(海濱) 3리(일본국 해리의 산측에 의거. 이하 이에 준함) 이내에 있어서 어업을 영위하고자 하는 양국 어선은 그 선박의 간수(間數), 소유주의 주소, 서명 및 승무원을 상세히 기입하여 그 선주 또는 대리인에 의하여 원서를 받아 조선 어선은 의정 지방의 군구사무소(郡區事務所), 일본 어선은 그 영사관을 거쳐 개항장 지방청에 제출하여 당해 어선의 검사를 거쳐 면허 감찰을 받아야 한다. 단, 면허 감찰은 어업할때 반드시 휴대하여야 한다.
제2조  어업 면허의 감찰을 받은 자는 어업세로서 다음의 비율에 따른 세금을 납입해야 한다. 그리고 감찰은 이것을 발부 받은 날로부터 만 1년간 그

효력을 가지는 것으로 한다.

| | | | |
|---|---|---|---|
| 승무원 | 10명 이상 | 일본은화 | 10円 |
| 승무원 | 5명 이상 9명 이하 | 일본은화 | 5円 |
| 승무원 | 4명 이하 | 일본은화 | 3円 |

제3조 어업 면허의 감찰을 받은 어선은 그 포획한 어개(魚介)를 그 해빈지방에 있어서 판매할 수 있다. 그러나 그 국가 정부에서 위생상 또는 기타의 사고에 연유하여 일반 판매를 금지한 어개류는 판매하여서는 아니 된다.

제4조 양국의 어선은 어업 면허의 감찰을 받은 자라도 특허를 받지 않으면 양국 해빈 3리 이내에 있어서 고래(鯨鯢)를 포획하여서는 아니 된다.

제5조 어업면허의 감찰을 받은 자라 하더라도 특허를 받은 자가 아니면 양국 해빈 3리 이내에 있어서의 지방의 규제(規制)에 위배하여 어개 기타 번식을 해(害)하는 방법을 사용할 수 없으며 또한 각 지방에 있어서 어개의 종류에 한하여 그 포획을 금지한 시기에 있어서는 절대로 당해 어개류를 포획하여서는 아니 된다.

제6조 양국 지방관서의 관리는 이 규정을 집행하기 위하여 필요하다고 인정할 때는 이 지방 해빈 3리 이내에 있는 면허어선 안(內)을 검사하고 다만 위반자가 있으면 이것을 압류할 수 있다. 단 조선지방관으로서 일본 어선을 압류하였을 때는 그 취지를 신속히 최근접의 일본 영사관에 통지하고 당해 규정에 따라 처리를 해야한다.

제7조 어업면허의 감찰을 받지 아니하고 해빈 3리 이내에 있어서 어개를 포획하고 혹은 포획하고자 하는 어선은 5円 이상 15円 이하의 벌금에 처하고 그 포획물을 몰수한다.

제8조 제1조 면허감찰을 휴대한 자로서 동 제4조를 범한 자 및 제6조 지방 관리의 감사를 거절한 자는 1円 이상 2円 이하의 벌금에 처한다. 단 제4조를 위반한자는 별도로 포획한 고래(鯨鯢)를 몰수할 수 있다. 제1조 승무원을 위조하여 세금을 불법 납입한 자는 그 부족 납입액의 두 배를 벌금으로 징수한다. 제3조의 금지된 어개를 판매하고 그리고 제5조 어개해산의 번식을 해(害)하는 방법을 사용하거나 또는 금지한 어개를 포획한 자는 조선해변에 있어서는 1円 이상 2円 이하의 벌금에 처하고 일본해변에 있어서는 지방소재에 따라 처리하고 포획물을 몰수한다.

제9조 어업감찰을 타인에게 대부하여 해빈 3리 이내에 있어서 어개를 포획케 한자는 대자(貸者), 차자(借者) 공히 당해 감찰에 상등하는 세액의 두 배를 벌금으로 처분하고 그 어획물을 몰수한다.

제10조 양국 의정지방이 아닌 해빈 3리 이내에 있어서 어개를 포획한 자는 어선, 어구 및 어획물을 몰수한다.

> 제11조 이 규정에 의거하여 처분해야 할 자는 조선국 해빈에 있어서는 그 지방관에 의하여 최근접 일본 영사관에 고소하고 일본국 해빈에 있어서는 일본 지방재판소의 재판에 제소한다.
> 제12조 이 장정 실행 후 더욱 증감해야 할 상황이 발생했을 경우는 쌍방협의 개정 할 수 있다.
> 　어업세(漁業稅)에 있어서는 이 장정 조인일로부터 2년간 실시 한 뒤 어리(漁利)의 유무를 보아 다시 개정해야 한다.
> 　여기에 쌍방기명 조인하고 확실한 것임을 증명한다.』
> 대조선국 개국 498년 10월 20일　독변교섭통상사무 민종목　㊞
>
> 대일본국 메이지 22년 11월 12일　대리공사 곤도 나오스기　㊞

※ 위의 조문은 원본이 순한문이라 이해를 위해서 현대문으로 번역한 것임.

　위의 정약(定約)에 앞서 일본 입어자들은 집단적으로 입어구역 확대를 진정하고 있었다. 그러나 그동안의 사정을 고려하여 협상에 임한 조선 대표(민종목)는 그 정약의 실시를 제주도 연해입어에 한해서는 1개년간 억제(유보) 해줄 것을 요구하여 합의했다. 그것은 일본 대표(콘도 나오스기) 역시 제주도 도민을 비롯하여 당시 조선 전역에서 일본상인의 오만불손과 횡포 등으로 일본인에 대한 감정이 전국적으로 좋지 않다는 것도 알고 있었기 때문에 조선 대표의 재의에 합의하고 그리고 입어구역 확대에 대해서는 논의 없이 종전대로 했다.
　새로 협정한 통어장정의 특기 사항을 요약하면 다음과 같다.

① 조선연해 3해리 이내에 있어서 어업을 영위하고자 할 때에는 어업감찰 면허를 받아 그것을 반드시 휴대하여야 한다(제1조).
② 어업감찰 취득자는 유효기간 1년에 대한 소정의 어업세를 납입하여야 한다(제2조).

③ 영업기간(1년) 만료후 계속 영어(營漁)를 하고자 할 때도 다시 어업감찰을 받아야 한다.
④ 입어자는 입어지역에 있어서만 어획물을 판매할 수 있다(제3조).
⑤ 포경에 대한 감찰(특허)은 일반 어업 감찰과는 별도로 한다(제5조).
⑥ 기타 어업취채권과 그에 따른 벌금제를 설정한다(기타 조항).

위의 규정내용들은 대부분 이미 실무합의에 의해서 실시해오던 것을 구체적으로 명문화 한 것에 불과했다.
입어기간은 계속 1년으로 하고 연장입어 할 때는 매 기간마다 어업세(漁業稅)를 납입하도록 하고 각종 수속, 절차와 서식 등을 명문화했다. (제1조) 그리고 입어면허(감찰)의 신청(처)은 각 개항지(부산, 원산, 인천)의 주재일본영사관을 경유하여 당해지 해관에 신청(漁業免許證御下渡願)하도록 했다.

```
                漁業免許證御下渡願
                                        船持主原籍
                              姓     名
1. 漁船長何程   幅何程 深何程      外 乘 組   何   人
   漁業規則ニ基キ沿海三里以內ニ於テ漁業相營度候間免許狀御下附相成度此
   段奉願候也
明治何年何月何日
                                        右船頭
                              何      其 印

         朝鮮國釜山港    (或 ハ 元 山 港)   海關長貴下
```

자료: 關澤明淸·竹中邦香同 共編, 『朝鮮通漁事情全』, 團々社, 1893, pp. 15~21.

입어신청서는 정부(正副) 두 통을 작성하고 통어장정 제2조의 규정에 정한 세금(稅金)과 일본영사관 수수료 일금 10전 및 그 외에 일본 본적지에서 발행한 어선감찰을 첨부하여 먼저 영사관에 제출토록 했다.

또한 입어허가 수속이 끝난 선박에 대해서는 해관장(海關長)이 선박의 입물(艫)에 번호를 부착하고 다음과 같은 입어허가감찰(海關遵照允准日本漁船捕漁執照)을 교부했다. 감찰을 교부받은 어선은 하시라도 어장을 향해 출어할 수 있으며 조업은 감찰을 받은 해관구역에 관계없이 장정(章程)상에 명시된 4개도 전 해역 어디에서나 자유롭게 조업할 수 있었다.

```
、、海關遵照允准日本漁船捕漁執照

    監理、、港通商事務某                  爲
發給日本漁船捕魚執照事照得本監理奉到統理衙門行知內開朝鮮日本通商章程
第四十一款欲爲往來捕魚於兩國海濱者定漁業稅立管辨章程經統署督辨與日本公
使會議定立章程十二條准日本漁船在全羅慶尚江原咸鏡四道地方海濱三里(日本
海里算法朝鮮里三十里)以內捕魚等因今由駐本港日本領事官報知海關有日本國
人、、、船名、、、願遵章程請爲發給捕魚執照卽經本監理會同海稅務司照章程
册編列該漁船於第、、、號完納稅日本銀、元收訖玆合發給執照並章程一本爲此
照給該漁船人等收執以憑隨時查驗 限一年期滿徼鎖該漁船只准捕魚但不准私運貨
貿易務督遵循毋違以免究罰切切凜遵須至執照者
            計開
        第、、、號日本、、、船名、、漁船一隻
        船身計長         何丈何尺何寸
        艙口計寬         何尺何寸
        船腹計深         何尺何寸
    船主何某貫籍、、、縣、、國、、村
    船夥塔坐人何某
        共計人丁何名
        右照給第、、、號日本、、、漁船收執
光緒何年何月何日給
限何年何月何日徼鎖
```

입어감찰의 유효기간은 만 1년이므로 기간 만기 후 계속 영업을 하고자 할 때에는 감찰을 교부받았던 개항장의 영사관을 통해서 해관장에 다시 면허 인환원(引換願)을 제출하도록 했다.

---

**漁業免狀引煥願**

1. 漁船　　　　　　　　　　　　　　　船持主原籍
　　　　　　　　　　　　　　　　　　姓　　名
　長何程　　幅何程　　　　　　　外乘組何人
　深何程
　右ハ光緒何年何月何日御下附相成候第何號免狀今般滿期相成候ニ付更ニ御引換被下度此叚奉願候也明治何年何月何日
　　　　　　　　　　　　　　　　　　　　右船願
　　　　　　　　　　　　　　　　　　何　　某印
（朝鮮國釜山港　又ハ元山港）海關長貴下

---

그리고 부산항에 정박하는 입어선은 별도로 부산항어선정박취체규칙(釜山港漁船碇泊取締規則)을 준수해야 했다.

---

**釜山港漁船碇泊取締規則**

明治十七年二月十三日
告示二十年十一月改正

第一條　貿易規則三十款ニ依テ船中ノ需用品ヲ求ムル爲メ若クハ災厄ヲ避クル爲メ當港ニ立寄リタルモノ及ヒ同規則四十一款ニ依リ當國ニ往來捕漁スルモノニシテ當港ニ立寄リタルモノハ俱ニ甲號書式ニ準シ總代役所ヲ經テ其旨ヲ屆出ヘシ
第二條　前條ニ揭クル所ノ漁船ニシテ二十四時間以上本港ニ碇泊スルトキハ其旨ヲ當港海關ニ屆出ヘシ
第三條　當港在留ノ漁業者所有ノ漁船并ニ假ニ當港ヲ繫泊場ト定メタルモノハ乙號式ニ準シ總代役所ヲ經テ願出ノ上當港碇泊ノ證ヲ受クヘシ
第四條　右假定繫ノ證ハ當國近海航海中ハ常ニ之ヲ携帶シ又當港海關官吏ニテ

>      檢閲ヲ求ムルトキハ之ヲ示スヘシ
> 第五條　當港ニ於テ漁船ヲ新造スルトキハ丙號書式ニ準シ總代役所ヲ經テ其旨
>      届出ヘシ　但當港ニ於テ漁業ニ使用セントスルトキハ第三條ノ手續ヲ
>      ナスヘシ
> 第六條　當港繫泊ノ證ハ漁船ヲ日本內地ニ迴航セントスルトキハ之ヲ領事館ニ
>      納付シ再渡航ノ上更ニ願出ヘシ
> 第七條　漁船ハ貿易規則第四十一款ニ據リ當國全羅 慶尙 江原 咸鏡ノ四道
>      ニ往來捕漁スルハ差支ナシト雖私ニ貨物ヲ以テ貿易スルハ條約面ニ
>      於テ許サヽル所ナレハ各違背ナキ樣注意スヘシ

또한 부산항에 정박하는 입어선은 별도로 일본거류지총대사무소(日本釜山居留地總代役場)[19]에 수도비(水道費)로서 척당 일금 20전씩을 매월 납입하도록 했다. 총대사무소에서는 기타 세금·공비(公費) 등을 징수하지 아니했다.

위와 같은 점으로 보아 통상장정은 표면상으로는 모범의 약조를 지키고 내용상으로는 자국(일본) 입어자를 조선침략의 전위(前衛)로서 보다 적극적으로 진출시키고 효율적으로 관리하기 위한데 목적이 있었던 것이다.

그러나 입어자는 통어장정의 실시로 전에 없었던 복잡한 수속 절차와 경제적 부담을 지게 되었다. 그래서 통어장정이 실시된(1890년 1월) 이후 특히 제주도, 전라남도 등 서남해역으로 향하는 어선들의 상당수

---

19  부산항의 일본인 거류지총대 야구바(居留地總代役場)란 일본 국내행정기구의 말단인 마치(町), 무라(村)의 사무소에 해당하는 거류인 조직의 사무소이다. 강화도 조약 제4조, 동 조약부록 제3조에 의거, 1877년(고종 14년·메이지 10년) 1월 30일 동래부백(東萊府伯) 홍우창(洪祐昌)과 일본초량공관 관리관인 콘도나오스기(近藤眞鋤)사이에 체결한 부산항일본거류지관리약조에 의하여 부산의 일본거류지 내에 설치된 일본인 자치단체의 대행기관이다(金容旭 著, 『韓國開港史』, 瑞文堂, 1976, pp. 45~46).

는 종전처럼 부산을 계유하지 아니하고 일본기지에서 어장으로 직행하여 밀어하는 자가 적지 않았다.[20] 그들 밀어선은 공식적인 입어 척 수에 누락되어 있었으므로 관계관청에서도 실제 입어척수를 공개 척 수의 배(培) 또는 그 이상으로 간주하는 것이 일반적인 경향이었다.

통어장정 실시 이래 조선해관에서 감찰을 발부받은 총 입어선은 1892년도 말까지 1,400여 척이었다. 그것은 누계였음으로 실제 연간 어업종사선은 700~800척 정도로 예상했다. 그리고 그 대상 어종(업)은 도미 상어 주낚선과 학꽁치망선(그물배) 등이었다.[21] 그리고 1894년경 입어선은 약 2,000여 척(누계)으로서, 그 승무원 수는 6,000여 인, 어획고는 수백만 円으로 예상했다.[22]

## 5. 경기도 연해 금어 해제와 독도 문제

1895년 초 일본의 입어자는 히로시마, 야마구치, 나가사키, 오이타, 구마모토, 카가와, 오카야마, 가고시마, 에히메, 효고, 후쿠오카, 도쿠시마, 시마네, 돗토리, 와카야마, 사가의 17개현에서 약 6,000명이며, 그 어획고(수익)는 총 160만 円 이상에 달했다. 1인당 평균 수익은 266円 정도로서 당시 일본 국내 연안어업자의 1인당 평균 수익과는 배 이상의 차이가 있었다.[23]

---

20 『大日本水産會報』第117号(1892년 3월호), p. 37.
21 『大日本水産會報』第114号(1891년 12월호), p. 49.
22 『大日本水産會報』第148号(1894년 10월호), p. 15.
23 『大日本水産會報』第154号(1895年 4月号), p. 107.

그래서 입어자들은 만약 거기에 미개방 충청, 경기, 황해, 평안 4개도 연해까지를 포함하여 조선 전 연해에 입어한다고 가정한다면 더 많은 입어수익이 있을 것이며 나아가 일본어자의 빈곤박자(貧困薄資)를 극복하는 어리증진(漁利增進)은 물론 일본의 국리민복과 부국강병(富國强兵)의 원동력을 배양하는데도 크게 기여할 것이라는 이유에서 입어 17개 부현을 대표한 조선근해어업연합회(朝鮮近海漁業聯合會)는 입어해역 확장을 주조선일본공사 이노우에 가오루(井上馨)에 청원했다.[24]

이노우에 공사는 조정과의 교섭과정에서 한술 더 떠 조선정부에 대해서 일본국민을 위하여 연해어장의 '항구적 대도(永代貸渡)'를 인허해 줄 것을 요구했다.[25] 그러나 그 교섭은 동년(1895) 4월 일본의 요동반도 영유에 대한 독일, 프랑스, 러시아 삼국의 저지활동과 10월 명성왕후(明成王后)시해사건(1895. 10. 8) 및 고종과 왕세자의 러시아공사관파천 등으로 없던 일이 되고 그에 동조했던 조정 내의 친일세력도 쇠퇴했다.

그러나 일본은 강력한 견제세력국인 청국을 대신하여 남아있었던 러시아마저 제거하기 위한 계획을 수립하고 준비를 위한 기만책으로 러시아가 조선에서 취득한 기득권을 인정한다는 각서를 서울에서 러시아와 교환(1896. 5. 14)했다. 이러한 일본의 암약을 보다 못해 고종은 1897년 10월 7일 조선은 외세의 간섭에서 벗어난 자주독립국임을 만방에 선포하고 국호를 대한제국(大韓帝國)으로 왕을 황제(皇帝)로 각각 개칭했다.

일본은 그동안 러시아를 안심시키고 청일전쟁에서 탈취한 배상금(3억 4천 5백만 円) 중 일부(1억 5천만 円)로 비밀리에 군비를 증강하며 한국 등

---

24 위의 책, pp. 109~110.
25 『大日本水産會報』 第153号(1895年 3月号), p. 117.

동북아 침략에 대비하고,[26] 한편으로는 러시아의 남하를 방지하기 위하여 인도 방위에 급급해 하는 영국과 서둘러 군사동맹을 체결(1902)했다.

그리고 러시아의 동해포경업에 대항하기 위하여 자국의 노르웨이식 포경업의 육성을 서두르며 한국 전 연해에 있어서의 제해권 확보를 위하여 먼저 통어장정상의 금어구(禁漁區)로 남아있었던 서부 4개도 연해 중 먼저 경기도 연해의 입어권을 1902년 11월 앗아가고 또한 동해의 군사적 요충지인 울릉도에 일본어민의 장기거류자 이주를 장려하고 독도 탈취를 계획했다.

특히 울릉도·독도에 대해서 일본은 종전 여러 차례 조선 영토라는 것을 인정해왔다. 곧 1696년 조정에서 일본어선의 독도침범에 대해서 항의하자 도쿠가와 바쿠후는 울릉도 독도 근해에 일본어선의 입어를 금지한다는 공한(公翰)을 조선에 보내왔다. 그리고 1875년 일본육군 참모국에서 작제(作製)한 조선전도(朝鮮全圖)에도 울릉도와 독도는 조선의 속령으로 기술했다. 1876년 메이지정부 내무성에서 국토지적조사(地籍調査)를 할 당시 시마네현 참사(參事) 사가이(坂井)가 울릉도·독도 양도를 일본영토로 포함해야 하는가의 내부질의에 대해서 태정관(太政官)은 1877년 3월 20일자로 "울릉도, 독도는 1672년 이미 조선인이 입도(入島)한 이래 조선과 왕래하고 있으며 일본과는 관계가 없으므로 일본지적에 포함하지 말라"는 지령을 내렸다. 1881년 메이지정부의 외무대보(外務大輔) 우에노(上野景範)도 일본인 어부의 울릉도·간산도(干山島=獨島) 침범에 대한 사죄공한(謝罪公翰)을 조선정부에 보내왔다.[27] 그러

---

26 金應龍, 앞의 책, p. 144.
27 韓桂玉 著, 앞의 책, p. 239~246 ; 『獨島』, 大韓公論社, 1965, pp. 77~174.

나 일본은 에도(江戶)말기의 학자 사이토 노부히로(佐藤信淵: 1769~1850)의 외정구상(外征構想)과 원정군략(遠征軍略)에 포함되어 있었던 조선 침공 작전 계획 제2단계의 실현을 모방하여[28] 울릉도, 독도에 일본인 거주자 파견과 장기체류장려계획의 실현에 착수했다. 곧 메이지정부는 공식상 통계상으로 1902년경까지도 사가현(佐賀縣) 어민 등 소수 일본 어민이 가끔 삼치와 도미를 어획하기 위해서 입어하는 정도였던[29] 울릉도, 독도의 탈취를 서둘렀다. 곧 1903년 시마네현의 나가이 요사부로(中井養三郎)란 사람이 한국정부에 대한 독도어업교섭권 인증과 그것을 성사시키는 경우 일본정부는 자신에게 독도연해의 입어권을 보장(허가)해 줄 것을 내용으로 하는 건의서를 농상무성(農商務省)에 제출했다. 그러나 농상무성 독도는 한국령이라는 이유로 그의 접수를 거절했다. 나가이(中井)는 다시 그 요청서(전자와 동일한 내용의 신청서)를 그 해 9월 일본 외무성에 제출했다.

일본 외무성에서는 나가이에 대한 회신이 나기도 전에 동년 11월 일본 해군성에서는 군함 쓰시마호(對馬丸)로 하여금 독도 조사를 실시하도록 했다. 그 조사 내용은 군함의 정박지로서의 적합여부, 군사시설 가능성 등이 목적이었으나 결과는 모두 부적격이었다. 그런데 그 보고서 중에 독도에는 거주민은 없고 울릉도의 한인 어부 수 명이 내도하여 움막을 치고 어업에 종사하고 있었다는 것을 기술하고 있다. 그 조사는 일본이 러시아전을 앞두고 실시한 것이라 할 수 있다.

그리고 일본은 청일전쟁 때와 같이 만일 러시아와 전쟁을 개시하면 조

---

28 韓桂玉 著, 위의 책, pp. 37~38.
29 日本農商省, 「漁業統計表」, 明治34年 7月~35年 6月号, p. 724.

선의 물자와 인력을 동원하기 위한 목적에서 한국에 대해서 의정서(군사동맹)체결을 요구했다. 그러나 한국정부는 그것을 거부하고 오히려 1904년 1월 23일 국외중립선언서(國外中立宣言書)를 각국 정부에 발송했다.[30]

이에 당황한 일본은 국권 상호존중의 각서교환(1869년)도 무시하고 서둘러 러시아에 대하여 사전 국교단절 통고나 선전포고도 없이 동년 2월 5일 일본해군으로 하여금 동해에서 조업하는 러시아의 포경선대를 급습, 나포한 뒤 동월 8일 인천항에 정박 중인 러시아 군함마저 기습공격하고 일본육군은 인천에 상륙한 것을 시작으로 원산, 진남포 등 다른 여러 항구에도 군대를 상륙시키고 북상하며 9일에는 서울을 점령했다. 그리고 그 다음 날(10일) 러시아에 선전포고(러일전)를 하고 동월 23일 사전에 준비했던 현안의 한일의정서(韓日議定書)를 강압적으로 체결했다.

이 의정서 제4조의 규정에 의하여 한국은 사실상 일본의 속령이 되다시피 되었다. 그리고 일본은 한국정부와 전혀 협의도 없이 한일합병계획 실현을 위한 시범적 조치인 양 국제법상의 질서를 무시하고 독도가 마치 일본의 기존 영토였던 것처럼 일본명 다케시마(竹島)로 명명하여 시마네현령으로 1905년 2월 22일 고시(島根縣告示, 第40號)했다.[31]

---

韓日議定書

光武八(1904)年二月二十三日 調印

大韓帝國
　皇帝陛下의 外部大臣 臨時署理 陸軍參將 李址鎔及 大日本帝國
　皇帝陛下의 特命全權公使林權助는 各相當의 委任을 受ᄒᆞ야 在開條件을 協定홈.
・第一條　韓日兩帝國間에 恒久不易의 親交를 保持ᄒᆞ고 東洋和平을 確立홈을

---

30 金應龍, 앞의 책, p. 162.
31 『獨島』, 大韓公論社, 1965, p. 222.

> 爲ᄒᆞ야
> 大韓帝國政府ᄂᆞᆫ 大日本帝國政府를 確信ᄒᆞ야 施政改善에 關ᄒᆞ야 其 忠告를 容ᄒᆞᆯ 事
> · 第二條 大日本帝國政府ᄂᆞᆫ 大韓帝國 皇帝를 確實ᄒᆞ 親誼로 安全康寧케 ᄒᆞᆯ 事.
> · 第三條 大日本帝國政府ᄂᆞᆫ 大韓帝國의 獨立及領土保全을 確實히 保證ᄒᆞᆯ事.
> · 第四條 第三國의 侵害에 由ᄒᆞ며 或은 內亂을 爲ᄒᆞ야 大韓帝國 皇帝의 安寧 과 領土의保全에 危險이 有ᄒᆞᆯ 境遇에ᄂᆞᆫ 大日本帝國政府ᄂᆞᆫ 速히 臨 機必要ᄒᆞᆫ措置를 行ᄒᆞᆷ이 可ᄒᆞᆷ 然이나 大韓帝國政府ᄂᆞᆫ右 大日本帝國 에 行動을 容易ᄒᆞᆷ을 爲ᄒᆞ야 十分便宜를 與ᄒᆞᆯ 事.
> 大日本帝國政府ᄂᆞᆫ 前項目的을 成就ᄒᆞᆷ을 爲ᄒᆞ야 軍略上必要ᄒᆞᆫ 地點 을 隨機收用ᄒᆞᆷ을 得ᄒᆞᆯ 事.
> · 第五條 大韓帝國政府와 大日本帝國政府ᄂᆞᆫ 相互間에 承認을 不經ᄒᆞ야 後來 에 本協定趣意에 違反ᄒᆞᆯ 協約을 第三國間에 訂立ᄒᆞᆷ을 得지못ᄒᆞᆯ 事.
> · 第六條 本協約에 關聯ᄒᆞᄂᆞᆫ 未悉細條ᄂᆞᆫ 大日本帝國代表者와 大韓帝國外部 大臣間에 臨機協 定ᄒᆞᆯ 事.
>
> 光武八年二月二十三日
> 外部大臣臨時署理陸軍參將  李 址 鎔  印
> 明治三十七年二月二十三日
> 特命全權公使  林 權 助  印

## 6. 서해 4도 연해 금어 해제와 어업협정

통어장정 개정과 한일협약

일본은 러시아와의 전쟁에서 승기를 잡자 막대한 군사력을 배경으로 하여 강제 체결한 의정서에 이어서 1904년 5월 18일 한국과 러시아 사이에 체결한 모든 조약과 협정을 강제로 폐기시키는 한편 그 동안 통어장정 상 일본인의 입어 금지 구역으로 남아있었던 서해의 경기·충청·

황해·평안 4도 연해에 대한 금어권마저 동년(1904) 6월 4일 개정하여 전 연해의 입어권을 완전히 앗아갔다. 이로써 일본은 전 한국 주변어장의 제해권을 완전 탈취하고 대륙 침공을 위한 효율적인 기반을 더욱 강하게 구축했다(韓我兩國間條約協定一體廢罷件 참조).

---

**韓俄兩國間에 締結흔 條約과 協定은 一體廢罷件**

光武八(1904)年五月十八日 勅宣

勅宣書
1. 旣往韓俄兩國間에 締結흔 條約과 協定은 一體廢罷ᄒᆞ고 全然勿施홀 事.
1. 俄國臣民이나 會社에 認准흔바 特許合同中至今尙在其期限 內者는 自今以後로 大韓政府가 以爲無效혼 者면 如前히 其認准을 繼續 亨케 ᄒᆞ나 至於 豆滿江, 鴨綠江 鬱陵島森林 伐植特許ᄒᆞ야는 本來 一個人民에게 許諾혼것인대 實狀은 俄國政府가 自作經營홀 뿐 外라 該特准規定을 遵行치 아니ᄒᆞ고 恣意ᄒᆞ로 侵占의 行爲를 ᄒᆞ얏스니 該特准은 廢罷ᄒᆞ고 全然 勿施 홀 事.

---

이와 같이 일본은 강화도 조약에서 "한국의 독립을 공고(鞏固)이 하고……운운" 했던 엄숙한 약속을 스스로 파기하고 또한 기회균등정책 유지와 그 책임을 지겠다는 것도 모두 허의(虛儀)였다는 것을 스스로 드러냈다. 그리고 전술한 바와 같이 동년 7월 동경에서 수상 가스라(桂)와 미육군장관 태프트와의 회담에서 일본은 미국에 대해서 이미 한국에서 가진 모든 이권을 침해하지 않으며 필리핀을 식민지로 하는 것을 인증하고 미국은 일본이 한국을 식민지로 하는 것을 승인한다는 비밀협정을 체결하였다. 그리하여 일본은 다시 무력으로 한국을 위협하여 제1차 한일협약(1904년 8월 22일)을 강제 체결했다.[32]

이러한 일본의 계획에 분개한 고종은 1905년 8월 네덜란드의 수도 헤

---

32 金膺龍 著, 앞의 책, pp. 170~171.

이그에서 개최하는 제2회 만국평화회의에 일본의 국권강탈을 고발하고 국제여론의 힘을 빌려서라도 다시 국권회복을 결의하였으나 그것도 일본의 선점 외교력에 의하여 완전 실패로 돌아갔다.

한편 일본은 그러한 조선 조정의 노력을 오히려 빌미로 삼아 강압을 계속하여 제2차 한일협약(1905년 11월 17일) 일명 을사보호조약(乙巳保護協約)을 체결했다. 이 협약을 근거로 일본은 동년 12월 21일 통감부와 그 산하기관인 이사청(理事廳)을 전국 주요지에 설치하고 외교·국방권에 이어 내정전반에 대한 행정권마저 완전 강탈하여 식민지 통치체제를 수립했다.

그동안 일본은 침략야욕을 실현하는 과정에서 전 국력을 동원하여 해상으로부터는 영세 어업입어를 선병(先兵)으로 해왔으나 다시 원양어업장려법의 개정과 '원양어선검사규정' 등을 새로이 설정하여(1907년) 원양어선대(서양형, 일본형 포함)의 강화를 실시했다. 그리고 각 부현에 훈령하여 한국 연해에 입어하는 소형 출가어업자에 대해서 특별보호·장려책을 강구하도록 했다.[33]

한편 통감부에서는 장기적 식민지 통치를 위한 시정자료 확보를 목적으로 하여 각 분야에 걸친 조사사업에 착수했다. 수산부문에 있어서는 탁지부관리와 일본영사관 및 조선해수산조합의 직원상호교류(융희칙령 제28호 및 제45호)를 실시하는 동시에 1908년 통감부 예산으로 전국 연해역의 수산전수조사를 시작했다. 그러나 그 규모의 방대함과 원활한 조사를 목적으로 다음 해부터는(1908~1909) 한국정부의 농상공부의 예산으로 통감부 조선해수산조합과 삼자 합동사업으로 계속했다.

---

33 『大日本會報』第297号, pp. 31~32.

> 度支部所屬官吏로在官혼대로朝鮮海水產組合에應聘의件
> 　　　　　　　　　　　　　　　　　　隆熙四年四月十五日
> 　　　　　　　　　　　　　　　　　　　勅令第二十八號
> 　朕이度支部所屬官吏로ᄒᆞ야곰在官혼대로朝鮮海水產組合에應聘의件을裁可ᄒᆞ야玆에頒布케ᄒᆞ노라
> 第一條　度支部大臣은朝鮮海水產組合의經營에係ᄒᆞᄂᆞᆫ事務의遂行上其必要에應ᄒᆞ야所屬官吏로ᄒᆞ야곰在官혼대로該組合雇聘케홈을得홈
> 第二條　前條의官吏ᄂᆞᆫ定員外로ᄒᆞ야其雇聘中俸給을停止ᄒᆞ고 其他給與ᄂᆞᆫ支給치아니홈附則
> 本令은頒布日로븟터施行홈

> 度支部官吏로在官으로釜山日本居留民團에聘用件
> 　　　　　　　　隆熙四年四月十五日
> 　　　　　　　　　　　　　　　　　　　勅令第二十八號
> 　朕이度支部官吏로셔在官으로釜山日本居留民團에聘用케ᄒᆞᄂᆞᆫ件을裁可ᄒᆞ야玆에頒布케ᄒᆞ노라
> 第一條　度支部大臣은釜山日本居留民團委託事務遂行의必要上其所屬官吏를在官으로該民團에雇聘케홈을得홈前項의官吏ᄂᆞᆫ定員外로홈
> 第二條　前條의官吏에게ᄂᆞᆫ其雇聘中俸給을停止ᄒᆞ고 其他給與ᄂᆞᆫ支給치아니홈附則本令은頒布日로븟터施行홈

그 조사는 먼저 1908년 2월부터 동년 11월까지 약 10개월에 걸쳐 전국의 전수조사를 실시하고 다음 해부터는 보안조사와 그 결과정리 등을 3년에 걸쳐 수행하였다. 그 결과를 『한국수산지』(『韓國水產誌』全4輯)로 간행했다.

한일어업협정과 한국어업법 제정

한편 일본정부는 식민지배 기초세력을 확보하기 위해서 수산분야에서

는 어업이민과 그들의 어업(사업) 안정경영을 촉진하기 위해서 이미 꼭 두각시에 불과한 한국정부에 대해서 서구식 한국어업법 제정을 강요했다. 그 시행을 위해서 일본은 한국정부의 의사를 문의하는 형식적인 절차를 거치기도 했다.

곧 일본정부에서는 한국정부에 그 의사타진을 위해서라기보다는 강요하는 문의의 통고문을 1908년 11월 22일 발송했다. 그 통고문에 의하면 "한일통어장정 반포 이래 양국 상호의 어업에 관하여 여러 가지 종류를 인증해왔으나 그 후 민업(民業)의 발달에 비추어 다음의 사정으로 그 규칙협정(통어장정)은 오늘날의 사정에 적합하지 않으므로 일절 이것을 폐지하고 다시 다음의 약정으로 이에 대치하고자 한국어업법 제정에 앞서 한국정부의 의사를 조회한다"고 했다(日本政府의 通知文 참조).

---

**日本政府의 韓國政府あての 通知文**

明治二十二年十一月二十二日日韓通漁規則發布以來兩國相互의 漁業에 關し諸種의認定을爲し以て今日에至り後處 邇來民業의發達에鑑み右等의規則協定은目今의事情에適合せざるに付き一切之을廢止し更に左의取極을以て之에代へ韓國漁業規則施行의日より實行致し度此段及照會候也

一. 日本國民은韓國의沿海江灣河川及び湖地에於て韓國臣民은日本國의沿海江灣河川及び湖地에於て漁業을營む을得
二. 兩國의一方의臣民他의一方의版圖內에於て漁業을營む者는 其漁業을營む地에行はるる漁業에關する法規을遵守すべし
三. 韓國에於ける漁業에關する法規中裁判所의權能에屬すべき事項은日本國臣民에對しては當該日本官廳之을執行す
四. 明治二十二年十一月十二日開國四百九十八年十月二十日調印

日韓兩國通漁規則其他兩國通漁에關する協商은總て之을廢止す

자료: 朝鮮漁業協会, 『水産文庫』 第4券 第4号, 1908 p. 84.

위의 통고문에 의한 약정 내용은 대략 다음과 같다.

1. 일본국민은 한국의 연해(沿海), 강(江), 만(灣), 하천(河川) 및 호지(湖地)에 있어서 한국신민은 일본국의 연해, 강, 만, 하천 및 호지에 있어서 어업을 영위할 수 있다.

2. 양국의 일방(一方)의 신민, 타의 일방의 판도내(版圖內)에 있어서 어업을 영위하는 자는 그 어업을 영위하는 곳(地)에서 행하여지는 어업에 관한 법규를 준수하여야 한다.

3. 한국에 있어서 어업에 관한 법규 중 재판소의 권능에 속해야 하는 사항은 일본국 신민에 대해서는 당해 일본관청이 이를 집행한다.

4. 메이지 22년 11월 12일 개국 498년 10월 20일 조인한 한일 양국 통어장정(규칙) 기타 양국 통어에 관한 협정은 모두 폐지한다고 했다.

위의 통첩에 대해서 한국정부는 물론 전적으로 승낙(회답)했을 뿐만 아니라 위에서 소개한 4개항의 내용을 그대로 "한일양국신민의 어업에 한 협정" 내용으로 하여 1908년 10월 31일 협정체결을 하고 종래의 통어장정 등을 폐기했다. 그리고 그 협정 내용은 한국어업법 제정에도 그대로 반영했다. 한국어업법은 1908년 11월 11일 법률 제29호로 공포하고 그 다음 해(1909년) 4월 1일부터 실행하기로 하고 통감부에서 고시(제186호)했다.

위에서 언급한 일련의 사항들은 거의 동시에 이루어졌다. 그리고 그것들은 모두 통감부의 사전준비에 의한 것이었다. 따라서 한국어업법의 실시로 일본인의 입어는 종전에는 연안 바다에만 한정했던 것이나 이후 전 국토, 강(江), 만(灣), 하천(河川) 및 호지(湖池)에 이르기까지 전국 내외 수계(水界) 어디에서나 영위할 수 있게 되었다. 그리고 일본인도 내국인과 마찬가지로 내국법 제도 하에서 한국인과 동일하게 어업을 점유적 영구적으로 수행할 수 있게 되었다. 그러나 그에 관계되는 일본 입어자의 재판권능에 속하는 범법에 대해서는 일본관청 곧 이사청 또는 통감부 법무원(統監府法務院)에서만 집행하도록 하는 치외법권(治外法權)을 부여했다. 이것은 불평등 규정으로서 지배자 우월성을 강제하는 식민통치법의 전형이었다.

---

韓日兩國臣民의 漁業에 關한 協定書

隆熙二年十日月十三日
內閣公示 第二十三号

韓日兩國民의 漁業에 關ᄒᆞ야 韓國政府와 統監府ᄂᆞᆫ 本年十月三十一日에 協定書를 左와 갓치 定ᄒᆞ야 韓國漁業法施行日붓터 實施홈

隆熙二年十日月十三日

內閣総理大臣　李　完　用

協　定　書

1. 日本國臣民은 韓國의 沿海, 江灣, 河川及湖池에서 漁業을 營홈을 得홈
2. 兩國의 一方臣民으로셔 他一方의 版圖內에서 漁業을 營ᄒᆞᄂᆞᆫ 者ᄂᆞᆫ 其漁業을 營홀 地에서 施行ᄒᆞᄂᆞᆫ 漁業에 關홀 法規를 遵守홈이 可홈
3. 韓國의 漁業에 關홀 法規中 司法裁判所의 職權에 屬홀 事項은 日本國臣民에 對ᄒᆞ야ᄂᆞᆫ 當該日本官廳에서 此를 執行홈
4. 開國四百九十年十月二十日 明治二十二年十一月十二日調印ᄒᆞᆫ 韓日兩國通漁規則其他兩國通漁에 關홀 協定은 總히 此를 廢止홈.

官報第四二二五號隆熙二年十一月
十一日水曜
官報第四三二二號隆熙三年二月
二十七日土燿

### 韓國漁業法

第一條　本法에 漁業이라 稱흠은 營利의 目的으로 水産動植物을 採捕 又는 養殖ㅎ는 業을 謂흠이오漁業權이라 稱흠은 第二條를 依ㅎ야 免許를 受흔 漁業을 做ㅎ는 權利를 謂흠

第二條　左開흔 種類의 漁業은 農商工部大臣의 免許를 受치 아니ㅎ면 做業흠을 不得흠
　一. 一定흔 水面에 漁具를 建設 又는 施設ㅎ고 一定흔 漁期間을 定置ㅎ야 做ㅎ는 漁業
　　(第一種免許漁業)
　二. 一定흔 區域內에서 捕貝採藻 又는 養殖을 ㅎ는 漁業(第二種免許漁業)
　三. 陸地 又는 巖礁 等에 地點을 一定ㅎ야 漁網을 曳揚 又는 曳寄ㅎ는 場所로 ㅎ고 一定흔漁期間에 頻數 使用ㅎ는 漁業(第三種免許漁業)
　四. 一定흔 水面을 漁網의 建設 又는 施設ㅎ는 場所로 ㅎ고 一定흔 漁期間에 頻數使用ㅎ는 漁業(第四種免許漁業) 前項外에 一定흔 水面에 對ㅎ야 資本과 勞力을 費ㅎ고 魚類를 集合케ㅎ는 漁法으로써 經營ㅎ는 漁業(第五種免許漁業)에 關ㅎ야는 漁業者의 請願을 依ㅎ야 農商工部大臣은 漁業免許을 與ㅎ고 此를 保護흠을 得흠.

第三條　漁業의 免許期間은 十箇年 以內로 흠.
　但 農商工部大臣은 漁業權者의 申請을 依ㅎ야 期間을 更正흠을 得흠
　第六條를 依ㅎ야 漁業權을 停止흔 期間은 前項의 期間에 算入치 아니흠

第四條　同一흔 漁場에 在ㅎ야는 同一흔 漁期에 同一흔 種類의 漁業을 免許치 아니흠但 第二條 第一項 第三號 及 第四號의 漁業은 此限에 不在흠

第五條　漁業權은 相續·讓渡·共有·擔保 及 貸付의 目的으로 흠을 得흠
　但 農商工部大臣의 登錄을 經치 아니ㅎ면 其效力이 生치 못흠

第六條　農商工部大臣은 水産動植物의 繁殖과 其他 公益上 必要가 有흠으로 認흘 時는 漁業權을 制限
　或 停止ㅎ고 又는 條件을 付흠을 得흠

第七條　左開 境遇에는 農商工部大臣은 漁業權을 繳鎖흠을 得흠

　　　　一. 正當흔 理由가 無ᄒ고 漁業의 免許를 受흔 日노붓터 一個年 以內
　　　　　 에 着手치 아니ᄒ거ᄂ 又ᄂ 連續히 二個年以上 休業흔 時
　　　　二. 本法 又ᄂ 本法에 基ᄒ야 發ᄒᄂ 命令 又ᄂ 處分에 違背흔 時
　　　　三. 前條의 事由가 有흘 時
　　　　四. 漁業權의 制限 又ᄂ 條件에 違背흔 時
　　　　五. 法定 又ᄂ 指定의 期日內에 漁業稅 又ᄂ 罰金을 納入치 아니흔 時
　　　　　 漁業權의 貸付를 受흔 者의 所爲ᄂ 漁業權者의 所爲로 看做ᄒ야
　　　　　 前項의 規定을 適用흠
第八條　漁業의 區域, 漁業의 方法 其他 漁業權의 範圍에 對ᄒ야 漁業權者間에
　　　　爭論이 有흘 時ᄂ 利害關係者의 申請을 依ᄒ야 農商工部大臣이 此를
　　　　裁決흠
第九條　左開흔 種類의 漁業은 農商工部大臣의 許可를 受치 아니ᄒ면 做業흠
　　　　을 不得흠
　　　　一. 陸地 又ᄂ 巖礁 等에 漁網을 曳揚 又ᄂ 曳寄ᄒᄂ 漁業으로 第二條
　　　　　 第一項 第三號의 漁業에 屬치 아니흔 者
　　　　二. 風力 汽力 又ᄂ 潮流를 依ᄒ야 囊網을 水中에 引曳ᄒᄂ 漁業
　　　　三. 人力을 依ᄒ거ᄂ 又ᄂ 機力을 應用ᄒ고 漁網으로써 魚類를 圍繞
　　　　　 하여 漁船에 繰揚하는 漁業
　　　　四. 潛水器械를 使用ᄒᄂ 漁業
　　　　五. 第二條 第二項 漁業으로 免許를 受치아니흔 者
第十條　第二條 第一項 及 前條에 規定흔 漁業以外에 漁業을 ᄒ고ᄌ ᄒᄂ 者ᄂ
　　　　郡守 或府尹의게 申告ᄒ야 鑑札을 受흠이 可흠 但 漁業을 ᄒ고ᄌ ᄒᄂ
　　　　者가 日本人이면 日本 理事官의게 申告ᄒ야 鑑札을 受흠이 可흠
第十一條　農商工部大臣은 水産動植物의 繁殖保護 又ᄂ 漁業의 取締에 關하야
　　　　　必要흔 命令을 發흠을 得흠
第十二條　漁業權을 不依ᄒ고 第二條 第一項에 規定흔 漁業을 ᄒ거ᄂ 又ᄂ 第
　　　　　九條 或은 第十條의 規定에 違背흔 者ᄂ 百圓 以下의 罰金에 處ᄒ고
　　　　　採捕物 又ᄂ 所有漁具를 何人의 所屬을 不問ᄒ고 此를 沒收흠 旣히
　　　　　採捕物을 讓渡ᄒ거ᄂ 又ᄂ 消費흔 時ᄂ其 代價를 追稱흠
　　　　　漁業權의 停止中 又ᄂ 免許 或은 許可의 條件에 違背ᄒ야 漁業을 흔
　　　　　者ᄂ 前項과 同흠
第十三條　使用人 及 漁夫 其他 從業者의 所爲ᄂ 漁業者의 所爲로 看做ᄒ야 前
　　　　　條의 罰則은 此를 漁業者의게 適用흠
第十四條　本法施行에 必要흔 細則은 農商工部大臣이 此를 定흠
　　　　　〈附則〉
第十五條　本法施行期日은 勅命으로 此를 定흠

> 第十六條　如何훈 名義를 不問ᄒ고 本法施行前에 受훈 漁業의 免許는 從來의 慣行을 因ᄒ야
> 第二條　第一項에 規定훈 漁業을 ᄒ는 者는 本法 施行日노붓터 一個年 以內에 第二條의 規定을 依ᄒ야 免許를 請願홈이 可홈 本法 施行前에 漁業鑑札의 下付를 受훈 者는 本法 施行後라도 其 鑑札의 有效期間內는 第九條 又는 第十條에 規定 훈 漁業을 홈을 得홈
> 前項에 規定훈 者가 아니고 現에 第九條 又는 第十條에 規定훈 漁業을 ᄒ는 者는 本法 施行日노붓터 三個月以內에 第九條 又는 第十條의 規定을 依ᄒ야 漁業의 許可를 請願 又는 申告홈이 可홈
> 第一項 又는 第三項의 漁業者는 請願의 許否處分을 受ᄒ기까지 又는 申告를 依ᄒ야 漁業鑑札의 下付를 受ᄒ기까지는 從前의 例를 依ᄒ야 漁業을 홈을 得홈

일본은 위와 같은 '한일 신민의 어업에 관한 협정' 및 '한국어업법' 제정을 서둘러 실시했다. 그 이유에 대해서 일본은 다음과 같이 설명하고 있다.[34]

곧 한국은,

1. 어업에 관해서 어떤 권리의 설정을 인증하는 법규가 없기 때문에 상당한 자본과 경험을 가진 어업 희망자로 하여금 안심하고 그 자본 노력을 투하하고 경영하도록 장려할 방법을 시행하기가 곤란하고 나아가 그것을 수행하기를 주저하는 사정이 있었다.

2. 정치어업(定置漁業) 등과 같이 수면(水面)의 점유(占有)는 더욱이 관청의 면허를 요하는 동시에 제3자로 하여금 분별없이 침해하는 것과 같은 것도 못하게 할 보호 취채를 할 필요가 있음에도 아직 그렇게 하지 못하고 있다.

3. 어업자 사이에 있어서 어업 쟁탈에 따른 분의(紛議)가 끊이지 않고 각자 어리(漁利)를 손해보고 또한 공안(公安)을 해하는 것이 심하다.

4. 한일인(韓日人)이 서로 섞여 난획(亂獲)하는 결과 수산의 번식을

---

[34] 朝鮮漁業協会, 『水産文庫』 第四券 第四号, 1908, pp. 85~86.

해하고 벌써 2~3수산은 살지 못하고 단절 되었거나 혹은 크게 생산을 감소시키고 있는 사실이 있다.

  5. 종래 궁내부(宮內府) 소유에 속했던 하해(河海)의 어장 채조장과 같은 전국 주요 어장은 이번에 국유로 이속시킨 결과 이것 등을 어업법규에 근거하여 일반 인민에 대해서 어업허가 여부의 처분을 수행해야 할 필요가 발생한 동시에 어업법의 제정을 서둘렀으며 그 수속을 제시할 필요가 있다.

  6. 어업법규에 근거하여 공평 확실한 어업세법을 정하여 일반 어업자로 하여금 상당한 세금을 부담시킬 필요가 있는 동시에 종래의 폐해를 불식할 필요가 있었다고 했다.

  위와 같이 일본정부의 유지를 받아 당시 어업법 제정을 담당했던 통감부 수산담당관으로서 한국농상공부 수산과장을 겸한 이오하라(庵原文一)는 동법의 제정요지 설명에서 "한일통어장정은 다만 왕래 통어할 수 있는 것뿐이며 고기를 잡는데 대한 권리의 제정이 없었다. 그러나 한국어업법 실시에 있어서는 분명히 한국인과 동일하게 일본인의 권리의무도 정하여 강(川)이든 호수(湖水)든 일체의 동식물을 채포하는데 하등 한국인과 상선(相選)할 것이 없다고 하는 방침에서 만든 것이다"[35]라고 했다.

  또한 한국어업법 시행에 앞서 동년(1909) 3월 30일 공포한 농상공부령 제1호에 의하여 신규 연안어업은 일본이사청 이사관을 통하여 그 어업권 신청을 하도록 했다(농상부령 제1호 참조). 그런데 그 고시내용의

---

[35] 『大日本水産會報』 第314호(1908年 11月號), p. 5.

신규 연안어업이라고 하는 것은 종전 한국에는 존재하지 않는 어업으로서 한인에게는 생소한 어업이었다. 말하자면 그것은 일본의 연안어업 어법이며 그것을 한국에 이식한 것이었다. 그러한 생소한 신규 연안어업을 일본 이사청을 통해서 신청하도록 하는 것은 일본인에 우선적인 처분을 하기위한 조치였던 것이었다.

> 農商工部令第一号 隆熙三年三月三十日
> 漁業에 關호 書類로 便宜를 從호야 日本理事官을 經由홈을 得호 件
> 右開호 種類의 漁業에 關호 請願書, 申請書, 其他書類로 漁業法施行細則 第三條에 依호야 地方長官을 經由호 것은 現今間各自便宜를 從호야 日本理事官을 經由홈을 得홈.
> 1. 漁業法 第九條※
>    ※第二號의 漁業, 但汽力을 依호야 做호는 漁業을 除去함
> 2. 同條 第三号의 漁業
> 3. 同條 第五号의 漁業
>    附則
>    本令은 漁業法施行日로붓터 施行홈

그뿐 아니라 일본정부에서 한국어업법 제정을 강요하고 서두른 이면에는 급한 종래 왕실(궁내부)소유의 하해(河海)어장과 채조장(採操場)을 탁지부 수산국으로 이관해놓고 그 처부를 일본인 입어자 또는 이주어업 정주자들에게 우선적으로 처분할 복선이 있었던 것이다.

궁내부에서 종래 소유했던 하해, 채조장 등은 그 수가 자그마치 1,500에서 3,000개 소에 달했으며 당시 한국에서는 가장 가치 있는 어장들이었다. 그것을 통감부는 서둘러 궁내부에서 탁지부 수산국으로 이관해놓고 거기에 생소한 일본명의 어구어법을 적용한 어업권 제도를 이식하고 그에 대한 영업권 신청을 일본 영사관을 통해서 수행하도록 했다. 따라서

그에 신설되는 어업은 한인에게는 생소한 어업이면 그 처분을 제도상 심사를 거치도록 했다. 따라서 그 어장들을 일본 어업이주자 또는 일본 전업자에게 거의 자동적으로 우선적으로 처분(제공)하게 되고 나아가 그들의 정착과 경영안정을 도모하도록 하기위한 의도에서 취한 계획적인 정책수행 방법이었던 것이다.[36]

## 7. 어업법 제정 후 한일인의 어업권 취득

### 양식면허인가

일본통감부에서는 위의 '한일신민의 어민에 관한 협정' 및 '한국어업법' 실시 이전부터 일본 이주어업자에 대해서 통어장정상의 규정에 없는 다양한 어업권 처분을 한국정부에 요청하고 있었다. 곧 통감부의 요청에 의해서 한국정부에서는 1907년경 처음으로 양식업(養殖業)에 대한 면허를 허가했다.

그 사례를 보면 1907년 전남에 히로시마현에서 도래한 에나미(江波某)란 사람이 김 양식업을 하기위한 조사를 실시했다.[37] 최초 양식 면허는 전남 무안부 박곡면 몽탄진(務安府 朴谷面 夢灘津)에 목포거류의 이시모리(石森某) 외 1명이 공동으로 굴 양식면허를 1907년 7월 23일부로 출원하고, 그 다음 해 2월 20일 허가한 것이다.

---

36 『大日本水産會報』第314호(1908年 11月号), p. 5.
37 吉田敬市 著, 앞의 책, p. 319.

그 면허의 위치는 영산강 본류 물줄기(수로)의 좌우 양측에 북은 그 곳의 대안인 나주군에 속하는 몽탄과의 견직선(見直線)을 한계로 하고, 남은 영암군 종남면 남비도(南飛島) 및 일노면 정관동(一老面 鼎冠洞)의 동방인 접본산(摺鉢山)과 직선으로 하는 사이를 세 구역으로 하여 구분면허를 허가했다.

제1구 나주군에 속하는 두동면(豆洞面) 지선 길이(長) 1,200간(間, 2,181.60m), 폭(幅) 7간(8.81m)(물줄기에 따라 좌우 각 3간 반)

제2구 영암군에 속하는 종남면(終南面) 지선 1,100간(1,999.80m) 폭 7간 (위와 같음)

제3구 무안군 박곡면 및 일노면(一老面) 지선 2,100간(3,817.80m) 폭 7간 (위와 같음)

그 면적은 각각 명령서와 동일하다고 했다(명령서 참조).

---

命令書

第一條 許可期間ハ本許可ノ日ヨリ十箇年トス。
第二條 牡蠣養殖場位置區域及面積ハ左ノ如シ。
　　　位置　全羅南道榮山江本流左右雨岸沿澪
　　　區域　別紙圖本ノ如シ
　　　面積　第一區　二町八反步
　　　　　　第二區　二町五反六畝二十步
　　　　　　第三區　四町九反步
第三條 本許可ノ日ヨリ二箇月以內ニ養殖場ノ境界ニ標識ラ建設シテ其區域及方法ヲ明示スヘシ。
第四條 養殖場區域內ニ於ケル他人ノ鰻搔其ノ他ノ營業カ自己ノ事業ニ道接妨害アルニ非ラサレハ其營業ヲ拒ムコトヲ得ス。
第五條 許可區域ハ牡蠣養殖以外ノ目的ニ使用スルコトヲ得ス。
第六條 本許可ノ日ヨリ四箇年ヲ經過シタル後ハ江面區劃料トシテ每年十二月ニ於テ一町步每ニ一箇年五

> 十錢宛ヲ納付スヘシ. 一町歩未滿ノ端數ハ各區別ニ一町歩ト計算ス。
> 己納ノ區劃料ハ之レヲ還付ス。
> 第七條　本許可ニ依ル權利ヲ讓渡ヌハ擔保ノ目的ト爲サントスル時ハ當事者連署ノ
> 　　　　上農商工部大臣ニ出願スヘシ。
> 第八條　每事業年度經過後二箇月以內ニ其年度ニ於ケル牡蠣養殖ノ經過成蹟書竝ニ
> 　　　　收支計算書ヲ農商工部大臣ニ堤去スヘシ。
> 第九條　事業ニ著手シ又ハ事業ヲ体止シタル時ハ其都度農商工部大臣ニ屆出ツヘシ
> 　　　　社ノ代表者ニ變更アルタルトキ亦同シ。
> 第十條　農商工部大臣ニ於テ必要アルトキハ本許可ノ取消シ又ハ本命令ヲ變更スル
> 　　　　コトアルヘシ。
> 第十一條　本命令ノ規定ニ違背シタルトキハ農商工部大臣ハ本許可ヲ取消スコトア
> 　　　　ルヘシ。
> 第十二條　許可期間滿了シ又ハ許可ヲ取消シタル場合ニ於テ許可區域內ニ建設物ア
> 　　　　ルトキハ一箇月以內ニ之レヲ撤去スヘシ若シ其期間內ニ撤去セサル
> 　　　　トキハ農商工部ニ於テ之レヲ撤去シ其費用ヲ
> 　　　　徵收スヘシ。

자료: 『韓國水產誌』 第三輯, p. 157~159.

위 양식장의 시설은 섶발(簎立)로서 허가 당해년과 그 다음 해에 걸쳐 제1구에 200간, 제2구에 600간, 제3구에 160간을 시설했다. 양식재료는 잡목, 소나무, 대 등이었으나 사업 성적이 불량했다. 그 원인은 종패 부착이 불량하고 그 외 여러 가지 원인이 있었으나 확실한 원인은 알 수 없었다고 했다.[38]

또 다른 사례로는 전남 영암군 종남면(靈巖郡 終南面)과 곤이종면(昆二終面) 사이의 내만에 사가현 한해출어조합(佐賀縣韓海出漁組合)에서 굴양식장(牡蠣養殖場) 허가를 1907년 9월 2일 출현한 것을 1908년 3월 9일 인가했다. 그 허가면적은 두 구역(區域)으로 곧 제1구 서종면 지선에서 길이 1천 8백간, 수로를 따라 좌우 각 5간, 그 면적 6정보(町步), 제2구

---

38 『韓國水產誌』 第三輯, pp. 156~159.

곤이면 지선에서 길이 1천 6백간, 수로를 따라 좌우 각 5간, 면적 5정 3단 3무 10보(五町三反三畝十步), 합계 11정 3단 3무 10보(약 112,364.12㎡)였다. 동년 7월 섶(交筽)을 세워 시험재배에 착수했으나 그 영업성적은 불량했다. 그러나 몽탄지방에 비해서는 양호했다고 한다.[39]

그리고 오카야마현 고시마 양패회사(岡山縣兒島養貝會社)에서 상기 지역의 서쪽 곤이종면 석기(昆二終面石崎)에서 종남면 비도(終南面飛島)를 바라보는 직선을 기점으로 동남방 곤이종면 중지도(昆二終面中之島)에서 서종면 만두기(西終面饅頭崎)를 바라보는 직선 및 종남면 소송도(小松島)에서 서종면 만두기를 바라보는 직선을 종점으로 하는 해변에 굴양식장 면허를 역시 1907년 9월 2일 출원한 것을 1908년 3월 9일 허가했다.

허가구역은 3구로서 제1구 곤이면 지선 길이 2천 9백 85간 반, 폭 수로를 따라 좌우 각 7간, 면적 13정 9단 7무 20보, 제2구 종난면 지선 길이 2청 3백 89간 6합, 폭 수로를 따라 좌우 각 7간, 면적 11정 1단 5무 4보, 제3구 서종면 지선에서 길이 6백 64간 4합, 수로를 따라 좌우 각 7간, 이것을 갑으로 하고 길이 2백 36간 8합, 폭 수로를 따라 좌우 각 7간 이것을 을(乙)로 하여 면적 합4정 2단 16보, 합계 면적은 28정 12단 12무 40보(약 2,776,885,090.96㎡)였다. 그 시설(始洪)은 1908년 5~6월의 고채기에 대(竹), 잡목(雜木), 송지(松) 등을 재료로 하여 섶(筽)을 계단형(階段形)으로 시설하여 시험에 착수했으나 성적이 불량했다.[40]

그리고 인천부 영종도(仁川府永宗島)에도 맛(蟶) 양식을 계획하고 출

---

[39] 『韓國水産誌』 第三輯, pp. 102~104.
[40] 위의 책, pp. 103~104.

원한 일본인이 있었다고 한다.[41]

그 외 동년 원산(元山)에 일본이사청(日本理事廳)이 개설하자 오래전부터 당지에서 마른 굴 제조업를 영위해왔던 일본인 요코야마(橫山喜太郞)와 니시시마(西島留臧) 등이 협력하여 영흥만(永興灣)에 굴양식면허를 출원했다. 그 다음 해 한국어업법의 발효로 그에 의한 면허를 받아 시설을 하려고 하자, 현지 어민들의 강력한 저항에 부딪혀 시설을 못하고 군대까지 출동하여 진압했다. 그러나 그 면허면적은 반감되었다. 다른 지역에서도 한국어업 법 실시로 1909년 4월 1일 이전, 이미 통감부 주선으로 한국정부의 특허를 얻은 양식면허는 경남 지역, 김(海苔) 1건(2구역), 전남지역에서 패류(貝類) 1건(3구역), 굴(石花) 3건(8구역), 합계 5건(구역13)이 있었으며 그 영업은 대체로 성공했다[42]고 했다(〈표 1〉 참조).

• 표 1 | 1909년 양식면허 허가건수

| 양식장소 | 면허수 (건) | 구획수 (구역) | 면적 | 양식물 |
|---|---|---|---|---|
| ·경상남도 낙동강구 | 1 | 2 | 185정 2무, 여 | 김 |
| ·전라남도 여자만(순천만) | 1 | 3 | 618정 8단 5무, 여 | 고막(ハイカイ) |
| ·전라남도 영산강구 | 3 | 8 | 50정 9단여 8무, 여 | 굴(牡蠣) |

자료: 『韓國水産誌』第一輯, p. 335.

위에서 보는 바와 같이 어업법 시행 이전부터 통감부에서는 양식업 허가를 주선하는 동시에 전국의 양식어업 적지조사도 하고 그것을 일본인 이주자 및 투자가에게 처분하도록 노력했다.

통감부에서는 양식업의 적지조사에서 함경도에는 굴, 새조개(鳥貝),

---

41 『韓國水産誌』第四輯, p. 103.
42 吉田敬市 著, 앞의 책, p. 326.

전라남도에는 굴, 조개, 경남에는 김, 경기도에는 죽합(竹蛤: 섭) 등 패류와 해조류의 양식업 유망지로 파악하고 그것을 특히 이주자에 적극 장려하고 그 외 양식 장려 대상으로 업종과 지역을 다음과 같이 추천하기도 했다.[43]

* 굴(石花) 양식 적지

함경도 조산만 내의 황어포, 영흥만내의 송진만, 경상도 낙동강구 동안(東岸) 일대 및 경상도와 전라에 이르는 광양만, 순천만(여자만), 보성만, 강진만, 충청도의 천수만, 황해도의 용위도(龍威島) 등.

* 죽합(竹蛤=맛) 양식 적지

충청도의 천수만, 경기도 강화만의 영종도 및 강화도 연안일대, 평안북도 소반성열도(小盤城列島)의 서남 일대.

* 꼬막(伏貝) 양식 적지

광양만, 순천만, 보성만, 강진만, 충청도의 추수만.

* 새조개(鳥貝) 양식 적지

함경도 및 강원도의 주위 약 2리(厘)에 달하는 천수지.

* 김 양식 적지

낙동강구, 광양만 내의 섬진강구, 영산강구, 울산만내 태화천강구 등이었다.

## 한국어업법 시행과 어업권 처분

한국어업법은 1908년 말 제정하여 1909년 4월 1일부터 시행되었다.

---

43 『韓國水産誌』第一輯, p. 336.

실시 이후 국치년까지 처분한 총 어업건(漁業件)에 대해서는 명백하지 않으나 어업법이 실시된 지 7~8개월 동안에 농상공부수산국에 출원한 건수와 허가건수를 한국인과 일본인 별로 보면 〈표 2〉와 같다.

• 표 2 | 1909년 11월 한일인별 어업 출원 허가 총 수(단위: 건)

| 국인명 | 허가 어업 | | 면허어업 | 계출어업 | 비고 |
| --- | --- | --- | --- | --- | --- |
| | 출원수 | 허가수 | | | |
| 일본인 | 301 (81.1) | 284 (94.3) | 3,200 (55.3) | 1,278 (35.66) | - |
| 한국인 | 68 (18.3) | 53 (77.9) | 2,115 (36.56) | 2,305 (64.3) | - |
| 한일공동 | 2 | 2 | 469 (9.1) | - | - |
| 합계 | 371 (100) | 339 (91.3) | 5,784 (100) | 3,583 (100) | - |

자료: 농상공부수산국, 『조선해수산조합월보』 제14호, 1910.1.1, p. 29. ( )안은 구성비.

위 〈표 2〉에서 보면 허가어업 면허어업에서 일본인의 출원과 허가건수는 한인에 비해서 압도적으로 많았다. 다만 계출어업(신고어업)에 있어서만은 한인의 출원이 일인에 비해서 많았다. 이러한 현상은 전술한 바와 같이 허가 및 면허어업에 대해서 한인들은 잘 모르고 또한 자본이 없었던 관계로 현저한 차이를 초래했던 것으로 생각한다. 다만 계출어업은 사실상 맨손으로 하거나 그에 가까운 방법으로서 호미, 갈고리 등을 소지하고 잡는 재래의 포패업으로 생각하고 출원했을 것이다.

그런데 1911년 조선총독부통계연보를 보면 당해연도 말 어업건 총수는 43,464건에 달했다. 그중에서 한국인이 취득한 건수는 26,146건, 일본인이 취득한 건수는 17,318건으로서 어업법 실시 후 2년 동안에 이미 일본인이 취득한 어업건수는 전체의 40%에 달했다(〈표 3〉 참조).

일본인이 취득한 어업권 중 가장 많은 것은 낚시어구류(釣具類)로서 14,481건, 그중 주낚(延繩) 10,670건, 외줄낚시(一本釣) 3,267건, 미끼 없는 낚시(空釣) 400건, 조조 144건이었다. 다음은 자망류(刺網類) 1,384건,

그중 자망(刺網) 695건, 류망(流網) 689건이었다. 예망류(曳網類)는 488건으로서 그중 수조망(手繰網) 324건, 후리망(地曳網) 163건, 물치망(忽致網) 1건이었다. 그리고 수망류(受網類) 407건은 전부 안강망(鮟鱇網)이었다. 그 외 건망류(建網類) 170건, 잠수기(潛水器) 143건, 기타 들망류(敷網類) 93건, 어전류(漁箭類) 92건, 투망(投網) 60건 등이 있었다.

이와 같이 한일 양국인별 어업권 취득건수에 있어서 일본인의 취득건수가 한국인의 취득건수를 초과하고 있는 업종은 줄낚시로서 한국인 7,205건에 비해서 일본인은 10,670건으로서 크게 웃돌고 있다. 그중 미끼 없는 낚시도 한국인 70건에 비해 일본인은 400건으로서 무려 330건이나 크게 초과하고 있다. 그리고 조구류에서도 일본인이 한국인 총 취득건수 14,342건을 139건이나 초과하고 있었다.

또한 자망류 중에서 유망은 일본인(689건)이 한국인 취득건수(320건)의 무려 2.2배에 달했다. 수망류 중의 안강망도 일본인 취득이 407건으로서 한국인 취득건수 179건을 크게 웃돌고 있다. 그 외 잠수기 143건, 대망 12건은 전부 일본인이며 대부망 25건 중 21건, 호망 167건 중 100건도 일본인이었다.

전체 취득 업종 중 한인이 취득한 업종은 30업종으로 일본인이 취득한 업종이 21종인 것과 비교하여 수적으로는 앞서고 있으나 그 질에 있어서는 뒤지고 있었다. 한편 포패류 기타 업종에 있어서는 일본인의 취득건수가 한건도 보이지 않았다. 그러나 진술한 바와 같이 포패류(양식업 등)는 어업법 시행 이전 이미 탁지부 수산국에서 면허한 것이 있었으나 그것은 어업법 시행상의 경과조치에서 아직 전환조치를 취하지 않은 상태인지 여기 허가건수에서는 누락되어 있는 같다. 이와 같이 도수업을 제외한 패류양식어업건(권)이 아직 기록상에서는 나타난 것이 없으나 아마 있다면 그것은 전술한 약시어업권 등으로 아직은 전부 일본인 소유일 것 같다.

• 표 3 | 1911년 말 한일인별 어업권 취득 수

| 種別 | | 統數 | | | 見積價額 |
|---|---|---|---|---|---|
| | | 韓國人 | 日本人 | 計 | |
| | | | | | 圓 |
| 抄　　　　網 | | 427 | - | 427 | 2033 |
| 投　　　　網 | | 166 | 60 | 226 | 2265 |
| 刺網類 | 流　　網 | 320 | 689 | 1009 | 196,052 |
| | 碇 船 網 | 24 | - | 24 | 2,275 |
| | 刺　　網 | 3,183 | 695 | 3,878 | 230,159 |
| 曳網類 | 地 曳 網 | 670 | 163 | 833 | 35,1074 |
| | 手 繰 網 | 438 | 324 | 762 | 14,171 |
| | 忽 致 網 | 3,153 | 1 | 3,154 | 53,985 |
| | 曳　　網 | 104 | - | 104 | ,4987 |
| 敷網類 | 大 敷 網 | 4 | 21 | 25 | 26,170 |
| | 焚 寄 網 | 208 | 60 | 268 | 18,421 |
| | 臺　　網 | - | 12 | 12 | 7,200 |
| 旋網類 | 網 船 網 | 64 | - | 64 | 12,900 |
| | 石首魚網 | 189 | - | 189 | 2,570 |
| 健網類 | 角　　網 | 32 | 25 | 57 | 19,257 |
| | 壺　　網 | 67 | 100 | 167 | 49,375 |
| | 建 切 網 | 132 | 7 | 139 | 1,439 |
| | 建 干 網 | 346 | 16 | 362 | 7,460 |
| | 擧　　網 | 183 | - | 183 | 29,790 |
| | 建　　網 | 94 | 22 | 116 | 22,912 |
| 受網類 | 蝦　　網 | 210 | - | 210 | 8,894 |
| | 中 船 網 | 168 | - | 168 | 27,960 |
| | 柱 木 網 | 228 | - | 228 | 18,106 |
| | 鮟 鱇 網 | 179 | 407 | 586 | 71,611 |

| | | | | |
|---|---|---|---|---|
| 釣具類 延　　繩 | 7,205 | 10,670 | 17,875 | 72,682 |
| 　　　 一 本 釣 | 6,555 | 3,267 | 9,822 | 9,948 |
| 　　　 空　　釣 | 70 | 400 | 470 | 1,758 |
| 　　　 漕　　釣 | 512 | 144 | 656 | 4,740 |
| 漁箭類 漁　　箭 | 639 | - | 639 | 16,500 |
| 　　　 防　　簾 | 320 | 92 | 412 | 49,357 |
| 潛　水　器 | - | 143 | 143 | 48,100 |
| 捕　貝　類 | 256 | - | 256 | 307 |
| 其他 | - | - | - | 377,050 |
| 總計 | 26,146 (60.15%) | 17,318 (39.85%) | 43,464 (100%) | 1,761,517 |

※ 『朝鮮總督府統計年報』 1911, pp. 191~192.

# Ⅲ. 합법화 이후의 입어상황

## Ⅲ. 합법화 이후의 입어상황

1. 연도별 입어사항(총괄)

   1883년 7월~1899년까지 / 1900년~1904년까지 /

   1905년~1910년까지 / 밀어의 계속

2. 해역별 입어사례

   남해 연해 / 동해 연해 / 서해 연해 / 맺는말

합법화 이후의 입어에 관한 자료는 해관 허가건수가 있을 뿐 그 외의 입어상황에 관해서는 초기부터 거의 일본의 서술적 사례들뿐이다. 그리고 전체 통계자료도 1899년 통어장정 체결 전후부터 있기는 하나 출처에 따라 차이가 많고 신빙성이 낮지만 이 장에서는 먼저 그러한 자료들을 시간대로 엮어 연도별(총괄)로 정리하고 다음 장에서는 지역별(도)과 대상어종별로 크게 구분하여 입어상황을 정리했으나 중복 사용했다는 것을 미리 양해를 구해둔다.

## 1. 연도별 입어사항(총괄)

1883년 7월~1899년까지

1883년 7월 '재조선일본인민통상장정'이 실시된 당시 최초의 입어자는 동년 7월 제주도 연안에 도래한 잠수기어선이다.[1] 그 외 동년 봄철에 입어한 카가와현의 마츠오카(松岡佐吉)와 스가노(菅野熊吉) 등 두 사람도 삼치유망선으로 입어하여 계속 조업하고 또한 히로시마현 사가무라의 야마다(山田政吉)도 도미 그물 1통에 망선 2척, 가공선 2척, 승무원 총 18인으로 운반선을 수반한 선단으로 입어했다. 후자는 도미 그물을 사용하고 운반선을 수반한 최초의 입어선단이다.[2] 그러나 위에 기술한 이들의 합법적 입어 여부는 사실 알 수 없다.

1884년 히로시마현 요코하마의 츠보가와(坪川某)란 사람이 멸치박망선(縛網船)으로는 처음 입어했다.[3] 다른 자료에는 1884~1885년경 경남

---

1 吉田敬市 著, 『朝鮮水産開發史』, 朝水会, 1954, p. 209.
2 위의 책, p. 196.

마산만에 히로시마현 사가무라(坂村) 거주의 츠보가와(坪川甚三郎)와 하마오카(濱岡周助) 두 사람이 당시로서는 새 멸치그물(新鰮網)인 권현망(權現網)을 가지고 마산만 방면에 입어하여 멸치 어획물로 자건품(煮乾品), 소건품(素乾品)을 제조하여 일본으로 운송하고, 그들이 기록상에 나타난 일본인 최초의 멸치입어선이라 했다. 위의 츠보가와 두 사람이 동일인인 것 같기도 하나 알 수 없으며 또 다른 설에는 멸치입어선의 시초는 그보다 훨씬 뒤인 1889~1890년경 역시 히로시마현 사가무라의 산도(山登定七) 등이 마산만에서 박망(縛網)어구로 도미조업을 하던 중 멸치가 많이 혼획되는 것을 보고 그 다음 해 멸치업을 시도한 것이 동업의 시초라고도 했다.[4] 이와 같이 멸치어선의 최초입어기록에 대해서는 여러 설이 있으나 그 진위에 관계 없이 멸치입어선의 효시는 역시 히로시마현인이었다는 것만은 사실인 것 같다.

또한 동년 봄철에 전라도 연해에 몰래 입어한 카가와현의 아가시(明石常三郎)와 키마다(木又房吉)란 사람이 유망(流網)으로 금어구역인 충청남도 연해까지 입어했다. 그 해 가을철에 역시 동현의 이시하라(石原與平)란 사람도 3척의 갯장어(はも) 외줄낚시선으로 처음 경상도의 사량도(蛇粱島) 근해에 입어하고 그 다음해(1885년) 스가노 3형제(菅野忠吉, 菅野熊吉, 菅野興四部)는 운반선을 수반한 선단으로 다시 그곳에 입어하고 이후 계속 입어했으나 나중에는 운반선 '에비스호선단(惠比須丸船團)' 오다구미(小田組)의 수뇌진(首腦陣)이 되었다고 한다. 또한 동년 마츠오카도 박망(縛網)으로 부산 근해에 입어했다. 이러한 선구적 입어

---

3 広島県, 『水産会報』 第6号, p. 96.
4 吉田敬市 著, 앞의 책, p. 184.

자들 때문에 이후 카가와현(香川縣)에서는 많은 한해 입어자들을 배출했다고 한다.[5]

1886년 9월 20일경 부산근해에 이쓰쓰가 세 쌍둥이 형제(猪塚太四郎, 猪塚佐次郎, 猪塚秀次郎)와 와다 세쌍둥이 형제(和田伝之壽希, 和田太市, 和田伊太郎) 등이 입어하여 90일 동안 계속 조업 했다고 하나 확실한 어종어구 이름은 알 수 없다.[6]

1887년 봄철 마츠오카(松岡佐吉)와 다케우지(竹內熊吉) 등은 충청남도 연안에 박망(縛網)으로 몰래 입어하고, 경북의 동해안에는 후리망(地曳網)선이 입어했다. 그리고 가와사키(川崎甚平)형제가 부산 근해에 입어하여 처음으로 건착망어구를 사용하여 숭어를 어획했다.[7]

1888년 부산 거제도 근해에 카가와현(香川縣)의 한 어부가 부자망(浮刺網)에 해당하는 유망(流網)으로 입어하여 삼치 어업을 시도하고 그 어업의 효시자가 되었다.[8]

그리고 전술한 바도 있으나 '일본인민통상장정' 체결 이전부터 매년 남해안에 입어하여 가파도를 근거지로 전복과 해삼을 포획하여 명포(明鮑)와 마른해삼(海蔘) 등을 제조해오던 나가사키현(長崎縣)의 다케우지(竹內熊吉)는 1889년 근거지를 전남 소안도로 옮기고 이후 계속하여 사업장을 그 주변 일대로 확장했다.[9] 그리고 동년 나가사키현의 미야기(三宅道次郎)도 제주도를 근거지로 잠수기업을 경영했으며 아이치현의

---

5 中井照 著,『香川縣海外出漁史』, 香川県水産課, 1967, p. 60.
6 위의 책, p. 60.
7 위의 책, pp. 59~60.
8 吉田敬市 著, 앞의 책, p. 199.
9 위의 책, p. 208.

타뢰망선도 처음으로 남해안에 입어했다.[10]

이와 같은 초기 입어자는 보편적으로 외줄낚시, 줄낚시선으로 입어했으나 1890년 전후 이미 연 300척 내외에 달했다. 그 입어선의 70%는 경남, 전남연해에 집중하고 북으로 갈수록 그 수는 감소했다.[11]

위에서 기술한 입어사례들은 합법화 이후 각각 다른 지역(현)에서 또는 각각 다른 어업 혹은 어구 등으로 거의 최초로 기록되어 있는 사례의 일부를 연도순으로 소개한 것이나 그동안 매년 전국연해에 입어한 합법적 입어선의 총 척수는 1885~1886년경부터는 연간 약 600척 이상에 달했다[12]고 한다.

1889년 11월 12일 통상장정 제41관의 세부규정에 해당하는 통어장정(通漁章程)이 새로이 체결되고 그 다음 해(1890년) 1월부터 실시하자 연도별 전체 입어척수는 더욱 증가하고 그중 총 면허 척 수도 어느 정도 알 수 있게 되었다.

통어장정 실시 이후 초기 3년 동안 부산해관(海關=稅關)에서 면허(감찰)한 일본 입어선의 총 척수는 1890년도 718척, 그 다음 해에는 전년보다 약 100척이 감소한 610척, 그리고 1892년도는 다시 전년보다 약 70척이 증가한 683척으로써 3년간의 총 누계는 2012척이었다. 그러나 허가의 유효기간이 1년임을 감안하여 실제로 연간 조업 척 수는 대략 연평균 670여 척으로 간주했다. 그러나 그 실제 입어척수는 그보다 훨씬 많다고 했다. 그 이유는 불법 입어선이 많이 있었기 때문이다.

당시 일본입어선의 출신지는 히로시마(廣島), 야마구치(山口), 나가사

---

10 위의 책, p. 212.
11 위의 책, p. 197.
12 『大日本水産會報』第297号, p. 2.

키(長崎), 오이타(大分), 카가와(香川), 오카야마(岡山), 쿠마모토(熊本), 에히메(愛媛), 가고시마(鹿兒島), 효고(兵庫), 후쿠오카(福岡), 도쿠시마(德島), 사가(佐賀), 미야사키(宮崎), 치바(千葉) 등 총 16개현에 달했다 (〈표 1〉 참조). 그중에서 가장 많은 입어선을 배출했던 지역은 상기 서두 8개 지역(현)이며 기타 지역에서는 공식통계에서는 명목상 입어선이 있었을 정도였다. 그러나 거기에서 주목되는 것은 치바현(千葉縣)과 같이 멀리 태평양 동부 지방에서까지 입어를 시도하고 있었다는 사실이다.

그리고 입어선의 규모는 승무원수 5인승 이하선이 약 70%, 5인승 이상 9인승 이하 선이 약 30%로서(〈표 2〉 참조) 곧 입어선의 전체 3분의 2는 5인승 전후의 소형 선박이었다.

• 표 1 | 1891년 전후 일본어선의 연해(조선) 입어척수(단위: 척)

| 懸別 | 1890<br>(高宗27,明23) | 1891<br>(高宗28,明24) | 1892<br>(高宗29,明25) | 연평균 |
|---|---|---|---|---|
| 廣 島 | 118 | 269 | 270 | 219 |
| 山 口 | 209 | 125 | 155 | 163 |
| 長 崎 | 131 | 45 | 58 | 78 |
| 大 分 | 76 | 31 | 45 | 50.6 |
| 香 川 | 55 | 45 | 40 | 46.7 |
| 岡 山 | 57 | 34 | 38 | 43.0 |
| 熊 本 | 42 | 15 | 10 | 22.3 |
| 愛 媛 | 14 | 15 | 31 | 20.0 |
| 鹿兒島 | 2 | 27 | 14 | 14.3 |
| 兵 庫 | 7 | - | 5 | 3.7 |
| 島 根 | 4 | 4 | 3 | 3.7 |
| 福 岡 | 2 | 1 | 11 | 4.7 |
| 德 島 | - | - | 1 | - |
| 佐 賀 | - | - | 1 | - |
| 宮 崎 | 1 | - | - | - |
| 千 葉 | - | - | 1 | - |
| 計 | 718 | 611 | 683 | 670.7 |

자료: 關澤明淸·竹中邦香同 共編, 『朝鮮通漁事情全』, 東京: 團々社書店, 1893, pp. 105~106. 釜山港日本總領事舘·經由漁業免許證下附數.

• 표 2 | 입어선의 대소 승선인원별 입어척수(단위: 척(%))

|  | 10인승 이상 | 5인승 이상 | 4인승 이하 | 계 |
|---|---|---|---|---|
| 1890년 | 10 (1.39) | 364 (50.69) | 344 (47.9) | 718 (100) |
| 1891년 | - | 97 (15.87) | 514 (84.1) | 611 (100) |
| 1892년 | 2 (0.29) | 135 (17.76) | 546 (79.9) | 683 (100) |
| 계(연평균) | 12 (0.6) (6) | 596 (29.62) (198.67) | 1,404 (69.78) (468.0) | 2,012 (100) (670.67) |

자료: 關澤明淸·竹中邦香同 共編, 『朝鮮通漁事情全』, 東京團々社書店: 關澤明淸 の視察槪況. (　)안은 %.

이들 입어선의 어업 종류는 상어 주낚업(鱶繩釣業), 도미 주낚업(鯛繩釣業), 도미 그물어업(鯛網漁業), 잠수기어업(潛水器漁業), 학꽁치 그물어업(鱵網漁業), 숭어 그물어업(鯔網漁業), 타뢰망 어업(打瀨網漁業) 등이었다. 그중 상어 주낚어업은 야마구치, 오이타현 출신이, 잠수기선은 나가사키현의 쓰시마(對馬島)와 야마구치현 출신자들이 주축을 형성하고 있었다. 도미 그물선과 그 외 어선은 히로시마, 카가와, 오카야마 출신들이었다. 그리고 이들 입어선의 1척당 평균 승무원수는 대략 3인에서 7인 이하 선이다(〈표 3〉 참조).

이 입어선들이 조선정부에 납입한 세금액은 1890년 2,747円, 1891년 2,552円, 1892년 2,327円으로서 3년간 연평균으로는 2,552円을 납입했다.[13]

• 표 3 | 1891년 전후의 업종별 입어선의 규모(단위: 인)

| 어업종류 | 승무원수 |
|---|---|
| 상어승조(鱶繩釣業) | 5인 |
| 도미승조(鯛繩釣業) | 3인 |
| 잠수기선(潛水器業) | 7인 |
| 도미망(鯛網業) | 5인 |
| 학공치망(鱵網業) | 5인 |

13 關澤明淸·竹中邦香同 共編, 『朝鮮通漁事情』, 團々社書店, 1893, p. 106.

| 숭어망(鯔網業) | 5인 |
|---|---|
| 타뢰망(打瀬網業) | 3인 |

자료: 關澤明淸・竹中邦香同 共編, 『朝鮮通漁事情』, 團々社書店, 1893, p. 107.

위의 자료에서 추측컨대 개항 직후부터 일본 입어선의 연간 척수는 대략 600~700척에 달했을 것이며 계속 10년 동안 거의 답보상태에 있어 왔다. 그것은 왕정복고(王政復古) 이래 일본 경제는 불황이 계속되고 또한 일본의 연안 어장마저 황폐했기 때문에 조선의 어장이 관서 일본 연안민들의 생업(生業)타개를 위한 새로운 소득원으로 대두했기 때문이다. 그리고 그들은 정부의 특별한 지원도 없이 자국연안에서 사용하던 재래의 소형어선 어구들을 그대로 가지고 자발적으로 입어했다. 그것은 옛날 왜구 행위자를 통해서 현해탄의 해왕이나 조선연안 사정을 어느 정도 구전으로 듣고 인식하고 있었던 관계자들이 입어를 선도했기 때문이라고 생각한다. "궁하면 통한다"는 속담처럼 그 선도자들은 서슴없이 자국 연안에서 조업하던 동료선원들과 소형어선을 인솔하여 비교적 거리가 가깝고 기후가 온난하며 해안에 굴곡이 많고 무수한 섬이 있고, 어족이 풍부하고 조업이 안전한 남해 해역을 선호하여 출가(出稼)했다. 그래서 그들의 입어어장이 비교적 오랫동안 거의 부산과 그 이서남해역(以西南海域)에 한정되어 있었던 것이라 하겠다.

또한 당시 부산항에는 삼포개항(三浦開港) 이래 사실상 계속 존재해 왔던 왜관(倭館)을 점유한 일본총영사관이 있고, 1889년 8월 설치한 부산 일본거류지(日本居留地)의 거류민유지자들과 영사관이 입어자의 편의를 도모하기 위해서 조직한 조선어업협회(朝鮮漁業協會)와 체류 일본인 최초의 부산수산회사(釜山水産會社) 부설의 어시장(魚市場)까지 개설하여 입어자의 어획물 경매를 하는 등 편의를 제공하고 있었다.

당시 4개도 해역에 부산, 원산 2개지에 입어허가(신청)기관인 해관이 있었음에도 일본입어선의 전체 6내지 7할이 부산해관을 통해서 감찰을 받고 부산 근해어장에서 집중 조업했다.

그래서 입어 초기에는 같은 남해해역인데도 부산항 서쪽인 전라도의 진도 부근과 금갑도(金甲島), 유거도(猶巨島), 수풍도(愁風島), 옥산도(玉山島), 안도(雁島) 등 서북쪽 해역에 출입하는 입어선은 아주 드물었다. 그리고 부산항 북쪽은 기후가 냉하고 해안 굴곡이나 도서가 드물고 양항(良港)이 적고 해황마저 거칠어서 부산근해와 그 서남해역에 비해서도 어로행위가 쉽지 않았기 때문에 입어선은 거의 없었다. 더욱이 동해 북부의 강원도, 함경도 연해역에는 일본에서의 입어선의 출입은 오래도록 전혀 없었다.

1897년 조선은 중국에서 벗어나 완전 독립국임을 만방에 선언하고 국호를 대한제국이라 개정하고 연호도 광무(光武)로 하여 태양력을 사용하기 시작했다.

당해연도 3월~12월까지 일본인의 입어척수는 총 1,200척에 달했다. 그것은 과거 5년(1892~1896)동안에 비해 약 57%의 증가였다(〈표 4〉 참조). 그것도 1, 2월을 제외한 10개월 간의 입어 척 수였으나 만약 거기에 2월을 더 포함한다 해도 당해연도 총 입어 척 수는 큰 변동이 없을 것이다. 그 이유는 1월, 2월은 일본에서도 원단(元旦) 곧 설이 들고 동계 휴업기로서 사실상 신규 입어선은 거의 없는 계절이기 때문이다.

당해(1892) 연도 월별(1, 2월을 제외) 입어선이 가장 많았던 달순(月順)을 보면 4월 227척, 9월 217척, 5월 165척, 7월 123척, 10월 107척으로 곧 봄철 4~5월이 392척으로 가장 많고 그 다음은 가을철의 9~10월이 324척으로, 곧 춘추(春秋) 양 계절에 거의 집중적으로 입어하는 양대 입어기를 형성하고 있어 입어기와 성어기가 계절적으로도 일치하고 있었다(〈표 4〉 및 〈표 5〉 참조).

그리고 입어자들의 출신 지역은 총 18개 부현(府縣)으로서 한 두 현이 증가했으나 배출자가 가장 많은 지역은 역시 서 일본지역의 히로시마(332척), 나가사키(210척), 야마구치(193척), 카가와(173척)의 4개현이며 이들 지역 출신이 전체 입어선의 약 75.66%를 점하고 있었다. 그 외 100척 미만 50척 이상의 입어선을 배출하고 있는 지역은 가고시마(76척), 오이타(50척)의 2개현이며 50척 이하 10척 이상 배출지역은 5개현, 10척 이하를 배출한 지역은 8개현으로 종전 시험배출 지역에서도 상당수의 입어 증가가 있음을 알 수 있다.

입어선의 어업 종류는 약 18~19업종에 달했다. 그중에서도 입어척수가 가장 많은 업종은 주낚선 414척, 멸치 그물선 192척, 외줄낚시선 141척, 잠수기선 132척 등 4개 업종으로, 이들 업종이 전체 입어선의 73.25%를 차지하고 있었다. 그중 주낚과 외줄낚시를 합한 낚시업선(釣業船)이 555척으로 전체입어선의 약 절반(46.71%)을 점했다. 그 외 유망 90척, 수조망 70척, 나잠선 28척, 숭어 그물 14척, 학꽁치 그물 13척, 타뢰망 11척 등이 있었다(〈표 5〉 참조).

또한 입어선(자) 중에는 부속선을 수반하는 업종이 있었다. 보통 선단입어 부속선은 어획물을 어장에서 즉시 염장 처리하기 위한 염절선(鹽切船) 또는 활주선(活洲船)이며 그 외 선어운반선이 있었다. 그러나 여기서 말하는 부속선은 자가운반선(自家運搬船)을 보통 출회선(出廻船)이라고 하는 잠수기선의 부속선 70척을 말한다. 이 부속선은 어조선인 잠수기선과 같이 선단으로 입어했다. 그 외에 당시로서는 계절에 따라서 운용했던 활어 운반선(활주선)이 1~2척이 있었던 것 같다(〈표 5〉 참조).

• 표 4 | 1897년 3~12월 일본인의 부현별 월별 입어선 척수(단위: 척)

| 부현 \ 월 | 3 | 4 | 5 | 6 | 7 | 8 | 9 | 10 | 11 | 12 | 합계 |
|---|---|---|---|---|---|---|---|---|---|---|---|
| 히로시마(廣島) | 31 | 79 | 20 | 10 | 70 | 53 | 26 | 38 | 4 | 1 | 332 |
| 나가사키(長崎) | 19 | 63 | 39 | 19 | 27 | 16 | 14 | 1 | 4 | 8 | 210 |
| 야마구치(山口) | 25 | 32 | 5 | 3 | 9 | 5 | 81 | 24 | 7 | 2 | 193 |
| 카 가 와(香川) | - | 24 | 5 | 35 | 5 | 3 | 45 | 30 | 18 | 8 | 173 |
| 오 이 타(大分) | - | 7 | - | 2 | - | 3 | 18 | 8 | 4 | 8 | 50 |
| 구마모토(熊本) | 1 | 7 | 12 | 4 | 3 | 4 | - | - | - | 1 | 32 |
| 오카야마(岡山) | - | 8 | - | 1 | 1 | 1 | 6 | 2 | 23 | 3 | 45 |
| 에 히 메(愛媛) | 5 | 4 | - | 2 | 4 | 1 | 20 | 2 | 3 | - | 41 |
| 오 사 카(大阪) | - | - | 6 | - | - | - | - | - | 7 | - | 13 |
| 효 고(兵庫) | - | - | 1 | 1 | 1 | - | 1 | 2 | - | 6 | 12 |
| 가고시마(鹿兒島) | - | - | 75 | - | 1 | - | - | - | - | - | 76 |
| 후쿠오카(福岡) | - | 2 | - | - | 1 | - | 5 | - | - | - | 8 |
| 도쿠시마(德島) | 1 | - | 2 | - | - | - | - | - | 1 | 1 | 5 |
| 시치오카(靜岡) | 1 | - | - | - | - | - | - | - | 1 | - | 2 |
| 사 가(佐賀) | - | - | - | - | - | - | 1 | - | - | - | 1 |
| 미 에(三重) | - | - | - | - | 2 | - | - | - | - | - | 2 |
| 치 바(千葉) | 3 | - | - | - | - | - | - | - | - | - | 3 |
| 미야사키(宮崎) | - | - | - | 1 | - | 1 | - | - | - | - | 2 |
| 합계(合計) | 86 | 227 | 165 | 78 | 123 | 87 | 217 | 107 | 72 | 38 | 1200 |

자료: 大日本水産會, 『大日本水産會報』 第190号(釜山朝鮮漁業協會, 朝鮮慶尙全羅巡邏船報告).

• 표 5 | 1897년 일본인의 업종별 월별(3월~12월) 입어선의 척수(단위: 척)

| | 3 | 4 | 5 | 6 | 7 | 8 | 9 | 10 | 11 | 12 | 합계 |
|---|---|---|---|---|---|---|---|---|---|---|---|
| 연 승(延繩) | 12 | 102 | 25 | 42 | 15 | | 145 | 45 | 16 | 3 | 414 |
| 잠수기(潛水器) | 14 | 48 | 25 | 10 | 14 | 9 | 2 | 2 | 2 | 10 | 132 |
| 부속선(附屬船) | 8 | 17 | 16 | 7 | 3 | 5 | 1 | 3 | 4 | 4 | 70 |
| 낚시배(釣船) | - | 13 | 87 | 6 | 15 | 7 | 3 | 3 | 11 | 2 | 141 |
| 유 망(流網) | 1 | 13 | 2 | 8 | - | 1 | - | 38 | 30 | 2 | 94 |
| 수조망(手繰網) | 46 | 18 | 1 | - | 1 | 3 | - | 1 | - | - | 70 |
| 멸치망(鯷網) | | | 4 | - | 66 | 59 | 60 | 3 | - | - | 192 |
| 숭 어 망 | | | - | - | - | - | - | - | - | 14 | 14 |
| 타뢰망(打瀨網) | - | 1 | 2 | 1 | - | - | - | 7 | - | - | 11 |
| 활어선(活魚船) | - | 1 | - | - | - | - | - | 2 | - | 1 | 4 |

| 어업종류 | | | | | | | | | | | 합계 |
|---|---|---|---|---|---|---|---|---|---|---|---|
| 나잠업(裸潛業) | 5 | 3 | 3 | 2 | 10 | 2 | 2 | - | - | 1 | 28 |
| 오지망(吾智網) | - | 6 | - | - | - | - | - | - | - | - | 6 |
| 박 망(縛網) | - | 2 | - | - | - | - | - | - | - | - | 2 |
| 호 망(壺網) | - | 2 | - | - | - | - | - | - | - | 1 | 3 |
| 개량 양조망 | - | - | 1 | - | - | - | - | - | - | - | 1 |
| 봉수망(捧受網) | - | - | - | - | - | - | - | 1 | - | - | 1 |
| 입절망(立切網) | - | 1 | - | - | - | - | 1 | - | - | - | 2 |
| 학 꽁 치 망 | - | - | - | - | - | - | 2 | 9 | 2 | - | 13 |
| 지인망(地引網) | - | - | - | 1 | - | 1 | - | - | - | - | 2 |
| 합계(合計) | 86 | 227 | 165 | 78 | 123 | 87 | 217 | 107 | 72 | 38 | 1200 |

자료: 大日本水産會, 『大日本水産會報』第190号(釜山朝鮮漁業協會, 朝鮮慶尙全羅 巡邏船報告).

그리고 1898년과 1899년의 입어 상황은 〈표 6〉에서 보는 바와 같이 여전히 1,200척 전후에 머물고 있었으며, 그 승선원 수 역시 5,000인 대였다.

• 표 6 | 1898~1899년의 입어선수·승선인 및 어획고(단위: 척, 인, 톤)

| 年次 | 漁船數(척) | 通漁人員(인) | 漁獲高(톤) | 평균어획고(엔) | |
|---|---|---|---|---|---|
| | | | | 1척당 | 1인당 |
| 1898 | 1,233 (1,223) | 5,466 (4,968) | - (871) | 948 | 210 |
| 1899 | 1,157 (1,371) | 5,331 (5,663) | 959.6 (1,262) | 829 | 180 |

자료: 第二次(1898년) 第三次 統監府統計年報
( )안의 수는 葛生修吉, 『韓海通漁指針』, 黑龍會出版部, 1903 ; 中井昭 著, 香川懸海外漁業史, p. 76자료.

## 1900년~1904년까지

합법적 입어로부터 17년, 통어장정 체결로부터 10년이 경과한 1900년 (광무 4년, 메이지 33년)에 이르러서도 전체 통계는 여전히 출처에 따라 각각 수치가 달라서 어느 것이 정수(正數)인지 분간이 곤란했으나 여기에서는 계속성이 있는 제3차 통감부 통계연보를 먼저 고찰하기로 한다.

그에 의하면 1900년도의 입어선은 1,654척으로서 전년도 대비 142.9% 증가하였다. 승선원수는 152.0% 증가한 8,107인이었다. 그리고 1900년에서 1904년까지 5년간의 연평균은 입어선 1,525.8척, 승선원 6,915.4인, 어획고 1,425,160円, 1척당 평균 어획고는 937.8円, 1인당 평균은 206.4円이었다. 주목되는 것은 1년 사이에 연평균 입어선이 1,200척에서 300척이 증가한 1,500척 시대로 급등하고 있었다는 점이다.

• 표 7 | 입어선수·승선인 및 어획고(단위: 척, 인, 톤)

| 年次 | 漁船數(척) | 通漁人員(인) | 漁獲高(톤) | 평균어획고(엔) | |
|---|---|---|---|---|---|
| | | | | 1척당 | 1인당 |
| 1900 | 1,654 | 8,107 | 1,358,550 | 821 | 168 |
| 1901 | 1,411 | 6,187 | 1,685,300 | 1,194 | 272 |
| 1902 | 1,394 | 6,121 | 1,142,200 | 819 | 187 |
| 1903 | 1,589 | 7,187 | 1,439,950 | 906 | 200 |
| 1904 | 1,581 | 6,975 | 1,499,800 | 949 | 205 |
| 연평균 | 1,525.8 | 6,915.4 | 1,425,160 | 937.8 | 206.4 |

자료: 第三次統監府統計年報.

다음에 여름 7월에서 그 다음 해 6월까지를 1년 어기로 하는 일본상무성 어업통계 〈표 8〉에서는 1901년도, 1903년도, 1904년도의 3개년간의 연평균은 입어선 척수는 2,751.66척, 승선원수는 13,310.3인, 어획고는 1,306,224.3円이었다. 이것을 당해연도 일본 원양어업 전체와 비교해 보면 총 원양어선 척수 3,341척의 82.36%, 총 승선원수는 19,238인의 69.18%, 총 어획고는 1,955,877円의 66.78%를 한해 입어선이 점하고 있음으로써 일본 원양어업계에 있어서 한해(韓海)어업이 얼마나 중요했던가를 입증하고도 남는다.

• 표 8 | 1901년 7월~1905년 6월까지의 일본인 입어 상황 (단위: 척, 인, 엔)

| 부현 | 적요 | 1901.7~ 1902.6 | 1903.7~ 1904.6 | 1904.7~ 1905.6 | 연평균 | 주요어획물 | 비교 |
|---|---|---|---|---|---|---|---|
| 大阪 | 어선 | 8 | 10 | 9 | 9. | 도미, 붕장어, 가자미, 상어, 잡어 -打瀨網(1905) | |
| | 승무원 | 26 | 36 | 27 | 29. | | |
| | 어획고 | 4,480 | 5,900 | 3,800 | 4,726. | | |
| 長崎 | 어선 | 276 (기1척,116t) | 254 | 351 | 293. | 고래, 전복, 도미, 해삼, 잡어, 고등어, 방어, 멸치, -삼치유망, 잠수기, 안강망 | |
| | 승무원 | 1,605(32인) | 1,078 | 2,369 | 1,684 | | |
| | 어획고 | 163,758 | 131,994 | 131,086 | 142,279 | | |
| 愛知 | 어선 | 3 | - | 7 | 5.0 | 삼치 -타뢰망 | |
| | 승무원 | 15 | - | 22 | 18.5 | | |
| | 어획고 | 729 | - | 229 | 479. | | |
| 島根 | 어선 | 11 | 3 | 3 | 5.67 | 삼치, 도미, 멸치, 상어, 고등어 | |
| | 승무원 | 46 | 11 | 12 | 23 | | |
| | 어획고 | 1,134 | 375 | 470 | 659. | | |
| 岡本 | 어선 | 223 | 223 | 288 | 244. | 가오리, 광어, 아구, 가자미, 새우, 잡어, 도미, 삼치, 방어, 붕장어, 상어, 오징어, 뱀장어 -멸치망, 타뢰망, 수조망 | |
| | 승무원 | 794 | 785 | 1,106 | 895 | | |
| | 어획고 | 94,155 | 49,653 | 99,311 | 81,039. | | |
| 廣島 | 어선 | 572 | 485 | 384 | 480. | 도미, 삼치, 멸치, 학꽁치, 문어, 붕장어, 오징어, 갯장어, 상어, 새우, 뱀장어, 민어, 잡어, 적어, 가자미 -수조망, 잠수기 | |
| | 승무원 | 3,019 | 2,474 | 2,069 | 2,520. | | |
| | 어획고 | 285,435 | 247,940 | 244,332 | 259,732. | | |
| 山口 | 어선 | 663 | 359 | 서2(154t) 기2(506t) | 475 499. | 도미, 상어, 오징어, 방어, 삼치, 기어, 숭어, 고등어, 고래, 멸치, 새우 | |
| | 승무원 | 3,207 | 1,635 | 서32 기57 | 2,093 2,311. | | |
| | 어획고 | 282,400 | 454,732 | 461,860 | 399,664 | | |
| 和歌山 | 어선 | 20 | - | 4 | 8 | 도미, 잡어, 가자미 | |
| | 승무원 | 80 | - | 12 | 30. | | |
| | 어획고 | 550 | - | 1500 | 683. | | |
| 德島 | 어선 | 51 | 35 | 53 | 46. | 전복, 해삼, 멸치, 삼치, 정어리 -타뢰망, 수조망, 잠수기 | |
| | 승무원 | 322 | 278 | 249 | 283 | | |
| | 어획고 | 45,202 | 28,142 | 25,777 | 33,040. | | |
| 香川 | 어선 | 388(서1, 62t) | 419 | 419 | 408. | 삼치, 도미, 잡어 | |
| | 승무원 | 1,592(7) | 1,617 | 1,617 | 1,608. | | |
| | 어획고 | 109,126 | 114,600 | 114,500 | 112,775. | | |
| 愛媛 | 어선 | 102 | 133 | 175 | 136. | 붕장어, 가자미, 삼치, 도미, 멸치, 전복, 상어, 잡어, 농어, 기타-수조망 | |
| | 승무원 | 694 | 779 | 873 | 782 | | |
| | 어획고 | 69,750 | 102,282 | 95,839 | 89,290. | | |
| 福岡 | 어선 | 90 | 76 | 164 | 110. | 삼치, 도미, 고등어, 뱀장어, 잡어, 아구, 전갱이, 날치, 붕장어, 조기, 서대, 가자미 | |
| | 승무원 | 317 | 280 | 726 | 501. | | |
| | 어획고 | 35,230 | 34,426 | 46,996 | 38,884. | | |

| 지역 | 구분 | | | | | 주요 어종 |
|---|---|---|---|---|---|---|
| 大分 | 어선 | 208 | 392 | 93 | 231. | 고등어, 상어, 오징어, 잡어, 도미, 가자미, 청어, 새치, 날치, 멸치(대마도, 오도연해포함) |
| | 승무원 | 966 | 1,772 | 455 | 231. | |
| | 어획고 | 34,455.0 | 85,673 | 20,059 | 46,729. | |
| 佐賀 | 어선 | 42 | 57 | 37 | 45. | 뱀장어, 삼치, 도미, 조기, 갈치, 광어, 고등어, 상어, 오징어, 대구 -안강망 |
| | 승무원 | 172 | 230 | 151 | 184. | |
| | 어획고 | 20,954 | 11,399 | 8,499 | 13,617. | |
| 熊本 | 어선 | 125 | 105 | 158 | 129. | 도미, 농어, 삼치, 대구, 뱀장어, 전갱이, 상어, 오징어, 전복, 잡어, 붕장어, 숭어, 방어, 고등어 |
| | 승무원 | 638 | 548 | 781 | 655. | |
| | 어획고 | 44,040 | 29,052 | 42,770 | 38,620. | |
| 鹿兒島 | 어선 | 95 | 75 | 70 | 80. | 고등어, 방어 |
| | 승무원 | 695 | 600 | 560 | 618. | |
| | 어획고 | 22,253 | 13,000 | 4,250 | 13,167. | |
| 千葉 | 어선 | 서1(38t) | - | - | | 해구(일본해, 천도 포함) |
| | 승무원 | 28 | - | - | | |
| | 어획고 | 14,000 | - | - | | |
| 兵庫 | 어선 | - | 9 | 11 | | 뱀장어, 상어, 홍합, 해삼 |
| | 승무원 | - | 83 | 44 | | |
| | 어획고 | - | 11,340 | 8,800 | | |
| 三重 | 어선 | - | 1(서1척,120t) | 1(서1척,120t) | | 고래 |
| | 승무원 | - | 35(35) | 35(35) | | |
| | 어획고 | - | 7,000 | 7,000 | | |
| 宮城 | 어선 | - | 2(서2척,104t) | - | | 해구 |
| | 승무원 | - | 46(46) | - | | |
| | 어획고 | - | 16,400 | - | | |
| 島取 | 어선 | - | 20 | 8 | | 상어, 멸치, 삼치, 방어, 고등어, 전갱이, 새우, 대구, 명태, 가자미, 도미 |
| | 승무원 | - | 118 | 42 | | |
| | 어획고 | - | 18,724 | 8,042 | 13,383. | |
| 高知 | 어선 | - | - | 5 | | |
| | 승무원 | - | - | 32 | | |
| | 어획고 | - | - | 722 | | |
| 京都 | 어선 | - | 1 | 1 | | 상어, 방어 |
| | 승무원 | - | 7 | 8 | | |
| | 어획고 | - | 1,029 | 510 | | |
| 北海島 | 어선 | - | - | - | - | 물개 |
| | 승무원 | - | - | - | - | |
| | 어획고 | - | - | - | - | |
| 福井 | 어선 | - | - | 2 | | 농어 전복 |
| | 승무원 | - | - | 20 | | |
| | 어획고 | - | - | 909 | | |
| 계 | 어선 | 2,878 | 2,659 | 2,718 | 2,751,66 (82.36) | |
| | 승무원 | 14,216 | 12,412 | 13,303 | 13,310.33 (69.18) | |
| | 어획고 | 1,227,651 | 1,363,661 | 1,327,561 | 1,306,224.33 (66.78%) | |

| | | | | | | | |
|---|---|---|---|---|---|---|---|
| 원양어업총계 | 어선 | 3,179 | (서 67척 5358t) (기 7척 106t) | 3,263 | 3,581 | 3,341 (100%) | |
| | 승무원 | 21,014 | (서 1,110t) (기 32) | 16,578 | 20,122 | 19,238 (100%) | |
| | 어획고 | 1,959,280 | | 1,949,264 | 1,959,087 | 1,955,877 (100%) | |

자료: 日本農商務省漁業統計에서 作成.
　　일러두기 i ) 서=서양형범선, 기=서양형기선.
　　　　　　ii ) 원 자료통계에서 일본연해와 한국연해에서 겸업한 것은 거의 제외했음.
　　　　　　iii) 연평균의 ( ) 안은 백분율.

　　입어 업종은 위의 통계와는 일관성이 없으나 1897년 17종에(〈표 5〉 참조) 비해서 1900년도(〈표 9〉 참조)는 그의 두 배인 34종에 달했다. 여기에서 신종 어업과 대상 목적물이 다양해졌음을 알 수 있다. 그중에는 단일 업종으로서 특히 멸치 그물입어선이 742척으로 무려 386.5% 증가하고 있고, 낚이업(釣業)계열의 도미 주낚, 상어 주낚과, 고등어 입어선 등도 현저히 증가하고 있었다. 따라서 각 업종간의 순위도 다소 변화했다. 단일 업종에서 100척 이상 입어한 업종으로는 멸치 그물선(742척)을 비롯하여 도미 주낚(279척), 삼치유망(190척), 잠수기(137척), 고등어 낚시(130척), 상어 주낚(114척) 등 6개 업종에 달했다. 그 밖에 두 자리 수의 입어 업종은 9개종, 한 자리수의 입어 업종도 19종이었다. 후자의 19개종 중에는 한두 척의 시험 입어종이라 할 수 있는 것도 대부분의 입어업종(15종 정도)이 본격적인 입어업종으로 인정될 수 있는 4~5척 이상이었다(〈표 9〉 참조).

• 표 9 | 1900년도 일본인의 어종별 월별입어선(단위: 척)

| 어업종류 | 1 | 2 | 3 | 4 | 5 | 6 | 7 | 8 | 9 | 10 | 11 | 12 | 月不明 | 合計 |
|---|---|---|---|---|---|---|---|---|---|---|---|---|---|---|
| 멸치망 | — | — | 2 | 2 | 5 | 5 | 236 | 285 | 59 | 22 | 1 | — | 125 | 742 |
| 도미연승 | 4 | 4 | 22 | 73 | 26 | 6 | 9 | 7 | 26 | 21 | 7 | 31 | 43 | 279 |
| 고등어낚시 | — | — | — | — | 114 | 15 | 1 | — | — | — | — | — | — | 130 |
| 삼치유망 | — | — | 2 | 73 | 9 | 1 | — | — | 3 | 40 | 45 | 8 | 9 | 190 |
| 상어연승 | — | — | 1 | 5 | 5 | 6 | 4 | — | 62 | 17 | 4 | 5 | 5 | 114 |
| 잠수기 | 7 | 8 | 7 | 3 | 10 | 30 | 6 | 2 | — | 15 | 4 | 2 | 43 | 137 |
| 부속선 | 4 | 7 | — | 16 | 15 | 3 | 8 | 5 | 4 | 6 | 10 | 4 | — | 82 |
| 수조망 | — | — | 17 | 2 | 5 | 2 | 13 | 22 | 22 | 7 | — | — | 2 | 92 |
| 나잠 | — | — | 10 | 27 | 32 | — | 1 | 9 | — | — | — | — | 4 | 83 |
| 장어통발 | — | 10 | 4 | 1 | 1 | — | 1 | — | 28 | 7 | 5 | — | — | 57 |
| 일본조 (一本釣) | — | — | — | 4 | 13 | 10 | 2 | 9 | 5 | — | — | 3 | 1 | 47 |
| 활어선 | — | — | 2 | 4 | 3 | 2 | — | 5 | 12 | 11 | 7 | 3 | — | 49 |
| 삼치낚시 | — | 1 | 8 | — | — | — | — | — | 25 | 10 | — | — | — | 44 |
| 붕장어연승 | — | — | — | — | — | — | — | — | — | 2 | 2 | 3 | — | 7 |
| 안강망 | — | 4 | 12 | — | — | — | — | — | — | — | — | — | 1 | 17 |
| 숭어망 | — | — | — | 1 | — | — | — | — | — | 4 | 2 | 5 | — | 12 |
| 학꽁치망 | — | 2 | — | — | — | — | — | — | — | 1 | — | 2 | — | 5 |
| 갯장어연승 | — | — | — | — | — | 1 | — | — | 2 | — | — | — | 1 | 4 |
| 박망 | — | — | — | 3 | — | — | — | — | — | — | — | — | — | 3 |
| 건망 | — | — | — | — | 1 | 1 | — | 1 | — | — | — | — | — | 3 |
| 대부망 | — | — | — | — | — | — | — | — | — | 3 | — | — | — | 3 |
| 방어자망 | — | — | — | — | 2 | — | — | — | — | — | — | — | — | 2 |
| 문어단지연승 | — | — | — | — | 1 | — | — | 1 | — | — | — | — | — | 2 |
| 타뢰망 | — | — | — | — | — | — | — | — | — | 2 | — | 2 | — | 4 |
| 호망 | — | — | 1 | — | — | — | — | — | — | — | — | — | — | 1 |
| 시험선 | — | — | — | — | — | — | — | 1 | 1 | — | 1 | — | — | 3 |
| 장망 | — | — | — | — | — | — | — | — | — | 1 | — | — | — | 1 |
| 가자미망 | — | — | — | — | — | — | — | — | — | 1 | 3 | — | — | 4 |
| 오징어낚시 | — | — | — | — | — | — | 1 | — | — | — | — | — | — | 1 |
| 명태망 | — | — | — | — | — | — | — | — | — | — | — | 4 | — | 4 |
| 낭망 | — | — | — | — | — | — | — | — | — | — | — | — | 1 | 1 |
| 유망 | — | — | — | — | — | — | — | — | — | — | — | — | 2 | 2 |
| 오징어망 | — | — | — | — | — | — | — | — | — | — | — | — | 1 | 1 |
| 잡망불명 | — | — | 3 | — | — | 1 | — | 1 | — | — | — | — | — | 5 |
| 합계 | 15 | 36 | 91 | 215 | 242 | 82 | 283 | 346 | 252 | 168 | 91 | 72 | 238 | 2,131 |

주: 朝鮮海通漁組合聯合會取扱分, 葛生修吉, 『韓海通漁指針』, 黑龍會出版部, 1903 ; 자료: 中井昭 著, 『香川縣海外出漁史』, 香川縣水産課, 1967, p. 75.

• 표 10 | 1900년도 일본인의 출신지역별 월별 입어선 척수(단위: 척)

| 道府縣 | 1 | 2 | 3 | 4 | 5 | 6 | 7 | 8 | 9 | 10 | 11 | 12 | 月不明 | 合計 |
|---|---|---|---|---|---|---|---|---|---|---|---|---|---|---|
| 廣島 | − | 3 | 30 | 30 | 11 | 5 | 230 | 231 | 44 | 37 | 2 | 2 | 123 | 749 |
| 山口 | 1 | 13 | 14 | 15 | 21 | 13 | 5 | 22 | 91 | 15 | 14 | 19 | 5 | 248 |
| 愛媛 | 1 | − | 10 | 19 | 2 | 5 | 7 | 43 | 41 | 11 | 17 | 5 | 36 | 217 |
| 香川 | 2 | − | 3 | 25 | 12 | 5 | 12 | 19 | 15 | 39 | 19 | 7 | 22 | 190 |
| 長崎 | 8 | 14 | 17 | 20 | 27 | 14 | 10 | 7 | 6 | 7 | 5 | − | 25 | 160 |
| 熊本 | 1 | − | − | 3 | 71 | 8 | 1 | − | 21 | 4 | 5 | 8 | 8 | 129 |
| 岡山 | − | 1 | 12 | 35 | 4 | 1 | 3 | 17 | 8 | 15 | 7 | 7 | − | 118 |
| 鹿兒島 | − | − | − | − | 63 | 15 | − | − | − | − | − | − | − | 78 |
| 大分 | 1 | − | 1 | 12 | 8 | 4 | 5 | − | 11 | 20 | 4 | 8 | 7 | 81 |
| 德島 | − | − | − | 2 | − | 3 | 6 | 4 | 5 | 11 | 6 | − | − | 37 |
| 佐賀 | − | 1 | 1 | 5 | 12 | 3 | 2 | − | − | 4 | − | 1 | 3 | 32 |
| 福岡 | − | − | 1 | 1 | 5 | 3 | − | 1 | − | 12 | 2 | − | 3 | 28 |
| 島根 | − | − | − | 17 | 1 | − | − | − | − | − | − | − | − | 18 |
| 三重 | − | − | 1 | 8 | 4 | − | − | − | − | − | − | − | − | 13 |
| 兵庫 | 1 | 3 | − | 1 | − | 2 | 1 | − | 3 | − | 2 | 1 | 3 | 17 |
| 大阪 | − | − | − | 2 | 1 | − | − | 1 | − | − | − | 2 | 1 | 7 |
| 靜岡 | − | 1 | 1 | − | − | − | − | − | − | − | − | − | − | 2 |
| 和歌山 | 1 | − | − | − | − | − | − | − | − | − | − | − | − | 1 |
| 東京 | − | − | − | − | − | − | − | − | 1 | − | − | − | 1 | 2 |
| 奈良 | − | − | − | − | − | − | 1 | − | − | − | − | − | 1 | 2 |
| 北海道 | − | − | − | − | − | − | − | − | − | − | − | 2 | − | 2 |
| 合計 | 15 | 36 | 91 | 215 | 242 | 82 | 283 | 346 | 252 | 168 | 91 | 72 | 238 | 2,131 |
| 人員(人) | 86 | 153 | 378 | 856 | 166 | 471 | 1,423 | 1,490 | 878 | 656 | 423 | 335 | 1,034 | 9,846 |

주: 朝鮮海通漁組合聯合會 取扱分, 葛生修吉, 『韓海通漁指針』, 黑龍會出版部, 1903.

자료: 中井昭 著, 『香川縣海外出漁史』, 香川県水産課, 1967, p. 74.

그리고 입어선의 출신지역(현)은 크게 변동 없는 21개 부현이었다 (〈표 10〉 참조). 그중에는 종전의 치바(千葉) 미야사키(宮崎)의 두 현이 빠지고(〈표 4〉 참조) 그 대신 태평양 연안 중부의 와카야마(和歌山), 나라(奈良), 도쿄(東京) 그리고 동해 쪽의 시마네(島根)와 먼 북쪽의 홋카이도(北海島) 등 5개 지역이 새로 입어하고 있었다. 그중에서 시마네현 입어선 17척을 제외하고는 아직 시범입어 단계의 입어선이거나 정책적인 선도입어선으로 예상할 수 있는 1척 내지 2척의 입어지역이다. 곧 이것을 입어 장려의 상징으로 생각하기도 하나 반면 가장 오랜 입어역사를 가진 지역들 중의 나가사키현에서 종전 210척이 160척으로 현저한 감소상태를 보이고 있다. 이 지역을 제외하고는 모두 현저한 증가세를 보이고 있는 것으로 보아 나가사키의 경우는 아마 어떤 일시적인 사정에 의한 현상이라 생각한다.

입어자들의 주요 어획 대상물도 종전에는 거의 대부분이 일본 내국인이나 한국에 거류하고 있는 일본인의 기호물(수요물)을 대상으로 하는 것이 많았으나 1900년대에 들어서는 한국인의 수요대상 어종을 확대하는 경향이 나타나고 있다. 특히 1904~1905년 러·일 전쟁기 한국에 진주한 일본군의 군식량 공급에 주력했던 입어선이 종전 이후에는 대부분 한인을 목표로 하는 경향이었다. 그들 입어선주 중에는 종전 이후 아예 한국 연안의 적지(適地)를 선택하여 정주하는 자발적인 자유이주자가 증가하고 그리고 일본인 자본가나 입어자들 중에도 한인에 자본(어업자금) 또는 어선어구 등 어업시설을 전대(前貸)하고 그 어획물을 매수 판매하는 곧 사입영업(仕込營業)을 시도하는 자가 증가하기 시작했다.

어구에 있어서도 종래에는 거의 자국연안에서 사용하던 것을 그대로 가져와 사용했던 것과는 달리 한국 연해역에서 사용하기 적합하고 편리하게 개량하는 노력을 하는 한편 단일어족 중심 어구에서 다수어종 대량포획 어구 곧 수조망(手繰網), 타뢰망(打瀨網), 후리망(地曳網) 등의 저어구류(底漁具類)를 비롯하여 그물어구류(網漁具類)의 사용이 점차 증가하기 시작했다.

1905년~1910년까지

일본은 러시아와의 전쟁(1904~1905)에서 승기(勝氣)를 잡자 그동안의 가면을 완전히 벗어던지고 한국의 완전지배에 노골적으로 착수하기 시작했다. 곧 한일의정서(1904. 2. 23)체결 이후 제1차 한일협약을 체결하고, 이어서 어업에 있어서는 동년 6월 통어장정을 개정하여 한국의 전 연해 입어권을 앗아갔다. 일본은 그동안 일본인의 입어금지 구역으로 남아있었던 서해안의 평안 황해 충청의 각도 연해마저 강제로 개방하여 한국의 전 연해를 일본어부의 활동무대로 전락시켰다.

러·일 전쟁기에는 군식량 공급 때문에 급증했던 입어선이 종전 후에는 그 어획물을 현지인(한국국민)에 판매하는 자의 증가로 한국인의 전통적 기호어종인 고등어, 조기(나가사키 입어선), 대구(사가, 구마모토 입어선), 기타 연안 잡어 등의 어획물 공급도 급증했다. 그리고 그동안 자국민을 주 대상으로 판매하던 그들의 기호어종도 한국인을 대상으로 판매와 시장개척에 적극성을 띠었으며 일본으로의 반출도 증가하기 시작했다. 그리고 그동안 어체가 연약하고 수송이 곤란한 이유 등으로 거들떠보지 않았던 정어리(鰯)까지도 도쿠시마 입어선 등에서 적극 어획하기 시작했다.

이와 같이 일본은 청국과 러시아의 견제세력을 제거하자 먼저 한국의 전 연해를 개방시키고 입어장려와 이주어업 장려를 적극 추진했다. 이에 따라 일본으로의 어획물 반출도 증가했는데, 일본에서의 한어시장이 확대하는 경향이 있었기 때문이었다. 특히 오사카 어시장의 개척의 영향이 컸다. 따라서 입어척수도 2천 척 시대를 불과 1905~1906년의 2년으로 마감하고 1907년도부터는 3천 척 입어 시대로 접어들었다. 통감부 통계연보에 의하면 1905년, 1906년도의 입어선은 각각 2,449척, 2,748척이었으나 1907년도는 일약 3,899척으로서 전년도 대비 159.2%로 증가하고 이후 입어선은 연 3천 척 시대를 계속 유지했다.

1905년도부터 1910년까지의 연평균 입어척수는 3,307.3척, 승선원 수는 14,372.2인, 총 어획고는 3,007,685円으로 어선 1척당 평균어획고는 890.2円, 1인당 평균은 208円에 달했다(〈표 11〉 참조).

• 표 11 | 1905~1910년 연도별 일본인 입어상황(단위: 척, 인, 톤)

| 年次 | 입어선(척) | 승선원수(인) | 어획고(엔) | 연평균 1척당(엔) | 연평균 1인당(엔) |
|---|---|---|---|---|---|
| 1905 | 2,249 | 10,853 | 1,854,450 | 759 | 264 |
| 1906 | 2,748 | 12,245 | 2,014,110 | 733 | 164 |
| 1907 | 3,233 | 14,182 | 3,739,250 | 1,157 | 171 |
| 1908 | 3,899 | 16,644 | 3,418,850 | 877 | 215 |
| 1909 | 3,755 | 15,749 | 3,076,800 | 819 | 195 |
| 1910 | 3,960 | 16,500 | 3,942,650 | 996 | 239 |
| 연평균 | 3,307.3 | 14,362.2 | 3,007,685 | 890.2 | 208 |

자료: 第三次統監府統計年報 및 朝鮮總督府統計年報(1909~1910년).

그러나 그 계수는 전자의 통감부 통계와 일본상무성통계(〈표 12〉 참조)에서 약간의 차이를 나타내고 있다.

• 표 12 | 일본농상무성 1905년~1914년까지의 한국연해입어 통계(단위: 척, 인, 엔)

| | 년차 | 멸치망 | 도미승 | 삼치유망 | 삼치조 | 상어조 | 고등어조 | 타뢰망 | 수조망 | 잠수기 | 안강망 | 기타 | 합계 |
|---|---|---|---|---|---|---|---|---|---|---|---|---|---|
| 어선수 (척) | 1905 | 348 | 679 | 306 | 55 | 237 | 215 | 105 | 68 | 99 | 163 | 627 | 2,902 |
| | 1906 | 403 | 671 | 380 | 160 | 101 | 288 | 63 | 228 | 95 | 237 | 503 | 3,129 |
| | 1907 | 441 | 649 | 420 | 130 | 105 | 218 | 54 | 119 | 72 | 333 | 473 | 3,014 |
| | 1908 | 510 | 600 | 461 | 41 | 325 | 82 | 150 | 106 | 86 | 375 | 678 | 3,419 |
| | 1909 | 608 | 667 | 572 | 101 | 60 | 270 | 116 | 187 | 57 | 297 | 717 | 3,652 |
| | 1910 | 600 | 577 | 440 | 190 | 100 | 305 | 125 | 183 | 66 | 357 | 415 | 3,359 |
| | 1911 | 484 | 507 | 437 | 184 | 44 | 288 | 85 | 98 | 174 | 307 | 1,048 | 3,656 |
| | 1912 | 481 | 610 | 347 | 219 | 110 | 196 | 215 | 32 | 37 | 428 | 783 | 3,458 |
| | 1913 | 600 | 424 | 365 | 199 | 110 | 261 | 91 | 218 | 41 | 462 | 797 | 3,568 |
| | 1914 | 627 | 517 | 470 | 83 | 91 | 181 | 84 | 152 | 14 | 484 | 842 | 3,545 |
| 승무원 수(인) | 1905 | 2,328 | 2,757 | 1,178 | 215 | 1,175 | 1,251 | 395 | 249 | 803 | 507 | 2,829 | 13,687 |
| | 1906 | 2,868 | 3,035 | 1,540 | 635 | 484 | 1,911 | 216 | 788 | 755 | 737 | 2,073 | 15,042 |
| | 1907 | 3,145 | 2,855 | 1,763 | 1,104 | 512 | 1,452 | 192 | 417 | 584 | 1,040 | 1,963 | 15,027 |
| | 1908 | 4,032 | 2,771 | 1,937 | 99 | 2,016 | 423 | 547 | 347 | 622 | 1,209 | 4,539 | 18,542 |
| | 1909 | 3,590 | 2,991 | 2,422 | 156 | 305 | 1,816 | 456 | 678 | 488 | 923 | 2,968 | 16,793 |
| | 1910 | 3,793 | 2,872 | 1,856 | 519 | 998 | 1,923 | 496 | 641 | 506 | 1,185 | 2,125 | 16,914 |

| | | | | | | | | | | | | |
|---|---|---|---|---|---|---|---|---|---|---|---|---|
| | 1911 | 3,017 | 2,149 | 1,797 | 986 | 245 | 1,504 | 332 | 718 | 494 | 983 | 5,018 | 17,243 |
| | 1912 | 2,917 | 1,897 | 1,486 | 525 | 529 | 1,306 | 690 | 95 | 293 | 1,341 | 4,440 | 15,519 |
| | 1913 | 3,108 | 1,810 | 1,728 | 633 | 523 | 1,806 | 312 | 738 | 333 | 1,438 | 4,943 | 17,372 |
| | 1914 | 3,810 | 2,475 | 1,929 | 198 | 470 | 1,341 | 326 | 562 | 128 | 1,544 | 4,837 | 17,620 |
| 어획고 (천 円) | 1905 | 316 | 467 | 168 | 20 | 98 | 73 | 37 | 13 | 118 | 50 | 866 | 2,226 |
| | 1906 | 406 | 438 | 185 | 73 | 14 | 70 | 20 | 60 | 88 | 102 | 559 | 2,015 |
| | 1907 | 456 | 435 | 266 | 28 | 72 | 53 | 30 | 41 | 72 | 128 | 695 | 2,276 |
| | 1908 | 532 | 467 | 405 | 15 | 101 | 24 | 52 | 41 | 50 | 149 | 503 | 2,339 |
| | 1909 | 502 | 465 | 538 | 8 | 62 | 57 | 55 | 70 | 41 | 117 | 301 | 2,216 |
| | 1910 | 562 | 425 | 353 | 55 | 76 | 138 | 55 | 64 | 71 | 139 | 488 | 2,426 |
| | 1911 | 367 | 230 | 324 | 178 | 50 | 60 | 60 | 86 | 69 | 103 | 533 | 2,160 |
| | 1912 | 473 | 322 | 262 | 39 | 48 | 92 | 78 | 15 | 67 | 93 | 613 | 2,202 |
| | 1913 | 662 | 265 | 408 | 34 | 65 | 84 | 63 | 115 | 58 | 244 | 1,651 | 3,649 |
| | 1914 | 561 | 390 | 312 | 17 | 102 | 90 | 64 | 59 | 28 | 196 | 1,368 | 3,187 |

자료: 日本農商務省, 「漁業統計表」. 中井昭 著, 『香川縣海外出漁史』, 香川県水産課, 1967, p. 77.

 이와 같이 출처에 따라 통계상 차이를 나타내고 있다는 것은 행정상의 문제도 있으나 보다 큰 원인은 밀어선의 영향이었다고 생각한다.

 그리고 1905년 이후는 입어선의 척수와 종류가 증가하고 있으나 종래의 전통적인 입어업종에는 진부화(陳腐化) 경향이 나타나고 있다. 그것은 그동안 무절제한 과잉어획으로 인한 자원감소와 어장황폐 현상이라고 볼 수 있으나 통계의 누락과 밀어의 증가에도 영향이 있었다고 볼 수 있다.

• 그림 1 | 일본 어업선 모형

자료: 日本水産廳編輯, 日本漁船漁具図集, 1965에서 발췌

진부화 업종으로는 가장 역사가 오래된 최초기 입어업종의 꽃이었으며 한때 그 입어척수가 325척(1908년)에 달했던 상어 주낚업이 점차 감소하여 1910년에는 100척, 1911년에는 44척으로까지 감소했다. 다음으로는 전복, 해삼을 대상으로 하는 잠수기선도 300척을 능가했던 것이 1900년대 초부터 감소하기 시작하여 1910년 전후에는 특히 일본으로부터의 직접 입어선은 겨우 50~60척 정도로 크게 감소했다. 잠수기업은 러일전 이후 이주자도 많았으나 그 절대수는 크게 감소했다.

그러나 자원이 풍부한 멸치(망), 도미(연승), 삼치 업종 등은 계속 증가하여 1910년경에는 삼대(三大) 입어업종이 되었다. 그리고 고등어 낚시어업과 안강망어업 등은 대체로 답보 상태를 유지했다(〈표 13〉 참조).

• 표 13 | 일본어선의 어업별 연도별 입어상황(1905~1910)(단위: 척, 인, 엔)

|  |  | 1905 | 1906 | 1907 | 1908 | 1909 | 1910 | 합계 | 평균 | 1911년 |
|---|---|---|---|---|---|---|---|---|---|---|
| 멸치망 | 어선 | 348 | 403 | 440 | 509 | 606 | 600 | 2,916 | 484.33 | 484 |
|  | 승무원 | 2,328 | 2,868 | 3,142 | 4,029 | 3,560 | 3,793 | 19,756 | 3,292.66 | 3,017 |
|  | 어획고 | 316,409 | 406,152 | 456,373 | 531,637 | 501,647 | 561,567 | 2,773,785 | 462,297.5 | 367,171 |
| 도미승 | 어선 | 679 | 671 | 648 | 598 | 667 | 577 | 3,661 | 610.16 | 507 |
|  | 승무원 | 2,757 | 3,035 | 2,819 | 2,759 | 2,991 | 2,872 | 17,251 | 2,875.16 | 2,149 |
|  | 어획고 | 467,446 | 437,998 | 435,289 | 466,860 | 465,076 | 425,352 | 2,698,021 | 449,670 | 229,848 |
| 삼치 유망 | 어선 | 306 | 380 | 420 | 461 | 572 | 440 | 2,579 | 429.83 | 437 |
|  | 승무원 | 1,178 | 1,540 | 1,763 | 1,937 | 2,422 | 1,856 | 10,696 | 1,782.67 | 1,979 |
|  | 어획고 | 167,987 | 185,099 | 265,636 | 404,620 | 537,802 | 353,156 | 1,914,300 | 319,050 | 313,702 |
| 삼치 낚시 | 어선 | 55 | 160 | 130 | 41 | 101 | 190 | 677 | 112.83 | 184 |
|  | 승무원 | 215 | 635 | 1,104 | 99 | 156 | 519 | 2,728 | 454.67 | 986 |
|  | 어획고 | 20,411 | 73,497 | 27,705 | 14,978 | 7,056 | 54,689 | 198,336 | 33,056 | 178,435 |
| 상어 낚시 | 어선 | 237 | 101 | 105 | 325 | 60 | 100 | 928 | 154.67 | 44 |
|  | 승무원 | 1,175 | 484 | 512 | 2,016 | 305 | 998 | 5,490 | 915 | 245 |
|  | 어획고 | 98,163 | 13,965 | 72,312 | 100,697 | 62,362 | 75,884 | 423,383 | 70,563.83 | 49,974 |
| 고등어 낚시 | 어선 | 215 | 288 | 218 | 82 | 270 | 305 | 1,378 | 229.67 | 288 |
|  | 승무원 | 1,251 | 1,911 | 1,451 | 423 | 1,816 | 1,923 | 8,775 | 1,462.5 | 1,504 |
|  | 어획고 | 72,787 | 70,186 | 53,045 | 23,826 | 56,620 | 138,098 | 414,562 | 69,093.67 | 59,671 |
| 타뢰망 | 어선 | 105 | 62 | 53 | 150 | 116 | 125 | 613 | 102.17 | 85 |
|  | 승무원 | 395 | 212 | 187 | 547 | 456 | 496 | 2,302 | 383.67 | 332 |
|  | 어획고 | 36,602 | 20,218 | 29,663 | 51,754 | 55,276 | 55,312 | 248,825 | 41,470.83 | 59,811 |
| 수조망 | 어선 | 68 | 227 | 118 | 106 | 187 | 183 | 891 | 148.9 | 998 |
|  | 승무원 | 249 | 785 | 415 | 347 | 68 | 641 | 3,115 | 519.17 | 718 |
|  | 어획고 | 13,463 | 59,506 | 41,095 | 40,864 | 69,951 | 64,116 | 288,995 | 48,165.83 | 85,852 |

| | | | | | | | | | | |
|---|---|---|---|---|---|---|---|---|---|---|
| 잠수기 | 어선 | 99 | 95 | 72 | 86 | 57 | 66 | 475 | 79.17 | 174 |
| | 승무원 | 803 | 755 | 584 | 622 | 488 | 506 | 3,758 | 626.33 | 494 |
| | 어획고 | 117,969 | 87,530 | 71,955 | 50,341 | 41,308 | 71,408 | 440,511 | 73,418.5 | 68,933 |
| 안강망 | 어선 | 163 | 237 | 333 | 375 | 297 | 357 | 1,762 | 293.67 | 307 |
| | 승무원 | 507 | 39 | 1,040 | 1,209 | 923 | 1,185 | 5,603 | 933.83 | 983 |
| | 어획고 | 50,316 | 101,826 | 127,828 | 149,065 | 116,501 | 139,057 | 684,593 | 114,098.83 | 103,409 |
| 기타 | 어선 | 617 | 494 | 462 | 673 | 717 | 404 | 3,403 | 567.17 | 1,040 |
| | 승무원 | 2,687 | 2,063 | 1,819 | 4,469 | 2,968 | 1,989 | 15,995 | 2,665.83 | 4,868 |
| | 어획고 | 863,958 | 559,188 | 694,660 | 564,790 | 302,295 | 208,908 | 3,193,809 | 532,301.5 | 558,276 |
| 포경 | 어선 | | | | | | 10※ | 10 | | 1 |
| | 승무원 | | | | | | 130 | 130 | | 25 |
| | 어획고 | | | | | | 278,430 | 278,430 | | 75,105 |
| 계 | 어선 | 2,892 | 2,892 | 3,014 | 3,406 | 3,650 | 3,357 | 19,211 | 3,201.83 | 3,649 |
| | 승무원 | 13,545 | 13,545 | 14,840 | 18,457 | 16,763 | 16,908 | 96,058 | 15,676.33 | 17,118 |
| | 어획고 | 2,225,521 | 2,225,521 | 2,275,561 | 2,399,252 | 2,215,894 | 2,425,977 | 13,557,550 | 2,259,591.67 | 2,160,187 |

자료: 大日本國農商務省「漁業統計表」에서 拔取作成.　　※은 기선 1,171톤.

이러한 입어업종의 진부화(陳腐化) 현상에도 불구하고 연도별 총 어획금액은 여전히 증가 경향에 있었다. 이것은 한일양국에 있어서 시장 확대에 따른 수요증가에 의한 어획물의 가격 상승에 기인한 것이라 생각한다. 따라서 연도별 평균어가(단가)는 1905년~1910년간 큰 변동 없이 계속 상승추세에 있었다.

밀어의 계속

위에서는 주로 합법적인 입어에 대해서 공개적인 자료를 근거로 하여 연도별 입어상태를 고찰해 보았다. 그러나 거기에서 통계상 누락되어 있는 입어 척 수가 아주 많다는 것을 알게 되었다.

전술한 바와 같이 개항 직후 잠시 계속된 밀어시대(메이지 시대의 왜구)를 접고 근대 국제법상의 협정에 의한 합법적인 입어를 인정했음에도 이후 밀어는 여전히 합법적 입어와 계속 병행되어 왔다. 이현완(李鉉浣) 교수의 『한국 개항장 연구』에서도 일본인은 통상장정 체결 이후에도 밀어 행위를 많이 해왔다고 지적하고 그 밀어 해역은 남해안뿐 아니라 전 해안에 걸쳐 있었으며, 특히 제주도 연해에 많았다고 했다.[14] 그에 대해서는 일본학자도 인정하고 있다.

그 밀어의 장소는 통상장정상의 개방해역에서 뿐만 아니라 입어금지 해역에서도 계속되어왔다. 그래서 여기에서는 먼저 그러한 밀어행위를 인증할 수 있는 사례부터 살펴보기로 한다.

전술한 바와 같이 1884년 아가시(明石常三郎)와 키우지(木內房吉)가 유망선(流網船)으로 봄철에 금어 해역인 충청남도 연해에 입어하고 그 이후에도 계속 입어했다. 1887년 카가와현의 마츠오카(松岡佐吉)와 다케우지(竹內熊吉)도 박망선(縛網船)으로 역시 상기금지 연해에 밀어를 계속해왔다.[15]

어청도(於靑島) 연해에는 1890년경 잠수기 밀입어선도 입어하고 있었다. 그 밀어자들 중에는 그 곳 연해의 청어어장에서 많은 도미가 혼획되는 것을 목격하고 아예 업종을 전환하여 도미 주낙업을 개시하고 아주 좋은 성적을 올렸다고 했다. 그 후 어청도에는 도미 주낙 밀어선 수십 척이 매년 계속 도래했으며 1895년경부터는 가오리(鱝)어선도 도래했다. 그들 중에는 계속 동도에 체류하며 멸치후리망어업을 창시한 자도 있었다.[16]

밀어에 대해서는 합법화 이후 일본인의 각종 조사서에서도 언급한 것이 많이 있지만 구체적으로는 관계기관 단체의 각종 통계수치의 차이 등에서도 인정할 수 있는 것이 적지 않다.

---

14 李鉉淙 著, 『韓國開港史硏究』, 一潮閣, 1890, p. 25.
15 中井照 著, 『香川縣海外漁業史』, 1969, p. 60.
16 李鉉淙 著, 『韓國水産誌』 第三輯, pp. 753~754.

대일본수산회회원(大日本水産會會員) 다케나가(竹中邦香)는 '조선해어업의 장래'라는 기고문(寄稿文)에서 "조선해(朝鮮海)입어선은 1890년 718척, 1892년 683척, 1893년 623척이나……요컨대 면허선 수는 상상한 것보다 훨씬 적고 그 외 면허를 받지 않고 입어(출어)하고 있는 자가 거의 그 배수(倍數)가 있을 것이다"라고 했다.[17]

1897년 8월 10일 재부산 일본영사 이슈인(伊集院彦吉)이 일본 외무부 차관 고무라(小村)에게 보고한 한해통어사정보고(韓海通漁事情報告)에서도 "통어(입어)자 중 3분의 2는 어업감찰(漁業鑑札)을 받지 않은 자로서 적어도 규칙위반자로 보아 대차가 없다"고 했다.[18]

그리고 동년 부산 일본조계 내의 거류민들이 설립한 조선어업회(朝鮮漁業會)에서 영사의 지시로 조사한 입어(통어)선 조사보고서에도 입어 선수 3,400여 척, 종사 인원수 19,000여 명으로 기록되어 있다.[19] 이것은 당해연도 동협회의 다른 보고 곧 〈표 5〉에 기록된 수치인 1,200척의 2.8배이다. 그 2년 뒤에 작성한 카스이(葛生修亮)의 '한해입어 조사보고서'에는 "1899년 조선해통어조합연합회를 거쳐 입어면허를 출현한 일본입어선은 2,119척, 그 인원 9,847인에 달했다. 그 외 전년 수령한 입어면허장 유지기간이 남아있는 입어선과 동연합회창립 이전 원산, 마산, 군산의 각 개항장에서 입어면허장을 수령한 자와 정규수속을 밟지 않고 밀어업을 한 자를 합하면 그 수는 약 3,000여 척에 달할 것이다"[20]라고 했다.

이것은 전술한 당해연도 1,157척과는 두 배 이상의 차이를 보이고 있

---

17 『大日本水産會報』第130号 p. 244.
18 『日本外交文書』第30卷 p. 1201, 文書番號 670.
19 羽原又吉 著, 『日本近代漁業經濟史』下卷, 1955, pp. 111~112.
20 葛生修吉 著, 『韓海通漁指針』, 黑龍會出版部, 1903, p. 282.

다. 1897년뿐만 아니라 1900년의 경우에도 발표처에 따라 1,645척(〈표 7〉)과 2,131척(〈표 10〉)으로서 큰 차이를 나타내고 있다. 이와 같은 차이는 밀어선(미신고선)과의 관계에서 발생하는 문제이기도 하다.

• 표 14 | 대일본수산회 발표의 1899(明治32)년도 조선연해입어상황(단위: 척)

| 부현명 | 도미연승 | 상어승 | 해삼전복잠수기 | 멸치망 | 숭어망 | 박망 | 고등어낚시(釣) | 삼치유망 | 나잠 | 포경 | 계 |
|---|---|---|---|---|---|---|---|---|---|---|---|
| 廣島 | 300 | 10 | 2 | 150(25톤) | 18(3톤) | 90 | — | 40 | — | — | 610 |
| 香川 | 300 | — | — | 6 (1) | — | 10 | — | 90 | — | 20(1개) | 426 |
| 岡山 | 150 | 5 | — | — | 18 (3) | 20 | — | 120 | — | — | 313 |
| 山口 | 120 | 80 | 14 | 6 (1) | — | 250 | — | — | — | — | 470 |
| 長崎 | 150 | 20 | 157 | — | — | — | 150 | 7 | 15 | — | 499 |
| 愛媛 | 11 | 10 | — | — | — | 10 | — | 30 | 20 | — | 81 |
| 大分 | 20 | 100 | 7 | — | 18 (3) | — | — | 10 | — | — | 156 |
| 兵庫 | 20 | — | 7 | 12 (2) | — | — | — | 20 | — | — | 59 |
| 熊本 | 20 | — | 8 | — | 6 (1) | — | 70 | — | 20 | — | 124 |
| 島根 | 20 | — | 1 | — | — | — | — | — | — | — | 21 |
| 靜關 | — | — | 8 | — | — | — | — | — | — | — | 8 |
| 德島 | — | — | 4 | 6 | — | — | 10 | — | — | — | 20 |
| 千葉 | — | — | 3 | — | — | — | — | — | — | — | 3 |
| 福岡 | — | — | — | — | 12 (2) | 5 | — | — | — | — | 17 |
| 鹿兒島 | — | — | — | — | — | — | 160 | — | — | — | 160 |
| 三重 | — | — | — | — | — | — | — | — | 10 | — | 10 |
| 計 | 1,111 | 225 | 211 | 180 | 72 | 385 | 390 | 317 | 65 | 20 | 2,976 |

註: 大日本水産會, 『大日本水産會報』第188號, 成田定, 朝鮮海沿海出漁者保護保護監督의 必要.

동일년도의 통계 차이는 단순한 집계상의 누락이나 기산일의 차이에서 오는 것이 아니며 출어지와 입어지의 기관통계의 차이라고도 볼 수 있다. 곧 일본 출어지 소재기관 또는 어민 단체에서 허가 또는 신고한 출어선이 한국에 도래하여 조업을 하기 위해서는 반드시 한국 해관의 면허(허가)를 받아야 했다. 그것도 주제 일본영사관을 거쳐 한국해관에 입어신청을 하고 해관으로부터는 어업감찰(면허)을 받게 되어있었다. 그러나 입어선 중에는 일본기지(소재지) 출어기관(조합)이나 한국의 주한 일본영사관 또는 한국해관 등 어느 한쪽의 수속절차를 밟지 아니했기 때문에 어느 한쪽 집계(통계)에 누락되어 있는 것이라 볼 수 있다. 그렇지 않으면 양쪽 기관 곧 한일 양국의 공식집계는 반드시 일치해야 하기 때문에 전술한 통계상의 차이는 단순기록의 누락으로 보기보다는 어느 한쪽 기관에 신고와 미신고가 있었다고 볼 수 있다. 그러나 후자에 대한 신고가 없는 것이라 할 수 있다.

세키자와(關澤明淸)도 어업의 종류에 따라서는 제주도, 소안도, 거문도, 기타 전라도의 남해안에 입(출)어하는 자 중에는 부산을 경유하지 않고 어장으로 직행하는 것이 편리하기 때문에 어장으로 직행하는 자가 많이 있었다고 했다. 그러한 지역으로는 야마구치현의 나가도(長門)의 서면(西面) 및 시마네현을 들고 있다. 이들 지역출신자들이 부산 경유에 불편을 느끼고 또한 면허세 부담도 부당하다고 생각하고 기지에서 어장으로 직행한 자도 있었다고 했다.[21] 그 외 양국 기관에 신고 없는 무신고의 밀어선도 많았다.

일본정부에서 1900년 8월에서 동년 10월에 걸쳐 잠수기어선에 대한 조선연해 밀어선 조사를 실시한 바 있었다. 일본정부 자체에서 그러한 밀어조사를 실시했다고 하는 것은 그 조사 자체만으로도 당시 밀어선의 심각성을 인정하고 있어왔다는 것을 확인하는 것이 되나 더욱 놀랄만한 점은 그 조사 결과 각 부현(各府縣)의 출어(통어)조합에도 가입하지 아니하고 한국연해에 밀어한 무신고 잠수기선이 당해연도 합법적 입어선 137척(〈표 7〉 참조)을 훨씬 능가한 267인(척)으로 무려 약 두 배나 있었다는 것이다(〈표 15〉 참조).

---

21 關澤明淸・竹中邦同 編, 앞의 책, p. 30.

• 표 15 | 1900년 8월 일본 부현별 조선해 입어잠수기 밀어선의 척 수(단위: 인)

| 합계 | 熊本縣 | 大分縣 | 長崎縣 | 山口縣 | 廣島縣 | 岡山縣 | 香川縣 | 愛媛縣 | 부현 |
|---|---|---|---|---|---|---|---|---|---|
| 267 | 2 | 77 | 12 | 40 | 20 | 17 | 28 | 71 | 업자 수(척수) |

※ 인용문에서 필자가 표 제작.

위에서 밀어잠수기선을 가장 많이 배출하고 있는 지방은 오이다, 에히메, 야마구치, 카가와, 히로시마, 오카야마, 나가사키 등지로서 역시 서일본의 전통적인 한해 입어지역이었다.

또한 1901년 농상공부에서는 "부산에 입항한 일어선에 과세한 척 수는 불과 천 백(1,100)인데 오륙도 이외로 서남 각 바다로 사주하는 자는 부지기천이니 누세가 몇 배에 이른다"고 했다. 이것은 일본 부산 영사관의 비협조(규정위반)를 뜻하는 것이라고도 할 수 있다.

그 밖에 앞에서 고찰한 통감부, 총독부 등의 공식통계(〈표 9〉, 〈표 13〉, 〈표 14〉 등)와 일본농상무성통계 및 수산단체통계 등을 비교하여 미루어 볼 때 어업별 밀어선은 도미낚시, 고등어낚시업과 박망, 삼치유망, 상어낚시 및 잠수기업 등 주로 개항 초기부터 입어한 업종 등에서 많았으며, 그중에서도 낚시어업선이 가장 많았다고 하겠다.

밀어에 관한 여러 사례에서 볼 때 합법화 이후 일본 입어선의 밀어행위는 개방해구에서 뿐만 아니라 금어해역에 이르기까지 왜구시대처럼 밀어행위를 태연히 계속하고 있었다는 것을 알 수 있다. 그리고 그 척수는 명확하지는 않으나 합법적 입어선 수에 못지않았다는 것을 일본인들 스스로도 인정하고 있듯이 그 수는(실제입어선) 합법적 입어선을 능가한 두 배 세 배 이상이었던 것을 한일 양국에서도 알고 있었다는 것이다.

이와 같이 합법적인 입어제도하에서도 밀어선이 많이 출현하고 있어왔다는 것은 중세기 고초도 입어허가시대의 말기 상황을 방불케 한다고 하겠으나 문제는 양차에 걸친 합법적 입어시대에 왜 밀어행위가 공통적으로 성행했으며 그 이유가 어디에 있었는가를 생각하지 않을 수 없다.

그 이유로는 첫째, 입어면허 신청에는 입어세 혹은 관세 등이 부과되므로 그것이 영세입어(선)로서는 큰 부담이 되었다는 점. 둘째, 감독기관(부산 등 해관)을 경유하는 것이 어장으로 직행하는 것보다 우회항로가 되는 점. 셋째, 입어자의 대다수는 영세하고 무학(無學)으로서 복잡한 수속절차가 부담이 되었다는 점. 넷째는 해상이라 단속이 곤란하다는 점 등을 들 수 있다. 따라서 입어자들 중에는 아예 한일양국 관계기관에 출어(입어)신고를 하지 않고 몰래 기지와 어장으로 직행하여 조업했거나 또는 양국 관계기관 중 어느 한쪽(일본)에만 신고하고 몰래 조업한 입어자도 너무 많았다고 볼 수 있다. 그것은 양국 사이의 바다가 좁은 해협이기는 하나 소형 무동력선으로서 무단 조업하기에도 적합했기 때문이었다.

## 2. 해역별 입어사례

여기에서는 일본 출가어업자(出稼漁業者)들이 어느 지역에 언제, 어떤 어업형태로 도래해왔는가를 크게 남해, 동해, 서해의 해구별로 나누어 그 사례를 기술하기로 한다. 그러나 자료의 제한으로 전자와 거의 같은 자료를 반복 사용한다는 것을 미리 양해를 구하며, 기술의 순서는 입어의 역사에 따라 남, 동, 서해 순으로 한다.

남해 연해

　일본인의 최초 입어 허가해역은 전라, 경상, 강원, 함경의 각도 연해로서 곧 서해 남부에서 남해 및 동해 연해역이었다. 그러나 여기에서는 그중에서 서해 남부와 동해역을 제외한 남해역에 대해서만 기술하기로 한다.

　개항 이후 실제로 오랫동안 일본인의 입어지는 전술한 바와 같이 거의 부산 근해와 그 이서의 남해안에 한정되어 있었다. 허가 이전에도 일본인은 제주도와 그 부속도인 비양도 가파도 등에 근거지를 설치하고 밀어행위를 영위했다는 사실은 이미 소개한바 있으나 합법화 이후에도 상당기간 대부분의 입어자는 주로 제주도와 부산 근해 사이의 바다와 경상도, 전라도의 남해안에서만 주로 조업했다.

　제주도 연안을 제외한 거제도 근해에는 1889년 히로시마현(廣島縣) 어민의 멸치어선 23통이 선단으로 입어하고, 그 후 계속하여 매년 7월에서 11월에 걸쳐 거제도에서 마산만, 진해만, 고성, 통영, 남해도 사량도, 욕지도 전 연안에 입어했다. 그 어구는 주로 후리그물(地曳網)이었으며 그중의 일부는 양조망을 병용하는 자도 있었다. 그 후 멸치입어선은 히로시마(廣島) 어민 이외에 에히메(愛媛), 오카야마(岡山), 카가와(香川), 도쿠시마(德島), 구마모토(熊本) 지방에서도 도래했다.[22]

　부산 근해에 에히메현의 시노하라(篠原幸太郎)외 8인이 1890년 주낙어구(延繩漁具)로 입어하여 예상 이상의 어획을 하자 그 다음 해에는 같은 현의 요코이(橫井庄平) 등도 멸치예망선(鰮曳網船)으로 도래하여

---

22 『韓國水産誌』第一輯, p. 242.

거제도 구조라 만두(灣頭)에서 조업준비를 하던 중 주민의 방해로 되돌아 갔다.[23]

또한 동년 부산을 포함한 경상도 연안에 오사카(大阪), 효고(兵庫)지방에서 대거 입어한 어선들이 문어, 장어, 새우, 잡어를 어획하고 그리고 남해도, 사량도 근해에는 5~6월에 걸쳐 히로시마(廣島) 지방어민이 속칭 홀치기라고 하는 박망(縛網)으로 입어하여 연간 평균 1척당 3,000엔(円) 정도를 어획하고 이후 매년 계속 입어했다.

기장 근해와 가덕도 근해, 경북 축산(丑山), 장기(長鬐, 지금의 구룡포) 연해에는 10월 상순에서 다음 해(1891) 1월까지 도쿠시마(德島), 에히메(愛媛), 사가(佐賀) 지방어민들이 모선(제조선)을 가진 선단으로 입어했다.

낙동강구에는 1894~1895년경 구마모토현민의 뱀장어 어선이 처음으로 집단 입어하여 어부 한 사람이 하루에 70~80관(262.5kg~300kg)을 어획하여 거리(巨利)를 얻었다. 또한 그 무렵 전라도 치도(治島)연해에는 히로시마현인의 갯장어 어선도 입어했다.[24]

거제도 부근에 7월부터 11월까지 약 700여 척에 달하는 멸치어선들이 입어하고 울산부근에는 4월부터 11월까지 약 60~70척의 해녀선과 잠수기선들이 도래하여 전복, 해삼을 채취했다.

전라도 목포 근해의 옥도 부근에 7월에서 8월 중순에 걸쳐 입어하는 가오리 어선이 40여 척에 달했다. 그 외 추자도 부근에 7월 초에서 8월 하순 그리고 동계에 걸쳐 삼치(沖さわら) 어선과 기타 어선 등 100여 척이 도래했다. 제주도, 거문도, 흑산도 부근에 매년 8월 초에서 11월 사

---

23 『愛媛縣誌』稿下卷, p. 919.
24 吉田敬市 著, 앞의 책, pp. 203~204.

이에 상어어선 50~60척이 도래하고 여름에서 12월까지는 잠수기어선 50~60여 척이 도래했다.[25] 부산, 제주 연안에 봄, 여름의 환절기에 오카다(緖方銅太郎)란 사람이 매년 도래하여 움막을 짓고 전복 기타를 채포하고 통조림을 제조했다.[26]

청산도 근해에 춘추 두 계절에 걸쳐 주로 야마구치(山口), 사가(佐賀) 지방의 도미 외줄낚시(一本釣) 어선들이 도래하여 조업하고 그 어획물은 자선(自船)에서 직접 염절(鹽切: 어체에 소금을 치는 것)하여 일본으로 반출했다. 그중 일부 어선은 어장에 수행한 모선(전업염절선) 또는 독립 염절선에 어획물을 매각했다.

1901년 1월 부산 남쪽 1리(里) 정도의 작은 포구(지금의 부산 서구 송도 앞바다로 추정)에 오이타현(大分縣)의 미나미(南某)란 사람이 도래하여 장망(張網)을 부설하고 청어 75,000 마리를 어획하여 364円의 수익을 올리고 그 다음 해에도 입어하여 1월에서 3월까지 3개월 동안에 총 145,000마리의 청어를 어획하여 725円의 수익을 올렸다. 그는 일본인으로서 조선 청어어업의 효시자가 되었다. 그 외 동년 2월에서 12월까지 경상도에서 전라도 연안에 걸쳐 뱀장어 어선 약 37척, 그 승무원 38인이 도래했다.[27]

그리고 제주도 연안에 왜구 시대부터 매년 계속 입어했던 8인승의 전복채취 잠수기선들이 종전에는 1개월 조업으로 생전복 200근(120kg) 정도를 어획했으나, 1902년도는 그 어획이 약 150근(90kg) 정도로 감소하고 1903년 12월(본어기 초) 입어선은 겨우 15척으로 감소했다. 당해년도

---

25 朝鮮近海通漁組合聯合會, 『通漁區域擴張主義歷史』 第10號, 1900年 6月 9日.
26 『韓國水産誌』 第三輯, p. 250.
27 『大日本水産會報』 第266號, pp. 19~20.

제주도 전 연해에 입어한 일본 어선은 상어주낚선 26척(방두포 8척, 비양도 18척), 건간망(建干網) 15척(성산포), 오야선(親船)이라고 하는 모선 6척, 그리고 중매선(仲買船) 2척 등 합계 총 64척이었다. 그중 모선의 정박지는 선산포, 방두포, 대평, 가파도 각각 1척, 비양도 2척이었다(〈표 16〉 참조).[28]

• 표 16 | 1903년도 제주지역의 일본 입어선 분포현황

| 선종 | 지역 | | | | | | 합계 |
| --- | --- | --- | --- | --- | --- | --- | --- |
| | 행원 | 성산포 | 방두진 | 대평 | 가피도 | 비양도 | |
| 상어연승 | - | - | 8 | - | - | 18 | 26 |
| 건망 | - | 15 | - | - | - | - | 15 |
| 모선(친선) | - | 1 | 1 | 1 | 1 | 2 | 6 |
| 잠수기 | 2 | 4 | - | 3 | 6 | - | 15 |
| 출매선(상공선) | - | 2 | - | - | - | - | 2 |
| 합계 | 2 | 22 | 9 | 4 | 8 | 20 | 64 |

자료: 大日本水産會, 會報, 第260號, pp. 36~37.

부산 근해에 매년 3월에 도래하여 10월까지 조업하는 60~70척의 오이타현민의 상어낚시 어선은 1904년에 들어 46척(승무원 총 226인)으로 감소하고 불황에 대비하여 어구도 잡어 어획을 위한 인망(引網)을 등재하고 입어했다. 그러나 그들은 주업인 상어낚시에서만 연간 척당 평균 200円 정도의 수익이 있었다.[29] 그 46척 중 26척은 주로 제주도에서 가까운 야마구치현민의 6인승 어선으로서 입어 기간은 약 70일 정도였다. 그들의 1척당 평균 어획고는 상어 400마리 이상에 달했으며 그 수익은 450円을 상회했다.[30]

---

28 『大日本水産會報』第260號, p. 37.
29 『大日本水産會報』第266號, pp. 19~20.

거제, 진해만, 부산 근해에 입어하는 멸치 그물 입어선은 1904년까지는 보통 연간 약 120~130척에서 140~150척 정도였으나 1905년도에는 갑자기 324척으로, 그리고 1906년도는 402척으로 증가했다. 그러나 1906년도 거제도, 진해만, 마산포 등 내해에 입어한 멸치 그물선은 대체로 불황이었다. 그러나 거제도 동남해안, 부산근해, 제주도 및 강원도 연해 입어선들은 비교적 어획이 양호했다. 그리고 거제도 동남해안의 입어선 중에는 1통 당 마른 멸치 23,000관(86,250kg)여를 어획한 배(자)가 있을 정도로 양호했으나 그 외 지역의 입어선은 그의 중간 정도의 어획이었다. 금액으로는 당해연도 1통 당 평균 3,000円 내외로 불황이었다고 했다.

그리고 부산과 대마도 사이의 해역에 매년 5월 중순에서 10월 사이에 도래하여 조업하는 가고시마현민(鹿兒島縣民)의 고등어낚시 어선은 1905년도에 약 50척이었으나 1906년도는 102척으로 증가했다. 그의 실제 조업일수는 60일(2개월) 정도였다. 그 어가(魚價)는 부산에서 주어(走魚=活魚) 한 마리 당 4전으로 거래한 것도 있었으나 평균 2전이었다. 1척 당 평균 어리(漁利)는 400円 정도라 했다.

경남, 전남 지방의 남해 연해에 입어하는 상어어선은 1906년 총 88척 정도로 종전에 비해 많이 감소했다. 그 이유는 종래 오이타(大分), 사가(佐賀) 지방에서 입어하던 상어어선들 중의 일부는 나가사키현(長崎縣)의 오도(五島)와 가고시마현(鹿兒島縣)연해의 산호 채취업(珊瑚採取業)으로 전환하고 그 외 일부는 먹이 조달이 곤란하고 수지 불량에 견디지 못하고 입어를 포기했다고 한다. 당시 부산어시장의 상어 살코기 가격

---

30 『大日本水産會報』 第260號, p. 36.

은 10관(貫: 37.5kg)에 4円 50~60전 내지 5円 정도였으며 입어선 1척당 평균 상어 어획고는 2,400~2,500円 정도라 했다.

부산 근해에 오래전부터 계속 입어하던 삼치유망선은 1906년도 88여 척에 이르렀다. 울산만, 부산만, 거제도 근해에 매년 12월에서 다음 해 2월 혹은 3월까지 주로 입어하는 숭어 그물배는 1905년도 40척, 1906년도 36척이었다. 그들은 주로 오이타현과 야마구치현의 지방 어선들로서 그 어획고는 어선 1척당 평균 2,500円 정도였다. 숭어의 가격은 부산에서는 10관(37.5kg)에 7円~9円 정도였으나 다른 지역에서는 평균 그 절반 정도에 불과했다.

남해안의 다도해, 욕지도 부근에서 경상남북도 연안에 걸쳐 매년 계속 입어하는 잠수기선은 1905년도 130척, 1906년도 137척이었으나 그 후로는 매년 점차 감소했다. 그러나 나잠선은 오히려 증가 추세에 있었다.

일본에서 입어하는 잠수기선은 1906년경에도 강원도 함경도 연해까지 연장 조업하는 어선은 거의 없었다. 그래서 당시에는 그 지방 어선이었으나 그 대다수는 역시 부산, 원산거류자의 어선들이었다.

남해안에 계속 입어하는 나잠선(裸潛船)은 1905년 43척, 1906년 68척이었다. 그들이 집단 입어하여 포획한 전복은 소형이었기 때문에 거의 전량 자숙(煮熟) 통조림으로 만들어 나가사키를 거쳐 중국(청)으로 수출했다.

전복 통조림 생산금액은 연간 약 4만 円에 달했으며 그 제품 단가(單價)는 4타 들이(4打入) 1상자에 10円에서 16~17円, 평균 12~13円 정도로 거래되었다. 잠수기 입어선 1조(組)의 연간 수익은 약 30,000円에 달했다.

울산, 부산, 가덕, 거제, 여수반도 근해에 매년 겨울에서 봄에 걸쳐서 입어하여 주로 광어, 가자미 및 잡어를 어획하는 수조망, 타뢰망선은 1904년 각각 83척, 약 27척 합계 110척이었으나 1905년에는 그 수가 비약적으로 증가하여 수조망어선 275척, 타뢰망어선 141척 합계 416척으로 증가했다. 그 이유는 러일전쟁으로 인한 일본군의 군량(軍糧) 공급 때문이었다. 그들 입어선의 조업 영역인 부산 근해는 전 해면을 덮다시피 했다.

그러나 그들 입어선은 러일전쟁이 끝나고 군수요가 감소함에 따라 1906년에는 수조망어선(手繰網漁船)은 223척, 타뢰망어선(打瀨網漁船)은 46척으로 감소했다. 그러나 다행히 어가(魚價)는 오히려 1할 정도 상승하여 평균 1관(3.75kg)에 5円 내지 10円 정도로 거래되었다. 그 이유는 때 마침(1905년) 경부철도의 개통으로 어획물을 경인(京仁)지역은 물론 기타 각 지역까지 철도역을 통한 내륙지수송이 가능하게 되었기 때문이었다.

그 해 부산 다대포, 거제도 및 통영 부근 연해에는 종전에 보지 못했던 학공치 그물어선(鱵網漁船)들이 많이 도래하고 또한 부산 감천항, 다대포, 울산만, 영일만에는 청어입어선도 등장했다. 통영 근해에는 농어(鱸), 도미, 방어(鰤) 등을 어획하는 조망(繰網) 시험어선이 도래하고, 거제도의 동남해안에는 1,500촉광의 석유가스램프를 이용한 건착망(巾着網), 팔전망(八田網)이라고 하는 큰 근해그물어선이 출현했다.

추자도(楸子島) 근해에는 겨울철에 방어를 포획하는 어선이 도래하고 거문도, 추자도 양도 연해에 대부망(大敷網)을 시설하는 입어자도 나타났다. 그리고 제주도에는 옥도(沃度) 및 상어간유, 상어육젓(鱶肉漬)을 제조하는 업체도 등장했다.[31]

전남 생일도(生日島) 근해에 계속 봄 여름철에 걸쳐 입어하는 잠수기선과 도미 주낙어선, 삼치류망선 등이 총 24~25척 내지 30척 정도 도래했고 1906~1907년경에는 서성리(西城里)로 근거지를 옮기기 시작했으나 이후에도 계속 입어했다.

그리고 제주도, 거문도 및 흑산도를 포함하는 기타 전남 서부해역에 매년 8월에서 11월 사이에 상어, 오징어, 삼치 등을 어획하는 입어선이 수백 척에 달했다. 그곳에 봄, 여름에 입어하여 12월까지 조업하는 잠수기어선 50~60척은 같이 전복을 채취하는 현지 주민들과 여전히 자주 물의를 일으켰다. 그러한 물의를 예방하고 자국 입어민을 보호한다는 명목으로 통감부에서는 종종 군함을 파견하고 순항하며 현지인에게 위협을 가했다.

전남 순천의 내만인 여자만(汝自灣)입구의 적금도(赤金島), 둔병도(屯兵島), 랑도(狼島), 나로도(羅老島), 지오도(芝吾島), 시산도(示山島), 소록도, 그리고 거문도와 제주도 근해에는 5월에서 8월 사이에 입어하여 주로 열기(赤魚)를 포획하는 입어선들이 전 바다를 완전히 덮다시피 했다.

음력 2월 중순경 추자도 근해에 입어하는 삼치유망선은 첫 어획을 시작한 다음에는 점차 북상하여 경상도의 욕지도, 거제도 근해를 거쳐 조업하고 다시 서해로 이동하여 안도(雁島), 나로도(羅老島), 손죽도(損竹島), 청산도(靑山島)근해로 순차 섭어(涉漁)한 다음 다시 전남 서안으로 이동하여 조업 한 뒤 음력 4월 내지 5월 초순에 일본으로 돌아갔다.

당 해역에 7월 초부터 8월 하순에 걸쳐 운집하는 약 100여 척의 갈치 입어선은 9월 이후부터 겨울까지는 오징어, 상어, 삼치, 기타 장어 등을

---

31 『大日本水産會報』第299號, p. 18.

어획했다. 그러나 이들 입어선은 입항세, 토지사용료 징수 및 급수(給水) 등의 문제로 현지인들과 자주 물의를 일으키기도 했다. 그 외 11월에서 12월경에 입어하는 도미 외줄낚시선 중에는 삼치(沖鰆)와 방어를 함께 잡는 선박도 있었다.

광양만(하동만), 영산강, 동진강, 만경강, 금강 유역에 1월에서 9월까지 입어하는 뱀장어어선은 2월에서 3월까지는 조구(釣鉤)로 조업하고 4월에서 6월까지는 주낚으로 그리고 6월 이후에는 끌망으로 조업하고 9월 하순이 되면 일본으로 돌아갔다.

거문도, 추자도, 제주도, 여수군 연안, 여자만, 나로도, 득랑도(得狼島), 칠산바다 고군산도근해 등에 도래하는 외줄낚시 입어선대는 3월에서 5월 사이 오징어를 어획하고 4월에서 6월까지는 갑오징어를 어획했다. 그중 극소수의 어선은 들망(敷網)을 사용하고 거문도 연해에 8월에서 12월 혹은 다음 해 1월까지 입어하여 조업하는 어선 중에는 주낚 또는 끌망(曳網) 수조망 등으로 꽁치를 어획하는 배도 있었다.

안도, 청산도 근해에 초여름에 입어하는 도미 주낚선 및 외줄낚시선들은 12월에서 다음 해 1월까지는 거문도, 태랑도 근해로 이동 조업하고, 그리고 음력 2월에서 4월경에는 다시 제주도로 돌아가서 전 도 해역을 순차 이동하며 조업했다. 소안도 진도 어불도(於佛島) 근해에 3월에서 4~5월까지 입어하는 주낚선 또는 외줄낚시 상어어선들은 8월이 되면 이동하여 12월까지는 조도 근해에서 조업했다. 그중에는 다시 9월에서 10월에 걸쳐 제주도 근해로 이동 조업하는 선박도 있었다.

서해 남부 해역을 포함한 전라도 전 해역에 걸쳐 입어하는 총 어선 척수는 1910년경에는 경상남도 해역의 총 입어선 척 수와 비견될 정도로 증가했다. 그리고 1907~1908년 이후 남해안 전 연해에는 일본 입어선이 도래하지 않은 곳이 없었다. 특히 경상도 연해와 제주도 연해를 포함하는 남해안 전 연해에는 봄철에는 잠수기선 도미 주낚선, 도미 외줄낚시선, 상어 주낚선, 수조망선, 타뢰망선 등 입어선의 종류가 특히 다양하고 많아졌다.

여름과 가을철 곧 8월에서 다음 해 2월까지는 갯장어(海鰻)낚시선이, 그리고 9월 내지 10월에서 다음 해 4월까지는 포경선이, 9월에서 11월에 걸쳐서는 도미 주낚선 및 외줄낚시선, 멸치 후리망선이, 10월에서 다음 해 4월까지는 삼치 유망선과 가자미, 광어, 학꽁치 등의 수조망선이, 10월에서 11월 사이는 방어유망선 등이 전 연해역에 걸쳐 바다를 메우다시피 했다.

### 동해 연해

강원도, 함경도 및 경상도 북부 해역을 포함한 동해 해역은 전라, 경상 남부 해역과 더불어 통상장정 체결 당시부터 개방한 해역이었다. 그러나 남해역 특히 부산 근해역은 개방 이전부터 계속 수많은 일본 입어선이 도래하고 연년 성황을 이루어 왔으나 동해역은 그러지 못했다. 1888년 4월 원산 일본영사관 보고에 의하면 당해연도까지도 동해의 중심지인 원산 근해에 일본입어선이 도래하는 것은 거의 없었다고 했다.[32]

그 이유는 서일본 지방에서 강원, 함경도 해역까지는 항해거리가 너무 멀기 때문에 소형어선으로 내왕하며 조업하기는 곤란했다. 그리고 그때까지도 동해를 안고 있는 일본 각 현의 한해 입어가 거의 없었다시

---

32 『大日本水産會報』第75호, p. 62.

피 했다. 사실상 러일전쟁 전후까지도 일본기지로부터의 직접 동해 입어선은 남해역이나 서해남부 지역에 비해서 별로 많지 아니하고 주로 부산 거주자나 그들 중의 일부가 원산에 이주한 자들이었거나 원산 일반 거류자들 중에서 어업을 영위하기 시작한 자들이었다. 그것도 처음에는 주로 잠수기어업에 거의 한정하고 있었다.

동해안의 대표적 항구인 원산항(元山港)은 1879년 개항하고 그 다음 해에 원산 일본거류지(元山日本居留地)가 설치되고 주로 무역업을 영위하는 일본인 거류자가 도래하기 시작했다. 초기 거주 일본인 중에는 어업을 영위하는 자가 없었으나 1890년 7월 나가사키현 출신의 거류인이 겸업으로 어선 두 척의 멸치업을 처음 시작하였다. 그 다음 해(1891년) 원산 거류상(居留商)들 중에서 부선(艀船)을 매입하여 개조하거나 신조하여 어부를 일본에서 고입한 어선 14척이 추가하여, 어선은 합계 16척으로 증가했다. 그 구성은 나가사키현인 9척, 야마구치현인 7척이었다. 이들은 그 해 5~6월 어기에 함경도 덕원부(德原府)와 안변부(安邊府)연안에서 멸치, 청어, 도미, 숭어, 가자미, 방어, 연어 등을 대상으로 조업했다. 그러나 멸치의 불황으로 그중 11척은 어기 후 폐업하고 선박은 다른 수출입 화물운반선으로 전환했다. 남은 것은 나가사키현인 4척, 야마구치현인 1척 뿐이었다. 그들도 여름에만 조업하고 그 외에는 어선을 육지에 올려두고 어부들은 다른 업종으로 이동하거나 또는 귀국하는 상태였다.[33]

1891년경 부산 재류의 호다(寶田彌一)란 사람이 잠수기 2대(台)를 가지고 원산에 이주하여 강원, 함경 양도 연안의 잠수기업을 선도했다.[34]

---

[33] 『大日本水産會報』第117号, p. 32~33.

동년에 원산 거류 일본인은 150호, 그 인구 700인에 달했으나 그들의 어획물 수요마저 자급하지 못하고 그 보충을 조선어민이나 부산으로부터의 수입에 의존했다.[35]

1892년 5월에서 8월까지 원산만구에 일본에서 도미 어획선 2~3척이 도래하고 동년 6월 나가사키현의 나가하라(中原文眞)가 잠수기선 1척으로 입어하여 해삼 채포에 종사하고 그 다음해(1893년) 여름철에 역시 나가시키현의 지비키(地引右衛門)가 블라디보스토크 근처에서 조업하던 잠수기선 7척을 가지고 도래하여 해삼 채포를 시작했다. 위 두 사람이 거느린 선원은 전부 50인이었다.

동년 강원도 해저를 탐구한 일본 잠수기업자에 의해서 연안 해저 도처에 소라, 해삼, 담채 등이 아주 많이 서식하고 멸치도 많이 도래하는 사실을 확인하고 장차 당해역은 반드시 대어리(大漁利)를 작흥(作興)할 장소임을 알게 되었다. 그래서 원산 거류유지자들은 수산회사 창설을 계획하고 입어자들도 현저히 증가했다.[36] 그리고 아야진(鴉也津)에 모리(森萬次郎)가 내주하여 상업을 영위하면서 여가로 상어 어업에 종사했다. 또한 고래(古來)로부터 굴 산지였던 영흥만에 1894년 일본인이 마른 굴 제조를 시작했다. 그러나 그는 다음 해 군에 소집되어 사업을 중지했다. 동년 방어 그물어선 2~3척이 입어했다.

원산수산회사에서 5월에서 10월까지 상어 주낙업을 시도하여 어획이 양호했으나 그 외 1~2척의 입어선은 영업성과가 불량했다.[37] 그 해에 갑

---

34 吉田敬市 著, 앞의 책, p. 209,
35 關澤明淸・竹中邦香同 共編, 앞의 책, pp. 43~44.
36 『大日本水産會報』第161号, p. 1525~1526.
37 東京水産學會, 『水産』第1卷, 韓國咸鏡道の漁業, pp. 2~3.

자기 지역잠수기선 43척이 출현했다. 그 소유(선주) 상황은 〈표 17〉에서와 같이 회사와 개인 자본가 소유선이 많았다. 그들 잠수기선은 5월에서 11월까지는 해삼을 채취했다. 그 어획고는 1일 1척이 4말 들이 통 15정 이상에 달했다.[38]

• 표 17 | 원산항 잠수기 소유자 일람(단위: 선(대))

| | |
|---|---|
| 元山水産株式會社(원산재주인) | 15 |
| 元山地引武右衛門(원산재주인) | 3 |
| 元山吉村某(원산재주인) | 9 |
| 元山奧村松二郎(원산재주인) | 6 |
| 元山西島留藏(원산재주인) | 7 |
| 元山中原文眞 외 2인(원산재주인) 각 1척 | 3 |
| 合計 | 43 |

자료: 『大日本水産會報』 第152號, p. 21에서 작성.

1900년도 동해 전역에서 조업한 입어 잠수기선은 약 80척에 달했다. 이후 원산 이북 두만강에 이르는 함경도 연해에 2월에서 7월까지 입어하는 잠수기선은 50~60척이었으며, 부산에서 이북 두만강에 이르는 동해 전 연해에 걸쳐 매년 9월에서 11월까지 입어하는 잠수기선은 총 130여 척에 달했다. 그 대부분은 여전히 경상도 해역 곧 동해남부 해역에 집중하여 조업했다. 그 외 동해연해에 입어하는 어선은 멸치 그물어선이 100여 척이었다.[39]

그리고 그해(1900년) 이후 일본포경선의 출현이 빈번해지기 시작했다. 그리고 1901년 4월에서 5월에 걸쳐 일본제국수산주식회사 소속의 물개(또는 가제) 수렵선 가이호마루(海王丸)도 처녀 입어하여 포획성과가

---

38 『大日本水産會報』 152호, p. 21.
39 朝鮮海通漁組合聯合會, 「業務報告」 No.2, 別冊, p. 39.

아주 좋았다. 그 소식을 접해들어서인지 다음 해(1902) 물개 수렵 입어선은 일본어선 17척, 그 외 외국 포획선 4척 그리고 국적·선명미상선 1척을 포함하여 합계 22척에 달했다.[40] 그 선명은 다음 〈표 18〉에서와 같다.

• 표 18 | 1901년 동해에 입어한 외국 물개 포획선 선명

| | |
|---|---|
| (A) 일본 물개수렵선 | 第三千島丸, 第一千島丸, 順天丸, 常盤丸, 安房丸, 東臭丸, 與榮丸, 天佑丸, 第一千歲丸, 三重丸, 淸德丸, 淸風丸, 經一丸(タイアナ), 虎丸, 報效丸, 開盛丸., 海王丸 |
| (B) 외국 물개포획선 | 제네버(Geneva), 디래크터(Director), 스미스(Smith), 트라이엄프(Triumph), 선명 미상 선(1) |

자료: 『大日本水産會報』 第247호, p. 17.

그 외 1902년도 동해역에 입어한 일본어선은 잠수기선, 기타 합계 약 60척 이상에 달했다.[41]

강원, 함경 양도 연해에 당해년도 2월~10월에 걸쳐 시마네현민의 멸치, 삼치, 상어, 도미어선 9척(선원 32인)이 도래하고 히로시마현의 멸치 입어선도 4월~11월에 걸쳐 20척(50인)이 도래했다. 그리고 5월~9월에는 도쿠시마현의 4인승 정어리어선이 입어했다. 동년 동해안 전역에 걸쳐 1월~9월에 치바현(千葉縣)의 서양형기선 물개수렵선 1척(83톤, 28인승)과 3월~6월에는 북해도의 서양형기선 물개수렵선 1척(69톤, 24인승)이 도래하여 조업했다.[42]

그리고 주로 나가사키 출신들로 구성된 원산거류 잠수기어선 32척(승

---

40 『大日本水産會報』 第247호, p. 17.
41 朝鮮近海通漁組合聯合會, 報告書, 『通漁區域擴張主義歷史』 第10호.
42 日本 農商務省, 「漁業統計表」 1901年度.

무원 256인)과 그 부속선 6척(승무원 18인) 등 총 38척(승무원 총수 274인) 이 선단을 구성하여 3월 초에서 11월 초에 걸쳐 남쪽은 주문진에서 북쪽은 함경도 두만강 국경에 이르는 연안에 걸쳐 해삼포획에 종사하고 그 다음 해에도 계속하여 함경, 강원 양도 연해에서 봄, 가을 두 계절에 걸쳐 해삼채취에 종사했다. 그 어획고는 봄철에 약 81,936근(斤, 49,161.6kg), 가을철에 86,339근(51,803.4kg), 합계 연간 168,275근(100,965.kg)으로 1척 당 연평균 5,236근(3,141.6kg), 금액으로는 약 1,936円이었다. 당시 마른 해삼의 시세는 일백근에 최고 49円, 최저 27円, 평균 37円으로 그 총 생산고는 61,961円에 달했다.

    이들 해삼 채취 잠수기선들 중에는 여업(余業)으로 전복, 국자가리비(板良貝) 등을 채취하는 어선도 있었다. 국자가리비 생산에 참가한 척수는 약 6척에 그 승무원수는 48인, 그 외 부속선 1척의 승무원은 3인이었다. 가리비의 어획고는 봄철에만 2,360근(1,416.0kg), 그 금액은 1,647,280円 (근당 698円), 그리고 전복 채취 참가선은 24척에 그 승무원 수는 149인, 그 부속선은 4척에 승무원은 12인이었다. 그들의 어획고는 대략 봄철에 6,005근(3,603.0kg), 가을철에 2,494근(1,496.40kg)으로 당해연도 총 생산 금액은 33,521円에 달했다.[43]

    동해안의 멸치업은 1903년까지도 일본에서 직접 입어하는 업자는 없었으며 현지인이 생산한 마른 멸치를 수집 판매하는 사입선이 있었을 뿐이다. 그것도 강릉 이북은 원산거류 일본상인이 그 이남은 부산상인이 거의 장악하고 있었다. 오래전부터 일본인은 마른 멸치 수집을 위하여 토착어민에 자본(영어자금)을 대여하는 사입경영자였으나 점차적으

---

43 『大日本水産會』 第251号, pp. 36~37.

로 멸치업의 실권을 앗아갔다. 1903년경 강릉 이북 지역의 한일 멸치업자의 4분의 1 이상이 이미 원산 거류상인들의 영향하에 들어 있었으며 그 세력은 계속 증가하는 추세에 있었다.[44]

이와 같은 일본 상업자본가의 침투는 물론 처음부터 성공적인 것은 아니었다. 그것은 어황(漁況)이나 해황(海況), 기타 현지 사정에 어두웠던 관계도 있었다. 1903년 고성군(高城郡) 지경진(地境津)에 창고를 두고 건조장 등 제반시설을 정비하고 멸치 건조사업에 착수했던 어느 일본인 입어자는 당초 뒤늦게 봄철어업에 참가했던 관계도 있었겠지만 한동안 사업 불황으로 고생하다가 그 해 7월에 들어서야 하루의 투망에서 겨우 마른 멸치 100포(1포=30근) 정도를 얻었다고 했다.[45] 이 사례에서와 같이 사입자들이라 해도 처음에는 고생한 사람이 적지 않았다고 하며 끈기 있게 인내로 견디며 점차 그 지역의 지배자로 성공하는 경향이 있었다.

그리고 1903년 9월 상순에서 겨울 중순에 걸쳐 일본 포경선 9척이 도래하여 장전항을 근거지로 근해 포경에 종사했다.[46]

그 해 울릉도에도 어선어업자가 도래하기 시작하여 오징어 어업을 독점사업으로 하고 정착했다. 오징어는 봄, 가을 양 성어기가 되면 한인, 일인을 구별할 것 없이 함께 포획과 건조에 종사했다. 당시 울릉도 오징어 어업은 5월~7월까지 어획한 것을 여름 오징어, 그 이후 9월까지 어획한 것을 가을 오징어라 하고 철망(撤網)은 9월 말에 했다. 오징어 어기 동안에는 섬의 연해 어디에서나 오징어 건조장을 볼 수 있었다.

---

44 『大日本水産會報』第255号, p. 39.
45 『大日本水産會報』第254号, p. 39.
46 『大日本水産會報』第260号, pp. 34~36.

그 마른 오징어의 수출은 일본인이 독점했다.

오징어 어기가 지나면 재류일본인 부녀자들은 11월에서 다음 해 3월에 걸쳐 전 연안의 암반에서 돌김을 채취하여 제품화했다. 그 생산고는 발표된 것이 없었으나 연년 증가경향에 있었다고 한다.

또한 울릉도에는 러일전쟁이 발발한 1904년 5월~9월경에 일본 지마(志摩)의 해녀 약 30인이 기계선(발동기선) 3척에 분승 내도하여 전복을 채취했다. 그 외에 울릉도 근해에는 많은 어류 및 고래 등도 내유했으나 어류는 판로관계로 인해 거의 포획하지 않았다. 그래서 일본정주자는 호구지책이 매우 곤란했다.[47]

경상북부 해역의 동해역에는 1905년을 전후하여 삼치 유망선, 방어 그물어선, 멸치 그물선, 포경선의 출현이 점차 증가했다. 그리고 도미, 삼치 및 상어, 방어, 명태, 청어, 대구업을 하려던 입어선도 출현했으나 그들은 주로 일본 진주군의 병식생산(兵食生産)을 목적으로 했으며 실제 조업척수는 극히 소수에 불과했다. 그러나 삼치유망선은 1906년 총 102척, 1907년 206척으로 증가했다.

동해산 삼치의 어가(魚價)는 1905년 러일전쟁의 영향 하에서도 10관에 11円 50전 정도로 비교적 높았으나 종전(終戰)후인 1906년에는 10円 40전 내외로 다소 하락했다. 그리고 가격은 봄철 보다는 가을철에 약간 오른다고 했다.

1906년경 강원도 함경도 연해 잠수기선의 해삼 채취물은 전부 마른 제품으로 제조하여 부산, 원산지역 거주의 중국 상인에게 판매하거나 또는 나가사키(長崎)로 수출하여 중국 상인에게 판매했다. 그러나 그들

---

47 『大日本水産會報』 第282号, p. 27.

선주들은 대체로 재력이 빈약했기 때문에 단결이 잘 되어 있었다. 그래서 그들은 그 어업이익이 청국인 수중에 돌아가지 않도록 하기 위해서 집단적으로 대처하는 경향이 있었다고 한다.

영일만에서는 1905~1906년 양년에 걸쳐 야마구치현 수산시험장(山口縣水産試驗場)에서 전장 300발(尋; =1발(1.7m)×300=512m) 이상에 달하는 건착 그물배(선망)의 시험어업을 계속 했다. 그 결과 사업(斯業)의 유망성이 확인되자 이후 당해 현에서는 그 어업의 입어장려를 서둘렀다고 한다. 그 외 당해 근해역에는 1907~1908년경부터 삼치, 고등어, 연안 다랑어(メヂカ鰹)를 목적으로 하는 대규모의 건착망선과 청어건망(建網)선이 새로 등장하기 시작했다. 그러나 4월 하순~11월 하순에 입어하는 삼치유망선과 흑돔을 혼획하는 도미 주낙선의 입어는 오히려 현저히 감소했다. 그리고 그 무렵부터 함경북도 두만강구에 연어 전업선의 도래가 증가했다.

종래 동해, 특히 두만강의 연어 어업은 원래 왕실관리로서 인근주민도 관의 허가를 받아 조업을 해왔으나 1908~1909년 일본연어어선이 갑자기 대거 입어하여 연간 약 50만 마리 내지 70~80만 마리까지 어획했다. 그 어획물은 대부분 염장하여 국내재주(在住) 일본상인에 판매하거나 또는 일본으로 운송해가고 그중 일부는 인근 각 지역에서 운집하는 한인 삼고선에 선어로 판매했다.[48]

1910년경에는 동해 연해에 걸쳐 가장 풍부했던 해삼, 전복 자원이 현저히 감소하여 그 생산량은 초창기의 5분의 1 정도로 줄어들고 개체도 소형화되었다. 그래서 동해 잠수기선 중에는 한어기(閑漁期)에 홍합(貽

---

48 『韓國水産誌』第二輯, p. 47.

貝), 가리비(海甬) 등을 채포하는 선박이 증가하고 또한 그때를 전후하여 강원도 연안에도 전라, 경상연해에서와 같이 청국(淸國) 수출용의 전복통조림 제조업소가 수 개소 설치되고 함경도 조산만(造山灣)에는 일본인의 굴 양식업이 시작되고 마른 굴(乾牡蠣)제조소도 설치하는 등 일본인의 어획물 가공사업이 증가하기 시작했다.

## 서해 연해

전남 전북을 포함한 서해남부 해역은 전라도에 포함되어 있기 때문에 남해, 동해와 더불어 처음부터 개방해역으로서 일본인의 입어가 가능했다. 그 외 충청, 경기, 황해, 평안도 연해 등 서해 중북부 해역은 형식상으로는 1903년 개방한 경기도를 제외하고는 1905년 개방된 해역이었다.

군산 근해 금강이남 해역에서는 1890년 5월 입어한 어선이 하루 밤 사이에 도미 400마리(尾)에서 최고 3,000마리, 평균 1,500마리 정도를 어획하고 어장에 동행한 염절선(鹽切船)에 직접 판매했다. 그 가격은 5월 28일 이전에는 도미 한 마리 당 18전, 5월 이후 12월까지는 14전, 그 이후에는 12전 정도로서 입어 초 가격에서 점차 하락하는 경향이 있었다. 그러나 실제가격은 일본 각 지방(현)의 입어선에 따라서 약간의 차이가 있었다. 입어선의 1척당 평균 수익은 도미 180円, 기타 잡어는 50円 정도로, 합계 1척당 한 어기 평균은 총 230円 정도에 달했다. 그리고 이 군산 지역에 입어하는 도미어선들은 불황일 때는 거의 대부분이 붕장어, 갯장어 주낚과 방어, 감성돔 등을 어획했다.

동년(1890) 10월 상순 목포(木浦) 근해에 도미 외줄낚시선단이 입어하고 칠산도(七山島), 위도 근해에는 1896년경 약 500척~600척의 일본 입어선이 도래했다. 그리고 1898년에는 사가현인에 의해서 받쟈망이라고 하는 속명 안강망(鮟鱇網)어선이 처음 도래하여 조기 어업을 시도했다. 그러나 어구가 당해해역의 실정에 적합하지 못하고 어황도 불량하여 대다수 입어선은 영업에 실패했다.[49]

1900년, 위도 근해에 나가사키현의 어업기술지도원 마사 하야시(正林英雄)라는 사람이 사가(佐賀)지방에서 사용하던 안강망어구를 서해 실정에 맞게 개량하여 시험입어에 성공하자 이후 조기안강망 입어자가 급증하기 시작했다.[50] 그 무렵 목포 근해의 옥도(玉島) 연해에 7월 하순에서 8월에 걸쳐 민어 전업선(專業船)선 약 40척이 도래하고 이후 매년 계속 입어했다.

칠산도 부근에 1901년 3월에서 6월 사이 조기전업 입어선 약 10여 척이 도래하고 그 다음 해(1902년)에는 80척으로 증가했다. 당시 일본 입어선이 어획한 조기의 체장(크기)은 1자(尺) 4~5치(45.45㎝)에서 1자 5~6치(48.48㎝) 전후의 대형어였다. 그 어군의 군집이 왕성할 때는 죽간(竹竿)을 해중에 세우고 그 상단을 손으로 잡고 있으면 어체가 그에 접촉하는 강한 촉감을 느낄 수 있었을 정도라고 했다. 그리고 그 어획량은 한 그물에 어선 두 척을 만재(滿載)할 정도로서 곧 7~8만 마리에 달하는 경우도 드물지 아니했다고 한다.[51]

마사 하야시의 어구 개량과 자원이 풍부한 탓에 1903년 이후 칠산바다에 입어하는 조기어선은 수백 척에 달했다. 이들 입어선은 주로 후쿠오카(福岡), 구마모토(熊本), 나가사키(長崎), 사가(佐賀), 카가와(香川),

---

49 吉田敬市 著, 앞의 책, p. 189.
50 『大日本水産會報』第265号, p. 20 ; 吉田敬市, 위의 책, p. 190.
51 『大日本水産會報』第247号, pp. 37~38.

에히메(愛媛), 오이타(大分), 야마구치(山口) 지방선이었다.

전북 군산 근해에 연말이 되면 도미입어선 약 200~300척이 운집했다. 그것은 주로 카가와, 에히메, 오카야마, 히로시마, 야마구치, 시마네 지방선들이 청산도, 소안도, 안도(雁島) 등 남해 해역에서 봄(5~6월), 가을(10~11월) 양 어기에 걸쳐 조업하고 북상한 어선들이었다.

위도, 법성포 근해에는 4~5월에 걸쳐 조기 이외에 도미, 가자미, 광어 등을 어획하는 각종 입어선 약 300~400척이 운집하고 군산 근해의 죽도, 개야도(開也島) 근해에는 매년 4월부터 6월 하순에 걸쳐 조기와 도미 주낚어선 약 700척 그 외 중국어선도 약 800척이 운집하여 성황을 이루었다.

도미 낚시어선은 보통 1척당 어구 30발(鉢)을 적재하고 대조(大潮)에는 20발, 소조에는 10발 정도로 어구를 가감 사용했다. 미끼는 주로 도미이며 입어선의 초기사용 미끼는 일본출항지에서 매입하여 오는 경우가 많았으나 입어 후에는 안도(雁島)부근에서 매입하여 사용했다. 입어선의 어획물은 입어전 가공선(운반선)과의 사전판매계약의 유무에 따라 크게 영향을 받았으며 또한 현지(어장) 상고선(商賈船)에 판매하는 물량이 많고 적음에도 크게 영향을 받았다고 한다.

현지 상고선에 판매하는 어가(魚價)는 1903~1904년 이후 매년 초기에는 어획물 체장의 대소(大小)에 관계없이 도미 한 마리 평균 8전 8리(錢, 厘)에서부터 시작하여 후기에는 5전 1리 정도로 점차 체감 거래했다. 그러나 일본운반선(出買船)에 대해서는 초기에는 5전 6리에서 점차 체감하여 말기에는 4전 정도까지 내려 판매했다.

죽도(竹島)에 몰려온 일본 입어선은 1904년 311척, 어부 1,091인에 달했다. 그들은 주로 러일전에 참전한 군인들의 식량공급을 위해서 일본 각 지방당국이 보낸 장려선들이었다.

목포 근처의 칠산도, 법성포 근해의 안강망선은 조기 포획을 마치면 삼치, 도미도 어획했다. 삼치, 도미는 5월 상순부터 최성어기로 하고 6월 상순에서 중순에 걸쳐 산란을 끝내고 이동하기 시작하므로 그 어군을 쫓아 이동 조업했다. 일부 어선은 당해역에 남아서 계속 조업하다 동월 말경 일본으로 완전히 철수하고 일부 추적 어선들은 5월 전에 그곳을 떠나 북상하며 동월 상순 군산 앞 죽도(竹島) 근해에 이르러 계속 도미, 삼치를 어획했다. 이들 입어선의 어획량은 최성어기, 많을 때는 어선 1척당 1일에 2,000마리, 적을 때도 800마리 이하로 내려가는 일이 없었다. 삼치는 전량 염장(鹽藏)하여 일본으로 반출했다.

목포 칠산도 법성포 부근에 입어한 안강망, 도미연승, 삼치유망선 등의 한 어기 수입은 1905년의 경우 1척당 최고 500円, 최저 250円 평균 370円 정도에 달했다. 거기에서 경비 100円을 공제하고도 순이익은 270円 정도였다. 당시 당해 지역의 성어기 어가는 대소 도미 한 마리에 평균 7円 내외, 삼치 14전, 광어 2전, 갈치 1전 3리, 조기, 달강어, 오징어 기타 잡어는 평균 5리 정도였다.

죽도 근해의 조기 성어기에는 경인지방(京仁地方)으로부터 얼음을 적재한 현지(한인) 상고선(氷船=商賈船) 약 17~18척 이상이 도래하여 선어를 매입하여 만재해 감으로써 어획물 판매에는 큰 지장이 없었다.[52]

그 외 전라도 서해 남부 연해에 입어하는 일본어선들 중에는 봄철에는 주로 조기를 어획하고 그 어기가 끝나면 도미, 광어, 가자미류를 어획하는 어선도 있었다. 그러한 잡어(雜魚)를 어획하는 겸어선은 1904년경 전라도 전 해역에만 139선단이 도래했다. 그중에는 후쿠오카 47척,

---

52 『大日本水産會報』第264号, pp. 27~28.

구마모토 37척, 히로시마 3척, 나가사키 34척, 사가 17척, 오카야마 1척이었다. 이들 중에는 당해(1904)년도 처음 입어한 선단도 약 20선단이 있었으며 그 외 소속 불명의 어선도 약 6선단이 있었다. 그 어로선에 수행한 염절선(鹽切船)도 약 50척에 달했다. 당해연도에 도래한 안강망어선 중에는 종래 상어 류망업에서 전환하고 그 어획물 전량을 현지(한국)판매를 목적으로 입어한 히로시마, 오카야마 지방선이 많았다.

위도, 상왕도(上王島), 하왕도(下王島), 법성포, 격음도(隔音島), 마량도 근해에 입어하는 안강망선은 보통 1조기(一潮期: 4월 12일~동월 21일)에서 5조기(五潮期: 4월 7일~6월 20일)에 걸쳐 그들 섬 사이를 이동 조업하고 5조기에 들어가면 주로 마량도 근해로 이동하여 조업했다. 그 때부터는 귀국 후(일본) 판매를 목적으로 도미어획을 겸하는 어선도 있었다.

현지 어장에서 판매하는 조기 어가(魚價)는 한 마리(尾) 3문(文), 도미는 3전이었다. 1척당 조기 어획고는 제1조기~제5조기까지 총합계 평균 약 320円 정도였으므로 입어선을 총 150척으로 간주하면 그 어획고는 대략 48,000円에 달했다. 여기에서 총 영업비를 18,000円(영업비 120円, 어선 150척으로 계산)으로 본다면 전체 조기 어선원(4,500인)에 귀속하는 총 어업수익금은 약 30,000円에 달했다.[53]

서해안의 입어선은 위에서 알 수 있는 바와 같이 1903년경까지는 주로 남부해역에 한정하고 있었으며 그 입어척수도 그리 많지 않은 상태였다. 그러나 통어장정의 개정을 계기로 입어구역이 서해 전 연해로 확대되자 서해안의 입어선 척 수는 급증하기 시작했다. 그래도 위도를 중심으로 하여 동남 14해리 서대왕열도(西大旺列島)까지 8해리, 남안도(南

---

[53] 『大日本水産會報』 第265号, 韓國全羅道の 漁業, pp. 21~22.

鞍島) 22해리, 북고군산도(北古群山島) 17해리 사이의 어장은 주로 조기, 도미, 가오리, 삼치 및 잡어어군이 서식하는 어장으로서 당시 그 어획풍도(漁獲豊度)는 한국에서 제일 좋은 어장이라 입어선이 많았다.

당해역의 어기별 입어자는 위도 부근은 매년 4월 10일 전후에서 5월 10일까지 약 30일간, 죽도 및 연도 부근은 4월 말 4~5일 전후부터 6월 초까지 약 30일간을 최성어기로 하여 사가, 카가와, 나가사키, 구마모토, 후쿠오카, 에히메, 오카야마, 히로시마, 야마구치 등 각 현에서 도래했다. 1907년도 입어선은 1,079척, 출매선 250척에 달했다. 그리고 전문운반기선 4척이 도래하여 도미, 조기를 주로 구입하고 삼치, 가오리 등은 염절 또는 선어 빙장으로 하여 일본과 한국의 법성포, 강경, 군산, 인천 등지로 판매했다. 1908년도는 초봄 입어선이 이미 1,520척에 달하고 출매선은 증가 경향에 있었다.[54]

1905년 서해는 충청, 경기, 황해, 평안도 연해역이 완전 개방되자 이후 도미 입어선을 선두로 연승, 박망(縛網), 조망(漕網), 안강망(鮟鱇網), 외줄낚시(一本釣) 등 입어선이 증가하고 다양해졌다. 그중에서도 가장 많은 입어업종은 역시 주낚업(延繩業)이었다. 그러나 미끼문제로 영업에 실패하는 어선도 적지 아니했다.[55] 1907년 서해 입어선의 어획고는 어선 1척에 평균 800~900円 정도라고 했다.

어청도, 연도(煙島)에는 개방 이전부터 일본 밀어선이 내왕하고 정주자(定住者)도 있었던 곳이다. 그 정주자 중에는 1906~1907년 전까지 그곳에서 폐물(廢物)로 취급했던 잡어로 어분(魚粉=魚粕)을 제조하여 치

---

54 『水産文集』第4券 4号, pp. 4~12.
55 『大日本水産會報』第299号, p. 17.

부하고 개방 후에는 어선과 운반선에 석유발동기를 설치한 어류운반업선단까지 운영할 정도로 성장한 사람도 있었다. 그리고 당해역에는 1907년경부터는 늦은 봄에서 여름 8월~9월 혹은 초가을에 걸쳐 계속 도래하는 입어선이 많았다. 월별로는 2월~9월 조기 어업, 5월~9월 갈치어업, 5월~8월 열기(赤魚)어업, 5월~9월 멸치 어업과 고등어 어업, 4월~9월 민어어업, 3월~9월 오징어어업, 3월~10월 새우입어선 등이 많이 도래했다.

안도(雁島)연안에는 11월 초 갈치 입어선이 많이 도래하여 어획하기 시작하고 점차 근해로 이동조업 하다가 12월에서 다음 해 1월경에는 거문도 태랑도(太郞島) 근해까지 남하하여 조업했다.

또한 서해남부 전 연해에 걸쳐 12월에서 다음 해 3월 사이에는 가오리 미끼 없는 주낚(鱝空釣繩) 어선의 입어선도 많았다. 대우이도(大牛耳島), 죽도(竹島)근해에는 봄여름 사이 곧 6월~8월에 도미 외줄낚시선 약 400척 이상이 도래하고 귀국길에는 민어를 어획하기도 했다.

오래 전부터 위도에서 녹도(鹿島)사이에 계속 입어하던 많은 상어 류 망어선은 안강망입어선이 증가하자 그 영향을 받아서인지 점차 감소하기 시작하여 경술(1910)년경에는 겨우 7~8척에서 10척 정도만 입어하는 상태였다.

충청도의 죽도(竹島) 연도 보령만의 용도(龍島), 녹도(鹿島), 고도(孤島)와 그 이서의 연도 근해 및 외연도 주변에 도래하는 안강망어선 중에는 도미를 어획하는 선박도 많았으나 매년 3월 말에서 4월 초에 걸쳐 전업(專業) 도미 주낚어선이 대거 도래하여 약 40일 동안 조업했다.

그 외 충청도 전 연안에 걸쳐 8월에서 10월 사이에 도래하는 도미어선 중에는 연안에서부터 어획하기 시작하여 점차 먼 바다로 향해 이동 조업하며 어청도 연해까지 도달하는 어선도 있었다. 어청도 거주 입어자는 섬 근해에서 주년(연중)조업했다. 겨울철(1월~3월)과 여름철(6월~ 7월)에 걸쳐 가오리 미끼 없는 주낙(鱝空釣繩) 입어선이 많고 4월~5월에는 안강망 입어선이 참조기(赤石首魚)를, 그리고 6월 말에서 8월 중순까지는 백조기를 어획했다. 또한 4월에서 10월까지는 갈치를 어획하는 어선도 많았으나 역시 크게 감소했다. 그리고 봄철(3~4월)과 가을철(8~9월)에 걸쳐 복어 어획선도 상당수 도래했다.

경기도의 인천만은 서해 전 해역이 개방하기 이전 이미 현지 거주 일본인(在仁川居住日本人)의 자가수요를 위해서 2차에 걸쳐 허가한 특별어업감찰선 30척과 한국인 어업지도를 목적으로 했던 교습선 10척 등 40척의 제한적인 입어선이 영업하고 있었다. 이들 어선은 주로 도미 외줄낚시 및 주낚업을 영위해왔다. 그러한 관계인지 경기만 연해에는 1910년경까지도 그들 어선 이외에는 주로 겨울철에 부설하는 건간망(建干網) 및 토착민으로부터 임대한 어량(魚梁) 등 숭어를 어획하는 소수의 일본인 영어자를 제외하고는 새로운 전업자의 도래는 거의 없었다.

인천 거주 어업자들 중에서 충청도의 안민도 연안까지 섭어(涉漁)하며 붕장어를 어획하는 업자가 극소수 있었으며, 일본에서 직접 도래하는 입어선은 인천만 외해에서는 봄 가을 양 계절에 걸쳐 낚시로 조업하는 어선을 제외하고는 그리 많지 않았다. 낚시선의 미끼는 새우(鰕), 낙지(章魚) 등이며 현장에서 주낚으로 직접 포획하거나 현지인으로부터 구입했다. 덕적도(德積島) 근해에는 4월에서 9월까지 또는 9월에서 다음 해 1월에 걸쳐 갯장어(海鰻)연승입어선의 내도가 많았다.

황해도 전연해에 입어하는 안강망선은 조기철이 지나면 계속 7월~10월까지 민어를 어획했다. 연평, 용호도, 해주만 대동도(大東島), 초도(椒島) 근해에 봄 가을 양 계절에 입어하는 어선 중에는 농어 주낚선이 많았다. 연안 일대와 멀리 연평도, 백령도, 대청도 근해에는 6월~10월에 걸쳐 삼치유망선이 입어했다. 계도(鷄島), 무도(武島), 기린도(麒麟島) 등 도서근해에는 도미 주낙선 및 외줄낚시어선이 많이 도래했다.

그 외에 늦은 봄(5월~6월까지)과 가을철(9월~10월)의 양 계절에 학꽁치(鱵) 후리그물선이 도래하고 용호도, 대청도, 백연도, 초도, 마합도(馬蛤島)에는 4월~6월에 일본자본가들이 도래하여 지방 토착어민에 전대자금을 살포하여 까나리(玉筋魚)사입어업을 영위하는 자도 적지 아니했다. 그들은 매취한 까나리를 자건품(煮乾品)으로 제조하여 일본으로 반출했다. 또한 4월에서 5월 사이에 많은 삼치유망선이 도래하고 풍도(豊島), 덕적도 근해에 6월에서 7월까지 전갱이(鰺)어획선도 도래했다. 초도 근해에 4월에서 8월에 걸쳐 상어 주낚어선이 도래했으나 그중에는 소형망(小形網)으로 갯장어(鱧) 등을 직접 포획하여 자가 미끼로 사용하는 어선도 있었다.

한편 대청도, 순위도(巡威島), 비엽도(飛葉島), 기린도, 창린도(昌麟島), 마합도, 백연도, 창암(蒼岩), 몽금포(夢金浦), 계도(械島)연해에 4월에서 8월 사이 잠수기어선 14~15척이 도래하여 해삼을 포획했다. 대청도, 소청도, 월내도(月乃島) 근해에 12월에서 다음 해 4월, 5월까지 일본 상인이 도래하여 토착어민의 가사리(海蘿)채취자에 자금을 전대하는 사입업자도 있었다.

평안도의 청천강(清川江) 운무도(雲霧島)이서 차아도(嵯峨島), 대화도(大和島)를 포함한 반성열도(盤城列島)의 남반부 근해에 이르는 일대에 5월에서 7월에 걸쳐 일본 안강망어선의 도래를 비롯하여 용암포 신의주(新義州) 기타 각지의 일인 정주자(定住者) 어선 100여 척이 내집했다.

그리고 평안도 전 연안 일대에 4월 하순부터 10월 하순까지 주낚 또는 외줄낚시입어선이 많이 도래하여 도미 농어 민어 기타를 어획하고 그 외 매년 초가 되면 달강어(火魚), 가자미(比目魚), 넙치(鰊), 삼치(鰆), 고등어(鯖), 가오리(鱝), 준치(鱒) 등 각종 잡어류를 포획하는 입어선이 많이 도래했다. 성어기는 5월에서 6월경까지였다. 그 어기가 지나면 점차 남하하기 시작했으나 그중 일부어선은 중국의 관동주(關東州) 대련 방면으로 북상하는 것도 있었다. 이들 입어선은 조기는 안강망으로, 그 달강어, 가자미, 넙치는 수조망으로, 도미는 외줄낚시 또는 주낚으로 어획했다. 그 외 삼치, 고등어는 유망으로, 가오리는 미끼 없는 주낚(空釣繩)을 주로 사용했다.

평안도 지역의 어획물은 전체 어선의 과반수 정도는 각각 자선(自船)으로 신의주, 용암포, 정주(定州), 이화포(李花浦) 및 중국의 안동현 등지에 선어(생선)로 수송 판매했다. 그중에서 농어는 안동현까지 활어로 운반하고 달강어 등은 현지인이나 청국인의 기호에 맞추어 염장하여 판매하는 자도 있었다.

### 맺는말

위에서 개방 이래(1883년) 경술국치년까지 일본어민의 입어상태를 간략하게 각 해역별(도별)로 기술해 보았으나 결론적으로 보면 이미 1905년, 1906년에 들어서부터는 한국의 전 연해는 소수의 한국 전통어구인 어장(漁帳), 어량(漁梁), 어기(漁基) 등 정치어업을 제외하고는 거의 전부 일본입어자(선)의 이동어업에 의해서 사실상 완전히 점유된 상태였다. 그리고 양항(良港), 양포구(良浦口)도 거의 전부가 일본어선의 근거지로 활용되고 있었다. 더욱이 1908년 한일어업협정이 체결되고 한국어업법이 시행(1909년 4월)되자 한국의 어장은 내륙지 깊숙한 내수면까지도 일본어민에 의해서 유린되기 시작했다.

입어선(업종)은 그 대부분이 봄 가을 양 계절을 성어기로 하여 입어하는 경향이 있었으나 그중에는 어기 구분 없이 봄에서 가을, 겨울철에 이르기까지 계속 주년 조업하는 입어자나 정주 어업자가 증가하는 상태였다.

남해안과 서해남부 연해에는 여름철에서 겨울철에 걸쳐 입어하는 입어선의 종류가 아주 많았다. 특히 전라도 동남 연해에서 경상도 전 연해에 이르는 남해 연안에 걸쳐 입어하는 업종은 아주 다양했다. 그중에서도 특히 경상도 연해역에 더욱 많았다. 그러나 국치년이 가까워질수록 봄 여름철에 걸쳐 입어하는 업종은 오히려 전라도 연해역이 더 많아졌다고 한다. 그것은 어종별 어기와 목적물과의 접속 관계가 다양했던 것도 있었으나 문제는 불법입어에 편리한 해역이었기 때문이다. 그리고 일본의 각 지방 근거지와 어장과의 거리의 차이에서 거의 같은 시기에 같은 업종의 입어선이 전 연안에 걸쳐 비교적 광범위하게 분산 도래하기 때문이다. 곧 황해도 연해 입어선과 전라도 남해역 입어선의 어기가 거의 동일했기 때문에 동종 입어선들의 어장 선택이 광범위해졌다.

그리고 1910년 이전에 일본 입어선이 이용했던 주요 어업근거지(漁業根據地) 또는 귀항지(歸港地)도 전술한 바와 같이 전국의 양항 양포(良港 良浦)를 총망라하고 있었다. 그 주요 근거지를 정리해 보면 함경도 18개항(북도 7개항, 남도 11개항), 강원도 18개항, 경상도 80개항(북도 11개항, 남도 69개항), 전라도 66개항(남도 62개항, 북도 4개항), 충청도 (남도) 31개항, 경기도 5개항, 황해도 13개항, 평안도 7개항(남도 1개항, 북도 6개항)으로 총 238개항에 달했다. 이것은 현재의 전국 주요어항과 완전 일치하고 있다. 따라서 오늘날의 주요 어항은 이미 경술국치 이전에 일본 입어자들에 의해서 이용되고 있었다(〈부록 1〉 1910년경 입어선의 주요 어업기지 및 기항지 일람표 참조). 그 이용선박은 주로 승선원 4인~5인의 일본 재래 소규모 무동력 범선(帆船) 어업자들이었다. 그들이 반도 3면 어장을 완전히 점령하고 끝내는 경술국치에 앞서 한일어업협정까지 유도하고 국가의 어업제도마저도 그들에 의해서 완전히 개혁되기 시작했다.

• 그림 2 | 일본국 부현도

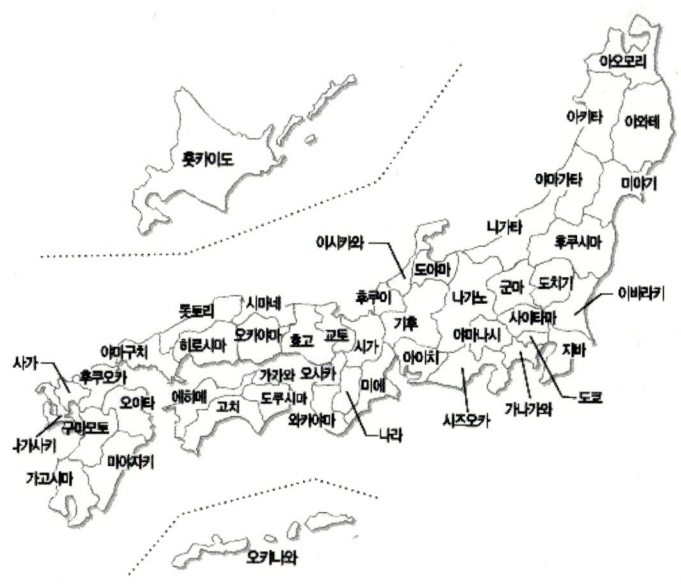

Ⅲ. 합법화 이후의 입어상황

# Ⅳ. 입어선의 주요 대상 어종

## Ⅳ. 입어선의 주요 대상 어종

1. 주요 전업 어업

   도미 어업 / 멸치 어업 / 삼치 어업 / 조기 어업 / 고등어 어업 / 상어 어업 / 수조망 어업과 타뢰망 어업 / 잠수기업과 나잠업

2. 기타 어종 어업

   방어 / 뱀장어 / 갯장어 / 붕장어 / 연어 / 열기(적어) / 새우 / 은어 / 망둥어 / 고래(鯨・くじら) / 해조류

3. 한인 기호 어종

   대구 / 청어 / 민어 / 갈치 / 가오리 / 농어 / 준치 / 숭어 / 병어 / 달강어 / 학꽁치 / 오징어 / 빙어

조선왕조 말경 알려져 있는 반도 주변의 유용 수산물은 대략 104 종류였다. 그중에는 해수류(海獸類) 6종, 어류(魚類) 60종, 패류(貝類) 19종, 조류(藻類) 9종, 기타 10종이다.* 이 중에서 일본 입어선들이 주로 포획대상으로 삼았던 종류는 대단히 많으나 일본농상무성「어업통계표」(1901년 7월~1905년 6월)에 수록된 해수류 고래(鯨), 물개(가제) 등 2종, 어류(魚類) 40종 이상, 패류(貝類) 전복(生鰒), 굴(牡蠣), 홍합(貽貝) 등 4종, 해조류(海藻類) 우뭇가사리(石花菜), 가사리(海蘿), 도박(搗布), 김(海苔) 등의 4종, 기타 수산동물로는 오징어(烏賊魚), 해삼(海蔘), 낙지(蛸), 문어(大蛸) 4종이 있었다.

그리고 1910년 전후하여 일본농상무성 어업통계표에 한해 입어 전업선으로 수록한 어업은 멸치망선, 도미망선, 삼치유망선, 삼치낚시선, 상어낚시선, 고등어낚시선, 안강망선, 타뢰망선, 수조망선, 잠수기선 등 10종이며 그 어획고는 전체 입어선 총 어획고의 82.29%를 점하고 있었다. 여기에서는 이들 전업선의 주요 어장과 그 외 대상어종 및 한인 기호 및 대상 어종으로서 전업선이 어획하는 어종을 각각 고찰(기술)하기로 한다.

## 1. 주요 전업 어업

### 도미 어업

도미(道味, 刀味, だひ, 鯛)는 원래 한국 사람들이 즐겨먹는 어종은 아니었다.[1] 따라서 종래 한인들이 그것을 전문적으로 어획하지 않았기

---

* 『한국수산지』第一輯, p. 199.
1 『大日本水産會報告』第78호, p. 60.

때문에 도미 전문어업은 1910년까지도 사실상 일본 입어자의 중요 독점 대상이었다. 일본 최초의 도미 입어선은 1878년 3월 히로시마현인(中東丈右門)등 4인과 동년 8월 야마구치현인(新田助九郞) 등 3인이 거제도 부산 부근에서 도미 주낚을 시어한 것이 효시라 한다.[2]

이후 도미 입어업자들이 사용한 어구는 외줄낚시(一本釣)와 주낚(延繩)의 두 종류였다. 개방초기 입어자는 주로 후자인 주낚어구를 사용했다.

남해안의 어장은 1887~1888년경에 부산 마산 제주도 목포 근해에서만 그 입어척수가 이미 300척 내외에 달했다. 1905년 이후에는 전국 연해 도처에 도미 주낚입어선이 출현했다.

서해안의 도미 입어는 1893~1894년경 인천 계류일본인인 오쿠타라는 사람이 동료 몇 명과 도미 박망을 히로시마현에서 구입하여 충청도 죽도 근해에서 사용한 것을 효시로 한다. 당시 도미 떼를 만나 한 그물에 5만 마리를 포획하고 우연하게 삼치 떼도 만나서 의외의 풍어였다. 그 후 입어선이 증가하고 충청도의 죽도를 중심으로 북쪽으로는 안민도에서 남쪽으로는 지도 부근에 이르고 동쪽의 대륙연안에서는 멀리 금질음도에 이르는 해역으로서 칠산도, 위도, 격음도, 개이도, 연도를 포함했다. 그곳의 입어선은 1886년 약 50척, 1897년 100척, 1898년 200척, 1899년 600척(승선원 2,500여 인)에 달했다.[3]

그러나 인천 진남포 등 경기·황해·평안도의 북방연해로 올라갈수록 그 척 수는 줄어들었다. 동해의 영흥만에는 1907~1908년경 봄철 5월 초순에서 6월에 걸쳐 조업하는 도미연승어선은 그 어기가 끝날 무렵이

---

2 吉田敬市 著, 『朝鮮水産開發史』, 朝水会, 1954, p. 196
3 『大日本水産會報』 第206号, pp. 48~49.

면 서호진(西湖津), 신포(新捕), 신창(新昌), 성진(城津), 독진(獨津), 청진(淸津) 및 웅기만(雄基灣) 등지로 각각 이동 조업했다.

남해안에서는 춘추 양계절의 성어기가 되면 부산 남쪽 6리 내지 7리(里) 정도의 근해에 있는 조도(일본인은 カラス도라 했음)와 삼자도(거문도) 사이에 집중 입어했다. 그리고 가을철에는 거제도 근해, 진해만, 마산만구, 김해군, 웅천군 연해 일대에서 집중 조업하고 겨울철에는 거제도 남쪽 돌출부에서 조업하는 입어선도 많았으나 점차 북동 방향으로 이동 조업하는 입어선도 있었다. 그리고 한 겨울과 다음 해 3월경까지는 기장, 울산 근해로 운집하는 경향도 있었다. 거제도 해역의 입어선은 부산근해 입어선에 비해서 대체로 소형선이었다고 하며 또한 욕지도, 안도, 청산도 근해에 입어하는 도미선은 봄철보다 가을철에 더욱 많이 몰려들었다.

6월 하순부터 7월 중순까지 죽도 근해로 이동조업 하는 도미어선은 그 어기가 끝나면 일부 어선은 농어 주낚(鱸繩)이나 가오리 미끼 없는 주낚(鱝空釣繩)으로 전환 조업하다가 9월 하순이 되면 다시 도미 어업으로 회귀하여 주로 위도(蝟島), 연평열도(延坪列島) 및 대청도(大靑島) 근해로 이동조업하고 11월 하순이 되면 철망(撤網)하여 일본으로 귀국했다. 한편 서해의 죽도 근해 입어선의 일부는 오도(敖島), 녹도(鹿島), 공의도(貢誼島), 덕적도(德積島) 등으로 점차 북상하며 이동조업 하다가 10월 하순이 되면 다시 남하하면서 점차 조업하고 어청도(於靑島), 소안도(所安島), 욕지도(慾知島), 거제도 등을 거쳐 12월 하순에 일본으로 돌아갔다.

9월 중순 청산도, 진도 연해로 입어하는 도미어선들은 그곳에서 12월 중순까지 계속 조업하고 연말에 일본으로 돌아갔다. 그들 도미어선들 중에는 도미 조업이 끝나면 그중 일부는 붕장어, 갯장어 어획을 다음 해 1월경까지 겸업(兼業)하는 어선도 있었다. 그러한 겸업어선 척수는 1900년경 약 290척 정도였으며, 평균 1척이 1일에 50관(187.5kg) 내지 200관(750kg) 정도 어획했다.[4]

경상, 전라, 충청도 연근해의 여러 섬에서 외줄낚시(一本釣)로 입어하는 도미어선들 중에는 계절(季節)을 가리지 않고 연중 계속 조업하는 어선도 있었다. 그중에는 일정한 근거지를 두지 않고 제주도, 거문도, 청산도, 소안도 및 추자도 등의 여러 섬 사이를 수차례 왕래하며 순환 조업하는 어선도 있었다. 그러한 어선의 어획물은 주낚에 비하여 대체로 어체가 작은 것이 특징이었다.

도미 어업에 망어구를 사용한 것은 1883년이 처음이라 하나 1907년경에는 박망(縛網), 조망(漕網) 및 안강망 등의 그물어구류를 사용하는 선박도 등장했으나 그 주류는 여전히 주낚어구였다.

남해도, 사량도, 좌수영 근해에 봄철 박망어구로 입어하는 도미어선단의 구성은 어구 1통에 망선(網船) 2척, 운반선 2척에 그 총인원은 18인이며 별도로 운반선을 수반했다. 그 선단의 한 어기 수익은 보통 수만 円에 달했으나 그 조직이 너무 복잡하고 방대하여 한 번 어획에 낭패하면 재기할 수 없게 되었다. 그래서 그러한 입어선단은 점차 감소하고 1908년 이후에는 연간 겨우 3조(組) 정도만이 입어했다고 한다.

진도, 완도 근해의 도미입어선은 음력 10월에서 다음 해 3월까지를 성어기로 하고, 죽도(竹島), 연도(煙島), 격음군도(隔音群島) 등을 중심으로 하는 군산근해의 도미입어선은 춘계 산란을 위하여 군집하는 어군

---

4 吉田敬市 著, 앞의 책, p. 197.

을 대상으로 입춘(양력 2월 3~4일)부터 5월 1~2일 전후까지 약 60일 동안을 성어기로 했다. 이때가 되면 인근 각지에 근거를 두고 있던 일본 도미입어선들까지 이곳으로 몰려들었다. 메이지 말경 이 지역의 최성어기에 도래하는 일본도미선은 약 800척 이상에 달했다. 그 외 어획물을 가공하여 일본으로 수송하기 위한 염절선(鹽切船) 약 120척, 상고선(商賈船=出買船) 약 500여 척이 운집했다.[5] 그래서 당시 일본인들은 이 해역을 한국 제1의 도미 조업어장이라 했다. 그 어구는 주로 주낙이었으나 산란기에는 전 어선이 안강망으로 전장(轉裝)하는 경향도 있었다.

- 외줄낚시

• 그림 1 | 도미 주낙

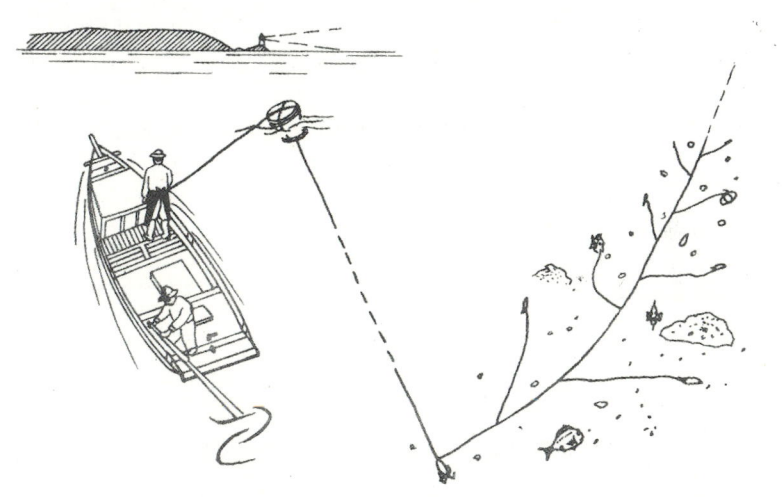

자료: 日本水産廳編輯, 『日本漁船漁具図集』, 1965에서 발췌

---

5 위의 책, p. 197.

• 그림 2 | 도미 외줄낚시

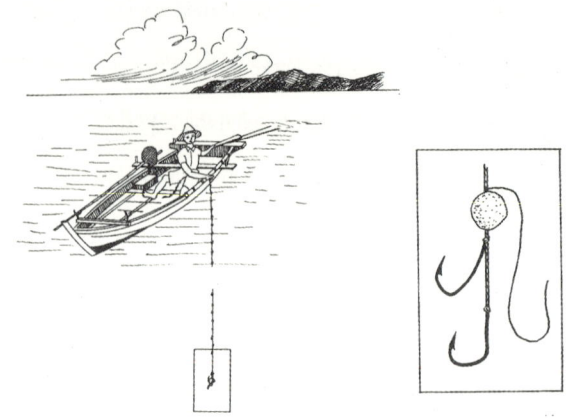

자료: 日本水産廳編輯, 『日本漁船漁具図集』, 1965에서 발췌

    주낚어구의 사용량은 30발(鉢) 정도가 평균이었으나 적게는 10발도 사용했다. 도미어선의 규모는 최초 입어 이래 4인승의 소형선으로 계속 도래해왔다. 그 어업 성과는 전통적으로 이익배당제로서 한국의 잣가림제(家分制)와 유사한 제도였다.

    1908년 서해 연해에 도래한 도미입어선은 총 893척, 그 어구는 주낚 573척, 외줄낚시 235척, 박망 3조(組), 조망 30척, 안강망 53척이었으며 그중에는 오래전부터 거의 매년 전국 연안 각지에서 주년(周年) 조업하는 선박도 적지 아니했다.

    도미 주낚입어선의 출신지는 주로 히로시마(廣島), 오카야마(岡山), 카가와(香川), 에히메(愛媛), 나가사키(長崎), 효고(兵庫), 후쿠오카(福岡) 구마모토(熊本) 등지의 서일본 지방이었다. 그리고 그들의 어장 선택은 항상 일본인 거류자가 많은 지역의 부근 연해역을 위주로 하고 계절과 어장(漁場)에 따라 이동조업하는 일이 거의 없는 선박들이 많았다.

도미 주낙어선에서 사용하는 미끼는 낙지(アナタコ), 꼼장어(ドロボウ), 해삼, 해파리(水母), 갯지렁이(蚕), 새우(鰕), 갯가재 등이었다. 그중에서 각 입어선에서 가장 선호했던 공통적인 미끼는 낙지로 사계절 계속 사용했다. 미끼 소비량이 가장 많은 계절은 7월에서 10월 사이였다. 미끼는 1900년경 이후에는 수조망 입어선에서 구입하여 사용하기도 했으나 1905년경부터는 그 대부분을 현지인 부녀자들로부터 구입하여 사용하는 경향이 많아졌다.

## 멸치 어업

멸치(滅魚·幾魚·いわし, 鰮)어업은 1884~1885년경 혹은 1889~1890년경 경상도 마산만에 히로시마현인이 입어한 것을 효시로 한다. 강원도 지방에서는 1887년경 구체적인 지명은 알 수 없으나 일본인 후리업자(地曳網業者)가 처음 입어했다고 한다. 그보다 훨씬 뒤에 원산거주의 일본인 자본가가 함경, 강원지방의 한인 멸치 후리업자(地曳網業者)에게 어업자금(仕込金)을 대여하고 멸치 수집업을 주로 했다.

일본 멸치입어선은 1900년경 이미 120통에 달했다. 1903~1904년경에는 부산 부근에도 도래하고 그 뒤 경상남북도의 연안과 그 도서 연안에도 도래했다. 충남의 어청도(於靑島)에는 개방 전에 이미 일본인 멸치 밀어자가 정주(定住業者)했다. 제주도지방에는 1904년 한인어부를 고용하여 멸치후리망어업을 창업한 사람이 좋은 성과를 올렸다. 그리고 동년 강원도 죽변(竹邊) 연해에서는 후쿠오카 지방에서 도래한 멸치입어선과 지역민들 사이에 대대적인 어장분규가 있었다.

멸치입어선의 수익은 입어 초기(1890년경)에는 어선 1통당 평균 4,500円

정도였으며 이후에도 오랫동안 계속 양호했다고 한다. 특히 제주지방에는 일본 큐슈(九州)지방의 운반선이 계속 도래하여 마른 멸치를 매집(買集)하는 자도 있었다. 그중에는 현지인이 생산한 마른 멸치까지 매집하여 다른 중매인에 매도하는 재류수집상인도 있었다.[6]

멸치 어업의 주 어기는 경상·전라 양도에서는 봄 4~7월, 가을 9~11월이며, 강원·함경 양도연안에서는 봄 5~7월 가을 9~11월이었다. 입어선은 가을철에 집중하는 경향이 있었다. 서해의 어청도근해는 가을 9월~11월에 몰려오는 멸치 떼를 주로 대상으로 하여 입어하는 밀어선이 오래전부터 있어왔다.

멸치입어선이 사용하는 어구는 지역별로 다소 차이가 있었다. 경상도 연해에서는 후리망, 권현망, 부망, 선예망, 전라도 연해에서는 부망 그리고 강원도 함경도 연해에서는 후리망을 주로 사용했다. 멸치의 어체(魚體)가 작은 봄에는 권현망 또는 후리망을 사용하고 가을 성장어를 대상으로 하는 조업선에서는 양조망을 주로 사용했다. 그러나 1901년경 이후부터는 점차 모든 어기를 통하여 권현망 어구만을 사용하는 경향이 보편화되었다.

멸치업의 장점은 다른 입어선이 불황일 때 유독 호황을 누리는 경향이 있었다. 그리고 그 어획물을 주로 마른 멸치로 제품화하는데도 특색이 있었다. 제품은 천일건조로 날씨에 좌우되었으나 좋은 일기 관계로 아주 양질의 제품을 생산했다.

멸치입어선은 남해·서해·동해 해역을 불문하고 개방 초기 입어선은 현지인들과 분류가 많고 애로가 있었다고 한다. 그래서 대체로 본격

---

6 『韓國水産誌』第三輯, p. 413.

적인 안정조업을 할 수 있었던 것은 1907년 거제도 이주어촌의 혼다(本田種次郞)라는 사람이 거제도 근해에서 멸치권현망을 시작한 이후부터이며 그것이 급증하여 1910년경에는 600척 이상에 달했다. 그들 입어자의 대부분은 히로시마 현민이었다. 히로시마현에서는 한 어촌에서만 마산만 한 곳에 78통이 입어할 정도로 지역(부락)집단의 입어가 성행했다.[7]

## 삼치 어업

원래 조선에서는 삼치(三治·亡魚·麻魚·さわら, 鰆)를 불길(不吉)한 고기 또는 망어(亡魚)라 하여 사실상 어업의 대상에서 거의 제외해왔다. 그래서 삼치 어업은 1910년경까지도 일본입어자의 독점어업이었다.

일본인의 삼치입어선은 1888년 부산과 거제도 근해에 카가와현의 한 어부가 부자망(浮刺網)에 해당하는 유망어구로 시험 입어한 것을 효시로 한다. 그 다음 해 전라도 죽도(竹島)근해에 에히메현인의 어선이 입어했다.[8] 이후 삼치입어선은 매년 증가하고 어장도 주로 전남 죽도 목포 거문도 등지의 남해 연안에서 1897년경에는 서해의 군산 앞바다까지 북상했다. 그 뒤 삼치어장은 부산 근해 이서에서 안도, 돌산도, 손죽열도(損竹列島), 생일도, 청산도, 소안도, 위도, 격음도(隔音島), 죽도, 연도, 녹도 및 호도(狐島)연해 등 서해 중부해역까지 확대되었다. 그중에서도 위도에서 녹도 부근에 이르는 서해남부의 광활한 해면은 수심 6발~10발(14.52m~24.2m) 정도로 모래와 뻘(泥)이 반반 정도 되는 저질(低質)

---

7 吉田敬市 著, 앞의 책, p. 184.
8 위의 책, p. 199.

로 구성되어 있었기 때문에 서해에서는 유일하게 삼치 유망어구의 사용이 좋은 적지로 인정되어 삼치유망업자들이 가장 선호하는 곳이었다. 1901년~1902년경에는 동해남부의 영일만에 이르는 해역에서도 삼치어장이 형성되었다.

1908~1909년경 삼치 입어선은 주로 카가와, 오카야마, 야마구치, 사가 지방에서 경북, 강원 양도에서만 연간 약 300척 이상이 도래했다. 그러나 큐슈(九州)지방의 안강망어선들이 전라도 해역에 대거 입어하기 시작하면서 부터는 어장을 상실하고 어리(漁利)마저 감소하자 입어선은 점차 동해안쪽으로 이동 조업하기 시작했다.

1903년 삼치 입어선은 303척, 1904년 325척, 1907년 이후는 400척 이상 600척 정도에 달했다. 1905년에서 1910년경까지의 연 평균 입어척수는 540여 척에 달했으며(〈표 1〉 참조) 그중 전업선(專業船)만도 430척, 다른 어종과의 겸업선도 112~113척이 있었다. 그 어획고는 연평균 352,000원 이상이었다.

• 표 1 | 연도별 삼치입어선 척 수(1905년~1911년까지)

| 년도 | 1905년 | 1906 | 1907 | 1908 | 1909 | 1910 | 연평균 | 1911 |
|---|---|---|---|---|---|---|---|---|
| 어선 | 308 | 380 | 420 | 461 | 572 | 440 | 430.16 | 437 |
|  | (55) | (160) | (130) | (41) | (101) | (190) | 112.8 | (180) |
| 계 | 363 | 540 | 550 | 502 | 673 | 630 | 543.0 | 621 |
| 어획고 | 188,398 | 258,596 | 293,341 | 419,518 | 544,858 | 407,840 | 352,091.8 | 502,137 |

자료: 「日本農商務省漁業統計表」에서 발췌 ( )안은 겸업선 수.

삼치 입어선의 남동부 주어장은 1905년 이후에는 경상도 동부에서 다시 동해 중부 강원도 연해까지 북상 확대되고 그 조업 근거지는 1907년 전후 방어진 거진(巨津), 모포(牟浦), 구룡포(九龍浦), 여남(汝南), 강구

(江口), 축산(丑山), 후리포(厚里浦), 죽변(竹辺) 등이었다. 이들 근거지를 중심으로 입어하는 삼치어선은 1909년경 끌낚시선(曳釣船) 약 110척, 유망어선(流網漁船) 약 130척, 그에 부속 모선이 따로 입어하는 선단 조업이었다. 운반선 중에는 일본형범선(日本形帆船) 30여 척, 기선(汽船) 2척 내지 3척, 석유발동기선 3척 내지 4척 등이 포함되어 있었다.[9] 그 어장은 1년 사이에 함경도 연해까지 북상하고 주요 근거지(어항)도 상기 외에 장전(長箭) 원산 청진 나진 웅기(雄基) 등이 추가되어 각 항구에는 항상 삼치어선과 그 모선 등이 약 30~40척씩 정박하는 상태였다. 특히 영흥만에는 1910년 삼치유망어선 51척, 삼치낚시선 117척 그 외 냉장선 3척, 모선 3척이 도래했다. 이들 입어선 중에는 기업형태의 선단(선단명, 有魚組)도 있었으나 그 선단어업은 사실상 실패했다고 한다.[10]

어기는 경상, 강원 양도 연해에서는 10월 상순에서 다음 해 3월까지이며 부산 근해역은 거의 주년 조업이었으나, 10월에서 다음 해 2월까지가 최성어기였다. 전라 충청 양도 연해에서는 봄철에서 가을철에 걸쳐 입어하고 군산근해에서는 양력 5월 1~2일 전후에서 동월 12~13일까지가 최성어기였다.

어구는 유망, 끌주낚(曳繩釣)을 주로 사용했으나 유망어선이 더 많았다. 그 외 부망(敷網)으로 청어 대구와 혼획(混獲)하는 입어선도 있었다. 유망의 규모는 길이 8발(19.36m) 폭 25파(31.25m, 把·줌=1.25m) 또는 길이 40파(50m), 폭 5발(尋 12.1m) 정도 되는 어망에 두발(4.84m) 정도의 간격으로 뜸줄(浮子繩)을 부착하여 밤(야간)에 해중(海中)에 투하하여 조류에 따라 유동

---

9 위의 책, p. 200.
10 山口縣,「水産試驗報告」, 1911.

하도록 설치했다. 투망시각은 대조시(大潮時)의 암야를 제일 선호했다. 어선은 폭 6척(尺)~8척(1.81m~2.4m), 길이 3장(丈) 7~8척(11.2m~11.5m) 정도이며 승무원은 어선 1척에 대개 3~4인이었다.[11]

삼치 끌주낚은 부산수산회사에서 1907년 겨울 야마구치현의 업자와 공동으로 영일만에서 시험조업한 이후부터라는 설도 있으나 그 다음해 야마구치현 수산시험장은 장전·거제도 사이에서 그 시험을 실시했다.[12]

삼치어선은 이미 1901년경 서일본 11개현에서 입어하고 있었으나 1905년경에는 그중의 8개현으로 감소하고 1910년에는 다시 14개현으로 증가했다. 그중에서 가장 많이 배출한 지역(현)은 카가와 오카야마 야마구치 후쿠오카 에히메 지방이었으며 특히 카가와현인이 많았다.

### 조기 어업

조기(石魚, 石首魚, 石頭魚, ぐち)는 한국인의 3대 기호어종의 하나로서 '죡의'라고도 했다. 조기를 잡으려고 입어한 일본인은 1898년경 전라도 칠산바다 위도(蝟島) 근해에 사가현(佐賀縣)의 어업자가 받쟈망(籠絡網·道樂網)이라는 어구를 갖추고 2~3명이 승선한 소형어선으로 입어하였으나 성공하지 못했다. 1900년 대일본수산전습소(大日本水産傳習所) 출신의 나가사키현 수산기술 지도자 마사 하야시(正林英雄)라는 사람이 일본의 아리아케해(有明海)에서 사용하는 안강망 받쟈망 또는 받쟈도락망이라고도 하는 어구를 서해어장에 사용하기 편리하도록 기술적인 개

---

11 발(尋)은 한국과 중국에서는 8척 일본은 6척을 사용했다. 1장(丈)은 10척(尺).
12 吉田敬市 著, 앞의 책, p. 200.

량에 성공한 이후부터 본격적인 입어가 시작되었다.[13]

그 다음 해(1901년) 칠산도 군산 근해에 사가현인의 선박 3척 내지 6척 또는 십여 척이 입어하고 1902년에는 80여 척 1903년에는 목포, 군산 근해에 수백 척이 입어했다. 입어자는 구마모토, 나가사키, 사가, 카가와, 에히메, 오이다, 야마구치 지역이었다.[14] 인천 연해에 약 40척, 황해도 해주 장산열도 연해에도 8척이 도래했다. 인천, 황해도 해주, 장산 열도 근해에는 1904년에 나가사키현인선 22척, 후쿠오카선 115척 총 137척이 도래했다. 당시로서는 전라북도 이북 해역의 입어선은 모두 불법밀어선이었다.

당시 조기입어선의 주 어장은 여전히 서해남부 해역이며 그 해역에서의 어획은 1회 투망에 보통 4~5만 마리 정도였다. 고기가 너무 많이 들어 어구를 인양할 수 없어서 그물이 파손된 일도 종종 있었다고 한다. 덜 잡혔을 경우에도 최소 5,000~6,000마리는 어획되었다.

조기입어선은 1905년 163척, 1906년 237척, 1907년 333척, 1908년 375척, 1909년 297척, 1910년 357척으로 그동안 매년 증가추세를 보였으나 1909~1910년 양 연도의 실적은 1908년도를 밑돌았다.[15] 다른 기록에는 1908년 서해안 전역에 걸쳐 입어한 안강망선은 약 500여 척에 달했으며 그 어획물은 주로 현지(한국) 판매했다고 했다.[16]

또한 1909년경부터 조기안강망 입어선에서는 한인 어부를 고용하고 한국 상고선과의 어획물거래도 활성화 되었다. 그 거래 방법은 보통 조

---

13 위의 책, p. 190.
14 『大日本水産會報』第251号, p. 35.
15 「日本農商務省漁業統計表」 참조.
16 吉田敬市 著, 앞의 책, pp. 189~190.

기의 체장을 대·중·소로 구분하여 규격별로 단가를 정하고 마릿수에 따라 금액을 계산했으나 풍어(豊漁) 때에는 어가(魚價)의 고저를 논하지 아니하고 서둘러 매각해야 하고 마릿수를 헤아릴 겨를이 없었을 때에는 '산대(고기를 뜨거나 푸는데 쓰이는 도구)' 단위로 판매하는 경우도 있었으며 때로는 상상외로 싸게 거래하는 일도 있었다고 한다.[17]

고등어 어업

'고등어(高道魚·さば·鯖)'는 일명 '고도리'라고도 했다. 일본인의 합법적인 한해 고등어 입어선은 한일수호조규 체결 3년 뒤인 1879년경 가고시마현민(鹿兒島縣民)을 선발대로 입어한 이후 나가사키, 오이타 지방 어선들이 계속 입어했다고 한다.[18]

고등어는 당시 부산 근해지방에서는 대구, 청어, 정어리, 도미와 더불어 한인들의 기호 어종이었다. 그러나 1910년대까지도 그 어획은 주로 일본 입어선에만 의존하고 있었다. 당시 고등어 조업은 대략 6월 하순에서 7월 초순까지는 대마도 근해에서 하고 그 이후 점차 북상하여 부산항 근해 4~5리밖에 도래하는 것은 7월 중순부터 약 5 내지 6일간이었다. 그 뒤 다시 북상하여 8월 초순경에는 다대포에서 영도 부산항구에 이르는 약 10리 사이에서 조업했다. 그리고 8월 상순부터는 동북으로 이동하여 울산 근해에 이르렀다가 일본 쪽으로 이동했다. 이때까지 어획하는 고등어의 크기는 1척 2~3치, 무게 200돈(750g)을 넘는 것이 대부분이며, 작은 것도 전부 9치 5~6분, 무게 130~140돈(487.5g~525g)을 내려

---

17 위의 책, pp. 195~196.
18 위의 책, pp. 180~182.

가지 않았다. 부산근해에서 북상하는 것은 점차 감량되어 8월 말에 이르면 오히려 100돈(375g) 이하가 되었다고 한다.

부산항 근해에서 어획한 고등어는 부산항에 양육하고 염적하여 경상, 전라, 양도 백리사이에 주로 공급했다. 부산 근해 입어선은 200여 척으로 그것은 전부 나가사키현인선이었다. 그중에서도 가장 많은 나가사키현 니시히고군의 입어선들은 거의 대마도 이북에는 도래하지 않고 곧바로 일본 또는 남해로 이동조업하고 북상하여 부산 근해에서 조업하는 어선은 그 외 지방선 50~60척이었다.

어선 1척의 승무원은 5~6인이며, 성어기 1인의 하룻밤 어획고는 250~300마리 정도, 풍어일 때 1척의 어획고는 500~600마리를 내려가지 아니 했다. 고등어의 시세는 부산의 경우 초반에는 대략 1미에 3전, 중반 1전 2~3리, 종반 1전 5리에서 끝났다. 고등어는 전부 배를 따고 소금을 치는 간고등어로 제조하여 멀리까지 유통했다.[19]

당시 고등어는 국내수요가 너무 많아서 입어선의 어획 물량만으로는 부족했다. 그래서 대마도로부터 그 배 이상을 수입하고 있었다. 1887년 부산항을 통한 고등어 공급량을 보면 아래의 〈표 2〉와 같다.

• 표 2 | 1887년 부산항의 고등어 양육물표

| | 종류 | 수송량 | 가액 |
|---|---|---|---|
| 어선에서 어획하여 바로 부산항에 수송한 것 | 생고등어 | 119,350미 (60.6) | 2,253円 17전 |
| | 간고등어 | 77,579미 (39.39) | 892円 15전 9리 |
| | 계 | 〈37.89〉 196,929미 (100) | 3145円 31전 9리 |
| 대마도에서 수입한 고등어 | 간고등어 | 322,715미 〈62.1〉 | 3,239円 90전 |
| 합계 | | 519,644미 〈100〉 | 5,385円 55전 9리 |

자료: 『大日本水産會報』 第78號, p. 62. ( ), 〈 〉 안은 %.

19 『大日本水産會報』 第78号, pp. 61~63.

1901년경 주로 부산을 근거지로하고 인접 거제도 근해에서 조업한 입어척수는 여전히 약 200척 정도에 머물렀으나 이후 1903년에는 전업선 172척, 겸업선 26척, 합계 198척이었다. 그중에는 가고시마현의 구시키노(串木野) 지방입어선이 90여 척(1척의 승무원 6~8인)에 그 어획고는 7,000마리~30,000마리에 달했다.[20] 1904년 입어선은 전업선 101척, 겸업선 18척, 합계 119척이었다.[21]

1905년 이후 1910년까지의 입어선은 연 평균 238척으로서 연년 증감현상을 보이고 있었으나 1908년 최저 82척을 제외하고는 매년 계속 연간 200척 내지 300여 척이 입어했다(〈표 3〉 참조).

• 표 3 | 일본 지방별 고등어선의 연도별 입어상황(1905년~1911년까지)(단위: 척)

| 지역 연도 | 합계 | 나가사키 | 야마구치 | 와카야마 | 후쿠오카 | 사가 | 미야사키 | 가고시마 | 후쿠이 | 오카야마 | 구마모토 | 오이타 | 교토 | 에히메 | 시마네 | 코지 | 지방수합계 |
|---|---|---|---|---|---|---|---|---|---|---|---|---|---|---|---|---|---|
| 1905 | 215 | 80 | 25 | 2 | 3 | 3 | 5 | 97 | - | - | - | - | - | - | - | - | 7 |
| 1906 | 288 | 85 | 29 | - | 8 | 2 | 7 | 129 | 1 | 5 | 22 | - | - | - | - | - | 9 |
| 1907 | 218 | 18 | 29 | 8 | 5 | 6 | - | 144 | 3 | - | - | - | - | 5 | - | - | 9 |
| 1908 | 82 | 40 | ? | 34 | 2 | - | - | - | 2 | - | - | 2 | 2 | - | - | - | 7 |
| 1909 | 270 | 40 | 18 | 27 | 2 | - | 5 | 170 | 1 | - | - | - | - | 7 | - | - | 8 |
| 1910 | 305 | 50 | 20 | 2 | - | - | - | 145 | 2 | - | - | - | - | 66 | 20 | - | 8 |
| 1911 | 288 | 53 | 19 | - | 78 | - | 7 | 102 | - | - | - | - | - | - | 27 | 2 | 7 |
| 연평균 | 238 | 52.29 | 52.29 | 14.6 | 16.33 | | | 131.17 | | | | | | | | | |

자료: 「日本農商務省漁業統計表」에서 拔取.

입어선은 나가사키 가고시마 야마구치의 3개현에서 매년 계속 입어했으나 그중에서도 가고시마현이 가장 많았다.

어법(漁法)은 당초에는 주로 외줄낚시(一本釣)였으나 1903~1904년경

---

20 富宿三善, 『串木野漁業史』, 串木野漁業協同組合, 1971, p. 90.
21 日本農商務省 「漁業統計表」 참조.

에는 거제도 장승포의 이주업자에 의해서 양조망(揚繰網)과 건착망(巾着網) 어구의 기술시험에서 양조망사업이 양호하다는 것을 확인하고 1908년경부터 고등어양조망어업을 본격적으로 시작했다.

그 외 경남의 방어진(防禦陣, 汸漁津=方魚津)에서는 종전 동해 포경선의 선장이었던 아와다(合田營吾)와 모리노(森野正氣), 나가베(中部幾次郞) 등이 합작하여 박망어구로 고등어어획을 시도했으나[22] 그 성공 여부에 대해서는 알 수 없다. 목포, 군산, 인천 및 황해도 해주, 장산열도 연안에서 가고시마, 야마구치, 오이타, 구마모토 지방 입어선이 고등어 어장을 탐색했으나 실패했다. 당시 고등어 어장은 남해역의 부산근해, 욕지도, 거문도, 태랑도, 사자도 및 제주도 근해에서만 주로 형성되었다. 경남 거제도 근해에서는 대부망(大敷網)으로, 함경도 연안에서는 소태망(小台網)과 분기망(焚寄網)으로 고등어 어획을 시도한 업자가 있었다고 한다.

고등어 낚시어선(조업선)의 미끼는 보통 제살배기(共餌)이나 때로는 꼬임낚시(擬餌釣)를 사용하는 사람도 있었다. 그러나 후자는 점차 쇠퇴했다. 야간에 횃불 또는 양등(洋燈)으로 어군을 유집하는 분기망 어선도 등장하여 하루 저녁에 5,000마리 전후의 어획을 할 때도 있었다고 하나 역시 입어선의 주 어구는 국치년 이후까지도 계속 집어등을 사용하는 외줄낚시(一本釣) 어법이었다.[23]

어기는 부산 근해에서는 5월 중순에서 7월 중순까지, 목포, 군산, 전라도 근해 및 인천 근해에서는 봄에서 초여름, 곧 7월 상순에서 9월 하

---

22 吉田敬市 著, 앞의 책, pp. 181~182.
23 「日本農商務省漁業統計表」, 당해연도분 참조.

순까지, 제주도 근해에서는 8~9월까지가 최성어기였다. 1910년경 경남 해역에 입어하는 고등어입어선의 출신지는 주로 가고시마, 구마모토, 나가사키, 와카야마, 카가와, 오이타, 야마구치, 교토, 후쿠이 지방 출신 등으로 다양해졌다.

고등어 어획물은 입어 초기부터 일본으로 수송해가는 것은 거의 없었으며 대부분 부산에서 판매되었다. 부산어시장에서는 상장 판매가 아니고 시장 부속창고를 차용(借用)하여 보관·위탁하는 사람들이 장외판매(場外販賣)했다. 이들은 어시장에 소속하지 않는 한인들이 주로 영업하는 고등어 전문 취급 중간상인들이었다. 입어자는 이들에게 교섭하여 위탁 매매했다. 그들 중간상인은 그 위탁물을 염장하여 가마니나 거적으로 포장하고 대구, 마산, 통영, 진주, 전남 등 각 지방으로 배송했다.

입어선은 천기(天氣)불순이나 기타의 사정으로 어획물을 양육(揚陸)할 수 없을 경우에는 어선 내에서 직접 염장하거나 혹은 해상에 도래하는 한인 상고선에 신속히 매도(賣渡)했다.[24]

## 상어 어업

상어(鯊魚 鱏魚 鱛魚, ふか, 鱶)는 수백 년 전부터 경북 감포지방(古羅)의 특수낚시업의 대상으로서 그 어획물은 도감찰사의 매수품이었다.[25] 상어는 왜구(倭寇)시대부터 밀어 대상어종으로 알려져 있었으며 메이지시대의 왜구도 제주도 근해에서 주로 상어를 밀어했다. 곧 마츠가와(松川某)와 오이타현인(大分縣人) 등은 상어어선 10척을 가지고 개

---

24 『韓國水産誌』第一輯, pp. 265~266.
25 吉田敬市 著, 앞의 책, p. 201.

방 이전에도 제주도의 비양도에 도래하여 계속 재류하며 조업하고 겸업으로 일본으로부터 도기(陶器), 석유, 성냥 등 여러 가지 잡화를 수입하여 도민에 판매했다. 오이타, 야먀구치현인들도 상어 주낙선으로 계속 입어하여 많을 때는 60척에 달했다.

상어입어선이 아주 오래전부터 입어하고 있었던 이유는 한국 연해에 상어의 종류가 다양하고 자원도 풍부하여 계절과 해역에 따라서 그 어획 종류도 다양했기 때문이다. 그리고 상어고기는 오래전부터 한국인, 특히 경북 지방의 기호품이기도 했고, 상어지느러미는 일찍부터 대중국 무역품으로 각광을 받아왔다.

근래 상어입어선의 척수는 1901년 155척, 1902년 114척, 1904년 137척, 1905년 237척, 1906년 101척, 1907년 105척, 1908년 325척, 1909년 60척, 1910년 100척, 1911년 94척으로서 연도별 증감 현상을 보이면서도 1908년의 325척을 제외하면 거의 답보 또는 감소경향을 보이고 있다. 그 이유는 자원고갈이었다.[26]

어장은 1907~1908년경에는 제주도 서해안, 흑산열도, 금치음도(金叱音島), 어청도 근해 그리고 영남의 남해안, 영일만 울릉도에 이르는 광범위한 해역이었다. 어기는 6월에서 11월까지이나 대개 입어선은 먼저 6~8월 초까지 조업하고 일단 귀국하였다가 8월 보름(일본에서는 맹란분(孟蘭盆)이라 함)을 지내고 다시 도래하여 9월에서 11월까지 조업하는 것이 보통이었다.[27]

상어 어업의 주요 근거지는 초기에는 서귀포, 비양도 및 부산항이었

---

26 「日本農商務省漁業統計表」, 1901~1911年 참조.
27 『韓國水産誌』 第三輯, p. 422.

다. 그 대상 어종은 지역과 계절에 따라 다소 차이가 있었다. 울산이남 흑산열도 사이에서는 귀상어, 청새리상어, 홍상어, 청상어 그리고 제주도 거문도 근해의 안도, 소안도, 추자도, 흑산열도 연해에서는 주로 기름상어, 환두상어, 펜두상어, 용상어를 어획하고 이후는 어청도 등 황해 연해에서도 어획했다.

 울산 근해에서는 기름상어를, 그리고 욕지도, 거문도 등 남해안에서는 3월~6월까지 부연승으로 펜두상어, 청새리상어, 양반상어, 개상어, 얼룩상어 등을 어획하고 9월~11월까지는 저연승으로 어획했다.

 그 이후는 대마도 근해 어장으로 이동하는 기름상어를 다시 부연승으로 어획했다. 동해 남부에서 남해일대 및 서해남부 제도(諸島) 사이에서는 6~7월에 청새리상어, 9월에서 11월까지는 펜두상어, 11월에서 12월까지는 백상어, 서남해의 제주도, 거문도, 어청도 근해에서는 12월에서 다음 해 1월까지 갱물치를 어획했다. 서남해의 제주도, 거문도, 어청도 연해 입어선의 연간 어획고는 대략 98,600여 円에 달했다고 한다.

 상어입어선의 미끼는 계절에 따라 차이가 있었으나 현지에서 구입하거나 직접 포획하여 사용했다. 미끼로는 펜두상어, 삼치, 방어, 숭어(鯔), 개상어, 농어(鱸), 가자미, 광어, 붕장어, 대구, 돌장어, 꼼장어 등 다양하게 사용했다. 그리고 11월경 대구를 좇아 부산근해의 얕은 곳으로 오는 청새리상어를 어획하는 어선은 오로지 대구만 사용하고 야마구치현 입어선은 오로지 붕장어만 사용하고 부득이한 경우가 아니면 다른 미끼를 사용하는 일이 없었다. 돌장어 붕장어 등을 미끼로 하는 입어자는 자신들이 직접 멸치 외줄낚시(一本釣)로 포획하여 연안에 축양해 두고 계속 사용했다. 그리고 상어입어선의 낚시는 다른 어업의 낚시에 비해 견강(堅岡)한 것이 특색이었다.

어선은 폭(肩幅) 9척(272.7cm) 내지 1장(丈303.0cm)여, 길이 1장 7~8척(545.45cm 전후) 정도의 선체로서 그 구조는 견고하고 조업에 불편을 느끼지 않는 한 갑판을 전부 덮고 또한 양현에 방파상(防波栅)을 설치하여 선체의 동요를 방지하는 설비 등을 갖춘 대양용(大洋用) 어선이었다.

승무원 수는 보통 6~9인이며 작은 어선은 4~6인승이었다. 어획한 상어류는 개방초기에는 선상(船上)에서 지느러미만 절제하고 건조하여 나가사키(長崎)로 반출하여 청국으로 수출했다. 초기 입어자는 몸체를 바다에 버리는 어선도 많았으나, 점차 어육을 염장하여 어장에서 한인 상고선(商賈船) 또는 연안의 한인에 직접 판매하고 동기에는 일본으로 운반했으나 1897년부터 부산수산회사 부속어시장에서 상어고기를 판매하자 내륙지 반출이 증가했다.

그리고 1901~1902년경 재류일본인 중에서 어묵(溝鉾)원료로 사용하기 시작하고 부산, 목포, 마산 및 그 외 각 지방으로 반출하는 선어와 염장물의 양도 매년 증가했다.[28] 일본 국내에서도 상어 염장고기의 수요가 점차 증가하여 겨울에는 일본 하카타(博多), 마세키(馬關) 등 일본 각지로 수송하여 아주 고가로 판매했다.

부산에서 먼 거리에 있는 어장 근처의 제주도, 거문도 부근에서는 상어육을 다래(タレ網長: 길게 토막으로 잘라 건조한 것)로 제조하여 일본으로 수송하고 제주도 체류의 일본인과 원주민들 중에는 상어의 간장에서 간유(肝油)를 채취하여 등화용(燈火用) 혹은 방충용(防蟲用)으로도 판매하는 자가 있었다. 간유의 가격은 1907~1908년경, 석유관(1斗통) 한 통에 1円내지 1円 30전 정도였다.[29]

---

28 吉田敬市 著, 앞의 책, p. 202.

## 수조망 어업과 타뢰망 어업

다양한 종류의 저서 어족를 목적으로 하는 입어선에는 수조망선(手繰網船)과 타뢰망선(打瀨網船)이 있었다. 이 양 어업은 거의 같은 형의 어구를 사용했다. 전자(수조망)는 일정한 위치에 어선을 세워 두고 그물(網)을 끌어 올리는(曳揚) 어법이며 후자(타뢰망)는 그물을 수저(水底)에 내려두고 돛(帆)으로 풍력을 이용하여 배(船)를 일정거리까지 진행 이동(引曳)한 뒤 그물을 끌어올리는 어법이다. 이 양 어법은 전자를 원형(原型)으로 하고 후자는 전자에서 개량한 어법 형태이다. 이 양 어법을 이용한 입어선은 거의 같은 시기에 도래했다.

| 수조망 어업 |   수조망(手繰網) 어선의 입어는 1890년 전후라고 하나. 일본 농상무성 어업통계표상에는 1904~1905년경 입어선 43척, 그 승무원 수 118인, 어획고 8,329円이 처음으로 등재되어 있다. 그 지역별 구성 내용은 〈표 4〉에서 보는 바와 같이 에히메현 출신이 대부분이었다.

• 표 4 | 1904~1905년경 일본 수조망선의 입어 상황

| 지역(현) | 어선수(척) | 승무원수(인) | 어획고(円) |
|---|---|---|---|
| 오카야마 | 3 | 10 | 1,100 |
| 히로시마 | 10 | 25 | 1,200 |
| 도쿠시마 | 2 | 9 | 300 |
| 에히메 | 28 | 74 | 5,728 |
| 합계 | 43 | 118 | 8,329 |

자료:「日本農商務省漁業統計表」(1904년~1905년)에서 발췌.

29 『韓國水産誌』第一輯, pp. 269~272.

1905년 이후 1910년까지의 입어상황은 〈표 5〉에서 보는 바와 같이 매년 증감 상태를 보이고 있으며 연평균 148척이다. 가장 많이 입어한 해는 1906년으로 서양형 범선을 포함하여 228척이며 가장 적었던 해는 1905년의 68척이나 1908년 이후는 연년 증감 현상을 보이면서도 거의 답보상태에 있었다. 그 어획물의 종류는 저서(低棲)의 각종 잡어로서 타뢰망의 어획물과 거의 동일했다.

　입어어장은 초기에는 경상도의 안골(安骨), 통영, 가덕도, 거제도의 내만 등이었으나 점차 전라도, 완도근해로 확대하고 뒤에는 전국연해 내만으로 확대했다.

　수조망어선은 타뢰망어선보다 그 규모가 작고 조업 범위도 협소하기 때문에 주로 연안의 내만 조업이며 그 어획고도 뒤졌다. 그러나 적은 자본으로 경영할 수 있는 영세 어민 어업으로서는 최적이었던 관계로 후일 이주어업의 주 대상이기도 했다. 이들 입어자는 어리가 어느 정도 축적되면 그 어선 어구를 염가로 한인에게 양도(판매)하고 규모 확대나 다른 어업으로 전환하는 자가 많았다고 한다. 그리고 1906~1907년 돗토리현의 입어선 2척 중 1척은 서양형 범선이었다.

　입어선의 출신지는 1905년경 주로 카가와, 히로시마, 야마구치, 후쿠오카, 가고시마, 구마모토, 오카야마, 고치현 지방선이었으나 이후 1910년까지 연도별 입어척수가 가장 많았던 지방은 효고 지방이었다(〈표 5〉참조). 수조망업자들은 타뢰망업자들과 더불어 경술국치 이전부터 집단 이주하여 전국 각지에 이주어촌을 건설하고 연안어업 경영의 주역이 되었다.[30]

---

30　吉田敬市 著, 앞의 책, pp. 213~214.

• 표 5 | 일본 지역별 수조망선의 입어상황

| 연도\지방 | 1905 | 1906 | 1907 | 1908 | 1909 | 1910 | 1911 | 연평균(1905~1911) |
|---|---|---|---|---|---|---|---|---|
| 鳥取 | ?척 (400円) | 2(1) (492) | 2(1) (1160) | - | - | - | 1(380) | |
| 岡山 | 2(900) | 26(7500) | - | 3(600) | - | ? (100) | - | |
| 廣島 | 15(3330) | 1(600) | 11(2410) | 14(3565) | 7(1653) | 5(1226) | 8(1940) | 8.7 |
| 山口 | 8(1638) | 15(10259) | 33(14015) | 7(3813) | 1(1100) | 2(2000) | 24(16800) | 12.85 |
| 香川 | 26(4530) | 27(3900) | 5(85) | 10(1820) | 11(1990) | 8(1390) | 2(340) | 12.7 |
| 高知 | 1(300) | - | - | - | - | - | - | |
| 福岡 | 7(275) | 1 (300) | 6(1890) | - | 17(9860) | 20(9500) | 21(8150) | 12.0 |
| 熊本 | 2(340) | 9(1850) | 5(3,420) | 9(4825) | 14(7550) | 5(2350) | 3(1390) | 6.7 |
| 鹿兒島 | 7(1750) | - | - | - | - | - | - | |
| 兵庫 | - | 138(32205) | 52(17,113) | 53(24990) | 102(36200) | 119(40880) | - | 92.8 |
| 愛媛 | - | 8(2400) | - | 7(700) | 24(10292) | 8(3035) | 6(2520) | |
| 愛知 | - | - | 3(237) | 1(366) | - | - | - | |
| 島根 | - | - | 1( ? ) | 2(5) | 1(250) | ? (51) | 9(2032) | |
| 長崎 | - | - | - | - | - | 16(3584) | - | |
| 三重 | - | - | - | - | 5(356) | - | - | |
| 大分 | - | - | - | - | 3(450) | - | - | |
| 佐賀 | - | - | - | - | 2(250) | - | - | |
| 神奈川 | - | - | - | - | - | - | 124(52300) | |
| 計 | 68(13463) | 227(1)(59506) | 118(1)(41095) | 106(40684) | 187(69951) | 183(64116) | 198(85852) | 148.16 |

자료: 「日本農商務省漁業統計表」에서 발췌
합계의 ( )는 서양형 범선, 지역별 어선수의 ( )는 어획고.

| 타뢰망 어업 | 타뢰망(打瀨網)어업은 수조망어업과 같이 다양한 저서어족을 포획하는 소형의 예망(曳網) 어업이다. 최초 입어년도는 대체로 수조망과 거의 같은 1890년 전후로 보고 있다. 기록상에는 1889년 10월에서 다음 해 4월까지 에히메현의 타뢰망선이 부산을 포함한 영도, 거제도 사이를 주 어장으로 하여 처음 입어하고 이후 매년 계속 입어했다. 이후 오사카, 효고 지방의 타뢰망선도 도래하기 시작했다. 그 어획물은 광어, 가자미, 도미 등이 주였으며 청일·러일전쟁 때 군용식량의 주공급원이 되었다.[31]

1904년의 출신별 입어척수는 오사카 9척(27인승, 어획고 3,800円), 아

---
[31] 위의 책, p. 212.

이치 7척(22인, 2,200円), 오카야마 3척(12인, 1,500円), 도쿠시마 2척(7인, 330円)이었으며 그 어획 종류는 광어, 가자미, 도미 이외에 문어, 장어, 새우, 잡어 등이었다. 그중 장어는 처음부터 한인들에게만 판매하고 문어, 새우는 주로 다른 일본인 입어자의 미끼용으로도 판매했다.

당해 어업의 최대어장은 점차 부산과 여수 사이의 근해로 확대했다. 그 곳은 조류가 완만하여 조업에 적당하고 암초가 적은데다 바다도 비교적 조용하며 자원도 풍부하여 주년(周年) 조업이 가능했다. 또한 저질(底質)이 부드러워 어구의 손실이 일본의 5분의 1 정도로 적고 봄 가을 양 어기동안은 서풍, 또는 북서풍이 많이 불고 날씨가 청명하며 강우(降雨)도 적고 온난했다.[32]

• 그림 3 | 일본 타뢰망어선 모형

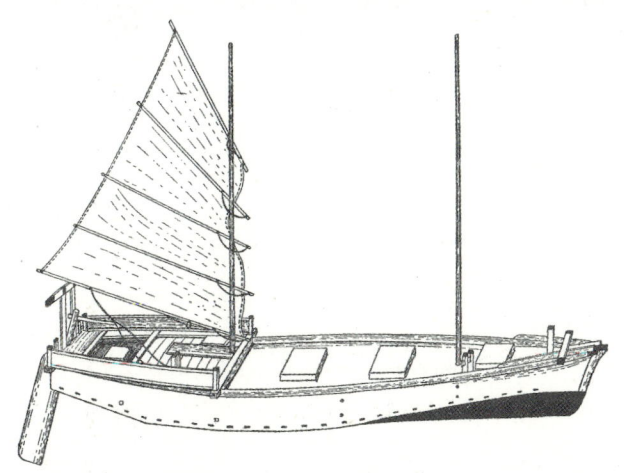

자료: 日本水産廳編輯, 『日本漁船漁具図集』, 1965에서 발췌

---

32 위의 책, p. 213.

1905년부터 1910년까지의 입어척수는 당초 105척이던 것이 그 후 2년 동안은 각각 62척, 53척으로 오히려 감소경향에 있었으나 1908년도 다시 150척으로 증가하는 등 5년간의 연평균 입어척수는 100척 정도였다 (〈표 6〉 참조).

• 표 6 | 일본지역 타뢰망선의 연도별 입어상황(1905년~1911년까지)(단위: 척, ( ) 円)

| 연도<br>지방 | 1905 | 1906 | 1907 | 1908 | 1909 | 1910 | 1911 |
|---|---|---|---|---|---|---|---|
| 大阪 | 27(8535) | 28(9531) | 17(12100) | 27(14850) | 24(16200) | 8(500) | 14(3950) |
| 愛知 | 21(7406) | 18(6014) | 9(4988) | 17(9420) | 24(11956) | 25(15595) | 13(14760) |
| 島取 | ?(2510) | 1(860) | 1(1420) | ?(2100) | | | |
| 岡山 | 3(1610) | 2(400) | | 2(3000) | 20(10,000) | 25(7500) | |
| 廣島 | 2(823) | 2(1000) | 2(650) | 4(1230) | 2(1020) | 3(1565) | 15(5840) |
| 山口 | 23(7040) | 3(893) | | 11(3709) | 9(2480) | 17(10800) | |
| 和歌山 | 19(6750) | | 7(6860) | 7(5040) | | | |
| 德島 | 9(1778) | 8(1520) | 9(1750) | 4(2097) | 7(3150) | 9(4050) | 2(1200) |
| 熊本 | 1(150) | | 5(750) | 46(2870) | 9(2370) | 16(4532) | 7(2450) |
| 長崎 | | | 1(100) | 1(398) | | | |
| 高知 | | | 2(1050) | | | | |
| 兵庫 | | | | 23(5060) | | | |
| 三重 | | | | 3(1000) | | | 1(800) |
| 香川 | | | | 3(450) | 17(7000) | 20(10,000) | 24(23865) |
| 福岡 | | | | 1(30) | 1(200) | 1(720) | |
| 大分 | | | | 1(500) | 3(900) | | |
| 島根 | | | | | | 1(50) | |
| 神奈川 | | | | | | | 8(6150) |
| 愛媛 | | | | | | | 1(800) |
| 計 | 105(36602) | 62(20218) | 53(29668) | 150(51754) | 116(55276) | 125(55312) | 85(59815) |

자료: 「日本農商務省漁業統計表」에서 발췌. ( )는 어획 금액.

## 잠수기업과 나잠업

| 잠수기어업 |　　잠수기어업(潛水器漁業)과 나잠어업(裸潛漁業)은

다 같이 전복(全鰒), 해삼(海蔘)을 주로 채포하는 어업이다. 잠수기어업은 1868년 왜구시대부터 전남의 소안도(所安島), 추자도 근해에 도래했다고 한다. 그 후 상어 밀어에 종사하던 야마구치현 하기(萩) 출신의 요시무라(吉村興三郎)가 1868년 일본에 도입되기 시작한 잠수기업의 유망성에 착안하여 나가사키의 상어지느러미 취급객주(鱶取扱問屋)의 자금을 얻어 잠수기 한 대를 구입하여 1879년 4월 제주도의 부속도서 비양도에 입어한 것이 사업(斯業)의 효시였다.[33]

그러나 그는 도민의 완강한 상륙거부로 인해 잠시 대마도를 근거지로 하여 입어하다가 그 뒤 근거지를 가파도로 옮기고 잠수기어선 12척 운반선 5척을 가동하여 매년 계속 입어하고 8월에서 12월까지는 전복을 1월부터 3월까지는 해삼을 채취했다. 그 채취고는 전복은 1척이 1개월에 육(肉) 800근(480kg), 패각(貝殼) 900근(540kg), 해삼은 1척이 1개월에 보통 600근(360kg)을 채포했다.[34]

조일통상장정 체결(1883년)로 합법적인 입어시대가 되자 1885년 나가사키의 다케우지(竹內熊吉)도 제주도에 도래하여 전복과 해삼을 채취하고 명포(明鮑)와 마른해삼을 제조했다. 그는 1889년 근거지를 소안도(所安島)로 이동하고 그곳에 정주했다. 그 해 나가사키의 미야케(三宅道次郎)도 제주도를 근거지로 하여 입어했다.

1890년경 잠수기선의 입어척수는 총 120척에 달했다. 그중 20척은 야마구치현인선이며 그 외는 전부 나가사키현인선(長崎縣人船)이었다. 제주도 소안도(所安島)를 중심으로 한 남해안어장이 과잉 남획으로 황폐

---

33 위의 책, pp. 207~210.
34 『韓國水産誌』第三輯, pp. 425~426.

하자 점차 북상하여 부산을 중심으로 동서(東西)양 방향으로 분산조업하기 시작했다. 원산항에는 1892년 부산재주(在住)의 호다(寶田彌一)가 잠수기선 1~2척을 가지고 처음 이주하고 그 뒤 지방 자본가들에 의한 기업으로 지방 정착선이 34척으로 증가했다. 1893년 4월 입어선 중 부산 북쪽해안으로 북상 조업하는 어선은 7월까지는 강원, 함경남도 연안에 도달했다.[35]

당시 강원도 연안에 입어하는 해삼 채취 잠수기어선은 이미 150척에 달했다. 그들 대부분은 나가사키, 야마구치 양 현 출신이며 그 이외는 도쿠시마, 에히메, 오이타, 히로시마, 효고, 오카야마 지방 출신도 있었다. 초기 어획고는 하루 1척이 4말들이 통 7~8개를 만재(滿載)했으나 1907년경에는 1~2통에도 미치지 못했다. 그 이유는 난획에 의한 자원고갈이었다. 함경남도 연해에 입어하는 해삼 전업선은 1908~1909년경 31척이었으며 그 주요 근거지는 영흥만내 서호진(西湖津), 신포(新浦), 서호(逝湖) 등이었다.

한편 부산 서쪽으로 진출한 잠수기선은 1896년 구마모토현의 오기츠(沖津戶十郎)가 충청의 어청도(於靑島) 근해에서 침몰선의 인양작업을 하던 중 해삼이 많이 서식하는 것을 발견하고 잠수기선 6척으로 1899년부터 밀어한 것을 계기로 하며 1903년에는 우라베(浦辺原太郎)도 입어했다. 초기 서쪽 방향의 입어선은 전부 일본에서 직접 입어한 어선으로서 부산, 통영을 근거지로 했다. 그전에는 전부 부산, 제주도를 주 근거지로 하던 잠수기선이 동서 양쪽으로 분할하여 이동조업하기 시작하면서 부터 점차 이주어업자(移住漁業者)가 발생하고 그 수도 증가하기 시

---

35 『韓國水産誌』 第三輯, p. 425.

작했다. 1905년에서 1910년까지 입어잠수기선은 1905년의 99척을 분수령으로 하여 그 이후 점차 감소 경향이었으며 연평균 79.16척이었다. 그 중에는 정착선도 포함되고 있었다(〈표 7〉 참조).

• 표 7 | 일본지역 잠수기선의 연도별 입어상황(1905년~1911년까지)(단위: 척, ( ) 엔)

| 현(지방) \ 년도 | 1905 | 1906 | 1907 | 1908 | 1909 | 1910 | 1911 |
|---|---|---|---|---|---|---|---|
| 長崎 | 65(59121) | 62(60800) | 37(34082) | 32(23345) | 25(18090) | 14(17460) | 17(27983) |
| 福井 | 1(300) | 1(780) | 1(250) | - | - | - | - |
| 德島 | 28(47417) | 29(22950) | 31(33623) | 31(17196) | 30(19218) | 50(48363) | 53(37,000) |
| 福岡 | 3(9131) | - | - | - | - | - | - |
| 熊本 | 2(2000) | 3(3000) | 3(4000) | 2(4000) | 2(4000) | 2(3500) | 2(3350) |
| 兵庫 | - | - | - | 2(2000) | - | ?(2087) | - |
| 山口 | - | - | - | 19(3800) | - | - | - |
| | - | - | - | - | - | - | - |
| 愛媛 | - | - | - | - | - | - | 2(600) |
| 計 | 99(117969) | 95(87530) | 72(71955) | 86(50341) | 57(41308) | 66(714087) | 74(68933) |

자료:「日本農商務省漁業統計表」에서 ( )는 어획고.

한해 잠수기 정착선(定着船)의 주요 정착지는 부산 통영 원산 장전 인천 등이었다. 그리고 대상물인 해삼, 전복이 감소하자 홍합을 전문으로 어획하는 잠수기선도 나타났다. 홍합 채취선은 1886년 소안도 연안에서 전복을 채취하던 도쿠시마현의 미야케(三宅道次郎)가 남해안에 홍합이 많은 것을 발견하고 그 다음 해 3척의 잠수기선으로 경남의 욕지도를 근거지로 조업하기 시작한 이래 증가했다. 이후 홍합전업 잠수기선은 1907년 35~36척으로 증가하고 그들은 뒤에 아나미 잠수기어업조합을 조직하여 홍합전문 어업조합으로서 유명해졌다.

1910년경 해삼전문 잠수기선의 주요 기지는 부산 근해 거제도, 욕지도, 사량도, 남해도, 안도, 돌산도, 금오도(金鰲島), 손죽열도(損竹列島), 거문도, 제주도, 추자도, 흑산열도, 소안도, 생일도(生日島)와 함경도의 나진만, 유진(楡津), 사호(沙湖), 용좌(龍左), 정호(井湖), 이호(梨湖), 서호(西湖), 마양도(馬養島) 근해, 영흥만, 강원도에 있어서는 지궁(至弓), 금란(金蘭), 두백(頭白), 남애(南涯), 장전(長箭), 영호리(靈湖里), 미구미(味口味), 저진(猪津), 황금(黃金), 거진(巨津), 오야진(烏也津), 속진(束津), 주문진(注文津), 사천(沙川), 한진(漢津), 불래(佛來), 장울리(長鬱里), 후생포(厚生浦) 그리고 충청도의 어청도와 황해도의 대청도, 소청도 등 전국 연해에 산재했다.

잠수기의 기종(器種)은 초기에는 모두 회전식(回轉式) 잠수기를 사용했으나 구조가 치밀하지 못하고 입어 중 손상이 발생하면 수리하기가 곤란하여 점차 공간식(空間式) 잠수기로 완전 전환했다.

잠수기선의 어획물은 초기에는 대부분 근거지에서 건조품(乾燥品)으로 제조했다. 전복은 처음에는 앞포를 주로 했으나 뒤에는 주로 명포(明鮑)로 제조하고 1897년경에는 소형전복은 통조림으로 제조하기 시작했다. 특히 동해산의 강원도 함경도산은 원래 소형이었으므로 뒤에는 전부 통조림용으로 공급했다.

통조림 제조지는 1907~1908년경에 장전, 울산, 부산, 세죽포, 대야도, 거제도, 생일도, 진도, 제주도, 대흑산도 등지로 확산되었다. 그중에서도 전남의 생일도 제조소는 부산재주(在住)의 스미요시(住吉田鋤太郎)가 경영하던 큰 공장으로서 일본인 종업자 120인에 증기기관 설비도 완비하고 그 외 의사 목공 등도 두고 있는 당시 조선 굴지의 통조림공장이었다. 통조림의 연생산고는 1907년 약 10만 円에 달했다.

생해삼은 전량 근거지어장 부근의 해안에서 남제품(藍製品)과 탄제품(炭製品)의 마른해삼으로 가공했다.[36] 당시 마른 해삼은 남제(藍製) 탄제(炭製)의 두 종류로서 그 생산액은 통조림 생산의 2~3배에 달했다.

1908년도 생산 합계는 대략 276,000여 円이며 그중에는 일본인의 사입자금(어선 및 어구)을 받은 한인의 어획물도 상당수 포함되어 있었다.

경상도의 욕지도를 근거지로 하여 주변 연안에 11월에서 다음 해 4월까지 입어하는 도쿠시마현의 잠수기선들은 해삼, 전복 이외에 여가를 이용하여 홍합(紅蛤, いかひ, 貽貝)을 채취했다. 1910년 전후 잠수기선의 제품은 부산, 원산, 목포 등지로 집합하여 다시 일본의 나가사키, 고베로 송출하고 그곳에서 다시 중국으로 수출했다.

이와 같이 잠수기입어선은 지역과 대상 어종을 점차 확대하면서도 심한 난획으로 국치년 이후 1911년에는 어장 및 통 수 제한(120척)과 금어기(禁漁期)를 설정하는 등 보호업종으로 전락했다.

| 나잠어업 |  나잠선(裸潛船)의 최초 입어는 확실치 않으나 1879~1880년경 울릉도 연안에 야마구치현 오우라(山口縣向津具半島大浦)지방의 해녀들이 입어했다는 기록은 명확하다. 그로부터 14~15년 뒤인 1894년 4월 오이타현 사가노세키의 해산물상 가토타로(加藤太郎)형제가 조직한 마루이지구미(丸一組)에서 에히메현 미사키지방의 나잠부(裸潛夫)를 고입하여 전남의 대흑산도에 입어하고 그곳을 근거지로 이후 계속 14년 동안 입어했다.[37]

이와 같이 일본의 나잠어업선(裸潛漁業船)에는 해녀선(海女船)과 해사선(海士船)이라고도 하는 나잠부선(裸潛夫船)의 두 종류가 있었다. 이 두 종류의 나잠선은 잠수기어선, 멸치망어선과 거의 같은 시기에 부속

---

36 『韓國水産誌』 本誌, 水産製造業 참조.
37 關澤明淸·竹中邦香共同 共編, 『朝鮮通漁事情』, 團々社書店, 1893.10 ; 吉田敬市 著, 앞의 책, p. 210.

선을 수반하고 입어하기 시작했다. 나잠선의 부속선은 채포물을 매취(구입)하여 제품으로 하는 일종의 가공선이며 사입선주의 영업선으로서 보통의 모선처럼 개개의 어부(해녀, 해사)들에 자금 전대와 식량 및 일용품을 공급하고 어획물을 계약·매취하는 오야선(親船)이었다.

따라서 모선주는 사실상 무고입계약자들인 해녀와 나잠부(남)들에게 식량과 생활필수품을 공급하고 어획물을 전량 매취했다. 어획물의 매입가격은 시세변동에 좌우되지 않는 고정가였다. 우뭇가사리는 1899~1900년경 생초로 1관(貫: 3.75kg)에 5전 5리, 생복은 1관에 7전이었다. 당시 일본 오사카(大阪)의 우뭇가사리 시세는 10관에 최고 15円 50전 최저는 9전이었다. 그래서 나잠부, 해녀들의 수입은 각자의 어획량에 의해서 결정되며 최우수 해녀는 1어기 1인당 80円 정도의 수입이 있었다고 한다.

1900년경 울산만, 영일만, 부산근해, 거제도 안도(雁島) 연안에 미에현 지마(三重縣 志摩)지방의 해녀선 약 40척이 입어했다. 그들은 당초에는 주로 우뭇가사리(石花菜)를 채취하고 부업으로 전복을 채취했으나 점차 전복채취를 전업으로 했다.

해녀들이 생산하는 전복은 초기에는 자선에서 오로지 명포만을 제조했으나 1903년경부터는 전량 통조림용으로 공급했다. 그 생산량은 연간 800~1000상자(4타들이)로서 전량 일본으로 수출했다. 그 제조공장은 전술한 바와 같이 초기에는 주로 전남 경남의 내해에만 있었으나 점차 동해·서해 각지에도 설립되다.

1907년경 울산만, 영일만, 기장연안 및 안도, 평일도 연안에 매년 4월에서 10월까지 입어하는 미에현의 해녀선(海女=女蚫船)은 전복과 우뭇가사리를 채취했다. 그들은 입어전에 미리 모선주(母船主)와 각각 개별적으로 판매특약(販賣特約)을 하고 채취물을 선상에서 전량 모선주에 매도했다.

나잠부선의 입어는 1898년 44척이었으나, 그 어선은 보통 어선 1척에 나잠부 10인이 승선했다. 함경남도 영흥만구에 5월에서 9월까지 입어하는 미에현의 나잠어선들 중에는 전복 홍합 이외에 우뭇가사리(石化菜) 등 다양한 해조류를 채취하는 어선이 많았다. 그 채취물은 각자 현지에서 조건품(粗乾品) 담채(淡菜) 등으로 제조하여 부산, 원산에서 일본의 나가사키, 고베로 송출하고 그곳 청국상인을 통해서 다시 청국으로 수출했다.

담채의 제조방법은 어획한 개각물(介殼物)을 그대로를 솥에 넣어 패각이 완전히 벌어질 정도로 삶아 내용물(內容物)을 까서 햇빛에 말린다. 그 생산금액은 1908년경 연간 약 18,000~32,000円에 달했다. 그리고 홍합에서는 종종 진주(眞珠)를 발견하는 경우도 있었다. 그러나 그것은 보석으로서의 가치는 크지 않았지만 일본 진주상인이 매입했다고 한다.[38]

그 무렵(1908년경)부터 해녀선과 더불어 나잠부선 모두는 승선원을 각각 7~10인으로 감소하는 경향이 있었다. 그 이유는 자원고갈에 기인한다고 했다. 그 조직은 전술한 잠수기 입어선과는 달리 개개 나잠자는 모선주(업주)와 개별적인 사전특약을 하기 때문에 개개인의 어획경쟁이 사실상 치열한 상태였다고 한다.[39]

그리고 계속하여 매년 제주도에 입어하는 구마모토현 아마쿠사섬(天草島) 오야가다조직(親方組織)의 나잠선 4~5척은 1척에 15~16인이 승선하여 항상 선내(船內)에 기거하며 음력 7월에서 11월까지 전 연안을 주

---

[38] 『韓國水産誌』第一輯, pp. 317~318.
[39] 위의 책, pp. 298~300.

항조업(周航操業)하고 채취물(전복)은 선주(오야가다)가 매취하여 선내에서 마른전복(乾鰒)으로 제조했다.[40] 그들은 채포 대상물을 점차 전복 이외에 해삼, 홍합(貽貝), 가리비(帆立貝) 등으로 넓히고 제품의 질을 개량하며 양품(良品)생산에 계속 노력했다.

나잠선도 잠수기선과 같이 이미 1910년 이전에 부산을 중심으로 하여 동서 양 해역으로 분산 확대하며 조업했다. 1910년 2월에서 10월에 걸쳐 입어한 약 68척(485인)의 나잠선은 부산 동쪽으로는 원산, 서쪽으로는 목포 근해에 이르기까지 분산조업 했다. 그 출신지는 에히메, 나가사키, 미에, 후쿠오카, 효고, 구마모토 지방 입어자들이었다.

## 2. 기타 어종 어업

### 방어

방어(魴魚・ぶり・鰤)는 종래 한인들은 별로 선호하지 않은 어종이었으나 일본인은 아주 좋아하는 기호종이었다. 그러나 초기 일본 입어자들 중에는 방어를 주목적으로 하는 자는 없었다. 다만 삼치유망, 부망 및 예망(曳網)어업 등에서 다른 어류와 같이 혼획되는 방어를 부산어시장에 상장하는 정도였다.

1900년대에 들어서 일본인 거주자가 증가함에 따라 국내 판로가 형성되자 전남 목포 거주의 어느 일본인 어업자가 외줄낚시(一本釣)로 진

---

40 『韓國水産誌』第三輯, pp. 427~428.

도 근해에서 방어를 전업으로 어획하기 시작했다. 미끼로는 주로 미꾸라지(鰌), 새우를 사용하고 뒤에는 꼬임낚시(擬餌釣)로 어획하기도 했다. 어기는 11월에서 다음 해 2월까지로서 그 시기는 마침 다른 어업의 휴어기임으로 일반어류가 희소하기 때문에 어가(魚價)도 비교적 높고 점차 일본상인 상고선(出買船)에서 매입하기 시작함으로써 수리(收利)도 양호하여 점차 전업선이 증가했다.

일본인의 수요가 증가하자 한인 중에도 방어를 어획하기 시작하고 교통이 불편한 지역에서는 어획한 방어의 복부를 절제하고 염장해 두었다가 일본 상고선이 오는 것을 기다려 판매하거나 또는 미리 특약(特約)한 일본상인 거래자에 송달하기도 했다. 일본 상고선이 사들인 방어는 선어로 또는 염장어로써 전량 일본의 마세키(馬關=지금의 下關), 하가다(博多) 지방으로 수송하여 판매했다.[41]

### 뱀장어

경남 낙동강하구에 1894~1895년경 구마모토현인(熊本縣人)의 뱀장어(장어, 長魚, うなぎ, 鰻)선이 입어하여 하루에 한 사람이 7~8관(26.3kg~30kg) 정도 어획한 적이 있었다. 이에 자극을 받아 이후 계속 입어자가 증가하고 어장은 낙동강구에서 하동강구(섬진강구), 영산강으로, 그리고 울산만내 태화강구, 영일만까지 동서로 확대되었다. 봄(4월~6월) 가을(9월~12월) 양기에 걸쳐 전업어선 7~8척이 활어선을 모선으로 선단 입어했다.[42]

---

41 『韓國水産誌』第一輯, pp. 261~263.

어선은 폭 3척(90.9cm), 길이 1장(303.03cm) 정도의 1인승의 소형어선이며 허리(胴)부분에 활어조를 매달고 노(櫓)와 돛(帆)을 각각 1개씩 설치하고 있었다. 어부 한 사람의 하루 어획은 평균 5~6관(18.75kg~22.5kg) 정도였다. 모선의 매입 특약가는 1관(貫: 3.75kg)에 61전으로서 그 어획금액은 1어기 평균 약 130円, 그 총 어획고는 15,600여 円에 달했다. 어기가 끝나면 어선은 어장 부근의 촌락에 맡겨 두고 알몸으로 귀국했다가 다음 해 단신 도래하여 다시 사용했다.

• 그림 4 | 뱀장어 갈퀴

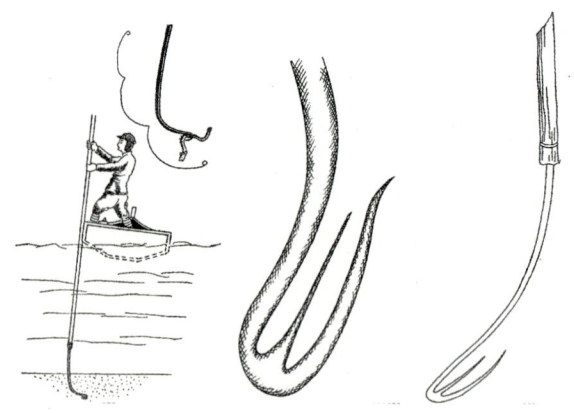

자료: 日本水産廳 編輯, 『日本漁船漁具図集』, 1965에서 발췌

어구는 초기에는 조망(漕網), 주낚(延繩), 외낚시(釣) 등을 사용했으나 점차 주낚과 장어 갈퀴를 혼용하기 시작했다. 갈퀴는 길이 2~3척(60.6cm~90.9cm) 되는 톱니발의 어구를 대장대(竹長竿)에 매달아 뻘(泥土)을 가래질하는 곧 장어갈기(うなぎかま)라고 하는 철조구(鐵鉤)다.[43] 이것은

---
42 위의 책.

초봄과 겨울철에 사용하고, 초여름에는 조망, 봄, 가을에는 주낚을 사용했다. 주낚과 낚시구(釣漁具)의 미끼는 새우, 지렁이(蚯蚓), 숭어(鰡), 우렁이(田螺) 등 이었으나 때로는 그 외 작은 어류를 사용하는 경우도 있었다. 갈퀴 어구를 사용하는 전업자는 거의 전부가 동반한 활어선의 선주로부터 각각 20~30円씩의 자금을 전대(前貸)받고 있었다. 어획물은 모두 현장에서 활어선주에게 사전 특약한 가격으로 매도했다.

1900~1901년경 이후 본격적인 장어어기가 도래하면 입어선은 연 200~300척에 달했다. 영산강하류의 몽탄(夢灘)에는 1907년 뱀장어 어획을 목적으로 하는 사가현인의 이주어촌(移住漁村)이 건설되고 뱀장어구이 통조림 제조공장까지 건설되었다. 그리고 하동만내의 '만대기'에는 1908년 봄철에 뱀장어어선 약 120척과 뱀장어어선과 활어선 20여 척이 입어했다. 뒤에 전남 광양군 진하면 선소리(光陽郡津下面船所里)는 뱀장어입어선의 중요 근거지가 되었다.[44]

뱀장어 입어선은 주로 오카야마, 구마모토, 사가, 히로시마, 후쿠오카 및 야마구치 지방에서 도래했으며 그중에서도 사가현민(佐賀縣民)이 가장 많았다.

### 갯장어

한일 양국인은 1945년 이전까지도 붕장어를 はも(鱧)라 하고 바다뱀장어(海長魚)를 あなご(海鰻)라 했다.[45] 현재 한국에서는 뒤바뀌어 はも

---

43 吉田敬市 著, 앞의 책, p. 204.
44 위의 책, p. 204.
45 『韓國水産誌』 第一輯, p. 282.

를 갯장어, あなご를 붕장어라고 일컫는다. 이것은 정문기 박사의『한국어보』의 기록에 의하여 바뀐 이후 통용되고 있는 용어이다.

일본인 최초의 갯장어(はも) 입어선은 히로시마현인(廣島縣人)으로서 1894년경 전라도 치도(治島)에 도래했다고 하나 확실치 않으나 당해지는 1909년 동력운반선이 도래한 이래 한국의 갯장어 대집산지가 되었다.[46] 갯장어 어획은 그 이전 이미 경상도의 사량도 남해도 근해에 입어한 히로시마현(廣島縣人)의 도미연승어선에서 8월 초에서 10월 하순에 걸치는 휴어기의 부업으로 갯장어(はも)를 어획하고 그 이후에는 붕장어(あなご)를 어획했던 어선이 있었다고 하는 것으로 보아 갯장어 입어선은 그 이전으로 볼 수도 있다.

입어선의 갯장어 어획물은 초기에는 국내(조선)에 재류하는 일본인의 수요를 충족하는 정도였으나 1899년경 풍어로 어선 한 척에서 하루 평균 400마리 정도를 어획하고 일본 활주선에 한 마리에 3리로 매입했다는 것으로 보아 당시에도 일본 수송에 인기가 있었던 것 같다.

부산근해, 마산만구, 진해만내, 통영근해, 거제도, 사량도, 남해도, 가모진(駕某津), 여자만(汝自灣), 국도(國島), 격음열도(隔音列島), 죽도(竹島) 및 녹도(鹿島) 근해에 봄 3월 하순부터 6월 하순까지, 가을은 8월 하순에서 10월 하순에 걸쳐 입어하던 도미 주낚입어선 중에서 갯장어 활주선을 동반하면서 전업선으로 전향한 선박이 많아졌다. 그들과 활어운반선(모선)과의 사전협약 판매가는 갯장어 한 마리에 3리(厘)내지 8리였다.

부산과 남해도 사이를 주 어장으로 하는 갯장어 입어선은 1905년경 연간 약 40~50척에 달했다. 그들은 주로 히로시마, 오카야마, 카가와 지

---

46 吉田敬市 著, 앞의 책, p. 203.

방에서 출어한 선박들이었다.[47] 국도, 장승포를 근거지로 하는 해역에도 1908년 전업선 약 40척과 5척의 활어선이 입어했다. 그 동반 활어선과의 특약가(시세)는 갯장어 10관(37.5kg)에 3円 50전이었으며 어선 1척의 평균 어획고는 350円 내외였다.

동년(1908년) 카가와(香川)현인의 갯장어 활어운반선 고후지마루(小富土丸)에서 오사카(大阪)로 송출한 갯장어 양은 2,700관(10,125kg)에 달했다. 그리고 죽도, 장포에는 석유발동기를 장치한 갯장어 활어운반선 10여 척이 내왕했다.

그동안 갯장어 대집산지로 발전한 전남의 치도(治島)에는 1909년 동력운반선(動力運搬船)이 내항하기 시작하고 1910년 나로도(羅老島)근해를 중심으로 하여 적금도(赤金島), 가모도, 목포, 군산 및 경남의 사량도, 와도 부근에 이르기까지 갯장어선의 입어지는 확대되었다.[48]

활어운반선은 먼저 매취물을 일단 바다의 활어조에 축양해두고 그것이 운반선 1척 분량(화물량)에 도달하면 다시 활어선으로 이적하여 일본 마세키(馬關), 효고(兵庫) 오노미치 등으로 운송했다.

활어조(대바구니)의 크기는 갯장어나 뱀장어에 사용하는 것과 동일했다. 그 규모는 길이 약=1丈2尺(363.09cm), 폭 8척(242.42cm) 정도의 장방형의 죽제(竹製)상자였다. 활어조의 설치는 조수유통이 좋은 곳에 계류(繫留)해두고 매취 어획물을 축양했다. 축양(계류)중 때로는 수일 계속하는 강우(降雨)로 해수오탁과 염분희박 등으로 의외로 내용물의 손실을 초래하는 경우도 있었다.

---

47 『韓國水産誌』第一輯, p. 203.
48 吉田敬市 著, 앞의 책, p. 203.

• 그림 5 | 활주선(活洲船)과 활어 축양구

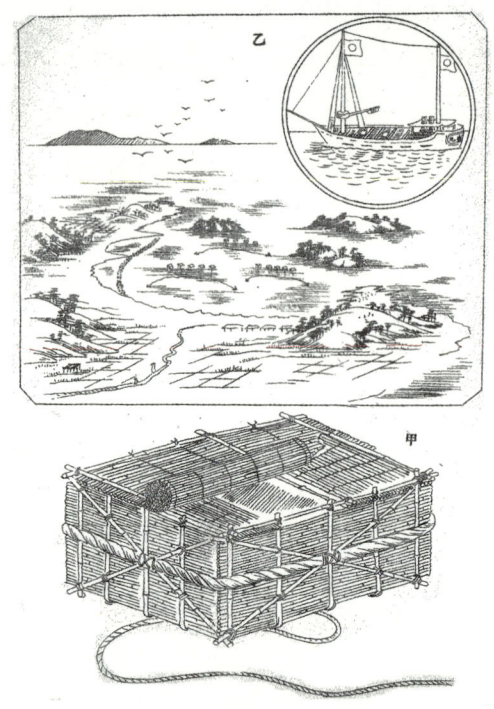

甲. 원죽제책용(圓竹製簀籠), 乙. 어(篽): 활어축양구
資料: 『韓國水産誌』第1輯, p. 770에서

    1910년 전후 거제도, 국도, 장포, 사량도 등의 어장에는 특약활어운반선 이외에 일본 각 지방(岡山, 廣島, 大阪 地方) 상인들의 활어선과 부산 어시장에서 파견한 매취선이 개개 어선으로부터 어획물을 직접 매취하는 경쟁이 아주 치열했다고 하며 매취가격도 국내소비용이 일본지방(大阪, 神戸) 송출용에 비해 대체로 고가였다. 그 이유는 일본수송에는 도중 손실이 선적량의 약 4분의 1 정도 발생하는 것을 예상하기 때문에 저가 매매하는 것이 상례였다고 한다.

## 붕장어

붕장어(바다뱀장어·海長魚·あなご·海鰻) 입어선은 갯장어선보다 다소 늦게 입어하기 시작했다고 한다. 붕장어 전업입어선은 1899년 2척이 입어했다는 것이 아마 최초의 기록이었으나 그 1년 뒤인 1900년에는 19척으로 급증하고 그 어획량도 하루 평균 10관(37.5kg)[49]이었다는 것으로 보면 혹은 그 보다 훨씬 이전부터 이미 입어했던 것으로도 추정할 수 있다.

붕장어선은 1908년경 영일만 울산만 이서 국도 근해 사이와 남해도 근해를 주 어장으로 하여 겨울철에서 봄철에 걸쳐 대거 입어하고 동해안의 진남포 근해에도 입어선이 도래했다. 1910년 붕장어 입어선은 약 100척에 달했으며 1척의 평균 어획고는 약 300円, 총 어획고는 30,000円에 달했다. 그 외 수조망 등 기타 입어선에서 혼획되는 물량도 상당한 양에 달하고 그 금액도 약 5,000円 정도로 추산했다. 그 성어기는 11월에서 다음 해 1월경까지이며 어구는 낚시(釣)를 제외하면 모두 붕장어 어획에 사용하는 것과 동일했다. 미끼는 주로 망둥어였다.

어획물은 1910년 전후 전업자의 경우는 전부 활어선에 판매하고 도미전업자들의 부산물로 어획한 것은 재류일본인과 한인에 매도했다. 입어자들 중에는 포획물을 자가활어조(自家活魚槽)에 축양해 두었다가 귀국하여 일본 시장에 판매하는 자도 있었다고 한다.

대부분의 입어선은 히로시마, 카가와, 오카야마현의 전문어선들이었으나 그 일부는 각 지역의 도미연승입어선들이 늦가을(晩秋)에만 전어(轉漁)하는 경우도 있었다고 한다.

---

[49] 위의 책, p. 203.

연어

연어(鏈魚·さけ·鮭)는 남해안 동부로부터 동해안에 걸쳐 큰 하천에 많았으며 그 중 두만강의 소하량이 많았다. 그래서 오래전부터 현지인들이 어획해왔다. 그러나 각 하천의 연어 어업권은 종래 왕실(王室) 소유로서 일반주민은 임의로 어획할 수 없으며 현지관청(官廳)에서 특허를 받아야 어획할 수 있었다.

일본인으로서는 특허취득 여부는 알 수 없으나 1892년 겨울 원산 거류인이 영흥만에서 연어 어업을 시도하여 실패했다고 한다. 통감부에서 왕실어업권을 탁지부로 이관한 1907~1908년경에 일본인 연어 입어선단 2~3조(組)가 영흥만의 용흥강(龍興江)에서 최초로 연어 어획을 시도했다.[50] 그리고 낙동강에는 그 무렵(1908년) 부산재류의 일본인 입어자가 어획을 시도했다고 하나 확실하지 않으며 1909년 에히메현의 쓰지야구미(土屋組), 도야마현의 다니미치구미(谷道組), 와카야마현의 키타무라구미(北村組), 야마구치현의 히로나가구미(弘中組) 등이 모선식선단(母船式船團)으로 입어하여 원산을 근거지로 연어포획을 시도했다. 어구는 후리망(지예망)이었으며 그 규모는 길이가 100발(180㎝×100＝18,000㎝)을 넘지 않는 소형 어구들이었다고 한다.[51]

열기(적어)

열기(赤魚·あかうお)는 빨간 고기라고도 했다. 그 자원이 아주 풍부

---

50 『韓國水産誌』第一輯, p. 207.
51 위의 책, p. 205.

했던지 입어 초기 도미연승에서도 많이 포획되었다. 그러나 어가(魚價)가 너무 저렴하고 한일 양국민들 사이에서도 수요가 그리 많지 않았기 때문에 초기 주요 대상어종에서는 제외되어 왔다. 그것을 활어선에서 취급하기 시작하면서 부터 본격적인 어획이 활기를 띠기 시작했다.

어구는 처음에는 외줄낚시(一本釣)만을 사용했으나 1908년경 주낚어구의 시험 사용으로 성과가 양호하자 이후 주낚어구 사용이 증가했다. 그 미끼는 외줄낚시, 주낚 다 같이 새우, 오징어, 문어(낙지), 멸치(정어리), 기타 소어(小魚)를 사용했다.

어기는 안도, 욕지도 근해 적금도(積金島), 랑도(狼島), 원오도(元五島), 시산도(示山島) 연해에서는 8월부터 10월에 이르는 3개월, 거문도 근해는 5월부터 8월까지였다. 특히 적금도 부근의 성어기에는 150여 척의 열기어선이 운집하고 그 총 어획고도 18,000관에 달했다. 입어자는 대부분 히로시마, 에히메, 카가와, 오카야마 지방 출신의 개인영업선 또는 모선활어선단 영업자들이었다.

1905~1906년 이후 열기의 활어모선은 길이 약 1장 2척(3.63m), 폭 약 8척(2.42m) 정도 되는 장방형(長方形)의 활어초롱(籠) 십 수개를 구비하여 입어하고 조수 유통이 좋은 곳에 계류해두고 사들인 고기를 그 활어초롱에 수용했다. 보통 5~6일 정도 되면 그 수집물량이 활어선의 만재수량인 600~700관(160kg~187kg)에 도달하므로 그때 가서 그 매취물을 다시 활주선(活洲船)으로 옮겨 싣고 일본의 각 어시장(博多, 馬關, 大板, 兵庫 등)으로 운송했다. 하카다, 마세키 등지에서는 그것을 다시 각 내륙지 오사카, 효고 등지로 송출했다. 그 수송선은 30~40톤 정도의 기선 예인선이며 그 예인선의 선임(船賃)은 오사카까지의 경우 활어선 1척에 150円 정도였다고 한다.[52]

### 새우

새우(蝦·ふび·鰕)는 타뢰망과 수조망 어선에서도 많이 혼획되었으나 1900년경부터는 조망(漕網), 안강망 등에서도 포획하기 시작했다. 어장과 어기는 오리도(五里島), 국도(國島), 여자만(汝自灣), 광양만 등에는 매년 봄철 3월 초순에서 7월 하순까지, 가을철 8월 하순에서 10월 중순에 걸쳐 오카야마, 히로시마 지방의 조망, 안강망, 타뢰망(打瀨網) 어선들이 대거 도래하여 다른 잡어와 함께 주로 어획했으나 새우 전업선은 극히 소수였다. 새우 전업선의 입어는 특별한 구조를 가진 것도 아니었다. 오카야마현인의 입어선 중에는 가족이 동승하고 있는 선박도 있었다.

1902년 처음으로 모리야(森谷)라는 사람이 오카야마의 히노테무라(岡山縣和氣部日出村)에서 창시한 새우안강망으로 처음 입어한 이래 그 부락민들이 한동안 독점 입어했다.

새우 입어선(안강망선)은 1905년 157척, 1906년 311척으로 급증했으나 1909년에는 오히려 98척으로 감소했다. 이후 전라도 남해연안 전역에는 봄(음력 3월~7월) 가을(음력 8월~10월) 두 계절에 걸쳐 새우안강망 입어선이 도래했다. 그 외 전라도 전 해역에 입어하는 일반(조기, 갈치)안강망. 조망, 양조망 타뢰망어선에서도 많은 새우를 어획했다. 새우 입어선들 중에는 어획한 새우(鰕)를 직접 마른새우(素乾鰕)로 제조하는 선박도 상당수 있었으나 나로도 기타 섬에 정주하는 일본인 중에서도 한인에 자금을 전대하고 마른새우 제조업을 영위하는 자도 적지 아니했다. 이들 지역에서 접하(摺鰕)로 가공한 새우의 대부분은 청국(淸國)에 수

---

52 『韓國水産誌』第一輯, pp. 276~278

출했다. 자선(自船)의 어획물량이 부족한 입어자들은 한인 생산의 새우까지 자본을 전대하고 수집하여 충당했다.[53]

어획한 새우의 일부는 각종 주낚(延繩)입어선의 미끼용으로도 공급되었으나 그 양은 그리 많지 아니했다. 마른새우 가공은 어선을 따라 어장에 도래한 오야가다모선에서 수행하는 것이 많았다. 모선주는 어장 부근 육지에 근거지를 설치하고 창고, 가공장 및 건조장 등을 시설하여 마른새우 생산에 종사했다. 그 제품은 운반선으로 일본 또는 미리 정해둔 국내의 국도(國島) 및 지호도(芝湖島) 등의 중계근거지(中繼根據地)에 일단 집하하여 다시 접하(摺鰕)를 했다. 중계근거지에 집하(수집)하는 마른 새우량은 연간 약 700근(420kg)~800근(480kg) 이상에 달했으며 그것을 다시 60kg(100근) 1곤(梱)으로 재포장한 것을 고베(神戶), 나가사키(長崎)로 수송했다.

당시 여자만, 순천만, 국도 부근에 운집하는 새우 제조업자들 중에는 입어자의 어획물 뿐 아니라 한인 궁선(弓船)업자의 새우 수집에도 경쟁적으로 자금을 살포했기 때문에 궁선주들도 그들의 전대금(출어자금)을 수령하고 그 대가로 어획한 새우를 전량 양도하는자도 있었다. 1908년 전후 여자만, 순천만 지역에는 그러한 일본인 사입업자와 계약한 한인 궁선이 약 60척(명) 이상에 달했다.[54]

### 은어

은어(은구어·銀口魚·あゆ·鮎)는 은구어라고도 하며 낙동강의 지류

---

[53] 『大日本水産會報』 第99号, p. 19.
[54] 『韓國水産誌』 第一輯, pp. 294~296.

인 대강천(大江川), 춘복천(春福川), 금호강(琴湖江) 금강, 용흥강, 남대천(南大川) 등에서 많이 어획했다. 특히 1908년을 전후하여 입어가 더욱 활발해졌다. 그중에는 재주일본인(在住日本人)도 있었으나 그들 대부분은 수년 전부터 계속 일본으로부터 직접 입어하는 업자들이었다. 그들은 주로 대강천 등 큰 강에서 엄망(掩網)을 사용하여 어획했다. 그 어획고는 하루 평균 약 20관(75kg) 정도에 달했다.

그리고 경남 밀양근처 하천에 입어하는 제류업자들 중에는 어획물을 빙장(氷藏)하여 매일 야행열차(夜行列車)를 이용하여 부산과 서울(경성)로 수송했다. 어가는 밀양부근에서는 한 마리에 2전(錢)이었으나 서울에서는 20전 이상으로 판매되었다.[55]

### 망둥어

망둥어(忘魚·はぜ·沙魚)를 언제부터 본격적으로 어획하기 시작했는지는 확실치 않으나 부산 및 서해안의 군산, 인천 지방의 재류일본인들 중에서 다른 선어가 적은 겨울철(10월~12월)에 부근항만이나 하구의 수심이 얕은 곳에서 주낙을 사용하여 어획했다. 하루 어획고는 40~50근(24~30kg) 정도에 달했으며 그 가격은 600g(1근)에 6~7전 정도였다. 일본인의 수요가 아주 많았기 때문에 일본인 거류지 근처에서는 조선 어민들이 어획한 망둥어 행상까지 볼 수 있었다고 한다.[56]

---

55 위의 책, p. 289.
56 위의 책, p. 293.

## 고래(鯨・くじら)

1850년대 중반부터 부산 근해에 2월~3월에서 6월에 걸쳐 일본포경선(香川縣, 如賀新藏의 紀州流어망 포경선)이 종종 입어했다고 한다. 1889년 도래한 일본의 망치식 전통포경선은 어획부진으로 1두 밖에 포획하지 못했다. 그 다음 해(1899년) 야마구치현 포경회사(山口縣絎捕鯨株式會社)의 노르웨이식 포경선 나가오가마루(長岡丸)가 입어했으나 역시 어획부진이었다. 1901년 일본형 14인승 포경선 2척, 서양형 기선 160톤급 32인승 1척 등 3척의 나가사키 포경회사선단이 다시 입어하여 278.43엔(円)의 어획이 있었다고 한다. 이후 노르웨이식 포경선의 입어가 활발해졌다. 일본 포경선의 입어에 대해서는 뒤에 별도로 장을 설정하여(제10장) 상술하기로 한다.

## 해조류

통어장정상의 규정에서는 해조류의 채취에 대해서 명시한 것이 없었기 때문에 입어초기에는 사실상 채포 금지물이었다. 그래서 초기 일본 입어인들 중에는 해조류를 채취하는 자는 없었다. 다만 그것을 수집(매취)하는 상인이 있었을 뿐이었다. 해조류를 최초로 취급한 일본인은 오이케(大池忠助)라는 대마도인으로 1875년 부산에 건너와서 해조류를 수집하여 일본으로 수출했다. 이후 일본 상인이 많이 도래하여 제주도를 비롯하여 전국 연안 도서 각 지방에서 해조류를 수집했다.

해조류를 직접 채취한 기록으로는 1900년대 초 울들도 정주자들이 미역, 가사리 등을 채취했다고 하는 것이 처음이다. 그리고 1907년 5~6월 사이에 함경도의 영흥만, 치궁만(致弓灣)연해에 미에, 나가사키, 야마구치, 오이타 등지의 입어선에서도 홍합, 전복과 더불어 우뭇가사리, 미역 등을 채취하고 그들과 같이 도래한 모선(母船)에서 채취물을 사전 계약 가격으로 전량 매취했다고 한다. 그뿐만 아니라 모선은 인근의 한인 생산물까지 거의 전부 수집하여 자가채취물과 함께 건조했다. 그중 우뭇가사리(石花菜)는 연안에서 건조하여 15관~16관(56.25~60kg)씩 연포(筵包)하여 고베, 오사카로 수출했다. 당해(1907)년도 함경도 지역에서 취급한 우뭇가사리만도 그 금액은 약 60,000円에 달했다. 그중에는 한인들로부터 매수한 것도 약 20,000円 정도 포함되고 있었다고 한다.[57]

　1910년경 경상도, 전라도 근해도서 진도, 소안도, 완도, 제주도, 추자도, 충청도의 어청도, 황해도의 백련도 등에 오래전부터 매년 4~5월이 되면 지방민이 채취한 가사리(加士里·ふのり·海籮), 도박 등을 수집하는 일본상인들이 운집했다. 그들의 대부분은 원초를 매입·건조하여 목포, 부산의 일본인 도매상에 판매하는 수집상인들이었다.

　일본인 수집상들은 한인들로부터도 건조해조류를 매집(買集)하여 그 대부분을 다시 손질하지 않고 그대로 오사카로 수출했다. 수집상인들 중에는 러일전쟁 이후 일본인 이주자 또는 이주어촌 건설이 활발해지자 수집물에 술을 품어 말려 일본인 가옥 건축용 도료용(지붕 및 벽 도배용) 등으로 공급하는 자도 있었다.

　일본으로 수출하는 해조류는 60kg(100근) 내지 90kg(150근) 단위로 연포(筵包)했다. 품질은 진도산을 최상품(品位)으로 쳤으며 일본산의 최우수품인 히젠고도산(肥前五島産)에 못지않았다고 했다. 수출용 해조류의

---

57　위의 책, pp. 321~323.

연간 취급금액(산출액)은 1907~1908년경 약 8만 円 정도에 달했다.[58]

## 3. 한인 기호 어종

일본인 입어자의 생산 대상어종은 초기에는 현지판매를 주로 하면서도 그들이 좋아하는 기호어종 중심이었으나 점차 한인의 기호어종까지 대상을 확대하기 시작했다. 부산수산회사 어시장에서는 처음부터 국내 판매를 유도했지만, 여전히 생산의 대부분은 여전히 일본인 기호어종이 많았다. 그러나 현지판매가 점차 일반화 되면서부터는 그 주요 대상어종도 현지인 대상어종으로 전환하는 입어자도 증가했다. 일본인이 많이 어획하는 현지인의 기호어종은 대략 다음과 같다.

### 대구

대구(大口魚・たら・鱈)는 전통적으로 한인들의 기호어종이며, 일본인의 기호어종은 아니었다. 그러나 대구의 수요가 증가하고 판매가 용이하다는 것을 알고는 현지판매를 목적으로 하는 현지 거류 전업자가 나타났다. 대구 어획을 처음 시작한 입어자는 1898년경 부산만에서 오카야마현인이 호망(壺網)으로 시어(試漁)한 것을 효시로 한다. 일설에서는 그 다음 해에 부산거류 일본상인 2~3인이 합작하여 야마구치현(山口縣)에서 어부를 고입하고 가덕도에 대부망(大敷網)을 설치하여 어획하

---

58 위의 책, pp. 321~322.

기 시작한 것을 효시로 한다고 했다. 그러나 후자(대부망)는 당해연도와 그 다음 해 9월 하순 다시 시설한 어장에서도 대구는 불황이었으나 그 대신 갈치를 많이 어획했다고 한다.[59]

또한 그 해 11월 하순부터 다음 해 3월에 걸쳐 부산만에서 오카야마현민(岡山縣民)의 입어선 1척이 대구를 전문으로 어획하기 시작하고, 동년 부산거류의 모 일본인이 경상도 진해만에서 한인업자가 영위하는 어장(漁帳)을 차수(借受)하여 그곳에 호망과 부망을 설치하고 대구 어획을 본격적으로 시작하여 성과가 좋았다. 어선은 폭 1.5m 길이 10.9m, 1척에 호망 2~3통을 사용했다.

1906년경부터 한인업자들의 어장(漁帳)기술을 전수받아 대구어업을 전업으로 하는 일본인이 많았다. 동해안에서는 노일전쟁 이후 니이가타현의 오다케(大竹貫)란 사람이 1908년에는 아키다현(秋田縣)의 이다사와(飯澤元治)가 서수라(西水羅)를 근거지로 하여 정치망과 주낚 등으로 대구어업을 영위했다.[60]

그리고 경술국치년을 전후하여 이 무렵 동해안의 함경남도, 강원도 지방에서 일본 이주민들이 시모노세키의 객주 자금을 전도 받아 마른 대구(개복 대구) 제조를 시작하고, 남해안의 진해만에는 부산 거주의 카시이(香椎原太郎)가 왕실(王室)어장을 처음에는 임대경영하다가 뒤에는 자기 소유로 하고, 그리고 이주어민들도 좋은 대구어장을 조사하여 대거 경영하기 시작했다.

---

59 吉田敬市 著, 앞의 책, p. 204.
60 위의 책, pp. 204~205 ; 『韓國水産誌』 第一輯, p. 256.

## 청어

청어(靑魚·にしん鰊)는 한인들의 기호 어종이었다. 일본인으로는 1901년 어떤 오이타현인이 부산항 남서 3해리(海里) 거리에 있는 감천동 만내(甘川洞灣內)에 장망(張網)이라고 하는 한국의 전통 어장(漁帳)에 유사한 어구로 입어하여 한 어기에 75,520마리의 청어를 포획했다. 이것이 일본인 최초의 청어 전문어구를 사용한 입어였다. 그리고 1906~1910년 경북 영일만에 그물 길이 1장 7~8척(5m 15cm~5m 45cm)에 달하는 오카야마식 호망으로 경영하는 사람이 있었다. 그 외 함경도 신포부근에는 일본인 멸치후리망(鰮地引網)에 많은 청어가 혼획되었다고 한다. 영흥만(永興灣)내에는 북해도식 건망(建網)어구를 사용한 업자도 있었다. 경북의 영일만에는 대부망을 사용하고 울산과 부산 사이의 어느 항만에서는 방죽(防竹)을 사용하는 업자도 있었다고 한다.[61]

일본 농상무성 어업통계에서도 1910년까지도 청어입어선의 기록이 전혀 없는 것으로 보아 그 때까지도 일본에서 직접 도래한 입어선은 아니었고 오로지 현지(한국)거류자들이 활발하게 어획했던 것 같다.

## 민어

민어(民魚·にべ·鮸)는 입어 허가 초기부터 마산, 목포, 군산, 인천 근해의 도미연승선과 일본조 어선에서 많이 혼획되었다고 한다. 민어를 어획하기 위한 최초의 전문입어선은 1906년 전남 죽도(竹島)근해에 후

---

61 위의 책, pp. 205~206.

쿠오카현의 나다나미(灘波某)라는 사람이 그물코가 큰 안강망으로 시험어로 하여 1조시(1潮時)의 어획으로 300円 정도의 수익을 올린 것이 효시가 되었다. 그 소식을 전해들은 안강망 입어자들 중에서 민어를 주어종으로 포획하기 시작한 어선이 1908년에는 이미 40여 척에 달했다. 그리고 드물게는 주낚 및 외줄낚시를 사용하는 선박도 있었으며 그 미끼는 장어, 새우, 기타 소어류였다.

대부분의 민어 전업선은 한인들이 주로 하는 염건품(鹽乾品) 제조법을 배워서 자선 내에서 어획물을 직접 제품화하고 일부는 그것을 다른 염장어와 같이 일본으로 송출했으나 대다수 입어선은 현지 판매했다. 그 이유는 당시 일본에서는 민어 수요가 거의 없고 가격도 아주 저렴했기 때문이었다고 한다.[62] 점차 어장에 출현한 일본 상고선(出買船)에서도 민어의 매입이 증가하기 시작했다.

※ 한국의 전통적인 민어 염건품 제조방법은 먼저 민어의 두부에서 등뼈(背骨)에 따라 삼지(三枝)로 절개하고 소금을 뿌려 10여 일 통속에 절여 두었다가 들어내어 그 소금물로 어체를 세척하고 두부와 꼬리 부분을 조금 안쪽으로 구부려 원상(圓狀)으로 하여 그에 중압(重壓)을 약간 가해두었다가 햇빛이 좋은 날에 2~3일 건조한다.[63]

### 갈치

갈치(葛治魚·刀魚·だちのうを·大刀魚)를 전업으로 하는 일본입어

---

[62] 『韓國水産誌』第一輯, pp. 259~261.
[63] 위의 책, p. 261.

선은 1901년경 이후이며 어구는 연승이었으나 안강망을 사용하는 업자도 있었다.[64] 그 어장은 점차 강원 함경도를 제외한 경상 전라, 충청, 경기, 황해, 평안도의 전 연해로 확산했다.

전라도 칠산바다, 위도 근해, 격음열도, 죽도, 녹도, 호도 등의 해역에서는 조기안강망 입어선과 도미연승선에서도 어기가 끝난 뒤에는 겸업으로 갈치를 어획하는 선박이 적지 않았다. 그들 선박은 갈치어획이 끝나면 다시 본업인 조기, 도미 어획으로 회귀하는 것이 보통이었다.

갈치의 어기는 서남해 일대 도서 사이는 9월~10월, 전라도 죽도 근해는 5~6월, 진남포 및 압록강 근해는 6~7월을 성어기로 했다. 1910년경에는 초여름의 이양기(移讓期)가 되면 각지의 갈치 어장에 한인 상고선(商賈船)과 행상인(行商人)이 보낸 매취선박들이 어로선의 주위에 운집하여 경쟁적으로 매취했다. 그리고 각 어항의 어상(魚商)들이 모여들어 경매에 성황을 보였다. 그 때는 생산량이 아무리 많아도 판매에 고심하는 일이 없었다. 그래서 일본 어선들의 갈치어업에 대한 관심이 점점 증대했을 뿐만 아니라 청국인들까지도 대단한 관심을 보여 단체입어(團体入漁)하는 실정이었다.

가오리

가오리(鱝魚·エヒ·䱋)는 어청도, 위도 연해에서만 관동홍어(シラエヒ)를 어획할 정도로 인기어종이었다. 그러나 자원이 풍부하여 일본인의 전문 입어선이 1892년경 처음으로 부산 근해 낙동강구에 도래했다.

---

64 위의 책, pp. 266~269.

1900년대에 들어서는 타뢰망선, 수조망선에서도 많이 포획했으나 초기에는 주로 일본거류민의 식용으로 공급했다.[65] 그러나 한인의 수요가 증가하자 가오리 전업선은 신속히 증가했다. 어장은 부산, 마산 등지에서 점차 전라도의 진도, 목포, 줄포(茁浦), 금강하구 연안으로 확대되고 인천만과 그 이북에서도 어획했다.

그 어구어법은 보통 주낚 또는 미끼 없는 주낚(空釣延繩)이었으나 주로 후자가 많았다. 군산 재류의 후쿠오카현인의 가오리 어선들은 오로지 광동홍어만을 어획했다. 그 어획을 위해서 초기에는 많은 실패를 거듭했으나 후에 대형 어구를 사용하면서 부터 하루(1日)에 보통 30~40마리를 어획했다.[66] 1908년경부터 일본인 가오리 전문입어선은 점차 쇠퇴하기 시작했다.

가오리의 어기는 진해만, 부산만, 울산만 중심의 해역에서는 음력 2월~3월이 교체기였다. 그 외 목포, 군산연해는 5월, 인천 및 진남포는 6~7월, 동해의 원산(元山) 근해에서는 6~7월을 성어기로 하고, 기타 어장에서는 보통 음력 2월 하순부터 7월 하순까지였다. 그러나 흰가오리(シラエヒ)를 어획하는 어선만은 음력 12월에서 다음 해 2월까지 계속 도래했다.

### 농어

농어(鱸魚・송어・すずき・鱸)는 한일 양국인의 기호 어종이었다. 그래서 개방초기부터 남해안에 입어하는 도미 주낚선이나 외줄낚시어선

---

65 關擇明靑・竹中邦香同 編, 『朝鮮通漁事情』, 團々社書店, 1893, p. 68.
66 『韓國水産誌』第一輯, pp. 272~274.

의 대다수는 가을, 환절기 도미 어획이 불황일 때는 주로 농어 어획으로 전환하는 경향이 있었다. 당시 어기가 되면 낙동강 금강 하구(河口) 연안에는 농어어군이 자주 수상으로 비약할 정도로 많이 유영(遊泳)하여 옴으로써 어획하기가 용이하여 초기에는 주낚으로 하루에 20~30마리 정도 어획했으나 어황어법에 익숙한 뒤로는 점차 증가하여 하루에 300~400마리까지도 어획하는 경우가 있었다.

당시 낙동강, 금강 등 하구에서 어획하는 농어는 체장의 길이가 3척 7~8치(114.15㎝) 정도 무게는 2관(7.5kg) 이상에 달하는 대어(大魚)들로서 한인의 연안 어전(箭)이나, 건망(建網) 등에서 혼획하는 것 보다 아주 대형어들이었다. 연안에서 혼획하는 농어는 보통 체장 길이 1척(30.303㎝) 정도, 무게 300~400돈(1.1~1.5kg) 정도의 작은 것이었다.

1908년 전후에는 압록강, 대동강, 한강, 금강, 영산강, 낙동강의 각 하구 및 울산만 등 광범한 해역에 일본인의 농어입어선이 보이지 않는 곳이 없었다. 그중에서도 압록강, 한강, 금강 및 낙동강 등의 강구에 집중 입어하는 경향이 있었으며 어구는 주로 주낚과 외줄낚시였다. 어획물은 부산어시장과 어장 인근의 일본인 거주지 시장에서 선어로 판매했으나 드물게는 염장하여 한인농가에 직접 판매하는 업자도 있었다.[67]

### 준치

준치(俊魚·眞魚·鰣)를 전업으로 하는 입어선은 1908년 이후 나타났다. 그 이전에는 금강하구, 격음열도 및 인천만 내에 입어하는 후쿠오카

---

[67] 위의 책, pp. 272~274.

현민의 안강망 입어선에서 여가의 부업으로 유망을 사용하여 준치를 어획하는 선박이 가끔 있었다.

준치는 맛이 좋아 종래 한인의 수요가 많았기 때문에 한인 어선에서 활발히 어획하는 어종이었다. 그에 자극을 받아 일본 입어선에서도 어획했다. 준치는 어기가 짧고 어장도 협소했기 때문에 소조시(小潮時)에 있어서만 조업이 가능했다. 어획물이 많을 경우는 어장에 운집하는 상고선에 매도했으나 대개는 어장부근의 시장에 직접 판매하거나 혹은 객주(도매상)에게 위탁·판매했다.

※ 준치는 1906~1907년까지도 일본인보다 오히려 청국인 입어선에서 더 많이 어획했다. 청국인은 진도근해, 목포만구, 칠산바다, 전주하구(全州河口), 격음열도(隔音列島), 금강하구, 죽도, 연도, 인천만 내, 어영도(魚永島), 압록강구 등에서 5월~7월 하순까지 권망(卷網)으로 대량 어획했다. 청국어선은 그 어획물을 어선 또는 운반선의 선내에서 직접 염장하여 중국으로 운송하거나 혹은 중국에서 도래하는 상고선(出買船)에 판매했다.[68]

숭어

숭어(崇魚·秀魚 ぼら·鯔)는 연안 도처에서 어획되었으나 당시 연안민들은 그리 좋은 고기로 인정하지 아니했다. 일본 입어선의 출현은 명확하지 않으나 대략 1899년경 일본 카가와현인이 12월 마산만, 진해만,

---

[68] 위의 책, p. 277.

다대포, 낙동강구에서 주로 부망으로 어획하기 시작했다고 한다.[69]

처음 사용한 어구는 대조망(大繰網=中高網)이었으나 그것은 규모가 너무 크고 어법(漁法)이 암초 사이에 잠재하고 있는 숭어가 일단 해저 평탄한 곳으로 나오기를 기다려 투망해야 하기 때문에 종종 대군을 발견하고도 적당한 장소로 이동하지 않으면 어구사용이 불가능했다. 그래서 뒤에는 뢰건망(瀨建網), 석조망(石繰網) 등으로 바꾸어 사용했다. 특히 뢰건망은 어군이 암초 사이에 모여 있는 곳을 포위하고 그 속에서 건망(建網)을 조작하여 자획(刺獲)하는 방법으로 숭어의 성질을 이용하는 좋은 어법이었다고 한다. 그 외 극히 소형의 석조망(石繰網)으로 12월에서 다음 해 2월까지 3개월 동안 부산만 내에서 조업하여 연간 약 1,500만 円 정도의 어획고를 올리는 업체가 있었다.

1900년대 들어서는 가덕도 근해에 매년 10월~11월경 입어하여 12월부터 다음 해 2월까지 조업하는 히로시마, 후쿠오카, 오이타 및 오카야마 지방에서 약 10조(組)의 선단이 입어했다. 선단 1조의 어획수익은 연 수천만 엔에 달했다.

1904~1905년경에는 부산 마산만 거제만의 동부 연안 통영 수도에도 7월에서 다음 해 3월 사이, 한겨울을 최성어기로 하여 구마모토, 오이타, 후쿠오카 및 야마구치 지방에서 약 50척 이상의 숭어어선이 입어했다. 그 구성은 오이타현 36척, 구마모토현 10~15척이었다. 숭어어업은 풍흉이 심했기 때문에 1908년경까지도 전라도 이서 및 부산이북의 연안에서 조업하는 숭어 전업선단은 없었다.

입어선의 어구는 건간망(建干網), 뢰건망(일명 권자망(卷刺網)이라고

---

69 關澤明淸·竹中邦香同 共編, 앞의 책, pp. 71~72.

도 했다), 석조망 등이 있었으나 그중에서도 뢰건망이 가장 많았다. 뢰건망 1통(統)당 어획고는 평균 1,000円 정도에 달했다. 석조망은 원래 학꽁치 어획에 사용하던 전용 어구였으나 어법이 경쾌하기 때문에 숭어 어획에도 사용했다. 석조망의 연간 총 어획고는 대략 44,400円 정도에 달했으며 실제 수익도 다른 어구 사용선에 비해서 우월했다고 한다.

숭어의 어기는 한겨울이기 때문에 다른 어류가 적은 계절이며 또한 의외로 한일 양국인이 다 같이 좋아했기 때문에 판매에는 애로가 적었으며, 주로 선어 상태로 부산 기타의 개항지(開港地)와 그 주변에서 판매되었다. 가격도 비교적 고가여서 한 마리당 평균 200문(文) 정도에 달했다. 어획물의 일부는 염장하여 일본으로 수송하는 것도 있었다.

### 병어

병어(瓶魚, まなかつお, 魴)는 어획이 많은 것은 아니었으나, 전라도 이서의 각 도서 사이에 입어하는 삼치유망선과 군산, 인천 근해에 입어하는 안강망 어선에서 6~8월 사이 다른 어류와 같이 혼획되었다. 그 전업 입어선은 1905~1906년경 큐슈 아리아케해(有明海)부근의 어민이 사용하던 병어유망(魴流網)으로 죽도(竹島), 연도, 녹도 근해에 시험 입어한 이래 계속 증가했다. 1908년경 안강망입어선 중에서도 조기어획이 한산한 소조시(小潮時)에는 부업으로 유망을 사용하여 병어를 어획하는 어선이 있었다. 그 어획양은 한 그물에 500마리 정도로서 비교적 양호했다.

어획물의 판매는 어장에 운집하는 한인상고선이나 연안 각지의 객주(客主)에 위탁 판매했다. 입어선 중에는 병어의 배(腹)를 갈라 염장하여 일본으로 송출하는 선박도 있었으나 그 수량은 극히 소량이었다.[70]

## 달강어

달강어(火魚·かなかすら)는 부산, 마산 근해의 서남해에서 5월에서 7월까지 도미 주낙, 외줄낚시선을 비롯하여 수조망, 안강망 등의 입어선에서 다른 어류와 같이 혼획 했다. 1906년경 황해, 평안 양도 연안에 후쿠오카현의 한 어부가 안강망으로 시험조업하여 약 5,000마리를 어획하고 1,000円 내외의 수익을 올렸다. 이후 계속하여 당해 해역에 달강어를 어획하는 안강망 전업선이 출현했다. 1908년경 그 전업선은 약 15척에 총 어획고는 연간 약 22,000円 정도에 달했다.[71]

## 학꽁치

학꽁치(공치·工魚·公魚·さより 魚篏)의 전업선은 1901년경 이후 10월에서 12월 사이에 경남 마산포에 어선 1척에 선원 6~7명이 승선한 3척의 히로시마어선이 입어하여 680円의 어획을 올린 것을 효시로 한다.[72] 그 전업선은 1908~1909년 이후부터 증가했다.

어기는 강원, 함경 양도 연안은 9~10월, 부산, 마산 연안은 12월에서 다음 해 3월까지, 어청도는 12월에서 다음 해 1월까지를 최성어기로 했다. 어구는 주로 석조망이었다. 석조망을 사용하는 이유는 조작이 간편하고 만(灣)내의 수심이 얕은 곳에서도 사용이 가능했고, 한겨울에도 조업할 수 있었기 때문이다.

---

70 『韓國水産誌』第一輯, pp. 280~282
71 위의 책, pp. 285~286.
72 「日本農商務省漁業統計表」 1901.2~1902.6.

학꽁치입어선은 다른 어업의 겨울철 조업에 비해서 출어일수가 길고 어리(漁利)도 비교적 좋았다. 그 어획물은 선어로 부산, 군산, 인천 등 주로 현지(한국) 판매였으나 어획이 많은 경우는 염장 또는 마른 제품 으로 하여 일본으로 송출하는 경우도 있었다.[73]

### 오징어

오징어(烏賊魚, いか) 입어선은 1900년경부터는 매년 6월에서 9월에 걸쳐 전라도의 추자도 거문도 근해에 오이타, 나가사키 지방에서 도래 한 배들이 입어했다. 3월에서 5월까지는 제주도, 거문도, 추자도 등지에 서, 4월에서 6월까지는 남해도, 국도, 장도, 칠산바다, 격음열도, 연도, 녹도, 강화도, 용위도, 순위도, 대화도, 반성열도 연해에 입어했다. 그리 고 9월에서 11월까지의 여름 가을 양 어기에는 주로 부망(敷網), 외줄낚 시, 오징어 안강망, 수조망 및 예망(曳網)선 등이 대거 입어했으나 그중 에는 다른 어족과 혼획하는 어선이 많았다.

오징어 어법은 주로 외줄낚시나 꼬임낚시(擬餌釣)이다. 그 구조는 죽 목녹각(竹木鹿角), 납(鉛), 철(鐵) 등의 선단(先端)에 다수의 낚시(釣)를 달아 연어(柔魚), 고등어(鯖), 멸치(鰮), 전어(鰶) 등 광택 있는 외피어(外 皮魚)로 감쌌다.

조업 방법은 주간에는 낚시줄(釣絲)을 길게 하여 깊은 곳까지 내리고 야간에는 횃불로 목적물을 유집하여 낚시줄을 짧게 내려 수면 가까이에 서 채 올렸다. 입어선은 어획물을 배 안(船內)에서 배를 갈라 내장을 들

---

73 『韓國水産誌』第一輯, p. 286.

어내고 잘 씻어 말려 마른 오징어(鯣)로 제조했다. 그물(網貝)로 어획한 것은 대부분 다른 어획물과 같이 선어(鮮魚)로 현지 상고선과 연안시장에 판매했다.[74]

## 빙어

빙어(白魚·しらうす)는 1906~1907년경 12월에서 다음 해 2월까지 낙동강구에 오카야마현민이 양건대망(兩樫袋網)이라는 자루그물로 입어했다. 금강하구에는 초봄에 군산 거주의 일본인이 안강망으로 다른 어류와 혼획했다. 빙어는 청국인도 아주 좋아하여 새우 조목망선에서 혼획하는 경우가 많았다.[75]

---

[74] 위의 책, p. 315.
[75] 위의 책, p. 292.

# V. 입어선의 종류와 조업상황

## V. 입어선의 종류와 조업상황

1. 입어선의 종류와 규모

   개요 / 어선의 종류별 입어 사항

2. 입어선의 영업방식과 조업 사례

   입어선의 일반적 영업방식 / 입어선의 조업(영업) 사례

3. 입어자(영업상)의 제문제

   현지인들과의 충돌 불화 문제 / 육상 근거지 확보의 애로 / 어획물 판매의 고충 / 입어채무자의 배임 문제 / 선원 고입 문제 / 미끼 조달 문제

## 1. 입어선의 종류와 규모

개요

일본입어선의 종류와 규모에 관해서 통어장정(通漁章程)상에는 달리 규정한 것이 없었다. 다만 그 제2조에 "어업면허의 감찰을 받은 자는 어업세(漁業稅)로서 다음의 비율에 따라 세금을 납입해야 한다. 감찰을 받은 선박은 그 발부받은 날로부터 만 1년간 그 효력을 가지는 것으로 한다"라는 규정이 있다.

| 승무원 | 10인 이상 | 일본은화 | 10円 |
| --- | --- | --- | --- |
| 승무원 | 5인 이상 9인 이하 | 일본은화 | 5円 |
| 승무원 | 4인 이하 | 일본은화 | 3円 |

이 규정에서 보면 어선은 단일 종류로서 그 규모는 승무원수에 의해서 10인 이상 어선과 9인 이하 5인 이상 어선 그리고 4인 이하선으로 규정하고 있으므로 대(大), 중(中), 소(小) 정도를 알 수 있을 뿐 그 외 선박의 크기나 톤수 등 규모에 의한 구분은 물론 동력 유무, 철, 나무 등 선박의 재질에 의한 구분도 없었다.

그러나 입어년수가 거듭될수록 점차 어선에는 역할을 달리하는 종류의 선박이 나타나고 나중에는 동력을 가진 선박도 등장했다. 농상공부 수산국의 『한국수산지(韓國水産誌)』에는 입어선의 종류로 어선 이외에 어획물 운반선을 모선(母船)과 독립운반선(獨立運搬船) 소회선(小廻船)으로 구분하고, 다시 모선을 염절모선(鹽切母船)과 활주모선(活洲母船)으로 구분하고 그리고 독립운반선을 동력유무로 기선(汽船)과 석유발동

기선(石油發動機船), 부선(艀船)으로 구분하고 있다.[1]

이것은 그동안 입어어선의 종류가 많아졌다는 것이며 한편으로는 입어선의 역할과 기능 그리고 어획물의 처리 방법 및 투자와 조직의 발달로 어선을 분류한 것이라 할 수 있다.

종래 보통 어선이라 하면 어장에서 어구로 고기(목적물)를 포획하는 선박을 가리키는 것으로서 구체적으로는 어로선(漁撈船)을 말했다. 그러나 통어장정상에서 어선이라 기술한 것에는 위에서 보는 선박을 모두 포괄하여 어선이라 하고 있다. 이것은 보통 어선과는 다른 넓은 의미의 어선을 말한 것이다.

운반선은 소회선을 제외하고는 어장에서 어(로)선 또는 모선으로부터 어획물이나 그 가공물을 매취하여 조선연안 또는 일본의 어시장으로 운송하여 매매하는 사업(상업)선이다. 이러한 운반선 중에는 어로선에 자본을 제공하고 어획물 매취를 독점하기 위해서 어선과 사전에 계약을 하고 도래하는 운반선과 그러한 사전계약 없이 독립적으로 자유로이 어장에 도래하여 손이 닿는 대로 어느 어선으로부터도 어획물을 자유로이 매입하는 순수 상업운반선의 두 종류가 있었다. 전자를 사입(계약)운반선(仕込(契約)運搬船)이라 하고, 후자를 독립운반선 또한 보통 출매선(出買船)이라 했다. 이 후자인 출매선을 한국(조선)에서는 상고선(商賈船)이라고 한다.

통어선 또는 출어선이라고도 하는 입어선을 일본농상무성 어업통계표에는 1905년 이후 범선(帆船)과 기선(汽船)으로 구분하고 범선을 다시 일본형(日本型)과 서양형(西洋型)으로 구분하고 있다.

---

[1] 『韓國水産誌』第一輯, pp. 356~363.

이러한 종류별 어선의 입어척수에는 1905년도 처음으로 서양형 범선 2척과 기선 7척이 포함되고 있었다. 이후 1911년까지도 서양형 범선은 연평균 2~3척 많을 때는 약 5척(1906~1907년), 적은 해는 1척이었다. 그리고 기선은 연평균 6~7척, 많은 해는 10척(1910년) 적은 해는 4척(1911년)이었다(〈표 1〉 참조). 따라서 경술년까지도 일본 입어선은 거의 전부 일본형 범선이었다는 것을 알 수 있다.

• 표 1 | 일본어선의 선질별 연도별 입어척수(1905년~1911년까지)(단위: 척, 인)

| 구분 | | 1905 | | 1906 | | 1907 | | 1908 | | 1909 | | 1910 | | 1911 | |
|---|---|---|---|---|---|---|---|---|---|---|---|---|---|---|---|
| | 연도 | 어선 | 승무원 | 어선 | 승무원 | 어선 | 승무원 | 어선 | 승무원 | 어선 | 승무원 | 어선 | 승무원 | 어선 | 승무원 |
| 입어선형(척) | 합계(合計) | 2,892 | 13,545 | 3,118 | 15,027 | 3,001 | 14,840 | 3,406 | 18,457 | 3,650 | 13,559 | 3,347 | 16,778 | 3,649 | 17,1181 |
| | 서양형 범선(帆船) | 2 | 37 | 5 | 41 | 5 | 26 | 3 | 15 | 2 | 30 | 1 | 6 | 1 | 6 |
| | 서양형 기선(汽船) | 7 | 107 | 6 | 76 | 8 | 130 | 5 | 70 | - | - | 10 | 130 | 4 | 53 |
| 총입어선수 | | 2,901 | | 3,129 | | 3,014 | | 3,414 | | 3,652 | | 3,358 | | 3,654 | |

자료: 日本農商務省 「漁業統計表」.
※ 1910년~1911년의 서양형기선은 포경선임. 서양형 범선·기선 외는 일본형 범선 어선임.

### 어선의 종류별 입어 사항

|어선| 보통 어선이란 어구를 사용하여 목적물인 고기 등 수족(水族)을 직접 포획하는 선박으로서 구체적으로는 어로선(漁撈船)이라고도 한다.

어로선은 대상 업종에 따라 선박의 크기(규모)와 승선원(어부: 선원) 수에서도 다소의 차이가 있었다. 상어 주낚어선은 5인승, 잠수기어선은 7인승, 도미 석조망어선은 5인승, 도미 주낚어선은 3인승, 학꽁치 망어선은 5인승, 숭어 망어선은 5인승, 타뢰망어선은 3인승이었다. 이와 같

이 대다수의 입어선은 5인승 전후의 중·소형선이었다.[2]

1890년 입어선의 총 척수는 718척이었으나 그 규모는 대형입어선 1.4%, 중형선 50.7%, 소형선 47.9%로 중형선이 과반수를 점하고 있었다(〈표 2〉 참조). 그러나 그 다음 해인 1891년에는 4인승 이하의 소형선이 84.1%, 1892년에는 79.9%로 소형선이 양 연도 입어선의 약 80% 정도를 점하고 있었다.

그런데 여기에서 문제는 1890년도 5인승 이상의 입어선이 과반수 이상을 점하고 있던 것이 어떻게 하여 그 바로 다음 해에 4인승 이하의 소형어선이 80% 이상을 점하게 되었는지, 단 1년 만에 그와 같은 급격한 전환을 할 수 있었다는 것이 쉽게 납득할 수 없었다.

생각건대 아마 그것은 당시 일본입어선 전부가 자국연안에서 조업하던 소규모 어선들이었다는 것을 고려할 때, 한해(조선해) 출가조업(出稼操業)이 일의대수(一衣帶水)라 하지만 그래도 외국연해에 입어(그들은 통어(通漁)라고 했음)이기 때문에 자국연해조업과는 달리 조업 도중 사고 발생이나 기타 노동력의 긴급 보충 등을 고려하여 기존의 선원 수보다 한 두 명 정도 더 많이 승선하여 조심스럽게 시험 입어하여 실제로 경험(출가)해보니 자국의 연안조업과 별로 다를 바가 없고, 또한 선원 수의 증가로 오히려 입어료와 기타부담의 증가를 초래했다는 것을 알고는 다음 해부터 선원수를 자국 연안조업 상태로 환원하여(4인승으로) 입어했기 때문에 나타났던 현상이었거나 아니면 단순한 어세 부담이나 이익배분 때문에 승선원 수를 감소시켰다고 생각할 수도 있다.

1893년 부산 일본영사관 조사에서는 부산에 입항한 2천여 척의 입어

---

2 關澤明淸·竹中邦香同 編, 『朝鮮通漁事情』, 團々社書店, 1893, p. 167.

선 중 10인승 이상 대형선은 12척, 5인승 이상 중형선 510척, 4인승 이하 소형선은 4백여 척이며 그중 대형선(10인승) 12척은 염절모선이었다고 했다.[3] 위의 사항으로 보아 당시는 일본기지에서 어부 한 두 명의 증감이 결정된다는 것을 알 수 있다. 그리고 대형선(모선)의 도래도 적은 것으로 보아 그때까지도 어물 객주(問屋=客主)의 운반선(출매선)과 결합하는 선단 입어가 그리 많지 않았던 것 같다.

그러므로 개인 입어자들 스스로가 예기치 않은 여러 문제들의 예방과 안전을 위해서 혈연 지연조직으로 입어하는 경향이 있었다. 일례로 1892년 부산근해에 입어한 상어 주낙선 약 110여 척이 거의 독립영업선이나 그중 42척이 아키타현의 키다이소어업조합원의 집단 입어였다.[4] 그리고 그들은 상부상조(相扶相助)의 조직체(조합)를 구성하고 있었다 (〈표 2〉 참조).

• 표 2 | 1892년 미나미아키다군 조선출어조사표

| 町村名 | 漁獲高 | | 어선 수(척) | 척당 승무원수 | 1척의 수지 | |
|---|---|---|---|---|---|---|
| | 수량(미) | 금액(円) | | | 지출(円) | 수익금(円) |
| 佐賀關町 | 8,000 | 14,400 | 16 | 6 | 345 | 555 |
| 佐志生村 | 560 | 528 | 2 | 5 | 175 | 89 |
| 海邊 村 | 6,795 | 8,835 | 19 | 5 | 170 | 295 |
| 上浦 村 | 1,075 | 1,290 | 6 | 5 | 139 | 76 |
| 合計 | 16,430 | 25,053 | 42 | 5.37※ | 231 | 351 |

자료: 朝鮮近海漁業組合, 『調査報告』, 秋田縣南秋田郡役所, 1895, p. 22~23.
비고: 1) 이 표의 이획물은 전부 상어임. 상어는 어획하여 지느러미만 절취하고 몸체는 해상에 버림. 그 양은 알 수 없고 미(尾)수만 표시함.
   2) 승무원은 각 어선에 따라 일정하지 않으나 대략 대형 7人, 중형 6人, 소형 5人이 4人으로 출어하는 것도 있음.
   3) ※의 수는 평균임.

---

[3] 『大日水会報』第148号, 1894, p. 15.
[4] 朝鮮近海漁業聯合會, 『調査報告 勤業報告』第一號, 秋田縣南秋田郡役所, 1895, pp. 22~23.

1908년도 입어선의 총 척수는 3,414척이며 그중에서 소형선은 3,406척으로서 무려 전체의 99.76%를 점하고 있다. 그 외 서양형 범선(帆船) 3척과 기선 5척 계 8척이 있었으나 그것은 모두 운반선이거나 포경선이므로 그때까지도 보통 입어선은 여전히 전부가 일본형 소형의 출가어선(出稼漁船)들이었다.

1909년과 1910년의 총 입어선도 각각 3,652척과 3,358척이며 후자가 전년도에 비해 약간의 감소 상태를 보이고 있다. 그것은 경술국치를 둘러싼 정세의 혼란에 기인했거나 아니면 1908년 제정한 한국어업법의 실시(1909년 4월)로 인하여 한국어업권 취득과 한국어업이민(漁業移民) 장려에 따른 새로운 채비 등으로 인하여 발생한 일시적인 정황(情況)변화의 영향일 수도 있다. 그리고 다른 한편에서는 제3차 한일협정에 의한 군대해산 등으로 인한 사회혼란의 소용돌이 속에서 발생하는 현지인들의 반일감정을 두려워하는 일부 자숙자들의 일시적인 입어중단 현상도 추정해볼 수 있다. 그것은 1911년도 입어선 총 척수가 3,654척으로 다시 2년 전(1909년도)의 수준으로 원상회복했던 것으로 보아 짐작할 수 있을 것 같다(〈표 1〉 참조).

| 모선 |  모선(母船)이란 어선과 사입운반업자(仕入運搬業者)가 결합하여 선단을 형성하여 입어하는 데서 나타났으며 그 등장 시기는 1897년이었다. 모선은 어물객주 등 자본가로서 미리 개개 어선에 대해서 영어자금(營漁資金)을 대여(貸與)하고 그 어획물을 매수(買收)하여 가공 운반 판매하는 것을 업(業)으로 하는 사업자가 선주로 되어있는 배다. 그래서 모선은 운반 가공선이지만 단체입어선(團體漁船)의 으뜸 배(元船)로서 그 선박을 달리 '오야가다선(親方母船)'이라고도 했다.

모선에는 전술한 바와 같이 염절모선(鹽切母船)과 활주모선(活洲母船)의 두 종류가 있었다. 전자는 어획물에 간절이라고 하여 소금을 치거나 염장하여 저장, 운반하는 선박이며 후자는 선박 내에 설치한 활어조(장치)에 활어를 담아 운반하는 선박이었다. 이것은 어획물의 처리 방법에 의해서 구별했던 것이며 어선(어로선)과의 관계에 있어서는 양자가 거의 동일했다.

모선 1척은 보통 어로선 5척의 비율로 선단을 조직하고 춘추 두 계절에 어선과 같이 입어했다. 모선과 어선과의 관계는 전술한 바와 같다. 즉 모선은 각 계절(춘추)마다 출어에 앞서 개개의 어선 또는 어부 개인(나잠자)에 일정 금액을 전대(前貸)하고, 출어 중에는 개개 어선에 필요한 선용품과 식량, 기타 어부의 일용품 등 일체를 공급했다. 그리고 매수한 어획물의 대금(魚代金) 결제(정산)는 철망(撤網) 후 정산하는 연불제(年拂制)가 보통이었다.[5]

모선의 규모는 1910년까지도 보통 15톤~20톤급의 범선이며 남해안의 집산지에서 시모노세키(下關)까지 3일 오사카(大阪)까지는 순풍에는 1주야, 나쁠 때는 20일이 소요되는 어획물 운송수단이었다.[6]

■ 염절모선

염절모선(鹽切母船)은 어선에서 매취한 어획물을 선박 내에서 소금을 치고 또는 염장하는 배였으나, 그 생산물은 한일 양국에서 판매했다. 일본으로 운반하여 가는 선박은 주로 도미 삼치 등 고급어를 매취하여

---

[5] 『大阪水産物流通史』, 三一書房, pp. 94~95 ; 『韓國水産誌』 第一輯, pp. 357~363.
[6] 田中宏 著, 『大洋漁業』, 展望社, 1959, p. 247

모선에서 내장을 제거하고 염장했다. 삼치운반 모선 중에는 50~200석
(石)⁷을 실을 정도로 대형화 하고 개중에는 동일 자본에서 2~3척의 일본
선(和船)을 일단으로 하여 운항하는 업자도 있었다.

■ 활주모선

활주모선(活洲母船)은 염절모선과 거의 같은 시기에 출현했다. 이 선박은 선체에 활주(활어)장치를 하고 운반하는 것이 특징이다. 그 대상물은 주로 외줄낚시, 줄낚시로 어획한 살아있는 어류를 매취하여 운반하는 것과 아귀, 갯장어, 뱀장어, 붕장어 등 활어(生魚)를 매취하여 활어조에서 일정 기간 축양(畜養)하여 운반선에 옮겨 운송 판매하는 선박의 두 종류가 있었다. 그 외 어로선과의 관계(계약방법)는 염절모선과 거의 동일했으며 모선 1척에 어선 4~5척으로 선단을 구성했다.

활주모선의 규모는 1897년 이후는 선폭 9척(2.72m)에서 12척(3.63m), 15톤에서 20톤급의 범선이었으나 1909년경 전후 경남 울산군 세죽포(細竹浦)에 도래한 활주선에는 그 적재량(積載量)이 60석(石) 내지 150석 정도로서 1회(回)에 살아있는 어류 넙치(鰈) 등 약 3,000마리(尾) 정도를 수용·운반하는 규모의 대형 선박도 있었다. 1905년 이후에는 석유발동기나 증기선을 이용하여 영업하는 선박도 있었다.⁸

| 독립운반선 |  어로선과 직접 계약관계 없이 독자적으로 어장에 도래하여 각 어선으로부터 어획물 또는 가공물을 자유롭게 매입·운반

---

7 1석(石)은 4말, 가마니 1표(俵) 또는 쌀 10말(斗). m³로는 0.18m³이다. 따라서 50석~200석은 9.08m³~36m³이다.

8 資料 『大阪水産物流通史』, 三一書房, p. 95 ; 『韓國水産誌』 第二輯, p. 508.

하여 판매하는 사업선박이다. 독립운반선은 당초에는 판매지를 주로 부산이나 그 외 한국연안 각 어시장을 대상으로 했으나 점차 일본으로 사업영역을 확대했다. 독립운반선은 출현 초기에는 출매선(出買船)이라 하여 일본형 범선(帆船)들만이 도래했으나 1905~1906년경부터는 석유발동기선(石油發動機船)과 기선(機船) 및 부선(浮船)도 등장했다.[9]

독립운반선을 대선(貸船)하는 업자도 있었다. 그 대선가(代船價)는 하주(荷主)와 선주(船主)의 부아이세이(步合制)로 하는 선박도 있었다.

독립운반선은 매취경쟁이 심해지자 어획물(선어)을 안전하게 매입하기 위해서 어로선에 전대금(前貸金)또는 전도금(前渡金)이라고 하여 자금을 대여하는 선박(船舶)도 있었다. 이것은 사실상 사입운반선(仕込運搬船) 혹은 모선운반선이나 이것을 별도로 구별하지 아니했다. 그리고 1900년대에 들어서 독립운반선 중에 어획물 운송에 얼음을 사용하는 선박(빈장운반선)이 등장했다.

■ 기선

한해 어장에 일본의 기선 어선이 처음 출현한 것은 일본 나가사키현의 서양형 포경기선 1척(106톤: 선원 32人)이 1900년 입어한 것을 효시로 하나 일반 어선이나 운반선으로서 처음 도래(渡來)한 기선은 그보다 훨씬 뒤인 1907년 143톤급의 어류운반선인 증기기선(蒸氣機船) 쇼후지마루(小富士丸)가 처음이었다.[10]

이후 증기기선은 1907년 4척, 1908년 5척으로 증가했다. 그 5척의 선

---

9 『韓國水產誌』第一輯, pp. 362~363.
10 岡本信男 著, 『近代漁業發達史』, 水產社, 1965, p. 192 ; 田中宏 著, 앞의 책, p. 247.

명은 쇼후지마루(小富士丸)를 비롯하여 유교마루(有魚丸), 강에이마루(貫榮丸), 치바마루(千葉丸), 카이리마루(海利丸)이나 그중 앞의 3척은 어기(漁期)가 시작하면 어로선과 함께 일본에서 도래하여 영업하고 어기가 끝나면 다시 일본으로 완전 철수했다. 그 외 치바마루(千葉丸)와 카이리마루(海利丸)의 두 척은 상시 한국 연해에 체류하면서 어장과 연안을 내왕하며 어획물을 항운(航運)하는 것을 업으로 하고 있었다.

카이리마루(海利丸)는 인천항 거류의 일본인 아라기(荒木某)라는 사람이 경영하는 선박으로서 봄, 여름, 가을 어기는 서해 어장에서, 겨울 어기는 남해어장에서 인천어시장으로 선어류를 운반했다. 치바마루(千葉丸)는 인천어시장의 전속선처럼 성어기에는 전적으로 어장에서 인천어시장을 내왕하는 어업모선을 예인하거나 어획물운반을 전담하다시피 했다. 그의 예인운반 수수료는 두 척 다 어획물판매고의 10% 내지 15%였다.[11]

■ 석유발동기선

석유발동기선은 2차 세계대전 전후 세계 최대 수산회사였던 일본의 대양어업주식회사(大洋漁業柱式會社)를 창시한 일본 아카시(明石) 출신의 나가베(中部幾次郎)란 사람이 어획물 판매인으로서 일본 최초로 신조한 선어운반선 신세이마루(新生丸 12톤, 8마력, 길이 14m, 폭 3m 범주형(帆走型))로 갯장어(ハモ)를 운반하기 위해서 1907년 봄 경상남도 사랑도 근해에 처음 도래한 것을 효시로 했다.[12] 그에 자극을 받은 대소 어업자와 운반업자들이 협동으로 건조한 석유발동기운반선 총 6척이 동

---

11 『韓國水產誌』第一輯, p. 362.
12 田中宏 著, 앞의 책, p. 246 ; 岡本信男 著, 앞의 책, pp. 191~192.

년(1907년) 말까지 계속 도래하고, 1908년 13척, 1911년 19척으로 1919년 경에는 300척을 능가했다. 그중에는 부산수산주식회사 소유선도 포함되고 있었다.[13]

석유발동기운반선의 일부는 남해안에서 생산한 어획물을 주로 어장에서 직접 일본으로 반출하고 그 외는 어장과 부산어시장을 왕래하고 때로는 남해안 어장에서 인천까지 수송했다. 그러나 인천으로 수송하는 횟수는 그리 많지 아니했다. 운송수수료 및 예선료는 기선의 경우와 동일했다.

■ 부선운반선

입어 어업에 부선운반선이 등장한 것은 1905년경부터이다. 서해안에 조기 어기가 시작하면 목포, 군산, 인천 재류의 일본상인들이 한국형 또는 일본형 부선을 임차하여 어장에서 직접 염장한 조기를 매수(買收)하여 부근의 어시장으로 수송 판매하는 업자들이 다수 출현했다.

부선을 이용하는 업자는 당시로서는 비교적 앞선 상업자들로서 주로 일본인 안강망어업자에 부수하여 영업하는 어획물 출매사업자(상고업자)들이었다. 그들 중에는 봄철에서 가을 겨울철까지 연중 계속 활발하게 영업하는 자는 그리 많지 않았고, 주로 봄철 한 계절(조기 성어기)에만 영업하는 단기 사업자들이 많았다. 1908년 부선운반선의 척 수는 약 50척에 달했으며 대상 어획물은 주로 조기였다.[14]

| 소회선 |　위에서 기술한 독립운반선 또는 모선과 구별하는 어선

---

13 『韓國水産誌』 第一輯, p. 363 ; 岡本信男 著, 위의 책, p. 192.
14 『韓國水産誌』 第一輯, p. 363.

의 부속선으로서 소회선(小廻船)이라고 하는 자체 운반선 또는 자가(自家)운반선이 있었다. 그 발생은 원래 잠수기 입어선이었다고 하나 뒤에는 그 외 나잠업자(해삼채취선)의 대부망 멸치 망선을 비롯하여 특히 일본인 거류지(居留地)에서 멀리 떨어져 있는 어장에 출가 조업하는 어선 또는 동일 어장의 조업선들끼리도 선대(船隊)를 구성하여 어획물을 직접 공동으로 운반하기 위해서 또는 어장에서 제조하는 사업체에서 직영운반선으로 부속의 소회선(小廻船)을 두고 있었다. 소회선은 선단 1조(組)에 1선을 원칙으로 했으나 규모가 큰 선단에서는 2~3척을 두는 경우도 있었다.[15]

소회선의 임무는 어장에서 어업근거지 또는 멀리 일본어시장을 왕래하며 어획물과 양식(糧食) 및 그 외 개인 및 어선용품(用品) 등을 운반했다. 소회선을 모선 독립운반선과 구별하는 것은 어업자(구성자)가 자기 비용(공동경비)으로 직접 운용하는 운반선이기 때문이다.

## 2. 입어선의 영업방식과 조업 사례

### 입어선의 일반적 영업방식

입어선의 영업방식은 출신 지역이나 업종 또는 입어연대(入漁年代)에 따라 다소 차이가 있었으나 여기에서는 각 입어사례에서 발췌하여 보편적인 영업방식으로 정리했으나 대체로 다음에 기초를 두고 있었다.

---

15 위의 책, pp. 262~263.

| 단독영업방식 |   단독영업방식은 선주(船主) 개인이 단독(單獨)으로 입어하여 영위하는 방식이다. 단독 어업선은 어부(漁夫＝水夫)를 고입(雇入)하여 직접 급료(給料)를 지급하고 입어하여 어업을 영위했다. 입어자(선)는 어획이 없거나 좋지 않을 때도 어부에 대해서는 약속한 급료나 보수(報酬)를 반드시 지급해야 한다. 어획이 좋지 않다는 것을 빙자하여 다른 짓을 할 수 없으며 어업 손모(損耗)에 관한 것은 전부 어업자 개인이 부담했다.

따라서 어업자는 영어자금이 부족하면 금융자(대부업자)로부터 대차(貸借)한다. 보통대차(普通貸借)는 신용이 있는 사람들 사이에서는 현금 대차만으로 융통하는 방식도 있었으나 대다수 입어자는 어획물을 저당(抵當)하여 차입하거나 혹은 다른 저당물을 제공하는 등 일정하지 않았다. 그리고 대차금의 금리(金利) 곧 이자(利子)는 1900년 전후 월(月) 1분 2리(1分2厘)에서 1할 5분(1割5分)까지 있었다.

또한 이 방식의 변형이자 공동경영을 가장한 형태로서 어업자(선주)와 승무원(어부)이 어업기간 중에 발생한 어선 어구 수리비와 승무원의 식양비 등을 어로경비 또는 공동어로 경비라 하여 그것을 어획고에서 먼저 공제하고 남은 것을 수익이라 하여 어업자와 어부가 배분하는 방식이 있었다.

■ 어업자의 전도금

어업자와 승선원(어부)의 대차 관계는 보통대차(普通貸借)도 있으나 대개는 전도금(前渡金)이라 하여 임금의 일부를 출어 전에 제공하는 선급제(先給制)를 이용했다. 전도금의 청산은 철망(撤網)할 때 개인이 수령할 금액에서 공제하는 것을 원칙으로 했다. 그리고 어업자는 한 어기 또는 한 영업기간에 올린 어획금액이 그 어업에 지출한 비용(전도금 포함)을 초과하여 충분한 이익이 있을 것으로 인정할 때는 그것을 대어(大漁)라 했다.

대어시에는 대어금액(大漁金額)에 대한 별도의 제한이 있고 없고에 관계없이 어업자는 대어놀이판(大漁踊)을 열고 혹은 그 주 어획물의 모양도(模樣圖)나 선주의 문장(紋章)을 색채로 염출(染出)한 윗옷(衣服) 한 불(겨울철에는 내피가 든 것)과, 붉은 천(赤地) 또는 어획물의 모양을 염출(染出)한 수건 및 허리띠(하라마기;腹卷) 각각 1매씩을 개개 어부에 지급했다. 이것을 '마이와이(眞祝)'라 하고 어부의 공로(功勞)를 표상하고 대어에 대한 축의(祝意)를 나타내는 것을 관례(慣例)로 했다.

■ 조난 구조

어기 중에 어선 조난(遭難)과 선체(船體) 파괴 혹은 어구 유실(流失)로 인하여 승선한 어부 등이 익사(溺死)했을 때 선주는 그 어부 1인에 대해서 장제비(葬祭費)로 일금(7円)을 제공하고, 선두(先頭=사공)도 일금(10円)을 보조(補助)하여 동료로서의 도의적 책임으로 구조(救助)하고 상계(相計)로 선주의 힘을 빌리지 아니하고 사체의 수색에 종사했다.

또한 선주는 조난 때문에 어업을 영위할 수 없을 때에는 어선 어구를 무료(無料)로 다시 제공하고 영업을 계속하도록 하여 그 부담을 정리하기를 기다려 반환하도록 했다. 소어업자(小漁業者)로서 주로 연안어업을 영위하는 자에게는 배(船)의 유무를 묻지 아니하고 의연금(義捐金)을 부담시키지 않았다.

조난어부의 유족으로서 호구(糊口)에 곤란한 자가 있으면 일시 선주가 그들을 구조하고 선주 구조의 힘이 없을 때는 동료들끼리 상호 협력하여 구조했다. 그래도 도저히 단독 생계를 유지할 수 없다고 인정할 때는 그에 상등한 수속을 취하도록 했다.

| 공동영업 방식 |  여러 사람이 자본(어선·어구)을 공동으로 거출하여 어업을 영위하고 어업이익은 자금출자에 따라 분배하는 방식이다. 많은 자본을 필요로 하는 어업을 한 사람이 경영하여 만일 실패했을 때는 그 손모 전부를 자기 한 사람이 단독 부담해야 하는 만큼, 그러한 심각한 타격을 피하기 위해서 어업자와 어부 또는 어업자와 중매인(仲買人) 등이 상호 협력하여 어부는 노동력을, 어업자는 어선 어구를 주(株)로(금액으로 환산) 제공하고 혹은 중매인은 금곡(金穀) 등 자금을 제공하여 어업을 영위하고 어업이익은 출물을 금액으로 환산하고 출자금액에 따라서 분배하는 방식이다. 금곡을 출자하는 전주(錢主) 중에는 어획물중매인(객주) 외에 가공업자, 운반업자 또는 일반자본가도 있었다.

| 사입영업 방식 |  이 방식은 순수 공동영업 방식과는 다소 차이가 있으나 가장 보편적인 방식의 하나였다. 이 방식은 주로 단독경영의 어업자와 유통업자가 결합하는 영업형태가 많았다. 후자인 전주는 어업선(자)에 한 어기간(一漁期間)을 단위로 일정 자금(주로 출어자금)을 먼저 제공하고 그 대가로 어획물을 일정가격으로 독점 매취하는 방식이다. 이 방식에서 제공하는 자본금을 사입금(仕込金)이라 하고 미리 지급(전도)한다고 해서 전도금이라고도 했다.

이 방식에서는 기간 어획고가 그 사입금액에 미치지 못할 때는 그 부족의 다소에 불구하고 어선을 저당하고 차기(次期)의 어획물로 반제하도록 했다. 사입금 제공자는 보통 유통업자로서 전대한 어선대(漁船隊)

와 같이 자가선(운반선 또는 가공선)으로 어장(현장)에 수행한다. 그래서 그 수행선을 오야가다선 또는 모선이라고도 하고 이 조직을 달리 오야가다시고미(親方仕込)방식이라고도 했다. 오야가다는 우두머리라는 뜻이나 곧 자본을 제공한 사람, 전주(錢主)라는 뜻과 어선들이 집단으로 행동할 때는 그 어선단의 수장이라는 의미를 가지며 그의 선박을 모선이라 했다.[16]

### 입어선의 조업(영업) 사례

**| 독립영업선의 조업 사례 |** 입어선의 주축은 어로선이며 그 영업방식의 기본은 독립 영업방식이었다. 그러나 거기에는 종류(업종), 규모 또는 출신 지방에 따라서 약간의 차이가 있었다. 일본기지(출항지)에서 출어어장까지의 거리는 출항지의 위치와 어장의 선택 또는 일기에도 영향을 받았다. 오이타현(大分縣)의 해안에서 한국 연해어장까지의 거리는 450해리 정도로서 순풍일 때는 주야항해로 4일 내지 5일이면 도착하고 통상은 10일 정도 소요되었다고 한다. 그러나 귀국길에는 통상 7일, 순풍일 때는 3주야(晝夜) 정도 소요되었다고 한다.

입어선은 한해(韓海)에 도착하면 먼저 부산항에 들러 해관(海關)에 세금 및 입어료(入漁料)를 지불하고 어업감찰(조업면허)을 받아야 했다. 어업감찰을 수령하면 조업어장은 통어(장정) 규정이 개정되기 전에는 전라 경상 강원 함경의 4개도 전 연해 어디에서나 조업할 수 있었다. 개정 후에는 서해 4도를 포함한 전국 연해 어디에서도 자유롭게 조업할

---

16 『大日本水産會報』第147號, pp. 29~31.

수 있었다.

통어장정이 실시된 1890년 1월에서 다음 해 11월까지 부산 일본영사관 경유로 부산해관에서 입어면허를 받은 일본어선은 13현(縣)에서 총 1,188척, 그 승무원수 5,707인, 평균 1척 당 승무원 수는 4.8인으로 소형어선이었다. 그러나 그들의 실제입어 어장은 경상 전라의 네 만 및 근해였다. 그리고 그 어선은 거의 전부 독립 영업선이었으며, 그 업종은 일본 재래의 상어주낚(鱶繩), 타뢰망(打瀨網), 도미주낚(鯛繩), 도미낚시(鯛釣), 범인망(帆引網), 고망(叺網), 학꽁치망(鱵網), 그리고 잡망(雜網) 어선 등이었다. 그들 입어선의 비용은 선원 1인이 일본에서의 하루(日) 쌀 1되(升)값을 약간 증가한 금액으로서 약 10전 정도라고 했다.[17]

멸치(鰮)어업은 낚시어업과는 달리 거물어구(漁具)를 장만하는데 많은 비용이 필요하고 또한 어부도 많이 고입해야하는 문제가 있었기 때문에 입어 허가 초기에는 많이 참여하지 못했다고 한다.

그 외에도 여러 가지 어업과 해조류(海藻類)의 채수(採收) 등 기업(起業)할 수 있는 업종이 많이 있었으나 그러지 못한 것은 오로지 출가자(出嫁者)의 사정에 문제가 있었다. 그래서 입어선의 척수는 아주 많았으나 그에 비해서 입어업종(業種)은 그리 많지 않았으며 주로 낚이업종(釣業種)과 소형그물업종(小網業種)이 많고, 입어선의 규모에도 거의 같은 소형범선이었다. 다만 고등어 선단조업 입어선은 국치년이 가까워짐에 따라 점차 대형화했다. 대형선단의 경우 적하량(積荷量)이 대략 70석(石) 정도의 운반선에 어선비 160円, 부속재료비 135円, 어구비 300円, 합계 500円 정도, 중형선단은 적하량 40석 정도에 어선비 100円, 부속재

---

17 『大日本水產會報告』 第117號, pp. 29~30.

료비 120円, 어구비 100円, 합계 320円 정도, 그리고 소형선단은 적하량 15석 정도에 어선비 70円, 부속재료비 50円, 어구비 80円, 합계 200円 정도의 비용을 필요로 했다.

그리고 입어선과 현지 연안민들과의 사이는 급수, 개선장 및 물품조달 등의 문제로 원활하지 못하고 도처에서 많은 물의와 쟁투를 야기했다. 특히 제주도 전 지역에서는 한때 입어선의 기항(寄港)을 못하게 하는 사태까지 발생했다. 곧 1891년 4월에서 5월에 걸쳐 제주도 북쪽 건입포(健入浦) 조천진(朝天鎭) 관하(管下) 및 금영리(金寧里)에서는 수회에 걸쳐 난투사건이 발생하고 현지인 사자(死者) 2~3명과 일본인 부상자 1~2명까지 발생했다. 그 이유는 현지인의 경제적 이해관계에도 있었겠지만 입어자들의 약탈적이고 방자한 태도에 더 큰 문제가 있었다.[18] 그러한 입어자에 대한 좋지 못한 감정은 상당 기간 계속되었다. 입어자들은 어장 근처의 한적한 곳에 몰래 무단 근거지(陸上根據地)를 설정하고 계박(繫泊)했다.

양국인의 관계가 비교적 호전된 곳에서는 현지인으로부터 토지를 임대하여 움막(막사)을 건설하고 그곳에 반미(飯米), 된장, 간장, 땔감 같은 것을 모두 쌓아두고 출어할 때는 막사 경비원 1인만을 남겨두고 물품의 경비와 어획물의 제조업무 등을 담당하게 했다.

제주도에 입어하는 상어어선은 육지 움막을 근거지로 하여 어장을 매일 내왕하거나 4~5일분의 일용품을 선박에 적재하고 막사에서 보통 왕복 1주야 정도 소요하는 70~80해리 정도의 먼 곳까지 어장을 구하여 조업하는 자도 있었다.

---

18 『大日本水産會報告』114-5, 1891, p. 609 ; 松本巖 著, 『解說日本近代漁業年表』, 水産社, 1977, p. 10.

히로시마현인(廣島縣人)들을 비롯한 에히메(愛媛), 오카야마(岡山), 카가와(香川), 야먀구치현인(山口縣人)들은 항상 동일 해역을 주근거지로 입어했다. 경상도 어느 지역에서는 현지민들과 정교가 두터워지면서부터는 움막(창고)과 같은 시설을 모두 영구적인 것으로 건축하고 철망(撤網)하여 귀국할 때는 어구, 어선을 그곳에 보관해두고 그의 관리를 촌민(村民)에게 위탁하는 것을 통상으로 했다. 그리고 건조장과 같은 것도 현지인의 사업에 방해가 되지 않을 때는 토지 등의 사용을 허용하는 등 상호협조 상태를 유지했다.

토지임차료는 지방에 따라 차이가 있었으나 어떤 곳에서는 전세로 반계절(半季)에 1관문(貫文)을 촌리(村吏)에 납입하도록 하는 곳도 있었다고 한다.

입어허가 초기에는 해조류(海藻類) 채취는 못했지만 후에 울릉도 등을 비롯하여 해조류 채취도 본격적으로 할 수 있었다. 다만 소형 그물어구를 사용했던 어선에서는 한 번 투망으로 그물을 끌어올릴 수 없을 정도로 어획이 많아서 즐거웠으나 고생한 보람도 없이 그 어획물의 처분이 어려워 일부를 바다에 다시 버려야 하는 안타까움도 가끔 있었다고 한다.

입어선의 대부분은 처음부터 어획물을 부산어시장이나 어장 부근 연안민에 직접 판매하고 일부는 소회선(자가운반선)으로 일본으로 운반하여 판매했다. 어획물을 상선(운반선)으로 일본에 반출하는 경우는 수출조례에 따라 수속이 복잡하고 관세(關稅)를 별도로 지불해야 했기 때문에 영세입어자로서는 큰 부담이 되었다고 한다.[19]

---

19 『大日本水産會報』 第297號, p. 3.

그래서 입어선은 오랜기간 어획물 판매가 용이한 부산 근해조업을 선택했으며 그 외 부산에서 먼 어장에서는 어장에 도래하는 현지 상고선에 판매했다. 현지인들과의 거래는 초기에는 통화(通貨)와 거래관습의 차이에서 많은 문제가 있었으나 현지사정이 익숙해짐에 따라 한화(韓貨)판매도 용이해졌다.

당초 시장에서 통용되던 화폐의 경우 부산, 인천 등의 개항지에서는 일본화폐도 같이 통용되었기 때문에 별로 지장이 없었으나 그 외 지역에서는 문제가 많았다. 그러나 입어자들도 점차 현지 화폐단위는 물론 현지인의 일상생활용어까지 익숙해지자 통역 없이 어획물 판매와 일용품 구입 등 상거래에도 별다른 지장이 없어졌다.

어업자들의 어업이익은 거의가 선원들과의 분배제로서 보통은 평등분배제(平等分配制)였다. 미나미아키타군 사가세키조(南秋田郡佐賀關町)의 상어낚시 어업자인 나가이에(仲家太郎吉)는 1894년 8월부터 1895년 2월 13일까지 2척의 낚시어선(釣漁船)에서 올린 어획금액 3,000엔에서 어구비, 식비, 기타잡비 등을 공제한 수익을 어선(1人 취급)과 승무원 전원에게 각각 평등하게 분배했다. 그래서 선주는 승무원으로서의 자기 몫(1人分)과 어선 몫(1人分)을 합한 두 몫(2짓)을 취하고 기타 선원들은 모두 각각 한 몫(1짓)씩을 취했다.[20]

또한 사가세키조의 전주(錢主)인 어류가공인 우에노(上野禮)는 단독 경영자로서 1895년 1월, 에히메현(愛媛縣 西宇和郡)의 나잠부(蜒營業者) 약 60인을 모집하여 10명(승선) 1조 단위로 6척의 어선에 분승시켜 입어하여 전복을 포획했다. 우에노는 각 나잠부들이 포획한 전복을 1관(1貫)

---

20 朝鮮近海漁業聯合會, 『調査報告 勤業報告』 第一號, 秋田縣南秋田郡役所, 1895, pp. 21~22.

당 9전에 전량매입하고 그것을 전부 마른 전복(乾鰒)으로 제조했다. 1월에서 6월 10일까지 매취하여 제조한 마른 전복제품을 일본에서 판매하고 그 판매금에서 비용을 지변(공제)한 남은 금액(수익금)은 단독 수입으로 취했다. 그 금액은 1천 800엔에 달했다고 한다.[21]

■ 잠수기선

잠수기선의 입어는 1879년을 효시로 하며 1893년경 입어선은 120척이던 것이 1907년경에는 도쿠시마, 에히메, 오이타, 히로시마, 야마구치, 효고, 오카야마 등 제 지방에서 합계 400척 이상이 입어했다. 동해의 원산 거류자 잠수기어선은 1892년 강원도 연안에서 잠수기 1대로 1일 10정(挺)[22] 정도 해삼을 어획하는 경우도 있었으나 보통은 7~8정 정도였다.[23] 그러나 1897년 당해 지역에 입어한 해삼 잠수기선은 150척이었으며, 그 1척당 하루의 생산량은 평균 마른 해삼 20근 남짓을 제조할 수 있는 정도의 어획으로 종전의 1/5로 감소하고 1907년경에는 두정(통)에도 미치지 못할 정도로 감소했다. 그 이유는 남획이었다.[24]

1907년경 잠수기선의 규모는 보통 선폭(어깨넓이) 7척~8척(2.12m~2.42m) 길이 17~18척(5.15m~5.45m) 정도의 크기에 승무원 수는 일정하지 않았으나 보통 어선 1척에 잠수부 1인, 선두(사공) 1인, 줄잡이(網持) 1인, 수부(水夫) 6~9인 등 총 9~12인승이었다. 수심이 얕은 곳에서 작업

---

21 『大日本水産會報』第297號, p. 22.
22 1정(挺)은 4말들이 통 1개를 말함. 곧 건해삼 100근(斤)을 생산하는 생 해삼 1통을 말함.
23 東京水産學會, 『水産』第1卷 第1號(韓國咸鏡道の漁業), 1900年 6月號, pp. 2~31.
24 吉田敬市 著, 『朝鮮水産開發史』, 朝水會, 1954, p. 208.

하는 잠수기선은 수부 4~5인, 총 인원 7~8인승이었다.

잠수기선의 선원 고입은 전원 급료제(給料制)를 적용하는 어선과 선두(사공), 줄잡이, 수부(水夫)는 급료를 적용하고 잠수부에 한해서는 별도로 어획고에 대한 일정비율급인 부아이세이(步合制)를 적용하는 어선도 있었다. 급료제의 경우는 1개월에 줄잡이 10円~12円, 수부 8円~10円, 선두 25円~30円 정도였으며, 잠수부에 대한 배분(짓)은 해삼 1통분(8円으로 간주)을 배당(配當)했다. 이 두 방법의 공통점은 선원의 식량(료)은 다 같이 어업자(영업주)부담이었다.

■ 상어어선

상어입어선 중에는 개인영업과 오야가다시고미(親方仕込)영업의 두 종류가 있었다. 개인 상어입어선으로 가장 역사가 오래된 비양도의 상어 입어선은 1885~1886년 6월에서 8월까지 조업하고 일단 귀국하였다가 양력 8월 보름을 지내고 다시 입어하여 9월부터 11월까지 계속 조업하고 철수했다. 조업기간 동안 그들은 근거지(비양도나 방두포)에 명석(蓆)을 둘러친 20평 정도의 오두막집(小舍)을 설치했다가 철수할 때는 파괴하고 입어하면 매년 새로 건설했다. 그러나 어육(魚肉) 염장탱크는 지중(地中)에 사방(四方) 한간(1間=1.818㎡) 넓이 또는 약간 장방형으로 깊이(深) 두 척(2尺=60.6cm) 정도로 땅을 파서 시멘트를 발라 영구 구조물로 했다.

이들의 조업은 계절에 따라 상이했으나 남서풍이 많은 여름철에는 동안(東岸)으로 출어하고 북서풍이 강한 가을철에는 서안으로 출어했다. 주요 어장은 서안에 있었다. 서안 쪽 어장에서의 조업은 어기 초에는 연안 2~3리(里=8~12km) 되는 앞바다에서 작업하기 시작하고 계절의 진행에 따라 점차 먼 곳으로 이동하며 종국에는 중국해까지 도달하는 경우도 있었다.

출어선은 2~3일분의 미끼를 준비하여 근거지를 출발하고 어장에 도착하면 이른 아침에 주낚을 바다에 투입하고 일몰에 양승했다. 작업이 끝나면 가까운 가파도나 모슬포 등의 착지(錯地)에 입항했다. 어장이 먼 곳이었을 때는 그 어장에서 가박(假泊)하고 어획물이 만재되면 근거지로 귀항했다.

미끼는 각 어선에서 주낚으로 직접 포획하여 사용하나 작업 전에 항내(港內) 또는 적당한 곳에서 갈고(小鯖)를 낚아 그것을 미끼로 야간 주낚으로 도미, 적어(赤魚) 기타 잔고기(小魚)를 포획하여 활어조에 축양해두고 사용했다. 야마구치현 입어민들은 돌장어(점붕장어)를 주로 사용했으나 그것도 역시 선원들이 직접 멸치를 미끼로 외줄낚시로 포획하여 해안 활어조에 축양해두고 사용했다.

어획한 상어는 초기에는 지느러미만 절제하여 건조하고 살코기(肉)는 바다에 버렸으나 점차 선어 시장을 개척하고 토막고기(タレ)로 제조하여 판매했다. 토막고기는 상어육(肉)을 가로 한자 다섯 치(1尺 5寸=45.45cm), 세로 한자 오분(1尺 5분分=31.5cm) 정도의 장방형으로 절단한 토막고기를 세워서 5일 정도 소금에 질여 두었다가 꺼내어 햇빛에 말린 염근품이다.

1897년 입어한 기름상어 포획어선은 34~35척에 불과했으나 1898년에는 무려 64척으로 증가했다. 그들은 사가세키 지방선 30척, 나가스무라(中津村) 지방선 25척, 기타 부산 거주자 6척, 나가도 다마에 구쓰(中戶田前 口津)선 3척이었다. 어기는 1월 하순에서 3월 하순까지이며 조업은 보통 일본의 대마해협에서 시작하여 점차 부산 동북 울산 근해까지

도달했다. 미끼는 방어를 사용했으나 조달이 아주 곤란했다. 당시 방어 가격은 1마리에 80전이었다. 미끼로 사용할 때는 그것을 15~16조각으로 절단하여 사용했다.

기름상어의 어가는 당시 일본의 하가다항에서는 판매 초 7円에서 시작하여 점차 4円 50전으로 내려가고 부산항에서는 고기만 6円 내지 4円이었다. 지느러미는 1897년 한 마리분(1末分)이 1円 5전, 1898년은 1円 14전이었다. 당해연도 어선 1척이 가장 많이 어획한 것은 사가세키 지방선으로 1,000円~1,800円에 달했다. 또한 나가스무라(中津村)지방선 중에서 가장 많이 어획한 어선은 1,300円, 적은 어선도 600~700円을 내려가지 않았다.

조업비용(執業入費)은 1개월에 1인당 3円을 기준으로 9인승의 경우 27円, 3개월 어기에 요하는 비용은 150円 합계 231円이었다. 이 비용을 수익이 많은 어선에서 공제하면 순 이익금은 1,569円, 1인당 157円, 1개월에 52円의 급료에 해당했다(단 어선을 1인으로 간주 계산). 소액 수익선 역시 369円의 순익으로 1인당 46円 10전(7인승에 어선 1인을 추가계산) 1개월 15円의 급료에 해당했다.

1893년 당해연도 일본 전국어부의 1인당 1년 소득이 38円 10전에 불과했으므로 가령 100円으로 간주하더라도, 기름상어선의 어부 소득은 한 달에 많을 경우 50円, 적은 경우도 15円을 내려가지 않으므로 1년 어획으로 볼 때 그들 입어선의 수익은 많을 경우 600円, 적을 경우 180円으로서 일본 전체 어부의 평균소득과는 큰 차이가 있었다.[25]

상어 주낙입어선은 어장사정에 어둡거나 여러 가지 사전준비가 부족

---

25 『大日本水産會報』 第190號, pp. 72~73.

하면 영업에 아주 곤란을 겪었다. 특히 어육판매가 곤란했을 때는 지느러미만 절제하고 어체를 바다에 버려야 하는 안타까움이 있었다.

절제한 상어 지느러미는 육지의 막사 담당이 건조하고 관리했으나 판매는 귀국하여 나가사키항(長崎港) 거주의 청국상인(淸國商人)을 대상으로 했다. 육지의 막사당번은 간혹 방어나 잔고기류(小魚類) 등 부산물을 염장하여 두었다가 귀국하여 마세키(馬關=지금의 下關市) 오노미치(尾道) 등지에서 판매하는 자도 있었다.

그리고 상어 간장(肝腸)에서 기름을 척출하기 시작하고, 그 기름을 제주도와 육지에서 제충제(除虫劑)와 점등용(点燈用)으로 판매했다. 당시 간유의 가격은 1말 들이 석유관(罐) 한 통에 1円 내지 1円 30전 정도였다.[26]

그리고 한인 사이에서도 점차 상어고기의 수요가 증가하여 선어 또는 염장육으로 부산, 목포, 마산 및 그 외 지방으로 새로운 판로가 개척되기 시작하고, 제주일본인 중에 상어고기를 어묵(溝鉾)재료로 사용하는 자가 출현했다.

그러나 1889년 부산 일본거류인들이 설립한 '부산수산회사' 부설어시장이 개설된 뒤에는 부산 근해 조업선들은 상어육을 부산어시장에 판매할 수 있었다. 그러나 부산과 원거리 해역에서 조업하는 입어선 들은 여전히 어육판매가 곤란했다. 그러한 입어선에는 선내에서 염장어육 또는 마른 어육제품을 제조하여 일본으로 운반해가거나 어장에 도래하는 한인 상고선에 염가로 판매했다.

1900년 이후 한일 양국인들이 상어고기를 점차 수요하고 소비가 증가하자 상어의 육가(肉價)도 어장과 부산 및 일본의 어시장 가격에 큰

---

26 『韓國水產誌』第一輯, pp. 269~272.

변화를 미치기 시작했다. 그러나 그것이 먼 바다 입어자들 사이에서는 참기 어려운 과제가 되었다고 한다. 다만 제주도 근해에서는 상어육의 해상판매가 가능해졌지만 육가에는 큰 변화가 없었다. 현지에서 펜두상어 1두에 25~30전 하는 것이 부산수산회사 어시장에서는 평균 2円(〈표 3〉 참조), 하가다(博多) 지역에서는 기름상어 1두 가격이 5円~8円이었다. 이러한 어가의 차이는 수송 곤란에도 그 원인이 있었다고는 하나 그래도 어선에서는 너무 심각한 문제였다고 한다.

• 표 3 | 1899년도 부산수산회사어시장의 상어 평균 거래가격표

| 어종 | 마리당 평균육양 | 전육가격 | 생지느러미 1두 평균량 | 생지느러미 1근 평균가격 |
|---|---|---|---|---|
| | 근(斤) | 금액(円, 錢) | 근(斤) | 금액(전, 리) |
| 펜두상어(ひらかしらやじ) | 50 | 1円 | 4 | 18.5 |
| 기름상어(ばか) | 150 | 1円 50 | 10 | 5.5 |
| 무태상어(どた) | 150 | 3円 50 | 20 | 15.5 |
| 청새리상어(まふか) | 150 | 3円 50 | 5 | 15.5 |
| 귀상어(양반상어)(しゆもし/ガモ) | 100 | 2円 50 | 10 | 10.8 |
| 평균 | 120 | 2円 00 | 9.8 | 13.16 |

자료: 朝鮮海通漁組合聯合會 業務報告, 1900년 別紙, p. 63.

지느러미를 절제하지 않은 상어(어체)의 가격이 일본의 우츠기미(臼杵)지방에서는 보통 50円 내외로 판매되었으나 부산에서는 보통 12전 내지 13전, 아주 좋을 때도 30전 정도로 거래되었다. 이와 같이 국내가격이 저렴했음에도 당시 상어입어선은 현지 판매 어육만으로도 1년에 100円 내지 200円 정도의 수익이 있었다고 한다.

상어의 가격(어가)은 1907~1908년경 펜두상어 1마리의 지느러미 가격이 1円 내외, 다른 상어류의 지느러미 가격은 전자를 표준으로 하여 보

통 그의 7~8할 정도로 거래되었다. 어육(魚肉)은 보통 체장이 큰 상어(大) 1마리에 30전 내지 50전, 최대의 것은 그의 배가(倍加) 되는 것도 있었다. 그리고 상어입어선 1척의 수익은 여름과 가을 양계절 어획분 합계 7~8백円 내지 1천 円이 보통이었다.[27]

염장상어육은 일본에서도 수요가 증가하자 겨울철에는 하가타, 마세키를 비롯하여 일본 각지로 운반하여 고가로 판매되었다. 그래서 제주도 및 거문도처럼 부산에서 먼 곳의 어장 부근의 도서에서는 일본으로 반출하기 위한 상어토막고기 제조가 성행했다.

상어 주낚업은 어종과 계절에 따라 매년 풍흉의 차가 컸는데 입어선이 계속 증가 경향에 있었을 때(1897년경)에는 1척당 평균어획고가 700円 정도였다가 1905~1906년경에는 기름상어의 경우 2~3일 작업에 1,000円 이상의 어획도 올렸다. 그러나 남해안의 저상어 어획고는 봄, 가을 양 성어기에 각각 약 1,000円 내외 제주도 근해에서는 1,500~2,000円 정도로 하락하고 어장과 어종에 따라서 수익 차는 여전히 심하였고 상어어업은 쇠퇴하기 시작했다.

■ 도미어선

도미 어획에는 외줄낚시, 주낚, 그물어구를 사용했으나 초기 입어선의 보편적 어구는 외줄낚시와 주낚이었다. 도미 주낚업은 1890년대까지만 해도 3대 입어업종의 하나였으며 그 어장은 주로 일본에서 가까운 거리의 제주도를 비롯해서 경상남도, 전라남도의 서남 연해역이었다. 주어기는 역시 봄, 가을 양 계절이며 대다수 입어선은 주로 봄철 한 계

---

27 『韓國水産誌』第三輯, pp. 424~425.

절만을 선택하여 집중 입어했으나 주년 조업선도 있었다.

1878년 처음 도미주낚선이 입어한 이래 1889년 전후에 이미 연 300여 척의 입어선이 도래했다. 1896년경 봄 5월에서 9월까지의 어기에 입어한 도미어선은 부산과 거제도 사이를 주 어장으로 하고 그 이서(전라도) 어장에 입어한 어선은 거의 없었다. 그것은 주로 어가(부산의 반값)때문이었다.

부산과 거제도 사이 어장에 입어한 도미 그물어선은 한 그물로 하루에 3만 5~6천 마리를 포획하고 주낚선은 큰 도미 400마리 이상을 어획한 경우도 있었다. 그래서 그 어기가 되면 부산 어시장 바닥은 몇 십만 마리의 도미로 입추의 여지가 없었다고 한다. 그러나 어가(漁價)는 극히 저렴하여 1마리에 1전 10문(1文＝日貨 2전) 정도이며 때로는 일본에서 염절선이 도래하여 겨우 가격을 유지할 때도 있었다고 한다. 그렇다고 여름철에 도미 선어를 만재하고 귀국한다는 것은 부패 때문에 생각할 수도 없는 일이었다. 그래서 사가세키나 나가사키현의 대형 입어선들은 염장을 하며 계속 어업했으나 소형선은 염장이 곤란하여 부산 어시장을 내왕할 수밖에 없었다. 그 당시 거제도 이서, 전라도, 충청도 어장으로 입어하는 도미선은 전부 대형선이었다.

도미 주낚선은 어구 10~15발(鉢)을 사용했다. 1발의 지승(枝繩)낚시 수는 150개였다.

한해도미는 몰려 회유하기 때문에 한발에 80마리 정도까지 어획하는 일이 많았다. 미끼는 낙지, 해삼, 바다지렁이, 꼼장어를 사용했다. 일본에서 가져온 미끼가 동나면 한인을 고용하여 미끼망 등을 사입하여 낙지, 해삼을 포획하거나 매입 사용했다. 그리고 도미선은 전부 목선이며 승선원은 3~4명이었다.[28]

경상남도의 거제도, 부산 근해, 전라남도 연해역에 입어하는 대형 도미그물어선은 전장 6~8척(1.82~2.43m)의 어선 한 척에 5~6인이 승선한 전체 30~50인 정도의 도미박망업선단조직(鯛縛網業船團組織)이며 보통 봄철 3개월에 걸쳐 입어하나 실제 조업일수는 약 50일 정도에 그 어획고는 1어기 약 1,700円~3,000円이었다.[29]

1910년을 전후하여 군산 근해 격음군도 죽도 연도를 중심으로 하는 부근 어장은 성어기에 도미어선 약 800척과 일본행 염절모선 120척 및 그에 연류된 출매선 약 500척이 도래하여 대성황을 이루었다. 남해안에 입어한 도미선도 6월 하순부터 북상하여 대청도, 위도 방면에서 최종 조업하고 10월 하순 다시 남하하여 남해의 욕지도 거제도 근해어장을 거쳐 12월 중순이나 하순에 귀국했다.

그리고 9월 중순부터 12월 중순까지 청산도, 지도 연해 입어선은 귀국길에 다음 해 1월까지 갯장어, 붕장어 어획을 집약적으로 어획했다. 그러한 입어선은 1907년 이래 수백 척에 달했으며 1척 당 하루 평균 어획량은 50~200관에 달했다.[30] 일본 어시장에서 한국산 도미는 품질, 가격이 항상 1위를 점하고 다른 어류의 가격을 좌우하는 정도였다.

■ 멸치어선

경상도 지역에 입어하는 멸치어선은 적재한 각종 어구의 대소 규모도 달랐고 선형(船形)도 통일되지 아니했다. 멸치어선은 보통 그물배(網船)로 입어했다. 그중 큰 어선은 선폭 1장(丈=3.03m), 길이 3장(약

---

28 『大日本水産會報』 第171號, pp. 59~61.
29 吉田敬市 著, 앞의 책, p. 197.
30 위의 책, p. 197.

10.0m), 정도 되는 것도 있었으나 보통은 선폭 7척(丈2.1m), 길이 2장 3~4척(7m~7.3m) 정도의 소형선이 주축이었다.

이들 멸치어선은 대개 선단 1통으로 망선 2척(1척 승선원 9인), 수선(手船) 2척(1척 2인승), 자숙선(煮熟船) 1척(3인승) 또는 운송선 2척 등 총 5척~7척으로 구성한 선단이었다. 조업은 그물배와 수선의 협동 작업으로 어획하고 모선 조직과는 상이한 단일 작업 조직이었다. 이 선단들은 입어하면 먼저 3개 선단이 공동으로 육상에 임시 움막(헛간) 1개소를 설치하고 그것을 창고로 공동 사용했다. 어획물은 현장(해상)의 자숙선에서 즉시 삶아 산더미로 건져두었다가 육지에 돌아와서 햇빛으로 건조했다.

그 마른 멸치제품은 1910년 이후까지도 거의 전량 일본으로 반출했다. 반출은 2~3개 조의 어선단이 공동으로 200석(石) 내외의 적재 화물선을 고입하거나 또는 각 항해마다 운임을 결정하여 용선하거나 혹은 비율배분제(比率配分) 혹은 세활방법(歲割方法)의 배분제(공동융자)로 위탁 운송했다.

| 사입영업선의 조업 사례 |  합법적인 입어 이전부터 일본에는 사입영업선이 있었다고 한다. 1834~1835년경 히젠(肥前), 가라쓰(唐津), 이마리(伊萬里) 등의 어물객주들이 입어선에 영어자금(자본)을 대여하여 어업을 영위하게 하고 그 이익금의 일부로 대여금을 5년 내지 7~8년에 걸쳐 전부 상환(반제)하도록 했다. 그 뒤 다시 그 선주에 신규의 조선비를 대여하고 어선 신조와 어구를 개량하게 하여 점점 먼 바다로 출어하게 했다. 그리고 그 어획물은 근거지(히젠, 가라쓰, 이마리)의 각자 객주에 송출함으로써 객주도 그 판매이익을 얻을 수 있도록 하는 일거양득

의으로 영위했다. 한해 입어의 모선(운반선) 동반선단은 거의 대부분이 이와 같은 객주나 자본가의 사입 수혜자였다.[31]

이 방식은 어물객주(자본가)가 어업자에 영어(營漁)자금으로 자본금(사입금)을 대여하고 그 대가로 어획물을 일괄 매취할 수 있는 권리를 가진다. 사입금이란 명목으로 영어자금을 대여 받는 어업자(생산자)는 거의 전부가 영세어업자이기 때문에 어업 개시자금으로 사입금을 사용하는 자가 많았다. 염절모선, 활주모선단(조직)과 같은 비교적 큰 입어선단 조직이 그 대표적인 형태이다.

사입 자본의 대여는 일본 입어자 뿐만 아니라 점차 현지인(한인)에게도 확대 적용되었다. 현지인을 대상으로 한 최초의 일본 사입금 제공자는 확실치 않으나 아마 조선 연안에서 해조류를 수집했던 오이케(大池忠助)라고 짐작하나 확정할 수는 없다. 그는 합법적인 입어 이전부터 일본인 최초의 해조류 수집자일 뿐 아니라 그로 인한 자본증식으로 후일 제조선 수산계의 대표적인 인물로 성장했다.

사입 자본의 대여는 그 뒤 마른 굴, 마른 멸치, 기타 선 어류 등 다양한 어종 업종에 이르기까지 확대되고 업계의 지배적 영업형태가 되었다. 특히 1900년 전후부터는 입어지역(어장)의 한인들에게도 사입금의 살포가 급격히 침투하고 활발해졌다. 한인에 대한 사입 어업방식에는 현물과 금전 두 종이 있었다. 전자는 자기들이 사용하던 낡은 어선, 어구 등을 현물로 대여하고 후자는 일체의 유동자금 또는 어업자금 전부를 대여하거나 혹은 신규업자를 선정하여 신조 조선비(造船費), 어구제도비, 영어자금 전부를 제공하는 경우도 있었다. 다음에서는 주로 한인

---

31 『大日本水産会報』第148호(1894年), p. 17.

에 대한 보통 사입 사례를 주로 보기로 한다.

■ 동해안의 굴 사입경영 사례

함경북도 경흥군 서면 동번포(慶興郡 西面 東番浦)와 영흥군 진흥면 대서도(永興郡 鎭興面 大猪島) 및 문천군 구산면 서만(文川郡 龜山面 西灣) 등은 옛 부터 굴 생산지로 유명했던 곳이다.

동번포(東番浦)에는 1904년경부터 원산재주 일본인들이 연안 굴 채취인에게 일시금으로 사입금(仕込金)을 제공하고 그 대가로 채취한 굴을 일괄 매수(買受)하여 마른굴 제조를 시작했다. 1907년에는 동번포 주민의 대부분인 810여 인이 일본인 사입금을 받았다. 그러나 그 사업을 무계획적으로 실시하여 일시에 너무 많은 굴을 채취했던 관계로 어장이 일찍 황폐하여 1910년에는 사입금 수혜자의 숫자가 불과 수 명으로 감소했다.[32]

함경남도 영흥군 진흥면 대저도에도 원산재주 일본상인이 현지인 40호(인구 200여 인)에 사입금을 제공하고 생굴을 전량 매취하여 그 섬 동쪽 중앙부에 위치한 가지리(可致里)에 제조소를 설치하여 마른 굴 생산을 시작했다. 과도한 채취로 생굴 생산량이 감소하여 그 마른 굴 제조공장은 1909년 폐쇄하고 이후 사입금 지급은 거의 중단하고 개개의 굴 채취자가 직접 제조한 마른 굴을 일정가격으로 매수하는 방식으로 전환했다.[33]

또한 문천군 구산면에서도 원산재주 일본상인 요코야마(橫山喜太郎) 나카무라(中村國太郎) 니시시마(西島留藏)와 청국상인(同豊泰號)까지도 봄 가을 양 계절에 연안민에게 각각 경쟁적으로 사입금을 공여하고 채

---

32 『韓國水産誌』 第二輯, p. 52.
33 위의 책, p. 223.

취한 생굴을 매입, 섬당기(蟾堂崎) 부근에 설치한 제조소(乾牡蠣製造所)에서 마른 굴을 생산했다.

생굴 생산은 초기에는 한 사람이 하루(1일)에 알굴(剝身) 2단지(壺) 정도를 채취했으나 점차 감소하여 1909~1910년경에는 1단지 내외로 감소했다. 1단지(壺)의 양은 일본 되(升)로 9되(升) 정도였다. 그러나 그것은 탈수한 것을 고봉으로 했기 때문에 그 실제량은 1말(斗) 정도로 곧 5관(貫: 18.75kg)에 상당했다. 알굴 1단지의 매입 계약가(契約價)는 70전(錢)이었다. 보통 생굴 22단지면 110관(412.5kg) 정도 되며 그것으로 마른 굴 16관(100근=60kg)을 생산했으므로 그 수율(收率)은 14.5%(약 1할 5부)에 달했다.[34]

※ 마른 굴 제조방법은 지름(經) 3척 정도의 평솥(平金)에 담수 두말 정도를 넣고 거기에 식염 5되(升)를 넣어서 끓이고 거기에 생굴 약 4관(15kg)을 넣어 40분간 삶은 뒤 건져내어 대자리(筵)에 널어서 햇빛에 말렸다. 마른 굴 제조 방법은 어느 곳에서나 동일했다.

■ 삼치 입어선의 사업경영 사례

경술(1910년) 이전 삼치 입어선의 영업형태는 개인 경영과 단체 경영의 두 형태가 있었다. 후자의 사례로 카가와현의 한 입어선단의 경우를 보면 전대특약(前貸特約)의 공동조직으로서 염절선(鹽切船=工船·母船) 2~3척과 어로선 5~6척 내지 14~15척으로 구성한 업체였다. 염절선은 100석(石) 내지 300석 정도를 적하(積荷)할 수 있는 일본형 선박으로

---

34 위의 책, pp. 231~232.

그 선주는 각 어로선에 100円 내지 200円의 자금을 전대하고 어획물을 수매했다. 어로선과의 관계를 아주 원만하게 유지함으로써 양자 간의 분의(紛議)갈등 때문에 영업에 지장을 초래하는 것과 같은 일은 전혀 없었으며 상호 긴밀하게 협력한다고 했다. 그리고 각자의 수리(收利)도 아주 양호하여 한 어기에 각 어선 1척당 300~500円의 어업이익이 있었다고 한다. 그 외의 당해연도 입어자는 거의가 여러 지역에서 도래한 각 개인 영업자들이었다고 한다.

■ 멸치 후리망의 사입경영 사례

전술한 바와 같이 멸치 어업의 입어는 1884~1885년경 히로시마현의 어부가 권현망으로 경남 마산만에 입어한 것을 효시로 하고 멸치후리망(地曳網)의 입어는 그보다 훨씬 늦은 1903~1904년경 부산 근해입어를 효시로 했다. 후리망은 그 후 경상남북도, 강원도, 전라도, 충청남도 등 동, 서 남해안에 걸쳐 광범하게 입어했다. 어청도에는 1904년 일본인 이주자(移住者)가 멸치 후리업을 창업하고 제주도 어부를 고용하여 현저한 성과를 얻었다고 했다.

동해의 강원, 함경도 지방은 원래 조선 최대의 멸치후리어장 지역이었다. 그곳의 멸치 어업자는 주로 원산재주 일본인 자본가들로서 그들은 1900년경부터 토착의 멸치후리어업자를 대상으로 사입금을 살포했다. 일본에서의 직접입어는 거리가 멀고 거친 해황과 한파가 심하고 많은 어부를 대동해야 하기 때문에 일본에서의 후리어업 입어는 당시로서는 사실상 불가능했다. 그래서 1903~1904년경 부산 거주의 나카무라(中村俊松)라는 사람이 처음 강원도 평해군 원리포(江原道平海郡原理浦)의 어민을 대상으로 사입금을 제공했다. 그 뒤 아이치현 출신의 원산 거주

나츠메(夏目市郞兵衛)는 고성군과 간성군의 접경에 있는 어촌민을 대상으로 양자는 어선과 어구를 공여(供與)하고 현지인은 노력(勞力)을 제공하는 형식의 후리망 사입어업(地曳網 仕込漁業)경영을 영위하여 좋은 성과를 거두었다.[35]

또한 그는 1904년경 돗토리현의 오쿠다란 사람이 처음으로 강원도의 멸치 어업에 출어하여 실패하고 곤경에 처해있는 것을 구제하라는 일본 농상무성 마츠사키(松崎) 서기관으로부터 부탁을 받은 조선해통어조합 연합회 원산지부의 요청으로 그(나츠메)는 오래전부터 사입관계를 지속해오던 강원도 고성군과 간성군의 접경지에 있는 10여 호의 촌락민과 오쿠다의 합동어업(사입경영)을 주선하고 그 어획물을 자신(나츠메)이 매수하는 약정을 체결하고 조력했다(원문참조).

---

**松崎農商務書記官ヨリ依賴ニ係ル漁業上ノ調査應答**

　　　　　　　　　　　　　　附　記　　　　　　　　元山支部

　鳥取縣人奧田龜藏ト江原道高城郡韓人トノ間ニ於テ訂結セル合同漁業ノ契約趣旨顚末

　當元山居住愛知縣夏目市郎兵衛氏ハ四・五年前ヨリ江原道高城郡ト杆城郡トノ地境ニ在ル。戶數十餘戶ノ一小漁村ニ對シ。每年資金及漁具(日本網)ヲ投シ其漁獲ノ鰮ヲ悉皆獨占買收スルヲ以テ營業トセルガ、偶偶本年鳥取縣ヨリ奧田龜藏ナル人,初メテ江原道ノ鰮魚ニ出漁シ。土地不案內ナルト漁場ニ暗キ等ニヨリ。充分ノ漁業ヲ爲ス能ハズ。頗ル困難ノ狀アリシヲ以テ。當部ハ之ヲ救ハン,爲メ奧田氏ヲシテ夏目氏昭介ノ下ニ、右地境村ノ韓人ト合同漁業ニ從事セシメ。ソノ捕獲物ハ時價ヲ以シテ悉皆夏目氏へ買收セシムト協定シタリ。依テ奧田ト韓人トノ間ニ訂結シタル契約ノ梗槪ハ左ノ如シ。

一。地境全村ノ漁夫ト,奧田龜藏配下ノ漁夫ト協同漁業ニ從事シ(韓人ノ出資勞力十六人、奧田ノ出資勞力十四人)

---

[35] 吉田敬市 著, 앞의 책, p. 186.

> 　　　鰮乾燥ノ勞ハ村ノ負擔ニテ其製品ハ彼我折半スルコト。
> 二．鰤鰆ハ捕獲ノ十分ノ三ヲ韓人ニ與ヘ,十分ノ七ヲ奧田ノ收得トスルコト。
> 三．地境村沿岸以外ノ場所ニ於テ漁獲セシモノニ對シテハ何等分配スルコトナ
> 　　シ．又他所ノ漁獲物ヲ地境ノ海濱
> 　　ニ持運ビ乾燥スル事アルモ．奧田ハ韓人ニ對シ何等ノ報酬ヲ與スル事ナ
> 　　シ．
> 　　但シ根據ハ地境村ヨリ南方約半里許ノ猪津ト定ム．
>
> 　　比方法ニ依リ合同漁業ヲ爲サント欲セバ,杆城・高城兩郡ハ夏目其他ノ邦人
> ニ於テ．大資本ヲ投ジ居ル所ナレバ,容易ニ契約ノ目的ヲ達シ．陸地使用ノ點
> ニ於テモ頗ル利便ナリトス．

자료: 朝鮮通漁組合聯合會報 第四号, 吉田敬市 著,『朝鮮水産開發史』, 朝水会,
　　　1954, pp. 186~187.

그 약정의 주요 내용은 다음과 같다.

① 지경 전체마을(地境全村)의 어부와 오쿠다씨 지배하의 어부는 협동어업(한인의 출자 노력 16인, 오구다의 출자노력 14인)에 종사하고 멸치 건조의 노력은 마을의 부담으로 하고 그 제품은 피아(彼我) 절반으로 한다.

② 방어(鰤), 삼치(鰆) 포획물은 10분의 3을 한인에 공여하고 10분의 7을 오쿠다의 소득으로 한다.

③ 지경촌 연안 이외의 장소에서 어획한 것에 대해서는 전혀(하등) 분배하지 않는다. 또한 타지(他地)의 어획물을 지경의 해변(해병)에 가져와 건조하는 일이 있을 경우에도 오쿠다는 한인에 대해서 하등의 보수를 공여하지 않는다. 단, 근거(根據)는 지경촌에서 남방(南方) 약 반리(半里) 정도의 저진(猪津) 으로 정한다.

위의 약정은 고성군과 간성군의 경계지에 있는 10여 호밖에 되지 않는 작은 어촌과 일본인 오쿠다와의 멸치 공동사업 곧 사입어업의 계약

내용이다. 그러나 그 규정이 시사하는 것은 너무도 부당한 노력 착취의 계약 조건을 여실히 보여주고 있다. 곧 한인 노동 16인 대 일본인 노동 14인으로 한 구성비는 일본인의 노동력 1에 대해서 한국인의 노동력을 0.8로 한 것이다. 그리고 동일한 어구에서 포획한 멸치 이외의 방어, 삼치 등 고급 어획물의 수익분배율 3(한) : 7(일)제도 불평등했다. 그 외 한인의 건조 노동을 무임금으로 규정한 것 등도 완전 수탈행위였다. 잉여생산물과 그 외 타지 어장의 어획물을 가져와 건조하는 행위 및 장소 이용 등에 대한 노동력을 무상이용 하는 것도 착취적 불평등계약이다. 오쿠다 형제는 권력을 배경으로 하여 후일 강원도 지방의 어업계(漁業界) 특히 정치어업계(定置漁業界)의 수탈에도 크게 기여했다.

또한 전자와 유사한 사건이 1907년 시마네현 수산시험장(1조)과 조선해 수산조합(1조)의 멸치 후리망 시험 어업에서도 현지인과 분쟁이 생기자 조선해수산조합 및 주재 경찰(순사)까지 동원하여 결국 어장을 분할 제공한 사건이 죽변에서도 있었다.[36]

그리고 함경남도 정평군 귀림면 동내포(咸鏡南道 定平郡 歸林面 東乃浦) 연안과 영흥군 고영면 백안진(永興郡 古塋面 白安津) 어장에도 역시 원산재주 일본상인들이 사입자본을 살포했다. 그 사입 방법은 위의 사례들과 큰 차이는 없었으나 사입금에 대해서 월 3부 이자를 별도로 부과하고 어획물은 전량 사입주가 매취했다. 그 매취는 가액이 1천円에 달할 때까지는 시가보다 1할(10%)을 공제한 저가(低價)매입 계약이었다.[37]

---

36 『朝鮮海水産組合月報』第11号, pp. 1~2.
37 『韓國水産誌』第二輯, pp. 205~206 · 217.

이와 같이 불리한 계약으로 원산재주 일본상인들이 멸치후리어장에 사입금을 살포한 곳만도 1908년 이미 30곳에 달했으며 전 강원도 연안을 완전 지배한 상태였다.

남해안의 멸치 사입경영은 다양했다. 경남의 용남군 원산면(龍南郡 遠山面) 곧 현재의 통영군 욕지도에서는 일본 분기망(焚寄網)의 개량형인 양망(揚網)어구와 어선을 현지 도민에게 대여하고 그 멸치 어획물을 전량 매수하나 그 어획금을 5등분하여 그중 두 몫을 전주가 접수하는 사입계약도 있었다.[38]

제주도 지역에는 옛날부터 조선 전통 어구인 휘라망(揮羅網)과 방진망(防陳網)으로 멸치를 어획해왔다. 아라가와(荒川某)는 곽지(郭支)에 본거지를 두고 협제(狹才)·함덕(咸德)에 지장을 설치하고 현지업자에 사입금을 전대하고 원료(멸치)를 매취하여 마른 멸치와 이분(搾粕)을 생산하여 일본(馬關)에 수송했다.[39]

그 사례로서 곽지(郭支)에 본거지를 두고 있는 일본인 아라가와(荒川某)는 협제와 함덕에 사업장(支場)을 두고 각 부락의 어민집단에 사입금을 살포하고 그 대가(배상)로 생멸치를 시세로 매취하여 마른 멸치와 깻묵(窄粕)을 생산하여 전부 일본으로 반출했다. 그 반출량이 부족할 때는 원주민의 생산물까지 직접 매수하여 보충했다. 성산포 소재의 일본인 경영의 한국물산회사(韓國物産會社)에서도 역시 전자와 같은 사입방식으로 생멸치를 매집하여 깻묵을 제조했다.[40]

그 외 충남 어청도(於靑島) 재류의 일본인 멸치 사입영업자는 1908~

---

38 위의 책, p. 667.
39 『韓國水産誌』第三輯, pp. 413~414.
40 위의 책, p. 414.

1909년경 한인경영의 11인~13인승 붕입망(焚入網)업자에 약 70~80円(어선 1척 65円, 그물 원료대(網原料代) 12円) 등의 사입금을 공여한 뒤 그 대가로 멸치 5되(5升)에 3전의 이자를 부가하고 시세로 어획물 전부를 매취할 권리를 가지며 만약 계약을 위반하면 멸치 5되(5升)에 3전의 비율로 배상금까지 징수했다.[41]

■ 새우 사입영업 사례

전라남도 제1의 새우산지였던 여자만(汝自灣)과 현수만에서도 일본인의 새우 사입영업이 성행했다.[42] 특히 현수만의 돌산군 여자도(突山郡 汝子島) 연안에 도래한 일본 접하제조업자(摺鰕製造業者)들은 그곳을 근거지로 하여 인접의 현지인 연안 새우업자 대다수에 사입금을 살포했다. 사입금은 어선 1척에 1어기 25~40円이었다. 그 원금 정산은 어획물 매수금 지불에서 차인(差引)하는 방법이었다.[43]

돌산군 옥정면 장도(玉井面 獐島)에 입어하는 오카다구미(岡田組)도 사입금을 살포했다. 그 방식은 전자와 거의 동일하며 대개 어선 1척에 1어기 25~26円이었다. 그 어획물의 수집 가격은 일본되(日本升)로 7되 5합(升合) 정도를 100문(文)으로 했다.[44]

또한 동군 봉래면 국도 소영리(蓬萊面 國島 小塋里)에는 일본에서 1904년 창립한 오카사키합자회사(岡崎合資會社)에서, 무쿠미(茂求味)에는 전자와 동년 창립한 키리오카합자회사(桐岡合資會社)에서 각각 출장

---

41 위의 책, p. 753.
42 위의 책, p. 64.
43 위의 책, p. 204.
44 위의 책, p. 207.

소를 설치하고 각자 자기 지역에서 조업하는 한일 양 국민에 사입금을 지급하고 어획한 작은 새우(小蝦)를 전량 매수하여 마른 새우로 제조했다. 그 생산(매수) 금액은 1906년 춘추 양 계절 합계로 마른 새우 236,687円, 그 외 잡어 매상금 1,500円 내외였다. 마른 새우의 수집량은 연 20만근(斤=20t) 이하로는 내려가지 않았다고 한다.[45]

위와 같이 전라도 지방에 도래하는 새우 사입영업 입어자는 당초부터 사업대상을 한일 양 어민으로 적용했으나 그 주 대상은 오히려 한인 쪽에 두고 있었다. 그러나 사입금의 지급규모는 한인(어선)에게는 어선 1척에 1어기 25~30円, 일본어민(어선)에게는 30~50円으로 차등지급했다. 그리고 어획물의 인수가격에서도 일본인 생산물에 대해서는 어장도(漁場渡) 시세로 10근(6kg)에 20전 정도, 한인 생산물은 1관(1관: 800돈: 6.75kg)에 한전(韓錢) 100문(文)의 비율로 거래했다. 당시 한전(韓錢)의 시세는 고저가 있었으나 100문은 대개 일화(日貨) 23전 정도였다.[46]

그 외 돌산군 봉래면 지오도(芝莩島)에도 오래전부터 매년 오카야마현의 모리야(森谷某)라는 사람이 도래하여 오두막집을 짓고 한일인의 새우어선에 사입금을 제공하고 그 어획물을 수집하여 마른새우를 제조했다.[47]

■ 기타 사입영업 사례

제주도는 일본인의 입어가 가장 먼저 시작한 곳이라 오래 전부터 각 주변 지역의 상어, 멸치 각종 채조물(採藻物) 등을 수집하는 많은 일본

---

[45] 위의 책, p. 215.
[46] 위의 책, p. 215.
[47] 위의 책, p. 219.

인 사입영업자가 있어 왔다.⁴⁸ 특히 제주도 연해에 어업하는 상어업자는 경술국치년 까지도 거의 대부분이 오야가다 사입조직(親方仕込組織)이었다. 오야가다는 제주도에 도래하면 먼저 육지에 근거지를 정하고 헛간을 짓고 자선(子船)의 어획물을 전량 매취했다. 그 매수가(買收價)는 보통 시가보다 5리(厘) 내지 1전(錢) 정도 저렴하게 협약했다.

그 외 제주도의 해조류 수집 사입자 중에는 도내 각 지선어민에 미리 사입금을 공여해두고 그 채취기에 도래하여 그 건조물을 매집하는 사람도 있었다. 그 매집 가격은 1908~1909년경 100근(斤=60kg)에 상등품은 1관문(貫文=한전100문), 하등품은 750문이었다.⁴⁹

인천어시장에서도 충청도 태안군 안흥면 정산리(泰安郡安興面定山里)의 한인 도미 외줄낚시 및 주낚업자들에 사입금을 공급하고 그 어획물을 전부 매집했다.⁵⁰ 황해도 용진군 용호도(龍津郡龍湖島) 재주(在住) 일본인 중에도 한인 갯장어 어업자에 사입금을 지급하고 어획물을 매취하여 제품화하는 사람이 있었다.⁵¹ 이와 같은 일본인의 사입경영은 점차 전 연안 현지인을 대상으로 확대했다.

| 운반선(모선)의 사입영업 사례 |  사입영업 방식에 있어서 가장 활발했던 것은 사입운반선(모선) 영업이었다. 사입운반선(모선)의 출현은 서일본 각 항구의 어획물 중매인 곧 어물객주(魚物問屋)들이 어업자의 어획물 매입을 위해서 취항시킨 것이 효시이다. 어물객주들이 고용

---

48 위의 책, p. 424.
49 위의 책, p. 420.
50 위의 책, p. 788.
51 『韓國水產誌』第四輯, p. 336

한 사입 운반업자는 중소어업자를 결합하여 선단을 형성했다. 곧 운반업자의 사입금을 받은 어선이 일단이 되어 어로하는 형태가 되었다. 그리고 운반선을 모선(母船)이라 하고 어로선을 자선(子船)이라 했다.

사입 운반선의 규모는 어선이 해상에서 계속 체류(장기) 조업할 수 있도록 어획물을 받아 적재하는 능력이 크고 어선의 선수품과 어부의 생활용품까지 적재하고 공급할 수 있는 큰 규모로서 해상의 근거지(根據地) 역할을 했다.

모선에는 매취한 어획물을 현장에서 염절, 염장 처리하여 운반하는 염절모선(塩切母船)과 어획한 활어를 활책(活簀) 활어조에 축양한 상태로 운반하는 활주모선(活洲母船)이 있었다. 이들의 판매지는 1890년 이전까지는 주로 한국이며, 그 외 일본 반출지는 거의 시모노세키 또는 하카다에 한정되어 있었으나 1891년경부터는 오사카 어시장에서 한해산(韓海産) 어획물 판매를 하게 됨으로써 이후 일본 반출양이 증가했다.

사입 운반모선주는 일정금액의 영어자금을 각 어기마다 계약한 자선에 전대(前貸)하고 조업 중 각 어선에 필요한 식량, 소금, 일용품 등 일체를 공급했다. 그 대금은 대개 어대금(魚代金)을 정산할 때 공제하는 후불제(後拂制)였다. 그러나 양력 8월 15일과 설 대목(연말)에 걸쳐 중간정산을 하고 총 결산은 최종 철망(撤網=어업종료) 후에 수행했다. 일본에서 8월 15일은 봉분이라 하여 불사(佛事)하는 날이며 한국의 추석과 같은 명절이다.

■ 염절 사입 운반(모선)선

염절 사입 운반선은 1891년 이후 대표적인 사입영업 모선이었다. 염절 사입 운반선이 최초로 한해에 등장한 기록은 확실치 않으나 히로시마현의 아라가와(荒川十郞)라는 사람이 1889년경 최초로 그의 소유선 다이후쿠마루(鯛福丸)로 단독 도래하여 도미를 매수하고 염장(鹽藏)하여 일본으로 수송하여 거리(巨利)를 얻은 것이 단초가 되었다고 한다. 그러나 그 이전 초기 도미주낚선 등의 입어선에서 염절 사입 운반선을 수반했다는 설도 있다.

염절 사입 운반선의 도래 시기는 춘추 양 계절의 성어기였지만 소비기와도 관계가 밀접했다. 도미어선이 많이 입어하는 봄철에는 단오와 모내기가 겹쳐져 있는 계절이기 때문에 그 수요에 맞추어 판매할 목적의 입어선단이 집중 도래하는 경향이 있었다.

염절 사입 운반선의 입어(조업) 조직은 항구(근거지)와 어시장과의 거리가 멀리 떨어져 있는 어장 입어선이 장기 조업을 위해 모선과 결합하는 경향이 있었다. 그리고 모선은 매취한 어획물을 모선 내에서 고기 통째로 또는 고기 배를 따고 내장을 제거한 뒤 염적이나 염장하여 만선이 되면 조선연안이나 일본 오사카 등 관서지방으로 운송했다. 춘추 양 계절 전후 기후가 한랭한 계절에는 어획물을 선어 상태로 일본과 부산, 인천, 목포 등의 일본인이 많이 거류하는 지역 어시장으로 출시(出市)하는 경우도 있었으나 그것은 아주 단기간이었다.

1906년 염절 사입 운반선의 도래 척수는 152척(선원 수 545명), 1907년 186척(선원 558명)이 기록되어 있으나 실제는 그보다 훨씬 많을 것으로 추정된다. 1908년경 염절사입 운반(모선)선의 가장 큰 규모는 앞에서도 언급한 '다이후쿠마루(鯛福丸)'와 카가와현인 소유의 '우라이자마루(浦一丸)', '고마마루(蛙子丸)' 등이었다. 다이후쿠마루(鯛福丸)의 소유주인 아라가와는 그 선박을 1910년 이후까지도 기념비적으로 계속 운영했다고 한다.[52]

염절 사입 운반선의 어획물 매수가격은 대개 협정가격(勅相場)이나 그때그때의 시가를 표준으로 했다.

남해안에 입어한 도미 염절 사입 운반선의 도미 평균 매수가는 1906~1907년경 10관(37.5kg)에 3円 내지 3円 50~60전이었다. 매입물은 어장에서 직접 일본 각 지방(博多, 馬關, 尾道, 兵庫, 大阪)의 염어(鹽魚) 취급 도매상으로 수송했다. 일본 현지 가격(도매시세)은 10관(37.5kg)에 6円 내외였다.

삼치는 근량(斤量) 또는 마릿수(尾數) 매취로 그 특약가는 봄철 5월 1~2일(88야) 전후 1마리에 18전 내지 30전 정도였다.

삼치 사입 운반염절모선 중에는 1904~1905년경 전후 매취물의 일부를 선어(鮮魚)로 부산 및 인천어시장에 판매하고 염절물은 주로 시모노세키, 모지, 하기다 그 외 오사카로 판매했다. 그리고 삼치와 더불어 매취한 다른 혼획 잡어류는 대개 어장에 도래하는 한인 상고선(商賈船)에 선어로 매도하고 일부는 간을 해두었다가 삼치와 같이 일본으로 운송해 갔다.

1908~1909년 가을철에 입어한 삼치 염절 사입 모선단 중에는 어선 10척 내지 20척과 계약하여 입어하는 대형 선단도 있었다. 모선의 적재량(積載量)은 선체의 대소 규모에 의한 차이는 있었으나 대개는 삼치 2,000~4,000마리 정도의 적재가 가능했다.

※ 삼치의 염절(鹽切) 방법은 무게 2kg(500~600匁) 정도 되는 고기의 배를 가르고 내장을 제거한 뒤 등뼈(背骨)에 따라 양쪽으로 칼로 절개

---

52 『韓國水産誌』第一輯, p. 358.

하고 전 어체에 소금을 친다. 소금은 1마리에 평균 1되(升) 3~4홉(合)을 뿌려 순차로 선저(船底)에 배열 저장한다. 고기의 절개 간질 세척 등 일련의 작업은 선수갑판(船首甲板)상에서 전 승선원 개개인이 나누어 수행한다. 숙련자는 하루에 2,000마리를 처리했다. 그리고 배를 딸 때 알(魚卵)은 장부(臟腑)에서 분취(分取)하여 2~3일 염장하여 두었다가 뒤에 꺼내어 세척하고 판상(板上)에 널어 햇빛에 말렸다. 이것을 '가라스미(カラスミ)'라고 했다. 삼치내장의 매도가격은 1906~1907년경 1배분(腹分)이 3문(文: 錢) 내지 8문이었다.

서남해의 삼치어장 부근에는 러일전쟁 이후 삼치 내장을 무상으로 구하기 위해서 한인 농상업인들이 일본 염절선에 승선하여 무임금(無賃金)으로 어복절개 작업을 희망하는 사람도 있었다. 특히 목포, 군산 근해 도서지방인들 중에 5~10인이 단체를 구성하여 그 작업장 근처에 항상 대기하고 있는 자들도 있었다. 그들의 절개 기량은 대체로 미숙하여 일본선원에 미치지 못하고 하루(1日)에 평균 400~500마리 정도 절제했다. 작업의 대가는 내장을 무상으로 받아가는 것이며 그들은 그것을 염신품(젓갈)으로 제조하여 지방민에 분양도 했다.[53]

■ 활주 사입 운반선

활주 사입 운반선(活洲仕込運搬船)은 선체에 활책(活簀)을 가진 운반선으로 지금의 활어선을 말한다.

활주 운반선과 어선과의 관계는 염절 운반선과 대동소이하고 활주운반선 한 척과 계약하는 어선 척수도 대개 4~5척에서 10척이며, 어선 1척

---

53 위의 책, pp. 247~252.

에 대한 사입금은 70~200円 정도였다. 활주모선은 1897년 이후는 선폭 9자 (2.27m)에서 1장 2자(3.6m), 곧 15톤에서 20톤 정도의 선박이었다. 그 선주는 효고현의 아가시(明石), 아와지(淡路), 히로시마현의 도모(鞆), 즈나미(須波), 카가와현의 운반업자가 많았다.[54] 활주모선이 수용하는 어종은 도미, 삼치, 가자미, 붕장어, 갯장어, 가오리, 아구, 소상어(小鱨) 등이었다.

현장(어장)의 활어 매수가격은 계절과 어종에 따라 상이했으나 도미의 경우는 부산수산어시장 시세로는 1910년 전후 봄철 4월경 10관(37.5kg)에 6円 정도를 기준으로 하여 1해조(海潮)마다 50전씩 하락하며 7월에 3円 50전 정도의 최저가에 이르도록 했다. 그 때부터 다시 점차 오르기 시작하여 11월 초순에는 6円 내지 6円 50전 정도까지 오르나 심할 때는 10円까지 오를 수도 있었다고 했다.

삼치의 활어 매취는 대개 매년 9월에서 11월 중순까지이나 1908년 9월의 삼치 어가는 1마리에 27~28전, 11월에는 60~70전 정도, 그 후에는 90전 내지 1円까지 앙등하는 경우도 있었다. 광어는 한 자 두 치(1尺 2寸: 36.36cm) 정도의 크기 한 마리당 가격은 9월 15전, 11월 21전, 이후는 25전까지 상승했다. 단 가을철과 겨울철에는 10일마다 1마리 당 1전씩 상승하는 경우도 있었다. 붕장어는 당해 계절 동안은 계속 동일가격으로 10관(37.5kg)에 3円 25전 내지 3円 50전이었다.[55]

한국에서 판매하는 활어는 1908년경 부산을 중심으로 하는 것과 인천을 중심으로 하는 두 계통이 있었으며, 양자 간에는 다소의 차이가

---

54 『大阪水産物流通史』, 三一書房, p. 95.
55 『韓國水産誌』第一輯, p. 359.

있었다. 부산 중심 계통은 부산수산주식회사에서 설비한 활책(活簀)을 차입하여 축양하거나 혹은 선주가 설비한 자가 활책을 사용하여 축양했다가 뒤에 부산어시장 또는 일본 내지로 수송했다. 매취 대상어종은 봄, 가을 두 계절에 걸쳐 매입하는 것과 가을에만 매입하는 것이 있었다. 가을에만 매취하는 것은 주로 갯장어 등이었다.

  1910년경 일본으로 수송하는 활어의 종류는 주로 갯장어를 비롯하여, 붕장어, 가자미, 도미 등이나 도미활어는 아주 소량이었다. 넙치(鰈)는 당시 울산군 세죽포(細竹浦)에서만 60석(石)내지 150석 정도의 적재량(積載量)을 가진 활주선이 1회(回)에 300마리 정도를 수송했다. 수집한 어획물은 일단 울산만 내에 설치한 대바구니(활책) 속에 3일 이상 방사하여 활주생활을 순화(馴化)시킨 뒤 활주선에 옮겨 싣고 최종 목적지인 일본 지방(兵庫)으로 운반했다. 그 소요 일수는 10일 내지 약 2주간이었다.[56]

  일본 내의 활어수송 목적지는 종전에는 주로 시모노세키였으나 1906~1907년경부터는 효고, 오사카 까지 확대되었다. 시모노세키에서 오사카에 이르는 구간의 수송은 예선업자(曳船業者)에 위탁하는 경우도 있었다. 예인선은 기선으로서 예선료는 활어선 1척 150円, 2척은 200円, 3척은 각 50円으로 수송선(화물선)의 척수 증가에 따라 예선료를 체감하는 시스템이었다.

  그리고 어장에서 인천어시장으로 내왕하는 일본인 활어선은 1903년 이전부터 있었던 것이나 1903년에서 1907년까지의 5년간은 연 최저 26척(1905)에서 최고 53척(1904, 1907)으로서 연평균 43척에 그 종업원은 총 164명에 달했다(〈표 4〉 참조).

---

56 『韓國水産誌』 第二輯, p. 508.

• 표 4 | 활어장치를 갖춘 일본 입어선의 척 수 및 그 종사자 수

| 년도 | 어선 | 종업원(인) |
|---|---|---|
| 1903(光式7) | 40 | 135 |
| 1904 | 53 | 186 |
| 1905 | 26 | 197 |
| 1906 | 43 | 164 |
| 1907(융희元年) | 53 | 138 |
| 연평균 | 43 | 164 |

자료: 『韓國水産誌』第一輯, pp. 361~362.

인천으로 수송하는 활어선은 인천만의 조석간만(潮汐干滿)의 차가 심한 관계로 적당한 축양장소를 구하기가 아주 곤란하여, 1906년경까지도 인천만 근해에서 활주(축양장)를 설치한 곳은 겨우 어청도(於靑島) 한 곳에 불과했다. 그래서 인천만 주변 어장에서 주로 춘추 양 어기에 고기를 잡는 어선은 활어를 활책에 수집하고 활어선에 이적하는 경우도 거의 없고 당지에서 일본으로 수송하는 것도 없었다. 다만 다른 지역의 활어선이 바로 인천, 군산 어시장에 수송하는 것뿐이었다.

경기도 근해어장에서 인천어시장으로 수송하는 활어모선의 활어장치는 활어를 조수(潮水)에 침적(浸滴)하여 이동하는 것뿐이기 때문에 어류는 유영의 여지도 없었다. 그러나 그 폐사율은 극히 소량이었다. 사례로 죽도(竹島)에서 운송하는 활어 500마리 중 폐사어는 30마리 정도에 불과한 비율로 그 수율은 비교적 높았다고 한다.[57]

그래서 일본으로 수송하는 활어의 조달 해역은 대체로 남해안의 동쪽 경상도 영일만에서부터 전라도 서남 연해에 이르는 해역이며 계절에 따라 다소 변동이 있었다. 갯장어(海鰻)는 영일만, 울산만, 낙동강, 섬진

---

57 『韓國水産誌』第一輯, pp. 357~361.

강 이외에 전라도 서안의 목포, 영산강구 등에서 조달했다. 그 조달 시기는 어업에 따라 춘추 양 계절에 걸쳐 수행했으나 갯장어는 주로 가을철에만 대상으로 했다. 일본으로 왕래하는 활주선의 전체 척수는 1905년 이후 매년 증가 추세에 있었으며 상당히 많았던 것으로 추정한다.

| 맺는말 | 위에서 고찰한 사입영업선의 운영 사례를 대략 업종별 지역별로 고찰해 보았으나 그 사입금 제공자는 초창기는 어물객주들이었으나 점차 그들 외에 상업자본가로서 성어기에만 부선 등을 대차하여 사입운반업을 영위하는 자도 있고 종래의 독립운반선주 중에서도 사입영업방식을 선택하는 등 상인자본의 개입이 점차 증가했다.

사입영업선주가 된 사람들 중에는 초기 단독 입어자들 중에서 자본을 축적하고 현지에 정주하여 어물객주(어업자본가) 또는 제조업자로 성장한 사람이 많이 있었다고 하며 그들이 종전 주축을 형성했던 일본 연안 각 항구의 사입경영자인 어물객주와 운반업자들과 점점 경쟁하기 시작했다고 한다.

그리고 사입 자본가의 영업대상은 초기에는 일본 입어자만을 대상으로 영업했으나 점차 현지의 한인 어업자로 그 영업영역을 확대하고 그 매취물의 현지판매와 대일본 수출을 크게 확장하여 어리(漁利)를 축적하고 업계를 수탈·지배하기 시작했다. 그러한 활동이 본 궤도에 오른 것은 러일전쟁(1904~1905년) 이후부터 급증했다. 그들의 한인에 대한 접근방식은 전술한 바와 같이 처음에는 자가사용의 낡은 어선, 어구를 대여하거나 또는 거기에 영어자금까지 대여하거나 혹은 축적한 신규 자본을 대여하고 그 대가로 생산물을 수집 판매함으로써 외연상으로는 한인에 대한 어업을 장려 하면서 내연적으로는 수탈을 확대했다.

더욱이 제3차 한일협정이 체결된 이후에는 통감부와 조선해수산조합 합작으로 일본에서 내왕한 자본 또는 현지(정주) 상업자본가들까지도 참여하여 한국 재래어업인 어기(漁基), 어량(魚梁)과 멸치후리어업, 서남해의 새우어업, 서해 중북부의 까나리업, 동서남해안의 굴, 해조류 채취 및 채조업에 이르기까지 그들의 사입자금이 내방 전역 깊숙이 침투하지 않는 지역과 업종이 없었다. 특히 멸치후리망어업과 같은 것은 1910년경 거의 전부가 재류 일본 사입자의 수중에 이미 들어가 있었다. 그 한 보기로 원산과 부산의 일본 사입자(자본가) 한 사람이 많게는 12~13통 적게는 2~3통을 거느리고 있었다고 한다.

## 3. 입어자(영업상)의 제문제

### 현지인들과의 충돌 불화 문제

일본 입어자들은 입어 초기부터 현지 연안민들과 많은 불화를 초래했다. 일본인 스스로도 자인한 바와 같이 옛날의 왜구에 대한 염증이나 그에 대한 경계에서가 아니고 어리(漁利)를 앗아간다고 하는 단순한 투기심에서 비롯된 것만도 아니었다. 그 빌미를 제공했던 것은 거의가 입어자의 조업상의 문제와 자신들의 언행(言行) 때문이었다.

예를 들면 입어자들은 현지인이 설치해 놓은 어장 앞에서 투망하며 어장에 들어가는 고기의 어도(魚道)를 절단하거나 현지인의 어장, 어구를 파괴하거나 현지 어장주에게 행패를 부리거나 혹은 규정에도 없는 금어지에 입어하거나 해조류(海藻類) 채취로 연안민과 다투는 등 직접 현지인의 영업이나 생활에 지장을 초래하는 행위를 서슴없이 하고 그 외에 맨발과 훈토시 바람의 거의 나체(裸体)로 상륙하고 개중에는 칼(刀), 창(槍) 등 흉기(凶器)를 매거나 들고 다니며 부녀들만 있는 여염집을 기웃거리거나 우물가를 배회하고 주민을 위협하며 알아듣지도 못하는 괴성을 지르는 행동 등 야만적인 행위를 하는데서 상륙을 거절당하는 일도 적지 아니했다.[58]

특히 제주도 지방에서는 그러한 사유로 처음부터 도민들과의 사이에 계속 물의를 일으킴으로써 마침내 도민들이 상륙을 거절하는 일이 있었다. 1891년 4월에서 5월에 걸쳐 제주도 북안(北岸)의 건입포(健入浦) 주민들과의 계속적인 쟁투는 원주민 사망자 3인과 다수의 부상자까지 발생했다. 그 원인은 일본 입어민의 난폭한 행위에 있었다. 또한 오조포(吾照浦)에서는 움막을 건설하고 전복, 해삼의 건제품을 제조하는 잠수기선 입어자의 부녀 성추행사건이 있었으며 기타 연안도처에서는 땔감 식수 및 불법 토지사용 등의 문제로 연안 도처에서 주민들과의 쟁투가 속출했다.

그래서 일본공사관에서도 그러한 분쟁 해소를 위하여 각 항구 소재 일본영사관을 통하여 각부현(各府縣)출어자의 풍기 단속과 해상 생활용품(쌀, 된장, 신탄(薪炭) 기타) 등의 수급편의를 제공하기 위해서 현지 거류 일본인들의 협조를 구하는 동시에 또한 출어자의 그러한 제문제 발생을 예방하기 위해서 자체적인 계도 수립을 목적으로 입어자의 단체(조합)조직을 촉구하기도 했다.[59]

---

58 關澤明清·竹中邦香同 編, 앞의 책, p. 104 ; 『大日本水産會報』 第117號, pp. 41~44.
59 關澤明清·竹中邦香同 共編, 위의 책, pp. 31~39.

그러한 사고의 예방과 단속을 위해서 일본의 조선해 입어관계 부현에서는 입어자의 조직을 장려하고 자발적 교정과 입어자와 한국거주 일본인의 유대강화로 문제해결에 노력하는 척 했으나 사실은 일방적으로 밀어붙이며 이주를 장려했다. 그러한 노력에도 불구하고 입어선이 증가함에 따라 한일 양 국민 간의 분쟁은 여전히 더 해가는 경향도 있었다. 그 지역별 사례를 보면 다음과 같다.

① 목포근해 옥도(玉島)부근 어장에 매년 7월 초순에서 8월 중순에 입어하여 가오리를 어획하는 어선 40여 척이 현지인의 어선과 얽혀 조업하면서 어구설치 및 미끼 등의 문제로 자주 충돌했다.

② 추자도 부근어장에 매년 7월 초순에서 8월 하순까지 또는 그 이후 동계에 이르는 사이에 입어하여 오징어, 물치, 삼치, 기타를 어획하는 입어선 약 100여 척은 입항세(入港稅), 토지사용료(土地使用料) 또는 급수(給水) 기타 여러 가지 문제로 현지인과 자주 분쟁을 야기했다.

③ 제주도, 거문도, 흑산도 부근어장에 매년 8월 초순에서 12월 하순에 걸쳐 도래하여 조업하는 물치(상어) 입어선과 잠수기입어선 등 약 50~60척도 전자와 같은 문제로 자주 물의를 일으켰다.

④ 거제도 부근어장에 매년 7월에서 11월까지 입어하여 멸치업에 종사하는 어선 역시 위와 같은 제문제로 자주 분쟁을 일으켰다.

⑤ 울산 부근 어장에 매년 4월에서 11월까지 입어하여 전복을 채취하는 해녀선과 해삼을 주로 채취하는 잠수기선 60~70척도 위의 문제로 현지인과 자주 충돌했다.

⑥ 강원도 일대 및 원산 이북에 이르는 연안에 매년 5월에서 7월에 걸쳐 입어하여 해삼, 전복을 채취하는 잠수기선 약 80척과 멸치망선 100여 척은 멸치, 도미, 삼치, 고등어, 방어 등을 어획하는 한인업자들과 자주

충돌하고 일반 연안민들과도 매년 문제를 일으켰다.

⑦ 원산 이북 두만강에 이르는 연해에 매년 3월에서 7월에 걸쳐 입어하는 잠수기선 약 50~60척도 매년 현지어업자와 충돌하고 또한 입항세, 토지사용료, 급수, 기타의제문제로 분쟁을 일으켰다.

⑧ 부산에서 이북 두만강에 이르는 동해 연해에 매년 8월부터 11월 사이에 입어하는 잠수기선 약 130척도 상기 제 문제로 매년 현지인들과 충돌했다.

이와 같은 입어자와 현지인들과의 충돌분쟁은 양국민의 문화적 차이에서 기인하는 것도 있었겠지만 일본 입어자들 거의 대부분이 경제적 영세어민으로서 무지하고 도덕성이 결여된 야만성을 드러냈던 때문에 초래되는 문제가 많았다. 그리고 더욱 심각한 문제는 그러한 사정을 숙지하고 있으면서도 문제 해결에 노력하기보다도 방관하거나 자국민만 두둔하는 재주일본 관계자의 태도였다. 이는 조선 내부의 사회불안 조성과 국가통치력 약화를 조장함으로써 궁극적인 침략의 의도를 실현하겠다는 저의가 깔려있었다고 볼 수 있다. 또한 한인의 성질이 늦고 어리석음을 역이용하여 한인 스스로의 자학심을 조장하고 다른 한편으로는 자국인(自國人)의 우월성을 조성함으로써 현지인을 무시하고 자국인의 욕구 충족과 고정(苦情)처리를 자조(自助)했던 데서 그리한 분쟁이 더욱 오래도록 지속되어 왔던 것이다.

## 육상 근거지 확보의 애로

위에서 기술한 바와 같이 일본에서 직접 출가하는 입어선은 거의 전부가 소형목선으로서 선상(船上)생활시설과 어획물 처리시설이 전혀 없는 순수어로선으로서 사실은 외국에 출가(出稼)입어해서는 안 될 선박들이었다. 그러한 입어선에서 선원들이 가장 불편했던 것은 역시 선원의 선상 및 육상생활시설과 어업부대시설이었다. 그래서 입어자는 어장 부근에 생활필수품을 조달 저장하거나 어획물 가공 및 선원휴식을 위한 육상 근거지를 확보하는 것이 필요했던 것이다.

통어장정 제3조에 어획한 어개(魚介)의 판매는 해변지방에서 할 수 있도록 했으나 육상의 부대시설이나 필수품 공급조달문제 등에 관해서는 전혀 규정한 것이 없었다. 때문에 입어자는 식수와 일상생활 필수품의 조달문제 뿐만 아니라 어획물의 가공지, 제조 장소, 기타 보관창고와 같은 육상의 움막 설치 및 어구 건조 등의 장소 혹은 판매하다 남은 어획물의 보관 처리를 위한 장소 등등 필요불가결한 것을 스스로 해결하지 않으면 안 되었다. 그러나 외국물정에 어둡고 자본이 없는 영세 입어자들이 스스로 문제를 해결하는 것은 여간 어려운 일이 아니었다.

개중에는 그러한 제문제를 현지인들과 협의하여 원활히 해결하는 입어자도 있었다. 예컨대 연안의 어떤 곳에서는 마을(部落) 촌장(村長)이나 선달(先達: 마을의 고노(古老)로서 사리에 밝은 사람)과 숙의(熟議)하고 주민의 양해로 움막을 건설하고 혹은 주민의 가옥을 임대하여 필요한 시설을 갖추고 제조도 할 수 있었다. 입어자가 건설하는 움막은 대체로 임시 건조물로서 이슬, 비바람을 가릴 정도의 가건물이 많았으나 협조가 잘되는 곳에서는 매년 새로 건설해야하는 폐단까지 없애고 항구적인 시설을 설치할 수 있도록 했다.[60]

---

[60] 위의 책, pp. 107~108.

## 어획물 판매의 고충

입어자 중에는 사적거류지와 조계지(租界地)에 거주하며 입어하는 자와 일본 본토에서 직접 출가하는 입어자 두 부류가 있었으나 입어자의 주류는 후자였다.

전자는 처음부터 조계지 거주의 자국인이나 현지인(조선인)을 대상으로 생산물을 판매하기 위해서 입어했으나 전술한 인천 진남포 거류지의 입어자는 모두 자가 소비를 목적으로 영업권을 취득했다. 그러나 부산의 입어자들은 1883년 입어허가 당시부터 재부산 일본거류자와 일본 주재영사의 주선으로 재주(在住) 일본인들이 부산수산회사와 부속어시장까지 설립하여 조선어업협회(朝鮮漁業協會)를 조직하고 현지정주자에 어획물을 공급하기보다는 오히려 한국인에 공급하며 일본 본토민의 입어장려와 그들의 편의를 도모하는 데 주목적이 있었다.

일본에서 먼 거리 어장에 입어하는 출가(出稼)자의 경우 입어선 자체부터 적재력이나 기동성에 문제가 있는 빈약한 소형 목선이었다. 그들 입어자들은 현지의 구매력이 빈약할 뿐만 아니라, 어장에 출현하는 한·일 양국인의 출매선(出買船)도 거의 없었을 때에는 어획물의 판매에 고충이 적지 않았다. 그래서 입어자는 어획이 많아도 걱정 적어도 걱정이었다. 특히 너무 많이 포획하여 그 일부를 바다에 도로 버려야하는 고정(苦情)은 말할 수 없었을 것이다. 그리고 어획물을 다른 운송사에 위탁하거나 탁송해야 할 때는 별도로 운송료나 수출관세(輸出關稅)를 부담해야 하는 고충이 따랐다. 한겨울철에는 일본으로의 선어수송이 어느 정도 가능했으나 그 외 계절에는 신속한 운송에도 부패 때문에 위험이 항상 도사리고 있었다.

그래서 일본에서의 출가입어선이 계속 조업하고 어획 확대를 위해서는 어획물 판매가 큰 문제였다. 따라서 초기 단독 입어선은 그 대부분(70~80%)이 어시장이 있는 부산 근해어장에서 조업하고 그 외 먼 거리 어장에서는 운반선(모선)과 결합하여 선단입어를 점차 하게 되었다. 사입 운반선과 결합하면 어리(漁利)의 많은 부분이 운반선주(모선주)에게 돌아가는 문제를 감수해야 했다.

그리고 어획물의 현지(조선) 판매에 따른 한화(韓貨) 교환도 아주 복잡하고 불편했다. 당시 조선에서는 금화(金貨), 은화(銀貨), 지폐(紙幣)가 없었으며 오로지 엽전(葉錢)과 당오전(當五錢)의 두 종류가 있었을 뿐이었다. 그중에서 당오전은 경기, 황해, 평안의 삼도와 충청도의 북반부 및 강원도의 서반부에서만 통용하고 있었기 때문에 일본 입어자와의 거래가 가능한 연안지역에서는 오로지 엽전만 사용하고 있었다. 그 엽전의 환산(換算)이 쉽지 않았다.

엽전 1전을 일문전(一文錢)이라 했다. 그리고 1전 곧 일문전의 일천문(一千文)을 일관문(一貫文)이라 하고 또한 일관문에는 몇 십, 몇 백, 몇 천, 몇 만 관문이라고 하는 계층이 있었다. 1관문과 일본 엔화(円貨)와의 교환은 시세(時勢)에 고(高), 저(底)가 있었다. 그것은 몇 할(何割), 몇 분(何分)으로 할인 교환하는 것이다. 보통 교환시세는 저가일 때는 13~14할, 고가일 때는 17~18할 정도 아주 높을 때는 20할 이상으로 할인 교환했다. 시세 1관문의 15할이라 하면 일화(日貨) 1원 50전으로 교환한다는 것이다. 이러한 교환시세는 물건의 매매자 쌍방의 손득(損得)에 영향을 미치므로 쌍방에서 아주 신경을 써야하는 문제였다.

다행히 한국은 늦은 봄에서 초여름에 장마기가 있기는 하나 대체로 공기가 건조하고 습도가 낮아 어획물을 햇빛에 말려 마른 제품을 제조하는데는 아주 적합했다. 그 때문에 입어선은 물론 일본인 제조업자들도 대거 도래하여 마른 제품을 생산했다. 한국에서 제조한 일본인의 마른 어류 제조품, 마른 해삼과 같은 것 등은 오히려 그 제조시설을 완비한 일본 내지의 가공제품에 비하여 월등히 우수했다.

### 입어채무자의 배임 문제

출가입어자(出嫁入漁者)는 거의 전부가 소형어업자로서 영세자들이기 때문에 영어자금 조달에 애로가 많았다. 그래서 그들은 지방(근거지)의 어획물 판매상인(객주) 자금을 쓰고 그들에게 어획물을 판매하는 관계를 맺게 된 결과 그들의 예속에서 쉽게 벗어나지 못했다.

부산수산회사에서는 그러한 영세 출가입어자의 편의를 위해서 영어자금(사입금)을 대여하고 그 대신 그들의 어획물을 위탁판매하고 그 판매대금에서 원금(사입금)을 장기에 걸쳐 분할 공제하는 상각(償却)방법을 도입했다. 그러나 그 운용의 총 자본금액이 겨우 10만 엔에 불과하고 그리고 부산지방의 시중금리도 비교적 높아서 연 3할 단기 5~6할 정도의 이자율을 적용했기 때문에 이용자에게는 역시 큰 부담이 되었다고 한다.

그럼에도 입어자의 어리가 아주 좋았던 관계로 집하지(集荷地) 객주와의 결합으로 출가 입어자수는 매년 증가했다. 그러한 입어자 중에는 객주의 예속관계에서 벗어나기 위해서 차주(借主)에게 어획물 매취권을 이미 양도했음에도 몰래 타인에게 판매하거나 전도금도 반환하지 않고 도주하는 자까지 속출했다. 그것이 한때 입어자 사회의 큰 문제가 되었다고 한다. 그러한 것이 결국에는 일본정부나 지방자치단체의 개입을 초래하고 입어자들 스스로도 단체를 구성하여 자발적 교정에 노력하게 되었다고 한다.

### 선원 고입 문제

입어선의 조업기간 중 가장 난감했던 문제의 하나는 선원의 조난 부상 또는 질병의 발생으로 인한 선원교체가 필요함에도 이를 손쉽게 시행할 수 없다는 점이었다.

선원 고입에 가장 어려웠던 업종은 특히 동해안의 잠수기선이었다. 원산 지방에 근거를 두고 동해북방 조업을 많이 하는 잠수기선은 선원 고입문제가 가장 어려웠다. 1908년 전후까지도 원산지역 잠수기선은 잠수부와 선원 부족 또는 선원 중 소행(素行) 불량자가 있어도 교체를 거의 할 수 없는 실정이었다. 일본에서 고입해 오기 위해서는 기차, 기선의 승차 승선비 기타 필요한 편도 또는 왕복비용을 어업자인 고주가 부담해야 하기 때문에 고주는 항상 피고용자와의 상호관계를 원만하게 유지하기 위해서 노력하고 편의상 피고용자를 계속 장기 채용하기 위해서는 귀국을 억제하거나 철망(撤網) 후 다음 어기까지의 겨울철 4개월 동안의 완전 휴업기에도 그들에게 대기 임금을 지불하고 붙들어 두어야 했다. 그러한 휴업기 체류자들 중에는 그 동안 각종 악습에 빠져드는 자도 적지 아니했다.

그래도 선주들은 그러한 악습 체류자도 아쉬운 상태라 다음 어기 재고용을 위해서는 그들이 요구하는 부당한 전대금도 거절 못하고 지급하지 않을 수 없었다. 그 전대금은 특별한 경우를 제외하고 대체로 수부(水夫) 1인에 10円 내지 20円, 잠수부 1인에 30円 내지 50円이 관례였다.

전대금을 받은 자들 중에는 다음 어기까지의 4개월을 기다리기가 너무 지루해서인지 음주악희(飮酒惡戱)에 빠지고 헤어나지 못하는 자도 많았다. 그 때문에 때로는 이중대출(二重貸出)할 때도 있었다. 그러한 폐단을 교정하고 극복하기 위해서 주재일본관리(住在日本官吏) 및 재주 지방유지자 등 지도급 체류자들의 훈계와 계도(啓導)도 있었으나 그 성과는 별로 없었다고 한다.

그래서 부산 원산지방 체류의 잠수기업자들은 선원의 그러한 폐풍을 자체적으로 교정하고 선도하기 위해서 공동으로 조난자 구호와 동업자의 복리 증진을 도모할 목적으로 사업조합(斯業組合)을 조직하고. 그 사업내용에 ① 개개 어부에 대한 전대(前貸)를 금하고 ② 급여를 일정하게 하고 ③ 어부 고입에는 반드시 전고주의 승인을 얻도록 하고 ④ 그 외 어선어부의 조난 구호 등을 규약(規約)으로 정하고 ⑤ 그리고 일본에서 입어하는 자는 당해지(부산, 울산) 잠수기업자들의 조직에 반드시 가입하도록 하는 등 예방조치를 강구하도록 관계 요로에 수차 진정도 했다고 한다.

업계의 그러한 요청 등과 입어의 중대성에서 일본정부에서 조사단을 파견하여 입어실태를 면밀히 조사하고 정부적 차원에서 대책을 강구한 결과와 침략정책을 결합하여 탄생시킨 것이 관계부현별로 '조선해통어조합'을 구성하고 그 연합회를 정부관리하에 두게 한 조치였다.

한편 위와 같은 선원의 폐단을 해소하기 위해서 제주도 연해에 음력 7월에서 11월까지 입어하는 구마모토현 아마쿠사(熊本縣天草)지방의 나잠선(裸潛船)들은 어선 1척에 어부 15~16인이 승선한 어선 4~5척으로 집단입어하고 잠수기어선과는 달리 어부는 항상 배안(船中)에서만 기거하게 하고 채포한 전복 등도 선내에서 마른 전복(乾鰒)으로 제조하고 각 어부는 채취에만 전념하게 하여 귀국 후 각자의 채취 기록을 근거로 하여 오야가다(전주)와 이익을 분배하는 보합제(步合制)를 적용했다. 이 조직에서는 전복의 패각(貝殼)은 전부 어부들의 단독 소득원으로 공여하고 어부들은 그 수익을 동료 간에 평등 분배했다. 그러한 나잠부들의 수익은 잠수기선에 비해서 오히려 더 양호했다.[61]

## 미끼 조달 문제

입어선 중에서 낚시어선 특히 도미조업과 상어 어업은 외줄낚시와 주낚의 미끼 조달이 항상 문제였다. 미끼는 어종, 어선에 따라 차이가 있었으나 도미 주낚선에서는 꼼장어, 해삼, 해파리, 갯지렁이, 새우, 갯가재 등 아주 다양하게 사용했다. 그러나 그러한 미끼의 조달은 두고두고 문제가 되었다.

입어자는 일본 기지를 출항할 때 미끼를 일부 가져오나 그것이 소진되면 어획물의 일부를 미끼로 사용하거나 또는 현지에서 직접 어획 조달 혹은 구입하여 사용했다. 일본 출항지에서 가져오는 미끼는 장기사용이 곤란하고 또한 입어척수가 증가함에 따라 현지 조달 문제도 더욱 심각해졌다. 그래서 그의 원활한 수급을 위하여 국책 입어자 단체인 조선해수산조합(朝鮮海水産組合)이 설립(1902년)하자마자 가장 먼저 착수했던 사업은 현지 생산 미끼의 조사였다.

그 조사 결과에 의하면 입어선이 필요로 하는 미끼류는 모두 한국 연안에서 풍부하게 생산되고 있었다. 그중에서도 경상도, 전라도, 충청도

---

61 『韓國水産誌』第三輯, pp. 427~428.

등 남서해안에서 가장 많이 생산되고 그 생산량도 사용량을 충족하고도 남을 정도였다. 그 생산시기도 2~3월에서부터 연말까지로서 입어기와도 일치하고 있다는 것도 알게 되었다. 그리고 다행이었던 것은 러일전쟁 이후 한국 각 연해에는 현지인의 미끼 판매 주선인들이 도처에 생겨났다. 그들을 통하여 매입하는 경향이 증가하고 조달이 편해졌다.

미끼의 현지 거래가격은 종류에 따라 차이가 있었으나 1908년을 전후하여 평균가격이 봄철에는 3리(厘) 내지는 6~7리, 가을철에는 4~5리, 비쌀 때는 1전(錢) 이상 오르는 경우도 가끔 있었으나 대체적으로 수요충족에 지장은 없었다. 그러나 경술국치까지도 개개 입어선에서는 미끼 조달이 문제가 되었다고 한다.

위의 조사에서 나타난 미끼의 주요 종류와 그 생산지를 다음에 약술해 둔다.[62]

① 꼼장어

꼼장어(ドロボウ)는 남해안 도처에 산재해있는 갯벌에 많이 서식하며 그것을 포획하는 데는 크게 노력을 요하지 아니했다. 다만 초기에는 현지인들 중에서 그것을 포획하는 종사자가 없었기 때문에 입어자 자신들이 직접 포획하여 사용하는 불편이 있었다.

포획하는 방법은 보통 통발(筌)에 고기 내장 등을 투입하여 밤중에 해저에 투입해 두었다가 다음날 아침에 인양하면 그 안에 하룻밤 사이에 수백 마리가 들어 있으므로 용이하게 포획되었다. 그것을 미끼로 사용할 때는 더운물에 잠시 담가두었다가 칼로 겉껍질을 적당히 옆으로

---

[62] 『韓國水産誌』第一輯, p. 237 ; 『水産文庫』第四券 第四号, pp. 5~14.

갈라 낚시에 끼워 사용했다.

② 갯가재

마산, 진해만내, 통영연해 등 남해안에 입어하는 수조망어선이 어획한 것을 구입하여 사용하는 경우가 많아졌다. 그 사용방법은 1마리를 5~6개 정도로 토막을 내어 한 토막씩 낚시에 끼워 사용했다.

③ 해파리(水母)

가을, 겨울, 서남해의 여러 섬 사이에 많이 부유하기 때문에 그것을 그물(攩網)로 포획하여 한 치 정도의 크기로 절단하여 낚시에 끼워 사용했다. 대어(大魚)를 어획하고자 할 때는 이 미끼를 많이 사용했다.

④ 갯지렁이

갯지렁이(イムシ)는 주로 히로시마(廣島), 야마구치(山口)지방의 입어자들이 많이 사용했다. 입어자들은 직접 갈구(호미의 일종)라고 칭하는 기구로 포획하거나 또는 현지인들이 포획한 것을 구입하여 활어통(活魚洲)에 축양하여 두고 사용했다. 가장 유명한 생산지는 국도(國島)의 서쪽 방축포구 일대이며 그의 구입 가격은 1마리에 2리(厘) 내외였다.

⑤ 새우

주로 현지 연안 어민들이 포획한 것을 구입하여 사용했다. 입어자들도 종종 조망(曹網) 등으로 직접 포획하여 사용하는 경우도 있었다. 새우 역시 국도(國島) 근해에 봄, 여름, 가을에 걸쳐 많이 생산되었다. 그것은 봄 이외의 계절에 다른 미끼가 없을 때 보충 미끼로 사용했다. 그

가격은 아주 저렴하여 한 되(1升)에 25전 내지 30전 정도였다.

⑥ 해삼

여름에서 가을, 겨울에 걸쳐 다른 미끼가 없을 때 사용하는 보충 미끼였다. 그 사용 방법은 먼저 해삼을 삶아서 적당한 크기로 썰어서 낚시에 끼웠다. 해삼은 잠수기선이나 나잠선(해녀)에서 또는 현지인 업자들로부터 구입하여 사용했다.

# Ⅵ. 어획물의 처리와 어시장

**Ⅵ. 어획물의 처리와 어시장**

1. 주요 제품의 종류와 제조 방법

　　마른 제품과 제조 방법 / 통조림 제품 / 어획물의 빙장

2. 어시장

　　일본인의 어시장 개설 / 주요 어시장 / 기타 어시장

통어장정 상에는 당초 어획물의 판매, 가공(加工), 기타 처리에 관한 규정이 전혀 없었다. 따라서 초기 입어자는 어획물을 현지(조선)에서 판매하거나 일본으로 반출해야 했다. 그러지 못하면 다획이 오히려 처분 곤란으로 고민거리가 되는 실정이었다. 그래서 입어선은 어획물을 선어, 활어로 판매하는 것 이외에 그것을 햇빛에 말리거나 소금을 쳐서 처리하는 방법으로 보존력을 연장하는 방법을 사용했다. 이러한 어획물의 처리 방법은 해가 거듭할수록 종류와 질이 개선되고 발달했다.

여기에서는 입어선의 어획물 처리 곧 제품과 그 제조 방법에 대해서 간략하게 정리하고 연안 해역의 주요 어시장(魚市場)에 대해서 고찰했다.

## 1. 주요 제품의 종류와 제조 방법

### 마른 제품과 제조 방법

어획물을 말린(건조) 것을 마른 제품(건조품)이라 한다. 그것도 그냥 햇빛에 말리는 소건품과 소금을 쳐서 말리는 염건품 또한 쪄서 말리는 자건품 등이 있었으나 여기에서는 그 구별 없이 기술하기로 한다.

| 마른 해삼 제조 |  잠수기 입어선은 각종 기구를 어선에 실어와 어장 부근 한적한 육지의 적당한 곳에 창고와 그 기구(제품가공시설)를 설치하고 그 담당자를 두어 포획한 해삼을 직접 제품화했다. 그러나 그 시설 때문에 현지인들과 많은 말썽을 일으켰다.

그 제조 기구는 보통 넓은 솥(平釜: 크기는 지름 2자(尺) 3~4치(寸):

69.697~72.727㎝) 2개, 4말들이 통(4斗樽) 20개, 멍석(莚) 20매(枚), 물통(水樽) 1개, 대소 짐막대기 2개, 그 외 갈고리 등이었다. 이러한 제조 용구와 창고 자재(倉庫 資材) 이외에 식품과 식염 등도 어선에 적재하여 오는 것이 보통이었다. 제조에 요하는 장소는 20~30평으로서 일단 장소를 물색하면 그곳에 물품을 한데 쌓아두고 솥을 설치했다. 솥을 거는 장소(釜場)만은 별도로 지붕을 설치하는 경우도 있었다.[1]

초기 마른 해삼(자건품) 제조법은 먼저 해삼을 탈장하고 그 뒤 삶아서 식염수에 하룻밤 동안 담궈(浸漬)두었다가 다음 날 아침 그것을 다시 솥에 넣고 삶은 뒤 건져내어 3~4일 동안 햇빛에 건조했다. 그 수율은 생 해삼 130근(78kg), 마릿수로는 약 300마리로 마른해삼 제품 28근(16kg)을 얻음으로써 그 수율은 약 20%였다.

잠수기 입어자들은 점차 해삼 제조법을 개량하고 청국에 직접 수출할 수 있는 방법 강구에 노력한 결과 새로운 제조법을 발굴했다. 그 개량 해삼 제조법이란 남제와 탄제의 두 종류였다. 입어 후부터 가공선의 선주(사입선주)는 어장부근의 해안에 설치한 시설에서 그 두 종류의 마른 해삼을 제조했다. 그 구체적인 제조 방법은 다음과 같다.[2]

■ 남제(藍制)

잠수기 작업선은 기지로 돌아오기 전에 전부 어선 내에서 선원들이 미리 탈장(脫腸－肛門部)을 완료한다. 탈장 방법은 칼로 항문과 장부의 한 소부를 절제하면 장이 절로 빠진다. 창고지기는 어선에서 탈장한 생

---

1 『韓國海水産組合月報』 第16号, p. 15.
2 『韓國水産誌』 第一輯, pp. 301~308.

해삼을 통수(桶數)로 헤아려 받아 삶는다. 삶는 것은 전후 2회에 걸쳐 수행한다. 첫째는 탈장한 해삼을 끓는 담수 중에 투입하여 때때로 저어가며 자비(煮沸)를 7부(七分) 정도 한다. 그 뒤 건져내어 탈수하고 식염을 뿌려 일주야 내지 이주야 동안 소금에 절인다. 가염(加鹽)의 양은 해삼 1통(1樽=4斗入)에 여름철은 2되 5합(二升五合), 겨울철은 2되 7합(二升七合)으로 한다. 절임이 끝나면 통에서 끄집어내어 물을 부어 부착물을 제거하고, 두 번째는 다시 물 1말(斗)에 녹반(綠礬) 5돈(0.01875kg) 및 '로구우래도' 7돈(0.02625kg)을 용해한 물에 넣고 약 15분간 삶은 뒤 건져내어 햇빛에 말린다. 그 기간은 여름철은 6일, 가을철은 5일을 요한다. 때로는 착색료를 사용하는 것도 있다. 이와 같이 하면 보통 생해삼 1통에서 마른해삼 12~13근(7.2kg~7.8kg)을 얻는다.

■ 탄제(炭劑)

장(腸)을 제거한 해삼을 끓는 바다물에 투입하여 자비를 7분 정도 한 뒤 건져내어 1통(樽)에 식염(食鹽) 6되(升)의 비율로 넣고 그물에 4일 내지 5일간 절여 두었다가 그 소금물과 같이 다시 솥에 넣어 자비하여 적당한 때를 보아 건져내어 송탄(松炭) 분말을 뿌려 착색한 뒤 냉각한다. 제품 100근(60kg)을 얻기 위해서는 원료 5통(1통은 4斗入) 반을 필요로 한다.

※ 위의 두 제품에서 탄제품은 주로 원산거류의 잠수기업자들이 생산하는 방법이며 남제는 부산거류자 및 부산 근해 이서북에 근거지를 둔 잠수기업자들이 주로 생산하는 방법이다. 탄제품은 대개 원산항에서 블라디보스토크로 직수출했으나 1908년경부터는 원산거류 일본상인 니

시시마상점(西島商店)에서 수집하여 청국의 지부(芝罘)로 직수출(3회)했다.

남제는 처음부터 청국 수출 대상품으로서 두 판로가 있었다. 하나는 일단 일본 나가사키(長崎) 또는 고베(神戸)로 반출하여 그 곳의 일본 상인을 거쳐 다시 청국 상인이 청국으로 수출했다. 또 다른 방법은 부산항에서 직접 청국으로 수출하는 방법이었다.

제품의 가격은 1906년경 원산지방 생산의 탄제는 100근(60kg)당 20~35円, 남제는 35~65円 정도였다. 제주도에서 생산한 남제는 상등품(대형의 것)이 70円, 차등품(소형)이 40~50円인데 비해서 강원도 연안산은 평균 45~60円 정도였다.

자력(資力)이 풍부한 잠수기 입어자는 직접 나가사키 또는 고베로 수출했으나 자력이 부족한 입업자는 어장에서 소회선으로 부산, 원산, 기타 개항지에 회조하여 재류일본인 또는 청국인 해산물상에 판매하는 것이 보통이었다.[3]

| 마른 전복 제조 |   마른 전복(乾鮑) 역시 잠수기선에서 당초부터 생산한 제품이다. 제주도 주변어장에 입어하는 일본 잠수기선은 어장에 도착하면 먼저 마른 전복 제조를 위하여 육상 근거지에 창고를 건설하고 거기에 제조 설비를 갖췄다.

그 제조 방법은 생복을 4말통(四斗樽)에 3일간 절임해 두었다가 그것을 바구니(籠)에 건져 해변으로 가져가서 해수에 담가놓고 발로 밟아 오물(汚物)을 제거하고 세척하여 솥에 넣어 삶은 뒤 햇빛에 말린다(자

---

3 위의 책, pp. 304~305.

건품). 만약 우천으로 제조할 수 없을(말리지 못할) 때는 한 10일 정도까지는 계속 절임해 두었다가 다시 제조에 앞서 담수로 씻은 뒤 위의 수속을 취했다. 이 방법은 생복 100근(60kg)으로 마른전복 38근(22.8kg) 내지 40근(24kg)을 생산함으로써 그 수율은 약 38%였다.[4]

제주산 마른 전복의 품질은 아주 우수하여 그 가격은 제주도 내에서도 장소와 곳(場處)에 따라 차이가 아주 심했으나 일본에서도 인기 품목이었다. 그중에서도 가파도에서 서귀포까지의 해안산을 가장 좋은 품질로 인정하고 개체의 크기도 컸다. 그 다음은 우도(牛島)부근 산이며 그 외 제주 읍에서 죽도(竹島)까지의 사이에서 생산하는 것은 형체도 작고 개각(介殼)도 다소 불량했다.[5]

음력 7월부터 11월까지 제주도에 입어하는 구마모토현 아마쿠사지방(熊本縣天草地方)의 나잠선(裸潛船)은 육상창고에서 제조하는 것과는 달리 잠수선이 포획한 전복을 항상 기거하는 배 안(船中)에서 마른 전복으로 제조했다. 개개 나잠부의 생복(生鮑) 채취물은 각 개인의 어획량 기록을 근거로 귀국 후 선주(船主)로부터 이익배당을 받았다.[6]

※ 최초로 제주도에 입어했던 다케우지구마키지(竹內能吉)란 사람은 1889년 4월 완도군 노안면 맹선리(孟仙里)에 근거지를 옮기고 부근 어장을 이동하며 잠수기로 생산한 전복과 해삼을 마른 제품 명포(明鮑)와 마른 해삼으로 제조하고 12월 귀국하여 판매하고 그 다음 해 봄 다시 입어하는 사업을 이후 매년 계속했다. 1893년부터는 근거지를 다시 소

---

4 위의 책, p. 426.
5 『韓國水産誌』第三輯, p. 427.
6 위의 책, pp. 427~428.

안도로 옮기고 어장을 전라, 경상남도 연해까지 확장하여 여름철은 전복, 겨울철은 해삼을 주로 어획하여 마른 전복과 마른 해삼을 제조했다.

소안도에는 1907년 또 다른 일본 제조업자가 도래했다. 그들도 같은 성씨의 다케우지씨(竹內宅造)였다. 그 두 사람이 동년 생산한 제조고는 대략 명보 13,000근(7,800kg) 마른해삼 20,000근(12,000kg)에 달했다. 그 중 전자가 생산한 것은 명보 약 8,000근(4,800kg), 마른 해삼 12,000근(7,800kg)이었으며 경쟁자인 후자는 그보다 약간 적은 명보 약 5,000근(3,000kg), 마른 해삼 7,000근(4,200kg)을 생산했다. 그리고 전자는 1908년까지 잠수기 9대로 자가 생산을 계속 했으나 1909년에는 그 생산 규모를 잠수기 6대로 축소했다. 그 이유는 자원고갈이 원인이었다.[7]

이와 같이 한적한 지방에서 생산하는 생복 1관(3.75kg)으로 명포 90돈(0.34kg)을 생산(제조)하고 그 외 전복의 개각(介殼)은 오사카(大阪)로 반출하여 판매했다. 개각의 판매가격은 1905~1906년경 100근(60kg)에 4円 50전 정도의 시세였으나 1908년경에는 1円 50전 정도로 하락했다.

| 마른 굴 제조 |    입어자의 마른 굴(건굴) 제조법은 거의 동일했다. 그 제조 방법은 먼저 채취한 생굴의 패각(貝殼)에서 알을 까고(박신) 구경 3척(尺: 90.9㎝) 정도 되는 넓은 평솥(平釜)에 두 말(二斗) 정도의 담수와 식염 5되(升)를 투입하여 끓인 뒤 그 생굴 약 4관(15kg)을 넣어 40분간 삶아서 건져내어 햇빛에 말린다. 건조의 소요 일수는 좋은 날씨이면 약 5일, 우천이면 1주일 이상을 요했다.

마른 굴 제조는 원래 원산의 외국인조계지 거류의 일본인과 청국상

---

7 위의 책, p. 259.

인들이 동해안의 원산지역과 웅기(雄基)지역의 현지인이 생산하는 생굴(生石花)을 매취하여 마른 굴로 제조하여 수출한 것이 효시이다.

원산거류 일본 상인은 그 제품과 매입물을 일단 일본의 나가사키, 고베로 반출하고 그곳의 일본 상인이 다시 청국 상인을 통해 청국으로 수출했다. 그리고 생굴을 수집하는 일본인들은 굴 생산을 위해서 현지인들에게 대부분 미곡(米穀)을 전대(前貸)하고 그 대가로 채취한 생굴을 전부 계약가로 수매하여 마른 굴로 제조하는 사입영업자(仕込營業者)들이었다. 그중에서도 특히 유명했던 것은 원산재주 일본인들로서 동해안의 마른 굴 제조를 독점했다.

마른 굴 산지로 특히 유명했던 곳은 함경도 경흥부(慶興府) 서면(西面) 황어포(黃魚浦)의 동번포(東番浦)와 함경남도 문천군(文川郡) 구산면(龜山面) 연안 일대였다. 그리고 마른 굴 제조자는 원산 재주(在住)의 일본상인 '요고야마(橫山喜太郞), 나가무라(中村國太郞), 니시시마(西島留臧)와 청국상인(淸國商人, 同豊泰號)이 경쟁적으로 연안민에 사입금을 살포하고 생굴을 수매하여 인근 섬당기(蟾堂崎)의 일본인 경영의 마른 굴 제조소(乾牡蠣製造所)에서 제품화했다. 그 제조 방법은 전술한 황어포에서와 동일했다.[8]

생굴에서 마른 굴 제품의 수율(收率)은 약 85%로서 곧 생굴 22단지(호) 110관(82.5kg)으로 마른 굴 100근(60kg)을 얻었다.[9] 당시 수출용 마른 굴은 135근(81kg)들이 상자로 포장했다. 마른 굴의 연간 생산액은 함경도에서만 대략 연간 5만 7천 円 내지 5만 8천 円, 기타 지역산은 약

---

8 『韓國水産誌』第二輯, pp. 231~232.
9 위의 책, pp. 51~52.

3만 円, 합계 8만 7천~8만 8천円 정도였다고 하므로 함경도의 생산 비중이 얼마나 컸던가를 알 수 있다.[10] 1908~1909년경에는 전국 연안 도처에 마른 굴 제조소가 산재해 있었다고 하나 그 업소의 규모는 보잘 것 없는 것이 대부분이었으며 기록상 특기할 업소는 거의 없었다.

| 석화회(石花灰) 제조 | 황해도의 용위도(龍威島)에서는 현지인들이 생산한 생굴을 매수한 일본인이 마른 굴을 제조하여 청국에 수출하고, 그 버려진 굴 껍질을 수집하여 태워서 석화회(石花灰)를 제조했다. 1910년경 옹진군 남면 용호도에도 상주하는 일본인이 굴 껍질로 회(灰)를 제조하였으나 시작한지 얼마 되지 않아 고가의 연료비(燃料費)부담 때문에 중지했다고 한다. 그 외 많은 곳에 석화회 제조소가 있었다고 하며 그 제조고는 연간 약 3,000표(俵) 내지 6,000표에 달했다.[11]

| 마른 멸치 제조 | 마른 멸치 제조는 1884~1885년경 멸치입어선이 도래했을 때부터 사실상 시작되었다. 이때는 대개 육상건조였다. 남해안에 입어한 히로시마현인의 권현망어선단(멸치망어선단)에서 어획한 멸치를 어장에서 즉시 부속 화선(火船)의 가마솥에서 삶아 산더미로 건져두었다가 육지로 운송하여 백사장 또는 뜰, 밭 등의 건조장에서 햇빛에 말렸다. 이것은 권현망이 입어한 뒤에 시작한 방법이었다.

마른 멸치는 자본주(사입자)가 120(72.00kg)~130근(78.00kg)씩 가마니로 표장(表裝)하여 전량 일본으로 수출했다.

---

10 『韓國水産誌』第一輯, pp. 308~312.
11 『韓國水産誌』第四輯, p. 336.

동해안에 입어한 후리망업자의 마른 멸치제조법은 어획한 생멸치를 해변의 백사장에 엷게 살포하여 햇빛에 말리는 방식이었다. 날씨가 순조로우면 2~3일, 구름 낀 날씨면 5~6일을 요했다. 어획물이 많을 때는 뜰이나 밭에도 살포하여 말렸다.[12]

동해안의 후리망에서의 마른 멸치 제조는 1903년 울진군 죽변에 후쿠오카현인 야마사카(山坂次郎)가 최초 입어한 이래 니이가타현의 야마구치(山口某), 오이타현인의 모(某)씨(1906년), 그리고 시마네현 수산시험장(1조)과 동현수산조합(1조)의 멸치 후리망시험입어선(1907년) 등의 시험어로 생산이 있었으나, 이들은 현지인들과의 분쟁을 자주 일으켰다.[13]

그리고 동해안의 마른 멸치 제조는 1907년 이전 이미 원산재주 일본 자본가들이 강원도 동해안 일대의 후리어장 30곳 이상을 장악하고 부산의 멸치객상(間尾)은 경남의 권현망업을 비롯하여 남해, 서해의 멸치후리망어업과 기타 각종 어망어업을 총 망라한 멸치까지 자건품, 소건품의 마른 멸치 제조를 완전 독점하고 있었다.

※ 제주도에서는 히로시마현인 아라가와(荒川某)가 1896년 비양도에 입어한 이래 매년 계속 그곳을 근거지로 멸치업을 영위해왔으나 1902년경 협제와 곽지에서, 그 다음 해에는 함덕을 근거지로 하여 마른 멸치 중매(仲買)를 개시하며 계속 겸업했다. 1906년에는 어업을 폐기하고 곽지를 근거지로 협제와 함덕에 지장(支場)을 설치하여 오로지 멸치 사업 중매와 마른 멸치 및 깻묵(窄粕) 제조에만 종사했다. 그는 원료 조달을

---

12 『韓國海水産組合月報』第16号. p. 14.
13 『朝鮮海水産組合月報』第11号, 1909. 5. 25, pp. 1~2.

위해서 제주도 현지인에 미리 전도금(사입금)을 공여하고 그 대가로 생멸치를 매수하여 제품화하고 도민이 생산한 마른 멸치제품까지도 매집(買集)하여 일본으로 수출하는 무역업도 겸했다.[14]

| 마른 맛 제조 |  맛(蟶 또는 竹貝)은 옛날부터 남서 전 연안 해역에서 많이 생산하고 현지인들에 의해서 마른 제품도 생산해 왔다. 그 제조 방법은 솥에 생 맛이 잠길 정도로 물을 적당히 넣고 삶아서 탈각한 뒤 햇빛에 말리거나(저건품) 또는 생 맛을 까서(박신) 햇빛에 말린 것(소건품)이 있었다.

인천 영종도(永宗島)에 1908~1909년경 한 일본 입어자가 마른 맛을 제조했다. 그 방법은 한인과 동일했다. 그 제품(乾製)의 수율(收率)은 생패(生貝) 5되(升)로 제품 1되를 생산함으로써 대략 2할(20%)이었다. 당해연도 인천소재의 해산물상에서 취급한 일본인 생산의 마른 맛 제품의 취급 량은 일본상인 15,000근(9,000kg), 중국 상인 6,000근(3,600kg)으로써 계 21,000근(15,000kg) 이상에 달했다. 생 맛 가격은 1말(斗)에 15전 내외였으나, 그 건제품가격은 100근(60kg)에 19円내지 22~23円으로써 당해연도 총 생산액은 생 맛 가격으로 1,500~1,600円, 제품가격으로는 약 4,000円 내외에 달했다.[15]

| 마른 가오리 제조 |  평안도의 대화도(大和島), 가도(椵島,) 반성열도(盤城烈島)에 입어하는 일본인은 미끼 없는 주낙(空釣繩)으로 어획한

---

14 『韓國水産誌』第三輯, p. 414·422.
15 『韓國水産誌』第四輯, pp. 102~103.

가오리(鱝)를 복부에서 꼬리부(尾部)로 향해 절개하여 장부(臟府)를 제거하고 세척한 뒤 그 복부 및 구강(口腔) 내에 식염을 채우고 몸체 외부 전체에도 식염을 뿌려서 큰 독(大甕)에 담아두었다가 식염이 전부 용해한 뒤 그것을 들어내어 절개한 복부를 꼬리(尾部) 쪽으로 뒤집어서 건조했다(염건품).

| 기타 마른 제품 | 위에서 기술한 것은 사례에 불과하며 그 외 많은 어종의 마른 종류가 있었다. 입어자는 어획물을 마른 제품(소건품, 저건품)으로 제조하여 현지 연안민에게도 판매하고 일본으로도 수출했다. 정착이주자 등 일인들은 선어 판매 외 어획한 각종 잡어로 마른 제품을 생산 판매하는 사람이 많았다.

사례로 1909년 전후 황해도의 용호도(龍湖島) 재주일본인 이주자들 중에는 현지인에 사입금을 공여하고 어획한 각종 선어류를 매입하여 마른 제품을 생산하는 제조업 전업자도 있었다. 그중의 한 사람은 1년간 마른 멸치(乾干鰮) 300표(俵) 내지 500표, 마른 까나리(玉乾魚) 100표 내외, 기타 등을 여러 가지 마른 제품을 제조했다.

용호도의 생멸치 매입가격은 3되(升)에 13전 마른 멸치는 10관(37.5kg)에 10円 내외, 생 굴(生牡蠣)은 큰 독 1항아리(석유관 3통에 해당)에 5円, 그리고 마른 굴은 100근(37.5kg)에 22~23円이었다. 마른 굴 제조는 1910년경에 이르러 전국 연안의 자원감소로 생산이 중단된 곳이 많았으며 그동안 쌓였던 굴 껍질로 회(牡蠣灰)를 생산하는 자도 도처에 있었으나 그것 역시 생 굴 생산에 영향을 받아 오래가지 못하고 중단 상태에 빠졌다.[16]

기타 마른 제품으로서 특히 중요했던 것은 상어지느러미와 그의 토

막 간절육 건조품(タレ)이 있었으나 그것도 상어(鱶)의 어획 감소로 자연 감소하고 오히려 삼치알의 염건제품(カラスミ) 생산이 증가상태에 있었다.

### 통조림 제품

1892년경 부산에 거류하는 오카다(緖方釗太郎)라는 사람이 전남 완도군 서변리에 설립한 공장에서 매년 봄, 여름철에 잠수기와 나잠어업자가 생산한 전복 등을 통조림으로 제조했다. 그는 부산 서정(西町=남포동) 해안에도 공장을 설립했고 1895~1896년경부터 매년 봄과 여름철은 완도군 생일도(生日島) 서성리에 도래하여 움막(小舍)을 짓고 전복 기타의 통조림을 제조했다. 그곳의 생산고는 1910년경 1어기에 50상자(函) 내지 80상자에 달했다.[17]

1900년 부산 다대포에 입어한 잠수기선 3개 조(新原組, 竹上組, 井上組)와 그 다음해 거제도에 입어한 오이타현의 이노우에(井上常直) 등이 통조림 공장을 설립하고 각자의 채포물을 통조림으로 생산했다. 또한 울산 죽세포에 입어한 후구오카현인 니시하라(西原竹次郎)와 사가현인 야마구지(山口喜太郎)의 공동 경영채인 마츠우라상회(松浦商會)에서도 전복 통조림을 생산하여 나가사키로 송출했다. 그 원료는 지마 해녀와 잠수기어업자로부터 조달했다. 이와 같이 전복 통조림 제조는 전부 잠수기업자의 직영 또는 그들과 나잠업자에 의존하는 경영이었다. 당시의

---

16 위의 책, p. 336.
17 『韓國水産誌』第三輯, p. 250 ; 吉田敬市 著, 『朝鮮水産開發史』, 朝水会, 1954, p. 230.

제조공장이나 제조방법은 모두 유치하고 생산량도 소량이었으나 그들은 통조림 전문 제조업을 선도하는 데는 크게 기여했다.[18]

전남 지도군 암태면 흑산도(智島郡 巖泰面 黑山島)를 비롯하여 주변 도서인 양도(羊島), 서두도(鼠頭島), 수촌도(水村島), 다물도(多勿島), 죽도(竹島) 및 강도(江島) 등 근해에 1893년 4월경 나잠부를 거느리고 처음 입어한 오이타현 사가세키죠(大分縣佐賀の關町)의 해물상(海物商) 가도타로마쓰(加藤太郎松)형제의 마루이치구미(丸一組)는 이후 매년 당해지에 도래하여 전복을 채취하여 명포(明鮑)만을 제조해왔으나 전복이 점차 소형화하자 1903년부터는 대흑산도 진리(鎭里)북방 읍구미(邑九味)에 통조림 제조시설을 하고 매년 4월에서 9월까지 채포물을 통조림으로 제조하여 일본으로 돌아갔다.

그 전복을 까는(肉剝身) 작업은 섬에서 고용한 부녀들이 수행했으나 그들에게는 임금을 지급하지 아니하고 그 대신 내장과 껍데기를 지급했다. 그들(마루이지구미)이 생산하는 전복 통조림 제조고는 1910년 전후 연평균 1파운드 캔 4타들이 100상자(函) 내지 900상자에 이르렀다.

그리고 매년 태도(苔島) 근해에 잠수기선 3~4척으로 입어했던 다케우지구미(竹內組)에서도 여름철 근해에서 포획한 전복을 염장하여 소안도 근거지로 운송하고 통조림으로 제조했다.[19]

경북의 양포(良浦)를 근거지로 계속 입어하여 후리망으로 생산한 멸치는 종래에는 마른 멸치와 어분(搾糟)으로 제조해왔으나 1909년 이후에는 통조림으로 제조를 시작했다.[20] 울산군 동면 하화금동(下花苓洞)의

---

18 吉田敬市 著, 『朝鮮水産開發史』, 朝水会, 1954, pp. 230~231.
19 『韓國水産誌』第三輯, p. 348.
20 『韓國水産誌』第二輯, p. 489.

일본인 멸치후리망업자도 어획한 멸치를 통조림 제조로 전환했다.[21]

잠수기나 나잠부에 의해서 포획하는 생전복이 계속적인 남획으로 점점 그 체형이 소형화하자 1900년대 이후에는 체장이 큰 것(대형)은 마른 전복으로 제조하고 작은 것(소형)은 전부 군 식용의 통조림으로 제조했다.

통조림의 대표적인 생산지는 부산, 인천, 군산, 울산, 장전, 대야도(代也島), 생일도(生日島), 진도, 제주도 등지였다. 이들 지역에서는 주요 원료 생산에서 제품 생산까지 연계할 수 있었던 것이 특징이었다. 그러나 그 생산 시설은 극히 원초적인 소규모 시설로서 공장이라 하기에는 부끄러울 정도였으며 실체로 계속 성업하는 업체도 거의 없는 실정이었다. 통조림 제품의 대상 어종은 전복, 멸치 이외에 도미, 삼치, 고등어, 뱀장어, 자라 등이 있었다. 그중에서 생산량이 가장 많고 중요했던 것은 도미와 전복이었으며 그 외 제품은 수량이 그리 많지 않았다.

### 어획물의 빙장

1900년대 들어서 일본인 선어운반선에서 어획물에 얼음(천연빙)을 사용하기 시작했다고 하나 그 최초 사용 연도는 명확하지 않다.

한국에서 얼음의 사용은 신라 시대에도 석빙고가 있었던 것으로 보아 천연빙의 이용 역사는 아주 오래된 것으로 알 수 있으나, 얼음을 선어운반선에서 사용한 것이 언제부터인지 아직 밝혀진 것이 없다.

일본에서도 천연빙의 이용은 아주 오래전부터 있었다고 하며 어획물에 사용한 것은 도쿠가와 시대에서 메이지 시대 중엽경이라고 하나, 그

---

21 위의 책, p. 502.

의 확실한 이용연도에 대해서는 역시 명확한 기록이 없다고 한다.[22]

왕조말기의 상고선, 특히 서울 마포지방의 객주 또는 선주의 영업선(상고선)에서는 오래 전부터 천연빙을 사용하여 왔다. 그들 선주는 주로 자가수요를 위해서 개인의 석빙고를 소유하고 그 저장얼음을 사용해 왔다. 일본 입어선의 어획물을 매취 판매했던 한인 상고선주의 대부분은 약 2평(坪) 정도의 작은 빙고를 설치하고 겨울에 얼음을 채취, 저빙해 두고 특히 여름철 성어기에 사용했다고 한다. 그러한 빙고는 결빙이 두터운 해에는 100고(庫) 이상에 달하는 경우도 있었다고 한다.

그리고 왕조말기 한강 유역에는 한국 전통의 대규모 얼음창고(氷庫)도 12고(庫)가 있었다. 그중에 일본인이 경영하는 것이 2고(庫), 그 외 일본인이 출자한 것도 4고(庫)가 있었다. 일본인 경영의 2고(庫)는 흑석동과 노량진 소재로 우다노(羽多野松太郞)라는 사람이 1903년 사입하여 얼음을 주로 병원과 일반 위생용으로 공급했다. 다른 10고도 대다수는 일반 수요를 목적으로 했으나 냉장선에 판매하는 곳도 있었다고 한다.[23]

부산 어시장에서는 1907년 선어 수송용으로 얼음을 사용한 결과 수양고(위판고)가 3~4할 정도 증가했고, 당해년도 부산 전체 얼음 사용량은 약 5톤 정도였으나 1908년에는 선어 수송용 얼음 수요량이 약 5톤 정도로 곧 1,350관(5,062.5kg)에서 2,000관(7,500.0kg)에 달했다.

그래서 부산수산회사에서는 직접 제빙(製氷)을 계획했으나 다행히 탁지부의 제빙사업이 개시되었기 때문에 그 계획을 취소하고 탁지부생산물이 나올 때까지 일본 각지에서 얼음을 구입하여 중매인에게 공급하기

---

22 岡本信男 著,『近代漁業發達史』, 水産社, 1965, p. 263.
23 『韓國水産誌』第一輯, pp. 352~353.

로 했다. 그러나 일본 각지에서도 얼음 수요가 급증하자 1개사 독점구매 대신 나가사키제빙회사(長崎製氷會社), 모지아카키제빙소(門司赤木製氷所), 히로시마제빙소(廣島製氷所), 고베전등회사제빙부(神戶電燈會社製氷部) 등에서 기선(汽船) 또는 철도변으로 얼음을 구입하여 원가로 중매인에 공급했다. 그 시세는 1관에 1円 60전 정도라고 했다.[24] 당시 키타큐슈 지방에는 수개의 제빙소에서 총 120~130톤 정도의 생산력을 보유하고 있었다.[25]

그리고 냉장 30톤 규모의 장치를 갖춘 기선 유교마루(137톤, 180마력, 목선)가 1909년 처음으로 출현하여 선어를 일본으로 반출했다. 세계에서 인조빙 제조를 언제부터 시작했는가에 대해서는 상세한 것은 알 수 없으나 냉장장치가 발명되고 그것이 저장운반선에 실용화 한 것은 1876년이므로 일본은 그로부터 23년 만에 처음 유교마루에 이를 이용한 것이다.[26]

한국에서는 1908~1909년 조선해수산조합 및 통감부의 요청으로 탁지부에서 저빙고 제빙소 설치 예산을 승인하고 그 시설을 조선해수산조합에서 관리하는 조건으로 부산수산주식회사에 위탁 설치하기로 했다. 그리고 제빙은 1910년 4월 20일부터 착수했다고 한다.[27]

---

24 『水産文庫』第四券 第四号, pp. 4~123.
25 『朝鮮海水産組合月報』第19号, p. 58.
26 岡本信男 著, 앞의 책, pp. 263~264.
27 『朝鮮海水産組合月報』第16号, p. 38.

## 2. 어시장

### 일본인의 어시장 개설

부산에는 개항 이전에 왜관이 있었고, 1877년 1월 20일 약정에 의해 설치된 한국 최초의 일본전관거류지(日本專管居留地)가 있었다. 1883년 전라, 경상, 강원, 함경도 연해 입어가 가능해지자 부산 일본전관거류지의 일본인유지들이 1889년 8월 자본금 50,000엔으로 부산수산회사(釜山水産會社)를 설립하고 그의 부설 어시장도 개설했다. 부산수산회사는 자체사업으로서 생산도 했으나 주사업은 어시장 경영이었다.

어시장 설치의 목적은 일본 입어선에 대한 편의 제공과 입어 장려를 도모하는 것으로 이를 위해 본사 소재지(釜山市南濱町3番地) 앞 연안에 시장 전용건물을 설치하고 일본인과 한인을 대상으로 입어자의 어획물 경매를 실시하고 판로를 전국 각지로 자유로이 개척했다. 이 어시장을 효시로 하여 10년 뒤(1899년) 인천항에 인항어시장(仁港魚市場)이 설립되고 러일전쟁 이후에는 한국 연안 각 주요지에 일본인 개설의 어획물 판매시장이 많이 설립되었다.

그러나 부산어시장을 제외한 기타 지역의 어시장은 경술국치년까지도 경영은 대체로 어려웠다. 그 이유는 소재지 또는 그 부근에 일본인 재주자가 그리 많지 아니하고 한인의 어물 수요량도 관혼상제를 제외한 일상 수요는 그리 많지 아니했다. 그리고 개설자의 자본력도 부족하여 적극적인 시장개척을 하지 못했기 때문에 성공은 그리 쉽지 않았다.

1904~1905년 러일전쟁을 계기로 하여 재한 일본인 거주수가 급격히

증가하고 또한 입어 구역도 전국 연해로 확대되자 어획물 판매책으로 어시장 설치가 활성화되기 시작했다. 그 결과 1908년경 전국의 각 주요지 항구와 내륙지에 개설한 일본인 경영의 어시장은 법인만도 16개소에 달했다.[28]

구체적으로는 1889년 설립된 부산어시장과 1899년 설립된 인천어시장을 비롯하여 1905년에 경성, 목포, 1906년에 마산, 평양, 1907년에 울산, 장승포, 통영, 군산, 용산, 인천의 6개소, 1908년에 대구, 경성, 진남포, 신의주의 4개 처에도 각각 어시장이 설치되었다. 특히 통감부가 설치된 직후의 1907~1908년에는 무려 10개소가 설치되었다.

지역별 분포로는 경남에 부산, 마산, 울산, 장승포, 통영의 5개소이며 경기에는 5개소인데 그중에는 인천 2개소, 경성(서울) 내륙지 3개소였다. 평남은 진남포 평양의 2개소, 그 외 지역으로서 경북 대구, 전남 목포, 전북 군산, 평북 신의주에 각각 1개소씩이었다. 위에서 대구, 경성(2), 용산의 4개소는 내륙지로서 2차 판매 어시장이며 그 외는 전부 연안의 1차 판매 어시장이었다.

설립 자본금(資本金)에서 보면 1만 円 이하의 영세 어시장은 신의주, 목포, 통영, 인천의 4개소, 1만 엔 이상 6만 엔까지의 어시장은 울산, 마산, 장승포, 군산, 경성, 용산, 진남포, 평양의 8개소, 그리고 십만円 이상 30만 円까지의 중형 어시장은 1개소(인천), 60만 円 이상의 대형 어시장은 부산 한 곳뿐이었다(〈표 1〉 참조).

그러한 어시장 설치의 주체는 대부분 상업자본가였다.

---

28 『韓國水産誌』 第一輯, pp. 367~558.

• 표 1 | 1908년 말 현재 한국소재 일본인 영업 어시장 일람표(단위: 원)

| 소재지 | | 어시장명 | 경영자 성명 | 자본금(円) | 불입금액(円) | 설립년월일 |
|---|---|---|---|---|---|---|
| 경남 | 울산 | 울기어시장 | 울기수산주식회사 | 10,000 | | 설립 중 (1907) |
| | 부산 | 부산어시장 | 부산수산주식회사 | 600,000 | | 1903.1.1 |
| | 마산 | 마산수산회사어시장 | 마산수산주식회사 | 20,000 | 5,000 | 1906.4.8 |
| | 장승포 | 장승포어시장 | 장승포어시장 | 10,000 | | 1907.2.20 |
| | 통영 | 통영어시장 | 통영어시장조합 | 5,000 | | 1907.4.1 |
| 경북 | 대구 | 대구어채시장 | 조합경영 | | | 1908.2.- |
| 전남 | 목포 | 목포어시장 | 오이다켄나가우라후쿠시 (大分縣長浦福市) | 5,000 | | 1900.9.6 |
| 전북 | 군산 | 군산해산주식회사 어시장(서시장) | 군산해산주식회사 | 10,000 | 2,500 | 1907.3.27 |
| 경기 | 경성 | 주식회사경성수산물시장 | 주식회사 경성수산물시장 | 60,000 | 15,000 | 1905.1.11 |
| | 경성 | 히노마루(日/丸) 어시장 | 가시이겐타로(香椎源太郎) | 不詳 | | 1908.5.16 |
| | 용산 | 주식회사용산어시장 | | 17,500 | | 1907.11.9 |
| | 인천 | 인천수산주식회사어시장 | 인천수산주식회사 | 300,000 | 75,000 | 1907.11~ |
| | 〃 | 인항어상회사어시장 | 인항어상회사(仁港魚商會社) | 2,680 | | 1899.11.15 |
| 평남 | 진남포 | 진남포수산주식회사어시장 | 진남포수산주식회사 | 40,000 | | 1908.3.12 |
| | 평양 | 주식회사 평양어채시장 | 주식회사 평양어채시장 | 30,000 | | 1906.10.20 |
| 평북 | 신의주 | 신의주강안어시장 (新義州江岸魚市場) | 후지하라히데요시 (藤原秀吉) | 2,200 | | 1908.5.10 |

자료: 『韓國水産誌』第一輯, 1908, pp. 365~366 ; 吉田敬市 著, 『朝鮮水産開發史』, 朝水會, 1954, pp. 232~233.

1910년 이전 한국인 경영의 어시장은 전국에서 겨우 3개소가 있었으나 그것은 설립 연 월이 불명하며 투자 금액도 아주 빈약하며 불명확했다(〈표 2〉 참조).

• 표 2 | 한국인 경영의 어시장

| 어시장 장소 | 시장명 | 경영자 | 자본금 | 설립년월일 |
|---|---|---|---|---|
| 전라북도 만경군 북면 몽산리 | 共榮社 | 鄭翰圭외 7人 | 8百円 | 1907.8.1 |
| 평안남도 三和府 龍井洞 | | 李用仁 | 2百円 | 不明 |
| 평안남도 永柔郡 魚龍里 | | 宋鳳年 | 무 | 不明 |

자료: 『韓國水産誌』第一輯, 1908, p. 366.

위에서 기술한 일본인 설립의 중요 연안어시장에 대해서 개별적으로 그 설립 과정과 당시의 영업상태(방식) 등을 간단히 소개하기로 한다.

## 주요 어시장

여기에 수록하는 어시장에 관한 자료는 『한국수산지』 제1집 제4장 판매기관에서 주로 발췌했다.

| 부산수산주식회사 어시장 |

■ 개요

부산수산주식회사는 부산거류 일본인이 1889년 8월 자본금 50,000円으로 창설하여 1902년 자본금 10만 円으로 증자하고 다시 1907년 5월 1일 자본금 600,000円으로 증자하여 부산수산주식회사로 전환했다. 그 소재지는 역시 전자와 동일한 부산시 남빙정이었다(釜山市南濱町3番地).

주식회사 전신인 부산수산회사의 설립자는 1875년 대마도에서 부산에 도래하여 해조류(海藻類)를 수집하고 일본으로 처음 수출했다는 오이케(大池忠助)란 사람이다. 그는 통상장정 체결(1883년)로 일본인 입어가 합법적으로 허용되자 1886년 부산과 다대포 사이에 산재하고 있는 조선 전통의 어기(漁基) 97기 중 12기를 구입하고 대구, 청어 어업을 영위하면서 다시 1889년 한일통어장정이 체결되자 동년 8월 부산 주일본 총영사 이슈인(伊集院彦吉) 등의 주선으로 부산거류일본인 유지들과 합의하여 자본금 50,000円으로 부산수산회사를 설립했다.[29]

---

29 吉田敬市 著, 앞의 책, p. 159.

그 설립목적은 어장의 탐험(探險), 어기(漁期)의 시험, 어구의 사용, 미끼의 채취 장소 등 조선의 연안어업에 관한 만반의 사항을 탐구하여 신래(新來)의 일본 입어자들에게 소개, 지도, 장려하는 사업을 전개하며 회사 앞 연안(지금의 부산세관 쪽에서 부산대교로 올라가는 입구 서쪽)에 어시장을 설립하고 입어자들이 포획한 어획물(어개)을 직접 한일인(韓日人)에 경매하는 등 편의 제공에 기여하는 것이었다. 그리고 일본 입어자의 공변(公邊)에 어두운 자를 위하여 사원(社員)을 두고 영사관의 제계출서(諸屆出書) 및 조선정부에 대한 어업감찰신청의 대서, 대행과 우편물의 취급 및 어음(爲替), 저금 등의 업무 대리에 이르기까지 제반 업무를 주선하고 자금대부의 방법도 마련하여 자본이 부족한 새 입어자(新來入漁者)에 전대(前貸) 업무도 실시했다.

한편 일본 수산계의 선구자인 세키자와(關澤明淸)를 초빙하여 미국식 발포포경(美國式發砲捕鯨) 사업도 시도하고 수척의 어선을 임대하여 죽변만(竹辺湾)에서 정어리, 방어 그물어업을 시도하고 또한 경보신호표(警報信号標)를 설치하여 풍우의 경계를 어부들에게 예고하는 사업 등 일본인의 입어사업을 적극적으로 선도하는 역할을 했다.

그리고 일본입어자의 보호와 행정적 지원업무의 중요성을 고려하여 1898년에는 주부산총영사 이슈인 및 부산거류 일본인 유지들과 상의하여 일본 출어자 보호기관으로서 조선어업협회를 설립(조직)하고 그동안 당해사(부산수산회사)에서 취급해오던 공공사업부분을 동협회에 이양하고 그 비용보조를 위하여 매월 많은 자금을 제공하는 등 입어장려사업에 크게 기여했다.

이와 같이 부산수산주식회사는 단순한 순수 상업목적보다 일본관헌(총영사관)의 주도하에 한해 입어 촉진 장려와 편의를 위한 영사관의 보조기관 또는 국책수행기관으로서의 역할까지 수행했다.

• 표 3 | 부산수산주식회사 어시장의 수양고(위판고)(단위: 円)

| 년도 | 수양고(円) | 년도 | 수양고(円) |
|---|---|---|---|
| 1889 | 11,323 | 1900 | 93,673 |
| 1890 | 19,989 | 1901 | 101,142 |
| 1891 | 34,410 | 1902 | 95,475 |
| 1892 | 30,700 | 1903 | 104,637 |
| 1893 | 27,932 | 1904 | 157,541 |
| 1894 | 42,637 | 1905 | 334,494 |
| 1895 | 72,772 | 1906 | 402,131 |
| 1896 | 112,617 | 1907 | 547,339 |
| 1897 | 111,896 | | |
| 1898 | 104,449 | | |
| 1899 | 103,831 | | |

* 자료: 『韓國水産誌』第一輯, pp. 357~371에서 발췌.

■ 주요 업무 내용

(가) 위탁 판매

부산수산회사에서 부산수산주식회사로 재발족한 이후 어시장의 어획물 연도별 취급고는 위 〈표 3〉에서와 같은데 1895년까지를 제1단계, 이후 1903년까지를 제2단계, 그 이후를 제3단계로 구분하여 볼 때 각 단계별로 현저한 증가폭을 나타내고 있다. 곧 1단계는 만 円대, 2단계는 십만 円대, 그리고 3단계는 10만 円 이상 단위의 증가대로 볼 수 있다. 특히 3단계의 10만 円 이상 단위 증액 시대로 들어선 이후는 1904년 157,541 円에서 4년 만인 1907년도에는 수양고가 547,000여 엔에 달함으로써 1904년의 약 3.5배 그리고 개장 20년 전의 약 50(48.3)배로 증가했다.

어획물의 위탁판매는 매일 오전 8시 개장하여 오후 5시 종장(終場)했다. 판매방법은 상장물에 따라 경매와 산당판매(算當販賣), 입찰판매(入

札販賣)제가 있었으나 주로 경매였다. 그 참여 중매인 수는 50인으로서 전부 일본인이었다.

당해 회사에 위판(양륙)하는 어선을 조직적으로 관리하기 위하여 '연합어선(連合漁船)'이란 명목으로 그들에게 각종 편의를 제공했다. 1890년도 '연합어선'은 6종류의 어선어업에 걸쳐 총 337척에 달했다. 그것은 당해연도 한해에 입어한 일본어선 총 718척의 46.9%로 거의 절반이었다. 그리고 어획물의 퇴적(堆積)이나 부적당한 염가 거래를 방지하기 위해서 달리 주문이 있는 것은 회사자체에서 입회 매수했다.

판매 수수료는 선어, 염건어(鹽乾魚)는 경매가의 1할(10%), 산당 및 입찰물은 5부(步, 5%)였다. 그중에서 고등어(鯖), 삼치(鰆)의 두 어종에 대해서는 전문중매인과 하주(荷主)가 매수주(買收主)와 직접 거래하도록 하고 그 통과 수수료는 매취가의 5%였다. 1907년 5월에서 12월까지 당 회사의 판매수수료 수입은 경매수수료 26,041여 円, 통과수수료 2,580여 円으로서 당시 경매사업이 상당히 활발했음을 알 수 있다.

그리고 위탁판매업의 발전을 위하여 포어수송하주(捕魚輸送荷主)인 어업자에 대해서는 생산장려를 목적으로 하는 어업자금(漁業資金)의 융통과 어업자의 이재구조제 및 중매인장려제 등 각종 후생복지수당제를 시행했다.

(나) 포어수송 업무(捕魚輸送業務)

당해 어시장에서는 회사 소유선을 부근 어장에 파견하여 어업자로부터 직접 어획물을 수집 운송하는 방법도 실시했다. 그 운송료는 원근(遠近)에 차를 두었으나 보통은 판매가의 1할 내지 1할 5부였다. 거제도(巨濟島) 등 근거리 수송물은 판매가의 1할, 남해도(南海島) 부근 등 원거리 수송물에는 5부를 더 부과했다.

어선 및 모선의 요청에 의하여 1907년 9월부터는 어장 부근에 활어(活魚)설비를 시작하고 1908년도 봄에는 나로도, 여수항구, 삼천포, 남해도, 욕지도, 사량도, 구조라, 장승포 부근 기타 9개소에 활어설비를 완료하고, 그해 가을에는 다시 장승포, 순천만입구 부근, 울산등대 부근, 영일만내, 기타 6개소에도 활어 설비를 증설했다.

활어 어종은 주로 도미, 붕장어, 삼치, 광어, 가자미 등이었다. 그중에서 도미와 삼치의 활어량은 전체 취급량의 5할(50%)을 점했으나 판매한 뒤에는 선어로 유통하고 갯장어는 전량(100%) 일본으로 수송했다.

(다) 판매(위판) 장려 사업

위판자에 대한 장려사업은 어업 종류에 따라 지원표준을 달리했다. 곧 도미낚시, 상어낚시, 방어낚시, 타뢰망, 기타의 어선에 대해서는 어기당 경매가액이 1,000円에 도달하면 축장기(祝章旗) 1류(流)를 상으로 주고 그 이상 초과 업자에 대해서는 1,000円 증가할 때마다 술(酒) 5되를 추가 증여했다.

그물어선(網漁船) 또는 기계어선(機械漁船)에 대해서는 한기간의 경매가액이 2,000円에 도달하면 축장기 1류를 상으로 주고 그 이상자에 대해서는 1,000円 증가할 때마다 술 5되를 추가 증여했다.

(라) 어업자에 대한 자금 지원 사업

붕장어, 삼치, 광어, 갯장어, 상어, 새우 등을 포획하는 입어선에 대해서는 사입금을 어선 1척당 200~300円을 한도로 공여했다. 그 수혜자는 1907년 7월에서 12월까지만 해도 어선 102척에 전대금(前貸金) 지급 총액은 20,000円 내외였다. 그리고 당해년도 이월 전대금(미상환금) 총액은 5,095여 円에 달했다.

(마) 이재구조사업

당해 어시장에서는 일본으로부터의 입어 장려와 그들의 보호를 위하여 매일 1회 내지 2회 개시하는 시장의 수수료 수입(위탁고)의 10% 중에서 2부(2%)를 당해 어시장에 위판하는 입어선의 비상구제금으로 적립했다.

그 구제금에서 사업어선이나 하주(荷主) 및 어선의 승무원 중에 조난 또는 질병으로 인한 사망자가 발생했을 경우 1인에 대하여 조난사망은 10円, 질병사망은 5円을 각각 그 가족에게 급여했다. 1907년도 구조금지급 수령자는 12명이었으며, 그 금액은 75円이었다.

(바) 중매인 구매 장려사업

회사에서는 중매인의 매입에 대한 장려를 목적으로 하여 매 반기(每半期) 10円씩을 은행에 예입하고 그 통장은 회사에서 보관하고 그 금액은 중매인(仲買人)의 공유금으로서 공동비용에 충당하도록 했다. 그 업무의 장려를 위하여 경매에서 회사수입에 귀속하는 수수료의 10분의 1을 환불구전(還拂口錢)으로 계산하여 매 반기마다 중매인 총대(總代)에게 환불했다. 또한 매 반기 어류매취금액(경매에 한함) 10,000円 이상자에게는 목패(木牌) 1개, 20,000円 이상자에는 50円을 상여하고 그 이상자로서 10,000円이 증가할 때마다 50円씩을 증가 지급했다. 1907년의 사례를 보면 전반기에 상여한 중매인은 7인이며 그중에는 20,000円 이상 매취자 1인, 50,000円 초과자 1인이 포함되어 있었다.

중매인의 자격은 부산 일본조계 민단구역(釜山日本租界: 民團區域)내에 거류하며 한 가정(1戶)을 구성한 정년(丁年) 이상자의 조건을 구비하고 신원이 확실한 두 명의 보증과 신원보증금 50円을 납입한 자로 했다. 중매인이 매취한 어대금은 경매, 산당, 입찰을 불문하고 3일째(매취 이틀 후 개시 전) 불입이며 1일 매취고는 2백만 円을 한도로 하고, 그 초과분은 당일불입제로 했다. 1908년도 소속중매인 수는 50여 명이며 그 중 다액 취급자는 10인 이내였다.

(사) 시장의 어류집산

당해 어시장에 있어서 가장 한산한 때는 여름이며 늦가을부터는 점점 분주해져서 겨울에서 늦봄까지는 성황을 이루었다. 따라서 어획양육고도 7, 8, 9월의 3개월은 과소했으나 10월부터 점점 증가하여 12월에 이르러 최다를 나타내고 1, 2, 3월의 3개월은 증가상태를 유지하며 4월에 들어가면 대체로 줄어들고 그 이후에는 점차 감소했다.

시장에 오르는 주요 어종은 도미, 삼치, 전복, 방어, 숭어, 광어, 상어, 농어, 갯장어, 붕장어, 고등어 등이었다. 이들 어종은 대개 4계절에 걸쳐 양육되나 도미는 11월에서 다음 해 5월까지이며 특히 12월에 그 집산량이 많았다. 삼치는 춘추에 많고 방어는 11월에서 다음 해 3월까지, 숭어는 겨울철(冬季), 전복은 가을, 광어는 가을에서 겨울까지 게(蟹), 상어는 4계절, 농어, 갯장어, 붕장어는 초가을, 고등어는 여름에 많이 입화했다. 이러한 양육물은 전부 일본인 어획물이다.

부산 어시장에 오르는 어획물은 1908~1909년까지도 계절에 따라 차이가 있었으며 대체로 동북은 영일만 근해에서 남(南)으로는 제주도, 서(西)로는 해남에 이르는 일대의 해면에서 일본인이 어획한 것이었다.

그 판로(販路)는 선어의 경우 경부 경의철도 부설에 따라 선로에 연한 각 역에서 청국(淸國) 안동현에 이르고 일본으로는 모지, 바세키, 히로시마, 오카야마, 고베, 오사카, 교토, 나고야 등에 이르며 때로는 동경까지 미치기도 했다.

그러한 각 지방에 수송·판매하는 자는 어시장의 중매인들이었다. 그리고 판매물의 운송업무는 어시장 부속의 운송부에서 담당(취급)했다. 이 부속 운송부는 어시장의 구내에 소재하고 회사부속이라 하지만 실제는 1907년 12월 창업한 전혀 다른 사업체였다. 그 업태는 어획물운송객주(魚荷運送客主: 問屋)로서 국내에서는 철도변을 이용하고 일본으로는 연락기선에 탁송했다.

국내에서 선어가 가장 많이 수송되는 곳은 서울(京城)이며 그 다음은 인천, 용산 이었다. 염·건어물(鹽·乾魚物)은 대구 부근의 각 역 지역 그중에서도 가장 많은 곳은 대구였다. 일본으로 수송하는 것은 전부 선어(鮮魚)로서 그 수량은 대략 1개월에 약 2,000~3,000상자 정도였다. 그 행선지에 따른 수량에는 차이가 있었으나 오사카, 교토, 히로시마, 오카야마의 순위였다. 빙장어도 있었다. 그 얼음은 일본각지(大阪, 神戶, 廣島, 長崎)에서 구입해왔다.

(아) 제조 판매 사업

부산수산주식회사의 제1회 영업 보고서(수산회사 창립이래 1907년 12월 말까지)에 의하면 1906년도 제조품에 상어지느러미, 마른 새우, 통조림, 어유의 4종이 기록되어있다.

상어지느러미는 사전 계약에 의하여 야마구치, 오이타의 입어자로부터 당해 시장에서 직접 매수하는 것 외에 제주도 및 청국 대련에서까지 매수해왔다. 물량은 円화의 하락 때문에 판매 상태를 보아 수시 조정하고, 새우는 오카야마현 어업자와 계약하고 사원을 어장에 파견하여 현장에서 제조했다. 그 제품은 품질이 좋고 시기를 일실하지 않고 판매함으로써 상당한 이익을 남겼다. 어유제조(魚油製造)는 1905년경부터 수요 감소와 전망이 밝지 아니하여 생산을 억제했다. 그리고 도미 통조림도 수요는 많지 아니 했으나 이익이 많았다고 한다. 1907년도 당해사의 어획물 제조고와 그 제품 판매액은 다음 〈표 4〉에서와 같다.

• 표 4 | 부산수산주식회사의 1907년도 제조품 판매실적

| 제품명 | 매수 및 제조고 | 판매고 | 잔고 |
|---|---|---|---|
| 상어지느러미 | 건(干) 114본(本), 8,529근(斤) | 건 114본(本) | 건 8,529근 |
| 〃 | 생(生) 7,611본(本) 5합, 11,424근 4합 5 | - | 생 7,611본 5합, 11,424근 4합 5작 |
| 마른 새우 | 18,090근(斤) | 1,890근 | - |
| 통조림 | 7,406개 | 3,192개 | 4,214개 |
| 어유 | 168개 | 168개 | - |

자료: 『韓國水産誌』 第一輯, pp. 407~408.

위의 제품은 많은 잔고가 있었음에도 전체적으로 400円의 이익을 얻었다고 한다.

상어고기는 종래 그 처리에 궁하여 토막고기로 제조하는 것 외에 다른 수단이 없었으나, 1905년경부터 소금 절임 상어육(鹽鰲[지)의 판로가 한일 양국에서 개척되고 그 수요가 매년 증가하자 가격도 상승했다. 그러나 그 판매 범위는 여전히 경상도 일원에 한정되어 있었다.[30]

---

30 『韓國水産誌』 第一輯, pp. 407~408.

| 마산수산주식회사 |   마산수산주식회사(馬山水産株式會社)는 1906년 4월 마산포의 각국조계거류지(各國租界居留地)의 일본인들이 자본금 20,000円으로 창립한 일본인 경영의 수산시장회사이다.

업무의 범위는 수산물 위탁판매 및 제조로서 그 영업 방법은 다른 수산시장과 다를 바 없었으나 다만 수수료는 활어와 염건어로 구분하여 전자는 1할(10%) 후자는 계산상 금액의 어대금 당일 정산제였다.

중매인은 정관 규정에 의한 보증금 30円을 납입하고 만산포에 토지 또는 가옥을 소유하고 있는 보증인 1인을 세운 사람으로서 12인이었다. 중매인의 어시장에 대한 거래결제는 4일을 한도로 하고 거래금액의 1부를 환불했다. 그 외 중매인에게는 특히 이익의 3부를 적립할 의무를 부과하고 그 적립금은 해난구조비 등에 충당하도록 했다. 회사는 연 2회 결산기로 하고 정산 잉여금의 일부를 환불했다.

시장에 상장하는 해산물은 주로 도미이며 총 수양고(위판고)의 3할을 점했다. 그 다음은 삼치, 상어, 숭어 등이었다. 이들 수양물은 대개 마산포 근해, 진해만 부근 또는 거제도 남해안 일대에서 일본 입어자들이 포획한 어물이다. 한인 어업자의 생산물은 구마산포 소재의 한인 객주와 거래하고 당해 시장에는 양육하지 아니했다.

당해 시장 주식회사에서는 영업의 활성화를 위하여 예선(曳船)을 사용하여 미리 각 어장에 정해둔 어신 집합지에서 어획물을 수집함으로써 종래 부산 기타 어시장으로 출하하던 것을 흡수하게 되어 점차 활기를 띠기 시작했다.

판로는 삼랑진, 밀양, 대구, 대전, 조치원, 용산, 서울, 평양, 신의주, 안동현 등이며 마산포의 현지수요는 시장수양고의 1할 미만이었다. 그리고 일본으로는 마세키, 히로시마, 오사카 등으로 반출하여 호평을 받앉으나 얼음 공급을 충분히 하지 못해서 그 성과는 기대할 정도가 되지 못했다. 1907년도에는 천연얼음을 경남의 밀양에서 1관(貫)에 40전으로 구입하여 이용했다고 한다.

| 인천수산주식회사 |   전술한 바와 같이 경기도 연해는 통어장정이 개정되기 전까지는 일본으로부터의 입어 금지 구역이었다. 그러나 무역장정이 체결되던 1883년 인천항이 개항되고 재류일본인이 증가하자 재인천일본영사관이 요청하여 무역장정과는 별도로 자가소비 목적과 인천만에서만 조업할 수 있는 조건으로 특별감찰선 15척의 어업권을 1888년 6월 15일 윤허하고, 다시 1895년 3월경 추가로 15척을 더 요청하여 윤허함으로서 합계 30척으로 증가했다.

그 외에 인천거류자 나가이네다(中稲田勝彦)란 사람이 1897년 한국어업인 양성과 기술전수를 목적으로 하는 10척에 대해서도 어업특허를 윤허했다. 그래서 인천만에는 통상장정과는 별도의 특별어업감찰선 40척이 조업할 수 있었다.

그들 선주들이 그 어획물의 판매를 위하여 동료 선주들과 상의하여 1898년 5~6월경 인천청국거류지 경계지에 어획물 공동판매소를 개설했다. 이것이 인천에 있어서 일본인 어시장의 효시가 되었다. 그러나 공동판매소는 여러 가지 사정으로 경영이 곤란하자 그 영업권을 1900년 4월 1일 가라이(加來榮太郞) 등 다른 일본선주들이 설립한 합자회사(合資會社) 인천공동어시장에 이관했다.[31]

동년(1900년) 11월 통어장정의 개정으로 그동안 금지되어왔던 경기도

---

31 위의 책, pp. 458~462.

연안 일원에도 일본으로부터 입어선의 도래가 가능하게 되자 인천항의 일본인 조업어선이 갑자기 50척 내지 100척으로 증가하고 동시에 어획물 판매도 자유롭게 되었다. 거기에 1904년 러일전쟁으로 경인지방에 일본인 거류자가 급격히 증가하자 어획물 수요도 급증하여 시장경영이 호전되었다.

게다가 1905년 경인철도(京仁鐵道)까지 개설되자 서울과 철도 연변 각지에 어획물 운송 사정이 가능하게 되자 기존의 공동판매소 형태와는 다른 경쟁자가 또 출현했다. 곧 인천재류 어상인과 어청도 이주어업자의 주창(主唱)으로 인천 각국 거류지(조계) 제3호 해안통에 자본금 21,000円의 인천수산주식회사 동어시장(東魚市場)이 1906년 1월 개설되었다. 이후 양 어시장은 치열한 영업경쟁을 하게 되고 후발 어시장에서는 미끼 배포, 사입금 전대, 여객선의 어획물 적재가 가능한 기선(魚載汽船) 설비 등 수송수단까지 총 동원하여 어획물 유치에 전념하게 되자 양자는 다 같이 고전을 면치 못했다.

그러한 실정을 관망만 할 수 없었던 주 인천 거주 일본인 유지들이 양 어시장에 작용하여 1907년 10월 합병을 주선하고 자본금 30만 円(6천주)으로 동년 11월 1일 통합 인천수산주식회사(仁川水産株式會社)를 설립 새 출발하게 되었다.[32]

당회사의 경영업무는 수산물 매매, 포어수송, 제조, 위탁판매 등이었으나 실제사업은 오로지 어획물의 위탁판매에만 한정했다. 위탁판매방법은 경매에 한하고 그 수수료는 판매가액에 대해서 선어 1할, 염어물 7부, 건오징어 등은 5부, 가스오부시(鰹節)는 3부였다. 경매는 매일 개시

---

[32] 위의 책, pp. 463~465.

하고 그 시간과 횟수는 일정하지 아니했으나, 대체로 매일 오전 오후 각각 1회씩 실시했다.

하주(荷主)에 대한 어대금(魚代金)결제는 당일제이며, 판매 촉진책으로 처음 거래하는 사람에 대해서는 술이나 수건 등을 선물로 제공하고 그리고 양육고 100,000円과 200,000円을 초과하는 사람에 대해서는 각각 달리 축의(祝儀)하고 그 선원 일동을 초청하여 주연을 베풀었다. 그리고 매년 4월 들어 도미 위판을 제일 먼저 하는 선주에 대해서는 특별 향응을 베풀었다.

평상시의 위판 장려책으로는 판매고 1,000円에 도달하는 선착자를 일등으로 하고 그에게 상금 50円, 사기(社旗) 일류(一流), 술 한 통(樽), 손수건(선원수대로), 도미 1타(打)을 증여하고 축연도 베풀었다. 그리고 제2등 이하자에게는 상여금을 수여하되 10등 자에 이르러 그 금액이 최저 5円이 되도록 1등급에서부터 5円씩을 체감하는 단계로 차액을 지급하고 사기, 기타의 물품은 각 등급에 관계없이 다 같이 수여했다. 다만 어획이 아주 좋은 년도에는 그 등급차를 25등에서 30등까지도 연장 시상했으나 그 상여금의 차등 방법은 동일했다.

그 외 어업자의 이재구조(罹災救助) 사업으로 선원 사망 및 상해자에 대해서는 보상금을 지급하고 난파선에 대해서는 선가(船價)의 4할(40%)에 해당하는 금액을 보조했다. 그러나 때와 상황에 따라서 다소의 차이를 두기도 했다. 조난 사망자에 대해서는 선두(선장) 10円, 선원(船員) 5円, 부상자에 대해서는 선두 5円, 선원 3円, 병사자(病死者)에 대해서는 선두 5円, 선원 3円의 비율로 부조금을 지불했다.

자금의 사입방법은 모두 현금 대여였다. 어선 1척에 대해서 1907~1908년경 100円 내지 200円이었다. 1908년 회사의 전반기 거치대여금 총액은 약 11,499円, 전대금(사입금) 총액은 26,700円에 달했다. 사입금의 회수는 어획물 판매대금에서 점차 분할 공제하는 방식이었으나 어획이 과소했을 때는 그의 횟수가 용의하지 아니했다고 한다.

1908년도 소속 중매인 수는 35인이었다. 중매인의 매취대금 결제일은 3일 기한이며 하루의 매취금이 200円 이상일 때는 그 초과금은 당일 불입제로 했다. 중매인 장려를 위하여 매년 춘추 양기(兩期)의 결산에서 그 매수금의 1,000분의 8.5를 환불하고 또한 별도로 금품을 상여하는 경우도 있었다. 단 회사취득 수수료 7부 이하의 취급자에 대해서는 환불대상(염건어류)에서 제외하고 중매인에서 제명했다. 그리고 1년 이내에 폐업하는 자도 제외했다. 1908년 중매인은 전원 회사주주이며 연간 취급액이 많은 자는 약 4만 5천 円, 적은자로 약 2만 5천 円인 자도 4인이 있었다.

양육물은 주로 가오리, 도미, 기타 잡어이며 인천항에 입항하는 일본어선은 연간 약 200여 척이었다. 그들은 11월 중순까지는 거의 귀국하므로 다음 해 3~4월까지 시장에 상장하는 어획물은 거의 어청도(8할), 부산 기타 지방(2할)의 수입품에 한정하다시피 했다. 휴어(休漁) 중에는 부산, 마산 등지(8할)와 일본(2할)에서도 수입하여 판매했다.

판로는 경의선(京義線)을 따라 신의주까지 이르는 각 역 부근 지방이며 경부선은 대전역을 한계로 하는 각 역 지역이나 주로 서울 및 인천 양 지역에 공급했다. 인천공동어시장의 설립(1900년) 이래 취급한 위판고는 다음 〈표 5〉와 같다.

• 표 5 | 인천어시장의 연도별 판매실적

| 연도 | 인천공동어시장 | 동어시장 |
|---|---|---|
| 1900 | 약 8,000 | |
| 1901 | 27,472 | |
| 1902 | 32,552 | |
| 1903 | 65,459 | |
| 1904 | 142,407 | |
| 1905 | 244,294 | |
| 1906 | 247,465 | 84,014 |
| 1907 | 227,404 | |
| 1908 | | |
| 1908 | | |
| 1910 | | |

자료: 『韓國水産誌』第一輯, p. 465(1907년 인천수산주식회사로 통합).

| 장승포조합어시장 |  장승포조합어시장은 경남 거제도 동쪽 장승포에 이주한 일본어민들이 어획물 위탁판매를 목적으로 자본금 1만 円으로 설립한 소규모의 조합 어시장으로서 1907년 2월 설립되었다.

그 영업범위는 오로지 수산물의 위탁판매이며 개시(開市)는 하루 1회 이상으로 하고 판매방법은 경매 또는 도매였다. 수수료, 중매인 및 하주(荷主)와의 거래관계 등은 다른 어시장과 차이가 없었다.

주요 취급물은 거제도 남해안의 구조라, 지세포, 옥포 및 장승포 근해어장에서 어획한 것으로 주요 어종은 도미, 방어, 넙치, 조기, 아귀, 멸치(정어리), 갈치, 농어, 삼치, 숭어, 상어, 고등어 등이었다. 그중에서 도미, 삼치는 그 취급량이나 금액상에서 다른 어족을 크게 능가했다.

어시장에 모여드는 위탁어획물은 판매 즉시 기선에 전재하여 부산 또는 마산포로 반출하고 지방 소비는 극히 소량이었다. 어시장의 거래는 매년 근해어장의 성어기에 해당하는 11월에서 다음해 2월까지가 가장 활발했다. 1907년 2월부터 동년 12월까지의 거래금액은 총 3,567,646円

이었다.

| 통영조합어시장 |   1907년 12월 일본인 33인, 한국인 2인으로 조합(統營組合魚市場)을 구성하고 자본금 5,000원으로 업무를 개시했다. 조합의 업무는 오로지 수산물 위탁판매였다.

판매는 매일 1회 이상 개시하고 판매방법은 경매와 경쟁 입찰제를 적용했다. 위판 수수료는 판매가액에 대해서 선어 1할, 염건어 및 해조류 5부, 삼치, 도미는 7부였다. 판매 대금은 즉시 결제이며 하주에 대해서는 당일 현금 결제였다. 중매인은 2일 정산제이며 중매인은 조합 출자자 중에서 모집했다. 현재(1909년) 일본인 16인, 한국인 2인 합계 18인이다. 조합은 기본금 조성을 위해서 매년 순익금의 100분의 1 이상을 적립하고 지방 어업자의 조난구조 보조기금으로 별도로 100분의 1을 적립했다.

양륙하는 주요 어류는 욕지도, 거제도, 외도방면에서 어획한 도미, 조기와 일본인 경영의 대부망(大敷網) 어획물인 근해삼치 통영만 부근의 큰 멸치 및 학꽁치 등이며 그중에서도 도미, 조기가 대부분을 차지했다. 판로는 서울, 인천, 부산, 마산 등지이며 드물게는 일본으로 수송하는 것도 있었다.

1907년 12월 시장개시 이래 4개월간의 거래고는 9,400원 정도이나 인접의 마산수산시장에서 어장에 파견하는 수집선의 활동이 너무 활발하여 그 영향을 받는다고 했다.

| 목포어시장 |   목포어시장은 1897년 10월 부산거주 일본인 우스이(臼井朴)를 비롯한 일본인 20인이 상의하여 해산회사(海産會社)를 설립

하고 어시장을 개설했다. 그러나 당시 목포에는 거류 일본인이 소수로서 판매량도 적은데다가 주주 중에는 자본금 불입을 하지 못하는 사람도 있었기 때문에 결국 경영부실로 해산하고(1900년) 그 시설을 오이타현 출신의 나가우라(長浦福市)란 사람이 250円에 인수하고 자본금 5,000円으로 증자하여 운영했다.

영업은 다른 보통 어시장과 다를 바 없었다. 경매는 매일 아침 1회 개시하고 경매수수료는 선어, 염어, 건어를 불문하고 위판고의 1할이며 중매인은 8인이었다. 중매인의 자격은 30円의 신인금(信認金)을 기탁해야 했다. 판매 대금의 결제는 하주에게는 당일 중매인은 10일 기한이었다. 그 외에 중매인에 대해서는 판매 장려금으로 1년간 총 매입고의 1부(步)를 환불하는 규정(步戾規程)을 적용했다.

시장은 겨울철 12월에서 다음 해 2월까지의 3개월간의 한산한 때(閑散期)를 제외하고는 현저한 변화는 없었다. 상장 어류는 주로 도미로 4계절을 통하여 전 상장물의 7할을 점했다. 특히 가을철에 상장물이 많았다. 1~4월까지는 제주도 및 손죽열도(損竹列島=草島) 연해역의 어획물이 많고 5~6월경에는 사자도 위도 근해산이, 그리고 8~11월은 진도 소안도 근해산이었다. 그 외 12월은 주로 청산도 혹은 부산 부근산의 산물도 많이 상장했다.

상장 하주는 주로 목포지방 거류일본인이었는데 1908년 일본인 상장어선은 겨우 14척에 불과하고 한인의 어획물은 거의 상장하지 않았다. 판로는 당해지(목포)와 영산강 상류의 영산포, 나주 등지의 재류일본인 수요에 한정하고 있었다. 연간 양육고는 아직 부산어시장의 1일 양육고(위판고)에도 미치지 못했다.

┃ 군산수산주식회사 어시장 ┃   1900년경 오사카상선회사(大阪商船會社) 대리점의 오자와(大澤藤十郞)라는 사람이 개인사업으로 어물 객주업을 개시하여 주로 일본인 입어자의 포획어류를 한인들에게 판매하고 그들에게 사입금을 대부하며 그들의 어획물도 6년 동안이나 판매했다. 그러나 창업 당시에는 여러 가지 사정에 어두웠을 뿐 아니라 특히 사업상의 문제도 빈번히 발생하여 경영에 지장과 손실이 계속되었다. 1903년에 정식으로 어시장을 개설하고 중매인으로부터 보증금도 징수하고 다소 시장질서를 정비하자 점차 수리(收利)도 좋아졌다. 시장이 기능을 발휘하자 지방 거류일본인 유지들의 권유로 시장을 회사 조직으로 개편하여 1906년 군산수산주식회사를 설립했다.

한편 군산지역에 이주 일본인 수가 하루가 다르게 증가하고 어획물의 수요도 증가하여 사운이 점차 융성해지자 회사와 중매인간에 이해관계로 분규가 발생했다. 결국 중매인들은 회사를 떠나 재류 어업자와 결탁하여 동년 별도로 군산수산조합을 조직하고 어시장을 개설했다. 이렇게 신설된 수산조합어시장이 숙련된 중매인과 하주인 어업자가 결합하여 영업권을 대부분 앗아가면서 수산주식회사의 운영이 곤란해졌다.

그러한 사정을 지켜보던 군산재주 일본 유지와 거류민단의 공동 중재로 마침내 회사와 조합이 동수(同數)의 주식을 가지는 회사로 합병하고 1907년 3월 27일 새로 등기를 완료했다.

그래도 문제가 계속 발생하자 그 후 민단(民團)에서 분쟁 발생을 예방할 목적으로 양자의 주식과 경영권 전부를 매수하고 시장운영만을 어시장회사에 하청을 주었다. 그래서 회사의 소유자는 당해지 거류민단이 되었고 어시장회사는 청부업체로 전락하여 운영되었다. 민단은 소유하고 있던 전 어시장 건물을 다시 어시장 회사에 무료 대여하는 한편 회사는 영업세와 수수료 수입의 10분의 2를 매년 민단에 납입하기로 했다.

회사의 영업은 수산물의 위탁판매에 한정하고 그 사업 방법은 경매 산당(算當) 입찰(入札) 등으로 하고 그 수수료는 부산, 인천과 동일하게 했다. 다만 선매(船賣)와 염어물(鹽魚物)의 수수료는 8부(步)로 했다. 선매는 다른 어시장에서는 실시하지 않는 방식으로서 이는 하안(河岸)에 정박한 모선의 어류를 시장에 하역(상장)하는 노임을 절약하기 위해서 선박 한 척의 적재 어획물 총 가액을 결정하여 판매하는 속칭 뱃떼기 경매방법이었다. 이 방법은 주로 어획물이 많이 입항할 때 신속한 거래를 하기 위한 견본거래(見本去來) 방법이었다.

뱃떼기로 매취한 중매인은 매취물을 연안(沿岸)에서 다른 곳으로 옮겨 적당한 판로로 다시 이송했다.

당해 지역의 하양비(荷揚費)는 연안에서 시장까지 한 짐(1負)에 1전 정도이며, 한 짐(負)은 조기로 약 400마리 정도였다. 하주에 대한 대금 결제는 당일에 한하며 중매인과 회사 간의 결제는 10일이었다.

중매인 수는 1908년도 27인으로 그들 대부분은 회사주주들과 그 외 신원보증금 현금 25円 또는 그에 상당한 유가증권을 제공한 사람들이었다.

어업자에게는 위탁 장려를 위하여 1년간 양육고(揚陸高) 1,000円, 이상자에 대해서는 사기(社旗) 1류(流) 술 한 말(5升樋)을 지급했으며 중매인에게는 판매 장려를 위하여 1년간 매상고(買上高)의 1부 5리(1步 5厘)를 상여금으로 환불했다.

시장에 상장하는 어류는 위도, 격음군도(隔音群島), 죽도(竹島), 연도(煙島), 어도(魚島), 고도(孤島) 등의 근해 어획물이며 그 종류는 도미, 조기, 갈치, 가오리(鱝), 달강어(火魚), 방어(鮊), 전복(鮑), 간고등어(鹽鯖) 등 일본인의 어획물이었다.

위의 제 도서 근해에서 포획한 양륙(위판)물의 판로는 인천, 군산, 강경, 웅포(熊浦), 부안, 임산(林山), 논산, 황산 등 금강 상류 일대 지역이었다. 성어기의 어획물 중 도미, 삼치 등은 대개 염절(鹽切)하여 일본으로 수송하고 그 밖의 일부 어종과 계절 어획물은 주로 군산 지방 또는 인천으로 반출했다.

## 기타 어시장

| 강경신탁주식회사 어시장 |  강경은 당시 평양, 대구와 더불어 한국 3대 물산시장의 한 곳으로 한국인 전통객주도 십수호(十數戶)에 달했다. 그곳의 일본인 재주는 1908년 5월 60여 인에 달했다. 그들이 동년 3월 자본금 10,000円을 거출하여 강경신탁주식회사(江景信託株式會社)를 설립하고 수산물의 위탁매매와 금전대차로 창설중개(創設仲介) 토지 건물 및 각종 상품의 매매 중개 동산 부동산의 담보 대부 상품 보관 등을 목적으로 하는 다양한 영업을 개시했다. 그러나 수산물의 취급은 설립 이래 실적이 그리 많지 않았으나 점차 투자객주와의 사업경쟁이 치열해졌다.[33]

| 안동수산주식회사 |  국내에 설치된 어시장은 아니나 당시 국내 어획물의 주요 판매시장이었다. 그래서 안동수산주식회사(安東水産株式會社)를 여기에 소개한다.

청국 안동재류의 일본인들은 1907년 6월 당해지 압록강 변에 자본금

---

[33] 위의 책, 1984.1, p. 558.

3만 円의 어시장 회사를 설립하였다. 그 업무 범위는 수산물의 채취(생산), 제조, 수출입 경매, 매매 등이었으나 설립 이래 오로지 어획물의 위탁판매만을 영위했다.

위탁물은 5월에서 11월에 이르는 7개월간은 압록강구의 한국영토인 대화도(大和島), 사자도(四子島), 갈매기섬 부근 일원과 대고산(大孤山), 먼 바다의 해양도(海洋島) 부근 일대의 한해 어장에서 일본 어선이 잡은 어획물을 직접 운반해 온 것들이었다. 12월에서 다음 해 4월에 이르는 5개월 동안은 압록강의 결빙으로 오로지 부산, 마산, 인천, 평양, 진남포 등 각지에서 공급하는 어획물만을 취급했으나 그 대부분은 부산으로부터 수송된 것들이었다.

판매지는 한국의 신의주(新義州), 구의주(旧義州)와 청국의 안동현 오룡배(五龍背), 봉황성(鳳凰城), 본계호(本溪湖), 초하구(草河口) 기타 안동철도 연변 일대였다. 압록강 유역 각지의 일본인을 대상으로 하는 어족은 도미, 민어, 농어 등이며, 한·중 양국인을 대상으로 하는 어족은 갈치, 가오리, 달강어, 청어, 새우 등 염장품이었다.

판매방법은 경매, 산당, 입찰의 세 종류이며 위탁물의 매매대금은 위탁자의 희망에 의해서 즉시불(卽時拂)로서, 현금으로 전표(傳票)와 교환하는 방식이었다. 수수료는 경매와 매매가의 100분의 10, 곧 1할이며 산당과 입찰은 100분의 5였다. 그러나 경매의 경우는 통상 1관문(1貫文)을 8전으로 계산하고 별도로 수수료를 징수하지 않았다.

회사는 매상고에 따라 약간의 금액을 적립하여 어선 조난 구제 및 위판장려비(奬勵費)로 충당했다. 장려방법은 매상금액 1,000円 이상자에는 사기(社旗) 1류(1流), 2,000円 이상자에는 사기 1류에 목패(木盃) 1개, 3,000円 이상 거래자에게는 사기 1류 은배(銀盃) 1개를 상여로 지급했다.

# VII. 일본의 입어장려책

## Ⅶ. 일본의 입어장려책

1. 국가의 입어장려책
2. 각 부현의 입어장려책

   후쿠오카현(福岡縣) / 야마구치현(山口縣) / 카가와현(香川縣) / 에히메현(愛媛縣) / 오이타현(大分縣) / 사가현(佐賀縣) / 구마모토현(熊本縣) / 오사카후(大阪府) / 오카야마현(岡山縣) / 나가사키현(長崎縣) / 치바현(千葉縣) / 시마네현(島根縣) / 히로시마현(廣島縣) / 도쿠시마현(德島縣) / 가고시마현(鹿兒島縣) / 아이치현(愛知縣) / 후쿠이현(福井縣) / 미에현(三重縣) / 이와테현(岩手縣) / 돗토리현(鳥取縣) / 와카야마현(和歌山縣) / 코지현(高知縣) / 미야사키현(宮崎縣)

3. 어업근거지
4. 어업근거지 사례

   울산만내: 이시카와현 어민단 근거지(石川縣漁民團根據地) / 울산만내: 모리야 마사키(森野正氣) 근거지 / 울산만내: 후쿠오카 야스베이(福岡安兵衛) 근거지 / 장생포: 아베 야스오(安部泰輔) / 방어진: 후쿠오카현민단(福岡縣民團) 근거지 / 사가현 어업근거지 / 군산지역의 나가사키현 어업근거지

도쿠가와 쇄국시대의 일본어민은 배타적 봉건제도 하의 낡은 어업제도에 구속되어 적극적인 해외어장 확대를 하지 못했다. 그래서 극소수의 밀어자(왜구)를 제외하고는 늘 그들의 지선수면(地先水面)에서 혹어난획(酷漁亂獲)을 일삼아 왔다. 그러나 메이지정부에서 쇄국을 허물자 어민의 일부는 다시 왜구적 약탈 입어를 한해(韓海) 뿐만 아니라 동북아 연안 특히 연해주, 만주 일대에 걸쳐서 자행하기 시작했다. 그것은 당시 서일본 연안 어장의 황폐와 일본 사회 경제의 악화에도 원인이 있었다.

특히 배후지에 농경지가 부족한 서일본의 각 연안지역에서는 조선연해 출가어업을 선호했다. 그것을 일부 지방 행정의 부현에서 지원하며 지역민의 부원(富原)으로 배양하고 그에 대한 실효가 어느 정도 나타나자 마침내 일본정부는 제국주의 확대정책의 일환에서 조선침략의 선병으로 적극 활용하기 시작했다.

위와 같은 입어과정의 변화를 각 부현의 장려와 국가 장려책으로 나누어 다음에서 고찰하기로 한다.

## 1. 국가의 입어장려책

메이지정부의 한해 입어에 대한 관념은 처음부터 단순한 연안민의 경제적 목적에서 뿐만 아니라 서구열강으로부터 본받은 제국주의 영토팽창과 국방력 강화에 목적을 두고 있었다. 그것은 메이지정부의 초기 수산관료였던 세키자와 등(關澤明淸, 竹中邦香)의 1892년 조선어업조사 보고문에서 극명(克明)하게 나타나 있다.

그들에 의하면 "조선의 팔도 연해(八道沿海)는 광막하고 대마도와 서로 마주하고 있는 해협은 동해로 들어가는 관문(關門)에 해당하는 곳이기 때문에 국방상의 요충지(要衝地)일 뿐 아니라 러시아인이 선점하게 되면 당해 해상의 주권(主權)이 자연 러시아에 의해 점유될 우려가 있으므로 이를 경계해야 한다.……조선 연해에 입어하여 국익을 증진할 필요가 있다.……우선 입어자를 풀어 어업을 영위케 하면 그들이 얻은 지식으로 그 해리(海里)를 암숙(暗熟)케 할 것이므로 그것은 곧 살아있는 해도(活海圖)의 다수를 급속히 양성하는 것이 되므로 그들을 모아 지상의 해도로 삼고 완급할 때에는 그들을 사역(使役)하고 또한 해병(海兵)으로 채용하고 이용하는 것이 국가안보상 유리하므로 조선해의 입어는 대단히 중요한 사업임으로 장려보호 해야 한다"고 기술하고 있다.[1]

이러한 관념은 전술한 바와 같이 당시 일본 정객이나 정부관료들의 일반적인 대 한국 입어관이었다.

그러나 일본의 제국주의 팽창정책자들은 수호조약 체결부터 국제정정(國際政情)을 인식하여 한해와 동북아 전 연안입어를 민간주도로 추진하며 방관하다시피 하다가 1889년 11월 조일 통어장정을 체결하자 지방 부현에서 점차 한해입어장려책을 강구하기 시작했다. 1890년에 들어서 러시아의 동해 포경업이 활발해지고 그 다음해 4~5월에 걸쳐 일본 입어자들의 난폭한 행위로 제주도 건입포에서 조일 양국 어민의 난투사건이 발생하여 한인 사망자가 4인이나 발생했다.

일본은 1893년 수산조사소와 수산조사위원회를 설치하여 수산조사업무를 실시했다. 그러나 1896년 경상도 영해(寧海)에서 양국 어민 간에 살상사건이 또 발생하자 그 다음해(1897년) 일본은 원양어업장려보호법

---

1 關澤明淸·竹中邦香同 共編, 『朝鮮通漁事情』, 團々社書店, 1893, pp. 1~13.

(遠洋漁業獎勵保護法, 법률 제45호)을 제정하고 1899년에는 '한해어업조사단'을 파견했다.

조사단은 당시 농상무성 수산국장 마키(牧朴眞)를 단장으로 하고, 구성원은 법제국 참사관(鹿子木小五郎), 후쿠오카현 수산시험장(神原與作), 농상무성 속원(大原庄太郎), 히로시마현 기수(白石增治), 시마네현 순회교사(和田義雄), 야마구치현 속원(藤田守正), 나가사키현 속원(志水平五郎) 및 후쿠오카현인(廣谷政次郎) 등 주로 수산관료들이었다.

그들 관료 조사단은 동년 6월 12일 마세키(馬關, 지금의 下關市)를 출발하여 부산, 목포, 인천을 경유하여 동월 25일 서울에 도착하고 30일 다시 서울을 출발하여 전자의 역 코스로 부산에서 원산 방면까지 조사했다.

약 40일 간의 시찰조사를 마치고 부산-나가사키를 경유하여 동년 7월 21일 후쿠오카로 돌아간 마키 수산국장은 도착 즉시 당지에서 한국 연해 입어에 관계하는 13개 부현의 수산주임관 및 업계 대표들을 소집하고 한국 연해 입어 장려에 관한 협의회를 개최했다. 거기에서 마키 수산 국장은 한국 연해 입어의 중요성을 재인식시키는 한편 국책수행의 필요에서 먼저 그 입어사업을 수행 관리하는 산하 민간집행기관으로서 '조선해통어조합연합회(朝鮮海通漁組合聯合會)'를 다음 해(1900년) 5월까지 설립하기로 하고 또한 그 산하에 지방기관으로서 각 부현 조선해통어조합(朝鮮海通漁組合)을 1년 내에 설립하도록 지시했다.[2]

한편 소련은 연해주 가무쟈카 연해에 일본입어민이 몰려들자 1901년 11월 흑룡강연도총독부(黑龍江沿道總督府)에서는 관내 해산업가규칙(海

---

2 吉田敬市 著, 『朝鮮水産開發史』, 朝水會, 1954, pp. 166~167.

産業假規則)을 공포하고 사할린, 연해주의 어업을 러시아인에게만 한정하기로 했다.³ 일본은 1902년 1월 한국의 경기도 연해의 입어권을 앗아가고 또한 해외어업 보호 장려를 더욱 강화하기 위해서 동년 3월 28일 외국영해수산조합법(外國領海水産組合法)을 제정했다.⁴ 이 법령에 의거하여 기존의 조선해통어조합 및 동연합회를 조선해수산조합(朝鮮海水産組合)으로 개혁하고 그 본부를 부산에 두고 입어와 이주어업 장려에 역점을 두기로 했다(조선해수산조합의 조직업무에 대해서는 별도로 다음 장에서 상술함).

그리고 일본은 국내외 어업질서를 통일적으로 확립하기 위해서 전년도 제정 공포했던 일본 최초의 통일어업법(統一漁業法: 법률 제34호, 1901. 4. 13 공포)의 시행규칙과 그에 부수하여 어업조합규칙(漁業組合規則) 및 수산조합규칙(水産組合規則) 등을 제정하고 동년 5월 17일부터 통합 수산행정하에 체계적인 원양어업장려책을 실시하기로 했다.

또한 일본은 한국에서 러시아세력마저 완전 추방하기 위해서 일본국내 여론통일 조정과 한해입어의 중요성을 제고하기 위해서 원양어업자대회(1903년 12월)를 개최하고 그 연찬(研鑽)을 의한 실무조직체로서 '원양어업조사위원회'를 설치하여 한해 어업조사 업무에 착수하고 동시에 전국 수산인의 적극적인 대륙침략사업 동참을 확대하는 노력에 치중했다.⁵

그리고 일본은 러시아전에 대비하기 위해서 1904년 1월 23일 조선정부에 대해서 군사동맹격인 의정서(議定書)의 체결을 요구했다. 그러나

---

3 松本巖 著,『日本近代漁業年表』, 水産社, 1977, p. 15.
4 岡本信男 著,『日本近代漁業發達史』, 水産社, 1977, pp. 15~16.
5 『大日本水産會報』第260号, pp. 18~22.

조정에서는 그것을 거절하고 오히려 완전 독립국임을 국외선언(局外宣言)했다. 그에 충격을 받은 일본은 서둘러 군대를 인천과 기타 각 항구에 상륙시키고 동년 2월 10일 러시아에 대한 전쟁(러일전쟁)을 선포했다. 동월 23일 일본군은 경성(서울)을 점령한 상태에서 일본은 조선과 현안의 '의정서'를 강제로 체결케 했다. 그 의정서 제4조에 의하여 사실상 조선영토는 일본에 탈취당하고 예속되는 결과가 되었다.

일본은 러시아전에서 승기(勝氣)를 잡자 동년 6월 4일 통어장정을 강제적으로 개정하고 종래 입어금지 해구로 남아있었던 평안, 황해, 충청, 경기도의 4개도 연해까지 개방케 하여 한국 전 연해 입어권을 완전 탈취했다.

그리고 동년 12월 새로 편입한 서해와 남해역에 대한 수산조사를 실시했다. 조사자는 시다(下啓助)와 야마와키(山脇宗治)로서 그들은 경상도 울산에서 평안도 진남포 사이의 전 연안을 조사했다.[6] 조사 목적은 새로 편입한 연안어업실태를 파악하고 국토침략을 보다 계획적·합리적으로 수행하기 위한 일사불란한 해륙 영토침략책을 확립하는 데 있었다. 따라서 그 조사를 계기로 하여 일본은 단순 입어장려에서 계획적인 이주어업(移住漁業) 장려책으로 전환했다.

그에 수반하여 또한 일본은 1905년 3월 1일 원양어업장려법을 전면 개정하고 동시에 동월 31일 원양어선 검사규정 등도 공포하여 원양어업의 자본화를 위한 적극적인 지원책을 강화하는 한편 영세어민의 한해 출어 및 이주자 지원책을 별도로 강화했다.

이러한 일본의 원양어업 장려책에 수반하여 종래 각 부현의 지방자

---

6 岡本信男 著, 앞의 책, p. 17.

치단체에서는 자의적으로 수행하던 한국연해 입어장려 사업을 국가정책에 수반하여 영토 침략사업과 병행하는 통일적 방향에서 어업자 이주 어촌 건설을 더욱 적극적으로 수행하기로 했다.

## 2. 각 부현의 입어장려책

※ 여기에서 취급한 각 부현의 한해 입어장려에 관한 기초자료는 1904년 일본 내무성에서 실시한 원양어업장려 조사[7] 및 통감부 농상공부의 조사[8] 결과를 기조로 했다.

### 후쿠오카현(福岡縣)

당해 현에서는 통어장정이 체결되던 1890년 12월 현훈령(縣訓令) 제1,283호로 원양어업전습생(遠洋漁業傳習生)을 모집했다. 그 다음 해 현회(縣會)에서는 원양어업 전습보조비 지급을 의결하고, 그 심의위원(원양어업창립위원)도 선출했다. 그리고 현비 보조 이외에 각 군 및 어업조합 등에서도 장려보조금 지급에 참여하도록 했다.

최초의 현비 보조로 건조한 어선은 8척이며 그 선명을 제1지구 호마루(筑豊丸)에서 제8호까지로 명명했다. 견습생이 승선한 최초의 시험선은 단체로 조선연해에 입어했으나 그 결과는 조선연해어장 실정을 미리

---

7 『大日本水産會報』 第260호, pp, 18~22.
8 『大日本水産會報』 第299호, pp, 23~27.

파악하지 못하고 언어도 통하지 아니했던 관계로 예기했던 성과를 거두지 못했다.[9]

1894년 9월 오이타(大分)현에서 개최한 조선해어업협의회(朝鮮海漁業協議會)의 건의로 '원양어업 장려보조비 공여 규정'을 현령으로 제정하고 조선, 대만 또는 시베리아 지방에 출어하는 원양어업자에 대해서 어선, 어구, 승무원의 취어계간(就漁季間)비용 등을 지급하기로 했다. 금액은 어선 및 승무원을 포함한 어선 1척 혹은 선단(1組)에 50円 이상 200円 이하로 하고 또한 선폭 9척(2.73m) 이상의 낚시어선(釣漁船)을 신조하는 입어자에 대해서는 그 조선 비용의 3분의 1을 초과하지 않는 한도 내에서 보조금을 공여하고 현청(縣廳)의 인가를 받아 원양어선조합을 설립하였을 때는 그 운영경비에 따른 상당금액의 보조를 할 수 있도록 했다.

보조금은 연간 현비 2,500円 이내로 집행하고 그 보조금을 받은 자에 대해서는 사업종류, 출국 후 취업지, 어획종류, 어획고 매출액, 어업일지의 대요 수지 정산(精算) 및 조선비(操船費) 등 상세한 성적표를 제출하도록 했다.

이 보조 규정에 의하여 1898년 4월 원양어업 조합원 3명을 어장 시찰 차 한국에 파견하고 그들의 요청에 의하여 현회(縣會)는 그 다음 해에 모선과 운반선 조선보조금(造船補助金)으로 2,500円과 그 외 보통보조금을 지급했다.[10]

또한 동년 10월 농상무성의 조선해통어조합설치요령(수제 758호)에

---

9 吉田敬市, 앞의 책, p. 168.
10 日本內務省各府縣,「遠洋漁業獎勵事業報告」, 1904年 5月.

의거하여 1900년 3월 조선해통어조합규칙을 제정하고 현비 지원을 할 수 있도록 했다.

동 규칙에 의하여 1901년 한국 연해 입어선 4척에 대한 장려금 지급을 시작으로 1902년도 26척(어획고 약 10,000円), 1903년도 59척(어획고 20,000円)에 대해서 지급했다. 1904년도부터는 그 지도 방침을 변경하여 출어 장려보다는 오히려 입어자의 근검저축과 풍기취체(風儀取締)에 전적으로 중점을 두기로 했다. 그러나 러일전쟁의 발발로 해상조업이 불안정해지고 입어자마저 감소하자 다시 방침을 변경하여 어업장려협회 주선으로 입어 권유에만 노력했다. 1906년도에는 그 업무대행기관인 관할 쓰구호수산조합(筑豊水産組合)에(3월 7~8일 총회) 한국연해 이주어업근거지경영비 2,165円을 포함한 당해년도 총 경비예산으로 2,849円(74전)을 지급했다.

그리고 당해 조합에서는 통감부에 대해서 한국연해 어업경영에 관한 다음 사항을 건의했다.

① 한국 연안 주요지에 어업 근거지를 설치하여 토지가옥을 급여할 것
② 근거지와 판매지와의 사이에 통신, 운반선을 설비할 것
③ 이주민 아동의 교육에 관한 대책을 강구할 것
④ 이주민 위생에 관한 대책을 수립할 것

1907년도 장려비 지급액은 1904년도 지급액의 약 두 배에 달하고 그 수혜 입어선도 약 100척에 달했다. 그리고 이민적(移民的) 장기입어 희망자도 다수 확보했다. 1897년부터 1910년까지는 현비 지원금으로 매년 2,000~27,800円을 지급하고 1911년도는 7,600円을 지급하여 특히 이주어

촌건설에 주력했다.[11]

### 야마구치현(山口縣)

당해 현에서는 1897년 4월 현소속 수산주임을 두 번이나 한국에 파견하여 어업조사를 실시했다. 이때 조사원들이 러시아 포경회사의 조업 상황을 목격하고 귀국하여 현 유지들(河北動七. 岡十郞. 山田木非作)에 한해(韓海) 포경업의 유망성을 보고하고 포경회사 설립을 권유했다.

현에서는 수산 장려비 공여규칙을 설정하고 그에 의거하여 한해 입어를 목적으로 하는 어선 건조자에 현비 예산에서 신조비(帆走具)의 2분의 1 이내에서 공여하기로 하고 어선, 어구, 기기는 3년 이상 보존하는 것을 조건으로 했다. 보존 연한 중에는 구조변경, 매각, 양도 또는 저당을 하지 못하게 했다. 단 그의 실험조업 중 개량발명을 위한 것에 한해서는 현청의 허가를 얻어 개조할 수 있도록 했다.

현비 지원 실적은 1903년도 어선 200척, 선원수 599인(어획고 245,475円), 1904년도 어선 231척, 선원수 1,097인(어획고 259,125円), 1906년도 어선 435척, 선원수 2,056인(어획고 293,972円)에 이르렀다.

그리고 당해 현 수산시험장에서도 1905, 1906년 양년에 걸쳐 경북 영일만에 전장 300발(尋: 540m) 이상 되는 어구의 건착망 어선을 파견하여 시험어업을 실시하고 입어를 선도했다.[12] 또한 현 수산조합에서도 1907년 6월 입어선의 어획물 판매 조사를 위하여 시장조사원을 파견했다. 그

---

11 吉田敬市 著, 앞의 책, p. 256.
12 『大日本水産會報』第273号, p. 29.

주요 조사 내용은 한국에 입어한 당해 조합원에 대한 어업보조금 교부, 어장에 순라선의 수시파견 및 제품하조(製品荷造) 개량기기 및 개량사연차(改良絲撚車)의 상태와 그 보급상태 및 그 구입자에 대한 보조금 교부상태 및 조합원 조난자 및 조난자 가족에 대한 구제금 교부상태, 어장분쟁(紛爭)상태 및 기타 중재 등 광범위한 분야에 걸쳐 실시했다. 그 외 당해 조합에서는 부산 용당동에 토지를 매입하여 입어민의 공동어사(漁舍)도 건설했다.[13]

이후 입어자가 크게 증가하자 현에서는 오이타현에 권유하여 오이타현원양어업주식회사를 설립하도록 하고 그와 공동으로 양 현민의 조업 합리화와 어민 보호대책을 공동으로 도모하기로 했다.

### 카가와현(香川縣)

당해현의 한해 입어는 1881년 9월 현하 오오가와군(大川郡津田町)의 한 입어인을 효시로 한다. 이후 현 원양어업보조비 지급은 오로지 조선 연해 입어자에만 집중하다시피 했다. 현에서 지급한 보조비는 1895년부터 1907년까지 총 1,800円에 달했다. 지급 방법은 원양어업조합을 조직하게 하고 그 조합을 통해서 교부했다. 조합은 소속 입어자의 어선 어구의 구조 자본금 등에 관해서 현속(縣屬), 또는 현 순회교사(巡廻敎師)의 입회검사를 거쳐 보조하도록 하고 그 수령자는 출어 중의 상황, 어획물 및 판매 년 월 일 등을 조합에 상세히 보고하도록 의무화했다.

또한 조합에서는 출어자에 직접 보조하는 것 이외에 어장탐험과 어

---

13 『大日本水産會報』 第297호, p. 32.

선, 어구의 개량 장려목적으로도 일부의 보조금을 교부했다. 1897, 1898년 양년에는 개량어선 어구를 신조하고 그에 현 소속 수산 순회교사 조합장 기타 당사자들을 직접 승선시켜 시험 출어하는 모범을 보이기도 했다. 그러한 노력의 결과 입어선은 1899년에 37척 승무원 1,411명이었던 것이, 1900년도에는 430척 승무원 1,630명, 1901년도에는 486척 승무원 1,800명으로 급증하고, 이후 매년 계속 증가 추세를 보였다. 어획고도 1904년도에 거의 20만 円에 달했다. 그리고 당해년도(1904년) 신규 어업자들이 원양어업주식회사(한해어업)를 설립하고 다른 부현의 모범이 되었다.

## 에히메현(愛媛縣)

당해 현에서는 1881년 전복채취를 위해서 울릉도에 입어한 것을 효시로 하여 계속 출어하는 자에 대해서 1895년 이래 보조금을 지급해왔다. 1904년까지 그 지급방법과 실적은 다음 〈표 1〉과 같다.[14]

• 표 1 | 에히메현 원양어업 보조금 지급상황(1896년~1904년까지)

| 연도 | 현비지급액(円) | 장려방법 | 성적개요 |
|---|---|---|---|
| 1896 | 1,253,620 | 실지조사 | 출어간선(幹船) 2척 신조, 조선해 어업조사 및 대만 어업시찰원 2인 파견 |
| 1897 | 1,085,435 | 어업자 감독<br>식비 보조 | 출어간선을 파견 출어자 감독, 출어자 다소 증가 |
| 1898 | | | 출어간선을 宇摩郡川之江町 및 越智郡關前村의 출어자에 대부하여 출어시킴 |

14 『愛媛縣誌』 稿下卷, 1917年 8月, pp. 19~31.

| 1899 | 1,191,230 | 식비 보조 | 출어자 2배 이상 증가 |
| 1900 | 1,119,000 | 출어선제조 보조 | 보조어선 27척 |
| 1901 | 1,844,000 | 동상 및 통어조합 보조 | 보조어선 25척, 조합보조금 800円 |
| 1902 | 1,962,000 | 동상 | 보조어선 22척, 조합보조금 800円 |
| 1903 | 2,176,000 | 동상 | 보조어선 25척, 조합보조금 800円 관동주에도 입어 |
| 1904 | 1,385,000 | 동상 | 보조어선 29척, 통어조합 폐지 |

자료: 『愛媛縣誌』 稿下卷, 1917年 8月, 愛媛縣發行, p. 920.

보조금의 지급 방법은 1896년도 이래 개인 보조를 해왔으나 1900년 원양어선 보조규정을 새로 제정하고 주로 일정한 조건을 구비한 조선연해 입어의 원양어선에 한해서 1척당 70円 이내의 현비 보조금을 지급했다. 1900년도 수령자 중에는 현의 원양어업 효시자인 다치군(多知郡) 도요하마촌(豊濱村)의 야마시타(山下兵松)의 타뢰망선 1척도 포함되었고, 1901년도에는 개인 한해 입어자 2인과 또한 한해 입어를 목적으로 하는 타뢰망선(선폭 15척 8치) 건조자도 포함되었다.

1905년도 '원양출어자조합'을 조직하게 하고 그 조합연합회에 일괄 보조금을 공여하는 동시에 조합자금에 의한 공급기금 축적과 그 사용규약 제정 및 저금, 이주장려, 조난 구휼(救恤) 등의 사업에도 보조했다. 그리고 3년 이상 계속 입어한 자에 대해서는 1호(戶)에 50円씩 보조하고 이주도 장려했다. 그 결과 1905년도 한국 이주 결정자는 20호(48인)에 달했다. 1906년도 한해 입어자는 연해 7개 군에서 총 1,200여 인(척)에 달했다. 이후 연도별 한해 입어관계 보조 상황에 대해서는 간단히 나열하기로 한다.[15]

---

15 『愛媛縣誌』 稿下卷, 1917年 8月, pp. 920~924.

| 연도 | 내용 |
|---|---|
| 1906년 | · 한국 만주 어업시찰인 3인을 촉탁하여 실지조사 실시<br>· 한해 어업을 계획하고 실지 시찰인 8인에 240円 보조<br>· 한국 부산에 사무소 설치 및 어업경영을 목적으로 하는 도한자(渡韓者)에 숙박비로 1인 1박 1円 보조. 그 총 금액 40円 인원 17인<br>· 한국 이주어업자 장려보조로 1호당 50円, 총 9호에 450円 지급<br>· 기타 조난자 구휼(救恤)을 위해서 만주 연해주 출어 중 조난한 행방불명자 6인의 유족에 120円 지급<br>· 또한 관동도독부(關東都督府) 기사(技師)를 초빙하여 6개소에서 강화회(講和會)를 개최 |
| 1907년 | · 한해 입어자 어선 3척에 합계 140円의 장려보조금 지급<br>· 한국 이주자 12호에 보조금 600円 지급<br>· 한해 및 관동주 연해 출어 조난자 20인에 조난자 구휼금 231円 지급<br>· 기타: 관동도독부 기사 내현(來縣)을 기회로 출어 강화회를 각지에서 개강 |
| 1908년 | · 한해 입어(출어)자 장려 보조금 6척에 135円 지급<br>· 한국 어업시찰자 2인에 보조금 60円 지급<br>· 한국 이주자 장려 보조금 5호에 250円 지급<br>· 종래에는 입어 및 임의로 이주 장려를 하여왔으나 감독상 경상남도 진해만 내의 칠천도(漆川島)에 일정한 어업근거지설정에 필요한 토지 680평을 180円으로 매입하여 이주가옥건설 준비를 했다.<br>· 한국어업법 실시에 의한 어업권 획득을 목적으로 기술자(技術者)를 파견하고 어장 설치 측량을 실시했다.<br>· 한국 입어자 및 관동주 연해 출어 중 조난·행방불명한 자 7인의 유족에 조의금 125円 지급 |
| 1909년 | · 한해(韓海) 입어자 3척에 장려 보조비 55円 지급<br>· 관행지(慣行地) 어장 62건에 대해서 한국정부에 면허 출원.<br>· 경상남도 진해만의 칠천도에 가옥 12호, 공동물치장(物置場) 1동(棟) 건설과 부근에 이주어업자 수용 가옥건축비 2,600円 지급<br>· 한해 어황 시찰자 1인에 보조금 30円 지급<br>· 한국 및 관동주 연해 출어 중 해적에 살해 된 자 및 조난·사망자 9인의 유족에 조의금 140円 교부 그리고 고지현(高知縣) 방면 출어 조난자에 대한 위연금 50円 지급 |
| 1910년 | · 경상남도 사천군 팔장포(八場浦)에 이주어업 근거지 토지 846평의 매수비 및 가옥 12호 물치장 1동 건설비 3,060여 円 지급<br>· 한국 이주자 24호에 도항비(渡航費) 보조 600円 지급<br>· 한해 어황 시찰자 3인에 보조금 90円 지급<br>· 한해 출어자 1척에 보조금 15円 지급 |

|  |  |
|---|---|
|  | · 거제도 구조라 어업권 4건을 한국정부에 면허 출원<br>· 한국 및 관동주 연해 출어 중 조난 사망 또는 병사자(病死者) 22인의 유족에 조의금 350円 지급 |
| 1911년 | · 경상남도 사천군 팔장포의 이주근거지 확장을 위한 토지 329평 매입비 197円을 지급하고 또한 가옥 12호 건축비 2,760円과 부속 우물(井戸) 2개소 발굴비 98円 지급<br>· 한국 이주자 4호에 보조금 120円 지급<br>· 한해 어업 시찰자 2인에 보조금 60円 지급<br>· 한해 출어자 5척에 보조금 100円 지급<br>· 관동주 연해 출어 중 조난·생사불명자 2인의 유족에 조의금 40円 지급 |
| 1912년 | · 경상남도 진해 욱정(鎮海旭町)에 이주자 가옥 7호, 건설비 1,600円을 조선수산조합에 위탁<br>· 경상남도 사천군 팔장포 이주지 부속 경작지 밭(畑) 6단(段) 4무보(畝步) 매수금 455円 지급<br>· 한해 출어자 11척에 보조금 155円 지급<br>· 한해 어업 시찰자 3인에 보조금 90円 지급<br>· 한해 입어선 및 관동주 연해 출어 중 조난·생사불명자 및 어선, 어구 파손·유실자 18인에 대한 조난자 구휼금 203円 지급 |
| 1913년 | · 경상남도 거제도 구조라의 이주 근거지 경영을 위한 토지 6두락 매수비 240円, 가옥 10호, 물치장 건설비 2,350円과 전라남도 완도(莞島)에 가옥 10호 건설비 3,160円, 우물(井戸) 2개 발굴비 40円 지급<br>· 한국 이주자 11호에 도항비 보조금 220円 지급<br>· 한해 출어자 14척에 보조금 182円 지급<br>· 한해 어업 시찰자 1인에 보조금 30円 지급<br>· 한해입어 및 관동주 연해 출어 중 조난·사망자 3인의 유족에 대한 조의금 40円 지급 |
| 1914년 | · 전라남도 완도읍 이주근거지 확장비(가옥 7호) 2,184円과 그 부지매립비 300円 보조<br>· 한해 입어선 6척에 장려비 75円 지급<br>· 한국 이주자 7호에 도항비 보조금 140円 지급 |

## 오이타현(大分縣)

1890년 말경부터 조선 연해 입어자를 선발하여 현비 보조금을 지급하고 융성한 사업을 영위해왔다. 1894년 현 수산협회 발기로 현회의실(縣會議室)에서 조선해 입어관계 10개현의 주임담당자를 소집하여 '조선해어업협의회'를 개최했다.[16] 1893년부터 1902년까지 현 수산협회에서 통어조합, 현 어업조합연합회를 통해서 사업비 보조를 지급해왔으나 1902년 현 수산협회를 해산하고 '조선해통어조합'을 조직하고 입어자의 보호, 취체를 전담하도록 하고 현의 주임 기술관을 파견하여 현장을 답사하는 등 장려 보호를 더욱 적극적으로 수행했다. 그 외에 산하군(郡)에서도 1899년부터 군비 보조를 하는 곳이 나타났다.[17]

현의 장려 보조비 공여 방법은 1900년도까지는 원양어업에 적합한 어선을 신조하여 어업을 영위하는 자에 한해서만 공여해왔으나 1901년도부터는 방침을 변경하여 지정하는 해역(海域)에 입어하는 어선 및 어업자 모두에 장려 보조금 공여를 할 수 있도록 결정했다. 대상자는 현 내에 본적을 두고 현재 거주하는 어업자로서 한국을 비롯하여 대만, 북해도, 오가사하라도, 대마도 등에 입어하는 어선을 원양어업(자)으로 규정하고 그 출어방면을 3분하여 차등 공여했다. 수혜자는 현에서 요구하는 각종 보고를 하는 것을 조건부로 했다.

장려비 보조실적은 1898년 480円, 1899년부터 1901년까지는 1,300~1,400円, 1902년도 1,345円, 1908년도 340여 칙, 1909년도에는 어선 150척과 그 승무원 600여 인에 2,600円을 지급했다.

---

16 日本水産廳 編輯, 『水産時報』, 1961년 1월호, p. 27.
17 『大日本水産會報』 第326호, p. 25.

## 사가현(佐賀縣)

1897년 관하 각 지역(東松浦郡 西松浦郡 藤津郡)의 한해 입어자에 어선 어구 개량비로 현비 1,915円을 지급했다. 1899년에는 원양어업 장려규정을 설정하여 입어자 1인에 5円, 어선 1척에 8円의 비율로 지급했다. 1900년도에는 원양어업조합 소속의 한국 연해 입어선 30척에 각각 현비 75円씩을 보조하고, 1901년에는 다시 '조선해 통어장려금 보조규정'을 제정하여 동년과 1902년에 각각 연 총액 1,000円씩을 공여했다. 이후 다시 보조 규정을 개정하고 본적을 당 현에 두고 2년 이상 현 내에 거주하는 한해 입어자에 한해서 보조금을 공여하되 선폭 7척(2.12m) 이상의 어선에 척당 5円, 승무원은 15세 이상자 1인에 3円을 각각 지급했다. 그리고 수혜자에게는 현이 요구하는 각종 보고서 제출을 의무화 했다.

1905년에 현 수산기수(水産技手)를 한국 연해에 파견하여 어업조사를 실시하고 1906년 한국출어조합을 조직했다. 군산, 목포의 두 곳에 현지 사무소를 설치하고 각각 600円 내외의 보조금을 지급하여 제반 주선(周旋) 및 지도(指導) 등 업무를 수행하도록 했다. 1908년에는 경북 영일만에 1개 사무소를 더 증설하고 450円의 보조금을 지급했다. 동년 한해 입어선은 120척에 달했으며 1척당 평균 500~800円의 어획효과가 있었다.[18]

## 구마모토현(熊本縣)

당해 현회(縣會)에서는 그동안 어업자들이 기피하고 있었던 원산 방면의 어리(漁利)를 판단하기 위해서 1895년 2월 현 예산 근업비(勤業費)

---

18 『大日本水産會報』第326号, p. 26.

중에서 3만 円을 '조선연해 입어장려비'로 사용할 것을 의결하고 탐험선을 파견했다.[19] 조사단은 현 의회 의장 무라카미(村上一郎)를 포함하여 수산공무원 2인과 실업자 등으로 구성했다. 조사단원은 조사선 2척에 분승하여 조선의 농상어업에 관한 광범위한 조사를 실시했다. 그중 어업조사는 강원도에서 함경도 노령(露領) 접경에 이르는 근해까지 청어, 방어, 연어, 명태 등 어류와 해황상태(海況狀態) 등에 관해서 실시했다.

1898년부터는 한해 입어자에 매년 현비 보조금을 지급했다. 지급 방법은 1899년도는 어선 8척 이상의 선대조직(船隊=組)으로 입어하는 자에 한해서 300円을 보조했으나 그 다음해(1900년)부터는 입어선 1척에 10円, 승무원 1인에 5円을 지급하고 1902년도부터는 다시 규정을 변경하여 어선 선폭 4척(尺: 1m 21cm) 이내의 어선 1척에 5円, 4척(尺) 이상 어선은 1척(尺) 초과에 1円씩 증액 지급하고 승무원에 대해서는 2개월 이상 종사자에 한해서 1인당 4円씩 지급했다. 그리고 수혜자는 당국이 지시하는 보고를 의무로 했다.

보조금의 지급 실적은 1900년도 어선 161척, 승무원 1,265인에 총 3,070円, 1901년과 1902년도는 각각 5,210円(어선 288척 승무원 1,236인)이었다. 1906년도까지는 같은 기준으로 계속했으나 1907년도부터는 그 제도를 폐지하고 현 수산조합연합회(縣水産組合聯合會)에 그 업무를 이관했다. 그러나 문제가 많아 1909년에 다시 현 수산조합을 설립하고 당해연도분 2,700円을 조합에 일괄 지급했다.[20]

---

19 朝鮮近海漁業聯合會, 『調査報告勤業報告附錄』 第1号, 1895. 8, p. 26.
20 『大日本水産會報』 第260號, p. 22.

### 오사카후(大阪府)

1895년 산하 조선해 입어자들이 '수산연구회'를 조직하고 부(府)에 지원을 요구했으나 부에서는 별도로 입어자에 부비(府費)로 원양어업 장려금을 매년 600円씩을 교부했다. 특히 학꽁치 타뢰망 입어자에게는 매년 현비 보조금을 빠짐없이 교부해왔으나 그 어획고 및 어가의 변동이 매년 심하고 입어자의 증진을 보지 못했다. 1900년에 전술한 '수산연구회'를 '오사카후조선해통어조합(大阪府朝鮮海通漁組合)'으로 개편하고 1902년도부터 부 예산에서 매년 900円씩을 교부해왔다.[21]

### 오카야마현(岡山縣)

1898년부터 한국 연해 입어를 장려해왔으나 그 다음해(1899년) 3월 현령(縣令) 제20호로 원양어업장려금하부규정(遠洋漁業獎勵金下附規定)을 제정하고 지급대상을 한국, 노령연해주(露領沿海州), 대만 등의 출가어업(出稼漁業)으로 확대하고 그 자격을 당해 현에 본적을 두고 2년 이상 거주하며 원양어업에 적합한 선박을 건조하거나 매취(買取)하는 자로 했다.

보조금액은 기선 및 서양형 어선은 1톤당 5円 이내, 일본형 선박은 1척에 70円 이내로 했다. 또한 한국연해 입어장려를 위한 조성기관으로 '오카야마현 조선해통어조합'(뒤에 岡山縣韓國漁業獎勵會로 개칭)을 설립하고 매년 현수산회를 통하여 보조금을 공여했다. 그리고 현 수산시험

---

21 『大日本水産會報』第299号, p. 23.

장 기사(技士) 히구지(樋口邦彦) 등으로 하여금 한국 연해 어업조사와 입어자의 지도를 하도록 했다.

한해 입어대상은 당해 현의 전통적 어업인 삼치유망, 타뢰망(打瀨網) 어업 등으로 하고 개인 입어자에게도 연간 보조금을 지급했다. 그 지원금은 1899년에서 1906년까지는 매년 3,200円 이상이었다. 1905년도 보조금 지급은 어선 197척, 선원 759인이었으며, 한국 이주어업자도 처음 포함했다. 1906년도 지급선은 572척이었다.

이주자에 대한 보조금 지급은 당초에는 각자의 수의에 맡겼던 관계로 감독상의 문제가 발생했다. 그래서 1906년도부터는 경기도 용유도, 전라도의 나로도에 이주지를 먼저 결정하고 동년 4월에 경영자를 파견했다. 그리고 통감부와 인천, 목포 양 이사청(理事廳)에 의뢰하여 8월부터 그 이주지 경영에 관여하도록 했다.

한해 입어선은 1899년 겨우 100척 정도였던 것이 1907년도에는 무려 600척 이상으로 증가했다. 1907년 이후는 이주어촌 오카야마부락(岡山村) 건설 때문에 보조금액은 오히려 감소했다.[22] 1899년 이후 1911년까지 한해 이주어촌 건설과 특수어업 장려비보조의 연도별 지급상황은 〈표 2〉에서와 같다.

• 표 2 | 오카야마현의 한해수산장려금 연도별 지급사항(1899~1911년까지)(단위: 円)

| 연도 | 개인 | | 통어조합 | | 이주어촌 | | 총계 |
|---|---|---|---|---|---|---|---|
| | 건수 | 금액 | 건수 | 금액 | 건수 | 금액 | |
| 1899(32) | | 4,069 | | | | | 4,069 |
| 1900 | | 3,195 | 1 | 300 | | | 3,495 |
| 1901 | | 2,515 | 1 | 800 | | | 3,315 |

22 吉田敬市著, 앞의 책, p. 168.

| 1902 |     | 3,070 | 1 | 1,000 |    |       | 4,070 |
|------|-----|-------|---|-------|----|-------|-------|
| 1903 |     | 2,400 | 1 | 7,000 |    |       | 9,400 |
| 1904 | 185 | 2,244 | 1 | 423   |    |       | 2,667 |
| 1905 | 198 | 3,880 | 1 | 425   |    |       | 4,305 |
| 1906 | 47  | 4,559 | 1 | 425   |    |       | 4,764 |
| 1907 | 30  | 875   | 1 | 425   | 13 | 3,900 | 5,200 |
| 1908 | 27  | 1,186 | 1 | 425   | 12 | 3,600 | 5,211 |
| 1909 | 35  | 2,064 | 1 | 425   | 10 | 3,000 | 5,489 |
| 1910 | 28  | 1,772 | 1 | 425   | 10 | 3,000 | 5,197 |
| 1911 | 28  | 4,790 | 1 | 425   |    |       | 5,215 |

자료: 吉田敬市 著, 『朝鮮水産開發史』, 朝水會, 1954, p. 258.

### 나가사키현(長崎縣)

1899년부터 현비 예산에 권업보조비계정(勸業補助費計定)을 설정하고 한해 입어자에 대해서는 새로 어선대(漁船隊)를 구성하여 출어하도록 하는 한편 그에 대한 보조금을 한해통어조합(韓海通漁組合)을 통해서 지급했다. 그 지급액은 1899년도와 1900년도 각각 300円, 1901년도 400円, 1902년도 360円이었다. 특히 학꽁치 타뢰망 입어선에 대해서는 매년 부비(副費)까지 보조하며 출어 증진을 도모했다.[23]

### 치바현(千葉縣)

당해 현에서는 한국 동해에 입어하는 포경선사 호소오원양어업주식회사(房總遠洋漁業株式會社)에 1899년도부터 5년간 매년 3,600円, 치바원양어업주식회사(千葉遠洋漁業株式會社)에 1901년도부터 5년간 매년 4,316円을 현비 예산에서 보조했다.

---

23 『大日本水産會報』第299号, p. 23.

1905년도부터는 한해 이주자 어업사업으로 마산포(馬山浦)에서 1리(里) 남짓 떨어진 율구미(栗九味＝진해)에 어업근거지를 정하고 현 수산연합회로 하여금 1차 사업으로 동년 5월 어부 8인을 선정 이주시켰다. 그러나 어장운영의 경험 부족과 낚시업의 미끼 공급 불편 등으로 어획실적이 좋지 못하여 이주자의 일부는 귀환하고 일부는 현지에 남아서 다음해(1906년) 치바현 한해어업단(千葉縣韓海漁業團)을 조직하고 수산연합회와 교대하여 어업근거지 경영을 담당했다. 1906년 다시 이주자 71명을 도항(渡航)시킴으로써 본격적인 이주사업을 시작했다. 이주자의 어업은 히로시마식 권현망 및 건착어망업이었다. 당해년도 9월까지의 사업실적은 처음 영업이라 충분하지 못하고 거기에 질병까지 겹쳐 사망자가 8명이나 발생했다. 그러나 9월 하순에서 11월 하순까지 멸치어군의 내유로 많은 어획이 있었다. 12월 이후에는 숭어 양조망에서 사용하는 우인치(卷器械)를 이용하여 백합채취어업(蛤漁業)을 영위케 하여 상당한 수익이 있었다.

## 시마네현(島根縣)

　현 수산업연합회의소(縣水産業聯合會議所)에서 1899년부터 1901년 봄까지 현비 보조로 경상, 전라, 충청, 강원 연해에 도미 주낚, 고등어망의 시험입어를 계속 실시하고 그 이익이 적지 않음을 확인했다. 다시 현 수산시험장에 현비 보조 시험사업으로서 부속조사선에 기사를 승선시켜 한해 어업조사를 실시했다. 그 후 조사사업을 현 수산시험장에 이관하고 현비 보조는 잠시 중단했다.
　그래도 한해 입어자 수가 여전히 연해주 입어자에 비해서 열세하자 다시 현 수산시험장의 한해 시험사업 실시를 결정하고 그 부속조사선에 기사를 승선시켜 한해입어에 적합한 어장과 어업상황조사를 하여 그 결과를 고시하며 한해입어를 장려했다. 1902년 경상도, 전라도 연해에서 삼치, 도미 어업을 강원도에서 삼치, 방어, 상어 등 어업조사를 철저하게 실시했다. 1906년 현 원양어업보조규칙을 제정하고 한국과 사할린 연해를 포함한 외국 연해 입어에 대한 현비 보조를 제도화하고 한해 입어자 2명에게 보조금을 지급했다. 그중 1명은 경상도 울산과 하동에 근거를 두고 다른 1명은 울산 및 부산에 근거를 두고 경상도, 강원도 연해까지 영업구역을 확장했으나 창업 년도라 그 성과는 그다지 좋지 아니했다.

### 히로시마현(廣島縣)

1895년 3월경 동현 사이키군(佐伯郡) 연해 각 죠손(町村)의 조선해 어업관계자들이 공동으로 '사이키군 조선근해 출어조합'을 조직하여 동 군청에 보조금 요청서를 제출했다.[24] 현에서는 1900~1901년에 걸쳐 현 소속 수산시험장으로 하여금 사전에 한국 연해 어장 탐견조사를 실시했다. 1900년도 조사선은 선폭 9자(2.7m), 길이 36자반(10.9m)의 실제 어선 규모로 건조하고 조사원도 이미 사업에 숙련한 자들 중에서 선발하고 한국말 통역자도 고용하여 동년 8월 하순에서 11월 하순까지 부산이북, 경상, 강원, 함경도지방 연해에 걸쳐서 조사했다.

1901년도는 6월 상순에서 9월 중순까지 부산에서 경상, 전라, 충청, 경기 등 남서해를 거의 빠짐없이 조사하고 동시에 투망, 투승으로 어족

---

24 日本水産廳 編輯, 『水産時報』, 1961年 1月号, p. 28.

의 다과, 조류(藻類)의 모양, 어구의 적부 등과 또한 한국 내륙에 있어서 어기 동안의 어족 거래상태 등 판로까지 조사했다. 그리고 일본영사관 일본인상업회의소 어시장 통어조합(通漁組合) 등으로부터 입어자에 관한 상황, 수산물 수출입 상태, 기상 기타 한국 연해 지방의 수산업에 관한 고려할 사항 등에 이르기까지 광범위한 분야에 대해서 조사했다.

조사 결과 새 어장과 새 어업의 개척 여지가 많이 있음을 파악하고 현에서는 입어촉진을 위한 장려금 지급을 결정했다. 이에 따라 1901년 산하 안케군(安藝郡坂村字橫濱)의 어선이 강원도 연해에 입어하여 멸치어업과 선어운반업(鮮魚運搬業)을 창시하고 기타 통조림 제조업 및 전에 없었던 조기(石首魚)어업도 창시했다. 현에서는 그들의 계속 입어와 집단 조업 조직에 대해서 현비 보조하고 동시에 신규 입어자에 대해서도 그에 상당하는 비용을 보조했다. 그래서 종래 한해 입어자가 전혀 없었던 지방(佐佰郡阿多島)에서도 조기 도미어선 5척, 건어염어제조선(乾魚鹽魚製造船) 1척(선원 15인) 등 입어자가 새로 출현하자 그들에 대해서도 이후 계속 보조금을 지급했다.

그리고 1908년 6월 제정한 '원양어업장려규정'[25]을 1910년 2월 다음과 같이 개정했다.

- 장려금 교부: 한해어업(韓海漁業)에 사용하는 선박의 승무원 1인 1회에 한하여 10円 내외를 지급한다.
- 장려금의 종류 및 그 제한 금액: 신규 한해어업 영위자는 규모의 대소, 어업 기간의 장단에 따라 1년에 한해서 다음 금액의 장려금을 지급한다.

---

25 『朝鮮海水産組合月報』第20号, pp. 45~46.

① 수조망 어업: 1통에 70円 내외

② 유망 어업: 1통에 100円 내외

③ 양조망 어업: 1통에 150円 내외

④ 부망 어업: 1통에 150円 내외

⑤ 어획물 처리 운반업: 운반선 1척에 200円 내외

- 장려금 수령 희망자는 당해 년 1월 중에 현 지사에 원서를 제출하여 허가를 받고 의장(艤裝)을 완비하고 출항 30일 전에 신청할 때는 현 당국자의 선체, 어구 및 승무원 등의 검사를 받은 자에 상당의 장려금을 지급한다.

- 장려금을 받고 하루 한국에 입어하여 귀국했을 때는 다음 사항을 지사에 계출(屆出)하고 더욱 그 정확을 기하기 위해서 조업지 및 기간을 증명할 수 있는 한국세관 또는 조선해수산조합본부 또는 지부 및 본현출어조합연합회출장소 혹은 소관 관청의 증명서를 첨부할 것.

① 출항 및 귀항 년 월 일

② 조업한 해면 구역

③ 어황(漁況)

④ 어획물의 종류, 수량, 가격 및 판매지(처리 운반업에 있어서는 빙장, 염장 또는 활주를 필요로 함)

⑤ 수지, 손익 내지 배당 방법

- 또한 한해어업을 영위하는 자는 어업자금의 대부, 근검저축(勤儉貯蓄), 조난구제, 기타 공동의 이익을 도모하기 위해서 1구역에 한하여 한해출어조합을 설립하고 이것 이상의 기맥(氣脈)을 통하는 방법으로서 '한해출어조합연합회'를 조직하고 당연 합회의 규약변경, 임원선임, 예산부과, 징수방법 및 해산 등 지사의 인가를 받아 경비결산, 업무성적 등은 적어도 연 1회 조합에 보고하도록 한다.

- 일단 장려금 지급을 허가한 뒤 다음 각 호에 해당할 때는 그 허가를 취소하고 이미 장려금을 교부한 자에 대해서는 그 일부 또는 전부를

상환시킨다.
- 어업기간을 채우지 못했을 때,
- 출항사실이 명확하지 못했을 때 또는 허위 계출을 했을 때
- 장려규칙 내지 이것에 근거하여 발한 명령에 위배 했을 때
- 한해어업법 또는 동법에 의해서 발한 명령 규정 혹은 '조선해수산 조합' 정관을 위배하여 처분을 받았을 때.

현에서 1910년 지급한 보조금은 4,500円, 그 내역은 고등어 외줄낚시선 152척 그 인원 1,368인, 도미주낚선 17척, 안강망선 14척, 삼치유망선 4척, 수조망어선 4척, 어획물 처리 운반선 10척이었다. 그 외 한국 소재의 전진기지 가옥 건축비 4,000円을 지출했다.

## 도쿠시마현(德島縣)

현에서는 '원양출어 보조규정'을 설정하여 1899년부터 한해 입어자에 대한 현비 보조금을 지급했다. 그 기준은 입어선 1척에 30円, 입어선(원양어선) 신조비 1척에 50円, 그리고 입어선 4척 이상을 1조로 하는 선단에 대해서는 선단구성에 필요한 운반선(積船) 구성비로 1조(組)에 100円을 보조했다. 특히 경상도 동쪽 경계선 이북, 강원도, 함경도 입어선에 대해서는 운반선을 구비하는 경우 50円, 그리고 건착망, 양조망 또는 지예망을 구비하여 멸치어로(鰮漁撈)를 주로 하는 자에 대해서는 100円을 증액 급여하기로 하고 1900년까지를 시험 조업기간으로 했다.

1903년도 이후 입어자가 크게 증가하고 1905년에는 노일전쟁 중임에도 불구하고 입어척 수가 크게 증가했다. 그 이유는 그동안 어장의 지

문(地文) 파악과 적절한 어구 어법의 개량에 주력한 결과 잠수기 입어자에 대해서는 더 이상의 현비 보조를 하지 아니해도 자립경영자가 많아졌기 때문에 다른 어업에 보조금 지급을 증액했다. 1905년도 한해 입어 척수는 총 600척에 이르고 그 어리는 100,000円을 예상했다.

### 가고시마현(鹿兒島縣)

1900년 한해 입어자들로 '조선해 통어조합'을 조직케 하고 다음 해부터 매년 2,800円씩을 현비 보조했다. 그 결과 한해 입어선이 증가하기 시작하여 1902년 춘추 양기에 걸쳐 입어선은 173척, 그 어획고는 41,600円에 달했다. 1907년 다시 '원양어업장려규정'을 설정하고 그에 의거하여 당해 연도는 59척(429인)에 3,250円의 보조금을 지급했다. 그 결과 총 어획고는 약 15,000円으로 1척당 평균 250円의 성과가 있었다.

1908년도는 106척(608인)에 3,500円을 지급하고 어획 성과는 총 30,000円에 달했다. 1909년도는 180척에 그 지급총액은 45,000円이었다. 당해연도 어선 5척 이상으로 구성한 한해 입어선단(조합)은 10조(組)로 증가했다.[26]

이러한 장려사업에 힘입어 동현의 대표적 한해 입어자 근거지인 히다테군(日置郡) 구시키노무라(串木野村)에서는 한해 입어자 유지들이 상의하여 자체적인 장기출어자금 융통기반조성을 목적으로 유한책임(有限責任) 구시키노수산신용조합(串木野水産信用組合)을 조직하고 조합원에 차채자금 대부를 실시했다. 그 대부방법은 신용평정위원회를 설치하고 미리 작성한 신용정도표에 의해서 집행했다.

---

26 『大日本水産會報』第326号, p. 26.

## 아이치현(愛知縣)

　동현의 원양어업 장려사업은 1895년 이래 실시했으나 그 4~5년 뒤부터 연안 어업자에 의한 대대적인 외국 연해 섭렵(涉獵)계획이 실시되었다. 한해 입어자에 대해서는 1900년도 처음 보조금을 지급했으나 당시 입어자는 어장탐험 부족과 어선, 어구의 적합성 결여, 선박의 난파와 어가(魚價)의 저렴 등으로 상당한 어획이 있었음에도 수지상쇄에 애로가 많았다. 그래서 이후에도 입어장려사업을 매년 지속했다.

## 후쿠이현(福井縣)

　한해 입어사업은 1906년 처음 시작했다. 당해연도 보조금을 교부한 선박은 3척이나 그중 2척은 겨우 수지보상이 가능했으나 1척은 완전히 어기를 놓쳐서 입어했던 관계로 실패했다. 그러나 그들은 한해어업의 어리(漁利)가 아주 좋다는 인식을 같이했던 관계로 그 다음 해 출어선은 5~6척으로 증가했다.[27]

## 미에현(三重縣)

　1898년 미에현 예산에서 원양어업 장려비 1,000円과 지방 유지자의 발의금 등으로 총 자본금 40,000円의 미에원양어업주식회사(三重遠洋漁業株式會社)를 창설하고 그 소속 선박을 동해에 파견하여 물개수렵업을 시작하여 좋은 성과를 거두었다.

---

27 『水産文庫』第4卷 第4号, pp. 4~263.

### 이와테현(岩手縣)

동현은 1901년 30~50톤급의 원양어선 신조에 대해서 1톤당 30円의 현비 보조를 결정했다. 그해의 대상은 범선 '히가시마루(東丸)'로 결정하고 그 신조비 1,500円을 공여하고, 1902년도는 제2호 건조선 '치도세마루(千歲丸)'에 1,500円의 현비 보조를 했다. 그 결과 이후 원양어업계획자가 점점 증가하는 추세에 있었다.

### 돗토리현(鳥取縣)

원양어업 장려를 위하여 1903년 현비 보조금 1,500円으로 한해 어장 조사를 실시했다. 탐험 보조비를 지급받은 2명 중 1명은 아예 한국 연해에 이주어업을 계획하고 다른 1명은 트롤어업을 개시했다. 이후 한해 입어자에 대해서는 매년 계속 현비 보조를 하기로 했다.

### 와카야마현(和歌山縣)

당해 현은 조선해수산조합을 1900년 설립하고 보조금 지급을 당해년도 50円, 1901년도 100円을 지급했다. 1902년도부터는 조선해수산조합을 '조선해통어조합'으로 개칭하고 조합에 연 500円씩 현비 보조를 하는 동시 그 지급 대상 업종을 확장했다. 그리고 별도로 외줄낚시 및 포경 입어자에 대해서는 보조금 지급을 더 확대 실시할 예정이었으나 어장파악의 부실로 실행하지 못하고 1903년에는 타뢰망 입어자에 대해서 지급을 계획했으나 러일관계의 악화로 연기하고 다시 1904년 4척, 1905년

21척에 대해서 지급했다. 이들 입어선은 주로 부산 근해에서 조업했다.

### 코지현(高知縣)

현 수산조합에 대해서 1904년도 1,000円, 1905년도 1,500円의 현비를 보조하여 한해 수산조사를 실시했다. 먼저 조합에서는 상어 주낚 1척, 도미 주낚 4척, 멸치후리 1조(組)의 어업선대(漁業船隊)를 조직하여 시험입어를 했다. 1905년도에는 제주도 연해 입어자들에게 10만 円씩을 지원하여 어업주식회사를 설립하도록 하고 그 주식 모집도 연내에 종결하도록 했다. 그리고 1906년도부터는 그 수산조합에 현비 2,000円의 출어장려금을 일괄 지급하여 멸치 예망업, 도미 주낚업, 상어 주낚업 어선들을 경남 진해만에 입어시켰다.

멸치 입어선은 창원 닭섬(鷄島)을 근거지로 하고 도미 주낚선은 부산 영도를 그리고 상어 주낚선(1척)은 부산 근해로 각각 입어했다. 그리고 수산조합원으로 구성하는 선대조직에 대해서는 1907년도부터 1910년도까지 3년에 걸쳐 매년 현비 3,500円씩을 보조했다.

### 미야사키현(宮崎縣)

1905년 처음으로 한국의 여조도(如鳥島) 형제도(兄弟島) 부산 근해 및 전라도의 홍도(鴻島) 등의 연해 입어선 7척을 비롯하여 총 13척에 대해서 보조금을 지급했다. 1906년도는 부산 연해 및 진해만, 거제도 지세포 근해 입어선 5척에 대해서도 보조금을 지급하고 평균 순익 330円 8전 6리를 얻었다.

■ 총괄

위에서 일본 23개 부현에서 각각 실시했던 원양(한해) 입어 장려 사업에 대해서 개별적으로 훑어보았으나 여기에서는 그 사업들을 간단히 종합해보기로 한다. 먼저 원양어업(주로 조선해 입어) 장려보조사업을 실시한 연도를 표로 작성하면 〈표 3〉과 같다.

그중에서 가장 일찍이 수행했던 지역(부현)은 오이타(大分)와 후쿠오카(福岡)의 두 현으로서 이미 1890년(고종27)부터 실시했던 것을 알 수 있었다. 그 다음으로는 1895년 실시한 오사카후와 카가와, 에히메, 구마모토, 아이치의 히로시마 6개 부현에서, 그리고 1896년도는 없고 그 다음해부터 1900년까지 야마구치, 사가, 미에, 오카야마, 치바, 도쿠시마, 시마네, 나가사키, 카고시마, 와카야마 10개현이 추가하여 1900년도 이전까지 합계 총 18개 부현에서 실시했다. 이후 1901년도에서 1906년도까지는 1902년도를 제외하고 매년 1개현씩 추가하여 1910년까지는 총 23개 부현에서 한해입어장려를 실시해왔다.

이 중에서 특히 한(조선)해 입어장려보조사업을 가장 적극적으로 실시한 지역은 카가와현과 오사카부를 비롯하여 구마모토, 에히메, 후쿠오카, 오이타, 야마구치, 도쿠시마 등 8개 부현을 들 수 있으며 이들 부현이 그 외 지역을 선도했다고 한다.[28]

1900년 이후부터 실시한 지방(현)은 사실 신참자로서 불과 7개현에 불과했다. 그것은 지역 소재로도 알 수 있는바와 같이 한해입어가 절박했던 지역이 아니었기 때문이다. 이들 지방은 대체로 자기 연근해 어업으로서도 비교적 생계 안정이 가능했던 지역이나 국가정책상의 이유에서

---

28 吉田敬市 著, 앞의 책, pp. 167~174.

어업이민이나 이주어촌 건설에 적극 참여했던 지방들이라고 할 수 있다.

• 표 3 | 일본 부현의 한해입어장려사업 시작 연도표

| 연도 | 부현명 |
|---|---|
| 1890 | 福岡 大分 |
| 1895 | 香川 熊本 大阪 愛知 愛媛 廣島 |
| 1896 | |
| 1897 | 山口 佐賀 |
| 1898 | 三重 岡山 |
| 1899 | 千葉 德島 島根 長崎 |
| 1900 | 鹿兒島 和歌山 |
| 1901 | 岩手 |
| 1902 | - |
| 1093 | 鳥取 |
| 1904 | 高知 |
| 1905 | 宮崎 |
| 1906 | 福井 |
| 1907 | - |
| 1908 | - |
| 1909 | - |
| 1910 | - |

그에 비해서 그들보다 일찍부터 한해 입어장려를 실시했던 각 부현은 오사카후를 제외하고는 대체로 소속지에서 한해 출가조업이 생업대책과도 밀접한 관계가 있었거나 소속어민의 부원(富源) 개척이 필요했던 지역이다. 그래서 장려 실시 방법도 비교적 적극적이었다.

오이타현에서 1890년도 말 한해 입어 장려를 위해서 입어자를 선발하고 현비(縣費) 보도를 추년(追年) 계속 실시하고 후쿠오카현에서도 역시 그해 말(12월) 원양어업전습생(遠洋漁業傳習生)을 모집하고 원양어업창립위원회를 구성하여 전습생의 어업보조금 조성을 위해서 현비 보조와 산하 각 군(郡) 및 각 어업조합까지 참여하여 원양어선을 건조하고 거기에 견습생을 승선시켜 전선단을 단체로 한해 시험입어 시키고

그의 입어기간비용(就漁季間費)까지 보조하면서까지 적극적으로 한해 입어를 개척했던 것은 계획적이고 모험적인 개척활동이며 다른 지역(세도나이카이 부근의 부현)을 개도하는 활성제가 되었다고 생각한다.

다음에 입어장려 보조금의 대상과 지급형태 역시 각 부현에 따라 다소 차이가 있었으나 보편적으로는 어선, 어구 및 승무원(선원)을 주체적인 대상으로 하여 어선 1척 또는 선단입어조직체(組)를 대상으로 일괄 지급하고 있다. 그 금액은 보통 개인 50円, 집단 200円 정도로 보았을 때 선단 조직(1조)을 더욱 장려하고 있었다. 그것은 재해방지와 조업경영 안정상의 문제에서였다고 볼 수 있다. 선단구성은 보통 어선(어로선) 4~5척 또는 5~6척에 가공선 1척을 포함하도록 했다.

어선 건조비(신조비) 보조는 신조 선가(船價) 혹은 그에 승무원의 생활비를 포함한 총액을 기준으로 하고 그의 2분의 1(야마구치현) 또는 3분의 1(후쿠오카현)에 해당하는 금액을 지급했다. 그리고 지역에 따라 그 지역의 특종어업이나 기호어종을 포획하는 입어선에 중점을 주었던 지역도 있었다. 곧 타뢰망어선(에히메현)이나 학꽁치어선(오사카후)의 입어(통어) 및 그러한 어선건조에 우선적으로 보조금을 지급한 것이 그것이다.

그 외 어획물의 제조 시설이나 가공선의 시설 또는 그의 개선과 제품 및 하조 개량비 등을 지급한 것은 특수한 사례이며 또한 어망사(漁網絲) 제조기인 개량사연차(改良絲撚車)의 구입비를 지원한 것은 연관 기본 기술 개발의 촉진제였다고 할 수 있다.

1900년대 이전에 이미 현지 정주자 또는 이주자에 대한 정착보조금 지원이 여러 각 부현에서 지급되기 시작하고 그 외 어선, 어구 및 어선의 조난구조 및 선원가족에 대한 구호(救護)보조금 지원도 있었다. 그에 부수하여 입어자들 스스로 또는 지방관청의 장려에 의해서 각종 군소입어조합 구성을 유도하여 상호 부조협동 활동을 도모하도록 한 것 등은 아주 훌륭한 선진적인 발상이었다.

또한 위와 같은 각종 입어장려 보조금을 수령하는 수혜자에 대해서 사업종류, 출국 후의 취업지, 어획종류, 어획고, 매출액 및 입어일지, 수지정산 및 조선비 등을 상세하게 기록한 것을 제출(보고)하도록 의무화한 것은 경영의 합리화 안정화에 대한 자활력을 조성하는데 좋은 방책이었다.

이러한 일련의 입어장려책은 더욱이 1904년 6월 통어장정개정으로 입어구역 확대와 한일협약(韓日協約)의 강제 체결 및 러일전쟁의 승리를 계기로 이주어촌 건설사업으로 대전환하고 그리고 통감부(統監府)와 조선해 수산조합의 적극적인 시책 수행과제와 일치하고 있었다.

각 부현의 한해입어보조금의 지급 총액은 알 수 없으나 1909년 말 상기 1부 22현 중 최다는 후쿠오카의 12,800円, 최하는 오사카의 800円이며[29] 전체 규모는 약 100,000円 정도로 예상되었다.

• 표 4 | 일본의 한해어업개발보호장려비표(韓海漁業開發保護獎勵費表)

| 부현민 | 년도 | 금액 | | | 1911년도 | |
|---|---|---|---|---|---|---|
| 長崎 | 1904 | 1,440 | - | 31,129 | 2,950 | A, B |
| 佐賀 | 1901 | 1,000 | - | 6,100 | 7,600 | B |
| 熊本 | 1896 | 305 | - | 7,353 | 3,200 | A, B |
| 鹿兒島 | 1901 | 1,125 | - | 8,800 | 10,010 | A, B |
| 宮崎 | 1905 | 940 | - | 1,200 | 360 | A, C |
| 大分 | 1898 | 480 | - | 6,000 | 6,000 | B, C |
| 福岡 | 1897 | 2,000 | - | 27,800 | 7,600 | A, B |
| 愛媛 | 1896 | 1,000 | - | 6,800 | 6,800 | B |
| 香川 | 1895 | 35 | - | 5,600 | 2,212 | A, B |

---

[29] 『朝鮮海水産組合月報』 第17号, p. 42.

| | | | | | | |
|---|---|---|---|---|---|---|
| 德島 | 1899 | 1,000 | - | 2,000 | 2,000 | A |
| 山口 | 1899 | 300 | - | 10,000 | 8,796 | A, B, D |
| 廣島 | 1909 | | - | 1,300 | 2,000 | E |
| 岡山 | 1905 | 900 | - | 4,800 | 4,000 | B, F |
| 兵庫 | 1907 | 650 | - | 3,951 | 976 | A, B |
| 島根 | 1906 | 1,000 | - | 4,800 | 6,750 | A, B |
| 島取 | 1903 | 1,500 | - | 5,000 | 2,000 | A |
| 京都 | 1902 | 1,500 | - | 4,000 | 1,650 | C |
| 大阪 | 1895 | 550 | - | 1,300 | 150 | A |
| 和歌山 | 1904 | 70 | - | 750 | - | A, D |
| 高知 | 1906 | 2,000 | - | 9,360 | 9,360 | B |
| 愛知 | 1904 | 200 | - | 1,000 | 1,000 | A, B |
| 千葉 | 1906 | 5,000 | - | 7,000 | 9,990 | B |
| 石川 | 1909 | 550 | - | 5,500 | - | A, B |
| 富山 | 1909 | 1,000 | - | 2,000 | 2,000 | G |
| 福井 | 1906 | 774 | - | 2,580 | 2,550 | B |
| 합계 | | | | | 100,954 | |

(범례)　A: 통어　B: 이주어촌　C: 어선어구개량　D: 어류운반 및 처리
　　　　E: 출어자보호　F: 특수어업장려　G: 정치어업

자료: 吉田敬市 著, 『朝鮮水産開發史』, 朝水會, p. 256.

국치년 다음해(1911년)의 자료에 의하면 입어장려사업은 25개 부현으로 증가하고 그 지급 총액은 100,954円으로서 종전과 거의 같은 답보 상태였다(〈표 4〉 참조).

그리고 그 지급 내용은 ① 입어비, ② 이주어촌 건설비(어업 근거지), ③ 어선 어구 개량비, ④ 어류 운반 및 처리비, ⑤ 입어자(출어자) 보호비, ⑥ 특수어업 장려비 및 ⑦ 정치어업개발비(定置漁業開發費) 등 다양했으나 이주자의 정착사업비를 크게 포괄하고 있다.[30]

---

30　朝鮮新聞社, 『鮮南發展史』, 1912 ; 吉田敬市 著, 『朝鮮水産開發史』, 1954, pp. 256~257.

## 3. 어업근거지

위에서 고찰한 각 부현의 '한해 입어장려' 사업이 계기가 되어 직간접적으로 산하에 많은 입어단체(조합)가 설립되고 또한 한국에는 그의 전진기지로서 많은 어업근거지가 설치되었다. 그 어업근거지를 추진한 주체는 입어단체나 개인, 또는 기타의 경영체 등 다양했다. 그 결과 경술국치년을 전후하여 일본인이 설치한 어업근거지는 조선 팔도 전 연안 어디에서나 보이지 않는 곳이 없을 정도로 많았다.

1912년 2월 조선신문사 발간의 '선남발전사(鮮南發展史)'에 수록된 입어조합 및 어업 근거지 설치 상태를 보면 〈표 5〉에서와 같다.

• 표 5 | 일본의 한해입어단체표

| 府縣名 | 名稱 | 位置 | 團體員 | 基本財産 | 同積立金 | 府縣費補助 | 事務所經費 | 漁業 根據地 | 創立年月(明治) |
|---|---|---|---|---|---|---|---|---|---|
| 福岡 | 筑豊水産組合 | 博多 | 4,828 | | 4,000 | 4,300 | | 長承浦 太邊<br>多太浦 方魚津 | 明治18年(1885) |
| | 豊前 〃 | 築上郡宇島町 | 1,641 | | | 1,880 | | 長承浦 臥島 | 〃 32年 |
| | 漁業獎勵協會 | 山門郡役所 | 715 | | | 1,420 | | 羅老島 仁川 群山 | 〃 36年 |
| 大分 | 大分縣韓海出漁組合 | 大分市 | | | | 6,000 | | | 42年 4月 |
| | 佐賀關遠海出漁 〃 | 佐賀關 | 30 | 419 | 109 | 300 | 190 | | 41年 5月 |
| | 中津浦 〃 〃 | 北海部郡海邊村 | 31 | 229 | 425 | 300 | 33 | | 42年 5月 |
| 岡山 | 朝鮮鰻販賣組合 | 兒島郡八濱町 | 57 | | | 200 | 3,234 | 洛東江 浦項 | 40年 2月 |
| 鳥取 | 鳥取縣水産組合 | 鳥取市 | 64 | | | 2,000 | 1,390 | 巨濟島 知世浦 | 41年10月 |
| 愛知 | 愛知縣韓海漁業組合 | 釜山南濱町 | | | | | | 絕影島 長承浦<br>機長郡 機長 | 42年 4月 |
| 佐賀 | 佐賀縣 〃 〃 | 佐賀縣廳內 | 176 | 6,220 | | 4,400 | 2,835 | 群山 木浦 迎日灣<br>南海島 何日里浦 | 40年 1月 |
| 兵庫 | 兵庫縣津名郡外海出漁團 | 津名郡 | 493 | | 2,927 | 976 | 1,405 | 蔚山 | 40年 4月 |
| 鹿兒島 | 串木野水産信用組合 | 日置郡串木野村 | 714 | 7,140 | 6,828 | | 430 | 釜山 | 34年 5月 |
| | 木浦韓海出漁組合 | 同 | 207 | 2,332 | | 1,980 | 79 | 〃 | 42年 4月 |
| | 羽浦韓海出漁組合 | 同 | 146 | 1,367 | | 692 | 60 | 〃 | |
| | 中出水 〃 〃 | 出水郡中出水村 | 225 | 633 | 3,186 | 592 | 78 | 群山 | 41年 1月 |
| | 下出水 〃 〃 | 下出水村 | 30 | 479 | 118 | 64 | | 不詳 | 40年 4月 |
| | 阿久根 〃 〃 | 阿久根村 | 123 | 1,048 | | | | 群山 | 41年 9月 |

| | | | | | | | | | |
|---|---|---|---|---|---|---|---|---|---|
| | 東加世田 〃 〃 〃 | 川邊郡東加世田村 | 200 | 5,354 | | 112 | 108 | 釜山 | 40年 2月 |
| | 西加世田 〃 〃 〃 | 〃 西加世田村 | 12 | 6,648 | | 32 | | 不詳 | 〃 |
| | 鹿兒島縣韓海出<br>週組合聯合會 | 鹿兒島市下町 | 10 | | | 9,710 | 880 | 釜山牧ノ島 | 43年 3月 |
| | 知覽村韓海出漁組合 | 川邊郡知覽村 | 62 | 3,833 | | | 30 | 釜山 | 40年 5月 |
| | 指宿村 〃 〃 〃 | 〃 指宿村 | | | | | | | 42年 3月 |
| | 穎娃村 〃 〃 〃 | 〃 穎娃村 | 107 | | 120 | 856 | 50 | 釜山 | |
| 高知 | 高知縣土佐遠洋漁業<br>株式會社 | 高知市 | | | | 9,360 | 15,633 | 濟州島 巨濟島 | 40年 1月 |
| 三重 | 朝鮮海漁業組合海女婦<br>移住漁業團 | 釜山南濱町<br>志摩鳥羽町 | 513<br>374 | 192<br>52,50<br>0 | 52<br>2,000 | | 350<br>320 | 慶南 東來郡 機長郡<br>蔚山郡內海 | 39年 1月<br>42年 2月 |
| 京都 | 竹野郡水産組合遠洋漁<br>業附與謝郡水産組合<br>同 | 竹野郡門入村<br>宮津町<br>同 | 不詳 | 不詳 | 不詳 | 150<br>150<br>450 | 不詳 | 巨濟島 蔚山 迎日灣<br>釜山<br>釜山 鎭海灣 迎日灣 | 33年10月<br>同<br>同 |
| 愛媛 | 二名信用組合 | 宇摩郡二名村 | 60 | | 1,542 | 160 | 92 | 木浦 仁川 龍岩浦 | 38年 7月 |
| | 川之江 〃 〃 | 同川之江町 | 33 | | 984 | 92 | 150 | 同 | 39年 2月 |
| | 新居濱遠海出漁組合 | 新居濱村 | 22 | | 395 | 65 | 182 | 釜山鎮海龍岩浦沿岸 | 39年 1月 |
| | 大島 〃 〃 | 新居郡大島村 | 27 | | | 40 | 26 | 巨濟島沿岸 | 39年 9月 |
| | 西條北濱 〃 〃 | 同西條町 | 26 | | 571 | 53 | 102 | 同 | |
| | 岡村信用組合 | 越智郡岡村 | 36 | | 778 | 99 | 175 | 江原 慶南沿岸 | 38年12月 |
| | 魚島 〃 〃 | 同魚島村 | 27 | | 1,397 | 144 | 69 | 知世浦 舊助羅 | 39年 2月 |
| | 宮窪遠海出漁組合 | 同宮窪村 | 32 | | 390 | 61 | 840 | 鎭海灣內 | 38年 9月 |
| | 小部 〃 | 同波方村 | 20 | | 120 | 100 | 93 | 釜山近海 | 39年 2月 |
| | 大濱遠海出漁同盟組合 | 同近見村 | 32 | | 233 | 54 | 818 | 蔚山 知世浦 鎭海灣 | 39年 8月 |
| | 安居遠海出漁組合 | 温泉郡北條村 | 22 | | 76 | 43 | 2,300 | 同 | 39年 9月 |
| | 新濱遠洋出漁組合 | 温泉郡新濱村 | 18 | | | 40 | | 釜山 鎭海灣內 | 40年 9月 |
| | 臥龍 〃 〃 | 宇摩郡三島村 | | | | | | 濟州島 | 54年 1月 |
| | 神山 〃 〃 | 西宇郡神山村 | | | 13 | 39 | 123 | 馬山近海 | 44年 2月 |
| | 陸野出漁組合 | 温泉郡陸野村 | | | | 100 | | 釜山近海 | 41年 9月 |
| | 三崎信用組合 | 西宇和郡三崎村 | 15<br>51 | | 2,698 | 131 | 3,065 | 江原 慶南 全羅<br>各道沿岸 | 38年 6月 |
| | 神松名 〃 〃 | 同神松名村 | 48<br>52 | | 1,589 | 138 | 250 | 釜山 欲知島 安島 | 39年 9月 |
| | 二本生 〃 〃 | 同二本生村 | 30 | | 1,520 | 87 | 601 | 巨濟島 欲知島 | 39年 4月 |
| | 三机出漁組合 | 同三机村 | 20 | | | 50 | 21 | 釜山近海 | 39年 8月 |
| | 川之石遠海出漁組合 | 同川之石村 | 16 | | 281 | 47 | 253 | 同上 | 39年 7月 |
| | 玉津 〃 〃 | 東宇和郡玉津村 | 17 | | 111 | 39 | 121 | 巨濟島 曳龜浦 | 39年 4月 |
| | 日振灘同盟 〃 〃 | 北宇和郡日振島村 | 43 | | 144 | 50 | 61 | 鎭海灣內 | 同 |
| | 西外海遠洋出漁同盟 | 南宇和郡西外海村 | 35 | | 121 | 57 | 322 | 釜山近海 | 39年 2月 |
| | 弓削遠洋出漁組合 | 弓削村 | 23 | | 27 | 100 | 1,251 | 江原道全羅南道沿海 | 42年12月 |
| | 愛媛縣遠海出漁團體<br>聯合會 | 愛媛縣廳內 | | | 1,721 | 5,200 | 5,525 | 漆川島 舊助羅 | 28年 |
| 千葉 | 千葉縣韓海出漁團 | 千葉町 | 69 | 1,000 | | 9,800 | 190 | 馬山浦 栗仇味 | 37年10月 |
| 長崎 | 長崎縣南高來郡韓海<br>出 漁 組 合 | 南高來郡役所內 | 75 | 400 | | | 225 | 煙島 蝟島 | 40年 2月 |
| | 西彼杵郡式見村朝鮮海<br>出 漁 團 | 西彼杵郡式見村 | 110 | 154 | 154 | | | 群山 釜山 | 40年 3月 |
| | 南高來郡遠洋延縄 | 南高來郡島原町 | 42 | | | | 150 | 釜山 | 43年 4月 |

| | | | | | | | | |
|---|---|---|---|---|---|---|---|---|
| | 出漁組合 長崎縣遠洋漁業團 | 長崎縣廳內 | 225 | | 2,950 | 4,000 | 10,000 | 巨濟島入佐村舊助羅 洞冠浦 蛇梁島 | 43年 3月 |
| 和歌山 | 和歌山縣出漁團體 | 日高郡白濱村 | 66 | | | | | 釜山 蔚山 | 44年 4月 |
| 島根 | 島根縣水産組合 | 松江市 | | 628 | | | 8,544 | 統營 長承浦 長生浦 浦項 | 41年 10月 |
| 香川 | 香川縣水産組合 | 縣廳內 | | | | | | 巨濟郡 知世浦 | 35年 |
| 山口 | 吉數郡文海浦 打瀨網漁業組合 | 吉數郡秋穗村 | 22 | 400 | | | | 釜山 | 43年 2月 |
| | 豊西上村朝鮮海 通漁組合 | 豊浦郡豊西上村 | 42 | | | 336 | | 迎日灣 | 44年 2月 |
| | 吉母浦  〃  〃  〃 | 同豊西村 | 105 | | | - | | 〃 | 20年 |
| | 松谷浦  〃  〃  〃 | 同川棚村 | 54 | | | 408 | | 〃 | 44年 9月 |
| | 小串浦  〃  〃  〃 | 同小串村 | 58 | | | 276 | | 〃 | 18年 |
| | 湯玉浦  〃  〃  〃 | 同宇賀村 | 32 | | | 296 | | 〃 | 37年 |
| | 二見浦  〃  〃  〃 | 同  同 | 25 | | | 200 | | 〃 | 44年 9月 |
| | 矢玉浦  〃  〃  〃 | 同神玉村 | 198 | | | - | | 〃 | 37年 |
| | 和久浦  〃  〃  〃 | 同  同 | 33 | | | 160 | | 〃 | 不詳 |
| 熊本 | 天草郡韓海出漁團 | 本渡町 | 369 | | 113 | — | 580 | 特設ノモノナシ | 42年 9月 |
| | 玉名郡  〃  〃  〃 | 玉名郡役所 | 232 | | | 425 | 600 | 〃 | 同 |
| | | | 14,738 | | | | | | |

자료: 朝鮮新聞社,『鮮南發展史』, 1945年 2月 ; 吉田敬市 著,『朝鮮水産開發史』, 朝水會, 1954, pp. 16~172.

위 〈표 5〉에서 한해입어단체(조합)조직을 연도별로 표로 정리하여 보면 〈표 6〉에서와 같으며 1911년까지 총 19개 부현에서 73개에 달했다.

1883년 합법적 입어를 허가한 이후 일본에 설치한 최초의 한해 입어 단체는 1885년 설립된 후쿠오카현의 지구도미수산조합(築豊水産組合)과 야마구치현의 고쿠시우라통어조합(小串浦通漁組合)이었다. 이후 1899년까지 설립된 단체는 합계 5개였으나 1900년부터 1905년까지는 13개, 1906년부터 1910년까지의 5년 동안에는 무려 48개 조합이 설립되었다. 곧 이들 조합의 대다수(55개)는 러일전쟁이 발발한 1904년부터 국치년 사이에 설립되었다. 이 시기는 전술한 바와 같이 일본이 한국 정복을 확정해 나가는 격동기였다는 점이 주목할만 하다.

• 표 6 | 설립연도별 일본의 한해입어단체 수

| 설립연도 | 1885 | 1887 | 1895 | 1899 | 1900 | 1901 | 1902 | 1903 | 1904 |
|---|---|---|---|---|---|---|---|---|---|
| 단체(조합)수 | 2 | 1 | 1 | 1 | 3 | 1 | 1 | 1 | 3 |
| 설립연도 | 1905 | 1906 | 1907 | 1908 | 1909 | 1910 | 1911 | 불명 | 합계 |
| 단체(조합)수 | 4 | 16 | 11 | 6 | 11 | 4 | 6 | 1 | 73 |

한국 해역에 오래 전부터 적극적으로 입어(통어)를 장려해왔던 관서지방의 부현 중에서도 주목되는 것은 25개의 입어조합을 산하에 두고 있는 에히메현과 12개 조합을 두고 있는 가고시마현 그리고 9개 조합을 두고있는 야마구치현 등 메이지정부 옹립의 주역자를 많이 배출한 지역이었다. 그리고 이들 3개현 산하 조합들은 대체로 한국의 면(面) 또는 리(里)에 해당하는 마지(町), 무라(村) 단위 조합을 설치하고 있는 것이 특기할 점이었다.

그러한 단위조합에서는 또한 현지어장 부근에 어업(조업)근거지를 많이 설치하고 있었다. 어업 근거지의 총 수는 위의 표에서 볼 때 대략 113개소로서 그 소재지 분포를 도별로 보면 경남 47개, 부산 27개, 경북 12개, 전남 7개, 전북 7개, 강원, 제주도, 경기도, 평안도 각각 3개, 충남 1개소였다. 그 밖에 소재지가 불명확한 와도(臥島), 예구포(曳龜浦), 동관포(洞冠浦)의 3개소와 미상지(未詳地) 2개소도 있었다. 이들 근거지의 대략 72%에 달하는 82개소는 일본에서 가까운 부산, 경남북 지역에 집중하고 있었다. 이것으로 입어자의 출신지와 어업종류 및 조업 어장과의 관계를 알 수 있다. 그러나 차후 점차 동해북부 및 서해북부로 더 확대 설치할 것이 예상되었다.

이러한 근거지는 이미 입어자의 일시적인 조업근거지가 아니라 다양한 사업을 영위하고 있는 입어자의 장기 정주지나 이주어촌으로 발전하는 모체가 되고 있었다.

그리고 근거지 경영도 입어단체뿐 아니라, 개인 또는 수인의 합동경영 등 여러 형태가 있었다. 1910년 초 조선해수산조합의 "어업근거지 사정조사"에서 그 사례를 발췌하여 다음에 기술해 둔다.[31]

## 4. 어업근거지 사례

울산만내: 이시카와현 어민단(石川縣漁民團) 근거지

| 어선 및 어민의 집산 상황 |

㉠ 어선의 종류: 낚시선 1척, 소(小) 수조망선 2척 – 계 3척
㉡ 정주자: 8호 11인(여 3인 포함)
㉢ 가까운 장래에 후쿠이현(福井縣)어민단의 도래를 위해서 대지 50평을 매수했다.
㉣ 1910년 5월 5일 처음 이주한 자가 있었으나 아직 출어한 자는 없다.

| 화물 집산 상황(특히 어선 수요품) |

㉠ 어구의 종류: 대소(大小) 수조망, 도미 낚시줄, 삼치 유망, 대구 낚시줄
㉡ 사업자: 이시카와현

---

31 『朝鮮海水産組合月報』第20号, pp. 14~22 · 122.

ⓒ 사업 방법: 어민단체 감독자가 사업을 담당하고 있다.

㉣ 배급 방법: 각자 감독자로부터 적당히 대여 받아 사용한다.

㉤ 기타 일수품도 전기 방법으로 지급하며 소비금액은 연 총액으로 1,500円 정도에 달한다.

| 경영 방법 |

㉠ 단체 경영

㉡ 보조금: 현에서 8호분 624円이 있다.

ⓒ 토지가옥: 전부 현 소유로서 무상대여 하고 장차 더 필요하면 증자할 방침이다.

㉣ 자본금: 2,000円의 주식 조직으로 주주 11인이며 장차 필요에 따라 더 증자할 방침이다.

㉤ 계산 방법: 어획고의 100분의 5를 받아 가옥수선비, 생활비 및 감독자 보수금에 충당하고 남는 금액은 백분하여 55%를 어민에, 45%를 주주에 분배한다.

㉥ 소유 부동산: 답(畓) 5단(段 4,958.70㎡) 소유하고 있다.

㉦ 가옥건축비: 지소(地所)에 350円, 건물에 1,400円, 계 1750円 소요했다.

| 어업 이외의 산업 |   없음

| 주의 사항 |   없음

| 입어자 사항 |   정주자 11인, 그중 2인은 독신자이며 1인 1개월 생활비 5円 소요됨

울산만내: 모리야 마사키(森野正氣) 근거지

| 어선 및 어민의 집산 상황 |

㉠ 어선의 종류: 잠수기 3척, 모선 1척, 어선 1척, 계 5척
㉡ 정주자: 6인
㉢ 사용 어부: 70인. 그중 해사(海士: 남자 잠수부) 48인
㉣ 일시 사용자: 64인. 어기 종료하면 귀국한다.

| 어업 시기 |

㉠ 4월에서 10월까지. 전복 채취
㉡ 10월에서 다음해 4월까지. 해삼 채취
㉢ 11월. 침어(針漁=학꽁치) 어획

| 화물 집산 상황 |

㉠ 일반 수용품: 소유의 범선으로 부산에서 이입(移入)하며 침어망(沈漁網), 잠수기 류는 비고도모(備後鞆), 나고야(名古屋)에 주문, 수입한다.
㉡ 전복 제품: 부산을 거쳐 주로 나가사키, 고베에 수출한다. 4타들이 1상자의 시세는 보통 8~9円(1910년 초경)이다.
㉢ 우뭇가사리: 어기동안 해사(海士)가 생산하며 그 생산고는 1,000근이며 어업 경영자는 이것을 1관에 12전에 매수하는 약정을 하고 있다. 전복은 1관 30전이다.

| 경영 방법 |
㉠ 개인경영으로서 자본금 7,000円
㉡ 해사를 제외한 사용인은 전부 월급제로서 1인 1개월 평균 12円이다.

| 어업 이외의 산업 |   전복통조림 공장의 사용인은 15인이며 하루의 제조고는 평균 4타들이 40상자. 6~7월에는 제조장을 죽변(竹邊)으로 이전한다. 그 생산고는 약 1,000상자. 8월에는 다시 당해지로 철수한다.

| 주목할 만한 사항 |   이 근거지는 1898년 사업을 착수한 이래 성적이 양호했다. 1908년은 의병들의(일본은 폭도로 표기)출몰에 영향을 받아 출어하지 못했다.

| 입어자 상황 |   모리야는 효고현인으로서 당시(1910년 초) 일본인회 회장을 하고 있었으며 상당한 자산가이다. 청어 어기에는 중매업을 한다. 해사는 일본 이세(伊勢)에서 고입해오며 1개월 생활비는 1인 3원 50전이다.

울산만내: 후쿠오카 야스베이(福岡安兵衛) 근거지

| 입어선 및 어민의 집산 상황 |
㉠ 어선의 종류: 호망 3통, 어선 1척
㉡ 정주자: 1호 4인
㉢ 사용 어부: 일본인 1인, 한국인 1인

| 어업 시기 |

㉠ 1월에서 3월까지. 청어 어업

㉡ 3월에서 8월까지. 농어 어업

㉢ 8월에서 12월까지. 청어 어업


| 화물 집산 상황 |

㉠ 어구: 부산에서 사입하며 그 비용은 200円이다.

㉡ 어획물: 당해지에서 매각한다.


| 경영 방법 |

㉠ 개인경영으로서 1909년 7월 개설. 자본금 500円 정도이다.


장생포: 아베 야스오(安部泰輔) 근거지


| 어선 및 어민의 집산 상황 |

㉠ 어선의 종류: 모선 1척, 망선, 수선 6척, 계 7척

㉡ 정주자: 10인

㉢ 일시 사용인: 일본인 5인, 한국인 5인


| 어업 시기 |

㉠ 4월에서 11월까지. 멸치 어획

㉡ 12월에서 다음해 2월까지. 청어 어획

| 화물 집산 상황 |

ⓐ 수요품: 석탄, 대상자, 멍석, 대 등은 모선으로 일본에서 수입한다.
ⓑ 어구 등: 멸치 그물과 호망은 비고도모(備後鞆)에서 사입한다. 사입방법은 견본사입과 현지출장으로 직접 사입한다.
ⓒ 일용품: 일용품 및 어구 사입에 연간 약 3,000엔 소요한다.

| 경영 방법 |

당해 근거지는 원래 야마구치현 오츠군 후카카와무라의 원양어업주식회사에서 자본금 3,000엔으로 1907~1908년 경영했던 것을 1908년 동사 대주주인 아베가 연 임대료 200円으로 차입한 개인 경영이다.

| 주목할 사항 |

ⓐ 장생포에 학교조합(學校組合)이 있어서 교육, 위생의 관심지역이며 당지와 부산 간에 매일 선편이 있고 포경회사의 근거지로도 유명하다.
ⓑ 당해지의 한인과 일인 간의 유대는 잘되고 있으나 쌍방 영세한 것이 흠이다.

| 입어자 상황 |   야마구치현인 2호 16인이 있으며 가족 동반자 2인이 있다. 어부 1인 1개월 식비로 3円 50전 소요된다.
   ※ 이상 자료 『조선해수산조합월보』, 제20호.

방어진: 후쿠오카현민단(福岡縣民團) 근거지

| 어선 및 어선의 집산 상황 |

㉠ 어선의 종류: 멸치망 1척, 주낚 4척, 수조망 1척, 계 6척
㉡ 정주자: 16호 54인


| 어업 시기 |

㉠ 4월에서 11월까지. 멸치망
㉡ 10월에서 다음해 4월까지. 삼치유망
㉢ 9월에서 다음해 3월까지. 호망(잡어)
㉣ 1월에서 12월까지. 침어망(침어), 소조망(게, 가자미, 방어) 주낚 (도미, 갯장어)


| 화물 집산 상황 |

㉠ 낚시구(釣具), 망구(網具) 등은 견본으로 부산에서 사입한다.
㉡ 어구 대여: 경험자에게는 적합한 어구를 대여(貸與)한다.
㉢ 일수품: 노비 등 연 4,800엔 정도 소요됨.


| 경영 방법 |

㉠ 현에서 이주자 1호에 60円. 1회에 한함.
  군(郡)에서 이주자 1호에 50円. 1회에 한함.
  마을에서 이주자 1호에 15~20円. 1회에 한함.
㉡ 건축물은 치구토미수산조합(築豊水産組合)에서 건축한 것이며 그 비용은 약 2,800円이 소요되었다.

1호 1월의 가임(家賃)은 1円, 그것을 10년간 계속 납부한 후에는 그에 소유권 이전을 약조했다.
ⓒ 전 항의 가임을 10년간 축적한 자에게는 다시 이주 가옥을 증축할 계획이다.
ⓔ 어구의 대여를 받은 자는 그 요금으로 어획고의 4부(4%)를 단체에 납부하며 단체에서는 이것으로 다시 어구를 보충한다
ⓜ 단체는 감독자 1인을 두고 총무를 처리하고 있다.

| 어업 이외의 산업 |  농업을 부업으로 하기 위해서 미개간지를 불하받은 밭 9정 8단 1무 19보(약 97,200.00㎡)가 있음. 장차 이것을 조합비로서 개간한 뒤 각 호에 대부하고 그 대부금을 조합의 교육, 위생에 충당할 계획을 세워두고 있다.

| 주목할 사항 |
㉠ 당해지 학교조합은 1910년 5월 최초로 '심상고등소학교'를 개설했다.
㉡ 부산합동기선회사와 부산기선회사에서 화객선이 매일 부산에서 당해 항과 장생포항을 왕복하고 있다.
㉢ 1910년 12월 우체국(우편소)을 개소하고 순사주재소(경찰지소), 조선해수산조합 출장소가 있으며 피난 방파제 600평(공사비 3,030円)을 축조 중에 있다.
㉣ 야마구치현의 오츠군(大津郡), 도요우라군(豊浦郡)의 어업이주지는 이미 결정했으며 이시카와현, 나가사키현, 카가와현에서도 이주 근거지 토지매수를 조선해수산조합 당해 출장소에 의뢰하고 있다.

| 입어자의 상황 |

㉠ 군과 마을의 보조금이 있으며 관리경영을 주도한데서 건설사업을 순조롭게 진행하고 있다.
㉡ 이주자: 16호 54인 그 전부가 가족 동반자이다.
㉢ 어민의 저축은 아직 없는 상태이다.

## 사가현 어업근거지

| 위치 |　전라북도 옥구부 경포리
| 토지면적 |　약 3,000평
| 가옥 및 가옥 건평 |　74평 7합

휴게소 1동 20평(1907년 7월, 550円), 창고 가건물(1908년 5월, 20円), 사무소 1동 7평 7합(1909년 6월 30일, 598円) 합계 1,168円으로 건설했다.
이주가옥(35평)은 사가현인 이와나가(岩永德次) 소유로 이주자로부터 월 3円 50전~4円의 가임(家賃)을 받고 있었으나 1909년 사가현 한해출어조합에서 640円으로 매수했다.

| 이주어선 및 호수 |

다개하세어선(竹羽瀨漁船) 1척, 주낚어선 1척, 사수망어선(四手網漁船) 5척, 안강망어선 3척＝합계 10척.

| 이주장려비 및 조선비 |　이주자 1호에 대해서 이사비 80円, 또한 신조어선 선폭 8척 이상 선 1척에 대해서 80円을 보조한다. 감독자는

하라다(原田有一)이다.

### 군산지역의 나가사키현 어업근거지

| 위치 |  충청남도 서천군 남부면 장암리 우장암

| 토지면적 |  인접의 미개척지를 토지이용법에 의해서 3정 4단 6무 16보 5합의 사용(불하) 허가를 받았다.

| 가옥 및 면적 |  대지면적은 300평 그 외 우물(井戸) 부지 4평으로서 가옥의 건평은 52평 5합, 10채 분으로서 1909년 6월 건축공사 낙성, 공비 1,484円 6전. 그 외 우물 굴착비 300円, 공동목욕장 건축비 30円, 이들 토지 매수비 120円, 그 외 토지를 고르게 한 비용(地均費) 10円이 들었다.

| 어선 및 종업자 |  조선해수산조합 군산지부 관내에 나가사키현 이주어업자 어선수 및 인구호수는 다음과 같다

㉠ 안강망어선 5척
㉡ 주낙 안강망 겸업선 2척
㉢ 주낙어선 1척
㉣ 호수 8호
㉤ 인구 남 16명, 여 9명, 합계 25명

| 이주장려비 |  이주자 1호에 대해서 이사비 50円, 신조어선 1척에

대해서 조선비의 3분의 2를 현비 보조하고 이주어민 감독은 입어자가 도래할 때까지 시에 임시로 파견하며 주재 감독자는 없다.

• 그림 1 | 일본입어자의 어업근거지 분포도

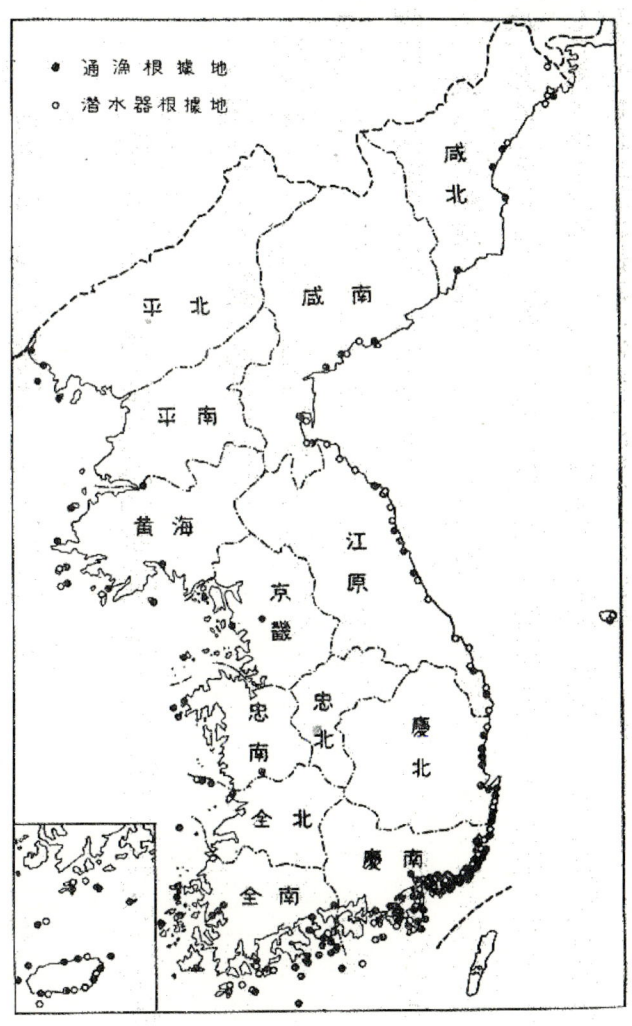

吉田敬市, 『朝鮮水産開發史』, p. 237

# VIII. 정책조합: 조선해통어조합 및 동 연합회와 조선해수산조합

**Ⅷ. 정책조합: 조선해통어조합 및 동 연합회와 조선해수산조합**

1. 정책조합의 탄생 과정(조선근해어업조합연합회의 탄생)
2. 조선해통어조합 및 동 연합회
   설립 과정 / 조합의 설립 / 연합회의 조직과 사업
3. 조선해수산조합
   설립 / 조직과 운영 / 이주어촌 사업 / 조합의 사업비

## 1. 정책조합의 탄생 과정
   (조선근해어업조합연합회의 탄생)

한일간의 통상장정 체결로 합법적인 입어가 가능해진 이후 일본 관서지방의 영세 어민들 사이에 한해입어의 높은 수익성이 알려지고 입어자가 증가하자 입어자 상호간 또는 현지인들과의 사이에서도 분쟁이 빈발하고 국제문제화되는 일까지 발생했다. 이에 입어자들과 그 감독기관에서도 입어자에 대한 관리감독을 총괄할 필요를 절감했다.

특히 청일전쟁을 전후한 시점에서 각 입어관계기관(부현)이 관련 활동을 전개하기 시작했다. 청일전쟁은 일본이 청국을 조선에서 몰아내기 위한 의도적인 도발전쟁이었다는 것은 주지의 사실인데 그에 부응하여 어업 침탈에 관한 일본의 마각도 드러나기 시작한 것이다. 1894년 오이타현수산과(大分縣水産課) 주선으로 동년 9월 20일에서 22일까지 3일간 오이타현 의회의사당(大分縣議會議事堂)에서 조선출어관계(朝鮮出漁關係) 각 현의 담당관 및 입어자 대표들이 회합하여 개최한 조선어업협의회의(朝鮮漁業協議會議)가 대표적이다.

그 참석자의 면모를 보면 수산조사위원장 자격으로 참석한 대일본수산회 간사장 무라다(村田), 그리고 대일본수산회 학예위원 시다(下磬助)를 비롯하여 오카야마(岡山), 야마구치(山口), 도쿠시마(德島), 카가와(香川), 에히메(愛媛), 후쿠오카(福岡), 사가(佐賀), 나가사키(長崎), 구마모토(熊本), 미야사키(宮崎) 등 각 현의 수산담당자들이었다. 회의의 주요 안건은 각 현별로 '조선해입어자조합'를 조직하고 전체적 행동통일을 위해 동연합회를 조직하는 것이었다. 또 지속적 활동을 위해 제2차 회의를 다음 해 2월 아카마세키(赤間關)에서 개최할 것을 의결했다.[1]

그 소식을 접한 카가와현에서는 현하 어민의 궁상(窮狀)을 보고 받고 유지자들의 발기로 동년 8~9월 '카가와현한해어업조합'을 조직했다. 오사카후(大阪府)에서는 동년 12월 24일 야마구치현에서 조선해 입어경험자를 초빙하여 한해 어업사정을 청취했다. 여기에 참석한 관계 촌장(村長), 어민총대, 어물객주(魚問屋) 20여 명은 그날로 기와다죠(岸和田町)에서 '조선해입어단체'를 조직했다.[2]

그리고 큐슈제현 제2회 조선어업협의회가 1895년 2월 20일부터 23일까지 4일간에 걸쳐 야마구치현 아카마세키시(山口縣赤間關市(=下關市))에서 개최되었다. 주관은 일본 농상무성이며 참석자는 조선 연해 입어자를 배출한 16개 부현의 수산담당 주무관리 24인과 멀리 북해도 및 부산거류자 대표까지 포함하여 업계 대표 등 90여 인이었다. 협의회의 주요 의결사항은 각 부현의 조선 연해 입어에 관한 정보 교환 및 연락사항 등을 위한 기관으로서 조선근해어업연합회(朝鮮近海漁業聯合會)의 창립을 의결하는 한편, 그 규칙심의(朝鮮近海漁業聯合會規則 참조)와 동시에 연해입어단체를 '원양어업체'로 규정하고 당해 연합회에 대해서 정부에서 한해 어업장려금조로 매년 2만 5천 円씩 지급할 것을 의결하여 정부에 요청하고 귀중양원(貴衆兩院: 우리 국회에 해당)에도 이를 청원하기로 한 것 등이었다.[3]

이어 동년 5월 13일 교토에서 조선근해어업연합회의 임시대회를 개

---

1 日本水産廳編集,『水産時報』1961年 1月号, p. 27 ;『大日本水産會報』第128号, pp. 62~70.
2 日本水産廳編集, 위의 책, pp. 27~28.
3 『大日本水産會報』第147号, pp. 879~885 ; 朝鮮近海漁業組合聯合會,『調査報告書勤業報告附錄』, 1895, pp. 1~3 ;『大日本水産會報』第153号, pp. 391~413.

촉하고 각 지방(부현)에서도 조선해출어조합을 설치할 것을 각 지방장관에 의뢰하기로 했다.[4]

각 부현에서는 입어단체 조직 청원을 계기로 하여 산하 한해 입어자의 단체조직을 유도했다. 그 결과 동년 3월 히로시마현에서는 산하 사이키군(佐伯郡) 연해 각 정·촌(町·村)의 조선해 어업관계자들은 '사이키군조선근해출어조합(佐伯郡朝鮮近海出漁組合)'을 조직하고 한해 어업 발달을 도모하기 위한 계몽시찰 등 원양어업 장려를 활발히 전개했다.

---

【朝鮮近海漁業聯合會規則】

第一條　本會ハ道府縣ノ漁業者及水産製造者ヲ以テ組織シ朝鮮近海漁業聯合會ト稱ス

第二條　本會ノ事務所ハ當分ノ內大日本水産會事務所內ニ設置シ各地方ニハ組合ヲ置キ其事務
　　　　ヲ分掌ス但便宜ノ地方ニ支部ヲ置クコトヲ得

第三條　本會ハ朝鮮近海ニ出漁スル者竝ニ水産製造者ノ風儀ヲ矯正シ其利益ヲ增進スルヲ目的
　　　　トシテ本邦産業ノ發進ヲ企圖スルモノトス

第四條　朝鮮近海ニ出漁セントスル者ハ本會及地方支部若クハ組合ニ加入スルモノトス

第五條　本會ノ事務ハ左ノ加シ
　　　一．漁場調査竝ニ出漁者指導ノ事
　　　二．共同運送法ヲ設クル事
　　　三．繁殖ノ方法ヲ設クル事
　　　四．共同購買法竝ニ共同販賣法ヲ設クル事
　　　五．申合貯金法ヲ設クル事
　　　六．共同製造所ヲ設クル事
　　　七．漁業監督及風儀僑正ノ事
　　　八．遭難救助船竝ニ救助法ヲ設クル事

---

4　日本水産廳編集, 앞의 책, 1961年 1月号, pp. 27~28.

　　　　　九．出漁證明ノ事
　　　　　十．朝鮮海漁業ノ統計調査報告其他通信ノ事
　　　　　十一．會費ノ收入
第六條　地方支部又ハ組合ノ事務左ノ加シ
　　　　　一．通信報告
　　　　　二．出漁者ノ證明
　　　　　三．會費收入
　　　　　四．違約者處分
第七條　本會ニハ會長支部及組合ニハ支部長組合長各一人ヲ置ク
第八條　會長ハ本會ヲ統制シ支部長又ハ組合長ハ會長ノ指揮ヲ受ケ支部又ハ組合ノ
　　　　事務ヲ處理ス
第九．支部長及組合長ハ各部ニ於テ選擧シ本會ニ届出ツヘシ會長ハ支部長又ハ
　　　　組合長ニ於テ互選ス但組長ハ當分ノ内大日本水産會幹事長ニ囑託ス
第十條　朝鮮近海ニ出漁セントスル者ハ本會又ハ地方支部若クハ組合事務所ニ届出
　　　　テ其證明及規定ノ旗章ヲ受クヘシ
第十一條　本會ノ旗章ハ左ノ雛形ヲ以テ本會ニ於テ調製シ地方支部又ハ組合ニ送
　　　　　付シ出漁者ニ交付ス

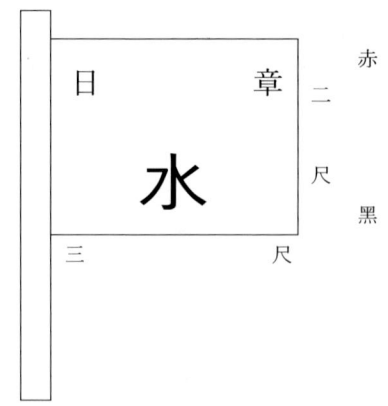

第十二條　會員ハ出漁中證明書及旗章ヲ携帶シ旗章ハ必ス船尾ニ之ヲ揭クヘシ若
　　　　　シ出漁中證明　書又ハ旗章ヲ携帶セサル者ヲ發見シタル時ハ在韓領
　　　　　事ニ告知シ歸朝ノ上ハ本會又ハ其支部若クハ組合ニ報告スヘシ
第十三條　會員ハ出漁中風儀ヲ正クシ上陸ノ時ハ必ス被皮シ決シテ袒裼スヘカラス

第十四條　會員ハ親睦ヲ主トシ相互ニ應援スルハ勿論韓人ニ接スルトキハ親切ヲ專ラトシ
　　　　　彼我言語ノ通セサルニ依リ粗暴ノ擧動ヲナスヘカラス
第十五條　會員出漁中他出漁者ノ天災時變ニ遭遇シタルヲ發見シタルトキハ直ニ救護シ在韓領
　　　　　事及本會又ハ其支部組合等ヘ通知スヘシ
第十六條　會員ニシテ遭難者ヲ救護シタル者ニハ相當ノ賞與金ヲ下付シ各地支部又ハ組合ヘ通知スヘシ
第十七條　會員ハ漁業ヲ終了シ歸朝シタルトキハ其成績ヲ本會ハ又地方支部若クハ組合事務所ヘ報告スヘシ支部又ハ組合ニ於テハ一漁期毎ニ取纒メ本會事務所ニ報告シ本會ニ於
　　　　　テハ之ヲ編輯シ會員ニ報告スルモノトス
第十八條　出漁者ニハ船一艘ニ付會費トシテ一ケ年金五拾錢ヲ本會又ハ地方支部若クハ組合事務所ニ出金スルモノトス(本條中船一艘ニ付ノ下「水産製造者ハ一人ニ付」ノ十字挿入スルコトニ修正セリ)
第十九條　各地支部又ハ組合ニ於テハ會費ノ半額ヲ以テ其費途ニ充テ他ハ本會ニ送納シテ其費
　　　　　ニ供スルモノトス
第二十條　本會及各地支部又ハ組合ノ役員ハ無報酬トス但實費ハ會費ヲ以ヲ支辨ス
第二十一條　各地ニ支部又ハ組合ヲ設置セントスルトキハ規則又ハ規約ヲ規定シ本會長ノ承諾
　　　　　ヲ受クヘシ
第二十二條　本會大集會ハ通常臨時ノ二種トシ通常會ハ毎年一回臨時ハ監時ニ之ヲ開クモノトス
第二十三條　通常大集會ハ會長之ヲ開キ監時大集會ハ會長ノ必要ト認メタルトキ若クハ委員三分ノ二以上ノ請求アリタルトキ之ヲ開クモノトス
第二十四條　大集會ニ出席スヘキ委員ノ數ハ道府縣各二名トシ其選出方法ハ其道府縣ニ於テ之ヲナスモノトス
第二十五條　大集會ニ出席スヘキ委員ニ關スル費用ハ其道府縣營業者ニ於テ之ヲ負擔スルモノトス
第二十六條　本規則ノ改正增補ハ大集會ノ決議ヲ以テ執行ス
第二十七條　本會ノ規則ニ違背シタル者ハ犯ス所ノ輕重ニ依リ金貳圓以上五拾圓以下ノ違約金ヲ科シ又ハ六ケ月以上二ケ年以內出漁ノ證明ヲ與ヘサルモノトス但徵收シタル違
　　　　　約金ハ其支部若クハ組合ノ費途ニ充ツヘシ

자료: 朝鮮近海漁業聯合會, 『調査報告, 勤業報告 附錄』 第1號.

## 2. 조선해통어조합 및 동 연합회

### 설립 과정

위에서 고찰한 바와 같이 각 부현에서 먼저 한해입어관계공동협의회 조직을 구체화 하자 일본정부에서는 그것을 더욱 확대하여 그 조직을 대륙공작의 일환책으로서 조선연해 입어뿐만 아니라 연해주 사할린 관동 등 동북아 대륙연안 전역에 입어하고 있는 일본 해외(원양)어업 전부에 대해서 보다 적극적이고 통일적인 장려 보호를 증진하기 위해서 종전의 수산조사위원회를 해산하고 일본 최초의 원양어업장려법(遠洋漁業獎勵法, 법률 제45호, 1897년 3월 31일)을 제정 공포하여 그에 대한 장려보조금 지원에 필요한 근거를 법제화했다.[5]

그리고 조선근해어업연합회는 동년 임시회의를 개최하고 조선해통어제국신민취체법안(朝鮮海通漁帝國臣民取締法案)을 일본정부에 제출하기 위한 설명회도 개최했다.

또한 주 부산 일본영사관 주재영사 이슈인(伊集院彥吉)은 재부일본인 유지들과 상의하여 오다니파홍관지(大谷派本願寺)의 부산별원(釜山別院) 주임 구다하라(管原碩域師), 조선시보사(朝鮮時報社)의 나리다(成田定) 등의 협력을 얻어 일본 입어민을 위한 조선어업협회(朝鮮漁業協會)를 1892년 2월 설립하고 주재영사의 감독하에 두었다.

협회의 운영자금은 입어자의 회비 부담도 있었으나 부산수산회사의 매월 지원금 40円으로 사무소를 남병정에 두고 외무성 보조금으로 순라

---

5 『大日本水産會報』 第178호(1897年 4月号), pp. 46~47 ; 松本巖 著, 『日本近代漁業年表』, 水産社, 1977, p. 13.

선을 신조하고 업무를 확대하여 목포 군산에 지회를 설치하고 해상을 순라하며 입어자의 보호 감독에 노력했다. 그 후 영사는 업무의 중대성과 업무량의 과중으로 도저히 재부산영사관의 능력만으로는 감당할 수 있는 일이 아님을 알고 그 전담부서의 설치를 주무부(외무성)에 품의했다.[6]

이를 검토한 일본 외무성에서는 1899년 6월 농상무성 수산국장 마키(牧朴眞)를 단장으로 한 조사단을 조선에 파견하여 그 실정을 직접 조사하고 조치하도록 하명했다. 조사단은 전술한 바와 같이 주로 수사관료들로 구성되었다. 그들 일행은 동년 6월 12일 마세키(馬關: 下關市)를 출발하여 부산에서 목포, 인천, 서울, 원산 방면을 시찰하고 그 뒤, 부산에서 나가사키로 귀국하여 동년 7월 21일 후쿠오카에 도착했다.

당지에서 수산국장은 전국 '조선해 입어관계 13부현 수산주임관(主任官) 및 어민대표자회의'를 소집(7월 23~25일)하여 친히 시찰의 전말을 설명하는 한편 조선 연해 입어관계의 선후책으로 대한(對韓) 입어업무의 조직적인 관리집행체제 확립의 필요성을 역설하고 입어자로 하여금 각 부현 '조선해통어조합'의 설립과 그의 전국통합체로서 동연합회조직 결성을 합의했다.[7]

위와 같은 일련의 체계적인 조치의 창안자는 상술한 부산주재 일본영사 이슈인(伊集院彦吉)이라고 하며 그는 그러한 공로로 1899년 11월 조선해통어조합연합회의 표상도 받고 후일 주 만주(대련) 일본영사로 전보하여 만주공략의 참모로도 활약했다.[8]

---

6 『朝鮮海水産組合月報』第21号, pp. 1~2.
7 吉田敬市 著, 『朝鮮水産開發史』, 朝水會, 1954, p. 167 ; 「朝鮮海通漁組合聯合會 業務報告」第二卷, 別紙.
8 朝鮮海通漁組合聯合會, 『通漁區域擴張主義附內申本甲』, 第10号(1900年 9月).

## 조합의 설립

상술한 마키 수산국장 주최의 후쿠오카회의의 결정을 근거로 하여 일본정부의 외무(外務), 농상무(農商務) 양 성에서는 1899년 10월 19일 전국 수산관계부현 지사에게 산하 조선해통어조합 조직에 관한 훈령을 시달했다(訓令 및 心得 참조).

【朝鮮海通漁組合設置訓令】

水 第七五八號
朝鮮沿海通漁組合設置心得別紙ノ通リ相定候條朝鮮近海ニ通漁關係ヲ有スル府縣ハ該心得ニ基キ組合ヲ設置セシメ規約認可ノ上屆出ベシ

明治三十二年十月十九日

農商務大臣　會根荒助
外務　大臣　子爵 靑木周藏

府縣知事宛

〈別紙〉

【朝鮮沿海通漁組合設置心得】

一. 日韓兩國通漁規則ニ依リ朝鮮沿海ニ通漁スル者ハ一府縣每ニ組合ヲ設置セシムル事
　通漁者少數(五十名以下)ニシテ組合ヲ設クル能ハサル府縣ニ於テハ便宜最寄ノ組合ニ加入セシムルヲ要ス
一. 組合ハ左ノ目的ニ依リ規約ヲ設ケ其府縣內通漁者ノ保護取締ヲ爲スヘキ事
　一. 漁業ノ發達ヲ圖リ共同ノ利益ヲ增進スルコト
　二. 通漁者相互ノ風儀ヲ矯正シ同業者ノ親厚ヲ圖ルコト
　三. 通漁者相互ノ遭難ヲ救濟スルユト
一. 組合ノ名稱ハ何府縣朝鮮海通漁組合ト稱セシムル事
一. 組合ニハ左ノ役員ヲ置キ府縣知事之レヲ監督シ組合ニ關スル諸般ノ事務ヲ處辨セシムル事

一. 組　長　－　壹　名
　　一. 評議員　－　若干名
　　　　組合員多數ナルトキハ便宜組合副長又ハ組合支部長ヲ置カシムルコトヲ得
　　　　組長及評議員ハ組合總會ニ於テ組合員中ヨリ選擧セシメ府縣知事之ヲ認可スヘシ
一. 組合役員ノ任期ハ二ケ年トシ府縣知事ニ於テ不適任ト認ムルトキハ何時ニテモ其改選ヲ命スルヲ得ル事
一. 組合規約ニ揭ケシムヘキ事項ハ左ノ如シ
　　一. 組合ノ位置
　　一. 組合員ノ証票
　　一. 組合員ノ風儀矯正及取締方法
　　一. 組合員ノ遭難救助方法
　　一. 役員ノ選擧方法
　　一. 組合員ノ入退取扱方法
　　一. 違約者ノ處分方法
　　一. 經費賦課徵收及支出ノ方法
一. 組合ノ經費ハ組合員ヲシテ負担セシムル事
一. 規約及經費豫算ハ府縣知事之ヲ認可スル事
一. 組合經費ヲ補充スル爲メ府縣ヨリ毎年相當ノ補助金ヲ付與スル事
一. 組合ハ組合相互ノ氣脈ヲ通シ其目的ヲ達スル爲メ各府縣組合聯合會ヲ設置スル事
一. 組合聯合會ハ左ノ目的ニ依リ規約ヲ設ケ府縣通漁者實際ノ保護取締ヲ爲ス事
　　一. 漁業ノ發達ヲ圖リ其弊害ヲ豫防スルコト
　　二. 通漁者ノ風儀ヲ矯正シ彼我ノ和親ヲ計ルコト
　　三. 通漁者ノ遭難ヲ救濟スルコト
　　四. 通漁者出漁上ノ出願其他手續ニ關スル諸般ノ代辯ヲナスコト
　　五. 通漁者ノ通信及貯金爲換取扱ノ代辯ヲナスコト
　　六. 通漁者間ノ紛議仲裁ヲ爲スコト
　　七. 通漁者ノ需用品供給及漁獲物販賣ノ便宜ヲ圖ルコト
　　八. 通漁者ノ漁船漁具保管ヲ爲スコト
　　九. 漁場ノ調査探險ヲ爲スコト
　　十. 水族ノ保護繁殖ヲ圖スコト
　　十一. 通業ニ關スル通信報告ヲ爲スコト
一. 組合聯合會ハ本部ヲ釜山ニ置キ當分ノ内支部ヲ馬山浦　木浦　群山浦　及元山ニ置カシムル事

將來支部增設置ノ必要アルトキハ駐在領事ヲ經テ外務農商務兩大臣ノ認可ヲ受ケシムヘシ
一．組合聯合會ニハ左ノ役員ヲ置キ駐在領事ノ監督ニ屬セシメ組合聯合會ニ關スル諸般ノ事務ヲ處辨セシムル事
　　一．會　長　－　壹名
　　一．理　事　－　若干名
　　一．書　記　－　若干名
　　會長及理事ハ駐在領事ヲシテ外務農商務兩大臣ノ認可ヲ經テ之ヲ選任セシメ書記ハ會長ヲシテ選任セシム
　　會長ハ組合聯合會ヲ代表シ各府縣ノ組合規約及組合聯合會規約ノ實施ヲ監督シ違約者アルトキハ規約ニ依リ之ノ力處分ヲ爲スヘシ
　　理事ハ會長ヲ補ケ會務ヲ處理シ又ハ支部ノ長トナリ其事務ヲ整理スヘシ
一．組合聯合會ノ規約ニ揭ケシムヘキ事項ハ左ノ如シ
　　一．聯合會本部及支部ノ位置
　　一．各府縣組合ノ氣脈ヲ聯通スル方法
　　一．通漁者ノ保護取締方法
　　一．通漁者ノ遭難救濟方法
　　一．通漁者ノ通漁上ニ關スル諸般ノ代辨及粉議仲裁ノ方法
　　一．通漁者ノ通信及貯金爲換取扱代辨ノ方法
　　一．通漁者ノ需用品供給及漁獲物販賣上ニ關シ便宜ヲ與フルノ方法
　　一．通漁者ノ漁船漁具保管ノ方法
　　一．漁場ノ調査探險及水族保護繁殖ノ方法
　　一．漁業ニ關スル通信報告ノ方法
　　一．聯合會議ニ關スル規程
　　一．違約者處分ノ方法
　　一．經費賦課徵收及支出ノ方法
一．組合聯合會ハ每年一回便宜ノ地ニ於テ會議ヲ開キ組合及組合聯合會ニ關スル諸般ノ事項ヲ協議スル事
　　組合聯合會議員ハ府縣組合組長ヲ以テ之ニ充シムルモノトス
一．組合聯合々議ノ場所期日及會議ノ事項ハ豫メ駐在領事ヲ經テ外務農商務兩大臣ニ屆出シムル事
一．組合聯合會ノ經費ハ府縣組合ヲシテ負擔セシムル事
　　經費ノ賦課徵收方法ハ漁船ノ種類又ハ漁夫ノ員數ヲ標準トシ一定ノ率ヲ設ケ組合聯合會議ノ決議ヲ以テ之ヲ定メシムヘシ
一．組合聯合會ノ規約及經費豫算ハ外務農商務兩大臣之ヲ認可スル事
一．組合及組合聯合會ハ每年少クトモ一回其經費ノ決算ヲ爲スヘシ組合聯合會ハ

```
各組合ニ組合
ハ其組合員ニ報告スル事
```

자료: 朝鮮海通漁組合聯合會, 『業務報告』第二卷, 別綴.

위와 같이 외무·농상무 양 대신은 훈령으로 산하의 관계 각 부현 지사에게 관할 하의 조선 연해 입어자로 하여금 1900년 10월 말까지 통어조합을 설치할 것을 지시했다. 위의 훈령에 의거하여 동년 1월 5일 '카가와현조선해통어조합(香川縣朝鮮海通漁組合)' 설립을 필두로 동년 10월까지 전국 15개 부현에서 각각 조선해통어조합이 설립되었다.

그리고 연합회 설립은 각 부현의 단위조합 설립이 완료하기도 전인 동년 3월(23일에서 25일까지) 히로시마에서 개최된 수산국장 주최의 창립회의에서 규약제정과 경비예산 및 국고보조신청 등을 일괄 의결함으로써 결정되었다. 당해 회의 참석자는 농상무성 수산국장 이외에 정부 및 각 부현 수산관계 관리 22명과 어민대표 19명(대부분이 출어조합장) 등 총 40명이었다. 연합회규약에 대한 인가는 오사카후 조선해통어조합장(大阪府朝鮮海通漁組合長) 다가이(高井泰三) 외 14인의 공동명의로 동년 3월 26일 정부(외무부·농상무)에 신청하고, 정부는 동년 5월 11일부로 인가서와 동시에 당해연도분의 정부보조금 20,000円도 교부했다.[9]

이러한 일련의 과정을 거쳐 일본정부 주도의 관제조직인 조선해통어조합연합회와 그 산하 각 부현의 통어조합이 일본정부 의도대로 일사분란하게 설립되었다. 따라서 위의 조합은 단순한 어업경제 차원의 목적에서 뿐만 아니라 일본 제국주의의 조선 침략차원에서 조선 연해 입어문제를 총괄 수행하는 정부직속 기관으로서의 연합회와 그 하부조직으

---

9 「朝鮮海通漁組合聯合會業務報告」第二輯, 別紙, p. 11.

로서 각 부현의 지방조합까지 단기간에 설립했다.

【規約認可書】

農商務省 指定 第二六二號

大阪府朝鮮海通漁組合長
高 井泰三外 14人

明治三十三年三月二十六日附申請　朝鮮海通漁組合聯合會 規約ノ件認可ス
明治三十三年五月十一日

外務大臣　　　　子爵 青木周藏
農商務大臣　　　　　會根荒助

水第二六二號

【朝鮮海通漁組合聯合會】

第一條　朝鮮海漁業保護取締補助費トシテ明治卅三年度ニ於テ金壹万圓其會ニ交付スヘシ
第二條　其ノ會業務ノ計劃施行書及經費收支豫算案ハ外務農商務兩大臣ノ認可ヲ受クヘシ
　　　　外務農商務兩大臣ニ於テ前項業務ノ計劃書又ハ經費收支豫算案ニ關シ必要アリト認ムル件ハ之カ變更若クハ訂正ヲ命スルコトアルヘシ此場合ニ於テハ之ヲ拒ムコトヲ得ス
第三條　前條ニ依リ認可ヲ受ケタル業務ノ計劃施行書又ハ經費收支豫算ハ外務農商務兩大臣ノ
　　　　認可ヲ受クルニアラサレハ之ヲ變更シ若クハ訂正スルコトヲ得ス
第四條　第一條ニ基キ交付スヘキ補助金ハ其年度內ニ於テ必要ノ都度農商務大臣ニ申出ツヘシ
第五條　農商務大臣ハ時時主任官ヲ派シテ其會諸帳簿及業務ヲ監査セシムルコトアルヘシ
　　　　此場合ニ於テハ之ヲ拒ムコトヲ得ス
第六條　其ノ會ハ本部ヲ釜山ニ設置スルノ外當分ノ內支部ヲ元山,馬山浦,木浦,及群山浦ニ設
　　　　置スヘシ但將來本部若クハ支部ノ位置ヲ變更シ又ハ支部增減ノ必要アルトキハ其場所

```
　　　　　及事由ヲ具シ外務農商務兩大臣ノ認可ヲ受クヘシ
第七條　其ノ會豫定ノ業務施行上ニ就テハ駐在帝國領事ノ監督ヲ受クヘシ
第八條　其ノ會業務實施ノ報告竝ニ經費收支ノ決算書ハ會計年度經過後二ケ月以內
　　　　ニ之ヲ外務
　　　　農商務兩大臣ニ呈出スヘシ
第九條　外務農商務兩大臣ニ於テ必要アリト認ムル件ハ本命令書ヲ變更スルコトア
　　　　ルヘシ
第十條　本命令書ニ記載シクル事項ノ外外務農商務兩大臣及駐在帝國領事ノ指揮令
　　　　達ハ堅ク遵守スヘシ
第十一條　本命令書ニ違背シ又ハ其他不都合ノ所爲アリテ業務實施ノ目的ヲ達ス
　　　　ルコト能ハス
　　　　ト認ムル件ハ農商務大臣ハ第一條ニ指定シタル補助金ノ下付ヲ停止
　　　　シ又ハ之力返納
　　　　ヲ命ズルコトアルヘシ
第十二條　第九條第十一條ノ場合ニ於テ生スル直接間接ノ損害ニ對シテハ之ヲ請
　　　　求スルコトヲ得ス
第十三條　本命令書ハ其ノ會役員ノ聯帶ヲ以テ遵守ノ責ニ任スヘシ
第十四條　本命令書ニ依リ外務農商務兩大臣ニ經伺　報告又ハ屆出ヲ要スヘキ事項
　　　　ハ總テ在釜山駐在帝國領事ヲ經由スヘシ

　　　右命令ス
　　　明治三十三年五月十一日

　　　　　　　　　　　　　　外務大臣　子爵　　靑　木　周　藏
　　　　　　　　　　　　　　農商務大臣　　　　曾　根　荒　助
```

資料: 朝鮮海通漁組合聯合會,『業務報告』第二輯, 別紙, pp. 2~14.


## 연합회의 조직과 사업

│조직│ 전술한 바와 같이 일본정부의 훈령에 의하여 지방의 조선해 통어조합과 그 연합회는 실질적으로는 1900년 5월 11일 설립되었다. 더욱이 동 연합회가 대다수 회원 조합이 설립되기에 앞서 설립되었다는 것은 정책 수행을 서둘러 시행할 필요에서 취해진 조치로서 절차 문제

보다 현실을 시급하게 여겼던 정황을 반영한다.

정관에 의하면 "동 연합회의 본부는 부산에 두고 당분간 지부를 마산포, 목포, 군산포 및 원산에 설치하고 장차 사유가 있을 때는 본부와 지부의 위치를 변경할 수 있다(규약장 제6호)"고 했다. 본부를 부산에 둔다고 했던 것은 이미 조선의 지배를 확정하고 있었다는 것을 의미한다.

그러나 그 연합회는 인가 직후 후쿠오카에서 첫 조직회의를 개최(5월 23일)하고 경비 예산안 등 많은 안건 의결과 더불어 본부 소재지를 부산에서 후쿠오카로 변경하고 부산에는 본부 출장소를 두기로 했다. 그리고 새로이 평의원(評議員)을 설치했다.

본부 소재지 개정사유에 대해서는 "부산에 본부를 설치할 경우에는 회장이 부산에 상주해야 하기 때문에 정치적 영향력이 있는 유력인사를 회장으로 초대하는데 어려움이 있으며, 경우에 따라서는 회무 전부를 이사에게 일임하지 않을 수 없으며 또한 출어자에 대한 사무뿐 아니라 일본 내 각 부현의 통어조합을 통괄하고 업무를 확정 지도하는데도 지장이 있기 때문에 본부를 일본 내에 두고 부산에는 본부 출장소를 두고 거기에는 한국의 사정에 정통한 이사(理事)를 선임 파견하여 주재 영사의 감독하에 한국에서의 회장 업무를 대리하도록 한다. 그리고 본부 회장은 명예, 덕망이 아주 높은 사람을 명예직으로 추대하고 그의 명성(名聲)으로 일본 내 각 통어조합의 행동통일을 기하도록 하는 것이 필요하기 때문이다"[10]라고 했다. 이 설명에서도 당해 연합회는 당시 일본 정계의 정책 결정에 영향을 미치는 밀접한 조직임을 알 수 있다.

따라서 회장은 정재계 거물인사를 초빙할 의도에서 통어조합 설치요

---

10 「朝鮮海通漁組合聯合會業務報告」, 本會組織, pp. 14~15.

강(心得)이나 일본정부의 허가 규정 등에도 회장 자격에 관한 별다른 규정이 없었다. 곧 연합회의 정관상에는 회장 및 임원(이사)은 외무·농상무 양 대신의 인가로 선임한다는 것과 회장의 대표권 및 업무 감독권만 명시하고 있다. 그리고 이사는 회장의 보좌로 회무를 처리하고 지부장은 그 관할 사무를 정리한다고 했다.

그런데 막상 업무를 수행하려고 하자 그 목적과 조직이 정부의사와 일치하기 어렵다는 것을 알게 되었다. 연합회(본부)의 업무는 주로 중앙정부의 정책수립에 필요한 정보 관계 업무인 반면, 현지 업무는 철저한 집행업무이기 때문에 중앙(도쿄)과 현지(부산)는 거리가 너무 멀고 중앙정부와의 소통에도 문제가 있었기 때문에 변경이 불가피했던 것이다.

그 외 연합회의 인사는 본부 소재의 회장, 이사를 명예직으로 하고 한국의 본부출장소(부산) 및 각 지부의 책임자는 유급직 이사로 보하고 현장(어장) 출어자의 보호 감독을 직접 담당하는 순라시찰원(순시선)을 두고 그 업무에 대해서는 부산주재 일본영사의 감독을 받도록 했다.

■ 업무 개시

연합회의 업무개시(사무)는 동년 6월 1일을 예정(개시)했으나 그때까지도 정부의 임원인가가 없었지만 주무부의 사전 지시에 의해 이사후보자들로 하여금 본부 및 부산출장소 사무를 예정대로 개시하도록 했다. 부산 출장소는 종래 부산 소재의 '조선어업협회'(회장: 矢橋寬一郎)의 업무 일체와 협회 소유의 서적, 비품 기타의 재산 전부까지 신속히 이관할 수 있어서 예정대로 개소가 가능했다. 그리고 조선어업협회는 그 업무의 인계와 동시에 해산했다.[11]

한국 내의 다른 지부 개시는 원산, 목포 지부는 동년 6월 14일 마산포는 6월 27일 개소하고 군산 지부는 지방의 어기종료 관계로 다음 어기에 맞추어 설치했다('조선통어조합연합회'의 최초 임직원 명단 참조).[12]

부산 본부 설치와 한국 내의 출장소 지부의 개소를 서둘렀던 것은 당시 눈에 가시로 여겼던 러시아를 한국에서 추방하고 해상권 장악에 목적이 있었던 것으로 추정된다. 그것은 러일전 수행과 그 사후처리에서 극명해졌다(X. 포경입어 참조).

〈조선해통어조합연합회 최초 임직원 명단〉

| | | | | |
|---|---|---|---|---|
| 본부 (후구오가시) | 회장 | 명예직 | 미취임 | 6월 22일 인가 |
| | 이사 | 〃 | 榊原興作 | 7월 12일 임명 |
| | 서기 | 봉급(15円) | 吉弘敎道 | 6월 10일 임명 |
| | 〃 | 〃 | 大野潮 | 6월 30일 사임 |
| 본부출장소 (부산) | 이사 | 봉급(60円) | 成田定 | 6월 22일 인가 |
| | 서기 | 〃 (35円) | 東毅雄 | 6월 1일 임명 |
| | 〃 | 〃 | 庄司恒作 | 〃 |
| | 〃 | 〃 | 山口諫雄 | 〃 |
| | 순라시찰원 | 〃 (25円) | 佐護顯二 | 10월 2일 임명 |
| | 〃 | | 葛生修亮 | 6월 1일 임명 7월 12일 사임 |
| 원산지부 | 이사 | 봉급(50円) | 林駒生 | 6월 22일 인가 |
| | 서기 | 〃 (17円) | 小岩非治世 | 6월 1일 임명 |
| | 〃 | 〃 (11円) | 渡邊太郎 | 10월 31일 임명 |
| 목포지부 | 이사 | 봉급(40円) | 葉室諶純 | 6월 22일 인가 |
| | 서기 | 〃 (15円) | 小早川與一郎 | 10월 1일 임명 |
| | 〃 | 〃 (17円) | 石村太 | 6월 1일 임명 동일 사임 |
| | 순라시찰원 | 〃 (25円) | 赤松勇 | 10월 1일 임명 |

11 「朝鮮海通漁組合聯合會業務報告」, 本會組織, p. 27.
12 위와 같음, p. 23.

| | | | | | |
|---|---|---|---|---|---|
| 마산포지부 | 이사 | 봉급(30円) | 宮原兼行 | 7월 16일 인가 |
| | 서기 | 〃 (20円) | 宮田良吉 | 10월 2일 임명 |
| 평의원(5명) | 효고(唐端淸太郞), 카가와(近藤刊濟), 야마구지(岡十郞), 구마모토(大谷高寬), 나가사키(城野威臣)현의 각 조선해 통어조합장 | | | | |

자료: 朝鮮海通漁組合聯合會, 『業務報告』 第一輯, pp. 23~24.

■ 사업

연합회의 주요업무는 정관상에 명시되어 있는 바와 같으나 그것을 유형별로 요약해 보면 대략 다음과 같다.

㉠ 어업의 발달을 도모하고 그 폐해의 예방
㉡ 입어자의 풍의(風儀)교정과 한일인(韓日人) 간의 화친 도모
㉢ 입어자의 조난구제
㉣ 입어자의 어업출원 기타 수속의 대행
㉤ 입어자의 통신 및 저금 외환 취급
㉥ 입어자 간의 분규 중재
㉦ 입어자의 수요품 공급 및 어획물 판매 편의 도모
㉧ 입어자의 재산권 보장(어선 어구 보관)
㉨ 어장 조사 탐험
㉩ 수족(水族)의 보호 번식 도모
㉪ 입어에 관한 통신 보고
㉫ 그 외 수산행정, 조사시험 및 보안 등이었다.

위에서 보는 바와 같이 연합회의 업무는 아주 광범위하며 입어(출어)의 관리감독과 입어자의 보호 업무, 입어 장려 조장에 역점을 두고 있었다. 그러한 업무 일체는 일본정부의 연합회 허가지시서와 보조금 지급명령서 및 동 요청서 등에서도 명시하고 있다. 따라서 이러한 모든

업무는 일본의 한국 침략공작의 기능 발휘에 필요한 보조업무들이며 그러한 업무를 수행하는 당해 조합은 정책지원기관이었던 것이다(朝鮮海漁業保護取締補助費命令書 참조).

水産第二八号

朝鮮海漁業保護取締補助費トシテ明治三十五年 ヨリ向フ五ケ年間毎年貳萬円ツツ其會ニ交附候條別紙命令書通リ心得ヘシ

明治 三十五年 五月 三日

農商務 大臣　　　平田東助
外務 大臣　　　小村壽太郎

本甲第一号
朝鮮海通漁組合ニ對スル補助費下附之義ニ付申請
水産業之將來益有望ナルニ係ハラズ未ダ不進步狀態ニ在ルヲ以テ是カ擴張ヲ圖ルヘキハ刻下ノ急務ニ屬スルモノト被存候就中朝鮮海通漁ノ如キハ內地漁業ノ比ニアラズシテ特ニ國家ノ富ヲ增進スヘキ事業タルノミナラズ各地方漁場ノ狹隘ヲ告クル今日ノ場合ニ在テハ須ク是ヲ裝勵保護シテ其發達隆盛ヲ企圖スヘキ義ハ最モ必要ト被認候依之既ニ各府縣通漁組合起リ亞テ本聯合會ヲ設置シ府縣組合ハ府縣費ニ本會ヲ亦國庫ノ補助ヲ仰キ斯業ノ發達ヲ期シテ專ヲ其經營中ニ有之候然ル處前途愈多事從テ要ズル費用モ多額ニ昇ルヘクシテ遂ニ通漁者ハ是カ負擔ニ因ミ折角ノ設施モ反或ハ出漁ヲ躊躇セシムルカ如キ事實ヲ生セサランカヲ憂フル所ニ有之候故ヲ以テ止ムナク本會ニ於テハ情ヲ具シ補助費ノ增額ヲ政府ニ申請致候次第ナルモ從令本會カ國庫ノ補助ヲ受ケタリトモ各組合ノ運轉ヲ全カラシムル能ハサル義ニシテ府縣組合モ亦充分府縣費ノ補助ヲ仰カザレハ豫期ノ目的ヲ達スルヨト到底望ムヘカラザル折柄ニ候條何レ貴管下該當組合ヨリ相當補助申請可致候ニ付前陳ノ事實御洞察ノ上特別ノ御詮議ヲ以テ充分ノ御補助相成度此段申請仕候也.

明治三十三年七月二十四日　　　朝鮮海通漁組合聯合會々長代理
聯合各府縣知事宛　　　　　　　各譽職理事　榊原與作

|주요 업무| 상술한 일상 업무 수행에 있어서 경중을 구별할 이

유는 없으나 그중에서도 일상적인 업무로 중점을 두었던 것은 입어자의 입어 수속 업무와 보호 업무였다.

■ 입어 수속

연합회에서는 특히 입어자의 수속 대행 업무에 대해서 아주 큰 의의를 두고 있었다. 세월이 흐름에 따라 한해 입어는 당초보다 많이 변화해 왔으나 그 근본적인 행위는 통어장정(通漁章程)에 입각한 입어 수속 업무에서부터 시작했다. 그 입어행위는 진술한 바와 같이 한국에 도항(渡航)하여 먼저 어업면허원(漁業免許願)을 개항장(開港場)에 있는 일본영사관을 경유하여 한국 해관(海關)에 제출하고 어업면허(허가장)를 교부받아야 했다. 그러나 입어자의 대부분은 문맹자였기 때문에 그들 입어자에게는 어업면허출원을 대행하는 편리한 기관이 필요하고 또한 그것이 어장에 가장 가까운 곳이라야 했다.

면허장 교부 신청서는 정부 두 통(正副二通)에 통어장정 제2조의 규정에 의거한 1년분의 세금(稅金)과 일본 본적지 발행의 어선 감찰(鑑札), 영사관 수수료 등을 첨부하여 당해지 일본 영사관에 제출하면 되고 뒤에 한국 해관장(海關長)으로부터 면허장이 발부되었다. 면허장의 유효기간은 1년간이므로 매년 계속 출어하는 자에 대해서는 매년 반복 갱신해야 하는 것을 1차 제출했던 동일수속으로 가능하도록 했다. 그리고 부산항 정박어선은 통상장정 제30조에 의한 '부산항어선정박취체규칙'의 적용을 받아야 하며 또한 수도비 20전(錢)을 일본인 거류지 총대사무소(居留地總代事務所)에 매월 납입해야 했다.

위와 같은 수속과 정박 취재규칙 등의 처리가 일반 입어자에게는 아주 곤란한 과제였다. 그것은 입어자 대부분에게 그러한 대행과 각종 정보 등 편리를 제공하는 사람이 필요했다. 그 대행을 종전에는 부산수산회사에서 또는 조선어업협회에서 수행하던 것을 당해 연합회의 설립으로 당해 연합회와 한국 각 지부 및 출장소 등에서 대행하게 되었다. 그러나 이 합법적인 입어의 절차가 결국 일본의 침략 통로가 되었다는 것은 부정할 수 없게 되었다.

■ 입어권 보호

일본인 도래자의 입어 수속에서 면허장 수령까지는 보통 수일을 요했으므로 입어자에게는 그 수속과 체제비 지출에도 애로가 있었을 뿐 아니라 부산항에는 입어 관계 물자와 기타 일 상생활용품 및 음주 접대 관계의 많은 일본 상인들까지 운집하여 복잡하기 그지없었다. 그래서 입어자들은 그 수속대기 기간 중 잘못하면 귀중한 어기(漁期)를 일실하거나 경제적 문제 등 적지 않은 사회문제까지 야기할 수도 있었기 때문에[13] 입어자의 입어수속대행과 더불어 품위 등 사회 전반에 대한 선도와 보호도 절실히 필요했다. 조합의 조직 목적에 입어권 보호를 명시하고 있었던 것은 그러한 문제의 예방까지 포함하고 있었다. 그중에서도 보다 더 중요했던 것은 입어권의 보호에 있었다.

어업권에 대해서는 구체적인 정관상의 명시가 없었으나 연합회에서는 입어자 상호간 및 현지인(조선인)과의 어장분쟁 조정, 어장질서 및 재해 구휼 등 많은 문제에 대해서 계도(啓導)와 조정을 주요 임무로 했다.

그 외 특히 주목되는 사례로서는 함경, 강원, 경상, 전라 4도 전 연해역, 곧 한반도 연해의 3분의 2에 걸쳐 입어하고 있었는데도 그 해역이

---

13 中澤明清・竹中邦香共 著, 『朝鮮通漁事情』 明治26年(1893年 10月).

조업구역으로 부족하다고 금어구로 남아있는 서해 4도 충청, 경기, 황해, 평안도 연해까지 개방할 것을 1900년 1부 14현 입어자들 단체 명의로 외무·농상무대신에게 청원하고(1900년 9월 10일 청원 本甲第10号), 한국정부에 대해서는 한해(韓海) 입어자를 이민보호법(移民保護法)에 의해서 대우 해줄 것을 건의(本甲第11号)한 것이 있다. 이러한 건의는 순수 민간 출가입어자의 자발적인 요구라고 보기 어려운 측면이 있다. 또한 당해 조합의 동년 10월 17일 부산에서 개최한 동 연합회 의결사례에서는 '어기 중 군함(軍艦) 순항의 건', '통어조약 개정의 건', 그 외 '한해 입어자(출어자)에 대한 국고 보조와 전복, 해삼 및 석화채(石花菜) 번식법에 관한 건 등이 있었는데 그중에서 특히 주목되는 것은 다음의 입어어장에 군함의 순항을 요구하고 있다는 점이다.[14] 곧,

① 군산 근해 개야도(開也島) 부근
② 목포 근해 옥도(玉島) 부근
③ 추자도 부근
④ 제주도, 거문도 및 흑산도 부근
⑤ 거제도 부근
⑥ 울산 부근
⑦ 강원도 일대 및 이북 원산에 이르는 연해
⑧ 원산 이북 두만강에 이르는 연해
⑨ 부산에서 이북 두만강에 이르는 연해였다.

연합회는 이와 같은 군함의 순항 요청을 동년 10월 30일에도 외무·

---

14 「朝鮮海通漁組合聯合會業務報告」第一輯, p. 35~39.

해군·농상무 대신에 다시 건의했다(本甲第15号 참조).

위와 같은 임원회의 심의내용과 관계부처의 건의 등을 비롯하여 현지(한해) 어장에 무력시위나 위협적 행위를 의결했다는 것은 단순한 어업권 보호 차원의 요구로 보기 어렵다. 그리고 그러한 무력이용을 상투수단으로 의결할 수 있었다는 것은 조합의 순수업무나 조합원의 보호업무라기보다는 현지인에 대한 위협과 공포를 조성하고 무력침략을 예고하는 목적이 있었던 것이며 일본제국주의 침략의 상투적 수행 행위였음을 여실히 입증하는 일면이었다.

위와 같은 기능을 행사했던 조선해통어조합연합회는 설립한지 3년만인 1902년 외국영해수산조합법(外國領海水産組合法) 제정에 따라 동년 '조선해수산조합'으로 개편되고 산하 각 부현의 '통어조합'은 원칙적으로 해산되었다. 그러나 각 부현에서는 사정에 따라서 그대로 존속한 곳도 있었으나 많은 지방에서는 동년 1월 농상무성령 제9호로 제정한 수산조합규칙(水産組合規則)에 의거하여 부현 또는 그 산하의 업종별 수산조합 등으로 분할 개편하고 한해 입어관계 사업을 계속할 수 있도록 한 지방도 있었다.

## 3. 조선해수산조합

### 설립

| 배경 | 일본정부 주도로 한해(韓海) 입어자를 대상으로 최초로 조직한 조선해통어조합 및 동 연합회는 1900년 러일전쟁을 계획할 준비기

에 설립되었다가 그 전쟁을 마감하기 직전에 해산시켰다. 이어서 새로운 조직으로 조선해수산조합(朝鮮海水産組合)이 설립되었다. 이 두 단체의 설립과 존폐는 일본의 대 러시아 전쟁과의 연관성은 물론 대 조선 수산정책 전환과 밀접한 관련이 있다. 그것은 1905년 12월 21일 설치한 통감부 기사였던 이모하라(庵原文人)의 조선해수산조합의 설립 동기 설명에서도 극명하게 나타나 있다.

그에 의하면 "조선해수산조합은 시세(時勢)의 필요에 따라 설립되었다고 하겠으나 그동안 입어자 스스로에 의해서 설립한 많은 임의 조직이 있었다. 그러나 그동안 입어자들 중에는 일본의 관변에서 보아도 너무 방장조폭(放張組暴)한 자들이 많고, 움직이기만 하면 한국 사람들과 충돌하고 감정을 악화시켜 분란을 일으키고 혹은 입어자 상호간에도 이해(利害)를 분간하지 못했다. 그들 때문에 국제관계에도 영향을 미치거나 또는 공공의 이해를 해칠 뿐 아니라 필경 일본수산의 권리나 대륙공작을 손상할 우려가 있었기 때문에 농상무성이나 외무성 및 그의 부속 영사관 등에서 그것을 크게 염려하여 입어자를 설득하고 혹은 지도하여 마침내 그들을 취체 보호할 필요에서 조선어업협회(부산)와 같은 것도 설립했으나 입어자가 점차 증가하고 취체보호의 범위도 점점 확장함에 따라 자연 거기에 불미스러운 일마저 발생하고, 또한 그 대리기관에 있어서도 상폐(常弊)가 많고 비용상에서도 충분한 시설이 부수되지 않은 관계로 당사자나 농상무성에서도 국책수행상 문제가 될 수 있을 것을 우려하여 그것을 개선하고 법률 하에 두고자 1900년 조선해통어조합과 동 연합회를 설립하게 되었다. 그러나 그 조직은 부현의 구역 조합을 다시 연합회로 하였기 때문에 여러 기관을 우회하는 업무수행으로 시간과 비용이 너무 많이 드는 등 기타 여러 문제들도 발생하였다. 그래서 문제점을 묶어 그 영업구역을 '조선해'로 통일하고 그것을 근거로 하는 조합을 설립하라는 명령에 의하여 '조선해수산조합'을 설립하게 되었다"고 했다.[15]

위에서 기술한 이모하라의 설립 동기 설명을 분석해보면
① 입어자들 중에 방장조폭자들이 너무 많고
② 한국 사람들과 충돌하여 감정악화와 분란을 일으키고
③ 입어자 상호 간에도 이해를 분간하지 못하는 자가 있었으며
④ 위와 같은 것이 국제관계에도 영향을 미치거나 공공의 이해를 해하며
⑤ 필경 일본 수산의 권리나 대륙공작을 손상할 우려가 있었으며
⑥ 그동안 최고 감독기관(농상무성과 외무성 및 부속영사관) 등에서 조선어업협회, 조선해통어조합 및 동 연합회 등을 설립해보았으나
⑦ 업무수행상 문제가 있어서 다시 조선해 전역을 영업구역으로 하는 조선해수산조합을 설립하게 되었다고 했다.

위에서 특히 주목되는 점은 ①~⑤까지의 사항은 일본 입어자의 권리와 대륙공작(大陸工作)에 손상을 줄 우려가 있기 때문에 그것을 시정하기 위해서 일본정부(농상무성, 외무성, 부속영사관)에서 ⑥, ⑦의 조선어업협회(朝鮮漁業協會)와 각 부현의 조선해통어조합(朝鮮海通漁組合) 및 동 연합회(聯合會) 등을 설립했지만, 결국 위의 제문제를 원활하게 해결하지 못하여 다시 조선해수산조합(朝鮮海水産組合)을 설치하게 되었다는 것으로 이해된다.

---

15 『大日本水會報』 第297号, pp. 1~12.

다시 말하면 국제정황의 변화에 따라 종전의 정책수행(수산침공책)이 비효율적이었기 때문에 앞으로 더욱 능률적인 성취를 위해서는 중앙정부의 업무명령과 지시를 신속하고 능률적 경제적으로 수행하기 위해서 종전의 다단계 조직(조선해통어조합 및 동 연합회)을 단일 수행 조직으로 개편이 불가피했다는 것이다.

이와 같이 단일수행조직을 필요로 했다는 것은 한국 병합공작을 더욱 효율적, 적극적으로 수행하기 위해서였다는 것이다. 곧 그동안 육성해온 한해 입어자를 보다 합리적, 통합적으로 관리하기 위해서, 그 설립근기(根基)를 전술한 외국영해수산조합법(外國領海水産組合法: 1902년 3월, 법률 제35호)에 의거하여 설립한다는 것은 형식상의 표현에 불과했다.

| 설립 과정 |  전술한 조선해통어조합연합회는 그 설립자인 마키(牧朴眞) 수산국장에 의해서 동년 8월 부산에서 개최한 임시총회에서 수산조합으로 개편할 것에 합의하고 통어조합 및 동연합회를 해산했다. 아울러 그 재산 전부를 신설 조선해수산조합에 이양할 것도 결의했다. 따라서 조선해통어조합 및 동 연합회는 동년 12월 23일 외무·농상무 양 대신의 인가로 해산되었다. 그 전인 동년 9월 1일 외무·농상무 양 대신의 명령에 의하여 조선해수산조합의 설립결정과 동시에 그 설립위원으로 4인(入佐淸靜, 岡十郎, 今角長賀, 村上紋四郎)이 위촉되고 그들에 의해서 조선해수산조합정관이 작성되고 그들의 청원으로 동년 11월 25일 정부의 정관승인이 이루어졌다.

신설 조합의 대의원의 선출은 1903년 1월 26일까지 마키수산국장의 요청으로 한해 입어 관계 부현지사(14) 및 부산, 원산, 인천(3) 각 영사

의 추천에 의해서 17인을 선출하고 동년 2월 13일 시모노세키에서 농상무성의 마스사키 서기관(松崎書記官), 미우라(三浦) 속리(屬吏), 이마이(今井忍郎) 외무성 부산영사보 등의 임석하에 조합 창립총회를 개최했다. 거기에서 조합의 역원(役員)으로 조장(組長)에 전 통어조합연합회장 이리좌(入佐淸靜)를 선출하고 부조장 1인, 평의원 2인은 공석으로 두고 동년 3월 12일 조합인가를 받았다(정관 참조).

위에서 알 수 있는 바와 같이 당해조합(1902년 3월 12일)은 통어조합연합회(1900년 5월 11일)를 설립한 지 이년 만에 그것도 동일한 수산 최고실무관료인 마키(牧朴眞)에 의해서 재탄생한 정책조합이었다.

신설 조선해수산조합은 총회의 결의에 의해서 조합사무소는 건립 후보지로 부산항 용미산 동쪽의 토지를 부산영사로부터 하부받아 동년 6월 건설에 착공하여 12월 낙성하고 부산에서 개소했다.

조합은 제2회 통상총회를 1904년 1월 16일~19일까지 시모노세키에서 개최하고 당해년도의 예산과 기타 조합의 기초 확립 및 업무확장건 등을 의결하고 그동안 공석이었던 부조장, 평의원을 각각 다음과 같이 선출했다.[16]

| | |
|---|---|
| 조장 | 入佐淸靜 |
| 부조장 | 中島行一(신임) |
| 평의원 | 野口彌三(신임) |
| | 生尾久治(신임) |

---

16　大日本水産會報, 앞의 책 ;『朝鮮海水産組合月報』第21号, 1910年 10月 25日, pp. 1~10 참조.

## 【朝鮮海水産組合定款】

四十年三月三十日 改正(○표 조항)

特 令 第 六 二 號

第一章 總則

第一條 本組合ハ韓國沿海ヲ以テ營業區域トスル漁業者ヲ以テ組織ス

第二條 本組合ノ業務左ノ如シ

　　一、組合員ノ保護取締及遭難救濟ヲナスコト

　　二、組合員ノ通漁出願其他手續ニ關スル諸般ノ代辨ヲナスコト

　　三、組合員ノ漁業ニ關スル通信報告ヲナスコト

　　四、組合員ノ通信及貯金爲替取扱ノ代辨ヲナスコト

　　五、組合員ノ紛議仲裁及調停ニ關スルコト

　　六、組合員ノ風儀ヲ矯正シ彼我ノ和親ヲ圖ルコト

　　七、漁獲物販賣ニ關シ便盆ヲ圖ルコト

　　八、漁船漁具ノ改良及保管ヲナスコト

　　九、漁場ノ調査探險及水族ノ蕃殖保護ヲ圖ルコト

　　十、通漁ニ關シ效績アル者ヲ表彰シ又ハ組合員ノ通漁中特別ノ善行アル者ニ賞ヲナスコト

　　十一、其他組合員共同ノ利益ヲ增進スルニ必要ナル施設ヲナスコト

第三條 本組合ハ朝鮮海水産組合ト稱ス

第四條 本組合ハ本部ヲ韓國釜山ニ置キ支部又ハ出張所ヲ必要ノ地ニ設置ス

第五條 本組合ニ於テ使用スル印章左ノ如シ

| 組合印章 | 組長印章 | 副組長印章 |
|---|---|---|
| 朝鮮海水産組合之印 | 朝鮮海水産組合組長之印 | 朝鮮海水産組合副組長之印 |

第二章 組合員ノ入退及證票

第六條 組合員タルヘキ者ハ其漁業ノ種類漁場及住所ヲ組長ニ届出テ證票ヲ受クヘシ

第七條 證票ノ有效期限ハ滿一ケ年トス正當ノ事由ナクシテ期限經過後一ケ月以内ニ證

　　　　　票ヲ受ケサルモノハ組合員ノ

　資格ヲ失フ
第八條　組合員漁業ノ廢止其他ノ事由ニヨリ脱退シタルトキハ其旨組長ニ届出ツヘシ
第九條　組合員漁業ノ種類漁場又ハ氏名住所ヲ變更シタルトキハ遲滯ナク其旨ヲ組合ニ
　　　　届出ツヘシ


　第三章 組合員ノ權利義務
第十條　組合員ハ本組合ノ代議員トナルノ資格ヲ有ス
第十一條　組合員ハ定款及之ニ基ク組合ノ規約又ハ處分ニ服從シ並ニ組合經費ヲ負擔ス
　　　　ルノ義務ヲ負フ


　第四章 役員及職員
第十二條　本組合ニ左ノ役員ヲ置ク
　　　　　一組長　　一　名
　　　　　一副組長　　一　名
　　　　　一評議員　　二　名

　組長及副組長ハ代議員會ニ於テ組合員中ヨリ之ヲ選擧ス評議員ハ代議員會ニ於テ韓國釜山在留ノ組合員中ヨリ之ヲ

　選擧ス
第十三條　組長及副組長ノ任期ハ三ケ年トシ評議員ノ任期ハ二ケ年トス但再選ヲ妨ケス
　　　　補欠選擧ニヨリ就任シタル評
　　　　議員ハ前任者ノ任期ヲ繼承ス組長又ハ副組長ノ任期滿了ニ因リ退　任シタル
　　　　トキハ後任者ノ就任ニ至ルマテ
　尚其ノ職務ヲ行フ
第十四條　組長ハ本組合ヲ代表シ業務ヲ統轄ス
第十五條　副組長ハ組長ヲ補佐シ組長事故アルトキハ之ヲ代理ス其順位ハ組長之ヲ定ム

第十六條　評議員ハ組長ノ諮問ニ應シ及業務施行ノ狀況ヲ監査スルモノトス

第十七條　本組合ニ左ノ職員ヲ置ク

　　　　一支部長　　若干名

　　　　一技師　　　若干名

　　　　一理事　　　若干名

　　　　一技手　　　若干名

　　　　一書記　　　若干名

　　　　一醫師　　　若干名

　　前項ノ職員ハ組長之ヲ任免ス

第十八條　支部長ハ組長ノ命ヲ受ケ又ハ委任ニ依リ支部ニ屬スル業務ヲ掌ル

　　　　技師、理事、技手、書記、及醫師ハ上司ノ指揮ヲ承ケ各自其職務ニ從事ス

第十九條　役員及職員ハ有給トス但名譽職トナスコトヲ得

第二十條　組長ハ必要ト認ムル府縣ニ通漁奬勵委員若干名ヲ置クコトヲ得

　　　　前項ノ通漁奬勵委員ハ之ヲ名譽職トシ事務ノ繁閑ニヨリ相當ノ報酬ヲ給スルコトアルヘシ


　　第五章 代議員會

第廿一條　代議員會ハ代議員ヲ以テ之ヲ組織ス

第廿二條　代議員ノ數ハ本組合事務所ノ設置アル各理事廳管轄區域內各一名トシ其區域內ニ通漁

　　　　又ハ現住スル組合員ノ中ニ付キ當該理事官ノ指名シタル者ヲ以テ代議員トス

　　　　通漁者ニアリテハ組合員タル證票ヲ受ケタル組合事務所ヲ管轄スル理事廳ノ區域內ニ通漁スル

　　モノト見做ス

第廿三條　代議員ノ任期ハ二箇年トス

　　　　補欠ニ係ル代議員ノ任期ハ前任者ノ殘任期間トス

第廿四條　代議員ノ議長ハ組長ヲ以テ之ニ充ツ組長事故アルトキハ副組長之ニ代ル組長副組長共

　　　　ニ事故アルトキハ代議員中臨時互選ヲ以テ之ヲ定ム

第卄五條　代議員會ハ通常臨時ノ二種トシ通常會ハ每年十月ヨリ翌年一月迄ノ間ニ於テ臨時會ハ
　　　　　組長ニ於テ必要ト認メタルトキ之ヲ開ク代議員會ノ會期ハ通常會ニアリテハ五日以內臨時會ニ
アリテハ三日以內トス
第卄六條　代議員會ヲ開カントスルトキハ組長ニ於テ通常會ハ十五日前臨時會ハ七日前ニ會議ノ
　　　　　場所期日及會議ノ事項ヲ各代議員ニ通知スヘシ
第卄七條　臨時會ヲ開カントスルトキハ豫メ統監ノ認可ヲ受クヘシ
第卄八條　代議員會ハ代議員過半數出席スルニ非サレハ之ヲ開クコトヲ得ス
　　　　　但シ同一事項ニ就キ再度招集シタルトキハ此限ニアラス
第卄九條　代議員會ノ議案ハ組長之ヲ提出ス
第三十條　代議員ハ組合ノ業務ニ關シ建議案ヲ提出スルコトヲ得
　　　　　第三十一條　代議員會ニ於テ議決スヘキ事項ハ左ノ如シ
　　　　　一、本部又ハ支部ノ位置變更若クハ支部ノ增減ニ關スルコト
　　　　　二、組合ノ經費及豫算賦課徵收ニ關スルコト
　　　　　三、組合經費決算認定ノコト
　　　　　四、役員ノ給料及報酬ニ關スルコト
　　　　　五、組合業務中組長ニ於テ重要ト認ムル事項
　　　　　六、其他本定款ニ於テ議決ヲ要スル事項
第三十二條　代議員會ノ議決ハ出席議員過半數ニヨル可否同數ナルトキハ議長之ヲ決ス
第三十三條　代議員ノ決議錄ハ議長及出席代議員二名以上記名捺印スヘシ
第三十四條　議事細則ハ代議員會ニ於テ別ニ之ヲ定ム

　　第六章　會計
第三十五條　本組合ノ會計年度ハ每年四月一日ニ始マリ翌年三月三十一日ニ終ル
第三十六條　經費ノ決算ハ評議員ニ於テ審查確定シ代議員會ニ報告シ認定ヲ受クヘシ


　　第七章　組合員ノ保護取締及遭難救濟

第三十七條　本組合ハ常備ノ巡邏船ヲシテ漁業ヲ視察シ組合員實地ノ保護取締ヲナスヘシ

第三十八條　本組合ノ組合員ニシテ通漁中疾病又ハ不慮ノ災害ニ罹リタル者アルヲ發見シ若クハ
　　　　　其通報ニ接シタルトキハ直ニ相當ノ救護ヲナスヘシ

第三十九條　組合員通漁中組合員ニアラサル者ノ妨害ヲ受ケ又ハ組合員ニアラサル者ト紛爭ヲ生
　　　　　シタルトキハ其事實ヲ組合ニ申告スヘシ

第四十條　本組合前條ノ申告ヲ受ケタルトキハ速カニ役員又ハ職員ヲ出張セシメ其ノ事實ヲ調査
　　　　シ當事者ニ代リ相當處置ヲナスヘシ

第八章　通漁出願通信及貯金爲替取扱ノ代辨

第四十一條　本組合通漁ニ關スル願屆等諸般手續ノ代辨ヲナスヘシ

第四十二條　本組合ハ組合員通信ノ便ヲ圖ル爲メ巡邏船又ハ便宜ノ方法ヲ以テ信書發送ノ取次ヲナスヘシ

第四十三條　本組合ハ組合員ニシテ貯金又ハ爲替送金等ヲナサントスル者アルトキハ組合員ニ代リ速ニ便宜ノ取扱ヲ
ナスヘシ

前項貯金及爲替金ニ關シテ其事務ヲ取扱ヒタル本部役員若クハ本支部ノ職員ハ連帶ヲ以テ其責ニ任スルモノトス


第九章　仲裁判斷及調停

第四十四條　組合員漁業ニ關シ紛爭ヲ生シタルトキハ組長ニ申告シ仲裁ヲ請求スルコトヲ得

第四十五條　仲裁判斷手續ハ民事訴訟法第八編仲裁手續ニ依ル

第四十六條　組合員ハ漁業ニ關シ紛爭ヲ生シタルトキハ口述又ハ書面ヲ以テ其事實ヲ組合ニ申告
　　　　　シ調停ヲ求ムルコトヲ得

第十章 組合員ノ風儀矯正

第四十七條　組合員ハ本定款ノ規定ヲ遵守シテ誠實親睦ヲ旨トシ相互ニ應援スルハ勿論
　　　　　韓人ニ接
　　　　　スルトキハ言語動作ヲ愼ミ苟モ粗暴ノ行爲アルヘカラス

第四十八條　組合員ハ組合ノ業務並ニ組合員漁業ノ妨害ヲ爲スカ如キ行爲アルヘカラス

第四十九條　組合員ハ左ノ各號ノ一ニ該當スル行爲アルヘカラス
　　　　　一、通漁規則其ノ他通漁ニ關スル法令ニ違背スルコト
　　　　　二、韓人ニ對シ暴行強迫ヲ如ヘ又ハ物品ノ強請ヲナスコト
　　　　　三、上陸ノ際衣服ヲ着用セサルコト
　　　　　四、妄リニ村落ニ立入リ又ハ韓國婦人ノミ居合ハス家屋若クハ汲水場洗
　　　　　　　濯場ニ侵入スルコト
　　　　　五、賭博的ノ行爲ヲナシ又ハ賭博ニ供スル器具ヲ携帶スルコト

組合員ハ漁業者ニシテ前項各號ノ一ニ該當スル者アルヲ認メタルトキハ其氏名ヲ糺シ便宜ノ方法ニ依リ組合事務所
　　　　　又ハ巡邏船ニ通告スヘシ


第十一章 違約處分

第五十條　本定款第四十七條第四十八條又ハ第四十九條第一項ノ規定ニ違背シタル者ハ
　　　　　五拾錢以
　　　　　上五拾圓以下ノ過怠金ヲ徵收シ尙情狀ニ依リ相當ノ處分ヲ當該官廳ニ申請
　　　　　スルコトアルヘシ

第五十一條　違約處分ヲ受ケタルモノハ指定ノ其間內ニ其ノ過怠金ヲ完納スヘシ

第五十二條　雇人ノ行爲ハ雇主タル組合員ノ行爲ト看做シ其責ニ任セシム

第五十三條　違約處分ニシテ其事件ノ重キモノハ組長ニ於テ評議員ノ意見ヲ聞キ其輕キ
　　　　　モノハ
　組長直ニ處分執行ス


第十二章 定款ノ變更

第五十四條　本定款ヲ變更セントスルトキハ代議員會ノ決議ヲ經テ統監ノ認可ヲ受クヘシ

第十三章 淸算人
第五十五條　本組合ヲ解散シタルトキハ組長及副組長ヲ以テ淸算人トス
　　　　　　淸算人ハ淸算及財産處分ノ方法ヲ定メ統監ノ認可ヲ受クヘシ
資料: 朝鮮海水産組合報告, 第一八号, 1910年 6月25日, p. 雜 1

## 조직과 운영

| 조직의 개혁과 개편 | 당초 조합의 조직은 정관 제4장과 제5장의 규정에 의해서 조장(1인), 부조장(1인), 평의원(2인) 그리고 하부집행조직으로 지부장, 기사, 이사, 기수, 서기, 의사 각각 약간 명과 의결기관으로서 대위원회로 구성할 수 있었다. 이것을 일본은 제3차 한일협약(1905년 11월 16일 체결) 제3조의 규정에 의거하여 1906년 통감부(統監府)를 설치하고 동시에 그 산하 기관으로 이사청(理事廳)을 인천, 부산, 원산, 진남포, 목포, 마산의 임해지와 기타 육상 주요지에 설치했다. 그리고 1907년 4월부터 조선해수산조합에 대한 업무감독권은 통감부로 이관하는 동시 조합의 조직도 개혁했다.

통감부는 한국에 있어서 일본정부의 대리기관으로서 특히 재한 일본인의 보호감독과 이주업무를 주관했다. 이주업무는 한국 지배를 위한 기반조성 사업이었다. 그중에서 어민의 이주업무에 관해서는 주로 조선해수산조합에 위임하고 그 수행(기관)의 감독을 편의하게 하기 위해서 조합에 명(命)하여 개혁을 단행했다. 곧 철저한 정책수행단체로서 조직강화를 위해서 정관 제20조, 제22조, 제23조를 개정하도록 했다.[17]

그 내용은 조합의 정부조합장(正副組合長) 각각 1인이었던 것 중 부

---

17 『大日本水産會報』 第297号, p. 35.

조합장을 2인으로 증가하고 조장(1인)과 부조장 1명을 명예직 민선으로 하고 그리고 부조합장 1명과 각 지부장을 통감부 기사, 기수로서 보하기로 하고 조합사무소 소재지의 이사청 또는 농상공부 재근자(在勤者) 중에서 겸임하는 명예직으로 했다.

이와 같이 통감부의 관리(기술직)를 명예직 임원(역원)과 이사 지부장에 겸무하도록 한 것은 인건비의 절감효과도 있을 것이나 사실은 통감부 주도로 조합과 농상공부(한국정부)의 삼각체제 운영의 주도권 장악에 목적이 있었다.

사실 그동안 조합에서 대행하여온 입어이주관계 업무는 사실상 일반 행정 업무였다. 그러한 업무는 식민통치기관으로 이관할 성질의 것이 많았다. 그때가 되어 이관되더라도 시정업무의 신속 원활한 수행을 할 수 있도록 하기 위해서 사전 연수 목적도 있었을 것이다.[18] 그에 대해서는 당시 대일본수산회장 무라다도 다른 연설문에서 언급하고 있었다.[19]

또 다른 목적으로는 장래의 통치에 필요한 한국의 수산사정과 그 정보수집이 절실했기 때문에 그러한 조사업무와 동시에 그 업무를 통해서 현실파악에 정통하도록 하는 한편, 입어자 및 어업이주자들에 대한 적합한 정착지 주선(결정)과 어업 기술 경영 지도를 할 수 있게 함으로써 이주자들의 사업경영과 생활안정을 촉진시킬 수 있도록 하는 데에도 목적이 있었던 것이다. 그래서 수산조합으로 하여금 연해 주요지에 부지를 매입하고 그것을 이주어촌 건설자에 대여 불하하도록 하고 또한 조합지부 설치를 확대하고 거기에 지부장 및 이사 서기를 상주케 하고 증

---

18 『統監府理事廳官報』 第26號.
19 『大日本水産會報』 第301號, p. 30.

가 배치하도록 했다.

그러한 조치는 지배체제 확립에 크게 기여했을 뿐 아니라 겸직자 개인에 있어서는 능력개발의 기회가 되었을 것이다. 이 과정을 거친 대부분의 기사 기수들이 후일 총독부와 각 지방 행정부서의 수산요직과 업계 지도자로서 많이 활동했던 것으로서 알 수 있다.

또한 조합의 최고 의사결정기관인 대의원회의 구성원인 대의원(代議員)의 선출도 종래에는 일본 전국의 한해 입어에 관계하는 부현의 어업인들이 선출한 총대(總代)에 의해서 선출했다. 그러나 개정 정관에서는 일반조합원에 대해서는 피선거권을 부여하고 대의원은 조합지부가 있는 각 이사청 구역마다 1인으로 제한하고 그 선출은 재한국 이사청 관할구역에 입어 또는 거주하는 조합원 중에서 이사청 이사관이 지명하도록 했다(정관 제22조).

이는 종전의 복선 방식에 의한 폐단을 없애고 현지 사정에 정통한 사람으로 대치하는 동시에 통감부의 시정방침을 일사불란하게 신속처리하기 위한 데 목적이 있었다. 그리고 종래 각 부현에서 설치하고 있었던 입어장려 사무소를 폐지하고 그동안 입어장려에 노력해온 각 부현(府縣)의 기관, 수산시험장, 현회(縣會) 및 수산단체의 장을 필요에 따라 명예직 입어장려위원(通漁獎勵委員)으로 위촉할 수 있도록 하고 그 업무를 당해 조합에서 일괄 취급하도록 한 것도(정관 제20조) 위와 같은 이유에서였다.

■ 조직 개편

상술한 조합의 조직개편 이후 또한 1908년 10월 한일어업협정 체결과 1909년 4월 1일 한국어업법(법률 제29호)실시 에 따라 수산 조합은 다시

조직 개편을 광범위 하게 단행했다.[20]

전술한 바와 같이 조합은 부조장 1명을 2명으로 하고 평의원 2명을 1명으로 하여 조장과 부조장 1명을 명예직으로 하고 농상공부 및 통감부 관리로 겸직케 했다. 그런데 통감부는 상술한 바와 같이 다시 정세(政勢)의 변화에 수반하여 집행력을 더욱 강화하고 조합 업무의 확대에 따라 실무조직을 개편했다. ① 집행부서의 의무에 전무의(專務医) 2명, 촉탁의(囑託醫) 1명이었던 것을 전무의(專務医) 4명, 촉탁의 3명으로 증가하고 조합본부(부산), 지부, 출장소 소재지 부근은 물론 어장의 한일어부 병상치료와 위생 지도를 할 수 있도록 확대하고 부산 본부, 마산, 군산, 인천의 각 지부에 전무의 각 1명씩을 배치하고 촉탁의는 종전의 원산, 진남포와 그 외 목포를 추가하여 재류의사 각 1명씩을 위촉하기로 했다.

② 종전의 울산, 장승포, 통영의 3개 출장소 외에 죽변포, 장항, 법승포, 좌수영, 하일포(何日浦), 장흥진, 용호도, 제주도의 8개지에도 출장소를 신설하여 한국정부로부터 보조금(1만 5천 円)을 수령하기로 했다. 그리고 조합원의 보호취체는 물론 한국어업법에 의한 어업권 출원수속 등 한일양국어민에 대한 편리제공을 확대하기로 했다.

③ 본부, 지부, 출장소의 소재지 이외의 중요지 10곳을 선정하여 그곳에 각 1명씩의 어업명예감독원을 임명하고 감독 보호의 임무를 부여하기로 했다.

④ 어촌경영비 중에서 장차 어업근거지에 필요한 토지의 매수와 어업용 샘(魚井戶)을 파기로 했다.

---

20 『大日本水産會報』第321호, p. 51 ; 『水産文庫』第4券 4호, pp. 4~217.

⑤ 용암포·성진에 지부를 신설하고 조합업무의 완수를 기하기 위하여 신의주와 성진의 이사청에 두 지부의 직원을 지명하도록 했다.

⑥ 석유발동기를 설치한 순라선 절영호(絕影丸) 외 새로 3척을 증가하여 선원을 고용하여 어부의 보호취체를 충분히 수행할 수 있도록 했다.

〈朝鮮海水産組合役員錄〉

(1910년 4월 25일 현재)

| 名譽組長 | 龜山理平太 | 釜山本部 事業課 事務囑託 | 農商工部技手 | 富樫恒 |
|---|---|---|---|---|
| 副組長 | 太原庄太郎 | 清津支部長 | 農商工部技手 | 許斐兵治 |
| 名譽副組長 | 林 駒生 | 城津支部長 | 農商工部技手 | 小島省吾 |
| 評議員 | 吉田直二郎 | 元山支部長 | 統監府技手 | 中西楠吉 |
| 清津代議員 | 宗 三郎 | 馬山支部長 | 統監府技手 | 木村廣三郎 |
| 元山代議員 | 夏目十郎兵衛 | 木浦支部長 | 統監府技手 | 大庭弘梢 |
| 釜山代議員 | 香樵源太郎 | 群山支部長 | 統監府技手 | 大野 朝 |
| 馬山代議員 | 弘 淸三 | 仁川支部長 | 統監府技手 | 下村省三 |
| 木浦代議員 | 石森敬治 | 鎭南浦支部長 | 農商工部技手 | 正林英雄 |
| 群山代議員 | 梅本太郎 | 龍岩浦支部長 | 農商工部技手 | 鶴田未太郎 |
| 仁川代議員 | 加來榮太郎 | | | |
| 鎭南浦代議員 | 五島榮藏 | | | |
| 龍岩浦代議員 | 吉田雅一 | | | |

자료: 朝鮮海水産組合月報 第16號 pp. 42~44에서 발췌.

| 업무 확장과 운영(기능) |

■ 업무 확장

조합의 업무는 정관에 따라 종전과 동일했다. ① 조합원의 보호취체 및 조난구제 ② 입어출원(通漁出願) ③ 조합원의 어업에 관한 통신 보고 ④ 기타 수속에 관한 제반 대변(代辨) ⑤ 조합원의 분쟁 중재 및 조정 ⑥ 조합원의 풍의교정(風儀矯正) ⑦ 어획물 판매에 관한 변의도모

⑧ 어선어구의 개량 및 보관 ⑨ 어장의 조사 탐험 및 수족의 번식보호 ⑩ 기타 등(정관 참조)으로, 전자인 조선어업협회 및 통어조합연합회로 이어지는 업무를 계승하고 있으나 실제 업무량은 주로 조합원의 보호취체, 조난구제, 입어출원, 통신 및 저금, 어음취급의 대변, 조합원의 분쟁 중재, 조합원의 풍의교정(風儀矯正) 등이었다.

그러나 한일어업협정 체결 이후에는 이주자의 보호 지도를 더욱 실효적으로 수행하기 위해서 근거지(정착지)후보지의 토지 매수 분양, 순라선의 취항 확대 등과 동시에 통감부의 지시 업무의 확대 수행이 증가되었다. 그리고 입어자의 어구 어법 개량 등 시험조사 업무 등에 대한 편의제공 및 어업 지도계몽과 어업자에 대한 구제 위생관리 치료에 역점을 두고 한인에게도 그 문호를 개방했다(한인어업자구제취급내규 참조).

● 朝鮮海水産組合韓人漁業者 救濟取扱內規

第一條　本規程は韓人漁業者にして漁業上に干し左記各號の一に該當するものに救濟金を交付するものとす
　　一, 難破其他の災害に依り死に至りたるもの
　　二, 病傷又は過失により死に至りたるもの
　　三, 難破の爲め船舶船具及漁具を流失しだるもの
　　四, 前各項の外組長に於て救濟の必要ありと認めたるもの
第二條　救濟金は左記標準により本人又は最近親族の者に之を交付する

| 金額 | 救濟の種類 | 交付を受くべきもの |
|---|---|---|
| 金四圓 | 第一條第一號該當者 | 最近 親族 |
| 金參圓 | 第一條第二號該當者 | 同 |
| 金參圓以內 | 第一條第三號及第四號該當者 | 本人又は最近親族 |

前項の場合に於て最近親族者なきときは組長に於て救済金の交付を必要ど認むるものに限り之を交付するものどすべし
第三條　救済すべき韓人漁業者は官憲より漁業の免許、許可、若は漁業鑑札を有するものに限る
第四條　救済金の交付を受けんとするものは本人又は最近親族者より願書に左記を添附して本組合本部又は支部に差出すべし
一、第一條第一號及第二號に該當したるものは當該官公吏
　　若は本組合役職員の署名したる死亡證明書又は醫師の診斷書若は檢案書
　　但本文の書類を添附すること能はざるときは本組合に加入したる日本人若は漁業の免許、許可、又は漁業鑑札を有する韓人同業者の難破及其他の災害を共に受けたるものの詳細なる證明書
二、本人と救済金受取人との関係を証すべき官憲の證明書
三、第一條第三號に該當したるものは漁業の免許、許可、若は漁業鑑札を有するもの二名以上若は當該官公吏組合役職員若は本組合員二名以上の証明ある事由書
第五條　前條の外組長に於て必要と認めたるときは更に他の書類を提供せしむることあるべし
第六條　第一條に楊ぐる死亡者其屍体を發見すること能はざるものに對し救済金を交付する場合に於ては受取人は身
　　元確實なる二名以上の保證人を立て後日若し屍体不明者生存せること判然したるときは受取人及保證人に於
　　て救済金を返納すべ旨を宣誓したる證書を提供することを要す
第七條　不正の行爲を以て救済を受けんとするもの又は組長に於て救済をなすべき事實を認めざるときは救済金を交
　　付せず其已に交付したるものにありては該金額を返納せしむるものとす
第八條　従業者に對しては總て本規程を通用す
　　　附則
第九條　本規程は明治四十三年四月一日より施行す

전술한 바와 같이 수산조합은 설립 당초부터 본부를 부산에 두고 필요한 곳(현장)에 지부 또는 출장소 등을 확대 증감할 수 있도록 하고 조직 직제 운영도 현지 중심에 두고 통감부의 지시(정책)로 원활히 수행하도록 했다.

따라서 그동안 전통적인 일상 업무의 수행은 종전과 같이 유급직 부조장에 전담시키고 입어자의 보호와 한 일 양국인 간의 화친과 조합원의 분쟁 조정 중재, 품의 교정 등에 대해서는 주로 순라선을 활용했다. 그리고 순라선의 기동성을 증가하기 위해서 종래의 일본형 범선와 기선을 신조하는 등 선폭(척수) 증가와 그 활동 영역을 확대하기로 했다.

조사업무는 본부 및 각 지부의 기사, 기수들로 하여금 전국 해안 지세와 환경 및 한일 양국인의 어업, 어기, 어황, 어획고, 어획물 종류, 어선 척 수, 어구, 어법 및 어시장, 어가, 어획물 수송 등에 이르기까지 상세하게 조사 보고하도록 했다.

■ 운영(기능)

대의원회의 운영(결의사항 등)은 입어의 일상 업무 심의 결정에서 일본 각 부현의 어업 이주어촌 건설에 필요한 요구와 현지사정들을 청취하여 당국에 건의하는 심의기관화 했다. 곧 통감부의 원활한 수산시정 수행을 위한 중간 조정 의사결정기관으로서의 기능발휘로 전락했다. 사례를 들면 1910년 1월 초 대의원회의(代議員會)의 결의사항[21]을 보면 입어자 및 이주자의 생활 수산업관계의 필요 및 편의시설을 주 내용으로 하는 대정부 건의안이 거의 전부였다. 이것은 통감부를 통해서 한국정부에 건의하는 의결기관화 했다는 것을 의미한다.

---

21 『大日本水産會報』第329号, p. 30.

〈대의원회의 결의사항〉

① 일본 출어자로서 한국 연안에 있어서 어업 개척의 최종 목적을 달성케 하는 것은 이주어업의 장려에 있으므로 통감부 예산에 이주어업의 장려비 계산을 청원할 것.
② 한국 연해에 있어서 트롤어업의 금지를 (한국정부에 대하여) 건의 할 것.
③ 트롤어업의 입어금지를 할 것.
④ 어업의 개발 안전을 도모하기 위하여 한국 연안 적당한 장소에 어선 피난항의 설치를 장려하고 상당한 보조비를 하부하도록 할 것.
⑤ 한국 어업의 개발을 도모하기 위하여 연안 각 항의 주요지에 국비로 냉장고를 설치할 것.
⑥ 한해 어업 개발의 기관(機關)으로서 한해 항로 기선 중 수 척을 선발하여 선내 냉장고 설치를 장려하고 상당한 보조를 하부 할 것.
⑦ 북한 어업의 요지인 청진에 동해안의 어선 정박에 충분한 방파제 구축을 할 것.
⑧ 한해에 있어서 어로 및 그 제조 방법을 시험조사하고 한일 어민이 따르도록 일정한 지침을 준비하고 부여하여 사업(어업)의 개발을 도모하는 것이 목하 급선무이므로 연안 적당한 곳(地)을 선정하여 국비로 수산시험조사소를 설치할 것.

대의원회는 매달 개최되었으며 그 후의 의결사항들도 위의 사례와 같이 거의 통감부에 건의하는 사항이나 그것을 통감부에서 다시 한국정부, 농상공부대신에게 건의하는 내용들이었다. 따라서 조합의 운영기능(대의원회)은 이미 점령지 경영을 위한 제반 수산 사항, 특히 일본 입어자의 이주사업과 관련이 있는 것을 의결하는 기관이 되었다.

## 이주어촌 사업

|어업 정주자| 일본인 어민이 언제부터 조선에 정주(定住)하게 되었는가에 대해서는 확실치 않으나 아마 조선시대에 있어서 공식적으로는 1609년 6월 조선과 대마도주(對馬島主) 사이에 체결한 을유조약(乙酉條約)에 의해서 설치한 초량왜관(草梁倭館)에서라고 하겠다. 그러나 개항 이후에는 1876년 조일수호조규(朝日修好條規) 체결 6개월 뒤 체결한(1876. 8. 24) 그 부록조규에서 합법적인 정주가 가능해진 것으로 볼 수 있다.

그 부록조규 제3관(款)에 의하면 "의정(議定)한 조선국 통상 각 항(港)에 있어서 일본국 인민기지(人民基地)를 조차(租借)하고 거주함을 각지 기지주와 상의하여 값(價)을 정해야 한다. 조선국 정부에 속하는 땅(地)은 조선국 인민에서 관(官)으로 납(納)하는 것과 동일의 조액(租額)을 내고 거주하여야 한다"라고 규정하고 있다. 이에 근거하여 일본인의 정주가 가능해졌다고 하겠으며 그 규정은 어민어업자의 정주를 규정한 것은 물론 아니었다.

　　　大朝鮮國 修好條規附錄
　　　大日本國
　　　第三款　在議定朝鮮國通商各港 日本國人民之租賃此基居住者復興地
　　　　　　　主商議以定其額
　　　　　　　屬官地者 租興朝鮮國人民同如夫釜山草梁 日本官從前設有守
　　　　　　　門設門從今廢撤一夜新定程限之標界土地二港口亦照比例

이 규정을 근거로 개항 이후 일본 밀어자(왜구)들은 어기에만 입어하는 출가입어선(出嫁入漁船)으로 도래하고 그중에서 극소수자는 자의로 연안 적지에 일정한 수속 없이 불법으로 어기(漁期)에 계속 정주하며 조업하고 어기가 끝나면 귀국했을 것이다. 그 외 각 개항지의 외국인 공동 거류지(조계지) 또는 일본인 거류지에 입주하는 정주자들 중에도 어업자가 있었을 것이다. 개항 초기 어업정주자는 본인들 스스로의 자유의사에 의해서 정주했으나 그 후 일본 각 부현 또는 정부의 장려에 의해서 계획적인 정주자(이주자)가 1800년대 말기부터 급증했다.

자유정주 입어자는 통어장정 체결 전후 주로 입어하던 어장근처의 연안 적당한 근거지에 정착했을 것으로 추정된다. 그 이유는 그곳에 체류하며 계속 조업하고 어획물 건조와 염장 등 가공시설을 이용해야 했기 때문이었다. 각 부현, 정부의 장려에 의한 계획적인 이주어촌건설지도 거주조건보다는 어장 근처 어업근거지로서 적합한 곳을 선택하여 정착촌으로 이주촌을 의도적으로 조성했을 것이다.

통어장정 체결 이후 일본인 거류지는 부산, 원산, 마산, 인천 등이 특히 유명해졌다. 그러한 곳은 순수한 어업근거지로서 상항(무역항)으로서 또는 군사적 목적을 겸한 요충지였기 때문이다. 서해는 당초 무역장정상의 입어(통어)구역이 아니었던 관계로 일본에서의 서해 연안 입어가 불가능했다. 그러나 일본이 인천, 진남포의 일본인 거류지에 특별입어권을 요청하여 어업근거지를 조성한 것은 사실 군사적인 목적에서였던 것이다.

강원도, 함경도의 동해 북부해역은 통상장정체결 초부터 합법적인 입어가 가능한 해역이었으나 일본에서의 입어거리가 멀고 소형어선의 내왕과 입어활동이 곤란했다. 그래서 동해 북부, 원산 이북의 어업정주지는 1900년 전후에 시작되었다. 동해 최초 어업정주자는 원산외국인 공동 거류지에 정주한 상공인들 중에서 나타났다. 그들은 연안의 잠수기 어업을 겸업하던 자거나 부산 일본거류자 중 이적(移籍)자들이었다.

1892년경 원산의 잠수기 척수는 총 43척이었으나 그 소유관계를 보면 원산수산주식회사 15대, 카무라(香村某) 7대, 니시시마(西島留藏) 6대, 오구무라(奧村松二郞) 3대, 그리고 지비기(地引武右衛門) 나가하라(中原文眞) 각각 3대, 그 외 9인의 개인이 각각 1대씩 소유하고 있었다.[22] 그 잠수기 소유자는 회사(1)와 소수의 개인상인 자본가(14人)들로서 처음부터 전업 수산 정주자로 볼 수 없다는 것을 알 수 있다.

이러한 자유정주 어업자가 가장 많던 부산지방의 일본 거류자는 거류지 이외에 특히 영도에 많이 정착했다. 영도(절영도라고도 했다)의 일본인 어업정주자들은 가족을 동반한 독립어업 경영자들이 많았으며 그들의 출신은 거의 일본 각 현으로부터 자유로이 도래하여 영도를 근거지로 삼았다. 영도 출입 일본어선 척수는 1908년 전후 하루(1일)에 최소 70~80척에 달했으므로 정착자 수도 거의 그 정도로 볼 수 있다. 그리고 당시 부산 일본인 거류지에 공급하는 선어의 대부분이 그곳에 정주하던 사람들의 어선 또는 그에 부수되는 어선들에 의해서 공급되었다[23]고 한다.

1907년 5월 통감부 조사에 의하면 한국정주 일본인은 총 20,418호에 77,932인이며 그중 어업정주자는 총 602호에 3,102이었으며[24] 총 정주자에 대한 비율은 호수 2.94%, 인구 3.98%에 불과했다. 그리고 그의 지역 분포는 〈표 1〉에서와 같다.

---

22 東京水産學會, 『水産』第1券, 韓國咸鏡道の漁業, 1900年 6月號, pp. 2~31.
23 『韓國水産誌』第二輯, p. 573.
24 『韓國水産誌』第一輯, pp. 7~12.

• 표 1 | 1907년 5월 일본어업자 이주인구지역분포표

| 지역 | | 호수 | 인구 |
|---|---|---|---|
| 함경북도 | 웅기 | 3 | 15 |
| | 청진 | 5 | 25 |
| 함경남도 | 원산 거류지 | 20 | 100 |
| | 기타(어대진, 신포, 서효진) | 4 | 20 |
| 강원도 | 장전 | 1 | 5 |
| | 삼척 | 5 | 100 |
| 경상북도 | 영일만 | 5 | 5 |
| | 울산 | 8 | 25 |
| 경상남도 | 부산 거류지(영도 포함) | 100 | 25 |
| | 다대포 | 8 | 40 |
| | 용당 | 6 | 30 |
| | 하단 | 10 | 50 |
| | 마산 거류지 | 20 | 100 |
| | 율구미(진해) | 12 | 60 |
| | 부도 | 17 | 85 |
| | 가덕도 | 5 | 5 |
| | 장승포 | 66 | 330 |
| | 지세포 | 25 | 125 |
| | 칠천도 | 8 | 40 |
| | 진해만 부근 통영 | 12 | 60 |
| | 고성군 포도면 | 10 | 50 |
| | 기타 8지방 | 21 | 105 |
| 전라남도 | 내·외나로도 | 14 | 100 |
| | 거문도 | 10 | 50 |
| | 소안도 | 2 | 70 |
| | 추자도 | 10 | 50 |
| | 제주도 | 20 | 187 |
| | 목포 거류지 및 몽탄 | 21 | 105 |
| 전라북도 | 군산 거류지 | 22 | 110 |
| | 강경 | 3 | 15 |
| | 어청도 | 49 | 245 |
| | 외연도 황도 | 1 | 5 |
| 경기도 | 인천 거류지 | 23 | 115 |
| 황해도 | 용위도, 백연도, 역도 | 9 | 45 |
| 평안남도 | 진남포 | 25 | 125 |
| 평안북도 | 용암포, 신의주, 이호포, 대개도, 원도 | 10 | 50 |
| 총계 | | 602 (577) | 3182 (2672) |

자료: 『韓國水産誌』第一輯, pp.7~12.
※ (   )의 수치는 본인의 합산계로서 원본의 합계에 문제가 있음.

1909년 6월 말 통감부 조사에서는 한국재류 일본인의 총 호수는 25,570호, 인구는 92,699인이며 그 주요 집단지별 거류는 다음 〈표 2〉과 같으나 어업인구는 명시한 것이 없었다.

• 표 2 | 1909년 6월 말 재조선 일본인 거주호구조사표

| 지역 | 인구 | 호수 |
| --- | --- | --- |
| 부산 | 16,006 | 4,098 |
| 경성 | 14,679 | 4,300 |
| 인천 | 12,042 | 2,960 |
| 평양 | 5,615 | 2,694 |
| 원산 | 4,323 | 1,031 |
| 진남포 | 2,927 | 763 |
| 목포 | 2,537 | 637 |
| 대구 | 2,381 | 684 |
| 용산 | 2,127 | 715 |
| 군산 | 1,974 | 500 |
| 신의주 | 1,787 | 540 |
| 마산 | 1,484 | 378 |
| 대전 | 1,014 | 305 |
| 개성 | 963 | 308 |
| 구마산 | 838 | 239 |
| 함흥 | 783 | 251 |
| 겸이포 | 741 | 205 |
| 영등포 | 728 | 167 |
| 조치원 | 595 | 151 |
| 개성 | 566 | 193 |
| 용암포 | 542 | 116 |
| 강경 | 499 | 136 |
| 영산포 | 487 | 136 |
| 선천 | 479 | 147 |
| 수원 | 468 | 154 |
| 울릉도 | 461 | 155 |
| 황주 | 414 | 153 |

자료: 『水産文庫』 第4券 4号, pp. 238~239.

| 조합의 이주어촌 건설사업 |  일본이 한해 어업이주를 장려했던

것은 식민지배에 목적이 있었던 것이나 어업면에서 보면 다음과 같이 볼 수도 있다.

일본 국내의 어업자수가 1909년 전후하여 일본 전국 해안선 8천해리 기준으로 290만 명, 즉 1해리당 365명인데 비해 한국의 어업자수는 전국 해안선 6천 해리 기준으로 7만 5천 명으로서 평균 1해리당 1명 정도에 지나지 않았다는 점이 크게 작용했다. 한국에 들어와 있던 입어자 약 1만 6, 7천 명을 합산해도 한국 연해에서의 어업자수는 총 10만 명에 불과하였으니 어업인의 밀도가 일본과 비교되지 않았다. 이에 반해 어획수입은 일본에서는 한 달에 일인당 40엔 정도인데 비해서 한국에서는 250엔 수준이며, 한인의 어업 기술은 유치한 수준에 있었다. 이러한 점들을 고려하면 일본이 한국의 입어에 적극성을 가졌을 만 했다고 할 수 있다.

그래서 통감부와 조선해수산조합에서는 종전의 자유(어업)정주와는 별도로 정책적으로 한해 이주사업을 주요 업무로 삼고 제국주의 영토침략의 터전으로 활용하려 했던 것이다. 조선해수산조합의 어업자 이주사업은 러일전쟁(1904~1905)의 와중에 한국정부로부터 입어자의 어업근거지 설치인가를 받아내고 어업이주자 규칙 등을 제정하여 일본의 이주장려법에 따라서 일본 각 지방 정부 및 각 어업조합 등을 통해서 적극 독려하며 어민의 한해 이주업무를 적극적으로 개도하기 시작했다(부록 1. 朝鮮海水産組合漁業根據地移住規則 참조).

그리고 수산조합은 통감부의 인가를 얻어서 한국 주요연안에 어업근거지를 설정하고 일본어민의 이주 장려방법을 일본 각 지방 부현과 각 어업조합에 통첩했다. 수산 조합에서는 먼저 이주어촌 건설 연구시설로 1904년 6월 하순 경남 거제도의 동쪽 연안 장승포(長承浦) 어항에 장옥(長屋)을 준공하고 일본의 각 지방으로부터 입주자 신청을 접수했다.[25]

그것을 효시로 하여 수산조합에서는 다시 어업 근거지 경영에 관한 민간자본 유치를 목적으로 일본인 개인 지방조합 혹은 회사와 당해 조합과의 협력에 필요한 규정 및 이주규칙 등을 고시했다(부록 2. 漁業根據地經營に關し個人若くは會社に於て資本を投する場合に於て本組合と協約する規定 참조).

그리고 1905년 6월 이주자 및 조난자에 대한 지원과 구제금 규정(부록 3. 遭難救濟規定 참조)도 제정하여 당초 정관규정에는 크게 노출하지 아니하고 어민이주사업(어촌건설사업)을 은밀하게 수행하던 것을 대대적으로 공개 시행하기 시작했다.

이와 같이 조선해수산조합의 어민 이주 장려사업에 대해서 일본정부를 비롯한 각 부현은 물론 일본 전국 각 기관에서도 거국적으로 협조했다.

더욱이 일본의 각 부현에서는 관민(官民) 합동으로 한해 이주사업을 독자적으로 각각 수행하면서도 한국 연해 수산실태 파악과 정보 수집 및 그 수속절차 등을 수산조합에 위탁하거나 직접 시찰조사 및 자문단을 파견하거나 수산조합 직원을 초청하여 장려 간담회 등을 개최함으로써 이주 어촌 건설에 적극 동참했다.

1907년 1년 동안 수산조합을 방문한 각 부현의 한해 수산조사 및 시찰자 수는 300명에 달했으며 또한 각 부현의 요청으로 한해 어업 이주 및 장려 간담회에 조합에서 파견한 강사의 순회강연 건수는 당해연도 전반기에만 효고, 야마구치, 에히메, 코지, 오카야마, 나가사키, 오이타, 후쿠오카, 시마네, 가고시마 등 10개현에 달했다. 그에 병행하여 대일본수산회(大日本水産會)에서도 한해 어업 이주에 대한 계몽운동을 전국적

---

25 『大日本水産會報』 第263호, p. 27.

으로 전개하며 지원했다.[26]

또한 조선해수산조합에서는 전술한 어업근거지 토지대부 규정 등을 제정하여 이주자의 편의제공과 장려에 더욱 박차를 가했다. 조합의 입어 근거지 사업은 ① 조합자체에서 건설하여 직영하는 방식 ② 개인 또는 회사에서 건설하여 조합에서 촉탁 경영하는 방식의 두 가지 형태로 수행했다. 후자의 경우는 개인 또는 회사에서 200호(戶) 이상을 건설하여 경영을 조합에 위탁하는 것으로써 곧 먼저 1호당 50円의 사업비를 조합에 공탁하면 조합에서 택지와 밭(火田) 등 합계 일단보(약 300평)를 매입하여 주고 조합경영 가옥과 동일하게 건설하여 조합에 인도하면 운영해주는 방식이었다. 입주자의 자격은 양자 모두 동일했다.

따라서 이주민 자격규정도 제정했다. 그 내용은 ① 특정 부현민(府縣民)에 관계없이 일본인이면 누구나 만 22세 이상 50세 미만의 남자로서 품행이 방정하고 체력 건장한 유처자(有妻者)로서 부부가 같이 이주할 수 있는 자 ② 선박은 폭(어깨넓이) 5척(尺: 1.52m) 이상의 어선 및 조합이 지정하는 어구를 소유하고 종업자 두 명을 사용하여야 하고 종업자는 가족이나 타인을 불문 ③ 최근 3년 이상 어업에 종사한자. ④ 단 5년 이상 거주를 선서(宣誓)할 수 있는 자 ⑤ 본인과 종사자는 전과 범례가 없는 자 ⑥ 단 위의 ①, ④, ⑤항에 해당하지 않으나 선박목수, 어구, 어상자 제작자 등 근거지 경영 발달상 직·간접으로 관계를 가지는 특수 기능자로서 경영의원회의 협찬을 얻은 자 등을 기준으로 했다.

수산조합이 거제도의 시험어촌 건설을 시작으로 각 부현 및 단체, 개인에게 주선한 초기 대상지는 주로 부산을 중심으로 한 지역이었다. 이

---

26 『大日本水産會報』 第301号, pp. 5~8.

지역을 이주지로 주선 선정한 것은 부산 동북 해안지역이 이미 일본인이 설립한 부산기선회사(釜山汽船會社)에서 연안항로를 개설하고 있어 교통이 편리했기 때문이었다. 그 대상지로 선정된 다음 10개 처의 수용능력은 대략 이주자 490호, 인구 2,450인으로 예상되었다.(〈표 3〉 참조).

• 표 3 | 1909년 일본 각 부현 및 단체에 주선한 계획 이주지의 수용능력

| 이주지 | 호수(戶) | 이주지 | 호수(戶) |
| --- | --- | --- | --- |
| 機張郡 大邊浦 | 50 | 延日郡 大冬冬 | 30 |
| 蔚山郡 鎭下洞 | 50 | 興海郡 汗者浦 | 100 |
| 〃 細竹浦 | 50 | 寧海郡 丑山浦 | 50 |
| 〃 方魚津 | 30 | 蔚珍郡 竹邊浦 | 50 |
| 〃 田下浦 | 30 | 合 計 | 490 |
| 長鬐郡 牟浦 | 50 | 人 口 | 2,450(인) |

자료: 『大日本水産會報』 第317号(1908年 3月), p. 53 ; 『韓國水産誌』 第一輯.

위와 같이 수산조합의 적극적인 선도 노력으로 일본 전국에서 한해 입어자와 이주어민의 증가는 물론이고 그들에 의한 신규 어선 건조 및 신규 입어 종류의 증가, 이주자의 어업경영 및 포획물의 처리, 운반, 판매에 있어서도 현저한 관심과 변화를 초래하기 시작했다. 한국어업법 실시 전후 일본의 각 부현 및 그 산하 입어조합, 개인 기타 단체 등에서 건설 중인 이주어촌은 이미 다음 23개지에서 활발히 조성되고 있었다.[27]

○ 죽변포(竹辺浦)

종래 일본 잠수기어업자의 일시적 근거지에 불과했던 곳이나 1904~1905년경부터 시마네현에서 경영하는 이주촌이 설치되고 1909년 초 시마네현 수산시험장의 사업으로 근거지 정비를 단행했다.

---

[27] 『大日本水産會報』 第319号, pp. 27~28 ; 『水産文庫』 第5卷 5号, pp. 5・21~22.

○ 축산포(丑山浦)

나가사키현의 이와모토(岩本某)와 시마네현의 기요다니(魚谷某)가 정착한 이주촌 개인경영체가 있었으나 이들에 대한 반대로 한때 이주민이 철수한 적이 있었던 곳이다. 주변 여건이 평온해지자 다시 돌아와 정착하기 시작하고 휴어기에는 일시 귀국하는 자도 있었다.

○ 영일만(迎日灣)

야마구치현 수산시험장에서 만내 여남포(汝南浦) 염택(鹽澤)의 두 곳에 이주촌 경영을 할 수 있는 토지구입을 완료했다. 만의 북쪽 대동척(大冬脊)에는 야마구치현의 야마다구미(山田組)에서 경영하는 이주어촌이 건설되었다. 그 외 만 내 여러 곳에는 포항재류의 일본인 상인들이 반상반어(半商半漁)를 하는 경영자도 많았다.

○ 일산진(日山津)

시마네현 경영의 어민정착지 건설을 위해서 토지매입을 완료한 상태에 있었다.

○ 방어진(方魚津)

동해안 유일의 대어업근거지로서 어업에 관계하는 육상 재류자 50여 호와 그 인구는 180인에 달했다. 가을 겨울철에는 동해안 어업의 중심지로서 대단히 번영했다.

○ 장생포(長生浦)

일본의 포경선 근거지로도 유명했다. 주변에는 그 외 일본 입어선의 출입이 끊이지 않았다. 어업관계로 발달하는 동해안 최대의 일본인 어항(漁港)으로서 육상체류 일본이민의 사업경영도 활발했다.

○ 목진(木津)

울산만 남쪽의 작은 만이나 봄, 여름 일본 입어선의 출입이 많은 근해어업 근거지로서 후쿠오카현에서 어촌건설을 준비 중에 있었다.

○ 대변포(大辺浦)

조선해수산조합의 예정 근거지로서 동 조합소속의 토지가 있었다. 1908년 후쿠오카현 수산조합이 그것을 차수(借受)하여 어촌경영에 착수하여 가옥(家屋) 20호를 건축하여 이미 5호의 이주를 완료했다.

○ 용당포(龍塘浦)

1908년 야마구치현 수산조합에서 어가(漁家) 10호를 건축하여 이미 이전을 완료했다.

○ 절영도(絶影島)

일본어업자의 대근거지로서 재류일본인 가옥 500호 그 인구 약 2,000인이다. 섬의 번영은 오로지 이들 어업자에 의해서 유지되고 그 외 어업인을 위한 기관이 정비되어 있었다. 섬에는 일본인 정주지가 4곳이 있으며 모두 모범적인 대어촌이 되었다.

○ 다대포(多大浦)

사시사철 일본어선의 어업 근거지로서 번영하던 곳이다. 후쿠오카현의 어촌경영지가 있고 이미 8호가 이주를 완료했다.

○ 장승포(長承浦)

거제도의 장승포는 조선해수산조합이 한국 최초로 건설한 모범어촌으로서 이리사무라(入佐村)가 있다. 이 어촌은 이미 수산조합을 떠나서 독립한 이리사촌 일본인회의 자치경영체로서 발달 중에 있었으며 이주 호수 60여 호, 인구 200인을 초과한 완전한 일본인 어촌이다.

○ 지세포(知世浦)

1908년 카가와현의 어민 20호가 이주를 완료하고 장차 가옥증축을 계획하고 있었다.

○ 칠천도(漆川島)

진해만에 있는 여름, 가을, 멸치 어업 근거지로서 에히메현의 야타니(八谷某)라는 사람이 이주어업 관리에 종사하고 있으며 1909년부터는 다른 지역 이주자들이 증가하는 경향에 있었다.

○ 매정포(梅亭浦)

히로시마현의 자발적 개인 이주자 17호 인구 60인에 달한 어촌이 형성되었다. 이주민은 여름, 가을은 만내에서 멸치업에 종사하고 겨울철에는 대구, 광어, 호망 등 어업에 종사했다. 1909년 겨울철에는 대구 주낚 어선 6척이 조업하고, 1908년도에는 1척당 평균 125円의 어획이 있었다.

○ 통영(統營)

해마다 어업자의 이주가 증가하고 있고, 대안의 미륵도 산자락에는 오카야마현의 이주어민 10호가 있으며 더욱 증가할 것으로 예상되었다.

○ 가지도(可知島)

통영 근해의 유일한 양항(良港)이 있는 곳으로서 봄·여름·가을철의 어업 근거지로서 입어자가 많고 이미 개인 이주자도 10여호에 달했다. 장래 단체경영의 이주지로서 유망한 후보지였다.

○ 돌산도(突山島)

여름·가을철의 어업근거지로서 입어자가 많고 구마모토현 어민 이주 후보지로 토지매수계획이 있었다.

○ 나로도(羅老島)

여름·가을철 어업의 근거지로 오카야마현 건설의 어촌 10호가 있다. 그중 8호는 이주완료 상태이며 그 외 개인 이주자 2~3호도 있다. 그들은 상업과 어업을 겸업하고 있다.

○ 거문도(巨文島)

개인 이주자 10여 호가 있다. 비교적 완전한 소규모 어촌으로서 재류자 간에 어항 개보수도 하고 있으며 이주자가 더욱 증가할 전망이었다.

○ 소안도(所安島)

이미 개인 이주자 2호가 있는 곳으로 조선해수산조합의 예정 근거지이며 이주자에 대한 편이계획이 서있는 곳이다.

○ 제주도(濟州道)

옛부터 일본입어자의 근거지였으나 1909년을 전후하여 매년 이주자가 증가하여 1909년 초 섬 전체의 이주어민은 200호를 넘었다.

○ 어청도(於靑島)

오래전부터 충청도 유일의 일본인 어업근거지로서 1908년 개인 이주자 40호, 그 인원이 169인에 달했으며, 더욱 증가할 것으로 예상되었다.

위에서 고찰한 바와 같이 조선해 수산조합의 이주어촌 건설 사업은 오래전부터 입어민 개인의 자유이주와 각 부현의 계획적 이주가 있었으나 통감부의 지시에 의해서 조선해수산조합은 이주어촌 건설을 계획적·조직적으로 지원하고 계도를 활발히 했다. 그것이 경술년 이후에는 다시 각 부현 및 그 산하단체(산하수산조합)의 기획 이주어촌 건설 사업을 활성화하고 기획하는데 조력하고, 조합은 오히려 이주자의 영어와 생활 안정을 위해서 거류지 편의시설사업에 더욱 주력했다.[28] 그러한 시정사업 수행이 너무 활발하고 적극적이어서 한때 일본인 스스로의 말과 같이 한인들에게는 악마(惡魔)나 귀신으로 보일 정도였다고 한다.

---

28 『大日本水産會報』第317号, p. 52.

• 그림 1 | 일본 어업자 이주어촌도

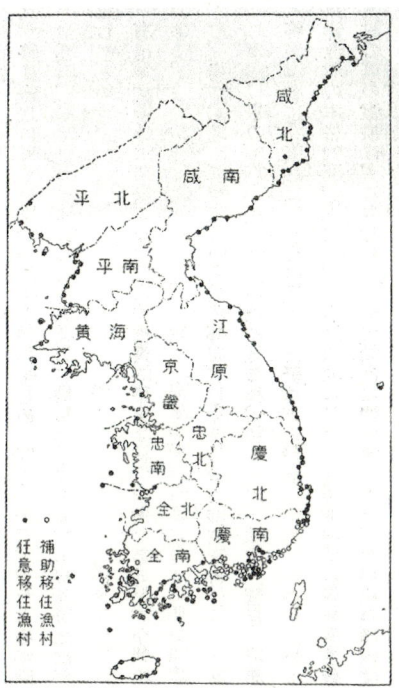

吉田敬市, 『朝鮮水産開發史』, p. 272

조합의 사업비

일본의 해외수산조합법에 의하면 개개의 해외수산조합의 업무구역(해역) 내에 입어하는 자는 당해지 수산조합에 의무적으로 가입하고 조합 경비 부담을 의무로 했다. 따라서 조선해수산조합에서도 운영 경비 조달은 수산조합의 정관규정에 의해서 조합원의 부담으로 했다(정관 제1조). 따라서 조합에서는 1908년 3월 24일 조합비 징수규칙을 제정하고 조합원에 회비를 부과해왔다. 그 규칙은 다시 1910년 3월 8일 제11조의

6항에서 11항까지를 다음과 같이 개정했다(신규 조합비 징수규칙 참조).

---

組合費徵收規則

明治四十一年三月廿四日制定
同　四十三年三月十八日改正

第一條　組合費ハ左ノ率ニ依リ組合費ヲ負擔スルモノトス
　　一．組合費一名ニ付　　　　　　　　　　　　　　　金五拾錢
　　二．從業者一名ニ付　　　　　　　　　　　　　　　金四拾錢
　　三．肩巾三尺未滿漁船一隻ニ付　　　　　　　　　　金五拾錢
　　四．肩巾三尺以上九尺未滿漁船一隻ニ付　　　　　　金壹圓
　　五．肩巾九尺以上漁船一隻ニ付　　　　　　　　　　金貳圓
　　六．貳百石未滿母船一隻ニ付　　　　　　　　　　　金四圓
　　七．貳百石以上母船一隻ニ付　　　　　　　　　　　金拾圓
　　八．石油發動機船付五百石未滿又ハ五拾噸未滿母船一隻ニ付　金拾圓
　　九．全　五百石以上又ハ五十噸以上母船一隻ニ付　　金貳拾圓
　　　一〇．汽船五十噸未滿母船一隻ニ付　　　　　　　金貳拾圓
　　　一一．汽船五十噸以上百噸未滿母船一隻ニ付　　　金參拾圓
　　以上百噸未滿ヲ加フル毎ニ金拾圓ヲ加フ
第二條　組合費ハ韓國漁業稅納付ノ際同時ニ之ヲ徵收スルモノトス
　　若ツ漁業稅ト同時ニ徵收シカタキコトアルトキハ組合長ニ於テ便宜其
　　時期ヲ指定スルコトヲ得
第三條　一旦納付セシ組合費ハ如何ナル事由アルモ之ヲ還付セス
第四條　韓國出漁者ニシテ本組合ニ加入セサル者ヲ發見シタルキハ假ニ加入ノ手續
　　ヲナサシメ組合費
　　及雇人各一名ニ付金壹圓ノ手數料ヲ組合費ヨリ徵收シ假證票ヲ交付ス
　　ルモノトス
第五條　前條假證票ノ交付ヲ受ケタル者ハ三十日以內ニ本組合加入ノ手續ヲ爲ス
　　事ヲ要ス

---

그러나 조합의 주요 사업비용은 조합원 회비로는 충당할 수 없었으므로 회비보다는 주로 일본정부 보조금의 하부에 의존해왔다. 그것이 한일어업협정 이후에는 통감부의 요청으로 한국정부에서도 보조금(5,000円)을 지급하기로 했다.[29] 1910년도 조선해수산조합의 예산을 보

면 다음 〈표 4〉에서와 같이 세입은 조합비 이외에 일본 국고 보조금과 한국정부 보조금 및 기타로 구성되고 있다.

• 표 4 | 1910년도 조선해수산조합의 예산

| 세입 | 국고보조금 | 25,000円 | (43.43%) | 세출 | 사무비 | 52,386円 23전 |
|---|---|---|---|---|---|---|
| | 한국정부보조금 | 15,000円 | (26.06%) | | 회의비 | 1,259円 16전 |
| | 조합비 기타 | 17,555円 38전 | (30.50%) | | 사업비 | 2,100円 |
| | | | | | 예비비 | 1,009円 99전 |
| | | | | | 임시비 | 800円 |
| | 총계 | 57,555円 38전 | (100%) | | 총계 | 57,555円 38전 |

※ 자료:『大日本水産會報』. 그 외 특별회계로서 구제금 11,824円 30전의 세입이 있음.

당해년도 세입금의 전체규모는 약 57,555円이며 그중 보조금은 일본 통감부에서 지급하는 국고보조금 25,000円(43.34%)과 한국정부 보조금 15,000円(26.06%), 합계 40,000円으로 양국정부지원금이 전체의 약 70%를 점하고 있었다. 그리고 조합 자체세입은 전술한 조합비 기타 합계 약 17.555円으로서 전체 세입금의 30%에 불과했다.

이와 같이 조선해수산조합은 그 예산세입(수입) 면에서도 역시 관변(官邊)단체임을 확인할 수 있다. 한국정부 보조금의 지급 이유는 한국어업법 시행에 기인하며 구체적으로는 수산조합이 한국 어업발전에 기여하고 한국인 어업선원에 대해서도 구제금 교부와 병원 치료를 받을 수 있도록 했기 때문이었다(한인어업자구제금취급내규 참조).

---

29 『韓國海水産組合月報』第11号, p. 29.

## 부록 1. 【朝鮮海水産組合漁業根據地移住規則】

第一條　韓海漁業の發展を圖り組合員の福利增進の目的により各樞要の地に根據地を經營し組合員を居住せしむるものとす

第二條　漁業根據地には各一名の監督を置く

第三條　漁業根據地住民は監督の指揮命令に服從するの義務あるものとす

第四條　漁業根據地に移住せんと欲する者は帝國臣民にして左の各項に該當するの資格を有する者に限る

　　一。滿二十二歲以上五十歲未滿の男子にして品行方正體格强壯なる有妻者にして共に移住し得るもの

　　二。肩幅五尺以上の漁船及本組合の指定する漁具を所有し滿五十歲以上六十歲未滿の男子從業者あるもの

　　三。最近三箇年以上自ら漁業に從事したるもの

　　四。滿五箇年以上住居の宣誓を爲すもの

　　五。自己は勿論家族從業と雖前科者にあらざるもの

第五條　船大工、漁具製作人、水産物製造業者等漁業上幷に根據地の經營發展上直接間接に關係を有する特殊の機能ある者は身元經歷等調査の上評議員の協贊を經て移住せしむることあすべし

第六條　第四條の資格を有する者にして移住せんと欲する者は規定の申込書に自己及從業者の戸籍謄本及び市町村長の證明書を添へ市町村役場若くは通漁獎勵事務所、水産組合又は漁業組合を經て申込むべし

第七條　本組合に於て居住を許可したる時は相當の資産を有する身元引受人一名を定め規定の契約書を差入るべし

第八條　前數條の手續を了したる時は本組合は其居住地を指定し監督は其居宅を定め住居せしむるものとす

第九條　貸與したる土地の地稅は各自負擔とす但し當分の內負擔を免す

第十條　住民は特に監督の許可を受くるに非されば多數集合飲酒すべからす

第十一條　住民にして漁業根據地の風紀を紊亂し諸規定を遵奉せす屢屢戒飭するも效な

き時は退去を命することあるべし

## 부록 2.【漁業根據地經營に關し個人若くは會社に於て資本を投する場合に於て本組合と協約する規定】

　一個人若しくは會社に於て本組合へ囑託し漁業根據地經營をなさんと欲する時は左の條項に依り本組合は囑託に應ずるものとす
一, 本組合經營地以外の地に於ける場合は二百戸以上なるへき事
二, 根據地經營に關しては本組合の方針により 遂行し資本家の容喙を許さざる事
三, 根據地經營の囑託をなさんとする者は豫め一戸に付金五十圓を本組合に供託する事
四, 本組合は供託金を以て本組合經營の家屋同樣の建築をなし且つ宅地畑共に約一反步に相當する者を買收し資本家を引渡すものとす但し以上は豫算なるを支拂明細書に依り資本家へ引渡すこととす
五, 根據地移住者の募集監督其他に關する一切の取扱は本組合經營根據地と同一本組合監督の指揮に依るべき事
六, 漁獲物の製造品及住民需用品の賣買權を資本家に與ふると雖需用品の仕込相場へ運賃の實費を加へ之れを原價とし十分の五以上の利益を以て販賣することを許さず水產製品は依託販賣の際は運賃實費の外十分の五以內の口錢を支拂ふものとす
七, 需用品の販賣及び水產製品の取締は根據地監督をして其責に任ぜしむる事
八, 住民より每月徵收する借地借家料一戸前一圓內十分の一を本組合へ納付せしめ殘餘十分の九は資本主の名義を以て本組合指定の銀行へ預金せしめ本組合經營の方針と添はしむべき事
九, 資本主に對し根據地に關する金錢の取引に關し本組合は其責に任ずるものとす
十, 根據地移民の獎勵に關しては本組合其任に當ると雖も若し豫定の移民なく爲めに生ずる資本主の損害に付ては本組合其責に任せず
十一, 前數項の外本規定の精神に反せざる範圍に於て組長細目に涉り資本主と契約することを得

十二, 水産製品及び需用品の販賣取引に關しては第六項の範圍に於て猶ほ便宜なる方法を講じ組長は資本主と契約するものとす

十三, 組合經營地に於て少數の經營を囑託するものある時は資本主に第六項の權利を與ふると否とは本組合に於て詮議の上之を定むと雖も第八項規定の事項は資本主其義務を負ふべきものとす

〈以下 參照〉

〈漁業根據地移住規則〉

第一條　韓海漁業の發展を圖り組合員の福利增進の目的により各樞要の地に根據地を經營し組合員を居住せしむるものとす

第二條　漁業根據地には各一名の監督を置き住民を監督し本組合及び移住者に對する內外一切の事務を掌らしむ

第三條　漁業根據地監督は評議員の協贊を經て組長之を任免す

第四條　漁業根據地に移住せんと欲する者は何のれ府縣民たるを問はず左の各項に該當するの資格を有する者に限る

　　一, 滿二十二歲以上五十歲未滿の男子にして品行方正體力强壯なる有妻者にして共に移住し得る事

　　二, 肩幅五尺以上の漁船及本組合の指定する漁具を所有し從業者二名以上を使用する事但從業者は自己の家族たると他人とを問はず

　　三, 最近三箇年以上自ら漁業に從業したる事

　　四, 滿五箇年以上住居の宣誓を爲す事

　　五, 自己は勿論家族從業者と雖も前科犯者にあらざること

第五條　前條の資格を有せずる船大工, 漁具, 製作人等漁業上幷に根據地の經營發達上直接間接に關係を有する特殊の技能を有するものにして前係い一,四,五項に該當する者は評議員の協贊を經て移住せしむることあるべし

第六條　第四條の資格を有する者にして移住せんと欲する者は戶籍謄本を添へ市町村役場苦くは水産組合又は漁業組合を經て申込むべし

第七條　本組合に於て移住を許可したる時は規定の契約書を差出したる後に於て居住す

　　　　　るものとす
第八條　前數條の手續を了したる時は本組合は其移住地を指定し監督は其居宅を定め住居せしむるものとす
第九條　漁業根據地の住民は本組合定款及規定の諸規則を遵奉し苟くも其地監督の指揮命令に違背すべからず


〈參照〉

定款第十章　組合員の　風儀矯正

第五十二項　組合員は本定款の規定を遵守して誠實親睦を旨とし相互に應援するは勿論韓人に接するときは言語動作を慎み苟も粗暴の行爲あるべからず
第五十三條　組合員は共同一致相互の利益を增進すべきものなるを以て私に組合員に非ざる者と結託し組合員漁業の妨害を爲すが如き行爲あるべからず
第五十四條　組合員にすて通漁中左の各項の一に該當する者あるを認めたるときは其氏名を糺し便宜の方法により本部又は最寄支部若くは巡邏船に通告すべし
　　　　　一, 漁業規則其他通漁に關する法令に違背する者
　　　　　二, 韓人に對し暴行強迫を加へ又は物品の強請を爲す者
　　　　　三, 上陸の際衣服を着用せざる者
　　　　　四, 妄りに村落に立入又は韓國婦人のみ居合はする家屋若くは汲水場洗濯場等に侵入する者
　　　　　五, 賭博的の行爲をなし又は賭博に供する器具を携帶する者第十條, 漁業根據地住民の漁獲物及び需用品は總て監督, 指揮の下に共同販賣及購入をなし各自に販賣購入をなすべからず
第十一條　各自へ貸與したる土地の地稅は各自に納稅すべきものとす但當分の內住民の負擔を免す
第十二條　住民の漁獲物を販賣したる代金は監督に於て保管し需用品代其他借家料等控除し殘金は其住民の經濟上程度により斟酌し之れを郵便貯金と爲さしむる事
第十三條　前條の 決算は毎月末一回必ず監督より各住民へ精算書を送達するものとす前項の精算書に誤算ありたる時は五日以內に監督へ其旨屆出て訂正を乞ふべし
第十四條　住民は特に監督の許可を受くるにあらざれば多數集合飮酒すべからず

第十五條　住民は冠婚喪祭其他社交の一般に關し慈善衛生節約的を方針と規約を作製監
　　　　督を經て組長の許可を受くべし
第十六條　本規約の外住民に關する規定は其都度組長より令達するものとす
第十七條　住民にして漁業根據地の風紀を紊亂し諸規定を遵奉せず屢々戒飭するも效な
　　　　き時は退去を令ずることあるべし


　　　　二錢收
　　　　入印紙　　　印　　　　契約書
拙者儀今般貴組合根據地へ移住御許可相成り候上は御規定の借家借地料毎月金
一圓納付の件并に諸規定堅く遵奉し家族從業者共に苟も違背仕間敷若し萬一違
背仕候時は何時退去を命せられ候とも更に異議無之且つ之に因て生する損害等
有之候共一切貴組合に御迷惑相掛不申候爲後日身元引受人連署契約書如件
　　　　　　　　　　明治 年月日
　　　　　　何府縣　何郡市　何町村　大字何番地族籍　（原籍）
　　　　　　　　　　　　　　　　　何某　（印）

　　　　　　何府縣　何郡市　何町村　大字何番地族籍　（原籍）
　　　　　　　　引受人　　　　　　　何某　（印）
　　組長宛

자료: 『大日本水産會報』 第263号, pp. 27~29.


## 부록 3. 【遭難救濟規定】

第一條　本組合員及從業者にして遭難したるものは本規定により之れを救濟す
第二條　遭難救濟の區域は本組合の經營地域に限る
第三條　遭難救濟期間は組合員證票交附の日より滿一箇年限りとす但し其職業を轉
　　　　したるときは無效とす
第四條　遭難救濟の方法左の如し
　　　　一等 難破死亡者　二等 通常死亡者　三等 難破及病傷歸國因難者

第五條　救濟金は前條の區別により左の金額を支拂ふものとす
　　　　一等 金二十五圓 二等 金 十 圓 三等 金 六 圓
　商事
第六條　救濟金受取人は本人及家族又は其親屬に限る
第七條　組合員及從業者にして難破により死亡したるものは救濟金受取人に於て左の書類を本部又は支部差出す可し
　　　一, 死亡證明書(本書は韓國帝國居留地帝國警察署證明たるべき事)
　　　二, 醫師診斷書若くは檢案書
　　　三, 救濟金受取人の戸籍謄本(受取人親屬なるときは親屬關係を證明せる市町村長の證明書)
　　　四, 難破の位置及情況證明書(支部長若しくは韓國日本居留地警察官及巡邏視察員若くは組合員漁船二集以上の證明)
第八條　組合員及從業者にして病氣により死亡したるもの若しくは難破及病傷の爲め歸國困難のものは救濟金受取に於て醫師の診斷書又は檢案書及困難の事由書を本部又は支部へ呈出すへし
第九條　第七條第八條の書類の外本組合に於て必要と認めたるときは更に他の書類を呈出せしむることあるへし
第十條　救濟金の支拂は前條の書類本部に到達したる後十五日間を經過せさるものとす
　　　但し特に調査の必要を生し時日を費す場合は此限りにあらす
第十一條　左の場合に於て本組合は救濟金支拂の責に任せす
　　　一, 組合加入の當時病患あるを陰匿し死亡したるもの
　　　一, 組合員及從業者か自殺爭鬪又は犯罪により刑の執行中死亡したるもの若しくは死刑に處せられたるもの
　　　一, 救濟金を受取るへき者か故意及懈怠により組合員及從業者を死に致したるとき
　　　一, 遭難後三箇月以內に第七條及第八條の書類を提出せさりしとき但し

　　　　　正當の理由ありて期間內に書類提出を爲し能はさるときは此の限り
　　　　　にあらす
第十二條　組合員の船體難破し生死不明なるときは失踪宣告を受けたる後調査の上
　　　　　救濟　金を支拂ふものとす但し此場合に於ては受取人は身元確實なる保
　　　　　證人二名を要す萬一三箇年以內に失踪者生存し居たる時は救濟金は受
　　　　　取人及保證人に於て之れを返納すへし
第十三條　組合員及從業者死亡又は生死不明の際規定の受取人なきとき救濟金は之
　　　　　れを支給せす
第十四條　組合員及從業者にして疾病發生したる時は本部又は支部に申出て施療を
　　　　　乞ことを得
第十五條　組合員及從業者は救濟基金として組合加入のとき各一人に付金二十錢を
　　　　　本組合に納付すへし
第十六條　本規定により生する收支は特別會計とす
　　資料: 大日本水産會報, 第274号, pp. 27~28)

# IX. 동양척식주식회사의 수산이민사업

## Ⅸ. 동양척식주식회사의 수산이민사업

1. 동양척식주식회사의 설립과 조직

   동척의 설립 / 동척의 조직

2. 동양척식주식회사의 수산이민사업과 분쟁

   동척의 수산이민사업 / 동척과 입어민과의 분쟁 / 맺는말

## 1. 동양척식주식회사의 설립과 조직

### 동척의 설립

동양척식주식회사(東洋拓殖株式會社, 이하 東拓이라고도 함)는 1908년 8월 공포된 동양척식주식회사법(융희 2년 8월 27일, 법률 제22호)에 의하여 한일 양국에서 출자한 자본금 1,000만 엔(円)으로 설립된 이래 약 5년 동안에 출자지(出資地), 매수지(買收地)를 합하여 총 6만 4천 860헥타르를 수탈한 당시 조선 제일의 대지주(大地主)가 된 다국적기업이었다.

동척의 실질적인 설립목적은 일본의 한국지배와 세계전략을 위한 것으로 한국에서 '척식사업'을 위장한 기업[1]으로 설립된 이후 1945년 종전으로 소멸할 때까지 한국을 비롯하여 아시아 전 지역에 걸쳐 수탈과 전쟁조성사업을 영위한 악명 높은 기업이었다. 동척의 설립 절차는 〈표 1〉과 같으며 그의 설립과정을 다음에서 보자.

• 표 1 | 동척의 설립과정표

| 년월(서기) | 설립과정 |
|---|---|
| 1907년 10월 | 동약협회안(東洋協會案) |
| 1907년 12월 | 일본대장성안(日本大藏省案) |
| 1908년 1월 | 이토(伊藤博文)통감의 견서, 가스라(桂) 곽서 창립조사위원임명 |
| 1908년 2월 | 창립조사위원회(동보고서) |

[1] 일본은 한국에 대해서 당초 한일 양국에서 동일한 공동출자에 의해서 한국민의 척식사업회사 설립을 제의해놓고 실제 설립과정에서는 일방적 주권행사를 할 수 있는 일본 농민의 한국이주자 척식사업을 목적으로 하는 식민지경영회사로 설립했다. 그래서 당해 회사는 국제적 사기에 의한 위장기업이었다.

| 1908년 3월 | 동척법안의회제출(수정통과) |
|---|---|
| 1908년 6월 | 설립준비위원 임명 |
| 1908년 8월 | 동척법 공포, 설립위원임명 |
| 1908년 9월 | 설립위원회(정관안 및 주주모집안 조사보고서) |
| 1908년 10월 | 정관인가 |
| 1908년 11월 | 주주 모집개시(1~10월) |
| 1908년 12월 | 창립총회 |

자료: 『東拓十年史』(1918) 및 木戶有正 編, 『東拓創立顚末書』(1912)에서 전제.
　　 黑瀨郁二 著, 『東洋拓殖株式會社』, 日本: 經濟評論社, 2003年 3月, p. 18, 表1-1.

1868년 근대적 통일국가를 설립한 일본의 메이지정부는 정부수립 초기부터 서구의 팽창적 제국주의를 도입하고 부국강병(富國强兵)을 기본 정책으로 하여 1875년 5월 운양(雲楊), 춘일(春日), 제2정묘(丁卯) 3척의 군함을 부산포에 무단 입항시키고 뒤이어 강화도 포격을 유발하여 다음해(1876년) 2월 군사적 위압으로 양국 간 수교조규(修交條規)의 불평등 조약을 체결하고 계획적인 조선침략에 착수했다. 이후 일본의 활동은 더욱 노골적이었다.

1894년 5월 동학난(東學亂)이 발생하자 조선정부에서는 당시 경성에 주재하고 있었던 청국정부 대표 원세개(袁世凱)를 통하여 청국의 진압군 파견(원조)을 요청했다. 일본은 이것을 빌미로 조선정부의 요청이 없었음에도 불구하고 조선지배의 원대한 야욕을 은폐하고 자의로 재한 일본공관 및 재류일본인 보호를 명목으로 동년 6월 5일 출병(出兵)을 감행하여 동학군 진압에 참여하고 뒤에 청일전쟁까지 일으켰다.

1894년(고종3) 7월 하순 일본 육군은 아산(牙山)과 서울북부에 주둔 중인 청국병을 공격하고, 해군은 황해의 풍도(豊島) 앞바다에 정박 중인 청국해군에 기습공격을 감행하여 치명적 손해를 가한 뒤 8월 1일에야 청국에 선전포고를 했다.

전쟁에서 승리하자 일본은 1895년 4월 1일 시모노세키에서 청국과 강화조약을 체결하고 일본은 한국에서 청국을 대신하는 지위를 확보했다. 그러나 한국에서 반일(反日)세력이 너무 강하고 또한 러시아의 견제도 있자 일본은 쉽게 침략계획을 달성하지 못했다. 그래서 일본은 영국의 특허회사(特許會社) 동인도무역회사(東印度貿易會社)와 같은 국책회사(國策會社)를 조선에 설립할 것을 구상했으나 그것도 러시아와의 관계 때문에 쉽게 성사시키지 못했다. 그래서 일본은 결국 1904년 2월 8일 러시아에 대해 기습 공격을 가하고 동월 10일 선전포고(러일전쟁)를 했다. 동년 2월 23일 일본군은 서울을 점령하고 그전에 제의하여 거절당했던 현안의 의정서(議定書)를 한국과 강제 체결했다. 그 의정서 제4조의 규정에 의하여 조선의 영토는 사실상 일본의 속령이 되었다.

그리고 일본의 가스라 수상(桂首相)은 동년 7월 29일 미국육군장관 태프트와 동경에서 회합하여 태프트는 "일본이 조선에 대해서 어떤 종류의 결정적인 행위를 취하던 가스라의 의견을 완전히 인정하고 일본은 미국이 필리핀에 대한 어떠한 행위도 존중한다"는 것을 인증하는 비밀각서(覺書)를 상호 교환했다.

또한 일본은 1905년 8월 12일 영국과 런던에서 기간 10년의 제2차 영일동맹조약을 체결했다. 그 조약 제3조에 의하여 "일본은 한국에 있어서 정치상, 군사상 및 경제상의 절대적(卓絕)인 이익을 가진다"고 하고 그 이익의 옹호 증진을 위하여 한국에 대해서 "지도(指導), 감리(監理) 및 보호(保護)의 조치를 취한다"는 것을 영국으로부터 인정을 받았다. 그리고 동년 8월 22일 다시 제1차 한일협약을 체결하고, 9월 일본은 러시아와 포츠머스에서 강화조약을 체결했다. 이를 계기로 하여 일본은 국제 외교상에서 조선 지배를 결정적으로 행사하기 시작했다. 이와 같이 일본은 미국, 영국으로부터 조선지배를 승인받고 러시아에서도 한국에 대한 "지도, 보호 및 감리의 조치를 취한다"는 인정을 받았다.

이와 같은 외교적 승리를 배경으로 일본은 다시 조선정부와 1905년 11월 17일 제2차 한일협약(을사보호조약)을 강제 체결하고 조선의 외교관계 및 내무 일체를 감리, 지휘하게 되면서 그 대행기관으로서 통감부(統監府)를 1906년 3월 서울에 설치하여 이토 히로부미(伊藤博文) 초대 통감이 서울에 주재하게 되었다.

1907년 7월 24일 제3차 한일협약을 체결하고 군대마저 해산시키자 전국 도처에서 의병(義兵)이 봉기하고 치안이 불안해지면서 그동안 밀물처럼 들어오던 일본 민간인들의 한국 진출은 한때 뜸해졌다.

• 표 2 | 반일 의병 활동 상황

| 년도 | 전투횟수 | 참가 의병수(인) |
| --- | --- | --- |
| 1907년 | 323 | 44,116 |
| 1908년 | 452 | 69,832 |
| 1909년 | 898 | 25,763 |
| 1910년 | 147 | 1891 |
| 1911년 | 41 | 271 |
| 1912년 | 5 | 23 |
| 1913년 | 3 | 40 |

자료: 姜在彦 著, 『朝鮮近代史研究』, 日本評論社, 1970, pp. 286~305.

그러나 일본은 청일전쟁 직후부터 비밀리에 연구해왔던 영국 동인도 무역 회사에 준하는 국책회사(동양척식주식회사) 설립계획의 실현을 다시 추진하기 시작했다.[2] 그리하여 1907년 10월 사단법인체 동양협회(東洋協會)에서 동척의 정관 초안(草案)기초 즉 설립계획안을 작성했는데

---

[2] 大河內一雄 著, 『玄の國策會社 東洋拓殖』, 日本經濟新聞社, 1982, pp. 37~38.

이 단체는 1898년 가스라(桂太郎)에 의해서 창설된 대만협회(臺灣協會)를 1907년 2월 3일 개명한 단체였다.

• 그림 1 | 의병봉기지

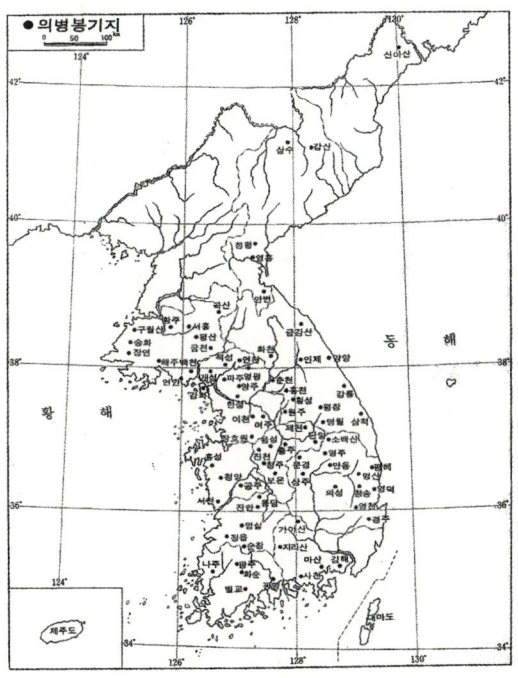

출처: 서문당, 『사진으로 보는 독립운동사』, 1987년 5월 발췌.

당초의 설립계획안에 의하면 동척은 순수 일본 국법에 의한 회사로 설립키로 되어 있었다. 그러나 이 안은 이토에 의해 한일 양국의 국책 회사안으로 수정되었고 동양협회 가스라의 각서를 얻어 일본 각의(閣議)를 거쳐 입법안으로 발의되어 의회에 제출되고 1908년 3월 수정 통과되었다. 이에 한일 양국은 동년 8월 27일 동양척식주식회사법(법률 제22호)을 공포했고, 동법 부칙 제44조에 의거하여 동년 9월 일본인 백작 마사기(正親田攢正)를 설립의원장으로 하고 일본측 83인, 한국 측 33인, 계 116명으로 구성되는 설립의원을 임명했다. 한국 측 위원은 13개 도에서 각각 2명과 서울 부호 7명 등 전원 지명자로 구성되었다.

한국측 임명 의원 전원은 1908년 9월 5일 서울에 소집되어 일본 소야 부통감(曾彌副統監), 이완용 총리(李完用總理), 조(趙)농상공부대신(農商工部大臣) 등의 훈시를 받고 이틀 후 전원 동경으로 출발하여 동경의 설립준비위원회에 출석했다.

한국측 의원 전원은 거의 일본어를 해독할 수 없는 완고한 노인들이 많았으며 그들 대부분은 당시 한국의 전 민중과 마찬가지로 동척의 설립을 반대하고 있었다. 한국 측 의원의 일부는 동경에 도착한 이후에도 노골적으로 설립반대를 했으나 저항의 보람도 없이 결국은 법률 45조에 근거한 9장 84조의 정관안이 확정되었다. 이 안은 설립위원장, 및 설립위원 명의로 정부에 제출되어 동년 10월 10일 농상공부로부터 정관이 인가되고 주식모집 등 설립에 관한 제반(諸般)사항이 결정되어 12월에 창립총회를 개최했다.[3]

### 동척의 조직

동척의 자본 구성은 정관(定款) 제2장 제9조, 제10조에 의하여 한일 양국에서 공동 출자하기로 하고 한국정부에서는 현물출자로 국유지를 제공했다.

---

3 위의 책, pp. 24~32.

> 정관 제9조  본 회사의 주식은 모두 기명식으로 하고 한일 양국인에 한하여 이를 소유할 수 있다
> 제10조  본 회사는 한국정부가 다음에 재산을 출자할 것을 승인하고 그 재산가격 300만 円에 대해서 6만주를 부여하는 것으로 한다.
> ◎ 전(田) … 5,700정보
> ◎ 답(大田) … 5,700정보

한국정부의 현물투자는 일본 측의 사전계획에 의한 것이며 거기에는 복선이 깔려 있었다. 그것은 동척의 설립과정에서 이토(伊藤博文)의 수정안을 받아들인 일본 대장성(大藏省) 안의 동척설립요목(東拓設立要目)에서 알 수 있다.[4]

해당 요목을 보면 다음과 같다.
① 양국에 있어서 거의 같은 법률(法律)을 제정한다.
② 역원(役員)은 한일 양국정부(사전 동의)에서 각각 일본인 한국인을 임명한다. 단 총재(總裁)는 일본인, 부총재는 각 1명씩 이사와 감사는 2:1로 한다.
③ 양국유력자를 고문(약간명)으로 하고 한국 지방장관 유력자 및 이사관(理事官), 재무관(財務官) 중에서 출장소상담역(相談役) 또는 지방위원(약간명)을 둔다.
④ 양국정부(통감부, 농상공부) 내에 관리관(管理官)을 두고 공동으로 감독한다.
⑤ ㈎ 주주(株主)모집에 관해서는 양국정부 임명의 설립위원에 진력(盡力) 맡기고, 양국인에서 모집한다.

---
4 黑瀨郁二 著, 『東洋拓殖株式會社』, 日本經濟評論社, 2003年 3月, pp. 18~22.

㈏ 양국 황실(皇室)의 인수(引受)를 출원한다.

㈐ 한국에 있어서는 토지출자를 인정한다(한국왕실은 소유지 출자).

⑥ 사채(社債)발행에 관해서는 일본흥업은행, 재일은행, 한국농공은행과 밀접한 관계를 맺고 일본정부는 2,000만 円 한도의 원리지불보증(元利支拂保證)을 한다.

⑦ 이주민의 모집 분배에 관해서는 양국 지방 관청의 조력(助力)을 구하고 또한 재국철도청, 통감부 철도관리국의 임율할인(賃率割引)을 구한다.

⑧ 일본정부는 설립 후 8개년 한으로 매년 30만 円의 보조금을 교부한다.

⑨ 한국정부는 관유지불하(官有地拂下), 민유지매수(民有地買受)에 관해서 상당한 편의를 부여하고 또한 사업에 대해서도 상당한 보호를 부여한다. 관유지 불하 대가는 사채로서 지불할 수 있다.

위에서 ⑤의 ㈐와 ⑨의 두 항에 문제가 있었다. 전자는 '토지출자에 관한 규정'이었으나 거기에는 "1개소에 적어도 약 500정보(町步) 이상 몰려있는 토지로서 현재수익이 있는 토지를 조건"으로 "최근 5개년간 지주(地主)가 수납할 수 있는 순익평균 1개년 분의 20배를 그 평가 기준"으로 책정했다. 그리고 ⑨는 관유지 불하 및 민유지 매수에 관한 규정이나 이와 같이 출자(出資) 불하(拂下) 매수(買收)에 있어서 수탈형식(收奪形式)을 이미 정비하고 있었던 것이라고 한다.

그 이유는 일본에서는 이미 24만 명의 이민계획(移民計劃)을 전제로 하고 있었으며 그 이민계획에 따라서 토지취득 계획을 달성하기 위해서는 소작대부지(小作貸付地) 1만정보(一萬町步) 직영지(直營地) 3천정보(三

千町步)를 포함하여 10년간에 한국 경지면적의 약 14%에 상당하는 25만여 정보의 토지를 집적(集積)해야 하는 계획이 포함되고 있었다고 한다.

그리고 한국정부 출자의 국유지는 1910년 8월 합방으로 일본정부 소유로 일단 귀속하였다가 그 후에 동척으로 이전되었기 때문에 세월이 오래 걸렸던 관계로 지목, 수량에 있어서 당초와는 상당한 차이가 발생했다고 한다.[5]

동척의 당초 발행주식 총수는 20만 주이며 그중 한국정부 소유주는 6만 주에 불과하고, 그 외 14만 주는 1908년 11월 공모했다. 공모 결과 총 응모주는 모집주식의 약 35배에 달했으나 그중 한국 내 응모주는 약 7만 주에 불과했다. 그것도 반수는 재한일본인이었다고 한다.

이와 같이 한국인의 응모주가 아주 적었던 이유는 한국인의 주식투자 지식이 없었던 점도 있었겠지만 당시 한국은 전국 각지에서 반일의병운동이 활발히 전개되고 있었을 뿐만 아니라(〈표 4〉 참조) 또한 전 한국인의 대일 감정이 극히 좋지 않은데다 동척이 침략 착취 회사라고 인식한 사람이 대다수였기 때문에 한국인의 응모주는 겨우 3만 5,000주에 불과했다. 그 응모주 중에는 한국 황실주도 포함되어 있었으므로 민간 응모주는 극히 소수였다. 설립 후 7년이 경과한 1915년 5월 1일 주주명부상에 기재되어 있는 한국인 주주는 총 210명에 불과했다.[6]

| 동척의 관리 조직 | 동척 설립 당시의 관리 조직은 다음 〈표 3〉에서 보는 바와 같다. 이 조직은 1914년까지 계속되었다.

---

5 위의 책, pp. 18~22.
6 大河內一雄 著, 앞의 책, pp. 36~37.

• 표 3 | 동척(東拓)의 조직표(1909년~1914년까지)

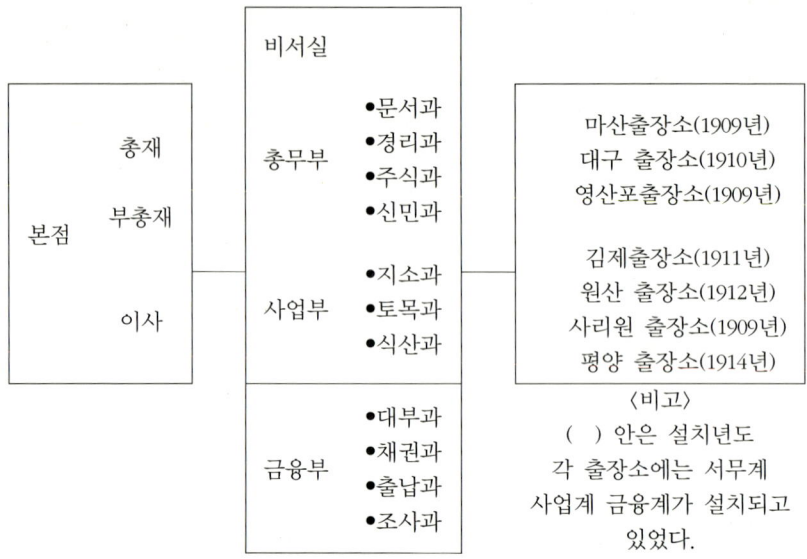

자료: 黑瀬郁二 著, 『東洋拓殖株式會社』, 日本: 經濟評論社, 2003年 3月, p. 247에서 전제.

위와 같이 동척의 설립 당시(1908년 12월 26일 발령) 역원(役員=임원)은 총재 1인, 부총재 2인을 포함하여 이사 7인, 감사 3인, 총 10인이었다. 그중에서 한국인 임원은 부총재 1인(민영기), 이사 1인(한상용), 감사 1인(조진태) 등 전부 3명이었다(〈표 4〉 참조). 이 한국 측 임원선임에 관해서는 관계 대신들의 회의가 당해년도 12월 24~25일 양일에 걸쳐 열렸으며 상당한 의논에도 의견이 분분하고 잘 조정이 되지 않자 이완용 총리가 "이토 통감과 상담하여 결정하자는 제안"을 내었고, 결국 그들 모두는 통감 이토 히로부미의 추천에 의해서 결정된 정부 대표들이라고 한다.[7]

---

7 위의 책, pp. 37~38.

• 표 4 | 동척 설립 당시의 임원

```
                    (1908년 12월 26일 발령)
총재      宇佐川一正      (일본 육군성 군무국장 육준중장)
부총재    吉原三郎        (당시 일본내무차관)
          閔泳綺          (농상공부, 탁지부, 군무대신 등 역임)
이사      岩佐逞藏        (한국 탁지부 고문)
          林市藏          (미에현 지사)
          井上孝哉        (사가현 지사)
          韓相龍          (한성은행 부두치)
감사      野田卯太郎      (중의원 의원)
          松平直          (자작)
          趙鎭泰          (경성상업회의소 회두)
```

자료: 大河內一雄 著, 『玄の國策會社 東洋拓殖』, 日本經濟評論社, pp. 37~38.

| 업무 구역과 주요 사업 |  동척의 주요 사업은 정관 제52조·53조·54조에 명시되어 있는 바와 같이 척식(拓殖) 곧 토지를 개간하여 일본인(자국민)을 한국에 이주시키는 사업이다. 그리고 한일 양국 정부의 인가를 받아 수산업 기타 척식상 필요한 부대사업을 영위할 수 있으며 또한 척식에 필요한 자금을 공급하는 사업도 할 수 있다. 초기 이민사업(移民事業)을 주요업무로 하여 대량이민의 이주비 및 사업비 등 방대한 자금공급을 위해서는 사채발행(社債發行)으로 조달하여 그것을 대부하는 것이 주요 사업이었다.

【동척의 업무관계 정관】

第52條  本會社는 左開業務를 營홈
  1. 農業
  2. 拓殖上에 必要한 土地의 賣買及貸借

3. 拓殖上에 必要흔 土地의 經營及管理
4. 拓殖上에 必要흔 建築物의 築造와 賣買及貸借
5. 拓殖上에 必要흔 日韓移民의 募集及分配
6. 移住民及韓國農業者에 對ᄒᆞ야 拓殖上 必要흔 物品의 供給과 其生産이나 又는 獲得흔 物品의 分配等
7. 拓殖上 必要흔 資金의 供給

第53條 本會社는 日韓兩國政府의 認可를 受ᄒᆞ야 附帶事業으로 韓國에서 水産業及 其他拓殖上 必要흔 事業을 營흠을 得흠.

第54條, 第52條 第7号의 資金供給은 如左方法에 依ᄒᆞ야 此를 行흠.
1. 日韓移住民에 對ᄒᆞ야 25年 以內의 年賦償還의 方法을 依흔 移住費의 貸付
2. 移住民及韓國農業者에 對ᄒᆞ야 15年 以內의 年賦償還의 方法을 依ᄒᆞ야 韓國에 在흔 不動産을 擔保로 ᄒᆞ는 貸付.
3. 移住民及韓國農業者에 對ᄒᆞ야 5年 以內의 定期償還의 方法을 依ᄒᆞ야 韓國에 在흔 不動産을 擔保로 ᄒᆞ는 貸付.
4. 移住民及韓國農業者에 對ᄒᆞ야 其生産이나 又는 獲得흔 物品을 擔保로 ᄒᆞ는 貸付.
5. 韓國에 在흔 不動産을 擔保로 ᄒᆞ는 3年 以內의 定期償還의 方法을 依흔 貸付.

前項 第1號의 貸付에 關ᄒᆞ야는 爲先 其方法及 條件을 定ᄒᆞ야 日韓兩國 政府의 認可를 受흠.

第1項 第2號乃至 第5號 貸付金總額은 辦納資本額及 社債未償還額의 合計 5分之1을 超過흠을 不得흠.

동척의 업무구역은 정관 제1조의 설립 근거에 의하면 조선에 한정하고 그 본점(本店)은 경성(京城)에 두었다. 그러나 1917년 7월 21일 법률 개정(제23호)에 의하여 그 업무영역을 조선에서 외국으로 확대하고, 본점(本店) 소재지도 경성에서 동경(東京)으로 변경했다. 사업경영과 업무구역(지역)에 대해서는 일본정부의 인가를 받아 실시하는 국책회사의 틀에서 벗어나지 못했으나 정관 개정(1917년 11월) 이후 동척은 관동주(關東州), 만주, 몽고 진출을 시작으로 하여 뒤에는 바이갈호(湖) 이동의 시베리아, 중국 하북성, 산동성 및 강소성, 필리핀 남양제도, 샴(버마) 등으로 업무 구역을 확대했다.[8]

이와 같이 동척은 일본 제국주의 확장정책의 야욕에 수반하여 업무 구역과 사업을 한국에서 전 아시아 지역으로 확장하고 사업 내용도 척식 이외의 정책 사업을 수행하기 위한 기관으로서 결국에는 일본이 말했던 대동아공영권(大東亞共榮圈) 형성을 위한 제2차 세계대전을 수행하기 위한 기반조성 기관으로 활동했다. 그 결과 동척은 일본제국의 패망과 운명을 같이했다.

## 2. 동양척식주식회사의 수산이민사업과 분쟁

### 동척의 수산이민사업

위의 정관에 의하면 동척(東拓)의 수산이민사업(수산업경영)은 기본사업이 아닌 부대사업이다. 그런데 동척은 설립되자마자 기본사업인 척식 곧 토지의 개간경작사업 등을 착수하기도 전에 먼저 부대사업인 수산이민사업에 착수했다.

당시의 동척 종사자의 말에 따르면 농업관계 이민 사업은 날씨(天候), 토지 비옥도(肥沃度), 노력(努力), 비료(肥料) 등의 문제로 쉽게 출자 이

---

8 위의 책, p. 110.

상의 이익을 얻기가 곤란하다는 판단에서 부대사업인 수산사업에 보다 일찍 착수했다는 설명도 있다.[9] 그러나 사실은 을사보호조약으로 반일활동(反日活動)이 절정에 이르렀을 무렵에 동척이 발족되었기 때문에 육상의 척식사업 착수가 곤란했고, 거기에 통감부의 요청이 있었기에 수산이민사업을 먼저 받아드릴 수밖에 없었던 것으로 보아야 한다. 동척으로서는 기본사업이든 부대사업이든 정관에 따라서 수행해야 하고 또한 식민지 경영을 위한 사업으로서 시급히 촉진해야 할 필요한 사업이었기 때문이었다.

당시 서해의 황해, 평안 양도 연안에는 일본에 앞서 중국 어선이 조업하고 있었다. 그것은 1882년 8월 23일 의정한 '중국조선상민수륙무역장정(中國朝鮮商民水陸貿易章程)' 제3조의 규정에 의하여 중국인의 입어를 허용했기 때문이다. 1909년 당시 평안남북도 전 연해에는 중국 어선 3,000척 이상이 입어하고 있었다. 그 어선 1척의 승무원 수는 많은 선박은 150~160인, 적은 선박도 50~60인이었다. 어획고는 적게는 5백만 円 내지 6백만 円에서 많은 경우는 1천 5~6백만 円 정도로서 1척당 평균을 1천 円으로 간주하더라도 총 어획고는 3백만 円에 이른다고 했다.[10]

통감부에서는 그러한 중국인의 입어가 못마땅했기 때문에 그들을 추방하고 대신 일본인의 입어와 이주자에 그 이권을 앗아 주는 것이 급선무였던 것이다. 따라서 통감부에서는 먼저 한국정부에 요청하여 중국정부에 대해서 한국 연안으로부터 중국 입어선을 철수시키거나 아니면 중국 연해 어장을 일본인에게도 개방하라고 통첩하도록 요구했다. 한국정

---

9 『水産文庫』第4卷, pp. 4~122.
10 『朝鮮海水産組合月報』第16号, p. 1.

부의 그러한 요구에 대해서 중국정부에서는 "한국 연해에 있어서 중국 입어선의 문제는 한국정부에서 알아서 처리할 것이며 그것을 이유로 일본인에게 중국연해어장을 개방할 수는 없다"고 거절했다.

그와 같은 중국정부의 회신을 접한 통감부에서는 식민지 경영의 필요에서 먼저 한국어업법에 의거하여 일본 어민의 이주와 어업 장려를 목적으로 황해도 평안도 연해에 수상이민사업(수산업경영)을 진행할 것을 동척(東拓)에 요청했다고 한다.

동척에서는 먼저 수산이민사업을 1910년 봄부터 착수하기로 하고 동년 2월까지 어민 30호 어선 18척을 먼저 이민할 계획을 세워 조선해수산조합과 이에 관한 사항을 협상 조인했다. 그리고 조선해수산조합 조장 오가주로(岡十郞)와 당 회사의 수산이민 및 수산 경영 방안 수립에 관해 하청(下淸)계약를 맺었다. 당시 동척에서는 수산이민사업의 경영에 필요한 사업장으로서 평안도 전 해역을 대상으로 하고 평안북도 압록강 강구에서 이남 청천강 강구에 이르는 연안 일대를 안강망 어업 면허 어장으로 계획하여 이에 대한 어업권 면허를 동척회사법 제13조의 규정에 의하여 한일 양국 정부에 출원했다.

한편 동척의 수산이민사업에 필요한 수산경영방안 수립을 하청받은 조선해수산조합의 오가주로는 동척의 수산기사 니시지마(西島新藏)와 촉탁 다기에(龍江) 등과 같이 평안남북도 연안을 시찰하고 조사한 결과를 근거로 하여 그곳에 전 24개소의 어구(漁區)를 예정하고 수산이민 수산경영계획안(水産經營計畫案)을 작성하여 동척에 제출했다.[11] 그 계획안의 내용은 다음과 같다.

---

11 『水産文庫』 第5卷 第5号, 1909年 10月, pp. 5~126~128 ; 『東洋拓植株式會社月報』 第14号(1910年 1月 1日), p. 32.

## 조선해수산조합에서 제출한
## 수산이민 수산경영계획안(水産移民水産經營計画案)

계획의 기초는 먼저 입어선을 이주 어업자 몫과 보통 입어자 몫을 합하여 약 400척으로 보고 그것을 사가(佐賀), 구마모토(熊本), 양현(両県)의 입어선 200척과 기타 입어선 200척으로 간주하고 그리고 그 전체 획고를 25만 엔(円) 내외로 추산하여 이들 어선의 취업에 대해서 대략 다음과 같은 경영방침(經營方針)을 적용할 수 있도록 수립했다.

① 근거지의 설비

압록강 방면의 어장에 대해서는 반성열도(盤城列島) 중의 원도(圓島), 대화도(大和島)에 근거지를 설치하고 그 지방 연락지로 이호포(耳湖浦)를 지정하고 또한 청천강(淸川江) 방면의 어장에 대해서는 운무도(雲霧島)에 근거지를 설치하고 그 지방의 연락지는 당포(唐浦)로 지정한다.

② 어획물 운반의 설비

단평선(團平船) 10척, 소증기선(小蒸氣船) 2척을 준비하여 종래 입어하던 일본 어부의 자어선(自漁船)이 15일간 1해조(一海潮)에 2회 어획물을 안동현(安東縣), 진남포(鎭南浦) 혹은 박천(博川)에 회송(回送)하던 것을 준비한 표준선(標準船)으로 어장에서 어획물을 수수(受授)하고 어선은 일해조(一海潮)에 9회 취업할 수 있도록 한다.

③ 음료수의 공급

종래 근거지에 있어서 성어기(盛漁期) 중에는 한말(1斗)의 식수(食水)를 얻는데 4시간을 소요했으나 이에 대해서는 새로이 60석(石)의 적수선(積水船)을 비치하여 각 어선에 공급하도록 한다.

④ 어획물 수도의 개량

종래 어획물의 수도(受渡)는 간행에 의하여 한마리(1尾)씩 계산하여 1척의 어획물 일만 마리(1萬尾) 내지 1만 5천 마리를 계산하는데 하루(1日) 또는 하루 이상의 시간을 소비했던 것을 개선하여 한말들이(1斗入) 용기 또는 1관(1貫=3.75kg)씩 인도함으로써 어선의 종어일수(從漁日數)를 증가한다.

⑤ 교통기관의 설비

어획물의 매매(賣買)는 양자가 다 같이 각지시장(各地市場)의 시가(時價)를 알 수 있도록 편의를 제공하기 위하여 압록강 방면에서는 지방 연락지 이호도(耳湖島) 전신국(電信局) 간 (약 9마일)에 사설 전화선을 가설하고 청천강(淸川江) 방면에서는 당포(唐浦)에서 운전(雲田) 전신국간 (약 2마일)에 사설 전화선을 가설한다.

⑥ 어획물 염장 창고의 설비

종래 어획물 매매자간에 어가(魚價)의 합의(일치)가 되지 않으면 부패를 염려하여 할 수 없이 투기(投棄)할 수밖에 없었다. 이에 대해서는 500톤 수용의 염장고(鹽藏庫)를 설치한다.

⑦ 판매지의 설비

압록강 방면에 있어서는 안동현 만철(滿鐵)로부터 1만여 평의 토지를 차수(借受)하여 전속의 어시장을 설치하고 청국 방면과의 판매에도 편의를 도모하고 청천강 방면에서는 박천(博川) 안주(安州)에 있는 한국인 객주(客主)와 연락을 도모하도록 한다.

⑧ 수요품 판매의 설비

입어자 기타에 대한 일용품의 공급을 편리하게 하고 그리고 부당한 이익을 감취하지 못하도록 일정한 규율(規律)을 정하여 근거지의 판매기관(販賣機關)을 특설한다. 이러한 제반 설비에 대한 수수료는 보통 입어자로부터는 그 어획물 판매고의 1할(10%) 이주 어업자로부터는 6부(6%)를 동척에 납입하도록 하고 그 외 지방 판매의 경우는 안동방면 어시장 객주에 대해서는 6부(6%) 해상판매(沖賣) 곧 근거지에서 직접 매매하는 경우는 안동 객주에게 4부(4%)의 수수료를 입어자가 지불하는 것으로 한다.

그리고 동척은 전술한 1909년 초 평안북도 압록강 강구에서 이남 청천강구에 이르는 연안에 대한 안강망 어업권의 면허출원에 대해서 한국정부 농상공부로부터 동년 8월 28일 다음과 같은 조건부 인가를 받았다.[12]

> 〈한국정부의 동척에 대한 안강망 어업면허의 조건〉
> (원문 생략)
> ① 관행(慣行) 또는 면허에 의한 타인(他人)의 어업을 방해하지 못한다.
> ② 사실상 어업을 경영하지 아니 하는 동안은 그 부분에 있어서 타인의 어업을 거부하지 못한다. 단, 본부(농상공부)의 승인을 얻어 입어 제한을 할 수 있다.
> ③ 어업 경영의 방법 어민의 이주 계획 어민에 대한 권리 의무의 관계 및 어획물의 처리방법 기타 어업에 관한 중요한 사항은 미리 본부의 승인을 얻어야 한다.

위와 같은 조건부 어업 면허를 받은 동척에서는 전술한 하청부인(下清負人) 조선해수산조합의 오가주로(岡十郎) 등이 작성한 '수산이민수산업경영계획안'을 근거로 하여 평안북도 어업경영방법(平安北道漁業經營方法)[13]을 제정 발표했다. 그 내용은 오가주로의 제출 계획안을 거의

---

12 『水産文庫』第5卷 第5号(1909年 10月), pp. 5~15.
13 『大日水産會報』第336号(1909年 10月), pp. 32~33 ; 『水産文庫』第5卷 第5号, pp. 5~141 ; 『朝鮮海水産組合月報』第16号, pp. 23~24.

그대로 수용하여 작성한 것으로 동척에서 확정한 "평안북도 어업경영 방법" 내용은 다음과 같다.

### 동척의 평안북도 어업이민수산업 경영 방법

① 본사 수산사무소 설치

어업경영에 관한 제반의 사무를 취급하기 위하여 다음의 판매소 출장소 및 전화 취급소를 설치한다.

- 안동현수산판매소, 원도(圓島)수산출장소, 대화도(大和島)수산출장소, 운무도(雲霧島) 수산출장소, 당포(唐浦)수산출장소, 거제포전화취급소

② 어업의 설비

어획물의 운반과 처리 및 어업자의 공익을 고려하여 다음 설비를 한다. 운반선 10척, 급수선 2척, 예선용 런치 1척(염장탱크) 그리고 용암포(龍岩浦), 이호포(耳湖浦)에 사설, 전화선을 설치한다.

③ 종업자(從業者)에 관한 사항

(ㄱ) 본사 내에서 어업을 영위하고자 하는 자는 다음 사항을 준수하는 자여야 한다.

- 본사의 어장에 있어서 어업을 할 수 있는 자는 본사와 계약한 어업자 외에는 한국어업법에 의하여 허가계출(許可屆出)의 수속을 마친 허가장 또는 감찰을 가진 자에 한한다. 단, 일본에서 입어하는 자에 있어서는 본문 외 또한 조선해수산조합원의 자격을 인증하는 것을 요한다.

(ㄴ) 본사 어장에 있어서 채포한 수산물은 모두 본사에 수탁판매하는 것으로 한다. 단, 허가장 또는 감찰을 소유한 어업자로서 본사의 어업개시 이전에 어업사 입금 차입 등의 관계에 의하여 당해 자본주와 어획물의 판매 혹은 위탁의 계약을 체결했기 때문에 본사에 위탁판매를 하기 곤란한 사정이 있는 자는 미리 그 사정과 판매에 관해서 본사와 협의하

여 본사의 승인을 받을 필요가 있다.

④ 종전의 관행 또는 특별한 권리에 의하여 어업권을 소유하고 또는 그 대부를 받은 자가 그 어장에서 채포한 수산물의 판매 처리에 있어서 본사는 그에 관여하지 않는다. 단, 본사는 쌍방협의에 의하여 그 채포물 처리의 위탁을 받을 수 있을 뿐이다.

⑤ 어획물의 판매에 관해서는 본사 및 청국(淸國)의 신임 있는 해산상(海産商)에 특약하여 각 시장의 시세(時勢)를 참조하고 시가에 의하여 그의 매매 가격을 협정하는 것으로 한다.

⑥ 어획물의 수수지점(受授地點)은 원도(圓島), 대화도(大和島), 운무도(雲霧島)의 3개소로 한다. 단, 정어리 등과 같이 특수수산물의 수수에 관해서는 그때그때 편의 협정하는 것으로 한다.

⑦ 본사는 음료수 급취를 위하여 급수선 무상사용을 허가한다.

⑧ 본사는 편의의 지점에 의료소(医療所)를 설치하여 응급치료를 한다.

⑨ 본사는 우편, 전화, 환금의 탁송사무를 취급한다.

⑩ 본사는 어업자의 희망에 의하여 제3자로 하여금 일용품 공급에 편의를 도모한다.

⑪ 제①호에 의하여 어업허가장 또는 계출감찰을 소유한 자로서 본사의 어장에 입장하고자 하는 자는 제①항 소재의 본사 수산사무소 중 편의의 개소에서 입어증표를 받아야 한다. 단, 사전에 증표료(證票料)를 징수하지 아니한다.

⑫ 전항의 입어자로서 본사의 승인을 받지 아니하고 임의로 어획물의 밀매를 하는 자가 있을 때는 즉시 입장을 거절한다.

동척에서는 위의 수산경영 방법에 의거하여 1910년 4월부터 수산이민사업을 착수하기로 하고 이주민의 보호에 지장이 없는 동안 일반 입어자의 입어도 허가할 방침에서 입어자를 모집하기로 했다. 그리고 조선해수산조합에 대해서는 위의 방법을 조합원 입어 희망자에게 주지시키고 독려하도록 의뢰했다.[14] 동척의 위와 같은 발표가 있자 일본 각 지방(부현)의 입어자 단체로부터 이의가 제기되고 동척의 수산이민사업은 출발 초부터 난관에 봉착했다.

동척과 입어민과의 분쟁

동척의 수산이민사업의 수산경영방침이 발표되자 조선해수산조합의 오가(岡十郎) 등이 그 방침 수립에서 특별히 배려했던 사가, 구마모토 양 현을 비롯하여 후쿠오카, 나가사키 등 주로 기타큐슈지방(北九州諸縣)의 입어단체에서 심하게 이의를 제기했다.

동척에서도 미리 입어관계자와의 이해관계(利害關係)를 예상하고 한국정부의 어업허가를 취득하자마자 일본의 한해 입어관계 지방청에 의뢰하여 그 내용을 일반 입어자에게도 주지시키도록 노력했다. 그러나 특히 문제를 제기했던 것은(단체는) 1901년경부터 매년 각 현을 순회(巡廻)하며 연합수산집담회(水産集談會)를 개최하며 한해 어업개발과 제반 입어문제에 대한 공동대처를 논의해왔던 관서큐슈지방(關西九州地方)의 각 부현 한해(韓海)입어단체들이었다. 그중에서도 사가, 나가사키, 후쿠오카, 구마모토 4현의 입어단체들은 1909년 1월부터 한해어업연구회(韓海漁業研究會)를 구성하여 동척어장의 입어문제에 대해서 공동 대처하기 위하여 어업개발의 심의와 행동통일을 논의해왔다. 이들 4현 입어자 연구회의 의견과 동척의 경영방법 사이에 차이가 있었던 것 같다.

---

14 『朝鮮海水産組合月報』第16号, p. 21.

곧 상기 4개현 한해어업연구회(또는 협의회)는 동년 4월 동척의 수산 경영방법에 대해서 '4현 한해어업협의회 결정사항'이라 하여 다음과 같은 요망사항을 동척에 제출하고 오카다(緖方) 구마모토현 수산조합이사를 동척 한국 본사에 파견하여 그에 대한 절충을 하도록 했다.[15] 그 4개현(연구회)의 공통 요망사항이란 4개현 연구회에서 제출한 현별 요망사항을 먼저 당해 연구회에서 취합하고 공동심의하여 종합 통일안으로 채택한 것이다. 그 통일안의 내용을 보면 다음과 같다.

〈한해어업연구회 제출의 결정 사항〉

① 어획물의 매매가격을 미리 일정하게 정하는 것은 어가가 저렴하게 되기 쉽고 어업자에 불리하게 되므로 시세로 거래할 것. 단, 풍어시에 있어서는 가격의 심한 하락을 우려하여 최저가격을 정해 둘 것.
② 일수품은 저가(低價)로 충분히 공급할 것.
③ 근거지(根據地) 3개소에 어기 중 계속 의사(醫師)를 파견하고 요양소를 설치할 것 더욱이 병상(病狀)에 따라서는 소증기선(小蒸氣船)으로 신속히 적당한 요양지에 송치할 것.
④ 시매소(試賣所) 및 근거지 사무소는 기설 5개소 이외에 필요에 따라 증설할 것.
⑤ 4현(縣)의 출어 감독원은 적절한 판매소 또는 사무소에 설비한 곳에서 숙박하도록 할 것
⑥ 어획물 및 판매대금의 수도(受渡)는 4개현의 요망대로 하고 풍어 때에는 동척(東拓)에서도 수도대변인(受渡代辯人)을 파견할 것.
⑦ 어획물은 모두 회사를 거쳐 매매하기로 결정한 이상 회사 이외의

---

15 『大日水産會報』 第332号, p. 32.

한·일·청국인(韓日淸國人)의 매선(買船)이 어장에 들어오지 못하도록 취체할 것.

⑧ 또한 조선해수산조합에서는 평북어장(平北漁場)에 어기중 당해조합의 순라선(巡邏船)을 특파하고 의사(醫師)를 승선시키고 또한 동선(同船)으로 하여금 우편사무도 취급하도록 할 것.

위와 같은 것이 요망대로 쾌유(快誘)한다면 이상 4개현 출어자에 있어서는 크게 도움을 얻게 될 것이다.

위와 같은 큐슈 4개현 한해어업연구(협의)회의 건의 안건에 대해서 동척에서는 받아들일 수 없었던 사정이 있었던지 결국 양자간에는 원만한 타협을 하지 못했다. 그리고 다시 동년 12월 15일 사가현청에서 개최한 4개현 연구회의 석상에서 '사가현 한해출어조합'(佐賀縣韓海出漁組合)으로부터 데라우치 조선총독(寺內朝鮮總督) 앞으로 조선 평안도 연해에 있어서 동척이 점유한 면허어장 취소에 대한 진정서(陳情書)를 사전에 단독으로 제출했다는 보고가 있었다(진정서 참조).[16]

## 【朝鮮平安道沿海に於ける東洋拓殖株式會社占有の免許漁場取消に關する陳情書】

朝鮮平安道沿岸一帶の漁場は今を距る拾數年前 佐賀, 長崎, 熊本, 福岡四縣漁民により之を發見開拓せられ爾後幾多の辛酸を嘗めせず撓まず銳意漁場の開拓に努め漁業の發展を企圖せしため漸く現今の隆盛を見るに至れり然るに本年五月該百數十海理に涉る廣漠たる海面を鮟鱇網漁場として東洋拓殖株式會社に免許せられたるは關係漁民一同深く遺憾とする所に有之殊に韓國漁業法に依れば鮟鱇網漁業は屆出漁業にして免許

---

16 『大日水産會報』第341号, pp. 46~47.

漁業にあらず然るに前述の如く廣大なる海面を該漁場として免許せられたるは明に法文に抵觸したる不法の措置なりと認めらる又東洋拓植株式會社は該漁場免許以前より伊佐奈商會をして漁獲物を一手に收容處理せしむることとし該漁場内に漁業するものに對し強制して漁獲物の販賣を同商會へ依托せしめ而して其賣上高の一割を手數料として徵收したるのみならず漁獲物の收容處理の方法其當を失せし爲め該商會と漁民間に一大紛擾を惹起し本縣外數縣より出漁せし數百隻の漁船千數百の出漁民に至大の損失を蒙らしめたるを以て竝に第十五回西南區實業大會より當時の狀況等を具し東洋拓植株式會社へ免許せられたる漁權を取消されんことを閣下へ建議せし次第に有之關係の漁民は來年度出漁期の眼前に迫れるも本年の如き歷史を再び繰返すことなきやを憂慮し出漁の準備を躊躇せら狀況なるを以て漁業政策上此際速かに該會社の漁權を取消し以て該漁場を開放せられ關係の出漁民をして自由に斯業に從事せしめられ徒玆に本組合の意見を陳述し敢て閣下の聖斷を仰ぎ奉り候也

　　明治四十三年十二月廿二日　　　　　　佐賀縣辦 海出漁組合

　　　　　　　　　　　　　　　　　　　朝鮮總督子爵寺内正毅殿


위의 진정서 내용을 간략히 요약 열거해 보면

　① 평안도 연해어장은 십수 년 전부터 사가, 나가사키, 구마모토, 후쿠오카 4현 어민이 발견하여 많은 고충을 겪고 열심히 어장개발에 노력하여 겨우 성과를 보게 되었는데

　② 본년 5월 당해역 백 수십 해리에 이르는 광범한 해변을 안강만어장으로 동척(東拓)에 면허한 것은 관계어민으로서는 심히 유감이며

　③ 한국어업법에 의하면 안강망어업은 계출어업(屆出＝申告)으로서 면허어업이 아니다.

　④ 그런데도 상기와 같은 광대한 해면을 안강망어장으로서 면허한 것은 법에 저촉된다.

　⑤ 그리고 동척은 당해어장면허 이전부터 이사나상회(伊仕奈商會)로

하여금 어획물을 일수(一手=독점)수용 처리하도록 하고 있으며

⑥ 당해어장 내에 입어하는 자에 대해서도 강제로 어획물의 판매를 그 이사나상회에 위탁하도록 하고 그 매상고의 1할(10%)을 수수료로서 징수하고 있으므로

⑦ 입어자는 어획물의 수용처리방법 대상을 상실했기 때문에 당해 상회와 입어민 간에 큰 분규를 야기했다.

⑧ 그래서 본현과 그 외 수현의 출어선 수백 척의 출어민에 지대한 손실을 끼치고 있으므로 제15회 서남실업대회(西南實業大會)에서 당시의 상황을 모아 동척의 면허권 취소를 각하(총독)에 건의하게 되었다.

⑨ 관계어민은 내년도 출어를 앞두고 본 년도와 같은 역사를 다시 되풀이 하지 않을까 우려하며 출어준비를 주저하는 상황임으로

⑩ 어업정책상 차재에 동척의 어업권을 취소하여 당해 어장 관계 어민이 자유롭게 입어에 종사하도록 조합의 의견을 각하에 진술하오니 선처(승단)를 바랍니다.

위의 ①에서 ⑧까지의 내용으로 보아 이것은 기득권 확보와 이권보장이었다.

또한 그와 유사한 내용의 진정서가 1911년 1월 25일 가고시마시의 흥업관(興業館)에서 개최한 규슈 각 현 연합조선해수산연구회(九州各縣聯合朝鮮海水産硏究会)의 명의로 다시 조선총독에 제출되었다. 그 내용은 "원래 조선농상공부대신(元朝鮮農商工部大臣)이 동척에 허가한 평안북도의 안강망 어업 면허는 위법(違法)으로서 인정할 수 없을 뿐 아니라 그것 때문에 동방면의 입어자가 입는 불이익(不利益)이 심대하고 또한 당해년(1911년)의 어기가 절박함에도 그 문제가 해결되지 않기 때문에

출어를 못하게 된다면 당업자의 불이익은 물론 국가의 손해도 적지 않으므로 신속히 동척의 면허를 취소하고 일반에게 어장 개방을 하도록 총독부에 건의한"[17] 것이다.

위와 같이 동척과 입어자들 간의 의견충돌이 마침내 조선총독에까지 미치자 동척은 1911년 2월 압록강 연안 180마일에 걸친 자사어업권을 전년도(1910) 어업 실패와 연계하여 폐기하기로 결정하고 그 어업권을 큐슈 4개현의 한해통어조합(韓海通漁組合)에 양도한다고 했다.

동척이 그 어업권을 반환하자 4현 연구회는 동년(1911) 4월 20일 쿠마모토시 물산조합(熊本市物産組合) 청사에서 회합하고 평안북도 어장의 권익에 관해서 다음과 같은 합의를 했다.[18] (본문 생략)

① 평북어장(平北漁場)의 어업 보호, 감독 비용의 보전(補塡) 및 장래 당해 어장의 어업권 획득의 비용 및 장래 4현 협의회(연합회) 사무비 충당을 위하여 1911년부터 4현 균일로 출어선 1척에 대하여 부담금 10엔(円)을 징수한다. 단, 세금(稅金)도 포함한다.

② 평북어장 출어자, 감독자 보호를 위하여 4현 단체(團體)로부터 각 1명씩 감독원을 파견한다. 단, 형편상 감독원을 파견하지 못하는 경우는 타에 위탁한다.

③ 4현 감독원은 일치하여 감독 보호의 목적을 달성할 것에 노력한다.

④ 4현 감독원은 필요에 따라 1명의 총대(總代)를 임선(任選)하여 외부에 대한 제반의 교섭(交涉)을 하게 한다.

⑤ 감독원은 출어 보호취체를 위하여 다음 사무를 집행한다. 풍기(風紀)의 취체 및 위생보호(衛生保護)에 관한 건, 어획물 판매에 관한 건, 조

---

17 위의 책, p. 46.
18 『大日水産會報』 第345號, p. 38.

난 구호에 관한 건, 부담금 징수의 건.

⑥ 연합 사무소의 소요비용은 각 현 출어선 수에 의하여 징수한 금액 중에서 거출지변한다.

⑦ 출어자로서 부담금의 납부를 하지 않고 또한 도박 기타 부정의 행위를 하고 혹은 출어 단체의 질서를 어지럽게 한 행위를 한 자는 감독원이 그에 상당한 처분을 한 뒤 관계 감독원에 통지한다.

⑧ 출어자로서 부정행위를 하고 단체에 대해서 손해를 끼친 자에 대해서 감독자는 그 손해배상을 시키고 그에 상등한 처분을 한다.

위와 같은 큐슈 4개현 연구회의 결의 내용으로 보아 동척에서 양도받은 평안북도 연해어장(업권)은 전기 4개현의 입어자조합에서 공동관리하는 것으로 간주할 수 있었다. 그러나 그 뒤의 진정 상태로 보아 다시 각 현 입어자의 이해관계가 얽히는 문제가 있었던 것 같다. 그것은 위의 4개현을 대표하여 동년 4월 26일 나가사키현 원양어업단장이 조선총독부에 동척의 평안북도 어업권의 반부(返附)와 4현의 입어에 대한 질의의 내용에서 알 수 있다.

곧 나가사키원양어업단장(長崎遠洋漁業団長) 카나도요쓰캐(奏豊助)가 조선총독부(朝鮮總督府)에 대해서 동척(東拓)의 평안북도 어업권 반부(漁業權返附)에 대하여 다음과 같은 내용을 질의하고 있다.[19]

① 4개현민이 입어하는 안강망어기 중의 보호취체 방법의 대요(大要)를 알려주었으면 한다. ② 그리고 당해 어장에 경비선을 파견할 수 있는지 ③ 또는 개정 어업법(총독부어업령을 말함) 추가 발표의 취지는 주지하고 있으나 대략 그의 발표 기일은 언제쯤인지 ④ 또한 평안북도

---

19 위와 같음.

에 있어서 당해 어장에 대한 4개현 어업단체의 의견에 대해서 더 요구할 것은 없는지 등이었다.

위와 같은 요구서 내용으로 보아 그것은 동척의 면허어장은 취소되고 거기에 개별 입어 개별 행동을 타진한 것으로 볼 수 있다.

그리고 위의 질의에 대해서 총독부에서 나가사키지사 앞으로 보낸 회신(답신) 내용은 다음과 같다.

① 동척에서 어업권을 포기한 어장에서는 어업의 종류에 따라 어업법의 규정에 의한 상당한 수속을 함으로써 영위할 수 있음. 단, 당해 어장의 새우어업에 대해서는 종래 동척의 산하에서 경영해온 어업자들이 어업출원의 수속을 할 것임.

② 보호취체에 대해서는 이미 종래 다른 연해에서와 같이 조선해수산조합에서 그 임무를 받아 순라선(巡邏船)을 순항시켜 어업자를 보호하고 있음. 기타 세관 감시선에서도 입어자를 취체할 것임.

③ 당해 어장을 위하여 특히 경비선을 파견 순회하는 일은 없을 것으로 봄.

④ 어업법의 개정안(총독부어업령을 말함)은 현재 품의 중이나 그 공포 기일은 확정하지 않았으나 멀지 않아 발표할 것임.

⑤ 당해 어장에 있어서 조기 어업은 정치어업(定置漁業) 이외는 현재로서는 계출(屆出＝申告)에 속하나 장래 이것은 허가어업으로 처분할 것임.[20]

위에서 짐작할 수 있는 것은 동척의 평안북도 연해에 있어서의 수산이민 수산경영사업은 결국 큐슈 4개현(九州四縣)의 한해어업연구회를 비롯한 관서 큐슈지역의 전 한해 입어자들과의 알력(분쟁)으로 실패하

---

20 『大日水産會報』第345호, p. 30.

고 당해 어업건에 대해서는 총동부의 방침에 의해서 처리한다는 것이다. 따라서 4개현의 공동관리도 사실은 수포로 돌아간 것 같다.

## 맺는말

위에서 동척의 수산이민 경영 사업에 관해서 고찰해 보았으나 그 사업은 결과적으로 관서 큐슈지역 입어민과의 이해충돌로 진전되고 결국은 실패했다. 그리고 당해지역의 어업건(漁業件)은 총독부 설치로 인한 한국어업법 폐기와 새로 제정된 총독부 어업령에 의해서 이주정착자를 비롯한 관계자에게 개별허가 또는 신고 어업건으로 전환되어 사실상 개인 입어자에 처분되었을 것이라 추정된다.

위에서 고찰한 바와 같이 조선의 척식사업을 목적으로 설립한 다국적기업인 동척이 발족하자마자 그 주업인 일본 농업인의 한국에서의 척식사업보다 오히려 중국의 입어선을 축출하고 그 대신 일본 수산 이민 경영에 먼저 착수했다는 것은 일반인이 알지 못했던 사실이다. 그리고 그 사업은 중국 입어선의 추방에는 성공했으나 결국 자국 연안 입어자와의 알력으로 착수단계에서 실패하고 단명으로 끝났다는 것은 정책기업의 문제점을 보여주는 것이기도 하다.

그 후 동척의 수산업 관련 사업에서 금융사업의 일환으로 수산 이주어촌 건설 및 수산업에 대해 어느 정도 자금공급이 있었는지는 알 수 없다. 특례(特例)가 없었던 것은 아니었다. 한 예로서 설립 당초 어업자본의 압박으로 경영이 악화하여 채무반제가 곤란했던 어느 옛 명문어업자(名門網元)가 당시 총리대신 사이토(齋藤實)에 한문 진정서로 직소(直訴)한 일이 있었다. 사이토 총리는 그것을 다시 조선총독에게 수차에 걸쳐 전달하는 관계로 그 직소장을 척식대신 나가이(永井柳太郞)를 통하여 동척에 선처를 훈령(訓令)하는 이례(異例)적인 예가 있었다고 한다. 그러나 동척의 금융은 '척식금융의 공급'이라고 규정하고 있었으므로 그 금융업무의 실제는 자금사도(資金使途) 제공담보물건(提供擔保物件) 차입 등에서 그 주체가 아주 다기다양(多岐多樣)했으면서도 국책성, 특수성을 유지하고 있었다고 한다.[21]

이와 같이 동척의 사업목적은 정관에서와 같이 원래는 조선의 식민지 경영을 위해서 한국의 토지 경영과 일본인의 이주사업 및 그에 수반한 금융사업이 주력사업이었으나 1917년 7월 21일 법률 제23호로 정관을 개정하고 영업 지역을 조선 이외의 지역으로까지 확대하고 그 본점(本店)도 경성(서울)에서 동경으로 옮겼다.

동척의 조선에서의 사업은 금융기관화하고 염전(鹽田), 면업(棉業), 면양(緬羊) 그리고 주택사업에서 중화학공업에까지 미쳤으나 거기에 머물지 않고 외지로 확대되었다. 종국에는 일본제국 건설의 전쟁기반 조성사업으로 확대된 결과 그 확대지역은 바이칼호 이동의 시베리아, 몽고, 중국 하북성, 산동성, 강소성, 필리핀, 남양군도, 마래반도, 브라질, 샴(버마) 등에 이르는 전 아시아권이었다.

이와 같이 한국 땅에서 일본 제국주의 침략의 첨병기업으로 등장한 동척은 왕조 말기에 설립된 대표적인 국제기업이었으나 확대(1917년) 이후에는 상기 외국 지역에서 일본제국 건설에 필요한 전쟁수행사업(제2차 세계대전)에 적극 참여했던 관계로 1945년 종전과 더불어 영원한 종언(終焉)을 맞이했다.

---

21 大河內一雄 著, 앞의 책, pp. 94~95.

# X. 포경입어

# X. 포경입어

1. 일본 재래식 포경업의 입어
   입어 동기 / 재래식 포경업의 합법적 입어
2. 러·일 양국 포경사에 대한 포경특허
   러시아·태평양포경회사에 대한 특허 / 일본 원양어업회사에 대한 특허
3. 러·일의 동해 포경 경합
   러·일의 동해 포경 / 일본의 러시아 포경사 접수와 동양어업주식회사의 설립
4. 동해포경업의 일본 독식
   동양어업주식회사의 동해포경조업 / 나가사키 포경합자회사의 조업 / 일한포경합자회사의 조업 / 총괄
5. 동양포경주식회사의 기업집중화

## 1. 일본 재래식 포경업의 입어

입어 동기

일본은 도서국가의 특성상 일찍부터 어업이 발달했다. 그중에는 재래의 포경어업(捕鯨漁業)도 포함되어 있었다. 일본의 재래 포경 기술은 창(槍)과 작살(銛) 그리고 제법 규모가 큰 그물을 사용하여 연안에 접근하는 고래류(鯨類)를 포획하는 어법이었다. 그것을 일본인은 망취식(網取式) 포경법이라 했다.[1]

이 망취식 포경법의 한해 입어는 통상장정이 체결된 7년 만에 체결된 통어장정(1889년 11월) 이후에 이루어졌다. 통어장정 제4조에 의하면 "양국의 어선은 어업면허의 감찰을 받은 자라 하더라도 특허를 받지 않으면 양국 해변 3해리 이내에 있어서 고래(鯨鯢)를 포획하여서는 아니 된다"라고 규정하고 있다. 이로써 포경특허는 일반 입어감찰과 구별했다. 그래서 일반어업감찰을 받은 자라 하더라도 별도로 포경면허를 받지 아니하면 포경업을 영위할 수 없었다.

통상장정 이전에도 포경특허를 받을 수는 있었을 것이나 당시 망취식 포경법으로서는 엄두를 내지 못했을 것이다. 그것은 당시 일본에서는 연안어민이 총동원하다시피 하는 협업이라 일본 연안에서는 가능했으나 한국 동해입어는 고래자원이나 그 접안 상태에 관해서 잘 알지 못했기 때문에 엄두를 내지 못했을 것은 당연했다.

일본이 동해 포경입어에 적극적인 관심을 갖게 된 것은 러시아의 동

---

[1] 石田好数, 『日本漁民史』, 三一書房, 1979年 3月, p. 34.

해포경에 크게 자극을 받은 제국주의 추종자들에 의한 대러(対露)견제책을 강구하면서부터라고 하겠다. 그것은 당시 일본제국의 대표적 수산계 지도자였던 세키자와, 다케나가(關澤明淸, 竹中邦香)의 「조선통어사정보고서」(1892.11~1893.3)를 비롯하여 많은 조선해 어업관계 보고서 등에서 극명(克明)하게 나타나 있다.

세키자와 등의 보고서에 기재된 일면을 소개하면 다음과 같다.

"러시아는 시베리아 철도 부설로 어획물 판로가 편리하기 때문에 일본인이 먼저 그들에 앞서 동해어업의 주권을 점유하지 않으면 국권(國權)상 절대로 안이하지 못할 것이다. 들리는 바에 의하면 러시아인이 동해에 와서 포경을 시도하여 크게 어획하고 그것을 나가사키(長崎)에서 매각하여 많은 이익을 보았다고 한다. 이러한 러시아인의 동해 포경 계획은 쉽게 중단하지 아니할 것이며 훗날 반드시 계속 영위하게 될 것이다.……만약 러시아인으로 하여금 동해에 선편(船鞭)을 정착하게 하고 혹은 조선정부와 그 연안포경의 특약이 체결하는 일이 있고 마침내 습관을 순치시켰을 경우에는 일본은 다시 외롭게 그들과 싸우지 않을 수 없으며 만약 지쳐 싸울 수 없게 되면 러시아인들은 도량(跳梁)의 여향(余饗) 끝에 가서는 우리 큐슈 두 섬은 물론 나가도(長門), 이시미(石見), 이스모(出雲), 이끼(隱岐) 등 제주(諸洲)의 포경은 두말할 필요도 없고 나아가서 다른 어장까지 유린할 것은 불을 보듯 뻔하므로 러시아 포경에 더욱 관심을 가지지 않을 수 없다. 그러므로 그들(러시아인)의 습관이 아직 굳어지기(생기기) 전에 일본 어민의 배 그림자(船影)를 동해상에서 단절하지 아니하고 오래도록 우리들이 이 해상의 주권을 거머쥐(把持)도록 하지 않으면 안 될 것이다……이것이 국가전도의 대계상(大計上)에서 보아서도 동해(조선해)어업과 포경업의 보호 장려를 소홀히

하지 않고 가능케 하자는 이유이다"² 라고 했다.

위와 같이 러시아 포경업에 대한 견제로 일본의 동해 포경업 육성을 강조했던 것은 당시 조선 어업을 조사했던 다른 일본인들의 보고서 등에서도 하나같이 언급하고 있다. 그것이 당시 일본 제국주의 주창자(主唱者)나 수산지도자 및 관료들의 일치된 의견으로 승화화고 그에 대한 일본정부의 구체적인 대응책으로 출현한 것이 1887년 3월 31일 일본 최초의 원양어업장려법의 제정이었다.

## 재래식 포경업의 합법적 입어

일본인의 한해(조선해)입어포경이 언제부터 있었는지는 확실치 않으나 기록상으로는 『제주계록(濟州啓錄)』에 "1848년 4월 25일 일본 포경선(鯨船) 1척이 제주도 선의현(旌義縣) 방두포(方頭浦)에 표도(漂到)했다. 그 배에는 선두(船頭) 다나카(田中南四郞) 외에 4명이 승선하고 있었는데 그들은 히라도섬(平戶島) 사람으로서 고래를 잡기 위하여 생일포(生日浦)에 갔다가 갑자기 폭풍을 만나 표도하였다"고 되어있다.³ 이 기록으로 보아 일본인의 입어포경(밀어)은 1850년 이전 혹은 왜구행위의 역사로 보아서는 그 보다 훨씬 이전에도 있었으리라는 것을 짐작할 수도 있다. 그러나 유감스럽게도 그에 대해서는 확실한 기록이 더 보이지 않는다.

일본에서 원양어업장려법이 실시된 이후 기록상에 나타난 최초의 합법적인 포경입어는 1889년 오이타현(大分縣仲津郡豊津村)에서 설립된

---

2 關澤明淸·竹中邦香同 共編, 『朝鮮通漁事情』, 團々社書店, 1983, pp. 4~5.
3 朴九秉 著, 『韓半島沿海捕鯨史』, 太和出版社, 1987, p. 222.

후소오해산회사(扶桑海産會社)가 1890년에 국립해산사(海産社)[4]와 특약을 맺어 해산사에서 고용한 어부들로 하여금 망취법(網取法)으로 부산(영도)을 근거지로 입어했다는 기록이다.

그 입어규모는 어선 22척, 승무원 256인이며 그 어획은 당해년도(1890) 봄까지 16두(統記 고종 27년 3월 16일의 기록에는 13두)였으나 결과는 성적 불량[5]과 조선의 사정에 어두웠던 관계로 그 사업은 정지되었다. 그러나 그 다음해(1891) 3월 정부관리 민건호(閔建鎬)의 협력으로 다시 해산사와 3년 고용계약을 체결하고(양사의 협의정약 참조) 동년 초 2차에 걸쳐 총 15척이 입어했다.[6] 그 사업성과는 자료에 따라 다르나 1890년 겨울에서 다음해 봄까지 15두 내지 16두, 또는 1891년 어기 2두 내지 15두로 기록되어 있다.

그러나 1892년 이 사업은 부산수산회사에 이양되었다. 부산수산회사는 전자의 잔존 기간에 연간 15~16두의 고래를 포획했으나 막대한 인건비(300인 이상)와 기타 비용의 과다 등으로 2년 뒤(1894년) 그 사업을 폐기하고 다시 독자 사업으로서 일본의 발포(發砲) 포경전문가인 세키자와(關澤明淸)를 초빙하여 미국식 발포 포경법(發砲捕鯨法)으로 사업을

---

4 朴九秉 著, 위의 책, p. 223. 통기(統紀)에 의하면 1888(高宗25)년 10월 1일의 기록에 고래(鯨魚兒) 및 정어리(鰯魚) 등의 어개(魚介)를 포획하기 위하여 창설한 해산사(海産社＝海産會社)는 자본을 고집(股集)하여 동남 각 연해에 가서 어채신법(魚採新法)을 시용(試用)하였다. 이에 대하여 외영문(外衙門＝統現支洪通商業協衙門)을 거쳐 증표(證票)를 발급하고 관허(官許)를 특허(特許)했다고 한다. 또한 『大日本水産會報』 第102號, p. 54에는 근년(1890) 조선정부는 어업이 국가에 큰 이익이었음을 인정하고 해무연해순검감무사(海務沿海巡檢監務使)라는 관직을 두고 팔도(八道)의 어업을 통괄하도록 해산회사 사장에 조존두(趙存斗) 씨를 임명하였다고 했다.

5 朴九秉 著, 앞의 책, p. 223.

6 『韓國水産誌』 第1輯, p. 369 ; 朴九秉 著, 위의 책, p. 224.

시도했으나 그것도 실패했다.[7] 후자는 한국 재류일본인에 의한 최초의 합법적인 연해(동해) 포경업이었으나 시도 단계에서 모두 폐기되었다.

---

**1891년 海産社와 扶桑海産會社와의 協議定約**

제1관  경상도는 포경을 허가한다. 타도(他道)에 침범하여서는 안 된다. 만약 타도에서 이러한 영업을 하고자 할 때는 다시 조약(條約)을 정한다. 따로 영업을 하고자 하는 자가 있을 때에는 扶桑海産會社에 통조(通照)하여야 한다.

제2관  어부(漁夫), 수부(水夫) 휴식처(休息處) 및 배의 개박처로서 절영도(영도) 선둔(仙屯)지방에 있어서 남북 20간(間) 동서 11간의 지역에 가옥(假屋) 건립을 허가한다. 가옥은 포획을 시작할 때에 건립하고 끝낼 때에는 철거하여야 한다. 어부 등의 단속은 엄중히 하여야 한다. 만약 무례한 자가 있으면 처벌하여야 한다. 잡어의 영업은 일제 금단한다.

제3관  고래의 대소(大小)와 호부(好否)는 미상(未詳)이다. 따라서 해부하기 전에 쌍방이 입회하여 척수(尺數)를 재어 머리에서 꼬리에 이르기까지 매 1척에 70전(錢)씩을 납부하여야 한다.
자는 목척(朝鮮木手尺, 日本曲尺)으로 시행한다.

제4관  배가 항구에 도착할 때에는 扶桑海産會社에서 서면(書面)으로 감리서(監理書)에 개출하고 감리서는 세무사(稅務司)에 통지하고 해관에서 감찰을 교부하여 증명으로 삼는다. 이를 선수(船首)에 게시하고 또 조선의 국기를 게양하여야 한다.

제5관  배 안에서 필요한 제구(諸具) 및 식량 등을 가옥이 있는 곳으로 운반하려고 할 때에도 역시 扶桑海産會社에서 서면으로 감리서에 제출하고 감리서는 세무사에 통지하고 해관에서 검사하여야 한다.

제6관  수출하는 경육(鯨肉)기름, 뼈(骨) 등과 수입하는 제구(諸具) 중 납세하여야 할 것은 일제해관의 규칙에 따라야 한다.

제7관  포경선 왕래 시에 만약 작살(銛)에 맞아 피아(彼我)의 배에 손해가 발생하면 손해를 동등하게 하여 상호 변제하여야 한다. 고의로 범한 자는 배상시키고 범인은 별도로 처벌하여야 한다.

제8관  약정연한은 신묘(辛卯)로부터 3개년으로 한다. 만기 후에 扶桑海産會社

---

7 吉田敬市 著, 『朝鮮水産開發史』, 朝水会, 1954, p. 125 ; 『香川縣海外漁業史』, p. 121 ; 朴九秉 著, 위의 책, p. 225.

> 에서 계속할 것을 요구하면 별도로 정약(訂約)하여야 한다.
> 제9관 우(右)와 같이 정약하여 한 통은 감리서에 두고 한 통은 扶桑海産會社에 두고 서로 증거로 한다.
>
> 大朝鮮 開國 500년 2월 5일
> 大日本 明治 24년 3월 14일

자료: 朴九秉 著, 『韓半島沿海捕鯨史』, 太和出版社, 1987, pp. 2~3 ; 關澤明淸·竹中邦香同 編, 『朝鮮通漁事情』, 東京: 團々書店, 1893, pp. 64~65.

그 밖에 일본인으로서 독자적인 입어는 "1890년 카가와현의 야스가(奴賀新造)라는 사람이 고래그물을 가지고 입어하여 근해에서 포경을 했으나 뒤에 폭약으로 포획했다는 것이 발각되어 1894년 정부에서 중지시켰다"[8]는 기록이 있다.

그는 다시 1896년 동래감리서(東萊監理暑)의 특허를 얻어 일본 기주식 포경망구(紀州式捕鯨網具)를 가지고 동년 12월 중순에서 다음해 6월 중순까지 어부 100여 명을 대동하고 입어하여 부산을 근거지로 연안에 접근하는 귀신고래(小鯨)를 당해년도(1896) 8~9두, 그 다음해(1897년)에 10수두를 포획하여 찬주포경(讚州捕鯨)의 명성을 떨쳤다.

당시 일본인에 대한 포경허가는 이 한 건뿐이었다. 그 허가세(許可稅)는 고래의 머리에서 꼬리(尾)에 이르기까지 매 1척(조선 목수척, 일본 곡척(曲尺))에 은(銀) 70전을 부과하고 그 외 고래고기(鯨肉), 기름(油), 뼈(骨) 등의 수출품에 대해서도 모두 관세(關稅) 규칙에 따라 세금을 부과했다.[9]

그는 1898년 다시 어선 17척, 인원 160인의 선대로 일본을 출항하여 한해(韓海)로 도래하는 도중 폭풍으로 어구·어선을 유실하여 큰 손해

---

8 中井昭 著, 『香川縣海外出漁史』, 香川県水産課, 1967, p. 121.
9 葛生修吉 著, 『韓海通漁指針』, 1903(明治36)年 1月, 黑龍會出版部, p. 379.

를 입었으나 다시 선대를 재정비하여 동년 3월 중순에서 5월 하순에 입어하여 돌고래 1두, 기타 대왕고래 등 14두를 포획하여 순익 6,000円의 좋은 성과를 올렸다. 1899년 다시 20척 1조의 찬주 포경선대로 입어하여 16두를 포획하고 계속 입어하여 1900년 10두, 1901년 9월까지의 조업을 끝으로 철수했다. 이후 일본의 재래식 찬주포경업은 한해에서 완전 소멸했다.[10]

그 밖에 1900년 초 나가사키현의 오도 포경회사(五島捕鯨會社), 후지무라 포경조(藤村捕鯨組) 및 아마하루(텐슌) 포경조(天春捕鯨組) 등에서 미국식 포경법으로 입어했다고 하나[11] 그 조업 상황에 대해서는 확실한 것은 알 수 없다.

위와 같이 1900년 전후까지 일본재래식이나 또는 미국식 포경법 등으로 소수의 일본 포경업체들이 입어했으나 그들은 모두 사업적으로 성공하지 못하고 이후 노르웨이식 포경선대(업체)의 등장으로 조선연해에서 완전 철수했다.

## 2. 러·일 양국 포경사에 대한 포경특허

### 러시아·태평양포경회사에 대한 특허

동해에는 1840~1850년대부터 미국, 프랑스, 독일, 러시아 등의 선진 포경선대들이 다수 출몰했다. 그중에서도 조선과 일본에 크게 영향을

---

10 中井昭 著, 앞의 책, p. 122 ; 朴九秉 著, 앞의 책, p. 231.
11 吉田敬市 著, 앞의 책, p. 216.

미쳤던 것은 러시아 포경선대였다. 러시아의 동해 포경업은 1900년대 들어서 일본의 동해 포경업에 결정적인 영향을 미쳤다. 특히 께이제를링(Keyserling)을 대표로 하는 태평양포경회사의 조업은 일본에 많은 영향을 미쳤다.

당회사는 1891년 4월 일본을 방문했던 러시아 황태자 니꼴라스(1894년 황제가 됨)와 그의 수행원인 육군상 끄로빠뜨컨과 께이제를링 백작 일행이 일본에서 군함으로 동해를 거쳐 블라디보스토크항으로 귀국하던 도중 동해에서 많은 고래 떼를 발견하고 선상에서 협의하여 배가 블라디보스토크에 도착하자마자, 동년 4월 왕실자금 120만 루블의 투자로 '께이제를링·태평양포경회사(Pacific Whale Company of Countg. Keyserling &Co.)'를 설립하고 본사를 '블라디보스토크'에 두고 동해와 일본 대마도, 북해도 근해에 이르는 광범한 해역에 걸쳐 포경업을 시작했다.[12]

이에 대해서 일본 제국주의 관료들은 조일 양국 간의 무역장정에 의거하여 합법적으로 입어했던 자국 포경선대는 모두 실패한데 반해서 러시아·태평양포경회사의 노르웨이식 기선포경선대는 한국정부의 허가도 없이 한국의 항만을 기지로 사용하고, 사업의 성과도 양호하고 거기에 러시아·태평양포경회사의 각 포경선에 대해서 러시아 해군성에서 매년 5만 루블씩 보조금까지 교부하여 한반도 및 일본의 연안 측량(測量)까지 하고 있다는 것을 알고 그것은 분명히 제정 러시아의 극동에 있어서 남하정책 실현을 위한 준비단계이며 나아가서는 한국을 그들의 식민지화 할 것을 궁극의 목적으로 하는 수단이라고 인식했다.[13]

---

12 石田好數, 앞의 책, p. 38 ; 朴九秉 著, 앞의 책, p. 184.
13 石田好數, 위의 책, p. 38.

그동안 일본은 제국주의 영토 확장 실현을 위해서 조선과 전통적으로 밀착해 있었던 청국(淸國)을 조선으로부터 추방하기 위해서 1894년 청일전쟁까지 감행했다. 그럼에도 그 결과는 오히려 프랑스, 독일과 연합한 러시아에 의해서 점령지 요동반도(療東半島)마저 다시 청국에 반환하고 동북삼성(만주)을 통과하여 블라디보스토크에 접속하는 동청철도(東淸鐵道)의 부설권과 여순 대련의 전시(戰時) 사용권마저 러시아에 선취(先取)당하자, 러시아의 동해포경업을 제정 러시아의 남하정책 실현의 전조로 인식했다.

이러한 위기의식에서 일본은 러시아에 대한 실권(失權) 회복과 남하정책 저지를 위해서는 먼저 조선을 압박하여 러시아의 동해 포경업을 축출하고 자국의 노르웨이식 동해 포경업의 육성을 촉진하는 길밖에 없다고 확신했다.

따라서 일본은 러시아·태평양포경회사의 동해 포경선대 활동을 예리하게 관찰하는 한편 조선정부에 대해서는 압박을 가하여 허가 없이 조선의 항만을 사용하는 러시아 포경선대의 시설을 차압하고 법률로 다스릴 것을 촉구하고, 자국의 군사기지(4개소) 확보를 위장한 어업기지 조차 협정을 요구했다. 그러나 조정에서는 그러한 요구를 거절하고 오히려 러시아·태평양포경회사와 조문 20조(관)에 달하는 '포경특허계약'을 체결하고(1899년 3월 29일) 마양도(馬養島), 장전진(長箭津), 장생포(長生浦)의 세 근거지 조차(租借)를 윤허했다.[14] 이것이 조선시대에 있어서 외국인에 윤허한 노르웨이식 포경특허의 제1호였다.

당시 러시아·태평양포경회사의 동해 포경활동은 주로 일본 나가사

---

14 朴九秉 著, 앞의 책, pp. 188~207.

키 항을 근거지로 하고 매년 도항하여 원산해관에 포경개시 계출(신고)을 하고 함경도 신포(新浦)와 강원도 장전을 근거로 조업하여 그 성과물(어획물)은 대부분 일본 나가사키항으로 수출했다. 당시 러시아 포경선대의 규모는 〈표 1〉과 같다.

• 표 1 | 1898년 러시아 · 태평양포경회사의 동해 포경선대 상황

| 선명 | 선질 | 용도 | 선적 |
|---|---|---|---|
| 미가엘 호 | 철조기선 | 모선 | 러시아 |
| 고직 호 | 목조범선 | 예비노동선 | 〃 |
| 에비스 호 | 〃 | 염장선 | 일본 |
| 게오르그 호 | 철조기선 | 포경선 | 러시아 |
| 니꼴라이 호 | 〃 | 〃 | 〃 |
| 알렉산더 호 | 〃 | 운반선 | 〃 |

자료: 『大日本水産會報』 第179호, p. 59.

1898년 동해의 러시아 포경선대는 모선인 미가엘 호에는 채유, 기타의 제조 기계류 1세트를 설치하고 선 내에 착유(제조)시설을 완비하고 있었다. 선체는 철제의 보통기선이며, 등록 총 톤수는 2,144톤, 선적은 '블라디보스토크항(浦湖港)'이었다. 선내 구조는 선저에 구경 10여 척(尺), 높이 20여 척의 대형나무통(木桶) 20개를 장치하여 경유를 저장할 수 있고, 선저에서 갑판까지는 5층으로 되어 있었다. 그리고 각 층에는 적육(赤肉), 피골(皮骨), 내장(內臟) 등을 증기로 쪄서(蒸煮) 경유를 착취하고 또한 골분(骨粉) 등의 제조에 필요한 아주 정교한 기계 약 20대를 설치하고 있었다. 이 포경선은 어느 어장에 투입하더라도 어체의 재해(裁解)에는 조금도 불편이 없었다. 승무원은 러시아인, 기타 서구인 등 30명, 일본인 10수 명, 청국인 50여 명, 한국인 10여 명이 혼승한 다국적 선원으로서 대략 총 100여 명에 이르렀다.

그리고 당회사는 상기 선박시설 외에 '블라디보스토크항' 부근의 '가이다 마구' 해변에 사방 35리(里)의 한 지구를 소유하여 그곳에 광대한 제조창을 설치하고 착유, 분골, 통조림, 염장용의 제기계장비장 시설도 갖추었다.[15] 러시아 포경선대의 조업근거지인 함경도 마양도, 강원도 장전(長箭), 경상도 울산만 내의 장생포 각 기지의 시설은 다음과 같다.[16]

| **마양도 (또는 신포)** | 마양도(馬養島)는 함경도 홍원군에 속하는 신포(新浦) 앞에 동서로 걸쳐있는 길이 1리(里=392.727m) 폭 약 10정(町=1090.9m)에 가옥 200호 정도가 있는 작은 섬이다. 신포(新浦)와 마주보고 작은 해협을 이루고 북쪽면(北面)으로 3개의 만 입구(灣入口)가 있다. 그 동쪽 끝(東端)에 수심 5발(9.1m) 내지 9발(16.38m) 정도 되는 항만으로 범선 기선의 출입에 지장이 없고 동서북풍을 피할 수 있는 적지였다. 러시아의 재해지(裁解地)는 이 만의 동쪽 연안 평탄한 곳에 길이 350척(呎=106.05m) 폭 300척(90.9m)의 지구 3개소를 차지(借地)하여 1899년까지 겨울철에 사용하는 대장간 1동을 설치하고 있을 뿐 다른 시설은 없었다. 이곳이 신포 근처에 있기 때문에 신포재해지(新浦裁解地)라고 했다. 일본의 포경선도 매년 11월 하순부터 동년 12월 중순까지 이곳을 근거지로 약 3주간 이용했다.

---

15 그 제조장은 1902년 사업도중 불행한 재해로 인하여 전부 오유(烏有)로 변했다고 한다. 그래서 당해 사에서는 다시 신포, 장전, 울산의 각 조차지(租借地) 중의 한 곳에 그러한 제조창을 건설할 계획이었으나 어장이 3개소로 산재하여 있는 관계로 주로 모선 내의 제조에 의존하고 있다고 한다(石田好數, 앞의 책, pp. 78~79).
16 『大日本水産會報』第235号(1902年 1月), pp. 21~22.

| 장전진 |  장전진(長箭津)은 강원도 통천군의 통천만 내에 있다. 만 입구는 동쪽을 향하고 있어서 서쪽에서 출입하게 되어 있었다. 1리(4km)가 좀 넘는 그리 넓지 않으나 수심은 5~6발(9.1~10.92m) 정도 되는 내만이다. 그 외해에는 군함, 상선의 기항이 많아서 당시 주민들은 그곳을 군함항이라고도 했다. 만의 깊숙한 서북쪽에 인가 70여 호가 있었다.

러시아 포경선대의 제해지는 장정진의 동북방경사지에 위치하며 길이 900척(呎=272.7m) 폭 272척(83.1m)의 곳으로서 3개기지 중 가장 광대했다. 이곳에는 1899년 겨울철의 대장간(冬鍛冶小屋) 1동이 있었을 뿐 다른 시설은 없었다. 마양도를 떠난 포경선은 이곳에서 매년 12월 중순에서 다음해 1월 초순에 걸쳐 약 3주간을 근거지로 활용하고 그 다음에는 울산 장생포로 남하했다.

| 장생포 |  장생포(長生浦)는 경상도 울산만 내에서 다시 서쪽으로 깊이 들어간 좁고 긴(峽長) 항만으로서 해도 상으로는 '우와리소항'이라 하며 수심 5발(9.1m) 내지 6발(10.92m) 정도이며 사방의 바람을 피하는 데는 가장 안전한 곳이었다. 장생포는 그 북단에 있으며 민가 60여 호에 인구 300인 이상의 부락이 있었다. 포경 계절이 되면 한일 경육상(鯨肉商)의 내포자(來浦者)가 적지 않았다. 러시아의 조차구(租借區)는 대안(對岸) 돌출의 평탄한 곳이 적은 땅 끝(角地) 길이 300척(呎=90.9m), 폭 260척(78.78m)의 곳으로 이곳(角地)을 대천(大串)이라 했다. 그 경사지에 청수(淸水)가 솟아나오는 음료수 공급지(飮料水供給地)가 있고 러시아포경선의 정박장은 그 땅 끝 안쪽 20(36m)~30간(間=54m) 정도 떨어진 근거리에 있었다.

러시아는 1900년 이 조차구(租借區) 내에 대장간을 설치하고 그 다음

해에는 청국인 고래해부자의 임시가옥도 신설하고 해안에는 목재의 잔교(棧橋)를 가설해놓고 있었다. 1902년 해부인(解剖人) 기타인의 벽돌주택을 신축하고 대장간, 석탄저장소 등과 그 외 승무원의 오락장도 설치함으로써 러시아식 경영지 조성을 시작하고 있었다.

## 일본 원양어업회사에 대한 특허

일본은 러시아·태평양포경회사의 동해 포경선대의 특허획득에 충격을 받아 원양어업장려법을 제정 고시하고 그에 의거하여 1900년을 전후하여 본격적으로 노르웨이식 포경선(업)을 서둘러 도입했다.

일본의 노르웨이식 포경선의 도입과정을 보면 전술한 러시아·태평양포경회사의 동해포경선에 오랫동안 목수로 고용되어 있었던 나가사키현 시마하라(島原)지방의 다카하시(高橋壽二郞)라는 사람이 1895년 11월 하선하여 나가사키의 유력자 가메가와(龜川多一郞)에게 노르웨이식 포경업의 유망성을 설득한 것이 시작이라고 한다. 가메가와는 마지다(町田喜代治) 등과 조합을 구성하여 1896년 여름 포경용의 대포(大砲), 작살(銛) 및 작살용 로프(網) 등을 노르웨이에 주문하고 한편 오사카의 모 조선조에 기선 포경선 호가마루(燧火丸)의 건조를 발주했다.

그 배의 인수를 기다리는 동안 동 조합에서는 보통기선으로 나가사키현 연안에서 포경조업을 계획하고 1897년 1월 현 지사에게 원양포살포경업(遠洋砲殺捕鯨業)을 출원했다. 그리하여 45톤급 기선 야요이마루(彌生丸)를 포경선으로 하여 가라스섬(烏島)을 근거지로 히라도섬(平戶島) 근해에 이르기까지 2일 동안 출어했다. 그러나 고래는 한 마리도 포획하지 못하고 오히려 연안 어민들의 포살·포경업의 반대로 그(어민)

수습에만 무려 4개월을 소요하고 동년 5월 나가사키 항에 귀항하는 고충을 겪었다.

그 포경조(捕鯨組)는 동년 10월 자본금 3만 5천 円의 '원양포경주식회사(遠洋捕鯨株式會社)'로 개편하고 러시아 태평양어업회사에서 계약만료로 하선하는 노르웨이인 포수(砲手) 피터센을 고입하여 동년 12월 농상무성으로부터 노르웨이식 포경업 허가를 받았다. 그리고 오사카(大阪)의 조선소에 발주했던 123톤급 포경선 호가마루의 인수와 노르웨이에 주문한 포경기구 등의 도착을 계기로 1898년 4월 대마도 근해에 최초로 출어하여 참고래(長須鯨) 3두를 포획했다. 그러나 어획불황 등으로 회사는 결국 동년 11월 해산했다. 그 포경선은 수명의 공동 소유자에 의해서 부산 근해와 일본 근해를 교체해가며 약 2년간(1899~1900년) 조업하여 고래 10두를 포획하고 1900년에 폐업했다.[17] 이 회사의 실패에 자극을 받아 그동안 많은 지방에서 노르웨이식 포경회사 설립을 계획했던 것이 성사하지 못하고 끝난 곳이 많았다고 한다.

그러나 1898년 나가사키 재류의 영국 상인 홈링거 상회(Home Ringer & Co.)의 홈링거와 블라디보스토크 재류의 영국인 '덴비' 그리고 러시아인 '세미노프'의 3인이 포경조합을 설립하여 홈링거 상회의 부속으로 노르웨이식 포경업을 창시했다. 이 포경조합의 사업이 사실상 일본에 있어서 노르웨이식 포경업을 본격적인 궤도에 올린 일본 최초의 포경사업체였다.[18]

그 다음해(1899)에 나가사키원양포경회사(長崎遠洋捕鯨會社)와 야

---

[17] 『大日本水産會報』第226~230号 ; 石田好数, 앞의 책, p. 41.
[18] 『大日本水産會報』第235号(1902年 2月), p. 27.

마구치현 센사키에서 일본원양어업회사(日本遠洋漁業會社)가 설립되었다.[19] 후자인 일본원양어업회사는 설립 계획단계에서 전술한 원양포경주식회사의 실패원인을 분석하고 철저한 사전조사를 통해 동해의 러시아·태평양포경회사의 포경권역에 대항할 목적으로 설립된 회사이다.

일본원양어업회사의 직접적인 설립 동기는 1887년 4월 조선연해 어업조사(제2회)에 참가한 야마구치 현 수산주임 후지다(藤田守正)가 조사 도중 러시아포경회사의 조업 상을 목격 조사하고 귀국하여 그 유망성을 보고하자 그에 감동한 지방 유지들이 의기투합하여 포경회사 설립이 일본의 부국강병책과 일치하고 더욱이 조선에 있어서 권익을 독점해야 한다는 메이지정부의 대조선 정책에도 크게 기여한다고 생각했다. 그래서 그들은 당시 일본 정계를 주도하는 죠슈(長州) 출신 정객들의 후원으로 이 포경회사를 설립하게 되었다.

그리고 그 회사 발기인들은 처음부터 조선 연해 입어포경을 목적으로 하고 회사 설립에 앞서 미리 동해를 중점으로 한 주변해역의 포경조업사정에 숙달한 포수의 고입을 계획하고 그 대상자로 러시아·태평양포경회사의 포수 겸 선장인 노르웨이인 '피터센'을 지목했다. 그리고 그의 고용계약 만료를 사전에 탐지하고 그를 회사 창립 4개월 전에 미리 고입했다.[20]

또한 동해어장과 입어지 사정을 더욱 면밀히 파악하기 위해서 회사

---

[19] 吉田敬市 著, 앞의 책, p. 216.
[20] 피더샌의 고용조건은 ① 기간 1899년 4월에서 1902년 3월 31일까지 3개년 ② 급료 월 20円, 단 식사대금은 회사부담 ③ 급료 외 상여금으로 어획한 고래 1두당 30円, 단 참고래 1두는 150円, 기타 피터센의 요구에 의한 노르웨이인 수부(水夫) 3명 고용이다. 그들의 고용조건은 기간 3년, 급료 1인당 월 30円. 상여금 어획한 고래 1두에 3円, 귀국 시 여비조로 1인당 100円씩 지원할 것 등이었다.

를 발족하기 전에 다시 야마구치현 제3차 한국연해 어업조사단에 참가하는 수산주임 후지다에게 쓰시마해협에서 조선 동해 전 연안에 걸쳐 수백톤급의 노르웨이식 포경선이 과연 그 어법을 충분히 사용하여 무난히 조업할 수 있는지의 여부를 확인하기 위하여 다음 15개 조항의 동해 및 조선 관계 사정 조사를 위탁했다.[21]

그 15개 조사 사항은 다음과 같다.

(1) 조일통어장정에 의하여 조선해에 있어서 포경은 조선정부의 특허를 얻을 것이 필요하나 이미 일본인으로서 일본 특유의 구식인 손 작살(手銛) 또는 그물(網)에 의한 포경법으로 특허를 받은 부산수산주식회사(釜山水産株式會社)와 카가와현(香川縣)의 야스가(奴賀新造) 이 2명이 실시했던 것과는 다른 노르웨이식 포경법을 하고자 하는 일본 원양어업회사도 그들과 같은 특허를 받을 수 있는지

(2) 특허를 받은 자는 한국정부 사업으로 간주하여 한국의 국기를 선수(船首)에 게양하여 조업한다고 규정하고 있다고 들었는데 그것이 사실인지. 또한 특허의 성질 및 그 의무와 권리의 정도는 어느 정도인지

(3) 특허를 얻는데 있어서의 수속방법은 어떤지

(4) 앞에서 언급한 두 건(사람)의 조업장소는 부산 근해이며 포획한 고래는 부산해관의 검사를 받아 1두당 25원의 납세(納稅)를 한다고 들었으나 그것이 사실인지

(5) 일본원양어업회사가 특허를 얻어 포경업을 할 경우 부산 근해뿐 아니라 강원도, 함경도의 연안까지 조업하고자 하는데 한국 해관과의

---

21 石田好数, 앞의 책, pp. 50~51.

관계는 어떻게 하면 되는지

(6) 조일통어장정에 의하여 포경의 특허를 얻은 자는 한국정부에 대하여 차지료(借地料)를 납입하지 아니하고 연안의 토지를 사용할 수 있는지

(7) 러시아인은 금년 봄 울산 장생포, 강원도 장전항, 함경도 신포의 3개소에 한국정부로부터 폭 350척(106.5m), 길이 700척(212.1m)의 포경용지를 임차하고 한국정부 파견의 해관리에 대하여 매월 그 봉급의 반액인 일백 원을 지불하고 거기에 주거 및 식량을 지급하고 있다고 들었는데 그러한 것들은 포경의 특허 조건인지 여부. 또한 그들은 포획한 고래 일두(一頭)에 대하여 어느 정도의 납세를 하고 있는지

(8) 일본 원양어업회사가 함경도, 강원도 등의 연안에 출어하는데 있어서 러시아인과 같은 차지(借地)를 필요로 한다면 러시아인과 동등한 토지를 차용(借用)할 가능성이 있는지. 차입에 대한 조건은 동등하게 할 가능성이 있는지

(9) 토지차용에 대한 수속은 어떠한지

(10) 영국인 홈링거 상사는 1898년(明 31) 10월경부터 포경기선 '올카호' 및 그 외 2~3척의 기범선(汽帆船)으로 포경조업을 하고 있다고 하나 그들은 아직 포경특허를 받았다는 것을 듣지 못하고 있다. '홈링거 상사'의 포경선은 조선 영해에는 들어가지 않는지. 또는 한국 연안의 토지를 사용하고 있는지 여부. 혹은 무단으로 영해에서 밀어(密漁)를 하고 토지 등도 무단으로 사용하고 있지는 않는지

(11) 만약 금후 홈링거 상사나 일본원양어업회사가 무단으로 한국 영해를 출입하고 어렵(漁獵)을 수행한다면 러시아인의 질투(嫉妬) 혹은 한국정부의 엄중한 취체 준비는 되어 있는지

(12) 일본원양어업회사는 금년(1899년) 10월 이후부터 사업을 개시하고자 하나 그때까지 한국정부로부터 부산수산주식회사 등이 취득한 것과 같은 특허를 받을 수 있는지 또는 러시아인이 행한 차지방법을 모방하든가 혹은 홈링거 상사의 소위(所爲)를 모방하든가 어느 방법이든 조업개시까지는 확정할 필요가 있으므로 위의 세 가지 중 어느 것을 모방할 것이며, 하는 것이 좋은지

(13) 만약 한국정부에 대하여 특허의 출원교섭을 한다고 하면 발기인(發起人)이 직접 한국에 가야하는지, 가야할 필요가 있다면 일본 영사 재근지(在勤地)로서도 가능한지, 또는 경성(京城)에 가야 하는지 여부.

(14) 일본원양어업회사는 러시아인이 차지하고 있는 신포, 장전, 장생포를 개항장으로 지정하도록 하는데 그 가능성이 있는지

(15) 그 외에 필요하다고 생각하는 사항.

여기에서 주목되는 것은 당시 일개 지방의 사기업(일본원양어업회사)에서 회사 설립 전에 위와 같은 사항을 사전 조사했다는 점에서 현대의 국책회사 설립에 버금갈 정도의 용의주도한 치밀성(정보수집)을 가졌다는 데 놀라지 않을 수 없다. 그러한 구상과 조사를 가능케 했다는 것은 전술한 나가사키 원양포경주식회사의 전철을 피하기 위해서였다고는 하지만 그 정도의 발상을 할 수 있었다는 것은 당시 그 설립자들의 역량 이외에도 중앙정치 지도자들과 일맥상통하고 밀접한 협력관계가 있었으리라는 추정이 가능해진다.

그러한 조사의 결과를 토대로 하여 일본원양어업회사는 1899년 7월 20일 자본금 10만 円으로 창립총회를 개최하여 정관을 의정(議定)하고 본사를 야마구치현 센사키 항(山口縣大津郡仙崎港)에 두고 그 출장소를

시모노세키(下關)에 설치하여 동년(1899) 12월 14일 야마구치 현 지사로부터 "조선해역 포경업"의 허가를 취득했다(포경업 허가 참조).

> **日本遠洋漁業會社의 日本 捕鯨業許可**
>
> 明治三十二年十二月十四日, 四丁第五四四号, 明治三十二年十二月四日 付願韓國沿岸 參海里以外及本邦沿岸拾海里以外にして在來の捕鯨場にあらざる海面に於て諾威式砲殺捕鯨特許の件聞屆く.
> 但事業上に使用する船舶の種類, 噸數船長, 船幅, 艇數, 乘組員, 銃砲種類 捕鯨方法 等屆出べし.

자료: 石田好数, 『日本漁民史』, 三一書房, 1979年 3月, p. 54.

그리고 조선정부의 포경특허 취득을 위해서 회사 취체역 가와기타(河北勘七)는 동년 9월 5일 일본 외무대신(靑木周藏)에 조선정부에 대한 교섭개시의 청원서를 제출하고 다음해(1900년) 초 직접 도래하여 경성 주재 일본공사(林權助)의 주선으로 정부담당관과의 직접교섭을 개시했다. 그 교섭은 명성황후 시해사건(1895년 10월 8일) 등으로 난항에 봉착했으나 하야시 일본공사는 오히려 그 특허 신청을 계기로 정부에 끈질기게 접촉하여 경직된 정부와의 교착상태를 타개하고 친일세력의 만회를 위해서 적극 노력했다고 한다.

하야시 주한일본공사는 죠슈 출신의 중앙정부 고관들과 밀착관계에 있는 당해 포경회사의 입어를 위해서 당시 러시아·태평양포경회사와 '께이제를링' 등이 주재조선 러시아공사 하바로프를 통해서 정부에 포경특허장정(捕鯨特許章程)제정을 간청했던 것을 이유로 일본원양어업회사에서 제출한 포경특허 신청에 대해서도 당연히 '기회균등주의' 원칙에서 같은 조건의 특허 승인을 해줄 것을 강요했다고 한다. 그러나 정부에서는 결국 그와는 달리 1900년 2월 14일 전문 6조의 포경특허(捕鯨特許)를 일본원양어업주식회사에 윤허했다(체결포경특허 참조). 그 특허의 내용은 러시아·태평양포경회사의 체결내용과는 너무나 차이가 있었다.[22]

---

### 日本遠洋漁業會社에 대한 捕鯨特准

1.「日案」五九 光武 四年 二月 十四日
[准單]
大韓國政府 對大日本遠洋漁業會社人河北勘七 依通漁章程第四條 特准捕鯨 所有條項 開列于左
第一條  通漁章程載明議定地方 現在參酌情形 除全羅一道外 慶尙江原咸鏡三道
　　　　海濱三里以內
　　　　特定捕鯨區域
第二條  由光武四年二月起 七年二月至 定爲年限 但滿期之後 再行商議 如無未准之理由
　　　　亦可繼續施行
第三條  特准期限間稅金 機械船一隻 一個年銀貨八百元 每年三月(光武四年 三月爲始)
　　　　由該會社 送交大韓國東萊監理 轉納政府 但該會社 滿一年不得着手鯨業
　　　　則預行告知大韓國東萊監理 轉詳政府 特免年稅
第四條  該會社 每年着手鯨業之時 將機械船隻數船名及船員姓名詳細開列 預行告知東萊監理
　　　　轉詳政府 但船隻增加之時 每一船年稅 依第三條施行
第五條  該會社事業船隻 除例規噸稅及特准稅金外 所獲鯨魚 特免海關稅
第六條  沿海地方官 對該會社所屬船隻及船員 妥爲保護
　　　　光武 四年 二月 十四日

---

그 포경특준 내용을 한글로 요약해서 보면 대략 다음과 같다.

---

22 위의 책, p. 53.

제1조.

통어장정에 명시한 지역 중 현재의 사정을 참작하여 전라도 한개 도를 제외한 경상, 강원, 함경 삼도 해안 3해리 이내를 특정포경구역으로 한다.

제2조.

광무 4년(1904) 2월부터 기산하여 7년(1906) 2월에 이르는 만 3년을 기한(定限)으로 한다. 단 그 후 다시 상의하여 만약 미준(未准)할 이유가 없으면 계속 시행하도록 한다.

제3조.

특허기간(特准期間) 세금은 기계선 1척에 대하여 1년에 은화 800엔으로 하고 매년 3월(광무 4년 3월을 시작으로 한다) 당해 회사로부터 대한국동래감리(大韓國東來監理)에 송교하여 정부에 전납(轉納)한다. 단 당해 회사가 1년 동안 포경업에 착수할 수 없을 경우에는 즉시 대한국 동래감리에 고지하여 정부에 상세히 전하고 특허 연세(年稅)를 면하도록 한다.

제4조.

당해 회사는 매년 포경에 착수할 때 기계선 척수 선명 및 선원성명을 상세히 기재하여 미리 동래감리에 고지하여 정부에 상세히 전한다. 단 선박척수를 증가할 때에는 매 1척의 연세를 제3조에 의하여 시행한다.

제5조.

당해 회사의 사업선척(事業船隻)은 예규 톤세(噸稅) 및 특허 세금을 제외하는 외에 어획의 고래는 특히 해관세(海關稅)를 면한다.

제6조.

연안지방관(沿岸地方官)은 당해회사 소속의 선척(船隻) 및 선원(船員)에 대하여 타당한 보호를 한다.

위와 같이 일본원양어업주식회사에 대한 한국정부의 포경특허장(6개조)은 러시아·태평양포경회사에 윤허한 포경특허장(20개조)과 비교할 때 상세하지 못하고 특허기간도 러시아의 12년의 4분의 1인 3년에 불과했다. 그러나 특별한 사유가 없을 때에는 계속 허가한다고 했으므로 기간 차이는 큰 의미가 없다. 다만 당회사는 이미 일본정부로부터 1899년 12월 4일 일본 연안 10해리 밖과 한국 연안 3해리 밖의 동해 포경어업허가를 취득하고 있으면서 다시 한국에서 3해리 이내 특허를 출원한 이유는 과거 일본은 1870년 영해 3해리설을 승인한다고 선포했기 때문이라 생각한다. 그런 점에서는 국제해양법 준수의 의미가 있다고 하겠으나 문제는 자국연안어장에 대해서는 영해 3해리의 세 배가 넘는 10해리 이내 어업을 억제하면서 한국에서는 연해 3해리 이내 조업면허를 요구한 의도는 무엇인지 생각할 필요는 있다.

그리고 일본원양어업회사에서는 일본정부의 회사설립 허가를 취하자마자 한국정부의 포경특허도 받기 전에 1900년 1월 28일 포경선(第1長周丸) 1척과 해부선(千代丸)을 부산으로 회항하여 홈링거 상사의 조업전례를 모방한 편법으로 부산해관과 협의하여 포수 '피터센'의 명의로 부산 근해에서 조업을 개시하고 동년 2월 4일 참고래 1두를 포획했다.

조업 중 포경선 제1 조슈마루는 기관 고장으로 다시 일본으로 귀항하고, 정부의 포경특허윤허가 나자(2월 14일) 오가주로(岡十郎) 상무 취제역이 그동안 수리가 끝난 제1 조슈마루에 직접 승선하고 동년 3월 11일 울산만으로 회항하여 3월 20일까지 약 10일간의 조업으로 참고래 6두를, 그리고 4월 30일까지 7두를 추가하고, 그 후 다시 2두를 더 추가하여 참고래 11두, 돌고래 4두, 총 15두를 포획했다. 그러나 재해의 속출로 그 최초의 입어성과(영업 제1기)는 12,628円의 손실을 보았다고 한다.[23]

## 3. 러·일의 동해 포경 경합

러·일의 동해 포경

1900년을 전후하여 정부의 합법적인 특허로 동해에 입어한 노르웨이식 포경업체는 전술한 러시아·태평양포경회사와 일본원양어업주식회사와 홈링거 상회 부설의 영노인(英露人)포경조합의 3사 선대뿐이었다.[24]

이들 업체의 포경선대는 각기 특색이 있었다. 러시아·태평양포경회사선대는 해상조업을 조직적 장기적으로 수행할 수 있는 전통적인 원양포경선대 조직이었다(〈표 2〉 참조). 이에 비해서 일본원양어업회사의 선대조직은 생산물의 신속한 본국 수송에 역점을 둔 선대조직이었다(〈표 3〉 참조). 그리고 홈링거의 영노인 포경조합 선대는 위 양자에 비해서 극히 기본적인 조직으로서 영업상의 특색이 없었다(〈표 4〉 참조).

따라서 러시아·태평양포경회사는 한국에서는 여러 가지 수출입상의 해관세 등에서 많은 면제특혜를 받고 있었다. 그러나 근거지를 일본에 두고 어획물(경육(鯨肉))을 일본에 수출하고 있으면서도 그에 대한 일본의 관세면제 등 특혜를 받지 못하고 있었다. 그리고 일본원양어업회사는 고래 고기(鯨肉)의 판매, 사업에 필요한 물자의 공급이라고 하는 유통사업 면에서는 다른 두 회사를 압도하고 유리한 입장에 있었다. 특히 통어장정상의 규정에 의해서 일본정부를 업고 한국에서 여러 가지 수출입세금의 면제와 또한 사입품(仕込品)의 저가매입 또는 어획물의

---

23 위의 책, p. 55.
24 『大日本水産會報』 第235号, 1902年 1月, pp. 22~27.

고가판매 등에서 편의와 특혜를 받고 있었다.

• 표 2 | 1901년 러시아태평양포경회사선대의 조직

| 선박 용도 | 선명 | 선종 | 톤수 | 승무원수 | 선장명 | 포수명 | 운전수(인) | 기관사(인) | 수부(인) | 화부(인) | 사동(인) | 비고 |
|---|---|---|---|---|---|---|---|---|---|---|---|---|
| 사업선(포경선) | 니코라이 | 기선(러) | 49 | 13 | 가구린(러) | 아몬손(노) | | 1(러) | 8(한) | | | ( )안의<br>러=러시아<br>노=노르웨이<br>한=한국인<br>일=일본인<br>청=청국인 |
| 〃 | 기요루기 | 기선(러) | 49 | 13 | 다이도만(러) | 고루신(노) | | 1(러) | 8(한) | 1(청) | | |
| 재해선 | 고릭스 | 범선(러) | 60 | 29 | 지산(러) | | 1(러) | 1(러) | 20(청해체부) | 6(러, 한) | | |
| 〃 | 대시닉스 | 범선(러) | 87 | 9 | 吉田增太郎(일) | | 1(일) | | | 6(러, 한) | | |
| 저장선 | 우애라 | 범선(러) | 144 | 8 | 세만코브(러) | | 1(러) | | 수인(러, 청) | | | |
| 운반선 | 아랙산더 | 기선(러) | 57 | 미상 | 래배드비치(러) | | 1(러) | 1(러) | 수인(러, 청) | | | |
| 일용품공급 | 기매란 | 범선(러) | 45 | 〃 | 아바린(러) | | 1(러) | | | | | |

선박 총 7척

자료: 『大日本水産會報』 第235호, 1902년 1월, pp. 22~27.

• 표 3 | 1901년 일본원양어업주식회사의 조직

| 용도 | 선명 | 선종 | 톤수 | 승무원수 | 선장명 | 포수명 | 운전수(인) | 기관사(인) | 수부(인) | 화부(인) | 사동(인) | 비고 |
|---|---|---|---|---|---|---|---|---|---|---|---|---|
| 사업선 | 第1長周丸 | 기선 | 66 | 17 | 濱野藤太郎 | 모도후시 패터센(노) | 1인 | 1 | 6~4 | | 2 | |
| 재해선 | 千代丸 | 범선 | 144 | 13 | 合田榮吉(겸해채장) | | | | 8 | | | |
| 저장선 | 住吉丸 | 범선 | 32 | 21 | 塩谷亦五郎 | | | | 18(해체부) | | 2 | |
| 운반선 | 防長丸 | 기선 | 237 | 24 | 比島溫市 | | | 1 | 2(기관장 기관사) | 12 | | |
| 〃 | 龜鶴丸 | 개량어선 | 적제15~16천근 | 4 | 1(선두) | | | | 3 | | | |
| 〃 | 神明丸 | 〃 | 〃 | 4 | 1(〃) | | | | 4 | | | |
| 〃 | 春日丸 | 〃 | 〃 | 4 | 1(〃) | | | | 4 | | | |
| 〃 | 金比羅丸 | 〃 | 〃 | 4 | 1(〃) | | | | 3 | | | |
| 〃 | 萬吉丸 | 〃 | 〃 | 4 | 1(〃) | | | | 3 | | | |
| 〃 | 長榮丸 | 〃 | 〃 | 4 | 1(〃) | | | | 3 | | | |

선박 총 11척

자료: 『大日本水産會報』 第235호, 1902년 1월, p. 24.

• 표 4 | 홈링거상회 포경선의 조직

| 용도 | 선명 | 선종 | 톤수 | 승무원수 | 선장 | 포수 | 기관사 | 운전수 | 수부 | 화부 |
|---|---|---|---|---|---|---|---|---|---|---|
| 사업선 | 올카호 | 기선(러) | 58 | 14 | 1(러) | 올신(노) | 1(영) | 1(영) | 8(일) | |
| 재해선 | 廣盛丸 | 범선(일) | 132 | 17 | 三上寅次郎 | | | | 8(수부밀인) 8(해체겸염장인) | |
| 운반선 | 貫效丸 | 기선(일) | 215 | 19 | 近松利吉 | | | | 18(일) | |
| 〃 | 大洋丸 | 범선(일) | 68 | 7 | 1(일) | | | | 6(일) | |
| | 아배지아 | 범선(러) | 30 | 9 | 1(러) | | | | 8(러) | |
| 선박 총 5척 | | | | | | | | | | |

자료: 『大日本水産會報』 第235호, 1902年 1月, p. 26.

이러한 특색이 있었던 포경선대들의 조업은 3사가 거의 동일한 어장에서 경쟁조업을 했으나 러시아·태평양포경회사의 포경실적에 대해서는 정리나 확정된 자료가 없다. 그러나 박구병 교수의 『한반도 연해 포경사』에서 대체적이나마 그 실적을 발췌하여 연도별로 정리해보면, 정부의 포경특허를 수령하기 전 1895년도 84두, 1896년도 전반기 56두, 1897년 80두, 그리고 1898년 11월에서 동년 12월 중순까지 40두를 각각 포획했다. 그리고 특허계약(1899년 3월 29일) 이후는 동년(1899년) 12월 4일에서 동년 17일까지 마양도 근해에서 10두, 1900년 1월 6일부터 동년 5월 하순까지 장생포 근해에서 97두, 1901년 1월 12일부터 장생포 근해에서 '니꼴라이호' 45두, '게오르그호' 69두 합계 114두, 그리고 1902년에서 1903년 100두, 1902년 11월 14일부터 1903년 7월 7일까지 함경, 강원, 경상 근해에서 96두를 포획한 것으로 나타난다. 그 가운데 83두는 참고래로서 전체의 86%를 점했다.

당회사에 대한 러시아의 자료에서는 포경기간 약 10년 동안의 포획두수는 적게 잡아도 연평균 100두 이상, 총 1000두를 초과한다고 했다.

1897년부터 1904년 초 폐업할 때까지 계속 당회사의 포경선 포수로 있었던 '멜솜'은 매년 150두를 포획했다고 하며, 만약 공장의 처리능력이 능률적이었다면 더 많이 포획했을 것이라고 했다.[25]

그리고 당회사의 경비 수지관계는 〈표 5〉에서와 같으나 불행하게도 1904년 2월 이후 러일전쟁으로 당회사의 실적은 소멸하고 말았다.

• 표 5 | 께이제를링 백작 포경업의 고래 포획두수와 경비 및 수익표(단위: 루블)

| 고래 포획 두 수 | | 영업 연도 | 경비 | 수익 |
|---|---|---|---|---|
| 1895년도 | 84두 | 1899~1900 | 64,132 | 125,105 |
| 1896년도 | 56두 | 1900~1901 | 112,107 | 199,400 |
| 1897년도 | 80두 | 1901~1902 | 241,026 | 265,841 |
| 1898~1901년도 | 연간 80~114두 | 1902~1903 | 133,413 | 173,318 |
| 1895~1903년도 | 총계 약 1,000두 | | | |

자료: 朴九秉 著, 『韓半島沿海 捕鯨史』, p. 216.

홈링거 상회(Home Ringer & Co.)의 영노(英魯)포경조합선대는 러시아 태평양 포경선대와 동일하게 가을은 원산, 겨울·봄은 부산을 근거지로 하여 조업했다. 포획 성과는 1898년 마양도, 원산 방면에서 40두, 1899년 가을에서 1900년 4월까지 27두, 1900년 12월 20일에서 1901년 4월까지 34두를 포획했다. 그러나 이후 경영수지 문제로 포경선을 일본원양어업 주식회사에 임대하고 영업을 포기했다.[26]

일본원양어업 주식회사는 전술한 바와 같이 설립부터 동해 조업을 목적으로 했기 때문에 설립 당초부터 줄곧 동해에 입어했으나 초기는 성적 불량으로 1900년 3월 말 울산에서 철수하여 잠시 일본 근해로 이동 조업했다. 그러나 그곳에서도 역시 동일한 사정으로 동년 11월 4일

25 朴九秉 著, 앞의 책, pp. 212~214 참조.
26 『皇城新聞』, 1901년 12월 6일, 鯨稅 참조 ; 朴九秉, 위의 책, p. 253.

사장 야마다(山田挑作)가 직접 승선하여 다시 원산항으로 회항했다. 원산에서는 항구해역에서 큰 참고래 1두 어획을 시작으로 동년 12월 27일까지 장전, 신포부근에서 참고래, 돌고래, 귀신고래 등 합계 23두를 포획했다. 1901년 3월 상순 다시 울산 근해로 회항 하여 동년 5월 25일까지 참고래, 돌고래 등 12두(영업 2기), 합계 36두를 포획했다.

동년(1901) 10월 3일 폐업한 홈링거 영노포경조합의 포경선 '올카호'를 월 임대료 5,000円, 임대 기간 8개월, 그리고 그 부속선 고래 해체선 고세이마루(廣盛丸, 158톤)까지 부대로 임대하여 2개 선대, 곧 포경선 제1 죠슈마루, 해부선 치오다마루를 제1포경선대, 포경선 올카호, 해부선 고세이마루를 제2포경선대로 편성하고 거기에 보조마루(防長丸)를 부속시켜 동년 10월부터 장전항을 근거지로 조업하여 동월 19일 큰 참고래 1두를 필두로 이후 40일 동안 올카호 11두, 제1 조슈마루 23두로 합계 34두를 포획했다.

그러나 동년 12월 2일 원산 근해 어장으로 이동하던 제1선대 소속의 제1 죠슈마루(第1長周丸)가 통천군 연천 부근에서 갑작스런 악천후로 침몰하는 사고를 당했다. 이 포경선은 당시 일본에서 건조한 유일한 노르웨이식 포경선이었다. 희생자들 중에는 일본인 2명과 한국인 1명(李淳萬)의 사망자가 있었다. 그 외 선원은 구사일생으로 구조되었으나 그 생존자 중에도 일본인 2명 외 한국인 수명이 포함되어 있었다. 이 사건으로 인하여 1901년 겨울에서 1902년 초까지(영업 3기) 올카호 포획 35두를 포함하여 총 60두의 고래를 포획했으나, 4,501円의 결손을 보았다.[27]

1902년 6월 다시 홈링거의 올카호를 용선 계약하고 또한 노르웨이 래크

---

27 石田好数, 앞의 책, p. 60.

스사의 포경선 래크스마루와 건조 중인 그 자매선 '래기나마루'까지 추가로 용선하여 동년 겨울에서 1903년 늦은 봄 까지(영업 4기) 입어에서 올카호 62두, 래크스호 27두를 포함하여 합계 89두 포획으로 전기 결손을 보상하고도 주주들에게 주식 8주씩을 배당하는 좋은 결과를 얻었다고 한다.

그런데 동년 11월 상순, 원산기지를 근거지로 조업하던 포경선대와 원산해관 사이에 마찰이 발생했다. 이유는 포경 특허조항 상의 포경선대에는 운반선과 해부선이 포함되어 있지 않았기 때문이었다. 원산해관에서는 그들 선박의 장전항입항(회항)을 금지했다. 이에 대해 당 회사는 고래처리(鯨體)에 지장을 초래한다는 이유로 일본영사를 앞세워 원산해관장에 직접 항의했다. 그러나 해관측의 계속 거부로 동년 11월 20일 일본공사(林公使)와 정부 총세무사(總稅務司)와의 임시합의에 의해서 일본 포경선대에 원산해관을 대표하는 관리를 승선시키고 그 관리에 대한 월 수당 100円을 납부하는 조건 등으로 전선대를 전국의 모든 불개항장(不開港場)에 회항 정박할 수 있도록 했다. 그 조치는 다음해부터는 일본공사의 소청을 받아들여 정부(총세무사)에서는 회사의 전입어선대에 대해서 미개항 근거지에도 자유출입을 허가하는 한편 선대에 승선하는 해관리에 대한 수당지급도 면제하기로 했다.

그리고 동사는 1903년 6월부터 포경선 올카마루와 래크스마루를 울산 근거지 근해에 입어시켜 고래 24두를 포획했다. 그러나 수지악화로 여름철 조업을 중단하고 동년 9월 다시 용선한 래크스마루의 자매선 래기나마루(112톤급)까지 포함하여 포경선 3척으로 대 선단을 형성하여 동년 9월 장전항을 근거지로 조업을 개시했다(〈표 6〉 참조).

그때까지도 당회사는 한국에서 포경선 3척분의 고래 해체시설을 갖추지 못하였기 때문에 러시아의 양해를 구하여 장생포 러시아 포경사의 조차구 근처에서 정박작업을 하고 서쪽으로 약 1정(109m) 거리의 곳에 밭을 차용하여 대장간을 설치하고 샘을 파서 기관용수(機關用水)를 공수하는 등 1902년 이래 해체시설을 갖추었다. 그리고 장전 근거지에 가건물 3~4동을 건설하여 제유, 골분, 통조림 등의 부업을 영위했다.[28] 그러나 당회사는 그러한 시설을 확장할 여유도 없었다.

당해사에서는 소유 특허선 올카마루를 자체 특허권 보유선이 없는 나가사키 포경조합에 용선 형식으로 양도하고 래크스마루와 래기나마루의 두 척으로 1904년 러일전쟁 발발 초 5월 말까지(영업 5기) 계속 조업하여 올카호 16두, 래크스호 48두, 래기나호 37두, 합계 101두를 포획하여 당기 수익금으로 각 주주에 대해서 연 1할 7부의 이익배당을 하여 창업이후 최대의 실적을 올렸다. 그것은 전쟁으로 인한 고래 고기 값의 앙등 덕분이었다.

• 표 6 | 1903년 9월 일본원양어업주식회사의 동해입어포경선단

| 선명 | 선종 | 용도 | 국적 | 소유별 |
|---|---|---|---|---|
| 千代丸 | 목조범선 | 모선 | 일본 | 회사소유 |
| 大洋丸 | 〃 | | | 용선 |
| 고세호 | 〃 | 고래고기 장선 | 노르웨이 | 〃 |
| 和神丸 | 〃 | 〃 | 일본 | 〃 |
| * 래기나丸 | 철조기선 | 포경선 | 노르웨이 | 〃 |
| * 래크스丸 | 〃 | 〃 | 〃 | 〃 |
| * 올카丸 | 〃 | 〃 | 〃 | 〃 |
| 共同丸 | 목조기선 | 운반선 | 일본 | 〃 |
| 武光丸 | 〃 | 〃 | 〃 | 〃 |

이외에 운반용 일보선박(和船) 수척, 고래 고기 염장용 단패어선 수척이 있음.
자료: 大日本水産會, 『大日本水産會報』, 1904년 5월.

그리고 당회사에서는 포경 특허 만기일(1904년 2월)에 대비하여 그

---

28 『大日水會報』第260号, 1904年 5月, pp. 35~36.

1년 전부터 한국정부와 기간 연장교섭을 해왔다. 그 결과 다시 1904년 1월 11일부터 조업기간 12년간의 장기특허 승인을 받았다. 장기특허약관은 러시아·태평양포경회사의 약관과 거의 동등했다. 그러나 거기에는 전자와 다른 내용이 있었다(2차 특허약관초록 번역문 참조).[29]

〈제2차(1904년 1월) 조선정부와 일본원양어업회사와의 포경특허약관초록〉

(한글번역문)

제1조  오가주로(岡十郞)는 영업에 사용하기 위하여 신속히 다음 세 곳에 있어서 각 지구(地區)를 선택할 것
 ① 재경상남도 울산포 지구 내 지각(地角)근처
 ② 재강원도 장전(長箭)
 ③ 재함경도 신포도(新浦島)
 이상 각 처는 면적 9,070만 평을 초과할 수 없으며 모두 해안 편리한 개처에서 할 것.

제3조  제1조에 기재된 삼개처는 그 전부 또는 일부가 대한정부(大韓政府)의 관유지인 경우는 오가주로(岡十郞)는 그 지소(地所)를 점유할 수 있으나, 만약 그 일부 혹은 전부가 민유지인 경우에는 그 지주에 대하여 그 토지소유권(土地所有權) 및 그에 따른 제권리(附從諸權利)에 상당하는 가격을 지변(支弁)하지 않으면 그 지소를 점유 할 수 없다. 만약 오가주로가 당해지주에 대하여 그 가격을 지불하는데 있어서 상담이 잘 수행되지 아니할 때에는 대한정부의 특파위원과 오가주로의 협의결정이 가능하다. (이하 생략)

제4조  오가주로는 상항(上項)의 기재하는 바에 따라 당해 삼개소를 취득했을 때에는 이 계약기간 내에서는 경업(鯨業) 및 그 산획품(産獲品)에 관한 업무를 위하여 그 삼개소를 사용하는 권리를 가지며 또한 건물창고, 기타 영업에 요하는 가옥건설물을 건축 유지하고 필요한 기계, 기타 각종의 기구를 설비 사용하는 권리를 가진다.

제5조  오가주로는 이 계약에 따라 그 공역(工役)에는 대한국 인민을 고용하는 것을 의무로 해야 한다. 만약 당해 역부(役夫) 등이 일을 그만두고

---

29 石田好数, 앞의 책, pp. 64~66.

| | 혹은 특수기능에 적합하지 아니하고 또는 전혀 공역(工役)에 견디지 못할 때에는 타국인의 역부(役夫)를 사용할 수 있다. (이하생략) |
|---|---|
| 제7조 | 오가주로는 지방인민, 혹은 역부와 교섭할 일이 있을 경우 대한 정부는 이에 상등한 도움을 부여할 것. |
| 제8조 | 오가주로는 당해 3개소 혹은 그 항만 내에 있어서 병역(病役)을 양성(讓成)하는 등 공공위생에 해가 되는 해부를 할 수 없다. (이하 생략) |
| 제11조 | 당해 3개소의 1년 세금으로써 오가주로는 900원(元)을 경성 대한정부 외무부에 전납(前納)할 것을 약정하고 제1차 세금은 이 계약 조인 시에 대한정부외무부(外務部)에 납부하고 사후(嗣後)의 세금은 이 계약기한 내에는 매년 동일(同日)에 당해 부에 납부한다. (이하 생략) |
| 제15조 | 국세보호(國稅保護)의 필요에 의하여 이 계약에 준허(准許)한 해관으로부터 관원(官員)을 파견하여 영구 혹은 일시 주거해야 할 때 오가주로는 각처에 파견한 해관관리에 적당한 방옥(房屋)을 공급할 것을 담당한다. 단 당해 방옥의 건축을 하기 전에 있어서는 오가주로는 당해처에 주박(駐泊)하는 곳의 선척(船隻) 내에서 적당한 선실을 당해 파견리(派遣吏)의 수요에 제공하고 당해 파견리(派遣吏)의 해상왕래에는 하시라도 선척(船隻), 선부(船夫)를 공급할 것. (이하 생략) |
| 제16조 | 이 계약기간 내에 오가주로는 하항(下項) 제18조에 게재하는 선척에 있어서 영업상 수요에 필요한 각종의 기계, 기구, 물품(소금, 석탄을 포함)을 무세(無稅)로 수입할 수 있다. 그리고 당해지에 양육(揚陸)하는 일체의 화물, 재료, 기구, 식품 기타는 수량 및 가격의 명세서를 작성하여 당해지 해관리에 기재하고 누락(漏落)이 있을 때에는 이것을 적출(摘出)하여 양국 통상장정을 감안하여 과세할 것. |
| 제18조 | 이 계약기간 내에 오가주로는 그 소유선 및 대한(大韓)의 기호(旗號) 혹은 대한국과의 체맹국(締盟國)의 기호를 게양한 자기 고용선(雇用船)으로서 고래(鯨魚) 및 고래에서 산출하는 기성(旣成), 혹은 미제조물을 수입 혹은 수출할 수 있다. |

자료: 石田好數, 『日本漁民史』, pp. 64~65.

곧 양자를 비교할 때 주목되는 것은 러시아 포경선대는 한국의 수출입관세 면제 조건으로 한국 국기를 게양하여 조업하고, 근거지 부근에 유행병이 발생한 경우에는 고래의 해부를 중지하도록 하는 제한조건이 들어 있었다(제18조, 제8조 참조).

### 러시아태평양포경회사 포경특허조항

Article 8.

No work or operations shall be carried on in said places or in the ports in which they are situated which will create disease or be detrimental to public health.

As incident to the grant herein made of the places on which to work whales Count Keyserling may erect landing stages attached to and in front of each of said three places and extending into the water. Should it afterwards be found that the structure erected interferes with the navigation of the port or tends to fill up or injure the port the same shall forthwith be removed by Count Keyserling at his expense, and if he fail to do so after notice of two months the Dai Han Government may remove the same.

第8條 該處所나 그것이 位置한 港口에서 疾病을 發生시키거나 公衆健康에 有害한 操業을 하지 못한다. 고래 處理作業을 遂行하는 處所에 대한 許可의 附帶權利로서 께이제를링그 伯爵은 同 3處所에 接續前面에 海面까지 延長된 揚陸場 建設 할 수 있다. 뒤에, 건설된 그 構造物이 港內의 航海를 妨하거나, 港口를 填塞하거나 損傷하게 되면 께이제를링그伯爵은 自費로 그것을 곧 撤去한다. 萬一 告後 2個月以內에 그가 撤去하지 않으면 大韓政府가 撤去할 수 있다.

Article 18.

During the term of this concession Count Keyserling may import and export either in his own vessels or on chartered ones sailing under the flag of Dai Han or of a government in treaty relations with the Dai Han, whales and products of the whale fishing, either raw or worked up, but nothing in this concession shall be construed as giving a license to take whales within Korean waters.

第18條 이 特許期間동안에 께이제를링그伯爵은 自己의 所有船 또는 大韓國旗나 大韓의 締約國旗를 揭揚하고 航海하는 傭船으로 原料形態나 加工形態의 고래 및 捕鯨業生産物을 輸出入 할 수 있으나 特許가 韓國領海 內에서의 捕鯨을 許可한 것으로 解釋하지 못한다.

자료: 朴九秉 著, 『韓半島沿海捕鯨史』, 太和出版社, pp. 201~205.

그러나 일본원양어업회사의 제2차 특허약관에는 그러한 제한조건이 없고 대신 일본회사에서 국기 선택을 일방적으로 선택할 수 있도록 규정하고 있다. 이것은 유독 일본 측에만 유리한 규정으로서 한마디로 일본의 주문대로 된 것 같다. 따라서 이 면허는 한국 조정에서 이미 거의 주권행사를 못하고 마지못해 허가한 면허였던 것 같다.

그리고 당시 동해에는 무허가 일본 포경업체도 있었다. 곧 1901년 설립의 야마노구미(山野組)는 아리가와포경주식회사 소유의 포경선 하스다가마루를 임차하여 동해에서 계속 무허가포경을 영위해오다가 일본원양어업주식회사의 제1 조슈마루의 침몰사건이 발생한 뒤 나가사키포경조합을 구성하여(1903년 9월) 계속 동해에 몰래 입어하여 1902년 10월에서 1903년 6월까지 참고래 29두, 귀신고래 2두, 합계 31두를 포획하고 계속 1903년 7월까지 장전, 울산방면에서 총 81두를 밀어했다.

## 일본의 러시아 포경사 접수와 동양어업주식회사의 설립

일본해군은 1904년 2월 8일 제물포(濟物浦)에 정박하고 있던 러시아 함대 군함 2척을 기습 격침하고 10일 러시아에 선전포고(러일전쟁)를 했다. 일본은 러시아함대 기습 이전 작업 중인 께이제틀링의 러시아·태평양포경회사 소유 포경선대를 거의 대부분 나포했다.[30] 곧 해부선 '미하일호'와 포경선 '니꼴라이호'는 강원도 장전항 근거지에서 탈출하는 도중 해상에서 나포되고, 운반기선 '알렉산더 호'는 대마도 이즈하라항에서, 운반범선 '래스니호'는 나가사키 항에서 각각 나포되었다. 그러나 조업 중이던 포경선 '캬륙호'는 재빨리 상해로 탈출하여 무장(경포)을 해제하고 종전까지 당지에 정박하고 있었다고 한다. 나포된 러시아 선

---

30 金膺龍 著,『日韓合併』, 合同出版, 1996, p. 168.

박들 중 니꼴라이호, 미하일호, 래스니호 등은 일본 해군에서 전쟁노획물로 처리하고 운반기선 알렉산더호만은 방면했다.[31] 그 뒤 러시아·태평양포경회사의 포경선대는 동해에서 완전히 자취를 감추었다.

일본 해군은 러시아·태평양포경회사의 포경선대를 전쟁 노획물로서 일본 농상무성에 이관하고 처리케 했다. 농상무성에서는 그 나포선박들을 미끼로 하여 그동안 무질서하게 설립한 노르웨이식 신규 포경회사들을 통합하여 그에 불하하기로 방침을 세웠다. 그러나 그 통합이 여의치 않자 농상무성은 통합의 취지에 적극 찬동했던 일본원양어업회사와 그 나포선을 인수하여 신규 포경업체를 신설하려던 대의사(국회의원)단체(代議士團體)의 협의체와 협의하여 새로 설립한 동양어업주식회사(東洋漁業株式會社)에 나포선을 대하하였다가 그에 불하했다.[32]

새로 탄생한 동양어업주식회사는 전술한 일본원양어업주식회사를 모체로 했다. 즉 러일전쟁으로 경육(鯨肉) 등의 가격상승 덕에 1년 동안의 동해포경에서 순익 31만 3천 円이라는 좋은 성과를 거둔 일본원양어업주식회사가 이를 기초로 하여 일본중앙정계 거물들(대의사)의 포경회사 설립 발기인단과 합병하여 1904년 10월 23일 자본금 50만 円으로 창립한 회사이다. 그러므로 이 동양어업주식회사는 러일전쟁에서 노획한 러시아태평양포경회사 포경선을 불하받을 목적으로 대의사단체와 농상무성과 결합하여 탄생한 정책상의 산물이나 사실상은 일본원양어업주식회사의 발전체였다.

이와 같이 자본과 권력을 배경으로 하여 탄생한 동양어업주식회사는

---

31 石田好數, 앞의 책, p. 66.
32 위의 책, p. 68.

설립하자마자 정부와 러시아 사이에 체결한 제조약과 협정 일체를 강압으로 폐기시키고 또한 정부와 러시아태평양포경회사 간에 체결한 포경특허권계약 등 일체도 강제로 파기시키고 그 권리와 시설마저 완전히 앗아갔다(칙선서 참조).

---

**勅宣書**

明治三十七年二月二十三日
特命全權公使 林權助 印
韓俄兩國間에 締結한 條約과 協定은 一體廢罷件光武八年五月十八日勅宣
一. 旣往韓俄兩國間에 締結한 條約과 協定은 一體廢罷하고 全然勿施할 事
一. 我國臣民이나 會社에 認准한바 特許合同中至今尙在基期內者는 自今以後로 大韓政府가 以爲無妨할 者면 如前히 基認准을 繼續享有케하나 至於豆滿江鴨綠江鬱陵島森林伐植特許하야는 本來一個人民에게 許諾하거신두實狀은 我國政府가 自作經營할뿐外라 該特准規定을 遵行치 아니하고 恣意로 侵占의 行爲를 하얏스니 該特准은 廢罷하고 全然勿施할 事

---

특히 후자의 접수과정을 보면 "한국정부와 러시아 · 태평양포경회사의 포경특허약관 제11조에 러시아의 포경선대가 울산, 장전, 신포의 세 근거지를 이용하는데 있어서 조차세금(租借稅金)은 전납(前納)한다. 단 그 조차세금을 1년간 납부하지 아니할 때는 그 일체의 권한을 상실하고 삼처(3곳) 근거지의 지소, 가옥, 건물, 기구 전체는 모두 한국정부에서 몰수한다"고 규정하고 있다.

그러나 러시아 · 태평양포경회사 임무를 비롯하여 전시(戰時) 중에 있는 러시아인의 한국에 있어서의 법률행위는 모두 프랑스 공사가 대리수행하게 되어 있었다. 그런데 프랑스 공사관에서 그 조차세금 납부기한(1904년 3월 29일)을 미처 챙기지 못해 수행하지 못했다. 이것을 기다렸다는 듯이 일본공사는 한국정부에 대해서 러시아·태평양포경회사의 포경특허 계약을 파기 선언하고 동시에 그 회사의 울산, 장전, 신포의 근거지시설 일체를 몰수하여 동양어업회사에 이관 조차할 것을 강요했다.

그 강요에 밀려 한국정부에서는 하는 수 없이 1905년 4월 10일 프랑스 공사에게 러시아·태평양포경회사의 포경특허약관의 실효를 통첩하고 동년 5월 1일 러시아·태평양포경회사에서 가졌던 울산 장전 신포의 근거지 및 그의 시설 일체를 접수하여 일본 동양어업주식회사에 이전했다.

따라서 동양어업주식회사는 전신인 일본원양어업회사에서 취득했던 특허구역에 러시아·태평양포경회사의 시설과 권리까지 병합하여 신포, 장전포, 장생포의 3개 지역에 총 27,219평에 대한 조차계약을 새로이 조인했다. 이에 관여했던 당시의 정부 외무대신 박제순(朴齊純)은 을사조약(1905년 11월 17일)에 서명한 한 사람으로서 후일 을사오적(乙巳五賊)으로 전 국민의 지탄을 받게 되었다.

## 4. 동해포경업의 일본 독식

러·일 전쟁으로 동해 포경은 약 반년간은 거의 공백기를 거쳤으나 전쟁이 끝난 뒤에는 한국의 포경특허를 소지하고 동해에서 조업하는 외국 포경선대는 오로지 일본 포경선대만 남게 되었다. 곧 새로 설립한 동양어업주식회사와 일한포경합자회사(日韓捕鯨合資會社) 및 나가사키 포경조합의 3개사 소속 선대로서 일본 업체의 완전 독점무대가 되었다. 그중에서 신설 일한포경합자회사는 울산과 거제도의 지세포를 기지로 했으나 그 외 두 회사는 종전 러시아 포경선의 할거지(割據地)였던 마양도 장전진 울산의 3개소를 기지로 했다.

## 동양어업주식회사의 동해포경조업

동양어업주식회사는 러시아 태평양어업회사의 포경특허권마저 완전히 앗아간 뒤 1905년 가을부터 임대선박 래크스마루 래기나마루와 일본 농상무성으로부터 불하받은 러시아회사의 노획포경선 니꼴라이호와 링거상회 영노 포경조합으로부터 구입한 올카호 등 4척의 포경선대를 동해에 진출시켰다. 그중 래크스사로부터 임대한 래기나마루는 동년(1905) 12월 1일 포획한 고래를 울산항으로 예인하던 중 울산 앞 5해리 정도의 해상에서 암초에 부딪혀 침몰했다. 그러나 동사는 1906년 7월 전까지 160두(래크스 호 114두, 래기나 호 46두)의 고래를 포획했다. 거기에 합병 전 일본원양어업회사 시대의 영업기간에 포획한 85두를 합산하여 총 245두를 포획했다. 그리고 계속 7월 말까지 조업하여 47두를 더 추가하여 당해기(영업 6기) 총 포획 수는 292두에 달했다.

한편 당해사는 사업 확장을 위하여 그해 노르웨이에 다시 포경선 두 척을 발주하고 일본 본토 4개소(紀州大島, 土佑甲浦, 阿波完喰, 土仕淸水)에도 포경사업장을 확대하고 동해에서 조업하던 니꼴라이호와 올카호 두 척을 일본의 태평양 해역으로 돌려 조업했다. 그 결과 당해 어기의 포획 두수는 한국 연해 포획 두수 292두를 포함하여 총 403두에 이르렀다.

이와 같이 동양어업주식회사는 일본원양어업회사를 전신으로 설립한 이후 계속하여 한국동해 포경업을 사실상 독점하다시피 하고 경육(鯨肉)을 일본군의 전시(戰時) 군식품으로 공급하고 그리고 부족한 일본의 육류시장을 대신한 경육시장을 독점함으로써 폭리를 취했다. 그 결과 동사는 자본금 50만 円을 1906년 10월 23일 일거에 200만 円으로 증액하고 그 불입금도 50만 円으로 증가시켰다.

1907년도에는 포경선을 7척으로 확충하고 동시에 동해안의 장전, 장생포, 신포 이외에 일본 본토 태평양 연안조업까지 사업 영역을 확장한 결과 1906년 9월에서 1907년 7월 말까지 포획 두수는 총 633두로 증가했다. 그중 동해 포획두수는 오히려 172두로 감소했다.

그리고 1907년 8월부터 1908년 7월 말까지의 포획두수는 총 547두로 전회기에 대비하면 크게 감소하였고 더욱이 울산방면에서의 포획두수는 77두로 급감했다. 이후 1908년 8월부터 1909년 4월까지 동해의 포획두수는 총 187두로서 여전히 급감상태로 위기를 맞게 되었다.[33]

### 나가사키 포경합자회사의 조업

나가사키 포경합자회사(長崎捕鯨合資會社)는 전술한 바와 같이 1901년 10월 설립한 야마노해구미(山野邊組)에서 1903년 9월 나가사키포경조합(長崎捕鯨組合)으로 설립했다가 다시 1904년 11월 1일 자본금 5만 円으로 나가사키포경합자회사로 설립된 회사다. 이 나가사키포경합자회사는 종전부터 계속 한국의 특허권을 받지 못하고 밀어만을 하다가 일본 원양어업회사의 포경권을 일부 임차하여 강원도 장전 경상도 울산을 근거지로 하여 조업해왔다.[34]

합자회사로 설립한 이후에는 래크스사로부터 포경선 '올카호'를 임대하여 동년 9월부터 울산 근해 어장에서 다음해(1905년) 9월까지 91두의

---

33 위의 책, pp. 71~74.
34 위의 책, p. 80.

고래를 포획했다. 그러나 어기 도중에 임대선 '올카 호'가 동양 어업회사로 매각되고 올카호의 포수 겸 선장이었던 노르웨이인 후-름이 귀국하게 되자 그에게 부탁하여 포경선 신조를 의뢰했다.

1906년 봄 하스다가마루(初鷹丸)를 임대하여 모선으로 노르웨이식 총살포경대(銃殺捕鯨隊)를 편성하고 7인승의 보드(길이 35척, 깊이 3척, 폭 4척) 2척을 어로선으로 하여 울산 근해에 입어하여 3월에 향고래 1두(頭), 4~5월에 각각 2두를 포획했다. 그동안 노르웨이에 위탁 건조했던 포경선이 6월에 도착하자 그것을 제1도고마루(第1東鄉丸)로 명명하고 또한 노르웨이로부터 메인마루를 용선(傭船)하고 종전의 하스다가마루와 같이 본격적인 노르웨이식 포경선대를 구성하여 울산 근해에 입어하여 1906년 9월부터 1907년 3월까지 33두를 포획했다. 1907년 2월에는 출자금을 20만 円으로 증자하고 노르웨이 건조의 포경선 한파호를 구입하여 선명을 제2 도고마루로 개명하고 일본 사업장(高知縣甲浦)을 근거지로 하는 일본 근해 어장과 동해 어장을 어황(漁況)에 따라 상호전환 조업을 실시하여 1907년 6월부터 다음 해 7월까지 한국 연해에서 206두 일본어장(도사)에서 56두, 합계 262두를 포획하여 약 40만 円의 매출을 올렸다.

그리고 1907년 10월 민병한(閔丙漢)이 설립한 대한수산회사(大韓水産會社)와 합동계약을 체결하여 대한수산회사의 포경특허로 숙원의 독자적 동해 포경사업을 실시하게 되었다(양자의 捕鯨契約書 참조).

1908년 2월부터 동년 7월까지 동해어장에서 159두, 일본 어장에서 108두(토사 89, 쓰시마 9, 오도 10), 합계 267두를 포획하고 동년 10월까지 총 281두를 포획함으로써 그 판매액이 총 55만 5,833円에 달했다. 동년 10월 이후 1909년 5월까지 한일 양국 어장에서 합계 233두를 포획하여 약 39만 円의 매출을 얻었다.[35] 그러나 경쟁조업으로 경영이 악화되자 동 5월 새로 발족한 동양포경주식회사와 합병했다.

## 大韓水産會社와 日本長崎捕鯨合資會社의 捕鯨契約書

　今次 韓國政府許可를 得하여 創立한 大韓水産會社와 日本長崎港에 設立한 日本長崎捕鯨合資會社間에, 該許可狀을 從하여, 大韓水産會社章程 第6條의 趣旨를 因하여 捕鯨事業을 日本長崎捕鯨合資會社에 全任하여, 兩會社 各代表者間에 契約을 確守하니, 其條件이 左와 如함.

一. 大韓水産會社는 章程 第6條에 因하여, 日本長崎捕鯨合資會社로 하여금 本社 營業種目內에 在하는 捕鯨事業에 關하는 一切 代理權利를 執行하게 할 事.
一. 日本長崎捕鯨合資會社는 捕鯨事業上의 利害損益에 關하여, 大韓水産會社에서 秋毫도 制御干涉을 受치 勿할 事.
一. 日本長崎捕鯨合資會社는 創始에 際하여 費途가 頗多한 故로, 初年으로 爲始하여 10個年間은 收出損益을 確算하기 難하므로, 此其間은 大韓水産會社에 對하여 利益分排를 未能하되, 但右期間內는 大韓水産會社 補助金이라 하고 特別히 壹百圓을 寄送할 事.
一. 創業後 滿10個年을 經過한 後에는, 捕獲한 頭數를 應하여 每頭 伍圓을 大韓水産會社에 交付할 事.
一. 本契約은 無期永遠으로 爲定하되, 兩者間 協議하여 後目의 改定을 爲하되, 本契約 締結後 10年을 經過치 않으면 改更함을 不得할 事.

　右兩會社代表는 各自 委任狀을 照査하여 其正確함을 認知하여, 此契約書 正本 2部를 作하여 各其 記名하여, 各 1本을 保有하고, 其外에 謄本 1部를 作하여 在韓國日本公使館에 納付 할 事.

　　　　　　　　　　　　　　　　大　韓　光武 7年 10月 25日
　　　　　　　　　　　　　　　　大日本　明治 36年 10月 25日

　　　　　　大韓水産會社 代表者　社　長　閔丙漢 印
　　　　　　日本長崎捕鯨合資會社 代表者　林包明 印

자료: 朴九秉, 『韓半島沿海捕鯨史』, p. 259.

---

35 위의 책, pp. 80~81.

### 일한포경합자회사의 조업

일한포경합자회사(日韓捕鯨合資會社)는 1905년 3월 나가사키 현의 사사후지(笹淵七生)라는 사람이 자주 왕궁을 출입하여 고종의 환심을 사고 고종의 칙령으로 외무부와 농상공부로부터 '동해 임의포경 및 해체 처리장 설치의 특허'를 받고 동년 9월 일본 공사관의 승인을 얻어 나가사키에 사무소를 설치한 자본금 10만 엔의 일본인 포경회사이다.

이 회사는 포경선 래스크호의 선주사인 일노포경회사(日露捕鯨會社)와 공동경영으로 래스크호 포경선단을 구성하여 1906년 2월부터 조업을 개시하여 동년 6월까지 31두를 포획했다.[36] 그리고 동년 9월에서 다음해(1907년) 4월까지 역시 울산, 죽변, 영일 방면의 조업에서 35두를 추가하여 합계 66두를 포획했다. 그러나 동년 래스크호의 선주인 일노포경회사에서 포경선 래스크호를 도사포경회사(土佐捕鯨會社)에 매각하자 사사후지(笹淵七生)는 회사 지분을 타인에 양도하고 사업을 종결했다.

### 총괄

위에서 고찰한 바와 같이 러일전쟁 이후 동해 포경업을 독점했던 일본 포경 3개사의 1907년까지의 실적을 비교하면 〈표 7〉에서와 같다. 먼저 회사별, 연도별 포획 두수를 보면 동양어업주식회사는 그 전신인 일본원양어업회사의 1903년도 포획두수 157두를 포함하면 총 1,200두로서 3사 5년간의 총 포획두수 1,612두의 74.4%를 점하고 그 연평균 어획은 240두

---

36 위의 책, p. 84.

이며 연간 최고는 324두(1906년), 최저는 144두(1907년)였다. 나가사키포경합자회사는 1904년부터 1907년까지 4년 동안 총 포획두수는 377두로서 전체의 23.38% 연평균 94.25두 연간 최고 171두(1907), 최저 31두(1905년)였다. 그리고 일한포경합자회사는 1906년부터 1907년까지 양년 동안 총 35두를 포획함으로써 전체의 2.17% 연평균 17.5두를 포획했다.

• 표 7 | 1903~1907년까지의 입어회사별 연도별 포경두수(頭數)(단위: 두(%))

| 회사 \ 년도 | 1903 | 1904 | 1905 | 1906 | 1907 | 계 | 연평균 |
|---|---|---|---|---|---|---|---|
| 동양어업주식회사 | 157 | 282 | 293 | 324 | 144 | 1,200(74.4) | 240 |
| 나가사키포경합자회사 | 0 | 91 | 31 | 84 | 171 | 377(23.38) | 94.25 |
| 정계요인단<br>(한일포경합자회사) | 0 | 0 | 0 | 20 | 15 | 35(2.17) | 17.5 |
| 계 | 157 | 373 | 324 | 428 | 330 | 1,612(100) | 322.4 |

자료:『韓國水産誌』第一輯, p. 217. ( ) 안은 백분율.

그리고 이들 회사가 포획한 고래의 종류를 보면 1906년 9월부터 1908년 2월까지의 짧은 기간 사례이기는 하나 〈표 8〉에서와 같이 참고래, 대왕고래, 돌고래, 귀신고래, 긴수염고래의 4종류였다. 그중에서 가장 많이 포획한 것은 참고래 244두로 전체의 49.89%, 귀신고래는 221두로 전체의 45.19%였다. 그 외 대왕고래 11두, 돌고래 11두, 긴수염고래 2두 등은 아주 적은 상태였다.

• 표 8 | 일본 입어3사의 월별종류별 포획두수

| 년도·종류 \ 월 | 1 | 2 | 3 | 4 | 5 | 6 | 7 | 8 | 9 | 10 | 11 | 12 | 합계 |
|---|---|---|---|---|---|---|---|---|---|---|---|---|---|
| 1906 | | | | | | | | | | 16 | 24 | 7 | 70 | 117 |
| 1907 | 67 | 28 | 15 | 3 | | 36 | 32 | | 10 | 46 | 34 | 60 | 331 |
| 1908 | 30 | 9 | | | | | | | | | | 2 | 41 |
| 합계 | 97 | 37 | 15 | 3 | | 36 | 32 | | 26 | 70 | 41 | 132 | 489(100) |

| 종류 | | | | | | | | | | | | | |
|---|---|---|---|---|---|---|---|---|---|---|---|---|---|
| 참고래(長鬚鯨) | 4 | 32 | 9 | 3 | | 36 | 30 | | 25 | 68 | 32 | 5 | 244(41.89) |
| 대왕고래(白長鬚鯨) | | 1 | | | | | 2 | | 1 | 1 | 3 | 3 | 11 |
| 돌고래(座頭鯨) | 1 | 4 | 2 | | | | | | | 1 | 1 | 2 | 11 |
| 귀신고래(鬼鯨) | 90 | | 4 | | | | | | | | 5 | 122 | 221(45.19) |
| 긴수염고래(背美鯨) | 2 | | | | | | | | | | | | 2 |

자료: 『韓國水産誌』第一輯 pp. 205~206 拔萃, ( ) 안은 백분율.

당시 포경의 조업기간(영업기간)은 연 10개월이었으며 5월과 9월은 포획이 전혀 없는 휴어기였다. 10개월 중 포획두수가 가장 많은 달은 12월과 1월(정월)의 겨울 2개월이며 그 포획률은 전체 포획량의 약 절반(46.8%)이었다. 참고래는 5월, 8월(휴어기)을 제외하고는 매월 포획되었다. 귀신고래는 12월, 1월의 겨울철에 거의 집중하여 포획되고 11월과 4월은 각각 4~5두에 불과했다. 그의 성별을 보면 암수(牝牡) 양자는 거의 비등했으나 수컷이 약간(54.50%) 많았다⟨표 9⟩ 참조). 포획해역(어장)은 거의 전부가 울산(북동, 동남) 근해에 치중되어 있었으며 그 외 죽변, 영일만(총 57두) 및 장전 근해(2두) 어장은 거의 포획되지 않은 해역이었다.[37]

- **표 9 | 1906년 9월~1908년 2월까지의 암수별 포경두수합계표(도요포경, 나가사키포경, 한일포경의 합계)**

| 種類 | 頭數 | 牝 | 牡 |
|---|---|---|---|
| 참고래(長須鯨) | 244 | 129 | 115 |
| 대왕고래(白長須鯨) | 11 | 4 | 6 |
| 돌고래(座頭鯨) | 11 | 3 | 8 |
| 귀신고래(鬼鯨) | 221 | 84 | 137 |
| 긴수염고래(背美鯨) | 2 | 2 | |
| 計 | 488 | 222 | 266 |

자료: 『韓國水産誌』第一輯, p. 216.

---

37 『韓日水産誌』第一輯 p. 206.

## 5. 동양포경주식회사의 기업집중화

일본에서는 러일전쟁으로 고래고기 값이 급등하자 군소포경회사가 급증하기 시작했다. 따라서 포경업의 경쟁은 어획감소(자원감소)를 초래했다. 따라서 전항에서 보는 바와 같이 동해 포경에 있어서도 특히 동양어업주식회사의 경우 1906년 334두에서 1907년 144두로 전년대비 급감했다. 그럼에도 동사는 1907년 1~2월 중에 포경선 2척을 더 증가하여 총 7척으로 장전, 울산 신포방면의 동해어장과 일본 어장에 배선(配船)하여 증산을 도모했다. 그 결과 동년 7월 말까지(3기) 총 663두를 포획했으나 한국 동해에서의 포경두수는 172두에 불과했다. 이러한 감소에 따라 통감부에서는 동해의 고래자원 감소를 우려하여 조선정부로 하여금 동년 10월 2일 '포경업 관리법'(법률 제7호)을 제정 공포케 했다(표 경영관리법 참조).

---

**捕鯨業管理法**

第一條　捕鯨業者는 捕鯨期間內가 아니면 鯨을 捕獲ㅎ거나 處理ㅎ기 爲ㅎ야 根據地를 使用홈을 不得ㅎ되 捕鯨期間內에 捕獲혼 鯨을 處理혼 境遇에는 此限에 不在홈
　　　　捕鯨期間은 十月一日로붓터 翌年四月三十日까지로홈
第二條　幼鯨及幼鯨을 萃伴ㅎ는 親鯨은 捕獲홈을 不得홈
第三條　海面이나 根據地以外의 土地에셔 鯨을 處理홈을 不得홈
第四條　農商工部大臣은 鯨의 繁殖保護上心要로 認혼 時은 鯨의 種類, 捕鯨의 船舶, 器具, 方法期間及區域并根據地에 關ㅎ야 制限ㅎ거나 捕鯨業을 停止ㅎ며 或許可를 勿施홈을 得홈
第五條　農商工部大臣은 心要홈으로 認혼 時는 許可의 條件을 變更홈을 得홈
　　　　農商工部大臣은 捕鯨業者가 許可의 條件을 違背ㅎ거나 一箇年以上을 連續休業 혼 時는 許可를 勿施홈을 得홈

> 第六條　農商工部大臣은 捕鯨業者의 業務를 檢査ᄒ거나 必要되는 書類物件의 提出을 命흠을 得흠
> 第七條　許可를 受 ᄒ지 아니흔者가 鯨을 捕獲ᄒ거나 處理흔 時는 一千圜以下 罰金에 處흠
> 　　　　前項境遇에는 捕獲物及使用物件을 沒收ᄒ고 임의捕獲物을 消費흔 時는 其價格을 追徵흠을 得함
> 　　　　第一條乃至第二條의 規定에 違背흔者 捕鯨業停止中에 鯨을 捕獲흔者 又는 第四條의 制限에 違背흔 者는 前二項과 同흠
> 　　　　前三項의 處分은 農商工部大臣이 此를 行흠
> 　　　　附則
> 第八條　本法은 隆熙元年十月一日로붓터 施行흠

　물론 그 포경업 관리법은 한국정부의 자발적인 발상이 아니라 일본(통감부)의 요청에 의한 것이었다. 일본은 러일전쟁 이후 일본 업체들끼리의 경쟁조업 강도가 높아감에 따라 1906~1907년경부터 고래자원의 감소 징후가 현실로 나타나자 남획(濫獲)을 우려하고 독점과 업체의 보호를 위하여 한국정부의 포경특허상의 규정조건 만으로서는 그 효과가 없다는 것을 인지하고 통감부(統監府)는 먼저 자원감소의 예방을 위해서는 고래의 번식을 도모하는 것이 급선무라 인식하고 그것을 내용으로 하는 관리 법안을 기초하여 농상공부대신(송병준)에게 그 실시를 요청했다.

　농상공부에서는 그 법안을 총리대신(이완용)과 협의하여 내용에 약간의 수정을 가하여 '포경업관리법'을 1907년 10월 2일 제정 공포했다(법률 제7호).

　포경업관리법의 주요내용은

① 포획기간제한(捕獲期間制限) 5월 1일부터 9월 30일까지 포획을 금지하고,

② 포획대상의 제한, 어린고래나 새끼고래를 동반하는 고래의 포획을 금지하고,
③ 기타 자원 보호상 필요한 규제, 벌칙의 제정 등이었다.

이 포경업관리법의 제정 직후 나가사키포경합자회사에서는 전술한 바와 같이 일시적이나마 대한수산회사 포경특허로 1908년 2월부터 동 7월까지 동해어장에서 159두, 일본어장에서 108두, 합계 267두, 1909년 1월까지는 총 281두를 포획하고, 동년 8월 이후 5월까지 한일 양어장에서 총 233두를 포획하는 성과가 있었다. 그러나 경비 증가에 반해서 경육 판매가격의 하락으로 경영이 어렵게 되었다. 앞으로 경영이 더욱 어려워질 것을 예측하고 동양어업주식회사에 합병을 고려했다.

동양어업주식회사는 1907년 소유 포경선을 7척으로 늘렸으나 특별한 성과 없이 경영비(영업비)만 증가하자 1908년 포경선을 다시 5척으로 감척하고 동해조업을 봄철은 장전 방면에서 하고 12월에 울산으로 철수했다. 회항 도중 강한 풍설로 저장선 하야시오마루(早潮丸)가 예선의 로프 절단으로 행방불명되었다가 5일 후 독일기선에 의해서 구조되는 사건이 발생했다. 그해 초 한국 연해 조업에서는 22두의 포획에 그치고 7월 말까지 한일 양어장의 포획 두수는 총 547두수로 전년에 비해 감소했다. 9월부터 1909년 4월까지의 총 포획두수는 187두로 더욱 현저히 감소했다.[38] 그뿐만 아니라 경비의 현저한 상승에 비해서 경육가(鯨肉價)를 비롯하여 기타 부산물 등의 가격은 전체적으로 하락(약 30%)하는 현상을 보였다.

---

38 石田好数, 앞의 책, p. 73.

• 표 10 | 1908년 7월 말 현재 일본 포경업체 수

| 業體名 | 資本金(万円) | 拂入金(万円) | 捕鯨船數 |
|---|---|---|---|
| 東洋漁業株式會社 | 200 | 60 | 5 |
| 長崎捕鯨株式會社 | 60 | 60 | 5 |
| 大日本捕鯨株式會社 | 300 | 75 | 4 |
| 帝國水産株式會社 | 200 | 50 | 3 |
| 內外水産株式會社 | 100 | 25 | 2 |
| 大東漁業株式會社 | 80 | 20 | 2 |
| 太平洋漁業株式會社 | 100 | 25 | 2 |
| 東海漁業株式會社 | 15 | 15 | 1 |
| 土佑捕鯨株式會社 | 10.5 | 10.5 | 1 |
| 丸三製材株式會社 | 24 | 15 | 1 |
| 紀伊水産株式會社 | 50 | 12.5 | 1 |
| 長門捕鯨株式會社 | 20 | 10 | 1 |
| 십이회사 | 1159.9 | 398 | 28 |

자료: 石田好數, 『日本漁民史』, 1979, p. 75.

    이러한 감산과 경영수지 악화는 러일전쟁 이래 많은 군소 포경사의 설립과 노르웨이식 포경선의 증가로 인한 조업경쟁에 기인했다. 1908년 7월 현재 일본의 포경선사는 12개사(〈표 10〉 참조)로 노르웨이식 포경선은 28척으로 각각 증가했다.

    곧 그들의 조업경쟁은 자원감소는 물론 자재가의 상승을 초래하고 경육 및 그 부산물의 가격하락을 초래했다.

    이러한 사정을 일찍이 예측한 일본정부에서는 그동안 업계의 통합을 유도했으나 별 성과가 없었다. 그러나 동양어업주식회사(東洋漁業株式會社)는 그동안 동해포경에서 축적했던 자본력으로 1909년 5월 동해조업의 나가사키포경합자회사와 그 외 제국수산주식회사(帝國水産株式會社) 대일본포경주식회사(大日本捕鯨株式會社) 등을 흡수 합병하여 대자본기업인 동양포경주식회사(東洋捕鯨株式會社)로 발족했다.[39]

    그리하여 동양포경주식회사는 당시 일본 전체포경선 총 30척 중 20척

을 보유하게 됨으로써 전체 척수의 3분의 2를 점하는 대자본회사가 되었다. 그리고 당회사는 설립 후 동년 7월까지의 조업에서 253두를 포획하고, 동년 10월부터 다음해(1910년) 1월 12일까지 한국 동해에서 323두 일본 연안에서 76두 합계 398두를 포획하고 1910년 2월부터 4월까지는 247두를 포획했다.

이와 같이 동양포경주식회사는 일본원양어업회사로 출발한 지 10년 만인 1910년까지 일본제국주의의 침략정책에 편승하여 마침내 동해포경의 이권 독점과 기업을 집중하여 한해포경의 수탈을 기초로 일본 최대의 자본제 포경기업(資本制捕鯨企業)으로 군림하게 되었다.

---

39 中井昭 著, 앞의 책, pp. 123~124.

· 부록 ·

## 부록 1. 1910년경 일본 입어선의 주요 어업기지 및 기항지 일람표

※지명 등은 당시의 행정구역 명임

| 도별 \ 기지·기항지 | 지명 | 기지 또는 기항지 |
|---|---|---|
| 함경북도 | 경흥부서면(慶興府西面) | 동번포(東番捕) |
| | 경흥부해면(慶興府海面) | 버파항(琵琶㳌) |
| | | 창진(蒼津) |
| | 부영군동면(富寧郡東面) | 용저(龍猪) |
| | | 청진(淸津) |
| | 부영군오촌면(富寧郡梧村面) | 독진(獨津) |
| | 성진부(城津府) | 학평(鶴坪) |
| 함경남도 | 북청군 남양면(北靑郡 南揚面) | 신포(新浦) |
| | 함흥군 동명면(咸興郡 東溟面) | 서호진(西湖津) |
| | (東雲面) | 창리(倉里) |
| | 정평군 기전면(定平郡 歸林面) | 동내포(東內浦) |
| | 영흥군 고영면(永興郡 古寧面) | 백안진(百安津) |
| | | 가진(加津) |
| | 영흥군 진흥면(永興郡 積興面) | 대저도(大猪島) |
| | 문천군 구산면(文川郡 龜山面) | 섬당기(蟾堂崎) |
| | (明孝面) | 송전리(松田里) |
| | 덕원부 적전면(德源府 赤田面) | 원산진(元山津) |
| | (縣 面) | 신도(薪島) |
| 강원도 | 흡곡군(歙谷郡) | 연안(沿岸) |
| | 통천군 임도면(通川郡 臨道面) | 두백(豆白) |
| | | 장전(長箭) |
| | 고성군 일북면(高城郡 一北面) | 영호진(靈湖津) |
| | 간성군 현내면(杆城郡 縣內面) | 마차진(痲次津) |
| | | 대진(大津) |
| | 오현면(梧現面) | 거진(巨津) |
| | 토성면(土城面) | 아야진(我也津) |
| | 양양군 소천면(襄陽郡 所川面) | 동진(東津) |
| | 강릉군 신리면(江陵郡 新里面) | 주문진(注文津) |

| | | | |
|---|---|---|---|
| | | 사천면(沙川面) | 사천리 |
| | | 덕방면(德方面) | 남항진(南項津) |
| | | 자가곡면(資可谷面) | 심곡(深谷) |
| | | 옥개면(玉溪面) | 한진(漢津) |
| | | 원덕면(遠德面) | 장호진(莊湖津) |
| | 울진군 | 근북면(蔚珍郡 近北面) | 죽변(竹邊) |
| | 평해군 | 원북면(平海郡 遠北面) | 기성리(箕城里) |
| | | 남면(南面) | 후리(厚里) |
| 경상북도 | 흥해군 | 동산면(興海郡 東山面) | 여남포(汝南捕) |
| | | | 설말포(雪末浦) |
| | | | 두호포(斗湖浦) |
| | 영일군 | 북면(迎日郡 北面) | 포항(浦項) |
| | | 동해면(東海面) | 대동배(大冬背) |
| | 장기군 | 북면(長鬐郡 北面) | 구룡포(九龍浦) |
| | | 현내면(現內面) | 양포(良浦) |
| | | 내남면(內南面) | 감포(甘浦) |
| | | | 고라(古羅) |
| | | 양남면(陽南面) | 하서리(下西里) |
| | | | 관성(觀星) |
| 경상남도 | 울산군 | 강동면 (蔚山郡 江東面) | 지경동(地境洞) |
| | | 동면(東面) | 미포(尾浦) |
| | | | 일산진(日山津) |
| | | | 염포(塩浦) |
| | | 대현면(大峴面) | 양죽동(揚竹洞) |
| | | | 구정동(九井洞) |
| | | | 내해(內海) |
| | | | 성외동(城外洞) |
| | | | 세죽포(細竹浦) |
| | | 청양면(靑良面) | 달포(達浦) |
| | | 온산면(溫山面) | 이진(梨津) |
| | | | 강구포(江口浦) |
| | 양산군 | 외남면(梁山郡 外南面) | 라사리(羅士里) |
| | 기장군 | 북면(機張郡 北面) | 월내동(月內洞) |
| | | 동면(東面) | 이천동(伊川洞) |
| | | 읍내면(邑內面) | 두모포(豆毛浦) |
| | | | 대변(大辺) |

| | | | |
|---|---|---|---|
| | 동래부 | 남면(南面) | 공수(公須) |
| | | 동하면(東萊府 東下面) | 송정동(松亭洞) |
| | | | 미포(尾浦) |
| | | 남상면(南上面) | 덕민동(德民洞) |
| | | | 호암동(虎巖洞) |
| | | 석남면(石南面) | 용호(龍湖) |
| | | | 용당(龍塘) |
| | | | 감만(戡蠻) |
| | | 부산면(釜山面) | 두중(豆中) |
| | | 사중면(沙中面) | 초량(草梁) |
| | | 부산항(釜山港) | 절영도(絕影島)→대풍포(待風浦) |
| | | | 암남동(巖南洞)→감천포(甘川浦) |
| | | | 구서평포(舊西平浦) |
| | | | 다대포(多大浦) |
| | | | 평림동(平林洞) |
| | 김해군 | 낙동강구(金海郡 洛東江口) | 하단포(下端浦) |
| | 창원부 | 웅동면(昌原府 熊東面) | 구포(龜浦) |
| | | | 강구연안 |
| | | | 대근도(大根島) |
| | | | 원리(阮里) |
| | | 천가면(天加面) | 안골(安骨) |
| | | 웅서면(熊西面) | 안성(安城) |
| | | 외서면(外西面) | 가덕도 연안 |
| | | 구산면(龜山面) | 연안 |
| | | | 마산포(馬山浦) |
| | | 진동면(鎭東面) | 율구미(栗九味) |
| | | | 남포(藍浦) |
| | 거제군 | 하청면(巨濟郡 河淸面) | 다구동(多求洞) |
| | | 이운면(二運面) | 동촌동(東村洞) |
| | | 일운면(一運面) | 칠천도(漆川島) |
| | | | 장승포(長承浦) |
| | | | 지새도(知世浦) |
| | | 동부면(東部面) | 구조라(舊助羅) |
| | | 서부면(西部面) | 항리포(項里浦) |

| | | |
|---|---|---|
| | 용남군 동면(龍南郡 東面) | 다대포(多大浦) |
| | | 죽림포(竹林浦) |
| | | 신화동(新和洞) |
| | | 통영(統營) |
| | 한산면(閑山面) | 의암동(衣岩洞) |
| | 원삼면(遠三面) | 동좌동(東左洞) |
| | | 욕지도(欲知島) |
| | 고성군 동읍면(固城郡 東邑面) | 읍동(邑洞) |
| | | 고성읍(固城邑) |
| | | 내신동(內新洞) |
| | 포도면(葡萄面) | 범법동(凡法洞) |
| | | 중장동(中壯洞) |
| | 상남면(上南面) | 하장동(下壯洞) |
| | | 장지동(長支洞) |
| | 사천군(泗川郡) | 두모동(豆毛洞) |
| | | 삼천포(三千浦) |
| | 남해군(南海郡) | 미조포(彌助浦) |
| | 울도군(鬱島郡) | 도동(道洞) |
| 전라남도 | 광양군 월포면(光陽郡 月浦面) | 선소(船所) |
| | | 망덕리(望德里) |
| | 순천군(순천군) | 여자만(汝自灣) |
| | 여수군 본읍(麗水郡 邑面) | 여수항(麗水港) |
| | 흥양군(興陽郡) | 당산(堂山) |
| | 영암군 종남면(靈巖郡 終南面) | 내만(內灣) |
| | 무안부 부내면(務安府 府內面) | 목포(木浦) |
| | 일로면(一老面) | 정관동(鼎冠洞) |
| | 박곡면(朴谷面) | 몽난진(夢灘津) |
| | 영광군 진양면(靈光郡 陳良面) | 법성포(法聖浦) |
| | 돌산군 두남면(突山郡 斗南面) | 대경도(大京島) |
| | | 돌산읍 |
| | 금오면(金熬面) | 심포(深浦) |
| | | 부도(釜島) |
| | 화개면(華蓋面) | 하화도동(下花島洞) |
| | 태인면(太仁面) | 송도(松島) |
| | | 늑도(勒島) |
| | 옥정면(玉井面) | 적금도(赤金島) |

| | | |
|---|---|---|
| | 봉래면(蓬萊面) | 여자도(汝子島) |
| | | 납다도(納多島) |
| | | 장도(獐島) |
| | | 국도(國島) |
| | | 서양도(泗羊島) |
| | | 외도(외艾島) |
| | | 지오도(芝五島) |
| | | 시산도(示山島) |
| | 금산면(錦山面) | 절금도(折金島) |
| | 삼산면(三山面) | 손죽도(巽竹島) |
| | | 거문도(巨文島) |
| 완도군 | 군외면(莞島郡 郡外面) | 군읍(郡邑) |
| | 고금면(古今面) | 덕동(德洞) |
| | 조약면(助藥面) | 어두리(魚頭里) |
| | 신지면(薪智面) | 군령포(軍令浦) |
| | 평일면(平日面) | 감목리(甘木里) |
| | 생일면(生日面) | 서성리(西城里) |
| | 청산면(靑山面) | 청계리(淸溪里) |
| | 모도면(茅島面) | 대모도 동리(東里) |
| | | 대모도 서리(西里) |
| 완도군 | 소안면(莞島郡 所安面) | 맹선리(孟仙里) |
| | 보길면(甫吉面) | 보길도 |
| | 임도면(荏島面) | 용문도(龍門島) |
| | 추자면(楸子面) | 상도(上島) |
| | | 하도(下島) |
| 진도군 | 명금면(珍島郡 鳴琴面) | 금갑진(金甲鎭) |
| | 조도면(鳥島面) | 상조도 |
| | | 하조도 |
| | | 가사도(加士島) |
| 지도군 | 암태면(智島郡 巖泰面) | 대흑산도진리(大黑山島鎭里) |
| | 가좌면(箕佐面) | |
| | 임자면(任子面) | 옥도(玉島) |
| | 낙월면(洛月面) | 임자도 |
| | 고군산면(古郡山面) | 안마도(鞍馬島) |
| | | 위도(蝟島) 진리(鎭里) |
| | 제주도(濟州道) | 치도(雉島) |

부록 559

|  |  | 성산포(城山浦) |
|---|---|---|
|  |  | 가파도(加波島) |
|  |  | 서귀포(西歸浦) |
|  |  | 표선(表善) |
|  |  | 행원(杏源) |
|  |  | 비양도(飛揚島) |
|  |  | 곽문(郭文) |
|  |  | 함덕리(咸德里) |
|  |  | 고포(古浦) |
| 전라북도 | 부안군 건선면(扶安郡 乾先面) | 줄포(茁浦) |
|  | 우산면(右山面) | 격포(格浦) |
|  | 옥구군 북면(沃溝郡 北面) | 경포리(京浦里) |
|  |  | 군산항(群山港) |
| 충청남도 | 임천군(林川郡) | 죽도(竹島) |
|  |  | 어청도(於靑島) |
|  |  | 입포(笠浦) |
|  |  | 장항(長項=금장구) |
|  | 서천군 마길면(舒川郡 馬吉面) | 용당(龍堂) |
|  | 비인군 서면(庇仁郡 西面) | 월하포(月下浦) |
|  | 남포군 웅천면(藍浦郡 熊川面) | 독산리(獨山里) |
|  | 오천군 하남면(鰲川郡 河南面) | 선촌(船村) |
|  |  | 효자도(孝子島) |
|  |  | 연도(煙島) |
|  |  | 죽도(竹島) |
|  |  | 개야도(開也島) |
|  | 하서면(河西面) | 고대도(古代島) |
|  |  | 장고도(長古島) |
|  |  | 녹도(鹿島) |
|  |  | 호도(狐島) |
|  |  | 외연(열)도(外煙(列)島) |
|  |  | 어청도(於靑島) |
|  | 서산군 화변면(瑞山郡 禾邊面) | 노라포(老羅浦) |
|  |  | 웅도리(熊島里) |
|  |  | 호파도(古波島) |
|  | 태안군 남면(泰安郡 南面) | 거온리(擧溫里) |
|  |  | 웅도리(熊島里) |

| | | |
|---|---|---|
| | 안흥면(安興面) | 성남리(城南里)<br>성동리(城東里)<br>정산리(定山里)<br>신진도(新津島)<br>마도(馬島)<br>가의도(價誼島) |
| | 소근면(所斤面)<br>북이면(北二面) | 소근포(所斤浦)<br>갈두리(葛頭里) |
| 경기도 | 인천부 영종면(仁川府 永宗面)<br>덕적면(德積面)<br>인천항(仁川港)<br>강화군 | 영종도(永宗島)<br>대무의도(大舞衣島)<br>덕적도<br>인천항<br>한강류역 |
| 황해도 | 해주군 주내면(海州郡 州內面)<br>송림면(松林面)<br><br>옹진군 신흥면(甕津郡 新興面)<br>남면(南面)<br>장연군 해안면(長淵郡 海安面)<br>제도(諸島)<br><br><br><br>송화군 인풍면(松禾郡 仁風面)<br>송화군 초도면(松禾郡 椒島面)<br><br>은율군 북하면(殷栗郡 北下面) | 용당포(龍塘浦)<br>연평열도(延坪列島)<br>계도(鷄島)<br>등산포(登山浦)<br>용호도(龍湖島)<br>몽금포(夢金浦)<br>백령도(白翎島)<br>대청도(大靑島)<br>소청도(小靑島)<br>월천(月串)<br>소사(蘇沙)<br>니현(泥峴)<br>금산포(金山浦) |
| 평안남도 | 진남포부(鎭南浦府) | 진남포항(鎭南浦港) |
| 평안북도 | 정주군 대명동면(定州郡 大明洞面)<br>선천군 수청면(宣川郡 水淸面)<br>철산군 부서면(鐵山郡 扶西面)<br><br>용천군(龍川郡) | 하일포(河日浦)<br>소가차도(小加次島)<br>반성열도(盤城列島)<br>대계도(大溪島)<br>이호포(耳湖浦)<br>용암포(龍岩浦) |

자료: 『韓國水産誌』 全四輯(1908~1911년 完)에서.

## 부록 2. 입어자에 필요한 각종 서식

서식 제1호

```
            漁業免許證印下渡願
                    船持主原籍          姓   名
                    外 乘 組            何   人

 1. 漁船   長何程  幅何程   深何程
    通漁規則ニ其キ沿海三里以內ニ於テ漁業相營度候間免許狀御下附相成度
    此段
    奉願候也
    明治 何年 何月 何日              右船頭      何某 印
    朝鮮國釜山港 (혹은 元山港)   海關長 貴下
```

자료: 吉田敬市 著, 『朝鮮水産開發史』, p. 175.


서식 제2호

【甲號書式】

```
          縣   郡   町
      何  何   何   何番地 何某所有
          府   區   村

              何號   漁船
      右何ノスノタメ寄港(食料品買ホメノタメ或ハ風雨ノタメヌハ捕魚ノタメ)

           年     月     日
                    何 之 誰 (船頭)   印
```

서식 제3호

【乙號書式】

---

　　　　　　　　　　何號　漁船

　年 月 日 何役所鑑札下付
　私儀當港ニ居留漁業相營ミ候(當港近海ニ出漁出稼仕候)間當港繫泊ノ證御下附
　相成度此段願上候也

　　　　　年　　月　　日
　　　　　　右船頭　　何某　印

　　　　　　　　領事宛

---

서식 제4호

【丙號書式】

---

　　　　何縣　何郡　何町　何番地
　　　　　府　　區　　村
　　　　　當時釜山居留地何町何番地寄留
　　　　　何誰所有　　　漁船

1. 船長(觸梁ヨリ艫梁ヌデ)何間
　右ハ此度當港ニ於テ新造仕候ニ付此段御屆出仕段也

　　　　　年　　月　　日
　　　　　　右持主　　何某　印

　　　　　　　　領事宛

서식 제5호

【繫泊證雛形】

| |
|---|
| 何号<br><br>　釜 山 港 繫<br><br>　　　　　　　　　　　明治何年何月何日 |

서식 제6호

| | |
|---|---|
| 割 印 | 當港何町何番地寄留何誰所有<br><br>　　　第何号<br>　　　漁船 |

자료: 吉田敬市 著, 『朝鮮水産開發史』, pp.177~178.

### 후기

    수산경제경영 연구를 하면서 개항 이후부터 국치년에 이르기까지 일본입어(통어)자의 침탈행위가 극심하고 빈번했음에도 불구하고 그에 관한 국내기록 자료가 거의 없다는 것을 오래전에 알게 되었다.
    그래서 나는 일본에 갈 기회가 있을 때마다 비단 그에 관한 자료뿐만 아니라 수산관계 자료 수집에 많은 시간과 비용을 아끼지 않았다. 돌이켜 생각해보면, 유명한 동경 간다(神田)의 고서점들과 유명 대학 근처의 고서점, 그리고 특히 동경대학 중앙도서관, 경제학부 자료관, 농학부 도서관, 동경수산대학 도서관, 수산청 자료관(중앙수산시험장 자료관) 및 일본국회도서관(국립중앙도서관), 와세다대학 중앙도서관, 그리고 사단법인 조선협회 및 해양협회의 자료실 등 입어관련 자료가 있을 만한 주요한 곳은 다 뒤지고 다닐 정도로 열정을 쏟은 기억이 새롭다.
    그런데 그렇게 공들여 수집한 자료들을 정리도 못한 채 1995년 2월 정년으로 현직을 떠나야 했다. 당시 소장하고 있던 단행본 6,000여 권 등과 정리하지 못한 수산 어촌관련 자료들은 도서관에 기증하면서 내 손을 떠나보냈다. 그런 와중에도 입어관계 자료만큼은 복사본을 따로 만들어 가지고 나왔다. 그 이유는 연구를 위해서라기보다는 단순히 그것들을 수집하기위해 들인 시간과 비용이 너무 아까웠기 때문이다. 또 국내에서는 구할 수 없는 자료가 대부분이었기 때문에 복사물을 제본해서라도 여기저기 기증하겠다는 심산이었다. 하지만 퇴직한 그해 4월 예기치 않게 사단법인 한국수산기술연구원(뒤에 한국수산경영기술원으로 개칭)을 맡게 되면서 계획을 실현하지 못했다. 그나마 틈틈이 연구원기관지인 「수산연구」의 기고논문 작성에 활용하기 시작했고, 결과적으로는 이 책이 나오는 계기가 되었다.

이 책이 늦어진 이유를 굳이 변명하자면, 구속력이 없는 일을 하다보니 시나브로 하게 되고, 또 내 나이가 많아 능력의 한계에 도달했음을 진작 인식하지 못했던 탓이다. 그래서 진작 생각은 하면서도 미처 정리하지 못하고 이에 수록도 하지 못한 것이 한두 가지가 아니다. 입어자의 자발적 이주의 발생 및 진전, 이주어촌의 건설상, 그리고 입어자들과 현지인(한인)들의 충돌 및 분쟁 등이 그것이다. 또한 왕조말기의 한국인 어업을 조사 정리하여 일본입어 어업과의 비교연구를 하지 못한 점 등이 아쉬움으로 남는다.

한편 그간 수집한 자료들을 활용하다보니 상기 자료 이외에 특히 입어자들의 주요 출신지인 서일본의 대학 도서관 자료관과 그 지역의 향토지(사) 또는 자료집이나 입어자 단체의 자료(조합사, 해외출어사, 경제사) 등을 수집·보완하지 못한 것이 절실히 후회된다. 후학들도 이러한 자료의 수집과 보완을 꼭 염두에 두길 바란다.

끝으로 이 책을 내는 데 수고해주신 수산경제연구원 정만화 원장님께 다시 한 번 감사드린다. 그리고 실무를 맡아 꼼꼼하게 챙겨주신 주선평 조사협력실장, 김현용 연구실장, 이미용 박사, 정권태 과장에게도 지면을 빌어 감사의 마음을 표한다.

2011년 12월
저자 장수호

## 참고문헌

F.A.マッケンジー,『朝鮮の悲劇』, 東洋文庫, 1972.

加藤眞好,『朝鮮漁業制度要論』, 朝鮮水産會, 1932.

葛生修吉,『韓海通漁指針』, 黑龍會出版部, 1903.

姜東鎭,『日帝의 韓國侵掠政策史』, 한길사, 1980.

岡本信男,『近代漁業發達史』, 水産社, 1965.

「岡山縣水産試驗場臨時報告」, 1905.

岡庸一 著,『最新韓國事情』, 青木蒿山堂, 1905.

高麗大亞細亞問題研究所,『日帝의 經濟侵奪史』, 民衆書館.

高麗大學校民族文化研究所,『韓國文化史大系』全 Ⅷ, 1968.

高知縣水産組合,『韓海漁業調査』, 1905.

工藤三次郎,『朝鮮貿易史』, 朝鮮貿易協會, 1943.

關澤明清・竹中邦香 共編,『朝鮮通漁事情』, 東京: 團々書店, 1893.

「廣島縣水産試驗場臨時報告」, 第一號, 1905.

『廣島縣水産組合會報』, 第三, 四, 五, 六, 九號, 1971.

國史編纂委員會,『韓國史』2, 探究堂, 1977.

金富軾 著, 金鍾權 譯,『三國史記』上・下, 大洋書籍, 1972.

金膺龍,『日韓併合』, 合同出版, 1996.

金振九,『韓國漁業史・捕鯨史』, 國際聯合食糧農業機構韓國協會, 1966年 7月.

今村鞆,『船の朝鮮』, 螺炎書屋, 1930.

吉田敬市 著,『朝鮮水産開發史』, 朝水会, 1954.

露國大藏省,『韓國誌』, 日本農商務省 譯, 1905.

農商務省水産局,『日本水産採捕誌』, 水産社, 1912.

大日本水産會,『大日本水産會百年史』, 前編, 1982.

『大日本水産會會報』, 第63號(1887)~第375號(1913).

大河內一雄,『玄の國策會社 東洋拓植』, 日本經濟新聞社, 1982.

大韓公論社,『獨島』, 1965.

德永勳美,『韓國總覽』, 博文館, 1907.

李鉉淙,『韓國開港場研究』, 一湖閣, 1980.

網野善彦 代表者,『東シナ海と西海文化』, 小学館, 1992.

明石喜一,『本邦の諾威式捕鯨』, 東洋捕鯨株式會社, 1910.

武田幸男 編譯,『高麗史日本傳』上・下, 岩波書店, 2005.

文定昌,『朝鮮の市場』, 柏文堂, 1941.

朴慶植,『日本帝國主義の朝鮮支配』, 靑木書店, 1973.

朴光淳,『韓國漁業經濟史研究』, 裕豊出版社, 1981.

朴九秉,『韓半島沿海捕鯨史』, 太和出版社, 1987.

朴壽伊,『開港期韓國貿易資本論考』, 太和出版社, 1979.

朴殷植,『韓國獨立運動之血史』, 上・下, 瑞文堂, 1975.

福本和夫,『日本捕鯨史話』, 法政大学出版局, 1960.

富宿三善,『串木野漁業史, 串木野漁業協同組合, 1917.

司馬遼太郎・上田正昭・金達壽 編,『日本の渡來文化』, 中央公論社, 1982.

寺田一彦,『海の文化史』, 文一総合出版, 1979.

山口和雄,『日本漁業史』, 東京大学出版會, 1957.

山邊健太郎,『日韓併合小史』, 岩波新書, 1966.

石田好数, 『日本漁民史』, 三一書店, 1978.

小山弘佳·淺田光輝, 『日本帝國主義史』 1·2券, 靑木書店, 1958.

朝鮮漁業協會, 『水産文庫』 第4~7券, 1908~1911.

日本水産廳, 『明治時代の水産關係集會』 第一回(1960年 1月號)~最終回.

水産廳, 『韓國水産社』, 1968.

水友會, 『現代 韓國水産史』, 1987.

新川伝助, 『日本漁業における資本主義の発達』, 東洋經濟新報社, 1958.

安秉珆, 『朝鮮近代經濟史硏究』, 日本評論社, 1975.

岩倉守男, 『朝鮮水産業の現況と将来』, 民衆時論社, 1932.

愛媛縣, 『愛媛縣話槁』 下卷, 1916.

漁業協力財團, 『東南アジア關係國の漁業事情』, 1994.

永留久恵, 『海人たちの 足跡―環対島海峡の基層文化』, 白水社, 1997.

羽原又吉, 『日本近代漁業經濟史』 上·中·下, 岩波書店, 1952~1955.

李康勳, 『抗日獨立運動史』, 正音社, 1974.

「日本農商務省漁業統計表」, 1901年7月~1910年12月.

田代和生, 『近世日朝通交貿易史の硏究』, 創文社, 1981.

田代和生, 『日本軍國主義の朝鮮侵掠史』, 創文社, 1975.

朝鮮水産會, 『朝鮮之水産』 第1券(1912), 第20卷(1925), 第68券(1929).

佐伯有淸 編譯, 『三國史記 倭人傳』, 岩波書店, 1988.

仲尾宏, 『朝鮮通信使』, 岩波書店, 2007.

中井照, 『香川縣海外出漁史』, 香川県水産課, 1967.

中村榮孝, 『日本と朝鮮』, 至文堂, 1966.

中村榮孝, 『日鮮關係史の硏究』 上 中 下, 吉川弘文館, 1969.

中塚明, 『近代日本と朝鮮』, 三省堂, 1977.

震檀學會, 『韓國史』 全7券, 乙酉文化社, 1963~1981.

崔虎鎭, 『近代朝鮮經濟史』, 慶應書店, 1943.

秋田藤太郎, 『朝鮮鰯油肥統制史』, 朝鮮鰯油肥製造業水産組合聯合會, 1943.

下啓助, 水産回顧錄, 水産社, 1932.

下啓助・山脇宗次 共著, 『朝鮮水産業調査報告』, 農商務省, 1905.

韓桂玉, 『征韓論の系譜』, 三一書房, 1996.

『韓國水産誌』, 1~4輯, 統監府 및 農商工部水産局, 1909~1911.

韓國條約 및 法律集成.

韓佑劤, 『韓國開港의 商業研究』, 一潮閣, 1970.

高秉雲, 『近代租界史の研究』, 雄山閣出版, 1987.

姜左彦 著, 『朝鮮近代史研究』, 日本語論社, 1970.

和歌山縣, 『和歌山縣史』, 近現代史料 五券, 1979.

和田長三, 『漁のしるべ』, 釜山協同印刷社, 1938.

黑瀨郁二, 『東洋拓植會社』, 日本經濟評論社, 2003.

斎藤忠, 『倭國と日本古代史の謎』, 学習研究社. 2006.

曽村保信, 『海の政治学』, 中公新書, 1988.

毎日新聞社, 『日本植民地史の朝鮮』, 毎日新聞社, 1978.

清水元, 『アジア海人の思想と行動』, NTT出版, 1997.

# 찾아보기

## ㄱ

가라스미 293
가스라(桂太郞) 60, 63, 99, 475, 477, 479
가오리 135, 146, 153, 175, 176, 177, 179, 184, 187, 237, 238, 294, 300, 324, 325, 347, 352, 354
갈치 136, 159, 173, 176, 177, 184, 228, 234, 236, 237, 348, 352, 354
감은사(感恩寺) 30
갑신정변(甲申政變) 58, 59, 86
강경신탁주식회사 353
강화도 조약 49, 71, 92, 99
객왜(客倭) 39
갯장어 124, 135, 138, 153, 161, 170, 177, 178, 184, 188, 221, 222, 223, 225, 256, 258, 277, 289, 295, 296, 297, 338, 340, 401
거문도(巨文島) 58, 149, 153, 158, 159, 160, 176, 187, 188, 193, 201, 204, 205, 213, 227, 244, 275, 300, 429, 453, 462, 559
고등어 어업 184, 198
고래 55, 87, 135, 136, 168, 184, 185, 231, 507, 509, 510, 512, 513, 514, 519, 521, 522, 523, 527, 529, 532, 533, 534, 535, 537, 538, 543, 545, 548, 549, 550, 551, 552

고세이마루 533
고종 32, 45, 61, 63, 64, 68, 69, 86, 92, 94, 99, 386, 476, 510, 547
공동영업 방식 263
공양왕 35
구로후네(黑船) 45, 56, 57, 68
국외중립선언서(國外中立宣言書) 97
군산수산주식회사 어시장 351
금어구(禁漁區) 49, 124, 429, 95
김거원(金巨源) 37
김사형(金士衡) 38
김옥균(金玉均) 58, 86
김이교(金履喬) 45
김적선(金積善) 37
김홍집(金弘集) 61
께이제를링(Keyserling) 114, 525, 532, 538, 539

## ㄴ

나가베(中部幾次郞) 201, 258
나가사키포경합자회사 544, 548, 552, 553
나가사키현 어업근거지 356, 404
나잠부선(裸潛夫船) 215, 217
나잠어업(裸潛漁業) 210, 215, 326
나카이 지쿠산(中井竹山) 57
남제 214, 316, 317, 318
남해역 152, 161, 162, 180, 201, 361

내물왕(奈勿王) 28
노르웨이식 포경선대 513, 545
농어  135, 136, 158, 177, 179, 184, 187, 204, 238, 239, 340, 348, 354, 399
니꼴라스 514

## ㄷ

다케시마(竹島) 97
단독영업방식 261
달강어(火魚) 173, 179, 184, 243, 352, 354
당오전(當五錢) 304
대구  47, 136, 141, 168, 184, 195, 198, 202, 204, 233, 234, 332, 334, 341, 395, 461
대동아공영권(大東亞共榮圈) 487
대마도주  34, 40, 41, 42, 43, 44, 51, 52, 70, 73, 450
대양어업주식회사(大洋漁業柱式會社) 258
대한수산회사(大韓水産會社) 545, 552
대한제국(大韓帝國) 94, 130
덕지(德智) 29
도막파(倒幕派) 57
도미 그물어업(鯛網漁業) 128
도미 어업  46, 184, 185, 378
도미 주낚업  128, 146, 275, 385
도미어선  84, 165, 170, 176, 187, 188, 190, 275, 276, 277, 291, 379
도요토미 히데요시(豊臣秀吉) 44, 50
도쿠가와 바쿠후(德川幕府) 45, 51, 54, 95
도쿠가와 이에야스(德川家康) 44, 51
독도  45, 66, 93, 95, 96, 97
독립운반선(獨立運搬船) 249, 250, 256,

257, 259, 260, 297
동양어업주식회사(東洋漁業株式會社) 506, 539, 540, 542, 543, 547, 548, 550, 552, 553
동양척식주식회사 474, 475, 478, 479, 487
동양포경주식회사(東洋捕鯨株式會社) 506, 546, 550, 553, 554
동인도무역회사(東印度貿易會社) 477
동척설립요목(東拓設立要目) 481
동학난(東學亂) 476
동해역  152, 161, 165, 168
동해포경업  95, 506, 515, 542

## ㄹ

러시아 포경선대  514, 515, 516, 517, 518, 537
러시아·태평양포경회사  506, 513, 514, 515, 516, 519, 521, 525, 526, 528, 529, 531, 536, 539, 540, 541, 542
러일전쟁  84, 85, 158, 162, 168, 208, 232, 293, 297, 309, 331, 345, 361, 364, 389, 393, 430, 455, 477, 532, 535, 539, 540, 547, 550, 551, 553
로드아마스트호 67
로사호 67
루즈벨트 63

## ㅁ

마로우(Maro)호 55
마사기(正親田攢正) 480
마산수산주식회사 333, 343
마츠가와(松川某) 448, 202

마츠오카(松岡佐吉)  49, 123, 124, 125, 146
마츠우라당(松浦黨)  33
마키(牧朴眞)  359, 415, 416, 433, 434
만국평화회의  63, 100
망둥어  184, 225, 230
메이지유신(明治維新)  57, 69
메이지정부(明治政府)  50, 56, 68, 69, 70, 73, 95, 521
멜솜  532
멸치 어업  176, 184, 191, 192, 282, 283, 379, 461
멸치박망선(縛網船)  123
멸치어선  124, 152, 153, 277, 278
멸치입어선  124, 152, 165, 191, 192, 322
명성황후(明成皇后)  61, 62, 525
모리야 마사키(森野正氣) 근거지  356, 395, 397
모선(母船)  48, 153, 154, 155, 195, 216, 219, 220, 222, 232, 249, 250, 254, 255, 256, 260, 264, 278, 290, 291, 338, 352, 363, 397, 399, 400, 516, 517, 535, 545
목포어시장  333, 349
무라다(村田)  409, 442
무로마치 바쿠후(室町幕府)  35
문무왕(文武王)  30
미우라(三浦梧樓)  61, 434
민건호(閔建鎬)  510
민병한(閔丙漢)  545
민어  135, 171, 176, 177, 179, 184, 235, 236, 354
민영기  484

## ㅂ

바반센(八幡船)  24
박구병  531
박돈지(朴惇之)  38
박영효  58
박위(朴葳)  35
박유순(朴有純)  542
발포 포경법(發砲捕鯨法)  510
방어  135, 136, 158, 160, 162, 163, 168, 170, 184, 204, 218, 219, 272, 273, 284, 285, 300, 335, 338, 340, 348, 352, 373, 378
방진망(防陳網)  286
뱀장어  135, 136, 153, 154, 160, 184, 219, 220, 221, 223, 256, 328
벌지(伐智)  29
병어  184, 242
병자수호조규(丙子修好條規)  57
병자수호조약(丙子修好條約)  71
부산수산주식회사(釜山水産株式會社)  259, 295, 330, 333, 334, 335, 336, 341, 342, 522, 524
부산수산회사(釜山水産會社)  47, 129, 196, 205, 233, 273, 274, 303, 305, 329, 331, 334, 335, 336, 414, 428, 510
부선  83, 85, 162, 250, 257, 259, 297
불법입어  49, 50, 180
붕장어  135, 136, 170, 177, 184, 188, 204, 221, 222, 225, 256, 277, 294, 295, 338, 340
빙어  184, 245
빙장(氷藏)  175, 230, 314, 328, 380

## ㅅ

사가현 어업근거지  356, 403
사마랑호  67
사사후지(笹淵七生)  547
사이고 다카모리(西鄕降盛)  70
사이렌호  55
사이토(齋藤實)  503
사입경영  280, 281, 282, 283, 286, 289, 297
사입영업  140, 263, 286, 287, 288, 289, 290, 297, 321
사입영업선  278
사입운반선  257, 289
사토 노부히로(左藤信淵)  57
『삼국사기(三國史記)』  23, 27
『삼국유사(三國遺事)』  27
삼치 어업  184, 193
삼포개항(三浦開港)  129
삼포왜란(三浦倭亂)  43
상고선(商賈船)  172, 173, 189, 197, 202, 205, 219, 237, 240, 245, 250, 268, 273, 292, 329
상어 어업  46, 48, 184, 202
상어 어선  154, 160, 202, 266, 270
상왜(商倭)  39, 40, 43
새우  135, 136, 153, 176, 177, 184, 191, 209, 219, 221, 227, 228, 229, 245, 287, 288, 298, 308, 310, 338, 341, 342, 354, 502
서광범  58
서해 해인설  25
서해남부 해역  170, 197
석유발동기선(石油發動機船)  195, 249, 257, 258
석화회(石花灰)  322
선남발전사(鮮南發展史)  391
세견선(歲遣船)  43, 44, 45
세실(Cecille)  67
세키자와(關澤明淸)  149, 335, 357, 508, 510
소야  480
소회선(小廻船)  249, 250, 259, 260, 267, 318
송석(宋碩)  33
송운대사(松雲大師)  44
송희경(宋希璟)  40
수산이민 수산경영계획안(水産經營計画案)  489, 490
수산이민사업  474, 487, 488, 489, 494, 495
수산조사  358, 361, 385, 414, 456
수조망 어업  184, 206, 380
수호조규(朝日修好條規)  49, 71, 72, 198
숭어  125, 128, 131, 135, 136, 138, 148, 157, 162, 177, 184, 204, 221, 240, 241, 242, 251, 340, 343, 348, 377
스가노(萱野熊吉)  47, 48, 49, 123, 124
시마네현령  97
신문왕(神文王)  30
신세이마루(新生丸)  258
신유한(申維翰)  52
쓰시마호(對馬丸)  96

## ㅇ

아라이 하구세키(新井白石)  57
아베 야스오(安部泰輔)  356, 399

안강망(鮟鱇網) 117, 135, 136, 138, 142, 144, 145, 171, 173, 174, 175, 176, 177, 178, 179, 188, 189, 190, 194, 196, 197, 228, 236, 237, 240, 242, 243, 244, 245, 259, 381, 403, 404, 489, 492, 498, 499, 501
안길상(安吉祥) 34
안동수산주식회사 353
야마다(山田政吉) 123, 533
양식면허 110, 114
어물객주(魚物問屋) 254, 278, 279, 289, 297, 410
어소가도(御所街道) 52
어업세(漁業稅) 86, 88, 89, 108, 249
연어 162, 169, 184, 226, 244, 373
연어 어업 169, 226, 226
염장도미(鹽鯛) 48
염장선 516
염절모선(鹽切母船) 249, 253, 255, 256, 277, 279, 292
염절선(鹽切船) 131, 170, 174, 189, 276, 281, 293
엽전(葉錢) 304
오가주로(岡十郎) 489, 492, 528, 536, 536
오야가다선(親方母船) 254, 264
오우치씨(大內氏) 34, 38, 39, 40
오이케(大池忠助) 46, 47, 231, 279, 334
오징어 135, 136, 138, 159, 160, 167, 168, 173, 176, 184, 185, 227, 244, 300
오쿠다 형제 285
올카호 523, 531, 533, 535, 543
옵펠트 67
왜관 40, 43, 45, 51, 70, 129, 331

왜구(倭寇) 22, 23, 24, 25, 26, 27, 29, 30, 32, 33, 34, 35, 36, 37, 38, 39, 40, 44, 45, 49, 50, 57, 73, 129, 145, 150, 154, 202, 211, 298, 357, 451, 509
외국영해수산조합법(外國領海水産組合法) 360, 430, 433
요시다 쇼인(吉田松陰) 57
요시무라(吉村與三郎) 46, 47, 211
운양호(雲揚號) 71
원산수산회사 163
원산항(元山港) 162, 164, 212, 317, 533
원양어업장려법(遠洋漁業奬勵法) 100, 361, 414, 509
원양어업장려보호법(遠洋漁業奬勵保護法) 358
윈쉽(Winship) 55
유정(惟政) 44
은어 184, 229
을사보호조약(乙巳保護條約) 63, 100, 478, 488
을사수호조규 23
을유조약(乙酉條約) 450
이노우에 가오루(井上馨) 94
이성계(李成桂) 37
이순신 44
이슈인(伊集院彦吉) 147, 334, 335, 414, 415
이시카와현 어민단 근거지(石川縣漁民團根據地) 356
이오하라(庵原文一) 108
이완용(李完用) 480, 484, 551
이주어촌 207, 232, 362, 364, 375, 387, 389, 390, 395, 408, 442, 448, 450,

451, 454, 455, 458, 459, 462, 463, 503, 566
이주어촌(移住漁村) 221
이토 히로부미(伊藤博文) 63, 478, 484
이현완(李鉉浣) 145
인천수산주식회사 333, 344, 345, 348
일노포경회사(日露捕鯨會社) 547
일본거류지관리약조(釜山港口日本居留地管理約條) 85, 92
일본국(日本國) 23, 30, 37, 38, 40, 73, 86, 88, 103, 181, 450
일본원양어업회사(日本遠洋漁業會社) 521, 522, 523, 524, 525, 528, 529, 536, 538, 540, 543, 544, 547, 554
일본인 조계지 78
일본전관거류지(日本專管居留地) 78, 85, 331
일한포경합자회사(日韓捕鯨合資會社) 506, 542, 547, 548
임오군란 57
임진왜란(壬辰倭亂) 44
입어장려보조사업 386
입어장려책 356, 357, 358, 362, 389
입어허가감찰(海關遵照允准日本漁船捕漁執照) 90

## ㅈ

잠수기선 128, 131, 144, 149, 153, 154, 157, 159, 161, 163, 165, 166, 168, 169, 185, 211, 212, 214, 215, 218, 269, 270, 299, 300, 301, 306, 308, 311, 318, 326, 327
잠수기어선 49, 76, 123, 149, 154, 159,

165, 178, 211, 212, 215, 251, 269, 307
잠수기어업(潛水器漁業) 128, 162, 210, 211, 213, 326, 452, 458
장승포조합어시장 348
장위남(張渭男) 31
재조선국일본인민통상장정 49, 50, 72, 73, 86
정몽주(鄭夢周) 34
정문기 222
정자량(鄭子良) 31
정한론(征韓論) 54, 59, 70
제1 조슈마루 528, 533, 539
제1차 한일협약 99, 141, 477
제2차 한일협약 63, 100, 478
제너럴셔먼호 67
조기 어업 171, 176, 184, 196, 502
조기 어선 171
조선근해어업연합회(朝鮮近海漁業聯合會) 94, 410, 414
조선어업협회(朝鮮漁業協會) 129, 303, 414, 423, 428, 431, 432, 446
조선해수산조합(朝鮮海水産組合) 100, 285, 298, 308, 330, 360, 381, 384, 395, 402, 404, 408, 430, 431, 432, 433, 434, 441, 455, 456, 457, 460, 462, 463, 464, 465, 489, 490, 492, 493, 494, 497, 502
조선해통어조합 147, 283, 307, 359, 360, 363, 364, 371, 384, 408, 414, 415, 416, 419, 424, 430, 431, 432, 433
조일수호조규(朝日修好條規) 66, 67, 450
조진태 484
준치 179, 184, 239, 240

중국조선상민수륙무역장정(中國朝鮮商民水陸貿易章程) 488
지가마스(近松某) 47

### ㅊ

척사윤음(斥邪綸音) 67
청어 47, 136, 146, 154, 158, 162, 168, 169, 184, 195, 198, 235, 334, 354, 373, 398, 399
청해진(淸海津) 30, 31
초량왜관(草梁倭館) 70, 450
최용소(崔龍蘇) 37
출가입어선(出嫁入漁船) 304, 451
출가입어자(出嫁入漁者) 305, 429
출매선(出買船) 155, 175, 250, 253, 257, 277, 303
출회선(出廻船) 131
충렬왕(忠烈王) 23
충정왕 23, 33, 35
츠보가와(坪川某) 123, 124
칠장사(七丈寺) 35

### ㅌ

타뢰망 어업(打瀨網漁業) 128, 184, 206, 208
탄제(炭製) 214, 316, 317, 318
태프트 60, 99, 477
텐진조약(天津條約) 58, 78, 86
통감부(統監府) 63, 100, 103, 104, 108, 109, 114, 134, 141, 142, 150, 159, 226, 298, 330, 332, 362, 364, 375, 389, 431, 441, 442, 443, 444, 446, 448, 449, 452, 454, 455, 462, 464, 465, 478, 481, 482, 488, 489, 550, 551
통신사 45, 51, 52, 54, 57
통어장정(通漁章程) 23, 66, 86, 88, 89, 92, 93, 95, 98, 103, 110, 123, 126, 133, 141, 174, 231, 249, 250, 265, 315, 344, 358, 361, 362, 389, 427, 451, 527, 529
통영조합어시장 349
통일어업법(統一漁業法) 360
통조림 제품 314, 326, 328

### ㅍ

페리호 56
폐우왕 34, 35
폐창왕 35
포경법 507, 510, 513, 522
포경선 55, 67, 68, 161, 164, 167, 168, 201, 231, 251, 254, 459, 509, 511, 518, 520, 522, 523, 528, 530, 531, 532, 533, 534, 535, 539, 542, 544, 545, 547, 550, 552, 553
포경업 관리법 550, 551
포경입어 384, 424, 507, 509
포경특허(捕鯨特許) 506, 507, 513, 523, 525, 526, 528, 531, 538, 541, 542, 545, 551, 552
포츠머스 조약 63
피터센 520, 521, 528

### ㅎ

하다시게루(生田玆) 25

하바로프 525
하야시 525
학꽁치 128, 131, 135, 138, 158, 161, 178, 184, 242, 243, 251, 349, 374, 376, 397
『한국 개항장 연구』 145
『한국수산지(韓國水産誌)』 101, 249, 334
한국물산회사(韓國物産會社) 286
『한국어보』 222
한국어업법 64, 66, 101, 102, 103, 107, 108, 109, 110, 114, 115, 179, 254, 369, 443, 444, 458, 465, 489, 493, 498, 503
한상용 484
한일의정서(韓日議定書) 97, 141
한일통어장정 102, 108, 334
한해 입어단체 393
한해어업조사단 359
항거왜인 40, 42, 43
해녀선(海女船) 153, 215, 216, 217, 300
해사선(海士船) 215
해유록(海遊錄) 52
헤이그 밀사 63
홈링거 상사 523, 524, 528
홍영식 58
활주모선(活洲母船) 249, 255, 256, 279, 290, 294
황국사관(皇國史觀) 57, 68
황윤길(黃允吉) 44
후지하라 사다이에(藤原定家) 32
후쿠오카 야스베이(福岡安兵衛) 근거지 356, 398
후쿠오카현민단(福岡縣民團) 근거지 356, 401
후쿠자와 유키치(福澤諭吉) 58
훈토시 36, 299
휘라망(揮羅網) 286
흥리왜인(興利倭人) 39

## 저자소개

┃장수호┃

1929   경남 남해에서 출생
1954   부산수산대학 수산경제학과 졸업, 동 대학원 석사과정 수료(1957, 경제학 석사)
1968   일본 동경대학 대학원 경제학연구과 수학
1980   동아대학교 대학원 박사과정 수료(경제학 박사)

      부산수산대학 조교(1954) · 교수(1961~1995)
      동아대학교경영대학원 · 대학원 강사(1968~1989)
      한국수산경영학회장(1969~1993)
      수산청 중앙수산산학협동위 수산경영 분과위원장(1972~1992)
      수산업협동조합중앙회 비상임이사(1979~1982, 1988~1990)
      일본 동경대학 경제학부 초청교수(1983)
      한국재무관리학회장(1984)
      부산수산대학 산업대학원장(1990~1992)
      대한경영학회장(1991)
      (사)한국수산경영기술연구원 이사장(1995~2011.6)
      부경대학교 명예교수(1995~현재)
      한국기업경영학회장(2001)
      부산시문화상 인문과학상(1982)
      국민훈장 동백장(1995)

▌저서 및 논문▐

● 저서

『水産學總論』(共, 1964), 『水産業協同組合經營論』(1964), 『水産經營學』(1964), 『水産學槪論』(共, 1980), 『漁村契에 관한 硏究』(1980), 『經營財務論 編著』(1986), 『漁民을 위한 水産經營』(1983), 『漁村과 漁業經營』(1987), 『어장관리』(1994), 『한국어업기술훈련소 33년사』(집, 1999).

● 논문

(합본)「수산경영경제논문집」Ⅰ, Ⅱ, Ⅲ, Ⅳ(1995) 기타 다수.